# 商業統計學（下）

## Business Statistics:
### Contemporary Decision Making

Ken Black◇著

葉小蓁◇校閱

陳育聖、謝忠和◇譯

# 序言

•••••••••••••••••••••••••••••••••••••

　　《商用統計學》乃是爲了讓學生熟稔整個統計學領域而撰寫的，在這本書中提供了豐富的企業背景，以便從中瞭解如何應用書中的技巧和觀念，同時也以易懂易學的編排格式搭配容易理解的範例說明，並強調決策方面的教學。從第一版受到熱烈歡迎的程度證明我們上述寫作的目標達成了，而從第一版發行到現在的這段時間內，我們仍然在找尋更新、更好的方式來表現我們的教材內容，並找尋目前最新的想法、觀念以及解題方式、符合目前統計運用潮流的主題、章節，並開闢一條強調電腦統計應用分析的新學習途徑。第二版的《商用統計學》就是這些努力下的結晶。

　　第二版依然保留第一版中吸引讀者的特色，包括了易爲人接受的教授法、清楚易讀的編排格式、數以百計的範例；此外，還有許多管理決策應用的單元，以決策的觀點來表達商業應用的統計學也是其特色之一；此外，第二版中涵蓋了許多新特色、主題、應用範例以及研究方法，這些都加強了本書的功能，使其成爲極富價值的教授工具。

## 新的特色、主題以及研究方法

**包含Excel以及MINITAB視窗軟體應用**　　Excel以及MINITAB都是第二版中新加入的特色，因爲這兩種電腦軟體都被廣泛的使用，所以我們就把它們加入本書中，你會發現在第二版中會比第一版中有更多的電腦運算結果；章節的討論也會比以前更注重這些電腦輸出結果的分析。在大部份的小節中，我們加入了需要電腦運算結果來解說的問題，其他的單元例如「決策難題解決之道」以及「個案」也都列出了需要學生分析及解說的電腦輸出結果。

**對「決策難題」以及「決策難題解決之道」單元的改良**　　每一章開始時都會提供一個「決策難題」單元，它是一個企業的簡介短文，涵蓋了企業出現的問題和機會。一半以上的「決策難題」在第二版中已經更動過了，其餘的也做了大幅的修改。我們花了相當大的功夫把眞實的資料置入該單元中，在最後的

「決策難題解決之道」單元中，我們會利用根據公式計算出的結果以及利用電腦所得到的輸出結果兩種方式來做實際分析。這些特色能讓指導教授在每一章的開頭時先介紹資料分析時會遇到的難題，然後在章節的最後證明在該章所提出的技巧如何用來解決這些難題。

**專題** 本單元包含企業專題、全球焦點、道德專題、品質專題等議題。在這一版中，大部份的專題都是新的且其他的也更改過了，我們也花了很多的努力將專題和章節的內容結合在一起，第二版中我們也將專題內的資料整理成主題性的討論和解說。專題是非常合時宜的，新的專題範例如「ISO標準：9000與14000」（第十七章）。

**個案** 在第二版中我們加入了一些新的個案，事實上所有的個案都已經大幅修改過，加入了分析用的原始資料以及用來做進一步解釋的電腦輸出結果。你會看到我們蒐集了更多管理方面的問題，訓練學生根據可用的資料以及分析數據做統計處理，以供日後能提出建議給公司的管理階層做決策用。

**問題集** 在每節的最後都會出現問題集，這些問題的內容是根據有名的商業刊物以及國營組織和政府機構的資料所整理出來的，我們也加入了許多新的問題，前一版所沿用的問題也做了修改，以順應現今企業環境，而且必要時我們也將之汰換了。

全書中，為了要保持本書提供更多電腦結果做解說的目的，我們都很強調假設檢定中的 $p$ 值法。另外，我們將介紹中央極限定理，此定理是從各種分配的隨機抽樣所形成的平均分配，我們可以用電腦所產生的圖形幫助使用者更瞭解此定理。

# 本書的組織架構和目標

本書中每一章內的小節都有編號以供讀者容易查閱。這本書的主要讀者群鎖定在統計初學者，我們已經試圖減少不必要的用語並加入額外的主題。我們假定讀者至少具有數學代數方面的基礎，然而他並不一定需要先學會微積分。

第二版跟第一版一樣，都是做為兩個學期或一學年的課程用。

每一章幾乎都包含以下的單元。

**學習目標** 每一章都會先敘述一段本章節主要的學習目標，它提供讀者一系列將會在這一章討論的關鍵主題，以及研習完本章後將達成的目標。

**決策難題** 在每一章的一開始，我們會提供一篇簡短的個案，描述一家真實的公司或企業狀況並因而推衍出管理以及統計上的問題，在大部份的「決策難題」中，我們會提供真實的資料，並要求學生去思考如何去分析這些資料以回答以上的問題。

**重要辭彙** 在每一章的最後我們也會提供在該章中出現的關鍵辭彙列表。

**公式** 在本書中大部份重要的公式會特別強調並做成方塊表，以便學生能夠很容易地找到，在每章的最後，重要的公式也會列在一起做為隨時查閱用。

**例題** 本書中幾乎每一個小節都會提供範例，在我們解釋完統計技巧後會給一個例子，討論完後，我們會另外給一個例題，告訴學生如何將教過的技巧應用到資料上，這種方式能加強學生的學習效果，並能夠提供另一種演算方式或解題過程的觀點。

**問題** 幾乎在本書每個小節的最後均會提供練習用的問題。大部份的問題都是出自真實的企業調查報告或現況，這是要試著讓學生熟悉這些問題所涵蓋的不同層面之商用統計處理方式以及資料分析法，藉此學生能夠從閱讀這些問題中真正學到未來踏入企業界應具有的知識和能力。

**專題** 專題包含了企業界在全球焦點、道德、品質或其他目前商業主題中碰到的新事件，我們已試著讓學生瞭解一些目前企業界存在的議題並同時介紹他們跟這些議題有關的統計資料，這些資料都可以用章節內所介紹的某個技巧來分析。專題試圖要攫住讀者的目光，同時也試著建立真實世界中企業的決策方式和商用統計學之間的橋樑。

**決策難題解決之道**　在每一章的最後，「決策難題解決之道」單元用來解決每章開頭「決策難題」中提供的管理及統計上的問題，通常藉由各章節中所傳授的技巧，就可以將「決策難題」中所給的資料用計算的方式以及電腦的運算結果加以分析。試著應用章節所學到的觀念來回答「決策難題」中提到的問題，而為該章節做個完美的結束。

**結語**　每一章會以一篇結語做總結，它擷取了章節內重要的想法和概念，可讓學生對整章有一個概觀，並做為對該章節的複習。

**個案**　每一章都會在正文中提到根據實際公司所撰寫的個案，某些個案會針對像可口可樂或是微軟（Microsoft）等大公司來著筆，其他的個案則會根據小型、曾經克服障礙以繼續經營的成功公司來描述。大部份的個案都會給學生原始的資料讓他們分析以利決策過程的進行。此外，我們也加入了電腦分析的部份，讓學生能針對輸出結果加以解說，做為日後提供建議以協助公司經理人做決策的基礎。

**道德省思**　每一章在最後有一個「道德省思」單元，它會強調商業統計上可能發生的誤用情形，包括用錯統計方法、無法符合統計上的假設、無法提供適當的資訊供決策者使用等事項。

# 目錄

# 第11章

變異數分析及實驗設計

學習目標 本章著重的焦點在於實驗的設計以及變異數的分析，使你能夠：

1. 瞭解各種實驗設計的差異及應用時機。
2. 計算並詮釋單因子變異數分析的結果。
3. 計算並詮釋隨機集區實驗的結果。
4. 計算並詮釋二因子變異數分析的結果。
5. 瞭解及詮釋交互作用。
6. 知道在何時及如何使用多重比較技巧。

決策難題

# 分析三個國家之企業的獲利能力

在這個全球化的市場中，具有相似產業的企業獲利能力不因國界的不同而有太大的差異。其原因是處在全球化的經濟體系中，相似產業中的企業所面對的是相同的困難、市場經濟和機會。再者，經營相似業務的公司傾向於發展相似的組織結構及策略。按照邏輯來說，當企業經營相似的業務和面對相似的競爭者時，這些企業會有相似的報酬率。

事實上，在全世界擁有相似產業的企業獲利率並不相同。這是不是表示目前並不屬於一個真正全球化的經濟？有些人的論點是，目前仍是一個「多國」的市場而不是一個全球化的市場。雖然透過貿易協定的簽定，有些國家已將貿易障礙降到最低。這結果只是讓簽定貿易協定的會員國中的企業有相似的獲利率。然而，在此完全開放的全球經濟體系中，仍存有一些界限與障礙。

麥可‧布藍（Michael Blaine，俄亥俄大學教授）想要證明在德國、日本及美國這些經濟大國中，在統計上企業的獲利率是否有顯著的差異。他由公開且全球化的產業及企業資料裏，在這三個國家中各隨機選擇了一百家企業。從各公司蒐集了六年的資料，計算出各國的年平均獲利指數。分別用三種衡量獲利率的方式：資產平均報酬法、股東權益報酬法，以及營運收益法。資料如下：

| 資產報酬 | | | | 股東權益報酬 | | | |
|---|---|---|---|---|---|---|---|
| 年 | 德國 | 日本 | 美國 | 年 | 德國 | 日本 | 美國 |
| 1 | 3.65 | 4.06 | 7.89 | 1 | 8.86 | 8.48 | 15.24 |
| 2 | 3.68 | 4.35 | 6.40 | 2 | 10.56 | 10.40 | 12.05 |
| 3 | 3.62 | 3.29 | 5.63 | 3 | 10.58 | 6.73 | 6.89 |
| 4 | 4.13 | 3.22 | 7.69 | 4 | 9.77 | 6.12 | 15.20 |
| 5 | 3.81 | 3.69 | 4.10 | 5 | 10.33 | 7.90 | 6.02 |
| 6 | 4.29 | 3.89 | 6.34 | 6 | 13.02 | 9.65 | 9.17 |

| 營運收益 | | | |
|---|---|---|---|
| 年 | 德國 | 日本 | 美國 |
| 1 | 5.99 | 7.05 | 8.99 |
| 2 | 5.90 | 6.74 | 8.76 |
| 3 | 5.52 | 5.32 | 6.37 |
| 4 | 1.80 | 5.20 | 7.08 |
| 5 | 0.83 | 6.03 | 4.75 |
| 6 | 0.44 | 6.70 | 6.40 |

## 管理及統計上的問題

1. 綜合來看，在德國、日本、美國的大型企業中，其資產的平均報酬上是否有所不同？在股東權益報酬及營運收益上呢？

2. 在統計上，是否可以在兩兩國家間用t檢定的方法來求證上述的問題？又假設此研究是以七個國家做為研究對象，則有二十一對的獨立樣本的t檢定（第十章）。這是一個好的研究方法嗎？其誤差率又有多少？

3. 除了「國家」的因素之外，是否有其他的研究因素？在此研究中只以大型公司為母體，若是要加入中小型企業為研究對象呢？每年是否都會有所不同呢？是否有可能去測試在資產平均報酬、股東權益報酬，以及營運收益有顯著的不同呢？

4. 如果要設計一個在三個國家中包含大、中、小型企業的研究，是否也要測試在企業規模及國與國之間的交互作用呢？換句話來說，假設大型公司在德國經營得較好，而小型公司在日本經營得較好。是否有合宜統計的方法可以來分析公司規模及國家差異的交互作用呢？這些交互作用又是如何影響本研究其他的部分呢？

有些時候，企業會研究比本文所提出的假設檢定更為複雜情況的問題。在第十章我們已做過對二個不同品牌的輪胎壽命做顯著差別的分析，事實上，研究者也可能針對三個、四個，或更多個的輪胎品牌做實驗。再者，研究人員也可能想知道不同輪胎的品質，如高品質、中等品質和低品質。試驗的情況包括了在不同的溫度、高速或路面。

沃爾商場（Wal-Mart）可能會批准一項針對相同商店規模卻有不同腹地範圍的銷售量的研究。

1. 在都會區內的商店（大都市）。
2. 在市郊的商店（大都市）。
3. 在中型都市的商店。
4. 在小鎮上的商店。

經理們可能也想知道在每天（星期一到星期五）的銷售量。財務研究人員也可能想做一個研究來瞭解三種不同型態的貸款機構在美國五個區域的房屋貸款手續費間是否有顯著的不同。假設一個真空管的製造商，其產品口徑有6.37公分。公司的品管控制人員想要測試在三次不同的批量中，四種不同的機器所生產的真空管開口是否有差異。

研究者應如何設計上述的實驗，並且如何回答在本章一開始所提到的決策難題？這些資料又該如何分析？這些問題有部分可由變異數分析和實驗設計來解答。

# 11.1　實驗設計概述

在本章，我們會更深入去研究當假設檢定的母體超過兩個以上的情況。在現實的企業界中，這種情況是隨處可見的。在決策難題中所提到的多國研究、沃爾商場針對不同統計變數所做的實驗、貸款方案手續費的研究，以及上述真空管的研究都是這方面的例子。這些研究都是利用實驗設計。

實驗設計是指研究者控制或操縱一個或多個變數以驗證假設的一項計畫及結構。它包含了自變數與應變數。在實驗設計中，自變數可為處理變數或分類

變數。處理變數是實驗者在實驗中可以控制或修正的。分類變數是在做實驗之前所設立之實驗目標的特性，並且不是由實驗者操控的結果。自變數也可稱為因子。在管理困境的多國研究中，有一些可能的自變數如國家、公司規模、產業別、及年度。在沃爾商場的研究中，自變數有商店的統計變量及該星期的某一天。在貸款方案手續費的研究中，自變數是區域及貸款公司的型態。芝加哥大學所做的消費者研究，其中的自變數包括商店位置、陳列空間的大小、和展示場所。真空管實驗的自變數包括機器及批次號。

研究者是否可操控這些自變數須視實驗情況而定。像工作批次、員工的性別、地理區域、機器種類、及輪胎品質等自變數是根據實驗之前的情況就已經決定的分類變數。研究者無法改變這些變數的特性，所以研究者只能針對這些變數在不同的情境下所會發生的結果做研究。舉例來說，在真空管的實驗是在三種不同的工作批次中進行。

然而有些變數可由研究者操縱。例如，1920年代在美國的伊利諾州的西北電子公司所做的一項知名的實驗——霍桑實驗，亦即在生產區中燈的數目不盡相同以求得照明與生產力之間的關係。在此理論中，屬於自變數的照明設備數量，就可由研究人員來操縱。另一些可由研究者操控的例子有：對員工的分紅、溼度、和溫度。

每一個自變數有二因子水準或多因子水準、或分類。所謂自變數的因子水準（level）、或是分類（classifications）是指研究者在實驗設計中所細分的自變數的子集合。例如，在沃爾商場的研究中，自變數（商店統計變量）即有四個因子水準或分類，分別是：(1)在都市內的商店、(2)在市郊的商店、(3)在中型都市的商店、(4)在小鎮上的商店。在真空管口徑的研究中，自變數（機器種類）有四因子水準或四種分類，依次是：(1)機器一、(2)機器二、(3)機器三、(4)機器四。

另一個在實驗設計中的變數型態是應變數。應變數是各種不同因子水準的自變數的反應結果。它是用來測量在實驗中各個自變數所產生的影響。在決策難題的國際企業研究中，用三個不同的應變數來衡量獲利能力：資產報酬、股東權益報酬及營運收益。芝加哥大學的消費者研究則包括了產品銷售量、銷售額二個應變數。在沃爾商場的研究中，應變數是每日銷貨總額。至於在房屋貸

款的手續費研究中，對個人所收取的手續費即為應變數。

　　本章所探討的實驗設計，這種統計技巧也就是所謂的變異數分析或
ANOVA。變異數分析的觀念來自於所研究的個別對象不盡相同，如員工、機
器製品、辦公區域、醫院等。表11.1是針對同一條生產線所隨機抽取出來24個
真空管口徑的測量值。

　　其平均值為6.34公分。24個真空管中只有一個是等於其平均值。為什麼這
些真空管的口徑會有不同呢？注意到其變異數的平方和為0.3915公分。為什麼
變異數的平方和不為零呢？透過使用不同的實驗設計及變異數分析的技巧，我
們可以瞭解造成上述情形的可能原因。當我們在深究每一個實驗設計及其相關
的分析時，你可能會注意到這些統計的技巧正試著將研究標的物的總變異數按
其原因盡可能的分解開來。在真空管的口徑研究的個案中，所測量出來的變異
數可能是來自機器的變異、作業員的不同、生產批次、供應商和生產環境等。

　　有許多不同的實驗設計的方法可供研究者使用。在本章我們將會呈現及探
討三種不同型式的實驗設計：完全隨機設計、隨機集區設計和因子實驗。

---

**問題11.1**　　11.1有些紐約證券分析師相信在不久的將來，24小時無休的交易是一項趨勢。
為了進一步測試此概念的可行性，紐約證交所在1990年代初期多開放二
個小時的交易時間，並且研究這一年所產生的資料。

　　a.請指出本研究的自變數。

　　b.承上，針對自變數列出至少二個因子水準或分類。

　　c.指出應變數。

---

表11.1
在同一條生
產線上所生
產的24個真
空管之測量
值

| | | | | | |
|---|---|---|---|---|---|
| 6.26 | 6.19 | 6.33 | 6.26 | 6.50 | 6.19 |
| 6.44 | 6.22 | 6.54 | 6.23 | 6.29 | 6.40 |
| 6.23 | 6.29 | 6.58 | 6.27 | 6.38 | 6.58 |
| 6.31 | 6.34 | 6.21 | 6.19 | 6.36 | 6.56 |

$\overline{X} = 6.34$

離均差總平方和 = SST= $\Sigma(X_i - \overline{X})^2$ = .3915

11.2西南航空之所以能夠將費用維持較低,部分原因是由於飛機的維修成本偏低。維修成本低廉的主要因素是因為西南只用一種飛機——波音737。然而,西南航空使用三種不同機型的波音737。假設西南航空決定要做一研究,想要瞭解在三種不同機型間的每年的維修成本是否有顯著的差異。

　　a.請指出本研究的自變數。

　　b.在本研究的自變數中有多少因子水準或分類?

　　c.指出本研究的應變數。

11.3一家跨國銀行想要瞭解年平均消費金額與不同型式的信用卡是否有顯著的差異。所研究的信用卡範圍有Mastercard、Visa、Discover及American Express。

　　a.請指出本研究可能的自變數。

　　b.針對每一個自變數列出至少三種因子水準或分類。

　　c.本研究中可能的應變數有哪些?

11.4會住在旅館的人在家庭這項統計變數會不會有所不同?假設以研究三種類型的旅館:經濟型、中等價位的連鎖旅館、其他。其中的一項應變數為居住在旅館中的這個人的家中有幾個小孩。請說出三種本研究其他可能的應變數。

# 11.2　完全隨機設計(單因子變異數分析)

●●●●●●●●●●●●●●●●●●●●●●●●●●●●●●●●●●●●●●●●●

　　完全隨機設計是最簡單的實驗設計之一。在完全隨機設計中,各處理的抽樣個體是採隨機抽取。完全隨機設計只有一個自變數,伴隨二個或多個處理水準或分類。如果自變數只有兩個處理水準或分類時,這個實驗就等於在第十章所提到的兩個不同的母體對平均數是否相同的t檢定。

　　在本節中,我們將著重在具有三種或多種分類因子水準的完全隨機設計。變異數分析就是用來分析各處理所產生的資料。完全隨機實驗設計只包括了一個應變數。

舉一個完全隨機設計的例子，如表11.1所示，假設研究者想要知道工廠裏的機器操作員對眞空管口徑的影響。在本研究中的自變數是機器操作員。假設有三種不同類型的操作員（可每批次不同或每批次均有三種）。這三種不同的機器操作員是屬於自變數中的三種處理或分類。應變數是眞空管的口徑測量值。圖11.1表示這個完全隨機設計的結構。

在輪胎品質的檢驗研究中，若使用完全隨機實驗的話，自變數就是輪胎品質，而處理水準是低品質、中等品質、及高品質。應變數是輪胎的使用哩程數。以沃爾商場的研究個案來看，自變數是商店所在的都市大小。其處理水準或分類應該是都市內的商店、市郊的商店、在中型都市的商店及在小鎮上的商店。應變數是銷售額。

**案例**　一位國際運輸的專員接下了一項工作 —— 分析國外貨物在美國主要港口的卸貨量是否有明顯的差異。他選擇了位於紐約市、紐奧良、休士頓和長堤的港口。他隨機抽取了各港口在相同日期的一些船運的資料並且計算出各港口每天的總卸貨量。資料如表11.2。從該資料來看，是否有足夠的證據證明各港口的卸貨量有顯著的不同？

本實驗是屬於完全隨機設計。自變數是港口。自變數總共有四個處理水準或分類，分別是紐約市、紐奧良、休士頓、長堤的港口。應變數是在同一天各港口的國外貨物的卸貨量。

圖11.1
完全隨機設
計

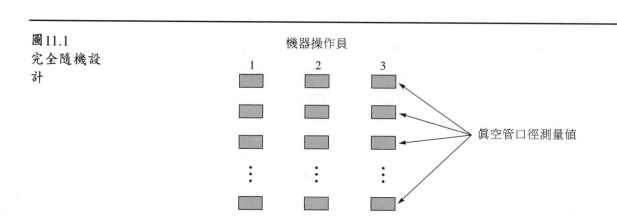

表11.2
各港口每天
的卸貨量

| 長堤 | 休士頓 | 紐約 | 紐奧良 |
|------|--------|------|--------|
| 5 | 2 | 8 | 3 |
| 7 | 3 | 4 | 5 |
| 4 | 5 | 6 | 3 |
| 2 | 4 | 7 | 4 |
|   | 6 | 9 | 2 |
|   |   | 8 |   |

# 單因子變異數分析

在上述的例子當中，是否有可能以兩兩樣本的平均數之t檢定來檢測這四個樣本？它們需要 $_4C_2=6$ 個t檢定來完成兩兩樣本的分析。如果當檢定的顯著水準 $\alpha=.05$ 時，被拒絕的虛無假設有百分之五的機會是正確的。如果有足夠的檢定支持，最後虛無假設可以被完全地拒絕。因此，在一次的t檢定實驗中，$\alpha=.05$ 成立。在這個問題中，共要做六次的t檢定，其誤差率累計起來會大於先前所設定0.05的型一誤差。幸好，已發展可以同時檢定所有樣本平均數的技巧並且維持相同的誤差率——變異數分析（ANOVA）。一種由單因子變異數分析的完全隨機設計。

一般來說，若要在單因子變異數分析中，分析k個樣本，通常是要檢定下列的假設。

$$H_0: \mu_1 = \mu_2 = \mu_3 \cdots = \mu_k$$
$$H_a: 平均數不全相同$$

虛無假設是表示所有的母體平均數均相等。對立假設所表示的是即使是只有一個母體的平均數與其他母體不同時，則虛無假設仍無法成立。

利用單因子變異數分析來檢定假設是將總變異數分成兩個部分的變異數。

1.由各處理所產生的變異數。

2.誤差變異數，或是在處理中未解釋的變異數。

總變異數可分解成兩個相加、且獨立的變異數。

$$SST \quad = \quad SSC \quad + \quad SSE$$
$$\sum_{i=1}^{n_j}\sum_{j=1}^{C}(X_{ij}-\overline{X})^2 = \sum_{j=1}^{C}n_j(\overline{X}_j-\overline{X})^2 + \sum_{i=1}^{n_j}\sum_{j=1}^{C}(X_{ij}-\overline{X}_j)^2$$

其中：

$i$ =在某個處理水準下之特別值

$j$ =處理水準

$C$ =處理水準數

$n_j$ =在既定處理水準下的觀察值

$\overline{X}$ =總平均

$\overline{X}_j$ =處理群組或水準的平均值

$X_{ij}$ =個別值

其中的關係也顯示在圖11.2中。觀察總變異數分成處理平方和及誤差半方和。

單因子變異數分析的公式是源自於這層關係。其中有兩個總和的符號，是代表總變異數是包括各處理內的變異及各處理間的變異。基本上，ANOVA比較的是處理的變異數和誤差變異（組內變異）。誤差變異是無法解釋的變異，可當成是各處理內個別樣本的誤差。如果各處理間有顯著的不同時，其變異多來自誤差變異。

圖11.3顯示上述運輸問題各處理的資料。X代表的是各處理的變異數。現在看看這些不同的處理變異數（各個不同地點的港口）。其中以第三個處理水準與其他三個有明顯的不同。不同之處可由各處理平均數看出。

$$\overline{X}_1 = 4.5 \quad \overline{X}_2 = 4.0 \quad \overline{X}_3 = 7.0 \quad \overline{X}_4 = 3.4$$

變異數分析是來決定在統計上各處理間的變異數是否大於各處理內的變異數（誤差變異）。接下來要介紹變異數分析的一些重要的基礎假設。

圖11.2
總變異平方
和的分解

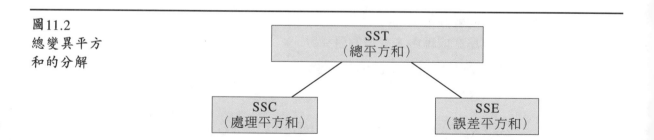

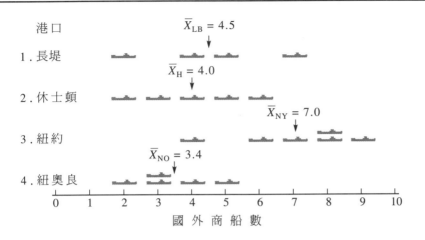

圖11.3
各港口卸貨
平均值

港口

$\overline{X}_{LB} = 4.5$

1.長堤

$\overline{X}_H = 4.0$

2.休士頓

$\overline{X}_{NY} = 7.0$

3.紐約

$\overline{X}_{NO} = 3.4$

4.紐奧良

國 外 商 船 數

## 變異數分析的基礎假設

1.觀察值來自常態分配的母體。

2.觀察值代表母體中的隨機樣本。

3.母體間的變異數是相同的。

這些假設與第十章所提到的獨立且小樣本之t檢定的假設類似。它也假設母體是常態分配而且母體變異數相同。這個技巧只能用於隨機的樣本。

ANOVA必須要計算出三個變異數：總變異、處理變異、及誤差變異。以下所示為單因子變異數分析的計算公式。SS表示總變異，MS表示均方和，SSC是各處理間的處理平方和。各處理因子一一列在欄中，並計算出各處理間的變異數。SSE是在處理因子內的個別誤差的變異。有些人會說這是處理的未解釋平方和。SST是應變數的總變異平方和。由上述可知，SST包括了SSC和SSE，而且可以細分為SSC和SSE。MSC，MSE，和MST是各行的平均變異（均方和）、誤差變異和總變異。均方和是一個由總平方和除以自由度的平均值。最後，$F$值是由處理變異（MSC）除以誤差變異（MSE）。如同第十章所討論的，$F$值是兩個變異數的比值。在ANOVA的分析中，$F$值是指處理變異與誤差變異的比率。

| 計算單因子變異數之公式 | $$SSC = \sum_{j=1}^{C} n_j (\overline{X}_j - \overline{X})^2$$ $$SSE = \sum_{i=1}^{n_j} \sum_{j=1}^{C} (X_{ij} - \overline{X}_j)^2$$ $$SST = \sum_{i=1}^{n_j} \sum_{j=1}^{C} (X_{ij} - \overline{X})^2$$ $$df_c = C - 1$$ $$df_E = N - C$$ $$df_T = N - 1$$ $$MSC = \frac{SSC}{df_C}$$ $$MSE = \frac{SSE}{df_E}$$ $$F = \frac{MSC}{MSE}$$ |
|---|---|

其中：

$i$ =在某個處理水準下之特別值

$j$ =處理水準

$C$ =處理水準數

$n_j$ =在既定處理水準下的觀察數

$\overline{X}$ =總平均

$\overline{X}_j$ =行平均值

$X_{ij}$ =個別值

計算運輸問題的方式如下：

運輸

| 1.（長堤） | 2.（休士頓） | 3.（紐約） | 4.（紐奧良） |
|---|---|---|---|
| 5 | 2 | 8 | 3 |
| 7 | 3 | 4 | 5 |
| 4 | 5 | 6 | 3 |
| 2 | 4 | 7 | 4 |
|  | 6 | 9 | 2 |
|  |  | 8 |  |

| $T_j$: | $T_1 = 18$ | $T_2 = 20$ | $T_3 = 42$ | $T_4 = 17$ | $T = 97$ |
|---|---|---|---|---|---|
| $n_j$: | $n_1 = 4$ | $n_2 = 5$ | $n_3 = 6$ | $n_4 = 5$ | $N = 20$ |
| $\overline{X}_j$: | $\overline{X}_1 = 4.5$ | $\overline{X}_2 = 4.0$ | $\overline{X}_3 = 7.0$ | $\overline{X}_4 = 3.4$ | $\overline{X} = 4.85$ |

$$\text{SSC} = \sum_{j=1}^{C} n_j (\overline{X}_j - \overline{X})^2 = [4(4.5 - 4.85)^2 + 5(4.0 - 4.85)^2 + 6(7.0 - 4.85)^2 +$$

$$5(3.4 - 4.85)^2] = [0.49 + 3.6125 + 27.735 + 10.5125]$$

$$= 42.35$$

$$\text{SSE} = \sum_{i=1}^{n_j} \sum_{j=1}^{C} (X_{ij} - \overline{X}_j)^2 = [(5 - 4.5)^2 + (7 - 4.5)^2 + (4 - 4.5)^2 + (2 - 4.5)^2 +$$

$$(2 - 4.0)^2 + (3 - 4.0)^2 + \cdots + (4 - 3.4)^2 + (2 - 3.4)^2]$$

$$= 44.20$$

$$\text{SST} = \sum_{i=1}^{n_j} \sum_{j=1}^{C} (X_{ij} - \overline{X})^2 = [(5 - 4.85)^2 + (7 - 4.85)^2 + (4 - 4.85)^2 + \cdots +$$

$$(4 - 4.85)^2 + (2 - 4.85)^2] = 86.55$$

$$\text{df}_c = C - 1 = 4 - 1 = 3$$
$$\text{df}_E = N - C = 20 - 4 = 16$$
$$\text{df}_T = N - 1 = 20 - 1 = 19$$

$$\text{MSC} = \frac{\text{SSC}}{\text{df}_C} = \frac{42.35}{3} = 14.12$$

$$\text{MSE} = \frac{\text{SSE}}{\text{df}_E} = \frac{44.20}{16} = 2.76$$

$$F = \frac{\text{MSC}}{\text{MSE}} = \frac{14.12}{2.76} = 5.12$$

　　從以上的計算過程中，可以歸納出變異數分析的結構圖，如**表11.3**。所計算出來的$F$值是5.12。與F表中的臨界值相較，則可以決定在各處理間或分類間有無顯著的不同。

## 讀F分配表

　　F分配表在**表A.7**。在F分配裏的每一個值都有兩個自由度：分子部分的自

| 變異來源 | df | SS | MS | F |
|---|---|---|---|---|
| 處理 | 3 | 42.35 | 14.12 | 5.12 |
| 誤差 | 16 | 44.20 | 2.76 | |
| 總變異 | 19 | 86.55 | | |

表11.3
運輸問題的
變異數分析

由度和分母部分的自由度。要查閱F分配表的話，研究者必須知道兩者的自由度。因為每一個F分配的值是由兩個自由度決定，因此有許多的F分配。因為空間的限制，在表A.7中只能列出$\alpha$=.005，.01，.025，.05，及.10。然而在計算ANOVA的電腦統計套裝軟體中，通常都會給定F值的機率，對於任何一個由$p$值法求出的$\alpha$均可進行假設檢定的決定。

在單因子變異數分析中，$df_C$是表示處理（行）的自由度，C−1。$df_E$是指誤差自由度，N−C。表11.4是當$\alpha$=.05時，部分的F分配表。

以運輸的問題來看，$df_C$=3且$df_E$=16。$F_{.05,3,16}$在表11.4的值是3.24。這是F檢定中的臨界值。變異數分析多為單尾檢定且拒絕區域均在右尾的部分。拒絕虛無假設的原則是計算出來的F值大於F臨界值（$F_{.05,3,16}$=3.24）。在運輸問題中所觀察的F值為5.12，其值大於F臨界值，所以拒絕虛無假設。並不是所有平均數都相等，所以在各港口的每天的平均卸貨量有顯著的不同。承上例，圖11.4是用MINITAB畫出來的F分配圖及其拒絕區域。請注意到F分配是由零開始而且沒有負值。原因是F統計量是兩個變異數的比值，所以永遠是正值。

表11.4
$\alpha$=.05 的 $F$
分配簡表

| | | 分子的自由度 | | | | | | | | |
|---|---|---|---|---|---|---|---|---|---|---|
| | | 1 | 2 | 3 | 4 | 5 | 6 | 7 | 8 | 9 |
| 分母的自由度 | • | | | | | | | | | |
| | • | | | | | | | | | |
| | • | | | | | | | | | |
| | 15 | 4.54 | 3.68 | 3.29 | 3.06 | 2.90 | 2.79 | 2.71 | 2.64 | 2.59 |
| | 16 | 4.49 | 3.63 | 3.24 | 3.01 | 2.85 | 2.74 | 2.66 | 2.59 | 2.54 |
| | 17 | 4.45 | 3.59 | 3.20 | 2.96 | 2.81 | 2.70 | 2.61 | 2.55 | 2.49 |

圖11.4
運輸問題中
F值的MI-
NITAB 圖

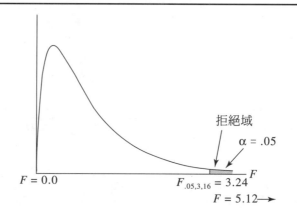

# 由電腦產生的單因子ANOVA的結果

　　很多研究者用電腦來分析單因子ANOVA的資料。**圖11.5**是根據上述的運輸問題，由MINITAB和Excel ANOVA表所產生的資料表。其結果包括**表11.3**的變異數分析表。MINITAB和Excel ANOVA表兩者均顯示出計算出來的F值、均方和、總變異、自由度和$p$值。$p$值是指在相同結構（相同自由度）中，偶然發生在ANOVA中F=5.11的機率，即使在處理水準的平均數之間並無差異亦無

```
MINITAB Output

One-Way Analysis of Variance

Analysis of Variance
Source      df     SS        MS        F         p
Factor      3      42.35     14.12     5.11      0.011
Error       16     44.20     2.76
Total       19     86.55
                              Individual 95% CIs For Mean
                              Based on Pooled StDev
Level       N      Mean     StDev   -+--------+--------+--------+----
Long B      4      4.500    2.082         (-----*-----)
Houston     5      4.000    1.581     (-----*-----)
New York    6      7.000    1.789                   (-----*-----)
NewOrlns    5      3.400    1.140   (-----*-----)
                                    -+--------+--------+--------+----
Pooled StDev = 1.662                2.0      4.0      6.0      8.0

Excel Output

Anova: Single Factor

SUMMARY
```

| Groups | Count | Sum | Average | Variance |
|---|---|---|---|---|
| Long Beach | 4 | 18 | 4.5 | 4.333333 |
| Houston | 5 | 20 | 4 | 2.5 |
| New York | 6 | 42 | 7 | 3.2 |
| New Orleans | 5 | 17 | 3.4 | 1.3 |

ANOVA

| Source of Variation | SS | df | MS | F | P-value | F crit |
|---|---|---|---|---|---|---|
| Between Groups | 42.35 | 3 | 14.11667 | 5.110106 | 0.011402 | 3.238867 |
| Within Groups | 44.2 | 16 | 2.7625 | | | |
| Total | 86.55 | 19 | | | | |

圖11.5
港口問題的
**MINITAB**
及**EXCEL**
電腦分析表

妨。使用這種$p$值法（在第九章已討論過），可看出在本題中$p$值爲0.11，但是虛無假設在$\alpha=0.05$時就會被拒絕。很多電腦都會計算出$p$值，所以就可以直接和$\alpha$值來比較，省得再查F分配表。在Excel ANOVA表中直接列出F臨界值，例如在本例題中，$F_{.05,3,16}=3.238867$（在表A.7中概略值爲3.24）。

MINITAB所產生的第二部分的資料中（圖11.5），包括了樣本數和各處理因子的樣本平均數。圖中所顯示出來的是在95%的信賴水準下由各處理因子所推論出來的母體平均數。這是由各處理因子樣本的標準差所計算而得。研究者也可以由信賴區間來判斷母體的平均數是否有顯著的差異。有關於成對的比較統計技巧，在11.3節有更深入的探討。

## $F$值和t值的比較

變異數分析可以用來檢定兩個平均數是否相同的假設。針對兩個樣本資料，使用t檢定和變異數分析兩種方法，所計算出來的F值會等於t值的平方。

$$F = t^2 \qquad df_C = 1$$

其實t檢定是單因子變異數分析中，當處理因子只有兩個時（$df_C=1$）的一個特例。在兩個樣本群體時，t檢定的計算比變異數分析更爲簡單。但是有些統計的電腦軟體中並沒有包含t檢定。在這種情形下，研究者可以用單因子變異數分析，取F值的平方根以得t值，或是以$p$值法所產生的機率求得結論。

---

例題11.1　　　　一家公司擁有三間工廠，管理當局想要知道這三間工廠的員工平均年齡是否有顯著的不同。以下的資料是由各工廠隨機抽樣五位員工的年齡資料。試用單因子變異數分析，判斷這三間工廠的員工平均年齡是否有顯著的不同。顯著水準$\alpha=0.01$，而且每個樣本數均相同。

**解答**

步驟一：假設爲

$H_o: \mu_1 = \mu_2 = \mu_3$
$H_a:$ 平均數不全相同

步驟二：單因子ANOVA的統計方法爲F檢定。

步驟三：$\alpha=0.01$。

步驟四：分子的自由度為3－1＝2（處理一行），分母（誤差）的自由度為15－
　　　　3＝12。F臨界值為$F_{.01,2,12}$＝6.93。因為ANOVA恆為單尾檢定，且拒絕
　　　　區域在右尾，當F值大於6.93時則拒絕虛無假設。

步驟五：

工廠（員工年齡）

| 1 | 2 | 3 |
| --- | --- | --- |
| 29 | 32 | 25 |
| 27 | 33 | 24 |
| 30 | 31 | 24 |
| 27 | 34 | 25 |
| 28 | 30 | 26 |

步驟六：

| $T_j$: | $T_1 = 141$ | $T_2 = 160$ | $T_3 = 124$ | $T = 425$ |
| --- | --- | --- | --- | --- |
| $n_j$: | $n_1 = 5$ | $n_2 = 5$ | $n_3 = 5$ | $N = 15$ |
| $\overline{X}_j$: | $\overline{X}_1 = 28.2$ | $\overline{X}_2 = 32.0$ | $\overline{X}_3 = 24.8$ | $\overline{X} = 28.33$ |

$$\text{SSC} = 5(28.2 - 28.33)^2 + 5(32.0 - 28.33)^2 + 5(24.8 - 28.33)^2$$
$$= 129.73$$

$$\text{SSE} = (29 - 28.2)^2 + (27 - 28.2)^2 + \cdots + (25 - 24.8)^2 + (26 - 24.8)^2$$
$$= 19.60$$

$$\text{SST} = (29 - 28.33)^2 + (27 - 28.33)^2 + \cdots + (25 - 28.33)^2 + (26 - 28.33)^2$$
$$= 149.33$$

$$\text{df}_C = 3 - 1 = 2$$
$$\text{df}_E = 15 - 3 = 12$$
$$\text{df}_T = 15 - 1 = 14$$

| 變異來源 | SS | df | MS | $F$ |
| --- | --- | --- | --- | --- |
| 組間 | 129.73 | 2 | 64.87 | 39.80 |
| 誤差 | 19.60 | 12 | 1.63 | |
| 總變異 | 149.33 | 14 | | |

步驟七：因為F的觀察值為39.8大於F臨界值6.93，所以拒絕虛無假設。

步驟八：在三間工廠的員工年齡的確有顯著差異。

　　　下圖是表示三間工廠的員工年齡分布，和其樣本工廠的員工平均年齡。注
意到各項的平均數。F值所顯示出的是在三間工廠中的平均年齡差異顯著地大
於各工廠內的差異。

| 工廠1 | | | $\overline{X}_1 = 28.2$ |

```
工廠1                          x
                         x   x   x   x                      X̄₁ = 28.2
工廠2                                    x—x—x—x—x           X̄₂ = 32.0
工廠3         x   x                                          X̄₃ = 24.8
            x   x   x
        _____
        23  24  25  26  27  28  29  30  31  32  33  34
                              年齡
```

工廠1 $\overline{X}_1 = 28.2$
工廠2 $\overline{X}_2 = 32.0$
工廠3 $\overline{X}_3 = 24.8$

本題目中，利用MINITAB和EXCEL所列印出來的電腦分析結果如下。

MINITAB Output

One-Way Analysis of Variance

Analysis of Variance

| Source | df | SS | MS | F | p |
|--------|-----|--------|-------|-------|-------|
| Factor | 2 | 129.73 | 64.87 | 39.71 | 0.000 |
| Error | 12 | 19.60 | 1.63 | | |
| Total | 14 | 149.33 | | | |

Individual 95% CIs For Mean
Based on Pooled StDev

| Level | N | Mean | StDev | --+---------+---------+---------+---- |
|-------|---|--------|-------|------|
| Plant 1 | 5 | 28.200 | 1.304 | (---*---) |
| Plant 2 | 5 | 32.000 | 1.581 | (---*---) |
| Plant 3 | 5 | 24.800 | 0.837 | (---*---) |

Pooled StDev = 1.278     24.0    27.0    30.0    33.0

Excel Output

Anova: Single Factor

SUMMARY

| Groups | Count | Sum | Average | Variance |
|--------|-------|-----|---------|----------|
| Plant 1 | 5 | 141 | 28.2 | 1.7 |
| Plant 2 | 5 | 160 | 32 | 2.5 |
| Plant 3 | 5 | 124 | 24.8 | 0.7 |

ANOVA

| Source of Variation | SS | df | MS | F | P-value | F crit |
|---------------------|----------|----|----------|----------|----------|----------|
| Between Groups | 129.7333 | 2 | 64.86667 | 39.71429 | 5.11E-06 | 6.926598 |
| Within Groups | 19.6 | 12 | 1.633333 | | | |
| Total | 149.3333 | 14 | | | | |

# 澳洲的「流動價值會計」

　　「流動價值會計」（Current Value Accounting）是近半個世紀最受爭議的話題。在世界上許多會計標準制定的團體對「流動價值會計」不斷地做研究。在高度通貨膨漲的國家，「流動價值會計」可求出正確的財務訊息，以利管理決策的制定。

　　目前廣泛使用「流動價值會計」並且略有績效的國家之一就是澳洲。澳洲的許多公司均受益於此「流動價值會計」標準的設立及廣泛的推廣。Jones和Love以澳洲各企業為母體，隨機抽取了176個企業，以研究企業界對「流動價值會計」的態度。他們將問題集中於「流動價值會計」在提供資訊給各種不同的目標觀眾上。研究者想要知道，為什麼有些會計會準備兩份報告給內部及外部的顧客，而有些會計人員則不會。

　　Jones和Love使用單因子變異數分析以求得這些使用「流動價值會計」來幫助內部做決策的公司中，其公司規模會不會有所不同？自變數為公司的年度營業額規模。三個處理的水準或分類為小型（三千萬以下）、中型（三千一百萬到三億）、大型（三億一百萬以上）。應變數為「流動價值會計」使用於內部決策的頻率，有五個等級，分別是從(5)經常到(1)從來沒有。資料如下：

| 內部決策類型 | 公司的規模 | | | |
| --- | --- | --- | --- | --- |
| | 小型<br>(*n* = 56) | 中型<br>(*n* = 63) | 大型<br>(*n* = 54) | *F* |
| 1.投資其他公司 | 4.04 | 3.33 | 3.21 | 5.31** |
| 2.投資收益 | 3.82 | 3.36 | 3.10 | 3.90** |
| 3.生產設備資產的購買 | 3.80 | 3.41 | 3.04 | 3.72** |
| 4.置換資產設備的處理決策 | 3.65 | 3.40 | 2.92 | 3.36** |
| 5.資產出售的規劃 | 3.80 | 3.28 | 3.23 | 2.66* |
| 6.現有存貨損益的評估 | 4.69 | 4.11 | 4.33 | 3.55** |
| 7.存貨控制的目標 | 4.63 | 4.21 | 4.35 | 1.97 |
| 8.依照管理的績效來計算酬勞 | 4.85 | 4.59 | 4.42 | 3.42** |
| 9.員工薪資的計算 | 4.65 | 4.29 | 4.25 | 1.88 |
| 10.監控其他分公司的績效 | 4.90 | 4.59 | 4.29 | 6.42** |
| 11.決定生產的標準成本 | 4.54 | 4.26 | 4.36 | .83 |
| 12.計算各分公司的預算 | 4.48 | 3.58 | 3.77 | 5.96** |
| 13.計算公司收益 | 4.78 | 4.29 | 4.48 | 2.73* |
| 14.計算公司的投資報酬率 | 4.69 | 3.90 | 4.10 | 5.63** |
| 15.預測特定專案的收益及費用 | 4.22 | 3.43 | 2.92 | 11.54*** |

*p<.10　**p<.05　***p<.0001

由這個變異數分析所得的結果有：

第一，對絕大多數的內部決策來說，F值是很顯著的。對多數的決策來說，在通貨膨漲的調整上，公司的規模的確有顯著不同的影響。由觀察可以看出，在各種內部決策上，小型公司使用「流動價值會計」在通貨膨漲調整的頻率上較大型公司的使用頻率較高。研究者更進一步使用Duncan's檢定方法來做多重比較。多重比較檢定在11.3節有更詳盡的探討。但Duncan's檢定並沒有很多的描述。

---

問題11.2    11.5利用單因子ANOVA計算下列資料。

| 1 | 2 | 3 |
|---|---|---|
| 2 | 5 | 3 |
| 1 | 3 | 4 |
| 3 | 6 | 5 |
| 3 | 4 | 5 |
| 2 | 5 | 3 |
| 1 |   | 5 |

求出F值。將F值與F臨界值相比較，並決定是否拒絕虛無假設。令$\alpha=0.05$。

11.6利用單因子ANOVA計算下列資料。

| 1 | 2 | 3 | 4 | 5 |
|---|---|---|---|---|
| 14 | 10 | 11 | 16 | 14 |
| 13 | 9 | 12 | 17 | 12 |
| 10 | 12 | 13 | 14 | 13 |
|   | 9 | 12 | 16 | 13 |
|   | 10 |   | 17 | 12 |
|   |   |   |   | 14 |

求出F值。將F值與F臨界值相比較，並決定是否拒絕虛無假設。令$\alpha=0.01$。

11.7利用單因子ANOVA計算下列資料。

| 1 | 2 | 3 | 4 |
|---|---|---|---|
| 113 | 120 | 132 | 122 |
| 121 | 127 | 130 | 118 |
| 117 | 125 | 129 | 125 |
| 110 | 129 | 135 | 125 |

求出F值。將F值與F臨界值相比較，並決定是否拒絕虛無假設。令$\alpha=0.01$。

11.8利用單因子ANOVA計算下列資料。

| 1 | 2 |
|---|---|
| 27 | 22 |
| 31 | 27 |
| 31 | 25 |
| 29 | 23 |
| 30 | 26 |
| 27 | 27 |
| 28 | 23 |

　　　求出F值。將F值與F臨界值相比較，並決定是否拒絕虛無假設。利用t檢定再計算一次，比較F檢定與t檢定的結果是否相同，令$\alpha=0.05$。

11.9假設你正使用完全隨機設計做研究。總共有五個處理因子，及五十五個樣本（人）。每個處理因子均有相同的樣本數。完成以下的ANOVA表。

| 變異來源 | SS | df | MS | F |
|---|---|---|---|---|
| 處理 | 583.39 | | | |
| 誤差 | 972.18 | | | |
| 總變異 | 1555.57 | | | |

11.10假設你正使用完全隨機設計做研究。總共有三個處理因子，及十七個樣本（人）。完成以下的ANOVA表。令$\alpha=0.05$。求出表中的F值並檢定此虛無假設。

| 變異來源 | SS | df | MS | F |
|---|---|---|---|---|
| 處理 | 29.64 | | | |
| 誤差 | 68.42 | | | |
| 總變異 | | | | |

11.11一家牛奶公司有四部裝牛奶的機器。品管經理想知道每一部機器所裝的平均牛奶數是否相同。以下的資料是由各機器中隨機抽取出來19罐牛奶（以夸克為單位）。令$\alpha=.01$，檢定此虛無假設。

| 機器1 | 機器2 | 機器3 | 機器4 |
|---|---|---|---|
| 4.05 | 3.99 | 3.97 | 4.00 |
| 4.01 | 4.02 | 3.98 | 4.02 |
| 4.02 | 4.01 | 3.97 | 3.99 |
| 4.04 | 3.99 | 3.95 | 4.01 |
| | 4.00 | 4.00 | |
| | 4.00 | | |

11.12在美國對剛畢業的會計系學生而言，因地域的不同而起薪有所不同是很合邏輯的。由三個不同的地區所隨機抽樣的會計公司的調查中，研究公司對將入公司處理審計工作、剛畢業的會計系學生的起薪。所得到資料如下。利用單因子變異數分析。注意以下的金額可化為較簡單的數字（如：$32500=3.25$）。顯著水準$\alpha=0.05$。

| 南部 | 東北部 | 西部 |
|---|---|---|
| $28,000 | $38,500 | $33,000 |
| 29,000 | 37,000 | 31,000 |
| 27,500 | 36,500 | 32,500 |
| 28,500 | 35,500 | 34,000 |
| 29,000 | 37,000 | 33,500 |

11.13一家管理顧問公司對不同的顧客做為期三天的講習會。講習會基本上內容是相同的。但是有時所參與的對象是高階經理、有時是中階經理、有時是低階經理。負責講習會的人員發現對講習會的評價會因參與者的不同而有所不同。假設以下資料是由已參與過講習會的各階層經理對講習會的評價。分數由1到10分，10分是最高分。利用單因子變異數分析，檢定講習會的評價與參與者的階級是否有顯著的不同。假設顯著水準$\alpha=0.05$。

| 高階 | 中階 | 低階 |
|---|---|---|
| 7 | 8 | 5 |
| 7 | 9 | 6 |
| 8 | 8 | 5 |
| 7 | 10 | 7 |
| 9 | 9 | 4 |
|  | 10 | 8 |
|  | 8 |  |

11.14家庭運輸費用常常高得出乎意料，因為其中包括汽車的金額、保險費、燃料費、維修費、停車費和搭乘大眾交通公具費。由四個不同的地區，各隨機抽取出二十個樣本家庭，並由其估計每月的家庭運輸費用。利用下列的資料及變異數分析，檢定每月的家庭運輸成本與該家庭所處的區域是否有顯著的不同。假設顯著水準$\alpha=0.05$。

| 亞特蘭大 | 紐約 | 落山磯 | 芝加哥 |
|---|---|---|---|
| $650 | $250 | $850 | $540 |
| 480 | 525 | 700 | 450 |
| 550 | 300 | 950 | 675 |
| 600 | 175 | 780 | 550 |
| 675 | 500 | 600 | 600 |

11.15 以下是MINITAB所產生的單因子ANOVA表。試分析其結果。包括其處理水準數、樣本大小、F值、檢定的結果及處理平均數。

```
One-Way Analysis of Variance

Analysis of Variance
Source      df      SS        MS       F       p
Factor       3     1701      567     2.95    0.040
Error       61    11728      192
Total       64    13429

                          Individual 95% CIs For Mean
                          Based on Pooled StDev
Level   N    Mean   StDev   -----+-------+-------+-------+-
C1     18   226.73  13.59   (-------*------)
C2     15   238.79   9.41              (-------*------)
C3     21   232.58  12.16        (-------*------)
C4     11   239.82  20.96                (-------*------)
                          -----+-------+-------+-------+-
Pooled StDev = 13.87        224.0   232.0   240.0   248.0
```

11.16 檢驗以下MINITAB所產生的電腦結果。試問有多少處理水準數？樣本數又是多少？在 $\alpha=.05$ 時，檢定結果為何？原因何在？處理平均數為何？信賴區間為何？如何由信賴區間來檢定是否拒絕虛無假設？

```
One-Way Analysis of Variance

Analysis of Variance
Source      df      SS       MS       F       p
Factor       4     377.1    94.3    1.53    0.213
Error       38    2341.8    61.6
Total       42    2718.9
```

```
                                  Individual 95% CIs For Mean
                                  Based on Pooled StDev
Level    N    Mean    StDev    --+-------+-------+-------+----
C5      11   57.997   6.390                       (-------*-------)
C4      12   53.138   8.965         (-------*-------)
C3       8   56.257   6.820                   (-------*-------)
C2       5   48.481   4.671     (-------*-------)
C1       7   53.042  10.300             (-------*-------)
                                  --+-------+-------+-------+----
Pooled StDev = 7.850              42.0    48.0    54.0    60.0
```

11.17 在11.1節末尾的部分,有一個關於24個眞空管口徑的資料表(**表11.1**)。現在由本章的觀點來解釋眞空管口徑間的差異原因何在。假設眞空管是由三種不同的批次所製,並且我們可以分辨出是由哪一個批次產出。研究者想要知道眞空管口徑的平均值與所製造的批次有無相關。資料是由Excel所整理出的結果。本題中的假設為何?試討論由電腦所產生的結果。有何結論必須告訴產品經理?

眞空管口徑

| 第一批 | 第二批 | 第三批 |
|-------|-------|-------|
| 6.56 | 6.38 | 6.29 |
| 6.40 | 6.19 | 6.23 |
| 6.54 | 6.26 | 6.19 |
| 6.34 | 6.23 | 6.33 |
| 6.58 | 6.22 | 6.26 |
| 6.44 | 6.27 | 6.31 |
| 6.36 | 6.29 | 6.21 |
| 6.50 | 6.19 | 6.58 |

```
Anova: Single Factor

SUMMARY
 Groups      Count      Sum      Average     Variance
Shift 1        8       51.72     6.465       0.008657
Shift 2        8       50.03     6.25375     0.003913
Shift 3        8       50.4      6.3         0.015171

ANOVA
Source of Variation   SS        df    MS        F         P-value    F crit
Between Groups       0.197308    2  0.098654  10.66875   0.000635   3.466795
Within Groups        0.194188   21  0.009247

Total                0.391496   23
```

# 11.3　多重比較檢定

●●●●●●●●●●●●●●●●●●●●●●●●●●●●●●●●●●●●●●●●●●

　　變異數分析的技巧尤其適用於檢定多個群體的檢設，ANOVA只需要計算一次即可得結果。使用變異數分析的優點在於可控制型一誤差，$\alpha$。如11.2節所提到的，若要檢定四個不同的群體，而且要兩兩成對檢定，就必須進行六次t($_4C_2$)檢定。一般而言，如果有k個群體要檢定，若兩兩成對檢定的話，就會有$_kC_2 = k(k-1)/2$個成對的比較。

　　假設實驗的顯著水準為$\alpha = .05$。如果有兩對的比較檢定，雖然每對的型一誤差為.05，並且有95%的機會不會落入拒絕區域中。但兩者合起來的話，代表有.9025（.95×.95）的機率兩者不會全落入拒絕區域，此外兩者之一有.0975（1-.9025）的機率可能會落入拒絕區域。在一個四個群體的實驗中，必須要做六次的成對比較。如果每對（次）的檢定均用$\alpha = 0.05$，則六次聯合的檢定結果中，不犯型一誤差的機率則為.95×.95×.95×.95×.95×.95=.735；而且型I誤差之機率為1-.735=.265。如果用變異數分析的話，可以同時分析多個不同的群體，並且維持$\alpha = .05$。

　　有時研究者對畢其功於一役的檢定方式覺得滿意，如ANOVA。然而，當判斷出母體間的平均數有顯著的不同時，此時通常會回過頭去尋找到底是哪兩個母體間有顯著的差異。如上所述，這種方法會導致型一誤差的增大。所幸，有些多重比較的技巧可用來解決這樣的問題。

　　多重比較的技巧只適用於當變異數分析的F檢定判斷出母體間有顯著的差異時。有些多重比較的技巧著重在維持型一誤差，有些則著重在維持型二誤差。有些多重比較的方法則要求相同的樣本數。究竟哪種方法有較佳的效果仍無定論。在本節我們只介紹事後（posteriori or post-hoc）的多重比較法。所謂事後的多重比較是指，當研究者利用F檢定所得的結論為母體間有顯著的差異之後，才進行多重比較。反之，事前（a priori）的多重比較則是指，當研究者在檢定母體間是否有顯著不同之前，便做多重比較。這兩類的多重比較法的誤差率是不同的。在本文中我們只針對成對比較做討論，當然還有其他的比較技巧，但需要較多的說明。本文討論兩種多重比較法，其一是當樣本數相等時使用的Tukey's HSD檢定；另一個是在樣本數不同時使用的Tukey–Kramer檢定。

# Tukey's 單純顯著差異檢定（HSD）：當樣本數相同時

Tukey's 單純顯著差異檢定（HSD），有時也稱為Tukey's T法，這是在後續多重比較法中一個常用的方法。這個方法是1953年由John W. Tukey所提出的，但此方法必須在樣本數相同時才能使用。

Tukey's HSD檢定將處理水準、誤差的均方和及樣本數都考慮進去。由所計算出來的HSD和查表值q，可以判定出兩個處理間的平均數是否有顯著的不同。當HSD計算出來後，研究者可找出兩個處理間或多個處理間是否有顯著的不同。Tukey's HSD檢定的公式如下：

| Tukey's HSD 檢定 | $$HSD = q_{\alpha,C,N-C}\sqrt{\dfrac{MSE}{n}}$$ |
|---|---|

其中：

$MSE$ =均方差
$n$ =樣本數
$q_{\alpha,C,N-C}$ =表A.10中t分配全距的臨界值

**案例** 在例題11.1中，利用ANOVA分析判定出三個工廠的員工平均年齡有顯著的差異，其計算出來的F值為39.8。本題的資料如下。

| | 工廠 | | |
|---|---|---|---|
| | 1 | 2 | 3 |
| | 29 | 32 | 25 |
| | 27 | 33 | 24 |
| | 30 | 31 | 24 |
| | 27 | 34 | 25 |
| | 28 | 30 | 26 |
| 群組平均數 | 28.2 | 32.0 | 24.8 |
| $n_j$ | 5 | 5 | 5 |

因為本題的樣本數相同，因此可利用Tukey's HSD檢定來做工廠一和工廠二、工廠二和工廠三、工廠一和工廠三的多重比較。在計算HSD之前，必須先知道MSE、樣本數n、及q的值。從範例11.1的題解中，可得MSE為1.63。各處理的樣本數$n_j$為5。q值則必須查閱表A.10。查閱方法為

「母體數」 = 處理平均值數且 = $C$以及$df_E = N - C$。

在本題中，$q$值的查閱方法為

$$C = 3$$
$$df_E = N - C = 12$$

在表A.10中，有$\alpha$=.05及.01的q值，在本題我們使用$\alpha$=.01。在表11.5中是表A.10中$\alpha$=.01的一部分。

本題中$q_{.01,3,12} = 5.04$。所以HSD的計算如下：

$$HSD = q\sqrt{\frac{MSE}{n}} = 5.04\sqrt{\frac{1.63}{5}} = 2.88$$

你可以利用HSD來判別本題中兩兩處理水準之間是否有顯著的差異。在$\alpha$=.01之下，任一組的平均數之差只要大於2.88，即表示處理間有明顯的差異。以下是各組平均數的差。

$$\left| \overline{X}_1 - \overline{X}_2 \right| = \left| 28.2 - 32.0 \right| = 3.8$$
$$\left| \overline{X}_1 - \overline{X}_3 \right| = \left| 28.2 - 24.8 \right| = 3.4$$
$$\left| \overline{X}_2 - \overline{X}_3 \right| = \left| 32.0 - 24.8 \right| = 7.2$$

所有的平均數差均大於HSD=2.88。所以在所有工廠的員工平均年齡，任兩間工廠間都有顯著的差異。

表11.6是由MINITAB針對本題資料所產生的Tukey's HSD檢定計算結果。

此結果中包括兩處理水準的聯合信賴區間，若是此信賴區間包含零的話，在兩處理水準間則無顯著的不同（如果信賴區間包含零的話，則表示兩處理水

表11.5
$\alpha$=.01的q值

| 自由度 | 母體數 | | | | |
|---|---|---|---|---|---|
| | 2 | 3 | 4 | 5 | ... |
| 1 | 90 | 135 | 164 | 186 | |
| 2 | 14 | 19 | 22.3 | 24.7 | |
| 3 | 8.26 | 10.6 | 12.2 | 13.3 | |
| 4 | 6.51 | 8.12 | 9.17 | 9.96 | |
| . | | | | | |
| . | | | | | |
| . | | | | | |
| 11 | 4.39 | 5.14 | 5.62 | 5.97 | |
| 12 | 4.32 | 5.04 | 5.50 | 5.84 | |

表11.6
Tukey's HSD
多重比較的
MINITAB
電腦輸出結
果

```
Tukey's pairwise comparisons

Family error rate = 0.0100
Individual error rate = 0.00387

Critical value = 5.05

Intervals for (column level mean) - (row level mean)

              1            2

2     -6.0686
      -0.914

3      0.514         4.314
       6.286        10.086
```

準的平均無顯著的不同）。注意到在表11.6，所有的信賴區間均不包含零。例如，用來檢定工廠一和工廠二的信賴區間為$-6.686 \leq \mu_1-\mu_2 \leq -.914$。這個信賴區間並不包括零，由此我們可以知道在兩者的平均數之間有大於零的差異。以此可類推，工廠二和工廠三、工廠一和工廠三之間。本題中的電腦輸出結果顯示了統一誤差率（$\alpha=.01$）。

例題11.2      Taguchi方法是全面品質管理的範疇中的一個廣為接受且經常使用的方法。Genichi Taguchi是一位眾所皆知，在日本大力提倡全面品質管理的大師，他發展出一套有系統、科學的方法，以求在設計產品的過程中能達到全面品管的目的。Taguchi研究出一種實驗方法，針對仍在設計中未量產的產品，在不同情況下的反應情形。舉例來說，有一間鋼鐵製造公司，想要測試某一種鋼鐵在不同溫度下的延展性及強度。假設在此實驗中，此鐵在五種不同的溫度下試驗，而且在各種溫度下隨機抽取了五個樣本。其資料如下：

鋼鐵在不同溫度下的延展性及強度

| 1 | 2 | 3 | 4 | 5 |
|---|---|---|---|---|
| 2.46 | 2.38 | 2.51 | 2.49 | 2.56 |
| 2.41 | 2.34 | 2.48 | 2.47 | 2.57 |
| 2.43 | 2.31 | 2.46 | 2.48 | 2.53 |
| 2.47 | 2.40 | 2.49 | 2.46 | 2.55 |
| 2.46 | 2.32 | 2.50 | 2.44 | 2.55 |

根據上述資料，利用MINITAB所得單因子ANOVA的結果如下：

```
One-Way Analysis of Variance
Analysis of Variance on Tensile
Source     df    SS            MS           F         p
Temp       4     0.108024      0.027006     43.70     0.000
Error      20    0.012360      0.000618
Total      24    0.120384
                                    Individual 95% CIs For Mean
                                    Based on Pooled StDev
Level   N    Mean     StDev     --------+--------+--------+-------
  1     5    2.4460   0.0251                     (--*---)
  2     5    2.3500   0.0387     (---*--)
  3     5    2.4880   0.0192                         (--*---)
  4     5    2.4680   0.0192                   (---*--)
  5     5    2.5520   0.0148                             (---*--)
                                    --------+--------+--------+-------
Pooled StDev = 0.0249                2.380    2.450    2.520
```

注意在ANOVA表中所計算的F值等於43.70，在$\alpha=.01$時，此值在統計上是相當顯著的效果。由上可知，該鋼鐵製造公司所生產出來的鋼鐵與不同的生產溫度有顯著的差異。利用上述資料求出在何種溫度之下其間的差異最為顯著。

## 解答

在ANOVA表中，MSE的值為.000618。各處理樣本數$n_j=5$。處理數（C）等於5，自由度$df_E$為20。顯著水準$\alpha=.01$，$q$值由表A.10查閱可得

$$q_{.01,5,20} = 5.29$$

HSD計算如下。

$$HSD = q\sqrt{\frac{MSE}{n}} = 5.29\sqrt{\frac{.000618}{5}} = .0588$$

各組處理的平均數如下。

第1組=2.446
第2組=2.350
第3組=2.488
第4組=2.468
第5組=2.552

計算出各處理平均數的差異。

| | 組 | | | | |
|---|---|---|---|---|---|
| | 1 | 2 | 3 | 4 | 5 |
| 1 | — | .096 | .042 | .022 | .106 |
| 2 | .096 | — | .138 | .118 | .202 |
| 3 | .042 | .138 | — | .020 | .064 |
| 4 | .022 | .118 | .020 | — | .084 |
| 5 | .106 | .202 | .064 | .084 | — |

以上的結果與HSD相比較，我們可以判斷當$\alpha=.01$時，第一組和第二組(.096)，第一組和第五組(.106)，第二組和第三組(.138)，第二組和第四組(.118)，第二組和第五組(.202)，第三組和第五組(.064)，第四組和第五組(.084)在處理平均數有顯著的不同。

承上不只是表示各處理間有顯著的差異，在七對的成對比較中其兩兩的平均數也有顯著的不同。由兩兩個別的處理水準相較，我們也可以知道在哪一個溫度之下，對鋼鐵的延展性最強。以下是由MINITAB所計算的Tukey's HSD檢定的結果。顯著水準$\alpha$仍維持在.01，且由電腦分析出來的結果顯示出第一組和第二組，第一組和第五組，第二組和第三組，第二組和第四組，第二組和第五組，第三組和第五組，第四組和第五組這七對有顯著的差異。這個結果與本節計算的結果相同。

```
Tukey's pairwise comparisons
Family error rate = 0.0100
Individual error rate = 0.00128

Critical value = 5.29

Intervals for (column level mean) − (row level mean)
        1             2             3             4
2    0.03719
     0.15481

3   −0.10081     −0.19681
     0.01681     −0.07919

4   −0.08081     −0.17681     −0.03881
     0.03681     −0.05919      0.07881

5   −0.16481     −0.26081     −0.12281     −0.14281
    −0.04719     −0.14319     −0.00519     −0.02519
```

# Tukey–Kramer步驟法：當樣本數不同時

Tukey's HSD檢定在1950年代中期由C.Y. Kramer做了修正，以處理不同樣本數的檢定情況。這修正之後的Tukey's HSD檢定法有時也稱為Tukey–Kramer步驟法。其計算變異的公式類似Tukey's HSD檢定法，不過其均方和（MSE）要除以2，並且在平方根中再乘以兩個處理樣本數的倒數的和。

$$q_{\alpha,C,N-C}\sqrt{\frac{\text{MSE}}{2}\left(\frac{1}{n_r}+\frac{1}{n_S}\right)}$$

Tukey–Kramer公式

其中：

$\text{MSE}$ = 均方差

$n_r$ = 第 $r$ 個樣本的樣本數

$n_s$ = 第 $S$ 個樣本的樣本數

$q_{\alpha,C,N-C}$ = 表A.10中t分配全距的臨界值

舉一個Tukey–Kramer步驟法的題目來說，在11.2節中所提到的運輸問題。用單因子變異數分析國外貨品在美國各港口的卸貨量是否有顯著的差異。在顯著水準為.05的情況下，所計算得到的F值為5.12。因為此F值十分顯著，所以拒絕了本題的虛無假設，本題是屬於多重比較的題目。然而本題的樣本數並不相同，所以Tukey's HSD檢定法不適用於此。Tukey–Kramer步驟法在此時就可以派得上用場。表11.7是四個不同港口各別的國外貨品平均卸貨量及樣本數。

本題的均方和（MSE）為2.76（由表11.3可得）。四個不同的港口代表自變數有四個處理水準。所以，C=4，N=20，且N−C=16。本題的$\alpha$=.05。由上述的資料及查表（表A.10）可知q值。

$$q_{.05,4,16} = 4.05$$

在這種樣本數不同的多重比較個案中，若想要求出兩兩處理水準的平均數

| 港口 | 樣本數 | 平均數 |
|---|---|---|
| 長堤 | 4 | 4.50 |
| 休士頓 | 5 | 4.00 |
| 紐約 | 6 | 7.00 |
| 紐奧良 | 5 | 3.40 |

表11.7 四個港口的平均數及樣本數

是否有所不同，就必須用Tukey–Kramer步驟法。在本題中，$C=4$，所以有$C(C-1)/2$或六個成對的比較。計算如下。

以港口一和港口二（長堤和休士頓）來看，

$$4.05\sqrt{\frac{2.76}{2}\left(\frac{1}{4}+\frac{1}{5}\right)}=3.19$$

長堤和休士頓的平均數差異為

$$4.50-4.00=.50$$

這個值小於臨界值3.19，所以在長堤和休士頓這兩個港口之間的平均貨品卸貨量沒有顯著的不同。表11.8是由Tukey–Kramer步驟法計算出來的六組成對比較表，其中包含各組的臨界值和該組內兩個處理水準的平均數差。只要其平均數差大於該組的臨界值時則表示該組內的兩個處理水準有顯著的差異。

如表11.8所示，休士頓和紐約（樣本2和3）、紐約和紐奧良（樣本3和4）成對樣本間的平均值有顯著的差異。

表11.9是由MINITAB所計算出的結果。

MINITAB在Tukey–Kramer步驟法運算上必須要有不同的樣本數$n$。如同HSD檢定一般，MINITAB處理的方法也是利用信賴區間來判斷成對樣本中是否有顯著的不同。如果信賴區間中包括了零，則成對比較的兩組樣本並無明顯

表11.8
利用Tukey–
Kramer步驟
法解決運輸
問題之成對
比較結果

| 成對 | 臨界差異 | 實際差異 |
|---|---|---|
| 1和2<br>（長堤和休士頓） | 3.19 | .50 |
| 1和3<br>（長堤和紐約） | 3.07 | 2.50 |
| 1和4<br>（長堤和紐奧良） | 3.19 | 1.10 |
| 2和3<br>（休士頓和紐約） | 2.88 | 3.00* |
| 2和4<br>（休士頓和紐奧良） | 3.01 | .60 |
| 3和4<br>（紐約和紐奧良） | 2.88 | 3.60* |

*顯著水準$\alpha=.05$。

表11.9
利用Tukey–
Kramer 步
驟法解決運
輸 問 題 之
MINITAB
多重比較結
果

```
Tukey's pairwise comparisons

Family error rate = 0.0500
Individual error rate = 0.0113

Critical value = 4.05

Intervals for (column level mean) - (row level mean)
          1          2          3

2      -2.693
        3.693

3      -5.572     -5.882
        0.572     -0.118

4      -2.093     -2.140     0.718
        4.293      3.610     6.482
```

差異。反之，如果信賴區間均在同一側（不包含零），則成對比較的兩組樣本
就有明顯的差異。在成對比較的(2, 3)和(3, 4)組之間都在同一邊，顯示各組組
內的樣本之間存有顯著的差異。此結論與在表11.8所計算出來的結果是一致
的。

11.18 假設完全隨機實驗以ANOVA為分析方法。其中有六個處理水準。第三組
的處理平均數為15.85，且該組的樣本數為8。第六組的處理平均為
17.21，且該組的樣本數為7。MSE為.3352。全部的總樣本數為46。請用
Tukey–Kramer步驟法比較此兩組的平均數是否有顯著的不同。

11.19 假設完全隨機實驗以ANOVA為分析方法。在實驗設計中有四個處理水
準，而且每一個處理水準均有六個樣本。MSE是2.389。顯著水準為
$\alpha$=.05，請以Tukey's HSD來分析這個ANOVA所產生結果。

11.20 使用問題11.15的計算結果，利用Tukey–Kramer步驟法求出第一組和第
二組之間的成對比較的臨界值。顯著水準為$\alpha$=.05。並計算兩組之間是
否有明顯的差異。

11.21 利用Tukey–Kramer步驟法判斷在問題11.16中第二組和第四組的處理平

均數是否有明顯的差異。令 $\alpha=.01$。

11.22 使用問題11.7的結果，計算出Tukey's HSD檢定中成對比較是否有顯著差異的組別？令 $\alpha=.01$。

11.23 以問題11.8為例，計算Tukey's HSD檢定的結果，並且判斷成對比較是否有顯著差異？令 $\alpha=.05$。

11.24 利用Tukey–Kramer步驟法來計算問題11.11的多重比較。令 $\alpha=.01$。如果有顯著不同的處理水準的話，請指出。

11.25 使用Tukey–Kramer步驟法來計算問題11.12的多重比較。令 $\alpha=.01$。請指出有哪個地區與起薪間有顯著的差異。

11.26 令 $\alpha=.05$，利用Tukey–Kramer步驟法來計算問題11.13的多重比較。如果有任兩顯著不同的處理水準的話，請指出。

11.27 利用Tukey's HSD檢定法來計算問題11.14的多重比較。顯著水準為0.05。如果有任兩顯著不同的平均成本的話，請指出。

11.28 問題11.17以表11.1的真空管口徑資料與生產批次的不同來做變異數分析。機率為.001時，所得的F值為10.67。因為機率小於.01，於是在 $\alpha=.01$ 之下，拒絕虛無假設。所以在批次與真空管的口徑間有顯著差異。如果兩兩處理水準之間有差異的話，有哪些處理水準間有顯著的差異呢？請先參考下列MINITAB的電腦資料表，並由下表回答本題。

```
Tukey's pairwise comparisons
Family error rate = 0.0500
Individual error rate = 0.0200
Critical value = 3.56
Intervals for (column level mean) — (row level mean)
          1              2
2    0.09022
     0.33228

3    0.04397      −0.16728
     0.28603       0.07478
```

# 11.4 隨機集區設計

●●●●●●●●●●●●●●●●●●●●●●●●●●●●●●●●●●●●●

第二種要介紹的實驗設計方法為隨機集區設計。隨機集區設計類似完全隨機設計，但是後者只有一個自變數(處理變數)，隨機集區設計則有兩個自變數──處理變數和集區變數。隨機集區設計的集區變數可以用來表示較易混淆的變數或伴隨相互影響的變數。

所謂易混淆的變數或伴隨相互影響的變數是指，研究者在實驗中無法操控的變數，但是此變數又會影響實驗中處理變數所產生的效果。舉例來說，在例題11.2提到如何用完全隨機設計來測試溫度與鋼鐵延展性的相互影響。然而在實驗中，研究者並未完全控制會影響鋼鐵延展性的變數，如溼度、原料、機器、和生產批次等。要控制這些變數的方法就是將這些變數納為實驗變數之一。隨機集區設計可以將上述的其中一項變數納入實驗變數之中。集區變數就是指這種研究者想要操控，且不是所欲探討的主要處理變數。

最早使用隨機集區設計的人之一是Sir Ronald A. Fisher。他將這個方法用於農業的研究中，當時他想研究在同一種植物的範疇下，各式不同的種子的成長形態。各式不同的種子就是他的實驗中的自變數。但他發現他將不同的種子種在不同盆子的土壤中，這種「區域」的變數可能會影響實驗的效果。於是Fisher將不同盆子的土壤視為第二個想控制的集區變數。每一種種子就種在不同的集區中。本研究主要探討的對象是種子生長的速度(自變數)。而不同盆子的土壤只是他想控制的變數（集區變數）。

在之前所提到的鋼鐵製造問題中，集區變數可能是機器的型號（如果用不同的機器來製造鋼鐵的話）、員工、生產批次、或是某一週某一天等。研究者可能已經知道不同的員工或不同的機器會對鋼鐵的延展度有些微的影響。但是將員工或機器納入集區變數的話，更是加強了研究的分析效果。其他集區變數可能為性別、年齡、智商、經濟水準、品牌、供應商、或交通運輸等。在比較獲利能力的決策難題問題中，處理變數是國家、年度則可以是集區變數。

重覆測量設計（repeated measures design）是隨機集區設計中特殊的情形。重覆測量設計是指一個獨立的物件或人員為該研究中的集區變數，而且讓集區變數在所有處理中不斷重覆地被實驗。因此在隨機集區設中，其集區變數

為「晚班」，則所有處理水準在晚班所生產的物品都是研究的對象；在重覆測量設計中，集區變數可能為個別的機器或人員，因為在所有處理中，研究樣本是來自於個別機器或人員所生產的物件的隨機抽樣。所以，在所有處理中，對同一個機器或人員做重覆的抽樣就稱為重覆測量設計。這種重覆測量設計是對獨立樣本所做的t檢定（在第10.3節曾論述）的延伸。

完全隨機設計的平方和為

$$SST = SSC + SSE$$

在隨機集區設計中，其平方和為

$$SST = SSC + SSR + SSE$$

其中：

　　SST=平方總和
　　SSC=行（處理）平方和
　　SSR=列（集區）平方和
　　SSE=誤差平方和

SST和SSC不管是在完全隨機設計或隨機集區設計的意義是相同的。所以，SSR必須來自SSE的這一個部分。也就是說，在完全隨機設計中的誤差變異項其中有部分是由於集區因素所產生的，如圖11.6所示。

由於誤差變異的減小，所計算出來的F值會變大(因為分母變小)。因此，如果集區變數之間沒有顯著的變異時，使用隨機集區設計的分析效果會比用完全隨機設計來得差。所以，研究者必須找出他或她認為對應變數有相當影響的

圖11.6
隨機集區設
計的總平方
和之分解

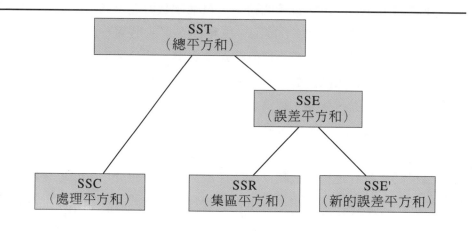

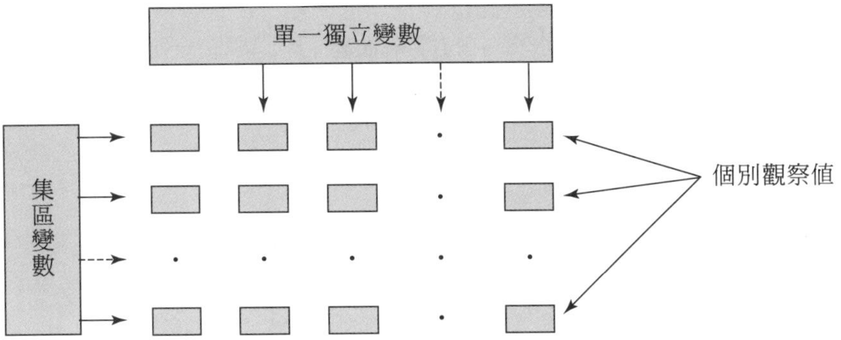

圖11.7
隨機集區設
計

集區變數。圖11.7顯示出隨機集區設計的結構圖。

由圖11.7可看到各自變數與集區變數之間，也有交互作用。在隨機集區設計中，各處理因子與集區因子的交互作用也是必須測量的。

在隨機集區設計中處理的虛無、對立假設如下：

$$H_0 = \mu_1 = \mu_2 = \mu_3 = \cdots = \mu_C$$
$$H_a = 至少有一處理平均數不相同$$

在隨機集區設計中集區的虛無、對立假設如下：

$$H_0 = \mu_1 = \mu_2 = \mu_3 = \cdots = \mu_R$$
$$H_a = 至少有一集區平均數不相同$$

事實上，我們是先檢定各處理水準中的母體平均數是相同的虛無假設。如果虛無假設被拒絕的話，則表示其中至少有一母體平均數不同於其他。

計算隨機集區設計的公式如下。

$$SSC = n \sum_{j=1}^{C} (\overline{X}_j - \overline{X})^2$$

$$SSR = C \sum_{i=1}^{n} (\overline{X}_i - \overline{X})^2$$

$$SSE = \sum_{i=1}^{n} \sum_{j=1}^{C} (X_{ij} - \overline{X}_j - \overline{X}_i + \overline{X})^2$$

$$SST = \sum_{i=1}^{n} \sum_{j=1}^{C} (X_{ij} - \overline{X})^2$$

其中：

$i$ = 集區數（列）
$j$ = 處理水準（行）

隨機集區設
計的公式

$$C = 處理水準數（行）$$

$$n = 在各處理水準中的觀察值數目（集區一列數）$$

$$X_{ji} = 個別觀察值$$

$$\overline{X}_j = 處理（行）平均$$

$$\overline{X}_i = 集區（列）平均$$

$$\overline{X} = 總平均$$

$$N = 總觀察數$$

$$df_c = C - 1$$

$$df_R = n - 1$$

$$df_E = (C-1)(n-1) = N - n - C + 1$$

$$MSC = \frac{SSC}{C-1}$$

$$MSR = \frac{SSR}{n-1}$$

$$MSE = \frac{SSE}{N-n-C+1}$$

$$F_{處理} = \frac{MSC}{MSE}$$

$$F_{集區} = \frac{MSR}{MSE}$$

所計算出來處理因子的F值與查表F值（利用 $\alpha$ 值、$df_C$（處理）、$df_E$（誤差）等資料查閱附錄A.7）相比較。如果計算的F值大於查表F值時，則拒絕虛無假設。也就表示處理因子間的平均數並不完全相同。當虛無假設被拒絕之後，研究者可決定是否要再做相互間的多重比較。

雖然有研究的重心在於處理因子的分析，有些研究者也會計算集區因子的F值。計算出來集區因子的F值與查表F值（利用 $\alpha$ 值、$df_R$（集區）、$df_E$（誤差）等資料查閱附錄A.7）相較，若計算的F值大於查表F值時，則拒絕虛無假設。表示集區因子間的平均數並不完全相同。這個訊息也透露出在本實驗中，集區變數也具有某些影響實驗結果的能力，其解釋了相當部分的研究變異。由此也增進了研究的效力。在本文中，我們在一般的運算和解題中省略了集區因子的計算部分，留待讀者自行去研究。

**案例** 一間輪胎公司發明了一種新的輪胎。公司打算做一個新輪胎的磨損力檢定以瞭解在不同的平均車速下，對輪胎的磨損力是否有顯著的影響。在本實驗

中，自變數爲平均的車速。有三個處理因子，分別是低速（車速在每小時20英哩），中速（車速在每小時40英哩），高速（車速在每小時60英哩）。但公司的研究者也發現還有其他的因素會影響實驗結果。其中一個變數就是供應商。這間公司在製造輪胎時，使用五個不同的供應商的橡膠原料。爲了控制這項變數，公司研究者將供應商列爲集區變數。本實驗共有十五個樣本，分別由五個供應商所提供的原料之製成品中抽取三個。每一個均經過三種不同速度的測試。資料如下，其測量單位爲每單位10,000英哩。

| | 速度 | | | 集區平均數 |
|---|---|---|---|---|
| 供應商 | 慢 | 中等 | 快速 | $\overline{X}_i$ |
| 1 | 3.7 | 4.5 | 3.1 | 3.77 |
| 2 | 3.4 | 3.9 | 2.8 | 3.37 |
| 3 | 3.5 | 4.1 | 3.0 | 3.53 |
| 4 | 3.2 | 3.5 | 2.6 | 3.10 |
| 5 | 3.9 | 4.8 | 3.4 | 4.03 |
| 處理平均數 $(\overline{X}_j)$ | 3.54 | 4.16 | 2.98 | $\overline{X}=3.56$ |

顯著水準 $\alpha$ 爲0.01，計算過程如下。

$$C = 3$$
$$n = 5$$
$$N = 15$$

$$SSC = n\sum_{j=1}^{C}(\overline{X}_j - \overline{X})^2$$
$$= 5[(3.54-3.56)^2 + (4.16-3.56)^2 + (2.98-3.56)^2] = 3.484$$

$$SSR = C\sum_{i=1}^{n}(\overline{X}_i - \overline{X})^2$$
$$= 3[(3.77-3.56)^2 + (3.37-3.56)^2 + (3.53-3.56)^2 + (3.10-3.56)^2$$
$$+ (4.03-3.56)^2] = 1.549$$

$$SSE = \sum_{i=1}^{n}\sum_{j=1}^{C}(X_{ij} - \overline{X}_j - \overline{X}_i + \overline{X})^2$$
$$= (3.7-3.54-3.77+3.56)^2 + (3.4-3.54-3.37+3.56)^2 + \cdots$$
$$+ (2.6-2.98-3.10+3.56)^2 + (3.4-2.98-4.03+3.56)^2 = .143$$

$$SST = \sum_{i=1}^{n}\sum_{j=1}^{C}(X_{ij} - \overline{X})^2$$
$$= (3.7-3.56)^2 + (3.4-3.56)^2 + \cdots + (2.6-3.56)^2 + (3.4-3.56)^2 = 5.176$$

$$MSC = \frac{SSC}{C-1} = \frac{3.484}{2} = 1.742$$

$$MSR = \frac{SSR}{n-1} = \frac{1.549}{4} = .387$$

$$MSE = \frac{SSE}{N-n-C+1} = \frac{.143}{8} = .018$$

$$F = \frac{MSC}{MSE} = \frac{1.742}{0.018} = 96.78$$

| 變異來源 | SS | df | MS | $F$ |
|---|---|---|---|---|
| 處理 | 3.484 | 2 | 1.742 | 96.78 |
| 集區 | 1.549 | 4 | .387 | |
| 誤差 | .143 | 8 | .018 | |
| 總變異 | 5.176 | 14 | | |

當 $\alpha=0.01$，則F臨界值為

$$F_{.01,2,8} = 8.65$$

因為所觀察的F值為96.78，大於F臨界值，所以拒絕虛無假設。至少有一個處理因子的平均數與其他不同。所以，不同的速度與輪胎間有顯著的差異。如果這實驗是用完全隨機設計的方法，則SSR是SSE之中的一部分。集區變數的自由度也合併到誤差項的自由度中。所以，SSE等於1.549+.143=1.692，其自由度為4+8=12。MSE的計算為1.692/12=.141。處理因子的F值為

$$F = \frac{MSC}{MSE} = \frac{1.742}{0.141} = 12.35$$

所以，在考慮集區因子的情況下， 處理因子的F值為96.78；若不考慮集區變數的話， 處理因子的F值為12.35。由上可知，使用隨機集區設計所得的處理因子的F值較大。

MINITAB和Excel這兩項電腦工具均可用來分析隨機集區設計。使用以上兩種工具所計算出來的結果在表11.10。在MINITAB中計算隨機集區設計的方法其實就等於計算二因子變異數分析（在11.5節將介紹）的方法一樣。

在MINITAB所產生的結果中包括了處理因子和集區因子的F值及P值。在標準的ANOVA表中，包含平方和、均方和和各變數的自由度。在MINITAB的表中還包括了各處理因子和集區因子的平均值（並不是標準格式，可自行設定）。此外，在結果的上方還有處理因子（速度），以及集區因子（供應商）

```
MINITAB Of Output

Analysis of Variance (Balanced Designs)
Factor       Type       Levels    Value
Speed        fixed      3         1    2    3
Supplier     fixed      5         1    2    3    4    5

Analysis of Variance for Mileage
Source       df    SS          MS          F           P
Speed        2     3.48400     1.74200     97.68       0.000
Supplier     4     1.54933     0.38733     21.72       0.000
Error        8     0.14267     0.01783
Total        14    5.17600

MEANS

Speed      N      Mileage
  1        5      3.5400
  2        5      4.1600
  3        5      2.9800

Supplier   N      Mileage
  1        3      3.7667
  2        3      3.3667
  3        3      3.5333
  4        3      3.1000
  5        3      4.0333

Excel Output
Anova: Two-Factor Without Replication
```

| SUMMARY | Count | Sum | Average | Varianc |
|---|---|---|---|---|
| Supplier 1 | 3 | 11.3 | 3.766667 | 0.493333 |
| Supplier 2 | 3 | 10.1 | 3.366667 | 0.303333 |
| Supplier 3 | 3 | 10.6 | 3.533333 | 0.303333 |
| Supplier 4 | 3 | 9.3 | 3.1 | 0.21 |
| Supplier 5 | 3 | 12.1 | 4.033333 | 0.503333 |
| Slow | 5 | 17.7 | 3.54 | 0.073 |
| Medium | 5 | 20.8 | 4.16 | 0.258 |
| Fast | 5 | 14.9 | 2.98 | 0.92 |

```
ANOVA
```

| Source of Variation | SS | df | MS | F | p-value | F crit |
|---|---|---|---|---|---|---|
| Rows | 1.549333 | 4 | 0.387333 | 21.71963 | 0.000236 | 3.837854 |
| Columns | 3.484 | 2 | 1.742 | 97.68224 | 2.39E-06 | 4.458968 |
| Error | 0.142667 | 8 | 0.017833 | | | |
| Total | 5.176 | 14 | | | | |

表11.10
在MINITAB
及EXCEL
下的隨機集
區設計之結
果

更詳盡的資訊。

　　Excel在隨機集區設計中的運算方式就像二因子變異數分析一般。Excel的運算結果包含了每一行和列的總和、平均和變異數。Excel在ANOVA的計算中，也顯示出處理（行）和集區（列）的F值。還有很重要的一點是，Excel同時也計算出每一個F及F查表臨界值的$p$值。

---

例題11.3　　　　假設一個全國旅遊協會在1996年夏天要做一個美國無鉛汽油的平均成本的研究。根據過去的經驗，在美國本土的汽油成本會隨所加油的地區的不同而有所不同。為了驗證這項說法，協會在五個不同的地區隨機抽取加油站為樣本，做電話的訪查。另外，協會認為不同汽油的品牌也可能會影響汽油成本。因為本研究的目的在於區域的不同對汽油成本的影響，所以實驗中的處理變數為「城市」。為了控制不同品牌對油價的影響，協會將「品牌」視為集區變數，並且選了六個品牌來實驗。研究者在每個地區（城市）隨機抽取了一間加油站，針對這六個品牌的汽油油價做電話訪查，總共調查了三十個樣本資料（五個不同的城市，六個不同的汽油品牌）。對每一間加油站的工作人員調查這六個品牌的汽油目前價格。所蒐集的資料如下。利用隨機集區設計來分析各城市與加油成本是否有顯著的差異。令$\alpha=.01$。

| 品牌 | 地區 | | | | | $\overline{X}_i$ |
| --- | --- | --- | --- | --- | --- | --- |
| | 邁阿密 | 費城 | 明尼亞波里 | 聖安東尼奧 | 奧克蘭 | |
| A | 1.47 | 1.40 | 1.38 | 1.32 | 1.50 | 1.414 |
| B | 1.43 | 1.41 | 1.42 | 1.35 | 1.44 | 1.410 |
| C | 1.44 | 1.41 | 1.43 | 1.36 | 1.45 | 1.418 |
| D | 1.46 | 1.45 | 1.40 | 1.30 | 1.45 | 1.412 |
| E | 1.46 | 1.40 | 1.39 | 1.39 | 1.48 | 1.424 |
| F | 1.44 | 1.43 | 1.42 | 1.39 | 1.49 | 1.434 |
| $\overline{X}_j$ | 1.450 | 1.417 | 1.407 | 1.352 | 1.468 | $\overline{X}=1.419$ |

解答

步驟一：假設如下：

　　　　對處理而言，$H_0: \mu_1 = \mu_2 = \mu_3 = \mu_4 = \mu_5$

　　　　　　　　　　$H_a$: 至少有一處理平均數不相同

　　　　對集區而言，$H_0: \mu_1 = \mu_2 = \mu_3 = \mu_4 = \mu_5 = \mu_6$

$$H_a: 至少有一處理平均數不相同$$

步驟二：適用於本題的方法為ANOVA中的隨機集區設計的F檢定。

步驟三：令$\alpha = .01$。

步驟四：處理自由度為4（$C-1=5-1=4$），集區自由度為5（$n-1=6-1=5$），及誤差自由度為20$[C-1)(n-1)=(4)(5)=20]$。利用上述值，$\alpha=.01$，以及查表A.7之後，可得

$$F_{.01,4,20} = 4.43 （處理）$$
$$F_{.01,5,20} = 4.10 （集區）$$

拒絕處理平均數相同的虛無假設的決策法則為，所觀察的F值要大於查表的F值；同樣的，拒絕集區平均數相同的虛無假設的決策法則為，所觀察的F值要大於查表的F值。

步驟五：樣本資料包括各行及各列的平均數及總平均，如左表所示。

步驟六：

$$SSC = n \sum_{j=1}^{C} (\overline{X}_j - \overline{X})^2$$
$$= 6[(1.450-1.419)^2 + (1.417-1.419)^2 + (1.407-1.419)^2$$
$$+ (1.352-1.419)^2 + (1.468-1.419)^2] = .04851$$

$$SSR = C \sum_{i=1}^{n} (\overline{X}_i - \overline{X})^2$$
$$= 5[(1.414-1.419)^2 + (1.410-1.419)^2 + (1.418-1.419)^2$$
$$+ (1.412-1.419)^2 + (1.424-1.419)^2 + (1.434-1.419)^2] = .00203$$

$$SSE = \sum_{i=1}^{n} \sum_{j=1}^{C} (X_{ij} - \overline{X}_j - \overline{X}_i + \overline{X})^2$$
$$= (1.47-1.450-1.414+1.419)^2 + (1.43-1.450-1.410+1.419)^2 + \cdots$$
$$+ (1.48-1.468-1.424+1.419)^2 + (1.49-1.468-1.434+1.419)^2]$$
$$= .01281$$

$$SST = \sum_{i=1}^{n} \sum_{j=1}^{C} (X_{ij} - \overline{X})^2$$
$$= (1.47-1.419)^2 + (1.43-1.419)^2 + \cdots + (1.48-1.419)^2$$
$$+ (1.49-1.419)^2 = .06335$$

$$MSC = \frac{SSC}{C-1} = \frac{.04851}{4} = .01213$$

$$MSR = \frac{SSR}{n-1} = \frac{0.00203}{5} = 0.00041$$

$$MSE = \frac{SSE}{(C-1)(n-1)} = \frac{.01281}{20} = .00064$$

$$F = \frac{MSC}{MSE} = \frac{.01200}{.00064} = 18.65$$

| 變異來源 | SS | df | MS | $F$ |
|---|---|---|---|---|
| 處理 | .04851 | 4 | .01213 | 18.95 |
| 集區 | .00203 | 5 | .00041 | |
| 誤差 | .01281 | 20 | .00064 | |
| 總變異 | .06335 | 29 | | |

步驟七：因為$F_{處理}$=18.95>$F_{.01,4,20}$=4.43，所以拒絕虛無假設。在不同地區與平均油價間有顯著的差異。

再看看MSR所代表的集區差異極小。集區因子的$F$值計算結果為

$$F = \frac{MSR}{MSE} = \frac{.00041}{.00064} = .64$$

當$\alpha$=.01時（$F_{.01,5,20}$=4.10），集區因子的F值並不顯著。這表示此集區因子對本實驗結果沒有很大的影響。如果把集區變異（SSR）加入SSE，並且把$df_R$還原到$df_E$中，MSE就會變為.00059而不是.00064。以.00059為分母來計算處理因子的F值，則F值會增加為20.56。所以，將不具影響力的集區變數考慮進實驗中，只會使研究效益降低。

以下是由MINITAB和Excel軟體所產生的結果。

```
MINITAB Output

Analysis of Variance for Prices

Source    df    SS            MS            F        P
GeogReg   4     0.0485134     0.0121283     18.94    0.000
Brand     5     0.0020267     0.0004053      0.63    0.677
Error     20    0.0128067     0.0006403
Total     29    0.0633467

Excel Output
Anova: Two-Factor Without Replication
```

| SUMMARY | Count | Sum | Average | Variance |
|---|---|---|---|---|
| Brand A | 5 | 7.07 | 1.414 | 0.00518 |
| Brand B | 5 | 7.05 | 1.41 | 0.00125 |

| | | | | |
|---|---|---|---|---|
| Brand C | 5 | 7.09 | 1.418 | 0.00127 |
| Brand D | 5 | 7.06 | 1.412 | 0.00447 |
| Brand E | 5 | 7.12 | 1.424 | 0.00183 |
| Brand F | 5 | 7.17 | 1.434 | 0.00133 |
| | | | | |
| Miami | 6 | 8.7 | 1.45 | 0.00024 |
| Philadelphia | 6 | 8.5 | 1.416667 | 0.000387 |
| Minneapolis | 6 | 8.44 | 1.406667 | 0.000387 |
| San Antonio | 6 | 8.11 | 1.351667 | 0.001337 |
| Oakland | 6 | 8.81 | 1.468333 | 0.000617 |

ANOVA

| Source of Variation | SS | df | MS | F | P-value | F crit |
|---|---|---|---|---|---|---|
| Rows | 0.002027 | 5 | 0.000405 | 0.633004 | 0.676888 | 4.102674 |
| Columns | 0.048513 | 4 | 0.012128 | 18.94066 | 1.41E-06 | 4.430717 |
| Error | 0.012807 | 20 | 0.00064 | | | |
| Total | 0.063347 | 29 | | | | |

由Excel所產生的ANOVA表將本題的結論清楚地顯示出來。處理因子的F值（行）產生一個$p$值為.00000141，表示說在$\alpha$=.00001時，F值的效果很顯著。集區因子的F值（列）小於1。其$p$值為.676888，表示在$\alpha$=.10之下，此F值並不顯著。$\alpha$=.01的F查表臨界值在Excel表中均已明列。請注意到Excel表中的平均數。在先前計算部分是以千元為單位，在Excel表中卻是以萬元為單位。因此筆算部分與電腦所計算的結果有些微的不同。

步驟八：結論顯示，不同地區與汽油價格間的確有顯著的差異，這個結論有利於決策者制定決策。舉例來說，砂石運輸公司受燃料費用的影響很大。知道這個結論之後，可幫助該公司的決策制定及路線安排。油料費用的不同有時也是生活費差距的指標或是配銷地點的影響因素，可能影響到公司在各地發展的決策，或對派遣人員到外地的考量。這個結論也可能會引起行銷研究者的興趣，進而去研究為什麼各地的油價會不同、其原因何在。有時也使得對市場有更深一層的瞭解。

---

11.29利用變異數分析隨機集區設計的資料。令$\alpha$=.05。列出虛無假設和對立假　　問題11.4

設，並判定是否拒絕虛無假設。

|  |  | 處理水準 | | | |
|---|---|---|---|---|---|
|  |  | 1 | 2 | 3 | 4 |
|  | 1 | 23 | 26 | 24 | 24 |
| 集 | 2 | 31 | 35 | 32 | 33 |
| 區 | 3 | 27 | 29 | 26 | 27 |
|  | 4 | 21 | 28 | 27 | 22 |
|  | 5 | 18 | 25 | 27 | 20 |

11.30 以下的資料是來自隨機集區設計。利用 $\alpha=.01$ 以檢定處理因子的顯著差異。請建立假設並求得虛無假設的結論。

|  |  | 處理水準 | | |
|---|---|---|---|---|
|  |  | 1 | 2 | 3 |
|  | 1 | 1.28 | 1.29 | 1.29 |
| 集 | 2 | 1.40 | 1.36 | 1.35 |
| 區 | 3 | 1.15 | 1.13 | 1.19 |
|  | 4 | 1.22 | 1.18 | 1.24 |

11.31 一個隨機集區設計有六個處理因子和十個集區因子。利用該資料及 $\alpha=.05$，完成下表並求出結論。

| 變異來源 | SS | df | MS | $F$ |
|---|---|---|---|---|
| 處理 | 2477.53 | | | |
| 集區 | 3180.48 | | | |
| 誤差 | 11661.38 | | | |
| 總變異 | | | | |

11.32 一個隨機集區設計有4個處理因子和7個集區因子。利用該資料及 $\alpha=.01$，完成下表並求出結論。

| 變異來源 | SS | df | MS | $F$ |
|---|---|---|---|---|
| 處理 | 199.48 | | | |
| 集區 | 265.24 | | | |
| 誤差 | 306.59 | | | |
| 總變異 | | | | |

11.33在汽車旅館和一般旅館內的安全是旅客們漸關心的問題。假設全國汽車旅館和一般旅館公會想要針對旅客在不同的連鎖旅館的安全措施做一研究。公會針對經濟型旅館，選出了四間全國的連鎖旅館，並隨機抽取了十名旅客，這十名旅客在過去兩年內曾在這四間旅館投宿。每一個旅客對居住在這四間不同旅館所給予的安全感的程度做一個評分，由0到100分。0分代表一點也不安全，100則表示百分之百的安全。其資料如下。以隨機集區設計來分析，這四間旅館與安全感間是否有顯著的差異。令$\alpha=.05$。

| 旅客 | 飯店1 | 飯店2 | 飯店3 | 飯店4 |
|------|-------|-------|-------|-------|
| 1 | 40 | 30 | 55 | 45 |
| 2 | 65 | 50 | 80 | 70 |
| 3 | 60 | 55 | 60 | 60 |
| 4 | 20 | 40 | 55 | 50 |
| 5 | 50 | 35 | 65 | 60 |
| 6 | 30 | 30 | 50 | 50 |
| 7 | 55 | 30 | 60 | 55 |
| 8 | 70 | 70 | 70 | 70 |
| 9 | 65 | 60 | 80 | 75 |
| 10 | 45 | 25 | 45 | 50 |

11.34近幾年來美國的經濟一直是爭論的話題焦點。選民們對於目前是否處於復甦期也有不同的意見。假設現在有一研究，想瞭解民眾對經濟復甦的認知會因政黨派系不同而有異。所觀察的樣本來自於共和黨、民主黨、及自稱中立的無黨派人士。研究中的評分方式為25分制，最高分25分，表示民眾認為現在毫無疑問地是處於復甦期；反之，0分表示現在根本不是在復甦期，若介於其中的話代表民眾存有不確定的心理。為了控制不同的社會階級，集區因子分為五個不同的社會階級。隨機集區設計的資料如下，以$\alpha=.01$判定民眾的認知與政黨派系有無顯著的影響。

| 社會階級 | 黨派 | | |
|---|---|---|---|
| | 民主 | 共和 | 無黨派 |
| 上 | 5 | 11 | 8 |
| 中上 | 9 | 15 | 8 |
| 中 | 14 | 19 | 15 |
| 中下 | 12 | 16 | 10 |
| 下 | 8 | 9 | 7 |

11.35 在製造的過程中，一個塑膠容器應該裝46盎司的鹽水。該工廠有三個用來裝鹽水的機器。該廠的經理認為三個機器的裝配量可能有所不同，因此用隨機集區實驗來檢定此假設。一部機器同時由五個操作人員輪班操作。因此公司針對每一部機器隨機抽取五個樣本（對每一位操作員隨機抽取一個）。分析以上所得的資料。以下是由MINITAB所統計出來的資料。本研究是何種實驗設計方式？有多少個集區因子？又有多少個處理因子？處理間的變異顯著嗎？集區變數的變異顯著嗎？試由下表回答以上問題。

```
Analysis of Variance for salt solution measurement

Source      df      SS        MS        F        P
Machine     2       78.30     39.15     6.72     .019
Operator    4        5.09      1.27     0.22     .807
Error       8       46.66      5.83
Total       14     130.06

                            Individual 95% CI
Machine     Mean      -----+-------+-------+-------+-----
   1        45.0            (--------*--------)
   2        43.9      (--------*--------)
   3        49.2                        (--------*--------)
                      -----+-------+-------+-------+-----
                         42.5     45.0    47.5     50.0

                            Individual 95% CI
Operator    Mean      -----+-------+-------+-------+-----
   1        45.7           (----------*----------)
   2        45.6      (----------*----------)
   3        46.9          (----------*----------)
   4        45.5      (----------*----------)
   5        46.5         (----------*----------)
                      -----+-------+-------+-------+-----
                         44.0     46.0    48.0     50.0
```

11.36 一家公司的負責人想知道經理人長途通話的平均時間與所用的電話是否有顯著的不同。因此設計了一個隨機集區設計，針對四種不同的電話（行動電話、電腦、無線電話、一般電話）及五個經理人為樣本。其資料由Excel所統計出來的結果如下。請討論本研究的結論，並對公司提出可能的建議。

Anova: Two-Factor Without Replication

| SUMMARY | Count | Sum | Average | Variance |
|---|---|---|---|---|
| Manager 1 | 4 | 13.32 | 3.33 | 0.722067 |
| Manager 2 | 4 | 10.73 | 2.6825 | 1.266292 |
| Manager 3 | 4 | 9.1 | 2.275 | 0.1995 |
| Manager 4 | 4 | 15.46 | 3.865 | 1.646033 |
| Manager 5 | 4 | 17.36 | 4.34 | 0.590733 |
| Cell Phone | 5 | 13.13 | 2.626 | 1.06673 |
| Computer | 5 | 12.61 | 2.522 | 0.42887 |
| Regular Phone | 5 | 19.67 | 3.934 | 0.55508 |
| Cordless | 5 | 20.56 | 4.112 | 1.45037 |

ANOVA

| Source of Variation | SS | df | MS | F | P-value | F crit |
|---|---|---|---|---|---|---|
| Rows | 11.33458 | 4 | 2.833645 | 12.7373 | 0.000281 | 3.25916 |
| Columns | 10.60426 | 3 | 3.534752 | 15.88879 | 0.000177 | 3.4903 |
| Error | 2.66962 | 12 | 0.222468 | | | |
| Total | 24.60846 | 19 | | | | |

# 11.5 因素設計（二因子變異數分析）

●●●●●●●●●●●●●●●●●●●●●●●●●●●●●●●●●●●●●●●●●●●●●●●●●●●

　　有些時候實驗中同時探討兩個或兩個以上的處理（自變數），這種實驗設計就是因素設計。在因素設計中，每一個處理因子均包含於其他的處理因子中。因素設計中，可在實驗中同時討論三個、四個、或n個處理或自變數。舉例來說，以表11.1的眞空管口徑的例題來看。24個眞空管口徑的平均數爲6.34公分。然而，在所有資料中只有一個符合該平均數。爲什麼？公司的員工認爲是因爲眞空管由不同的機器所製造、不同的操作員、不同的生產批次、不同的工作時間、不同供應商的原料。研究者若想要暸解其中造成變異的原因的話，則必須要做一個因素設計，包含所有五個變數做研究。在本節只探討兩個處理變數的因素設計。

## 因素設計的優點

　　如果這兩個變數分別由完全隨機設計來分析的話，只能研究其各自的影響效果（一次實驗，觀察一個變數效果）。所以，必須要做兩次完全隨機設計才能暸解這兩個變數。利用因素設計的方法，研究者可同時分析兩個變數，不僅省時，也能減少實驗的誤差率。

　　有些研究者用因素設計的方法來控制較複雜或具伴隨性的變數。在設計實驗的變數時，研究者可能試著在實驗中控制多個變數。在完全隨機設計，變數之間是完全獨立的。在因素分析中，比完全隨機設計多了一項優點，就是將第兩個變異數對原來誤差變異所產生的部分變異數給獨立出來。

　　在二因子因素設計中，因爲每一對處理的組合間均有多個樣本，研究者可由此探討兩個處理間的交互作用效果。交互作用在稍後會介紹。

　　二因子因素設計有些類似隨機集區設計。然而，在隨機集區設計中，注重的是處理變數，對於集區變數只是想控制而已。在二因子因素設計中則是同時重視兩個變數。因爲隨機集區設計在各集區和處理間只觀察一個樣本，所以不可能算出其交互作用。

# 兩處理變數的因素設計

　　圖11.8是兩處理變數的因素設計的結構圖。

　　圖中有兩個獨立變數（處理），而且每一對處理間均有交互作用。此交互作用如圖中的方格（cell）。其中的一個處理變數為列處理，另外一個是行處理變數。雖然在因素設計中可以探討在每個方格中均有不同的樣本數，但是這已超出本節的討論範圍，本節只針對在每個方格中均有相同的樣本數來討論。

　　每個處理（自變數）至少要有兩個處理水準。最簡單的因素設計是當各處理只有兩個處理水準時的2×2的因素設計。如果以圖11.8來看，就會有兩行及兩列的矩陣，其中含四個方格。

　　在本節中，我們只討論各方格（兩兩處理間的交集）中，樣本數$n>1$的情況。如此我們才可以求出兩處理間的交互作用。和完全隨機設計及隨機集區設計一樣的是，因素設計中也只有一個應變數。

# 應用

　　在商業研究上有許多因素研究的例子。在「決策難題」中所討論的國際企業的獲利能力例題中，研究者可以利用因素設計的方法，同時研究公司規模和國家分布這兩個變異數。甚至，還可以進一步地研究其相互間的交互作用，以判定是否在某一公司規模下，在特定的國家，其獲利能力會不會更高等問題。

　　天然氣公司可以設計一個實驗判定溫度和雨雪是否會影響天然氣的使用

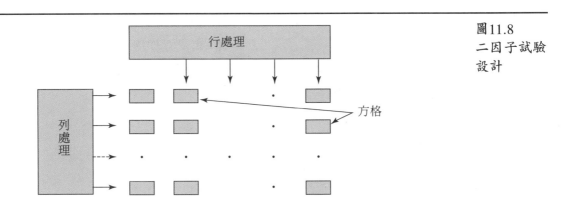

圖11.8
二因子試驗
設計

率。理論上來說，外面天氣的溫度和天氣的型態（如雨、雪、露等）的確會影響使用率，業者可針對同一地區的使用率資料及天氣溫度和型態來研究相互關係。同時，業者也可分析出哪一種溫度和天氣型態的組合下天然氣的使用率與其他組合最爲不同（交互作用）。

證券市場分析師可選擇某個產業（如建築業）的一家公司，針對其股票在不同情況下的股價反應。可設計一個以市場成交量和股市指數爲自變數的因素設計。對成交量而言，公司可選擇某些交易日，該交易日的前一天成交量可能是下跌、上升、或維持相同成交量。這三個分類就是「成交量」這個處理變數的處理水準。對「股市指數」而言，分析師也可以用同樣的方法。其三個水準也是(1)上升，(2)下跌，(3)持平。應變數就是該觀察的公司股票的漲跌情形。分析師可以知道該公司股票價格在市場交易量不同之下，是否會有所不同。也可知股票價格在股市指數有變化時是否也會有不同。還可知道在何種市場交易量和股市指數的組合之下，對股票價格的影響最大。

## 因素設計的統計檢定

變異數分析是用來分析因素設計所蒐集的資料。對於有兩個自變數的因素設計而言，在統計上使用的檢定方法爲二因子變異數分析（two-way ANOVA）。

列效果： $H_0$=列平均全部相同

$H_a$=列平均不全相同

行效果： $H_0$=行平均全部相同

$H_a$=行平均不全相同

交互作用： $H_0$=交互作用爲零

$H_a$=有交互作用

計算二因子變異數分析如下所示。這些公式有些類似完全隨機設計和隨機集區設計的算法。有三種效果的F值。

1.列效果

2.行效果

3.交互作用

列效果和行效果有時是研究的主效果。雖然F值主要是用來討論此主效果，但是F值也可用來計算交互作用。

　　上述的F值可用來和查表F值相較。查表F值是由$\alpha$、$df_{分子}$、$df_{分母}$來決定。分子的自由度（$df_{分子}$）視所要計算的F值有所不同。如果要計算行效果的F值，則分子的自由度為$C-1$。如果要計算列效果的F值，則分子的自由度為$R-1$。若要計算交互作用的F值，則分子的自由度為$(R-1)(C-1)$。三種效果的F值其分母的自由度皆相同，也就是誤差項的自由度，$RC(n-1)$。在二因子變異數分析中查表F值（F臨界值）如下。

| | |
|---|---|
| 列效果：$F_{\alpha,R-1,RC(n-1)}$<br>行效果：$F_{\alpha,C-1,RC(n-1)}$<br>交互作用：$F_{\alpha,(R-1)(C-1),RC(n-1)}$ | 二因子變異<br>數分析查表<br>F值 |

| | |
|---|---|
| $$SSR = nC\sum_{i=1}^{R}(\overline{X}_i - \overline{X})^2$$ $$SSC = nR\sum_{j=1}^{C}(\overline{X}_j - \overline{X})^2$$ $$SSI = n\sum_{i=1}^{R}\sum_{j=1}^{C}(\overline{X}_{ij} - \overline{X}_i - \overline{X}_j + \overline{X})^2$$ $$SSE = \sum_{i=1}^{R}\sum_{j=1}^{C}\sum_{k=1}^{n}(X_{ijk} - \overline{X}_{ij})^2$$ $$SST = \sum_{i=1}^{R}\sum_{j=1}^{C}\sum_{k=1}^{n}(X_{ijk} - \overline{X})^2$$ | 二因子變異<br>數分析之計<br>算公式 |

其中：

$n$ ＝每方格中的觀察值數目
$C$ ＝行處理數
$R$ ＝列處理數
$i$ ＝列處理水準
$j$ ＝行處理水準
$k$ ＝方格數
$X_{ijk}$ ＝個別觀察值
$\overline{X}_{ij}$ ＝方格平均數
$\overline{X}_i$ ＝列平均數
$\overline{X}_j$ ＝行平均數
$\overline{X}$ ＝總平均數

$$\mathrm{df}_R = R - 1$$

$$\mathrm{df}_c = C - 1$$

$$\mathrm{df}_I = (R-1)(C-1)$$

$$\mathrm{df}_E = RC(n-1)$$

$$\mathrm{df}_T = N - 1$$

$$\mathrm{MSR} = \frac{\mathrm{SSR}}{R-1}$$

$$\mathrm{MSC} = \frac{\mathrm{SSC}}{C-1}$$

$$\mathrm{MSI} = \frac{\mathrm{SSI}}{(R-1)(C-1)}$$

$$\mathrm{MSE} = \frac{\mathrm{SSE}}{RC(n-1)}$$

$$F_R = \frac{\mathrm{MSR}}{\mathrm{MSE}}$$

$$F_C = \frac{\mathrm{MSC}}{\mathrm{MSE}}$$

$$F_I = \frac{\mathrm{MSI}}{\mathrm{MSE}}$$

## 道德焦點

# 環保廣告對購買者的影響

　　1990年代是所謂的環保年代。據資料顯示，高達百分之九十的美國消費者在選購物品時會考慮到環保問題。企業在產品製造上及公司經營上都儘量做到「綠化」。在廣告上的綠化有用嗎？

　　兩位研究者，Schuhwerk和Lefkoff–Hagius，針對一些對環境無害的產品做研究，其中有些廣告以綠色為訴求，有些卻仍是用商業化訴求，對消費者做了一項購買動機的研究，看哪一種廣告有較大的吸引力。再者，研究者也想知道個人對環保的關心及購買動機之間的關係。於是他們設計了以廣告吸引力及環保關心為兩個自變數的二因子實驗設計。廣告吸引力分為兩種類別，綠色廣告或商業廣告。個人對環保的關心也分為高和低兩種涉入程度。所以這是一個2×2的兩因子實驗設計。應變數為對一種名為Ecowash洗衣用品（植物成份，對地球完全無害）的購買動機，以七個刻度來衡量。共有七十一個消費者樣本。根據Likert scales的七等分評量後，將樣本分為高涉入和低涉入兩類。再將樣本隨機分配到綠色訴求和商業訴求的廣告。以下是各方格內的平均數和樣本數。

|  | 環保 | 商業 |
|---|---|---|
| 高<br>涉<br>入<br>低 | $\overline{X}_{11} = 5.25$<br>$n_{11} = 14$ | $\overline{X}_{12} = 5.23$<br>$n_{12} = 21$ |
|  | $\overline{X}_{21} = 4.55$<br>$n_{21} = 19$ | $\overline{X}_{22} = 3.12$<br>$n_{22} = 17$ |

下表是用以上資料所計算出來的變異數分析結果，可以看到廣告吸引力和環保涉入的高低並無交互效果。在 $\alpha=0.05$（$F_{.05,1,60查表值}=4.00$）的顯著水準之下，在廣告吸引力和環保涉入高低兩個處理變數的F值均有顯著的影響。研究結果顯示，綠色廣告的效果能引起較大的購買動機，對於環保較關心的人則傾向於選擇綠色產品。

ANOVA 表

| 變異來源 | df | MS | F |
|---|---|---|---|
| 包裝 | 1 | 10.36 | 4.85 |
| 涉入程度 | 1 | 36.26 | 16.98 |
| 交互作用 | 1 | 8.12 | 3.80 |
| 誤差 | 67 | 2.14 | |
| 總變數 | 70 | | |

# 交互作用

如前所述，在檢定因素設計的兩個處理變數的顯著程度時，也可以同時檢定每一方格內各處理和處理之間的交互作用。交互作用的產生是當一處理因子所產生的效果會因另一個處理因子改變而改變。舉例來說，若要研究溫度和溼度對製造過程的影響，在溼度改變時，相同的溫度在製程中也會有不同的影響效果。低溫在低溼度時可能不是顯著的影響因素，但在高溼度下則可能是有顯著的影響。同理，高溫在低溼度時可能不是顯著的影響因素，但在高溼度下則可能是有顯著的影響。

以另一個例子來說，假設某個研究的目的在於瞭解家庭每月的紅肉消費量，並以不同經濟水準和宗教為自變數。經濟水準和宗教的交互作用在於，對某些宗教而言，經濟水準和紅肉消費是無關的；但是對某些宗教而言，經濟水準和紅肉消費卻是有關的。

在因素設計中，當列與列之間的方格平均數不一樣時，會發生交互作用，

這顯示出行對列的交互作用。同理，這也可以解釋行與行之間的平均數不同之因。交互作用可由畫出各列中的方格平均來看出（也可以畫出各行的方格平均）。然後將各列（行）的方格平均點連起來，如果這些線段沒有交點（平行）的話，則表示列與行之間沒有交互作用。圖11.9是2×3的因素設計各列的方格平均圖。

注意本圖中列平均的連線有交點。在圖11.10中，這兩條線也會相交，表示有交互作用。

在圖11.11的因素設計中則沒有交互作用。

當交互作用顯著時，則主效果（行與列）的結果是易混淆的，也就个叮以

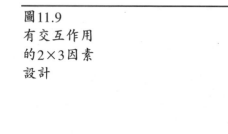

圖11.9
有交互作用
的2×3因素
設計

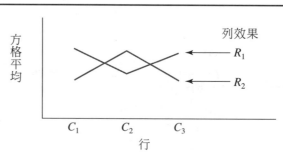

圖11.10
有部分交互
作用的2×3
因素設計

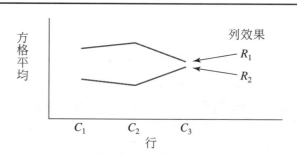

圖11.11
沒有交互作
用的2×3因
素設計

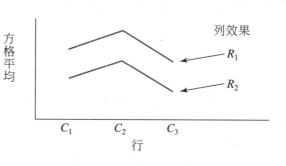

用一般的方式來分析。此時，列作用或行作用則無法很確定地判斷到底影響是否顯著，因為這個時候，列作用或行作用還受到其他主作用（交互作用）的影響。在交互作用顯著時，仍是有一些方法可以用來判斷主作用。然而這些內容已超出了本節的範圍。所以在本文中，當交互作用顯著時，研究者不應該用一般的原則去判斷主作用。

**案例**　在一個獲利的會計年度之後，總裁通常會決定要發股利給股東，還是將資金繼續投資。影響總裁決策的一個因素是否有投資的機會。如果有投資機會的話，總裁通常會繼續投資，而不發放股利。投資機會眞的是影響股利決策的重大因素嗎？假設隨機抽取出24位總裁，並調查是否投資機會對股利發放的決策有重大的影響力。評分的標準是從0到4，其中

> 0=不重要
> 1=有一點重要
> 2=中等重要
> 3=很重要
> 4=非常重要

以上調查24位總裁所得的資料如下。五個評等標準是以等距區分。關於公司股票交易地點和如何通知股東發放股利的消息均顯示在資料中。研究者想要知道這些評等的結果是否會與(1) 公司股票交易地點，(2) 如何通知股東發放股利的消息的方式有顯著差異。公司股票交易地點和如何通知股東發放股利的消息是兩個自變數。如何通知股東發放股利的消息的方式有兩個處理因子：

1.每年或每季的報告
2.分析說明會

公司股票交易地點有三個處理因子：

1.紐約證交所
2.美國證交所
3.店頭市場（上櫃）

這是一個2×3的因素設計（2列，3行），每方格中有4個樣本。

|  | 股票交易之場所 | | | |
|  | 紐約証交所 | 美國証交所 | 其他國家 | $\overline{X}_i$ |
|---|---|---|---|---|
| 年／季報表 | 2<br>1<br>2<br>1<br>$\overline{X}_{11} = 1.5$ | 2<br>3<br>3<br>2<br>$\overline{X}_{12} = 2.5$ | 4<br>3<br>4<br>3<br>$\overline{X}_{13} = 3.5$ | 2.5 |
| 分析說明會 | 2<br>3<br>1<br>2<br>$\overline{X}_{21} = 2.0$ | 3<br>3<br>2<br>4<br>$\overline{X}_{22} = 3.0$ | 4<br>4<br>3<br>4<br>$\overline{X}_{23} = 3.75$ | 2.9167 |
| $\overline{X}_j =$ | 1.75 | 2.75 | 3.625 | |

（股東如何得知股利之發放）

$$\overline{X} = 2.7083$$

在 $\alpha = .05$ 之下，試以二因子變異數分析解之。

$$SSR = nC \sum_{i=1}^{R} (\overline{X}_i - \overline{X})^2$$
$$= 4(3)[(2.5 - 2.7083)^2 + (2.9167 - 2.7083)^2] = 1.0418$$

$$SSC = nR \sum_{j=1}^{C} n_j (\overline{X}_j - \overline{X})^2$$
$$= 4(2)[(1.75 - 2.7083)^2 + (2.75 - 2.7083)^2 + (3.625 - 2.7083)^2] = 14.0833$$

$$SSI = n \sum_{i=1}^{R} \sum_{j=1}^{C} (\overline{X}_{ij} - \overline{X}_i - \overline{X}_j + \overline{X})^2$$
$$= 4[(1.5 - 2.5 - 1.75 + 2.7083)^2 + (2.5 - 2.5 - 2.75 + 2.7083)^2$$
$$+ (3.5 - 2.5 - 3.625 + 2.7083)^2 + (2.0 - 2.9167 - 1.75 + 2.7083)^2$$
$$+ (3.0 - 2.9167 - 2.75 + 2.7083)^2 + (3.75 - 2.9167 - 3.625 + 2.7083)^2] = .0833$$

$$SSE = \sum_{i=1}^{R} \sum_{j=1}^{C} \sum_{k=1}^{n} (X_{ijk} - \overline{X}_{ij})^2$$
$$= (2 - 1.5)^2 + (1 - 1.5)^2 + \cdots + (3 - 3.75)^2 + (4 - 3.75)^2 = 7.7500$$

$$SST = \sum_{i=1}^{R} \sum_{j=1}^{C} \sum_{k=1}^{n} (X_{ijk} - \overline{X})^2$$
$$= (2 - 2.7083)^2 + (1 - 2.7083)^2 + \cdots + (3 - 2.7083)^2 + (4 - 2.7083)^2 = 22.9583$$

$$MSR = \frac{SSR}{R-1} = \frac{1.0418}{1} = 1.0418$$

$$MSC = \frac{SSC}{C-1} = \frac{14.0833}{2} = 7.0417$$

$$MSI = \frac{SSI}{(R-1)(C-1)} = \frac{.0833}{2} = .0417$$

$$MSE = \frac{SSE}{RC(n-1)} = \frac{7.7500}{18} = .4306$$

$$F_R = \frac{MSR}{MSE} = \frac{1.0418}{.4306} = 2.42$$

$$F_C = \frac{MSC}{MSE} = \frac{7.0417}{.4306} = 16.35$$

$$F_I = \frac{MSI}{MSE} = \frac{.0417}{.4306} = .10$$

| 變異來源 | SS | df | MS | F |
|---|---|---|---|---|
| 列 | 1.0418 | 1 | 1.0418 | 2.42 |
| 行 | 14.0833 | 2 | 7.0417 | 16.35* |
| 交互作用 | .0833 | 2 | .0417 | .10 |
| 誤差 | 7.7500 | 18 | .4306 | |
| 總變異 | 22.9583 | 23 | | |

*顯著水準為$\alpha$=.01。

在$\alpha$=.05之下，交互作用的F臨界值為

$$F_{.05,2,18} = 3.55$$

交互作用的F觀察值為.10。因為交互作用的$F$觀察值小於F臨界值，表示兩處理之間沒有交互作用。因為兩者之間沒有交互作用，所以可以檢視主效果。

在$\alpha$=.05之下，列效果的F臨界值為

$$F_{.05,1,18} = 4.41$$

所計算出來的列效果F值為2.42，小於查表值。所以顯示沒有顯著的列效果。在$\alpha$=.05之下，行效果的F臨界值為

$$F_{.05,2,18} = 3.55$$

其值恰好與交互作用的F臨界值相同，原因在於兩者的自由度相同，所以才會有相同的查表值。行效果的觀察值為16.35大於其臨界值。所以在$\alpha$=.05之下，的確存在有明顯的列效果。再者，在$\alpha$=.01之下，查表臨界值$F_{.01,2,18}$=6.01，行效

果的觀察值仍大於其臨界值。所以，在顯著水準爲.01時，仍有明顯的列效果。由此可知，對總裁在評量是否有可獲利的投資機會時，公司股票的交易地點是很重要的參考因素。進一步分析可知，各行最低的平均數是公司股票交易地點爲紐約證交所。最高的行平均出現於公司股票交易地點爲店頭市場（上櫃）。利用多重比較的方法，我們可以分析三個行處理水準的差異。

因爲其各行處理的樣本數均相同，所以使用Tukey's HSD檢定來做多重比較。在本題MSE爲0.431。用Tukey's HSD檢定來檢驗行平均數，各行處理的樣本數$n=8$。行處理水準數$C=3$，$N-C = 24-3 = 21$。

在$\alpha=0.05$之下，及利用上述兩值，查表A.10，可得

$$q_{.05,3,21} = 3.58$$

HSD計算如下，

$$\text{HSD} = q\sqrt{\frac{\text{MSE}}{n}} = 3.58\sqrt{\frac{.431}{8}} = .831$$

三個行平均爲

$$\overline{X}_1 = 1.75, \ \overline{X}_2 = 2.75, \ \overline{X}_3 = 3.625$$

各平均數之間相差的絕對值爲

$$\left| \overline{X}_1 - \overline{X}_2 \right| = \left| 1.75 - 2.75 \right| = 1.00$$
$$\left| \overline{X}_1 - \overline{X}_3 \right| = \left| 1.75 - 3.625 \right| = 1.875$$
$$\left| \overline{X}_2 - \overline{X}_3 \right| = \left| 27.5 - 3.625 \right| = .875$$

所有差異均大於.831，所以在HSD檢定中，顯著水準爲.05時，三個行處理之間有顯著的差異。也就是說，公司股票的交易地點會影響總裁對這份問卷的回答。

圖11.12是MINITAB和Excel所產生的本題結果。

在MINITAB所產生的結果中，沒有包含F的計算值，所以研究者可自行決定是否要自己動手算。在MINITAB表中包括了列與行效果的95%信賴區間。由此研究者就可以看出平均數是否有所不同。在行效果的多重比較方面，在MINITAB表中利用Tukey's檢定有較正式的計算。結果列於圖11.13。注意圖中各行處理水準的平均數相差範圍均是同號，也就是不包括零。所以在每一對的成對比較均有顯著的差異。

```
MINITAB Output
Two-way Analysis of Variance
Analysis of Variance for depvar
Source          df      SS       MS
howinfor         1    1.042    1.042
whrtrade         2   14.083    7.042
Interaction      2    0.083    0.042
Error           18    7.750    0.431
Total           23   22.958

                    Individual 95% CI
howinfor  Mean   -----+--------+--------+--------+-
   1      2.50   (--------*-------)
   2      2.92                    (--------*-------)
                 -----+--------+--------+--------+-
                    2.40     2.70     3.00     3.30

                    Individual 95% CI
whrtrade  Mean   --+--------+--------+--------+--------
   1      1.75   (-----*-----)
   2      2.75              (-----*-----)
   3      3.63                          (-----*-----)
                 --+--------+--------+--------+--------
                   1.40     2.10     2.80     3.50

Excel Output
Anova: Two-Factor With Replication
SUMMARY          NYSE           ASE           OTC          Total
      AQReport
Count             4             4             4             12
Sum               6            10            14             30
Average          1.5           2.5           3.5            2.5
Variance      0.333333      0.333333      0.333333          1
      Presentation
Count             4             4             4             12
Sum               8            12            15             35
Average           2             3           3.75        2.916667
Variance      0.666667      0.666667        0.25        0.992424
      Total
Count             8             8             8
Sum              14            22            29
Average         1.75          2.75         3.625
Variance         0.5           0.5        0.267857
ANOVA
Source of         SS      df       MS         F        P-value     F crit
Variation
Sample        1.041667     1    1.041667   2.419355   0.137251    4.413863
Columns       14.08333     2    7.041667  16.35484    8.95E-05    3.554561
Interaction   0.0833333    2    0.041667   0.096774   0.90823     3.554561
Within           7.75      18   0.430556
Total         22.95833     23
```

圖11.13
利用Tukey
成對比較法
所做的行平
均比較結果

```
Tukey's pairwise comparisons
Family error rate = 0.0500
Individual error rate = 0.0200
Critical value = 3.56
Intervals for (column level mean) − (row level mean)
              1                 2
2       −1.8182
        −0.1818

3       −2.6932           −1.6932
        −1.0568           −0.0568
```

　　針對二因子變異數分析的Excel表也顯示於圖11.12。Excel表包含了方格、行、及列平均，還有列、行、及交互作用的F觀察值，同時也包含每個F的p值及F臨界值。這些結果與先前用筆算的答案都是相同的。

---

例題11.4　　　　有些學者認為經由訓練倉庫員工可降低缺席率。假設有一個實驗設計要來驗證此說法。選出一些已採行員工訓練的倉庫來觀察。共分四種類型的倉庫，(1)一般批發，(2)一般貨品倉儲，(3)大宗貨品倉儲，(4)冷藏貨品倉儲。訓練課程時間均不相同。研究者又將其分為三種：(1)1–20天，(2)21–50天，(3)50天以上。由各類型倉庫和訓練課程時間的組合中，隨機抽取三位員工。4×3（4列，3行）的因素設計資料如下。利用以上資料，計算ANOVA，判斷上述假設對缺席率是否有顯著差異。$\alpha$=.05。

解答

步驟一：檢定之假設如下。

列效果：　　$H_o$: $\mu_1 = \mu_2 = \mu_3 = \mu_4$
　　　　　　$H_a$: 列平均不全相同

行效果：　　$H_o$: $\mu_1 = \mu_2 = \mu_3$
　　　　　　$H_a$: 列平均不全相同

交互作用：$H_o$: 交互作用為零
　　　　　　$H_a$: 有交互作用

步驟二：利用二因子ANOVA之F檢定為檢定方法。

步驟三：$\alpha=.05$。

步驟四：

$$\text{df}_{列} = 4 - 1 = 3 , \quad \text{df}_{行} = 3 - 1 = 2 , \quad \text{df}_{交互作用} = (3)(2) = 6 ,$$

$$\text{df}_{誤差} = (4)(3)(2) = 24$$

對列效果而言，$F_{.05,3,24} = 3.01$，對行效果而言，$F_{.05,2,24} = 3.40$，
對交互作用而言，$F_{.05,6,24} = 2.51$。對任何一種效果來說，只要其F觀
察值大於以上F臨界值，則拒絕虛無假設。

步驟五：

訓練的天數

| 倉儲的型態 | | 1–20 | 21–50 | 50天以上 | $\overline{X}_r$ |
|---|---|---|---|---|---|
| | 一般批發 | 3<br>4.5<br>4 | 2<br>2.5<br>2 | 2.5<br>1<br>1.5 | 2.5556 |
| | 一般貨品 | 5<br>4.5<br>4 | 1<br>3<br>2.5 | 0<br>1.5<br>2 | 2.6111 |
| | 大宗貨品 | 2.5<br>3<br>3.5 | 1<br>3<br>1.5 | 3.5<br>3.5<br>4 | 2.8333 |
| | 冷藏貨品 | 2<br>2<br>3 | 5<br>4.5<br>2.5 | 4<br>4.5<br>5 | 3.6111 |
| $\overline{X}_C$ | | 3.4167 | 2.5417 | 2.75 | |

$$\overline{X} = 2.9028$$

步驟六： 針對本題，MINITAB和Excel所產生的結果如下。

```
MINITAB Output

Two-way Analysis of Variance
Analysis of Variance for absences
Source        df      SS       MS
typeware       3     6.410    2.137
length         2     5.014    2.507
Interaction    6    33.153    5.525
Error         24    14.833    0.618
Total         35    59.410
```

```
                           Individual 95% CI
typeware    Mean      -----+--------+--------+--------+---
   1        2.56      (--------*-------)
   2        2.61        (-------*-------)
   3        2.83          (-------*-------)
   4        3.61                       (------*------)
                      -----+--------+--------+--------+---
                      2.40      3.00      3.60      4.20
                           Individual 95% CI
length      Mean      -----+--------+--------+--------+---
   1        3.42                   (---------*--------)
   2        2.54      (------*------)
   3        2.75        (------*------)
                      -----+--------+--------+--------+---
                      2.50      3.00      3.50      4.00
```

Excel Output

Anova: Two-Factor With Replication

| SUMMARY | 1 to 20 | 21 to 50 | More than 50 | Total |
|---|---|---|---|---|
| *General Merchandise* | | | | |
| Count | 3 | 3 | 3 | 9 |
| Sum | 11.5 | 6.5 | 5 | 23 |
| Average | 3.833333 | 2.166667 | 1.666667 | 2.555556 |
| Variance | 0.583333 | 0.083333 | 0.583333 | 1.277778 |
| *Commodity* | | | | |
| Count | 3 | 3 | 3 | 9 |
| Sum | 13.5 | 6.5 | 3.5 | 23.5 |
| Average | 4.5 | 2.166667 | 1.166667 | 2.611111 |
| Variance | 0.25 | 1.083333 | 1.083333 | 2.798611 |
| *Bulk Storage* | | | | |
| Count | 3 | 3 | 3 | 9 |
| Sum | 9 | 5.5 | 11 | 25.5 |
| Average | 3 | 1.833333 | 3.666667 | 2.833333 |
| Variance | 0.25 | 1.083333 | 0.083333 | 1 |
| *Cold Storage* | | | | |
| Count | 3 | 3 | 3 | 9 |
| Sum | 7 | 12 | 13.5 | 32.5 |
| Average | 2.333333 | 4 | 4.5 | 3.611111 |
| Variance | 0.333333 | 1.75 | 0.25 | 1.548611 |
| *Total* | | | | |
| Count | 12 | 12 | 12 | |
| Sum | 41 | 30.5 | 33 | |
| Average | 3.416667 | 2.541667 | 2.75 | |
| Variance | 0.992424 | 1.520833 | 2.431818 | |

ANOVA

| Source of Variation | SS | df | MS | F | P-value | F crit |
|---|---|---|---|---|---|---|
| Sample | 6.409722 | 3 | 2.136574 | 3.456929 | 0.032205 | 3.008786 |
| Columns | 5.013889 | 2 | 2.506944 | 4.05618 | 0.030372 | 3.402832 |
| Interaction | 33.15278 | 6 | 5.525463 | 8.940075 | 3.54E-05 | 2.508187 |
| Within | 14.83333 | 24 | 0.618056 | | | |
| Total | 59.40972 | 35 | | | | |

步驟七：在看變異數分析表時，我們必須先看其交互作用是否存在。在MINITAB或Excel表中所計算出來的交互作用F值為8.94，

$$F_I = \frac{\text{MSI}}{\text{MSE}} = \frac{5.525}{.618} = 8.94$$

計算出來的交互作用F值大於查表值。所以在$\alpha=.05$下，交互作用是顯著的。在Excel表中交互作用的$p$值為.0000354。在$\alpha=.0001$下交互作用也是顯著的。在交互作用如此顯著下，研究者也就不需要再計算主效果了。

步驟八：交互作用顯著乃意味著，在倉庫型態與訓練課程時間的組合裏，其中一組合對缺席率的影響會大於其他組合。我們可利用各方格的平均數，畫出交互作用圖。

|  |  | 訓練的天數 | | |
| --- | --- | --- | --- | --- |
|  |  | *1–20* | *21–50* | 50天以上 |
| 倉儲的型態 | 一般批發 | 3.8 | 2.2 | 1.7 |
|  | 一般貨品 | 4.5 | 2.2 | 1.2 |
|  | 大宗貨品 | 3.0 | 1.8 | 3.7 |
|  | 冷藏貨品 | 2.3 | 4.0 | 4.5 |

MINITAB對上述的交互作用所繪出圖示如下

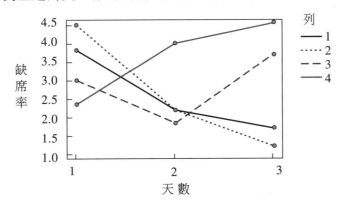

請注意到線與線之間的交叉，表示有交互作用。在最短的訓練課程

（課程1）中，冷藏倉儲的員工有最低的缺席率，而一般貨品倉儲則有最高的缺席率。在中等的訓練課程（課程2）中，冷藏倉儲的員工有最高的缺席率，而大宗貨品倉儲則有最低的缺席率。在最長的訓練課程（課程3）中，一般貨品倉儲的員工有最低的缺席率，儘管他在最短的訓練課程中有最高的缺席率。所以在某一種倉庫型態之下，出席率會受到訓練課程的影響。在倉庫型態和訓練課程長度間有交互作用。以上交互作用圖也可用列處理因子為橫軸。

---

問題11.5  11.37試描述以下的因素設計。有多少個自變數與應變數？各處理有多少個因子水準？如果知道詳細資料的話，可以由此表算出交互作用嗎？請計算出所有的自由度。所有資料的值請用X表示。

|  | 變數1 | | |
|---|---|---|---|
| $X_{111}$ | $X_{121}$ | $X_{131}$ | $X_{141}$ |
| $X_{112}$ | $X_{122}$ | $X_{132}$ | $X_{142}$ |
| $X_{113}$ | $X_{123}$ | $X_{133}$ | $X_{143}$ |
| $X_{211}$ | $X_{221}$ | $X_{231}$ | $X_{241}$ |
| $X_{212}$ | $X_{222}$ | $X_{232}$ | $X_{242}$ |
| $X_{213}$ | $X_{223}$ | $X_{233}$ | $X_{243}$ |

（變數2 標示於左側）

11.38試描述以下的因素設計。有多少個自變數與應變數？各處理有多少個因子水準？如果知道詳細資料的話，可以由此表算出交互作用嗎？請計算出所有的自由度。所有資料的值請用X表示。

|  | 變數1 | |
|---|---|---|
| $X_{111}$ | $X_{121}$ | $X_{131}$ |
| $X_{112}$ | $X_{122}$ | $X_{132}$ |
| $X_{211}$ | $X_{221}$ | $X_{231}$ |
| $X_{212}$ | $X_{222}$ | $X_{232}$ |
| $X_{311}$ | $X_{321}$ | $X_{331}$ |
| $X_{312}$ | $X_{322}$ | $X_{332}$ |
| $X_{411}$ | $X_{421}$ | $X_{431}$ |
| $X_{412}$ | $X_{422}$ | $X_{432}$ |

（變數2 標示於左側）

11.39計算以下的二因子ANOVA表。判斷其F查表臨界值及驗證其假設。令 $\alpha=.05$。

| 變異來源 | SS | df | MS | F |
|---|---|---|---|---|
| 列 | 126.98 | 3 | | |
| 行 | 37.49 | 4 | | |
| 交互作用 | 380.82 | | | |
| 誤差 | 733.65 | 60 | | |
| 總變異 | | | | |

11.40計算以下的二因子ANOVA表。判斷其F查表臨界值及驗證其假設。令 $\alpha=.05$。

| 變異來源 | SS | df | MS | F |
|---|---|---|---|---|
| 列 | 1.047 | 1 | | |
| 行 | 3.844 | 3 | | |
| 交互作用 | 0.773 | | | |
| 誤差 | | | | |
| 總變異 | 12.632 | 23 | | |

11.41二因子ANOVA資料表如下，試用二因子變異數分析以下資料。令 $\alpha=.05$。

|  |  | 處理1 | | |
|---|---|---|---|---|
|  |  | A | B | C |
| 處理2 | A | 23 | 21 | 20 |
|  |  | 25 | 21 | 22 |
|  | B | 27 | 24 | 26 |
|  |  | 28 | 27 | 27 |

11.42假設以下資料是由一個二因子ANOVA實驗所得的資料。利用 $\alpha=.05$。及二因子ANOVA分析此資料。並陳述你的結論。

|  | 處理1 | |
| | A | B |
| | 1.2 | 1.9 |
| A | 1.3 | 1.6 |
| | 1.3 | 1.7 |
| | 1.5 | 2.0 |
| | 2.2 | 2.7 |
| B | 2.1 | 2.5 |
| | 2.0 | 2.8 |
| | 2.3 | 2.8 |
| 處理2 | | |
| | 1.7 | 1.9 |
| C | 1.8 | 2.2 |
| | 1.7 | 1.9 |
| | 1.6 | 2.0 |
| | 2.4 | 2.8 |
| D | 2.3 | 2.6 |
| | 2.5 | 2.4 |
| | 2.4 | 2.8 |

11.43 一般人多認為，子女會影響父母購物的內容，尤其是食物和飲料。為了更進一步驗證這一項說法，針對所抽樣的樣本調查在每星期所購買的食品和飲料中有多少是受到子女的影響。因為子女的年齡也會影響本實驗的效果，所以受訪的父母被要求針對家中某一個子女的行為來回答問卷，並在問卷上註明子女的年齡。所歸納出的年齡分布範圍如下：4–5歲、6–7歲、8–9歲、10–12歲。此外，家中子女的數目也會影響本實驗，研究者又分成三種不同型態的家庭：有一個子女的家庭、有兩個子女的家庭、有三個子女以上的家庭。假設以下的資料是調查子女對父母每星期購買行為的結果。利用該資料計算二因子ANOVA，令 $\alpha=.05$。

| 子女的年齡（歲） | | 每個家庭的子女數 | | |
| | | 1 | 2 | 3或更多 |
| | 4–5 | 2 | 1 | 1 |
| | | 4 | 2 | 1 |
| | 6–7 | 5 | 3 | 2 |
| | | 4 | 1 | 1 |

|  | | 每個家庭的子女數 | | |
|---|---|---|---|---|
|  | | *1* | *2* | *3或更多* |
| 子女的年齡（歲） | *8–9* | 8 | 4 | 2 |
|  |  | 6 | 5 | 3 |
|  | *10–12* | 7 | 3 | 4 |
|  |  | 8 | 5 | 3 |

11.44 有一賣鞋子的零售商想做一個每日銷貨量的研究，想找出方圓一哩的競爭者數目與店面位置這兩個因素是否對日銷貨量有無影響。零售商找了三種型的店面，分別是獨立且在郊區的店面、購物中心裏的店面、及在市中心的店面。在方圓一哩內的競爭者也有所不同，可分為四種類型：沒有競爭者、有一個競爭者、有兩個競爭者、有三個或更多競爭者。假設以下的資料爲在各種競爭對手的情況下，各類店面每天所成交的銷貨量資料。在 $\alpha=.05$ 之下，試用二因子ANOVA分析此資料。

|  | | 競爭者的數目 | | | |
|---|---|---|---|---|---|
|  | | *0* | *1* | *2* | *3或更多* |
| 店面位置 | 獨立 | 41 | 38 | 59 | 47 |
|  |  | 30 | 31 | 48 | 40 |
|  |  | 45 | 39 | 51 | 39 |
|  | 購物中心 | 25 | 29 | 44 | 43 |
|  |  | 31 | 35 | 48 | 42 |
|  |  | 22 | 30 | 50 | 53 |
|  | 市中心 | 18 | 22 | 29 | 24 |
|  |  | 29 | 17 | 28 | 27 |
|  |  | 33 | 25 | 26 | 32 |

11.45 以下的變異數資料來自於MINITAB的計算結果。試描述此試驗（處理數、樣本數等）。其效果是否顯著？討論其結果。下圖也是由ANOVA表所產生的MINITAB圖表，試分析下圖。

```
Analysis of Variance for depvar

Source         df      SS        MS
rowtreat        2     40.31     20.16
coltreat        4     67.20     16.80
Interaction     8    166.80     20.85
Error          30     75.33      2.51
Total          44    349.64
```

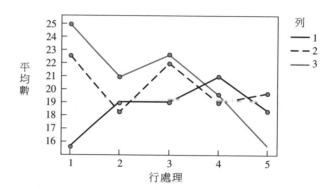

11.46 檢視下列由MINITAB所產生的ANOVA表。試討論其顯著效果並分析本
試驗。

```
Analysis of Variance for depvar

Source          df      SS          MS
rowtreat        1       0.8         0.8
coltreat        1       352.1       352.1
Interaction     1       70.1        70.1
Error           8       149.3       18.7
Total           11      572.2
```

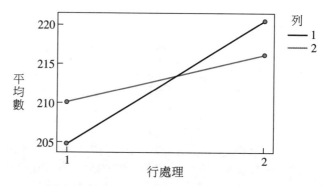

11.47 以下是由MINITAB所產生的ANOVA表，請完成下表，並計算出F臨界
值。試著去瞭解研究結果。解釋下方由MINITAB所繪出的圖表。討論下
列問題，包括實驗設計、樣本數和檢定假設。

```
Analysis of Variance for depvar

Source          df      SS          MS
rowtreat        2       38.22       19.11
coltreat        2       392.67      196.33
Interaction     4       12.44       3.11
Error           18      48.67       2.70
Total           26      492.00
```

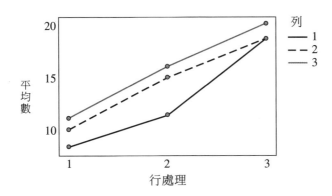

11.48 問題11.17是由表11.1的真空管口徑問題衍生而來。在問題11.17中所探討的問題是在三個不同的生產批次下，真空管口徑平均值是否有異。假設有四部機器同時生產真空管，研究者想瞭解到底是生產批次或機器會影響真空管的口徑。以機器與批次所分類的資料如下。利用Excel所產生的二因子ANOVA表如下。請問本題的假設為何？以下列的數據資料檢定假設。在本研究中，生產經理可獲得什麼樣的結論？

真空管口徑（cm）

|  | | 第1批次 | 第2批次 | 第3批次 |
|---|---|---|---|---|
|  | 1 | 6.56 | 6.38 | 6.29 |
|  |  | 6.40 | 6.19 | 6.23 |
| 機 | 2 | 6.54 | 6.26 | 6.19 |
| 器 |  | 6.34 | 6.23 | 6.33 |
|  | 3 | 6.58 | 6.22 | 6.26 |
|  |  | 6.44 | 6.27 | 6.31 |
|  | 4 | 6.36 | 6.29 | 6.21 |
|  |  | 6.50 | 6.19 | 6.58 |

Anova: Two-Factor With Replication

| SUMMARY | Shift 1 | Shift 2 | Shift 3 | Total |
|---|---|---|---|---|
| *Machine 1* | | | | |
| Count | 2 | 2 | 2 | 6 |
| Sum | 12.96 | 12.57 | 12.52 | 38.05 |
| Average | 6.48 | 6.285 | 6.26 | 6.341667 |
| Variance | 0.0128 | 0.01805 | 0.0018 | 0.018137 |
| *Machine 2* | | | | |
| Count | 2 | 2 | 2 | 6 |
| Sum | 12.88 | 12.49 | 12.52 | 37.89 |
| Average | 6.44 | 6.245 | 6.26 | 6.315 |
| Variance | 0.02 | 0.00045 | 0.0098 | 0.01547 |
| *Machine 3* | | | | |
| Count | 2 | 2 | 2 | 6 |
| Sum | 13.02 | 12.49 | 12.57 | 38.08 |
| Average | 6.51 | 6.245 | 6.285 | 6.346667 |
| Variance | 0.0098 | 0.00125 | 0.00125 | 0.018787 |
| *Machine 4* | | | | |
| Count | 2 | 2 | 2 | 6 |
| Sum | 12.86 | 12.48 | 12.79 | 38.13 |
| Average | 6.43 | 6.24 | 6.395 | 6.355 |
| Variance | 0.0098 | 0.005 | 0.06845 | 0.02483 |
| *Total* | | | | |
| Count | 8 | 8 | 8 | |
| Sum | 51.72 | 50.03 | 50.4 | |
| Average | 6.465 | 6.25375 | 6.3 | |
| Variance | 0.008657 | 0.003913 | 0.015171 | |

ANOVA

| Source of Variation | SS | df | MS | F | P-value | F crit |
|---|---|---|---|---|---|---|
| Sample | 0.005379 | 3 | 0.001793 | 0.135795 | 0.936769 | 3.4903 |
| Columns | 0.197308 | 2 | 0.098654 | 7.471442 | 0.007806 | 3.88529 |
| Interaction | 0.030358 | 6 | 0.00506 | 0.383191 | 0.875979 | 2.996117 |
| Within | 0.15845 | 12 | 0.013204 | | | |
| Total | 0.391496 | 23 | | | | |

# 分析三個國家之企業的獲利能力

在決策難題的研究中，討論在三個不同的國家，其大型公司獲利率的差異。問題的焦點在於：在德國、日本和美國中，大型企業的獲利率是否有所不同。本章已討論過若使用t檢定來做成對檢定的話，誤差率會有累加的情形。爲了比較三個國家間的差異，必須使用三次t檢定：$_3C_2=3$。如果每一檢定的$\alpha=.05$，假設事實上三次的t檢定均被接受時，則誤差水準爲$1-(.95)(.95)(.95)=.143$，表示三對的檢定中至少有一個會被拒絕。如果本實驗中有七個國家，做成對的t檢定要做$_7C_2=21$次。在$\alpha=.05$之下，誤差機率爲$1-(0.95)^{21}=.66$；換言之，就算各國間沒有差異，但在實驗中至少有一對檢定會被拒絕。因爲這個理由，此題由ANOVA來分析是較適當的方法。

在實驗中，如果「年度」只是應變數之中的一個觀察值的話，則本題使用完全隨機設計即可。國家爲自變數，分別有三個處理因子：德國、日本、美國，針對這三個水準做了單因子的異變數分析。應變數分爲資產報酬率、股東權益報酬率、及營業收益。以下是由MINITAB和Excel針對資產報酬率所產生的結果。讀者可以自行利用電腦軟體，針對股東權益報酬率及營業收益這兩個應變數來討論。試試看，你發現了什麼？

```
MINITAB Output

One-Way Analysis of Variance

Analysis of Variance
Source     df     SS        MS        F        p
Factor      2     25.743    12.872    17.37    0.000
Error      15     11.116     0.741
Total      17     36.860

                                   Individual 95% CIs For Mean
                                   Based on Pooled StDev
Level      N     Mean     StDev    ----+------+------+------+-
Germany    6     3.8633   0.2808   (----*----)
Japan      6     3.7500   0.4409   (----*----)
U.S.       6     6.3417   1.3964                    (----*----)
                                   ----+------+------+------+-
                                   3.6    4.8    6.0    7.2
```

```
Excel Output
Anova: Single Factor
SUMMARY
```

| Groups | Count | Sum | Average | Variance |
|--------|-------|-----|---------|----------|
| Germany | 6 | 23.18 | 3.863333 | 0.078867 |
| Japan | 6 | 22.5 | 3.75 | 0.19436 |
| U.S. | 6 | 38.05 | 6.341667 | 1.950057 |

ANOVA

| Source of Variation | SS | df | MS | F | P-value | F crit |
|---------------------|-----|-----|-----|-----|---------|--------|
| Between Groups | 25.74343 | 2 | 12.87172 | 17.36852 | 0.000125 | 3.682317 |
| Within Groups | 11.11642 | 15 | 0.741094 | | | |
| Total | 36.85985 | 17 | | | | |

　　單因子ANOVA的結果顯示。其$p$值為.000125，它表示當$\alpha$=.001時為顯著。在MINITAB表的信賴區間顯示出在某些國家之間可能有差異。因為就整體而言，國家對獲利率來說是有差異的，所以可用Tukey's HSD檢定來做兩國之間的多重比較。Tukey's HSD檢定可維持顯著水準在特定的值，所以上述利用t檢定的問題不會發生。使用Tukey's HSD檢定的MINITAB輸出結果如下。

```
Tukey's pairwise comparisons
Family error rate = 0.0500
Individual error rate = 0.0203

Critical value = 3.67

Intervals for (column level mean) — (row level mean)

            Germany       Japan

Japan       −1.1765
             1.4031

U.S.        −3.7681      −3.8815
            −1.1885      −1.3019
```

　　在德國與美國、日本與美國這兩組之間的信賴區間都是相同的符號，表示零不包含於信賴區間中，也就是說各組內的國家間有明顯的差異。根據以上的資料及平均數分析後，可知美國的大型公司在資產報酬率方面均高於德國和日本。

　　假設「年」是一個集區變數。這個決策難題應該採用隨機集區試驗的方法。以下是以「年」為一個集區變數，應變數為資產報酬率，由Excel所產生的資料表。

注意在表中列效果（年）的p值為.408861，所以在本題中列效果無顯著差異。

```
Anova: Two-Factor Without Replication
```

| SUMMARY | Count | Sum | Average | Variance |
|---|---|---|---|---|
| Year 1 | 3 | 15.6 | 5.2 | 5.4691 |
| Year 2 | 3 | 14.43 | 4.81 | 2.0083 |
| Year 3 | 3 | 12.54 | 4.18 | 1.6041 |
| Year 4 | 3 | 15.04 | 5.013333 | 5.580433 |
| Year 5 | 3 | 11.6 | 3.866667 | 0.044433 |
| Year 6 | 3 | 14.52 | 4.84 | 1.7275 |
| Germany | 6 | 23.18 | 3.863333 | 0.078867 |
| Japan | 6 | 22.5 | 3.75 | 0.19436 |
| U.S. | 6 | 38.05 | 6.341667 | 1.950057 |

ANOVA

| Source of Variation | SS | df | MS | F | P-value | F crit |
|---|---|---|---|---|---|---|
| Rows | 3.992117 | 5 | 0.798423 | 1.120704 | 0.408861 | 3.325837 |
| Columns | 25.74343 | 2 | 12.87172 | 18.06734 | 0.000478 | 4.102816 |
| Error | 7.1243 | 10 | 0.71243 | | | |
| Total | 36.85985 | 17 | | | | |

要再深入研究本題的話，還可以在自變數中加入公司規模（可以分為大、中、小型公司）。如果本題採用兩個自變數的話，如國家和公司規模，則必須使用二因子ANOVA分析資料。如果在每方格（各國家與公司規模的組合）中所觀察的樣本不只一個時，還可以研究其交互效果。

由本實驗中可得到什麼結果呢？就資產報酬率來說，在三個不同的國家中的確有顯著的差異。尤其是美國在這一方的獲利率大於日本和德國。這表示現在我們真的處於一個全球化的經濟體系中嗎？研究者更進一步指出，各國的法規和會計準則也會影響在應變數的衡量，所以在研究時必須把這一點考慮進去。此外，德國在1980年代末期在經濟上發生過危機，所以也會影響這次的研究結果。在不斷邁向全球化的今天，毫無疑問地，關於各企業的獲利能力方面的研究也會持續進行。

# 結語

●●●●●●●●●●●●●●●●●●●●●●●●●●●●●●●●●●●●●●●●●●●●●●●●

在研究者進行商業研究之前，必須先有一個完整的研究計畫和實驗設計。在實驗中必須從頭到尾能操縱和控制所欲研究的處理變數。也就是所謂的自變數。在一個實驗設計中其實可以同時對幾個自變數及不同的因子水準或分類做研究。在實驗中的各種情況下，針對樣本所做的衡量稱為應變數；在處理效果很顯著時，應變數的測量值會隨自變數而有不同。在本章中，總共探討了三種實驗設計的方法：完全隨機設計、隨機集區設計、及因素實驗設計。

完全隨機設計是本章中最簡單的實驗設計。它只包括了一個自變數或處理變數。在完全隨機設計中，觀察樣本是隨機來自於各處理因子。如果處理變數只有兩個因子，這與在第十章所討論的獨立樣本平均數檢定是一樣的。在完全隨機設計中的資料是用單因子變異數分析（ANOVA）。單因子ANOVA會產生一個F的觀察值，用來與查表值（表A.10）相比較，以判定該值是否有顯著的效果。如果答案是肯定的話，假設所有母體平均數的虛無假設將被拒絕，表示至少有一個母體平均數與其他不同。變異數分析不是用來告訴研究者哪一個平均數與其他的不同（如果有的話）。雖然從變異數分析中可以看出哪一個樣本的平均數較大或較小，若要確定地指出成對樣本間的大小時仍必須使用多重比較的方法。

本章介紹了兩種多重比較的方法：Tukey's HSD檢定與Tukey–Kramer步驟法。Tukey's HSD檢定適用於樣本數均相同時。它利用ANOVA表中的MSE、樣本數、及查閱表A.10的$q$值，計算出HSD，用來檢定成對樣本間是否有顯著的差異。各樣本間平均數差異的絕對值再拿來和HSD相比，以判定成對樣本間有無差異。Tukey–Kramer步驟法是用於樣本數不同時。

第二種實驗設計的方法為隨機集區設計。此設計中包含了一個處理變數（自變數），和一個集區變數。自變數是實驗中主要討論的重點變數。集區變數是研究者想要控制的變數，而不是想研究的變數。在隨機集區設計中的一個特別案例為重覆測量設計，在此實驗設計中，集區變數所代表的個體在各處理水準下重覆地被測量。

在隨機集區設計中，集區變數的變異是由誤差變異中所抽取出來的。這可

以使處理效果更爲顯著。但是若集區效果不顯著時,則集區變數會使處理效果減弱。在隨機集區設計中,通常只算處理變數的$F$值。而是否要計算出集區變數的F值,則視集區變數對實驗的影響效果而定。

第三種實驗設計的方法是因素設計。因素設計可讓研究者在同一時間研究兩個或多個變數。在完全的因素設計中,每個處理水準都在其他處理水準下,做其應變數測量。在本章中,我們只著重於二個自變數的因素設計。每個自變數有兩個或多個水準。這種二因子因素設計是由二因子ANOVA來做分析。分析結果包含了各處理的F值及交互作用下的F值。所謂交互作用,是指一處理水準的觀察值會隨著其處理水準的改變而改變。至少在每一方格中要有兩個以上的樣本才能分析其交互作用。如果交互作用的F值相當顯著時,該實驗中的主效果則無法用一般的法則來推論。

# 重要辭彙

• • • • • • • • • • • • • • • • • • • • • • • • • • • • • •

| | | | |
|---|---|---|---|
| 事後 | 應變數 | 事前 | 實驗設計 |
| 變異數分析(ANOVA) | | 因素設計 | 變數分類 |
| 因素實驗 | 分類 | 因素 | 完全隨機設計 |
| F分配 | 相隨變數 | 自變數 | 易混淆變數 |
| 交互作用 | 因子水準 | 重覆測量設計 | 多重比較 |
| 處理變數 | 單因子變異數分析 | Tukey–Kramer步驟法 | 隨機集區設計 |
| Tukey's HSD檢定 | 二因子變異數分析 | | |

# 公式

• • • • • • • • • • • • • • • • • • • • • • • • • • • • • •

計算單因子變異數分析之公式

$$SSC = \sum_{j=1}^{C} n_j (\overline{X}_j - \overline{X})^2$$

$$SSE = \sum_{i=1}^{n_j} \sum_{j=1}^{C} (X_{ij} - \overline{X}_j)^2$$

$$SST = \sum_{i=1}^{n_j} \sum_{j=1}^{C} (X_{ij} - \overline{X}_j)^2$$

$$df_C = C - 1$$

$$df_E = N - C$$

$$df_T = N - 1$$

$$MSC = \frac{SSC}{df_C}$$

$$MSE = \frac{SSE}{df_E}$$

$$F = \frac{MSC}{MSE}$$

計算隨機集區設計之公式

$$SSC = n \sum_{j=1}^{C} (\overline{X}_j - \overline{X})^2$$

$$SSR = C \sum_{i=1}^{n} (\overline{X}_i - \overline{X})^2$$

$$SSE = \sum_{i=1}^{n} \sum_{j=1}^{C} (X_{ij} - \overline{X}_j - \overline{X}_i + \overline{X})^2$$

$$SST = \sum_{i=1}^{n} \sum_{j=1}^{C} (X_{ij} - \overline{X})^2$$

$$df_C = C - 1$$

$$df_R = n - 1$$

$$df_E = (C-1)(n-1) = N - n - C + 1$$

$$MSC = \frac{SSC}{C-1}$$

$$MSR = \frac{SSR}{n-1}$$

$$MSE = \frac{SSE}{N-n-C+1}$$

$$F = \frac{MSC}{MSE}$$

Tukey's HSD檢定之公式

$$HSD = q \sqrt{\frac{MSE}{n}}$$

Tukey–Kramer法之公式

$$q\sqrt{\frac{MSE}{2}\left(\frac{1}{n_r}+\frac{1}{n_S}\right)}$$

計算二因子變異數分析之公式

$$\text{SSR}=nC\sum_{i=1}^{R}(\overline{X}_i-\overline{X})^2$$

$$\text{SSC}=nR\sum_{j=1}^{C}(\overline{X}_j-\overline{X})^2$$

$$\text{SSI}=n\sum_{i=1}^{R}\sum_{j=1}^{C}(\overline{X}_{ij}-\overline{X}_i-\overline{X}_j+\overline{X})^2$$

$$\text{SSE}=\sum_{i=1}^{R}\sum_{j=1}^{C}\sum_{k=1}^{n}(X_{ijk}-\overline{X}_{ij})^2$$

$$\text{SST}=\sum_{i=1}^{R}\sum_{j=1}^{C}\sum_{k=1}^{n}(X_{ijk}-\overline{X})^2$$

$$\text{df}_R=R-1$$

$$\text{df}_c=C-1$$

$$\text{df}_I=(R-1)(C-1)$$

$$\text{df}_E=RC(n-1)$$

$$\text{df}_T=N-1$$

$$\text{MSR}=\frac{\text{SSR}}{R-1}$$

$$\text{MSC}=\frac{\text{SSC}}{C-1}$$

$$\text{MSI}=\frac{\text{SSI}}{(R-1)(C-1)}$$

$$\text{MSE}=\frac{\text{SSE}}{RC(n-1)}$$

$$F_R=\frac{\text{MSR}}{\text{MSE}}$$

$$F_C=\frac{\text{MSC}}{\text{MSE}}$$

$$F_I=\frac{\text{MSI}}{\text{MSE}}$$

# ProLight：通往光明大道前的崎嶇小路

- - - - - - - - - - - - - - - - - - - - - - - - - - - - - - - - - - - - - - - -

　　1983年，Boyd Berends在密西根州的荷蘭市(Holland)，創立了進步科技照明公司(Progressive Technology Lighting Company, ProLight)。Berends的目標在創造對現有市場會造成衝擊的螢光燈，而且他相信這一創舉是較省電的，並將取代目前的白熾電燈泡。這條路將會成功，但目前卻崎嶇難行。

　　Berends先創造了他理想中的燈泡樣品，然而原先要幫他製造螢光燈所需之穩定器的廠商卻倒閉了。另一個廠商答應幫Berends製造其燈泡所需的穩定器，但是要Berends付一些工具的費用。Berends答應了這個條件，爲了周轉資金，他和妻子只好把房子拿去做抵押。

　　ProLight開始與其他公司先合作生產了10,000個燈泡上市銷售。然而，因爲疏忽而導致10,000個燈泡都成了不良品。貸款的錢花光了，卻還沒有產品可賣。但因爲Berends信用良好，於是他又再度舉債，並且終於有產品問市了。在這段期間，Berends與另一個製造商正在進行法律的訴訟問題，最後以庭外和解收場。

　　後來有一生產此燈泡的廠商不願再繼續生產Berends的燈泡，最後Berends只好向生產商買下工廠的設備、半成品和原料的存貨。總共要花七萬塊美金。ProLight當時的財務狀況已經相當拮据了，後來Berends說服了一位人士借款給公司，渡過了這次的難關。

　　ProLight現在不只扮演了行銷角色，同時也扮演了製造商的角色。成品與原料存貨不斷地增加，而且遠超過銷售的速度。所以產生了資金周轉的危機。ProLight說服供應商寬限他們公司付款的期間。Berends此時以發放股票爲條件，利誘一位經理人進公司。

　　在辛苦地經營了二年之後，當一切情況正開始步上軌道時，出現了一個販賣相似產品的競爭者。競爭對手的公司不論是在財務上或行銷上都十分健全、並且富有攻擊力。因此ProLight的銷售量開始走下坡。

　　ProLight因應競爭的對策是創造出新的螢光燈，事實證明在市場上也很暢銷。公司全體共同找出降低成本的方法，從而改造生產技術。ProLight深信因爲生產技術的改善，甚至使得在密西根的製造成本比起其他低工資國家還要低。

　　ProLight主要的顧客是批發商，然後再由批發商賣給企業團體。經過六年，銷售量成倍數成長，在1991年更達到了八百萬美金。獲利率也不斷地提高。先前所提到的競爭者不久就宣告倒閉了。

## 討論

螢光燈泡比起現在一般家庭所用的白熾燈泡功能要強大。螢光燈泡比白熾燈泡的亮度加倍、且壽命較長、而且使用成本較低。但因為一開始的購置成本較高，所以家庭用戶的使用率低於企業團體的使用率。

在製造螢光燈時，同時使用了水銀蒸氣和氬氣。在燈管的內部用螢光粉末為鍍膜，使其發生化學作用產生可見光。這個鍍膜包含了幾項成分:有矽化鋅、矽化鎘和矽化鋇，可將紫外線轉成可見光。螢光燈的尾端有一細針，可供電流通過。因為光線的顏色是由磷這個成分所決定，可製造出二十四種以上的顏色。

1. 假設你在ProLight的研發部門工作。你瞭解一些變數對光線強度、壽命或成本的影響。請利用上述的資料，針對以上的問題設計一個完全隨機實驗設計。實驗中可能會有哪些自變數？請選擇其中一個自變數，並列舉出可能的處理水準。請說明應變數為何。

2. 試問，如何使用隨機集區設計來處理多個自變數的實驗，例如，燈泡成本或燈泡壽命這二個變數。還有一些未提到的集區變數有哪些？

3. 請設計一個二因子因素設計來分析ProLight所生產的燈泡。有哪些可能的自變數？並列出應變數。請找出二個在本實驗中可能導致交互效果的自變數（在之前有提過或沒有的均可）。

4. 假設ProLight所生產的燈泡以四個為一包裝出售。又假設ProLight的經理相信在美國不同地區的批發商對ProLight的燈泡定價不同。ProLight想做一個研究來瞭解不同地區的批發商對ProLight的燈泡是否平均定價不同。ProLight在三個不同的區域（東北、西部和南部）隨機對批發商抽樣，得到了以下的調查資料。試分析上列資料，並提出結論。

| 東北部 | 西部 | 南部 |
|--------|------|------|
| $5.62 | $5.93 | $5.78 |
| 5.71 | 5.98 | 5.83 |
| 5.57 | 6.03 | 5.80 |
| 5.62 | 5.84 | 5.83 |
| 5.56 | 5.91 | 5.87 |
|  | 5.96 | 5.84 |
|  |  | 5.86 |

5. ProLight製造了許多不同色調的白色燈泡。不同色調的燈泡與生產成本之間是否有所不同呢？燈泡的生產成本也受到不同供應商所提供的製造原料所影響。爲了測試這個假設，公司設計了一個二因子ANOVA實驗，以各種色調的燈泡與不同供應商爲自變數。試分析四種不同的色調及三個不同的主要供應商。以下是Excel所產生的資料表。你所要做的就是分析下列數據及撰寫一份簡短的報告。

Anova: Two-Factor With Replication

| SUMMARY | Supplier A | Supplier B | Supplier C | Total |
|---|---|---|---|---|
| Color A | | | | |
| Count | 3 | 3 | 3 | 9 |
| Sum | 3.37 | 3.18 | 3.34 | 9.89 |
| Average | 1.123333 | 1.06 | 1.113333 | 1.098889 |
| Variance | 0.000633 | 0.0007 | 0.000233 | 0.001261 |
| Color B | | | | |
| Count | 3 | 3 | 3 | 9 |
| Sum | 3.19 | 3 | 3.23 | 9.42 |
| Average | 1.063333 | 1 | 1.076667 | 1.046667 |
| Variance | 0.000233 | 0.0004 | 0.000433 | 0.001525 |
| Color C | | | | |
| Count | 3 | 3 | 3 | 9 |
| Sum | 3.36 | 3.2 | 3.31 | 9.87 |
| Average | 1.12 | 1.066667 | 1.103333 | 1.096667 |
| Variance | 1E-04 | 0.000133 | 0.000233 | 0.000675 |
| Color D | | | | |
| Count | 3 | 3 | 3 | 9 |
| Sum | 3.5 | 3.33 | 3.46 | 10.29 |
| Average | 1.166667 | 1.11 | 1.153333 | 1.143333 |
| Variance | 0.000233 | 1E-04 | 0.000233 | 0.0008 |
| Total | | | | |
| Count | 12 | 12 | 12 | |
| Sum | 13.42 | 12.71 | 13.34 | |
| Average | 1.118333 | 1.059167 | 1.111667 | |
| Variance | 0.001688 | 0.001917 | 0.001033 | |

ANOVA

| Source of Variation | SS | df | MS | F | P-value | F crit |
|---|---|---|---|---|---|---|
| Color | 0.042142 | 3 | 0.014047 | 45.97273 | 4.21E-10 | 3.008786 |
| Supplier | 0.025206 | 2 | 0.012603 | 41.24545 | 1.72E-08 | 3.402832 |
| Interaction | 0.00155 | 6 | 0.000258 | 0.845455 | 0.547739 | 2.508187 |
| Within | 0.007333 | 24 | 0.000306 | | | |
| Total | 0.076231 | 35 | | | | |

# 實驗設計

　　理論上,在實驗中任何會影響應變數的現象都應該被考慮在實驗設計中或在實驗中控制它。有時研究者在做統計報告時,卻忽略了一些與實驗相隨的變數,這些相隨變數可能未在實驗中討論,或在實驗中未加以控制,使得這些統計報告的結果變得相當令人質疑,而且常導致錯誤的結論。就科學的角度來看,研究者在實驗中應該儘可能的將這些相隨的變數加以控制。如果這點無法做到的話,則研究者也必須要在研究報告中盡告知的義務。

　　在實驗設計中還有其他的道德責任。在處理水準的選擇上,必須要公正甚至隨機由多個處理水準抽取。若是選擇了錯誤的處理水準,則研究結果可能會產生偏差。有一些學者認為,包含會使人混淆的交互作用的因素設計報告,將此結論公開呈現是不道德的,至少是誤導大眾的。

　　另一個道德省思的問題是樣本數。有一些設計,如二因子因素設計或完全隨機設計和Tukey∏s HSD檢定,這些均要求相同樣本數。有時在選擇的過程或分類過程中,可能會有樣本數不同的情況產生。解決這類問題的方法的確存在,但不在本章討論的範圍。無論如何,任意的捏造資料或隨意地刪除資料均是不道德的做法。

# 第12章

簡單迴歸及相關分析

　　　　本章整體目標在於讓學生瞭解二元線性迴歸及相關分析，讓讀者能夠：

1. 由資料中抽樣決定簡單迴歸線的方程式，並能解釋方程式中的斜率及截距。
2. 在檢定迴歸分析的假設及檢視迴歸線中資料的適合度時，能瞭解殘差分析的作用。
3. 計算估計值的標準差並解釋其意義。
4. 計算相關係數並解釋其意義。
5. 檢定迴歸模型中斜率的假設並解釋結果。
6. 利用迴歸模型估計 $Y$ 值。
7. 計算相關係數並解釋其意義。

---

決策難題

# 歐洲的失業問題

　　自從1980年代早期以來，歐洲的失業率一直居高不下，在1995年，歐洲聯盟的失業率由1994年的11.5%降到10.5%，這個比率表示在1995年歐洲有1740萬的失業人口。就業分析家對於歐洲是否存在嚴重的失業問題仍有爭議。在布魯塞爾歐洲政策研究中心的資深研究員Daniel Gros表示：「每個人都在談論這件事，卻不見政府作了什麼處置」。

　　在歐洲，就業現況為勞工享有優厚的福利、長假、以及很高的工資。許多公司則發現亞洲、中歐，甚至美國的勞動市場勞工較廉價，也較不須負擔福利需求，因而較具吸引力。自1980年以來美國已增加了2400萬個工作機會，而歐洲卻只增加了900萬個，觀察家相信若歐洲的工作者想要在世界的勞動市場中具有競爭力，他們必須改變對薪資及福利的需求。在1994年，當外國公司在德國投資50億馬克的同時，德國的公司卻在國外投資了大約180億馬克（約125億美元）。

　　在法國，1995年的失業率為11.5%，而青年的失業率為19.9%，這些國家的政府在意這些嗎？歐洲的政府似乎寧願「撐」他們的行政體系，也不願劇烈改變其勞工政策，政府似乎也很厭惡勞工必須以縮減福利及薪資的方式才能爭取更多工作。

　　以下為1995年歐盟14個國家的失業率，此外還包括1994年各國政府在就業方案上的支

出比率，各國在推動就業方案時的花費比率與失業率有關嗎？還有其他會提升失業率的因素嗎？如果解決方案存在的話，政府該如何推動以協助降低失業率呢？

| 國家 | 失業率（%） | 就業方案的經費比例（%） |
|------|------------|------------------------|
| 奧地利 | 4.6 | 1.90 |
| 比利時 | 10.3 | 4.33 |
| 英國 | 8.2 | 2.18 |
| 丹麥 | 9.8 | 7.00 |
| 芬蘭 | 17.0 | 6.73 |
| 法國 | 11.4 | 3.31 |
| 德國 | 9.2 | 3.84 |
| 愛爾蘭 | 15.0 | 4.27 |
| 義大利 | 11.3 | 1.77 |
| 盧森堡 | 3.8 | 1.12 |
| 荷蘭 | 6.6 | 3.82 |
| 葡萄牙 | 7.1 | 1.98 |
| 西班牙 | 22.2 | 3.64 |
| 瑞典 | 9.1 | 5.44 |

管理及統計上的問題

1. 政府推動就業方案，其支出所佔的預算百分比及該國的失業率是否相關？如果相關是反向相關嗎？也就是說，支出比率愈高，失業率就愈低嗎？

2. 如果政府推動就業方案所佔的預算百分比及該國的失業率為相關的，那麼是否能夠發展出一個以政府投資在就業方案的預算百分比來預測失業率的數學模型？又是否存在檢定此模型的方法？

3. 除了政府推動就業方案所佔的預算百分比之外，還有其他與失業率相關的變數嗎？而通貨膨脹率，每家庭平均收入，每週平均工時假日數及最低工資這些變數呢？

4. 如果上述的任何一個變數是失業率的重要預測值，政府的決策者及政策訂定者能夠或應該怎麼做以降低失業率呢？他們還須考慮什麼？

在企業研究的許多情況下，我們必須瞭解兩個或更多變數之間的關係才能做出決策，例如為了預測每天航空公司股票的價格，分析家可能會發現判斷航空公司股票的價格與德州西部原油價格是否相關是很有用的。研究債券市場的仲介商可能會發現瞭解債券收益率與基本利率是否相關是很有幫助的。研究銷售廣告的會計長可能會發現判斷廣告費用與銷售額是否相關是很有幫助的。

有什麼變數會與失業率相關呢？在「決策難題」中的文章，及政府推動就業方案所佔的預算百分比資料，是摘錄自華爾街日報。就某方面而言，這些與失業率是相關的嗎？其他的變數：如貿易赤字、每小時最低工資率、平均假期日數等，與失業率有關嗎？或是在預測失業率時，能否派上用場呢？本章將介紹一些能用以決定變數間相關程度的技巧，並建立數學模型，以從一個變數預測另一個變數。

二個主要的技巧將被介紹：相關分析與迴歸分析。相關分析是兩個變數相關程度的衡量。它被廣泛的運用於許多的初步研究來界定與我們有興趣的變數相關的變數。迴歸分析是建立一數學模型或方程式的程序，使我們可用一變數（多元迴歸有多個變數）來預測或決定另一變數。相關分析試圖決定二變數間相關性的強度，而迴歸分析試圖建立二變數間相關性的方程式。本章的第一部份將著重於迴歸分析及其細節。

# 12.1　簡單迴歸分析導論

● ● ● ● ● ● ● ● ● ● ● ● ● ● ● ● ● ● ● ● ● ● ● ● ● ● ● ● ● ● ● ● ● ● ● ● ● ● ● ● ●

至少有三種模型存在，實體模型，類比模型，以及數學模型。實體模型是原物的完全複製，看來和原物有相同的尺寸及架構，實體模型的例子如休士頓強生太空中心入口處的實體原寸火箭。類比模型和原物看來相似，但有不同的尺寸及架構，範例如縮小的火車，飛機，橋樑，及建築物模型等。三種模型中最抽象的是數學模型，它是用來表達所研究現象行為的數學表示或方程式，如第五章所提的隨機抵達比率會接近卜瓦松分配，有時卜瓦松的公式會用於銀行或零售業等產業的數學模型中，以表示到達為隨機的。數學模型會使用於多種企業分析中，如模擬石油廠的精煉過程，或是模擬汽車製造業的運動及分配系統。迴歸模型，如本章所呈現的，屬於數學模型。這些迴歸模型可用於分析各

式各樣的變數。

　　迴歸分析最基本的模型即為雙變數與線性的簡單迴歸分析模型（simpleregression），也就是說簡單迴歸分析只包含兩個變數，由一個變數來預測另一個，被預測的變數稱為應變數（dependent variable）以Y的形式來表示，預測變數則稱為自變數（independent variable）以X的形式來表示。在簡單迴歸分析中只檢驗兩變數間的直線關係。而包含一個自變數以上的非線性迴歸模型，則在第十三章多元迴歸模型中討論。

**案例**　美國民眾對能源的關切至少已持續了20年，而他們的關切程度更因波斯灣戰爭及環境狀況而更形加重。假設在50州的教科書中都討論這個議題，那麼有什麼變數會與能源消耗相關呢？是否能利用製造數量，零售商數量，一州土地面積，或每人平均收入等變數來建立迴歸模型，以預測一州的能源消耗量呢？看來一州的能源消耗量與其人口數相關是很合理的，因而我們試著發展一個以一州的人口數來預測能源消耗量的迴歸分析模型。如果要利用二個以上的自變數來發展迴歸模型以預測一州每年的能源消耗量，則可以利用十三章所討論的多元迴歸模型。在這兒我們只使用一個預測變數，州人口數，來發展簡單迴歸模型。**表**12.1是1990年中，美國十個州的人口數及能源消耗量。從這些資料我們將利用州人口數發展迴歸模型，以預測能源消耗量。

# 散佈圖

　　一般而言，迴歸分析的第一步是構建一個散佈圖（scatterplot）。自變數（用來預測的變數）是以X軸來衡量，而應變數（被預測及被決定的變數）則是以Y軸來衡量，將資料以圖形來呈現，可由資料形狀及散佈狀況來獲得初步的資訊。要注意的是當兩軸有不同的刻度時，可能會產生誤導的情形，然而在現實狀況中，許多迴歸分析都包括了以不同規模衡量的資料，在解讀這些散佈圖時應該特別小心。

　　**圖**12.1是根據**表**12.1的資料所製成的Excel散佈圖，試著想像一條通過這些點的直線，是否呈線性呢？或者曲線較適合這些資料呢？由散佈圖我們可以得

表12.1
1990年十
州的能源消
耗量與人口
資料

| 州 | 人口<br>（1,000,000） | 每年能源消耗<br>（千萬億 BTUs） |
|---|---|---|
| 亞利桑那 (Arizona) | 3.7 | .9 |
| 佛羅里達 (Florida) | 12.9 | 3.1 |
| 喬治亞 (Georgia) | 6.5 | 2.1 |
| 愛達荷 (Idaho) | 1.0 | .4 |
| 伊利諾 (Illinois) | 11.4 | 3.5 |
| 堪薩斯 (Kansas) | 2.5 | 1.0 |
| 密西根 (Michigan) | 9.3 | 2.7 |
| 密蘇里 (Missouri) | 5.1 | 1.5 |
| 紐澤西 (New Jersry) | 7.7 | 2.3 |
| 華盛頓 (Washington) | 4.9 | 2.0 |

圖12.1
能源消耗量
與人口的
Excel散佈
圖

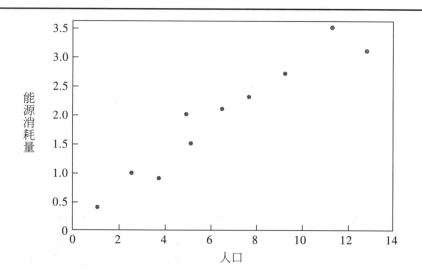

知迴歸線適合資料的程度，在本章後面將會介紹一些能夠更精確判斷迴歸線適合度的統計技巧。

# 12.2 決定迴歸線方程式

••••••••••••••••••••••••••••••••••••••••

　　要決定通過資料的迴歸線方程式，第一步就是確定方程式的形式，你可能已接觸過幾種不同形式的線性方程式，如代數、有限數學，以及解析幾何等課程。回想這些線性方程式包括了兩點式、點斜式，以及截距式。在迴歸分析中，研究者使用直線的截距式，而在數學課中，線性的截距式常以下列形式出現：

$$Y = mX + b$$

其中：

　　　　$m$ 表示迴歸線的斜率
　　　　$b$ 表示迴歸線的截距

在統計上，迴歸線的截距式為

$$\hat{Y} = \beta_0 + \beta_1 X$$

其中：

　　　　$\hat{Y}$ 表示 $Y$ 的預測值
　　　　$\beta_0$ 表示母體 $Y$ 的截距
　　　　$\beta_1$ 表示母體 $Y$ 的斜率

對每個特定的因變數 $Y_i$ 而言：

$$Y_i = \beta_0 + \beta_1 X + \epsilon_i$$

其中：

　　　　$Y_i$ 表示第 $i$ 個應變數的值
　　　　$\beta_0$ 表示母體 $Y$ 的截距
　　　　$\beta_1$ 表示母體 $Y$ 的斜率
　　　　$\epsilon_i$ 表示第 i 個值的預測誤差

　　除非迴歸方程式能完全適合這些點，否則一定會有一些點不在迴歸線上，在先前的等式中，$\epsilon_i$ 代表迴歸線在對應點時所產生的誤差，如果點位於線上則 $\epsilon_i = 0$。

　　這些數學模型可以是判定模型（deterministic model），也可以是機率模

型（probabilistic model），判定模型是以原有資料得到確定結果的數學模型，舉例來說，假設迴歸線方程式為

$$Y = 1.68 + 2.40X$$

當$X=5$時，可確定$Y$的預測值為

$$Y = 1.68 + 2.40(5) = 13.68$$

然而我們承認在大部份的情形下，$Y$並不會等於方程式所產生的特定結果，可能是由於變數$X$無法完全解釋$Y$的變異性，所以在預測$Y$值時常會出現隨機誤差。舉例來說，假設我們利用迴歸模型，以每年的廣告費用（$X$）來為一間公司預測銷售量（$Y$），雖然銷售量常與廣告有關，然而廣告卻不能解釋所有關於銷量的因素。因此以廣告金額來預測銷量的迴歸模型，可能會產生某些錯誤，因為如此，我們一般都以機率模型來表示迴歸模型。機率模型是包含誤差項以允許$Y$值能隨$X$值變動的模型。

判定模型的形式為

$$Y = \beta_0 + \beta_1 X$$

機率模型的形式為

$$Y = \beta_0 + \beta_1 X + \in$$

$\beta_0 + \beta_1 X$在機率模型$\beta_0 + \beta_1 X + \in$中，是屬於判定的部份。在判定模型中，假設所有的點都位於線上，而$\in$永遠都為0。

事實上，所有企業資料的迴歸分析都使用樣本資料，而非母體資料，因而我們無法得到真正的$\beta_0$與$\beta_1$，必須以樣本資料$\beta_0$與$\beta_1$來估計，因此迴歸線方程式包括的是$Y$的樣本截距與樣本斜率。

---

簡單迴歸方
程式
$$\hat{Y} = b_0 + b_1 X$$
其中：

$b_0$為樣本截距

$b_1$為樣本斜率

---

研究人員必須先求出$b_0$與$b_1$的值才能決定樣本資料的迴歸方程式，我們將求值程序稱為最小平方分析法（least squares analysis）。最小平方分析法是以產生最小平方誤差和的方式來發展模型的程序。

方程式12.1是計算樣本斜率值的公式,這個公式已發展出多種版本。

$$
\text{(12.1)} \qquad b_1 = \frac{\sum(X-\overline{X})(Y-\overline{Y})}{\sum(X-\overline{X})^2} = \frac{\sum XY - n\overline{X}\,\overline{Y}}{\sum X^2 - n\overline{X}^2} = \frac{\sum XY - \dfrac{(\sum X)(\sum Y)}{n}}{\sum X^2 - \dfrac{(\sum X)^2}{n}}
$$

迴歸線斜率

(12.1)中斜率公式的分子在本章常常出現,並以$SS_{XY}$來表示。

$$
SS_{XY} = \sum(X-\overline{X})(Y-\overline{Y}) = \sum XY - \frac{(\sum X)(\sum Y)}{n}
$$

(12.1)中斜率公式的分母在本章也常常出現,並以$SS_{XX}$來表示。

$$
SS_{XX} = \sum(X-\overline{X})^2 = \sum X^2 - \frac{(\sum X)^2}{n}
$$

斜率公式可以等式(12.2)來表達。

$$
\text{(12.2)} \qquad b_1 = \frac{SS_{XY}}{SS_{XX}}
$$

斜率公式另
一形式

等式(12.3)是用來計算樣本$Y$的截距,在求出$Y$的截距之前,須先求出斜率。

$$
\text{(12.3)} \qquad b_0 = \overline{Y} - b_1\overline{X} = \frac{\sum Y}{n} - b_1\frac{(\sum X)}{n}
$$

迴歸線的$Y$
截距

等式12.1、12.2、12.3告訴我們,除非已經在使用樣本資訊了,否則必須先由樣本資訊中求出$\sum X$,$\sum Y$,$\sum XY$,才能計算斜率及截距。表12.2是由表12.1的資料所求出的斜率截距及迴歸方程式,這個問題以最小平方法所求出的

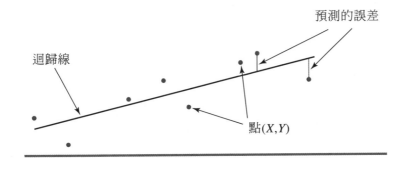

圖12.2
以MINITAB
製作的迴歸
線圖

方程式為：

$$\hat{Y} = .3211 + .2506X$$

迴歸線的斜率為0.2506，也就是說，每X單位（1,000,000人）人口增加，Y（能源消費量）預計將會增加0.2506單位。Y截距是指迴歸線與Y軸交叉的點，有時迴歸分析的Y截距是沒有意義的，因為X不會為0，就像現在的情形。在這個問題中X=0即表示這一州沒有人口存在，事實上沒有這樣的州。

將等式迴歸線繪在散佈圖上，就可得知資料適合迴歸線的程度，如圖12.3用Excel繪製的圖。

接下來的部份將以數學技巧來測試迴歸線適合資料的程度。

表12.2
在能源消費問題中的斜率及Y截距

| 人口X | 能源消費量Y | $X^2$ | $XY$ |
|---|---|---|---|
| 3.7 | 0.9 | 13.69 | 3.33 |
| 12.9 | 3.1 | 166.41 | 39.99 |
| 6.5 | 2.1 | 42.25 | 13.65 |
| 1.0 | 0.4 | 1.00 | 0.40 |
| 11.4 | 3.5 | 129.96 | 39.90 |
| 2.5 | 1.0 | 6.25 | 2.50 |
| 9.3 | 2.7 | 86.49 | 25.11 |
| 5.1 | 1.5 | 26.01 | 7.65 |
| 7.7 | 2.3 | 59.29 | 17.71 |
| 4.9 | 2.0 | 24.01 | 9.80 |
| $\Sigma X = 65.0$ | $\Sigma Y = 19.5$ | $\Sigma X^2 = 555.36$ | $\Sigma XY = 160.04$ |

$$SS_{XY} = \sum XY - \frac{\sum X \sum Y}{n} = 160.04 - \frac{(65.0)(19.5)}{10} = 33.29$$

$$SS_{XX} = \sum X^2 - \frac{(\sum X)^2}{n} = 555.36 - \frac{(65.0)^2}{10} = 132.86$$

$$b_1 = \frac{SS_{XY}}{SS_{XX}} = \frac{33.29}{132.86} = .2506$$

$$b_0 = \frac{\sum Y}{n} - b_1 \frac{\sum X}{n} = \frac{19.5}{10} - (.2506)\frac{(65.0)}{10} = .3211$$

$$\hat{Y} = .3211 + .2506X$$

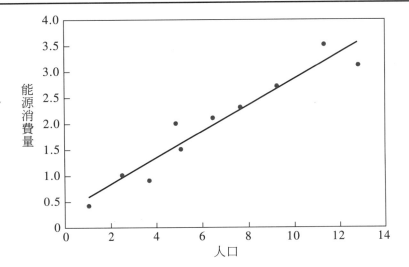

圖12.3
在能源消費問題中用Excel所繪製的迴歸線。

例題12.1

　　某位醫院管理部門的專家表示，醫院全職員工數（FTE）將可由醫院的床位數目（一般用來衡量醫院大小的方式）來計算，一位研究人員決定發展一個迴歸模型，試著以床位數目來預測全職員工數，他調查了12間醫院，並得到了以下的資料。資料是由床位數目多寡來排列：

| 床位數目 | 全體員工數 | 床位數目 | 全體員工數 |
|---|---|---|---|
| 23 | 69 | 50 | 138 |
| 29 | 95 | 54 | 178 |
| 29 | 102 | 64 | 156 |
| 35 | 118 | 66 | 184 |
| 42 | 126 | 76 | 176 |
| 46 | 125 | 78 | 225 |

解答

　　以下是由MINITAB所繪成的散佈圖，注意本資料呈線性。

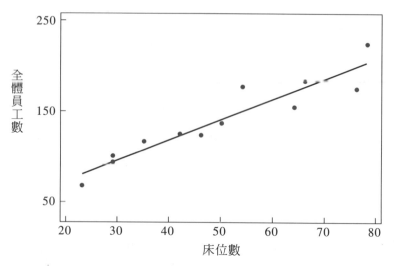

下一步，研究人員決定出ΣX，ΣY，ΣX²和ΣXY的值。

| 醫院 | 床位數（X） | 全職員工數（Y） | $X^2$ | XY |
|---|---|---|---|---|
| 1 | 23 | 69 | 529 | 1,587 |
| 2 | 29 | 95 | 841 | 2,755 |
| 3 | 29 | 102 | 841 | 2,958 |
| 4 | 35 | 118 | 1,225 | 4,130 |
| 5 | 42 | 126 | 1,764 | 5,292 |
| 6 | 46 | 125 | 2,116 | 5,750 |
| 7 | 50 | 138 | 2,500 | 6,900 |
| 8 | 54 | 178 | 2,916 | 9,612 |
| 9 | 64 | 156 | 4,096 | 9,984 |
| 10 | 66 | 184 | 4,356 | 12,144 |
| 11 | 76 | 176 | 5,776 | 13,376 |
| 12 | 78 | 225 | 6,084 | 17,550 |
| | $\sum X = 592$ | $\sum Y = 1,692$ | $\sum X^2 = 33,044$ | $\sum XY = 92,038$ |

研究人員接著算出樣本斜率（$b_1$）及Y的截距（$b_0$）。

$$SS_{XY} = \sum XY - \frac{\sum X \sum Y}{n} = 92,038 - \frac{(592)(1,692)}{12} = 8,566$$

$$SS_{XX} = \sum X^2 - \frac{(\sum X)^2}{n} = 33,044 - \frac{(592)^2}{12} = 3838.667$$

$$b_1 = \frac{SS_{XY}}{SS_{XX}} = \frac{8,566}{3838.667} = 2.232$$

$$b_0 = \frac{\sum Y}{n} - b_1 \frac{\sum X}{n} = \frac{(1,692)}{12} - 2.232\left(\frac{592}{12}\right) = 30.888$$

以最小平方法求得迴歸線為

$$\hat{Y} = 30.888 + 2.232X \text{。}$$

迴歸線斜率$b_1$為2.232，也就是說每增加$X$單位的床位，預計$Y$（FTE）將會增加2.232個單位。即使$Y$的截距讓研究人員能以一個點(0, 30.888)繪出這條線，然而這個點是沒有意義的，因為資料範圍並不包括$X=0$。

簡單迴歸分析可用於企業的許多領域，諸如預測銷售量、餐廳數量、承租空間的成本，以及職員數目等等。

---

12.1 以下列資料繪出散佈圖，並指出此資料是否有呈線性的傾向。

| $X$ | 6 | 11 | 9 | 14 | 5 | 3 |
|---|---|---|---|---|---|---|
| $Y$ | 5 | 2 | 3 | 1 | 7 | 11 |

12.2 以下列資料繪出散佈圖，並判斷$X$與$Y$是否存在線性的關係。

| $X$ | 36 | 45 | 52 | 20 | 12 | 40 | 63 |
|---|---|---|---|---|---|---|---|
| $Y$ | 14 | 26 | 35 | 32 | 48 | 18 | 51 |

12.3 判斷下列資料的迴歸方程式（n=9）。

$$\sum X = 261, \sum Y = 148, \sum X^2 = 11,219$$
$$\sum Y^2 = 3938 \text{ 和 } \sum XY = 6596$$

12.4 判斷下列資料的迴歸方程式（n=6）。

$$\sum X = 635, \sum Y = 129, \sum X^2 = 95,355$$
$$\sum Y^2 = 3811 \text{ 和 } \sum XY = 13,818$$

12.5 以下列資料繪出散佈圖，並判斷下列資料的迴歸方程式。

| $X$ | 12 | 21 | 28 | 8 | 20 |
|---|---|---|---|---|---|
| $Y$ | 17 | 15 | 22 | 19 | 24 |

12.6 以下列資料繪出散佈圖，並判斷下列資料的迴歸方程式。

| $X$ | 140 | 119 | 103 | 91 | 65 | 29 | 24 |
|---|---|---|---|---|---|---|---|
| $Y$ | 25 | 29 | 46 | 70 | 88 | 112 | 128 |

12.7某公司擁有多家子公司，母公司的策略規劃者相信，就某個角度而言，廣告費用可以預測銷售金額，再加上長期規劃的考量，她蒐集了1996年幾家公司的銷售量及廣告金額資料（金額以百萬計）：

| 廣告金額 | 銷售量 |
|---|---|
| 12.5 | 148 |
| 3.7 | 55 |
| 21.6 | 338 |
| 60.0 | 994 |
| 37.6 | 541 |
| 6.1 | 89 |
| 16.8 | 126 |
| 41.2 | 379 |

從以上資料，試著由廣告費用預測銷售量，並發展樣本的迴歸方程式。

12.8投資專家一般相信，債券收益率與借貸的基本利率是呈反向相關的，也就是說當借貸利率較低時，債券表現較為良好，而利率上升時，債券表現則不佳。是否可由基本利率預測債券收益率呢？以下列的資料用最小平方法求出迴歸線，以基本利率來預測債券收益率。

| 債券收益率 | 基本利率 |
|---|---|
| 5% | 16% |
| 12 | 6 |
| 9 | 8 |
| 15 | 4 |
| 7 | 7 |

12.9美國勞工統計局會發佈消費者物價指數（CPI）以作為消費者商品及勞務成本的指標。美國勞工統計局還發布CPI-U（都會消費族群的物價指數，大約佔人口的80%），及CPI-W（事務性工作人員的消費者物價指數，大約佔人口的32%）。下列的資料是1994年8種商品及勞務的CPI-U及CPI-W，用這些資料來建立簡單迴歸線，以CPI-W預測CPI-U，並由這些資料探討斜率及$Y$的截距。

| 項目 | CPI-U | CPI-W |
|------|-------|-------|
| 飲食 | 145.5 | 144.9 |
| 住宅 | 145.9 | 143.0 |
| 衣著 | 131.1 | 130.2 |
| 交通 | 135.9 | 135.2 |
| 醫療保健 | 212.2 | 211.5 |
| 娛樂 | 150.2 | 148.3 |
| 其他物品 | 199.4 | 197.5 |
| 勞務 | 164.2 | 161.6 |

12.10 美國貿易部經濟分析局會發布產業的國際收入狀況，以下為製造業與運輸／公共事業的產業資料，金額以10億計。

| 年度 | 製造業 | 運輸／公共事業 |
|------|--------|----------------|
| 1960 | 125.3 | 35.8 |
| 1965 | 171.6 | 47.0 |
| 1970 | 215.6 | 64.4 |
| 1975 | 317.5 | 101.1 |
| 1980 | 532.1 | 177.3 |
| 1987 | 718.7 | 278.7 |
| 1990 | 846.9 | 328.7 |
| 1991 | 835.7 | 333.2 |
| 1992 | 895.3 | 356.1 |
| 1993 | 928.2 | 376.1 |

求出簡單迴歸線，以運輸／公共事業的國際收入狀況來預測製造業的國際收入狀況。

12.11 在都會中至少有一人持有股票的家庭數目與地區人口數相關，似乎是很合理的，也就是說，地區愈遼闊，持有股票的人就越多。以下的資料為最大的9個都會區中至少有一個人持有股票的家庭數目，由紐約證券交易所提供。此外都會統計人口為1990年戶口調查結果，由美國戶口調查局提供。

| 都會區 | 持股家庭數 | 都會統計人口 |
|---|---|---|
| 紐約（New York） | 1,630,000 | 18,087,251 |
| 洛杉磯（Los Angeles） | 1,230,000 | 14,531,529 |
| 芝加哥（Chicago） | 1,070,000 | 8,065,633 |
| 底特律（Detroit） | 820,000 | 4,665,236 |
| 費城（Philadelphia） | 720,000 | 5,899,345 |
| 華盛頓特區（Washington, D.C） | 670,000 | 3,923,574 |
| 波士頓（Boston） | 620,000 | 4,171,643 |
| 休士頓（Houston） | 580,000 | 3,711,043 |
| 達拉斯（Dallas） | 440,000 | 3,885,415 |

a.繪出散佈圖，以都會人口數來預測至少有一個人持股的家庭數目。

b.發展迴歸線方程式，以最小平方法由都會統計人口預測至少有一個人持股的家庭數目。

# 12.3　殘差分析

●●●●●●●●●●●●●●●●●●●●●●●●●●●●●●●●●●●●●●●●●●●●●

　　研究人員該如何檢定迴歸線，以判斷迴歸線在數學上是否適合資料呢？用來建構迴歸線的歷史資料是一種可用的資訊，換句話說，有對應建構迴歸線$X$值的$Y$值存在。將歷史資料$X$值插入簡單迴歸等式中，就可得到預測的$Y$值（以$\hat{y}$表示）。接著再比較$\hat{y}$與實際的$Y$值以判斷迴歸方程式產生了多少誤差，每一個預測的$Y$值與實際的$Y$值的差異就是迴歸線在每一個既定點上的誤差，$Y-\hat{y}$稱為殘差（residual），將殘差值平方和最小化即可求出最小平方線。

　　表12.3顯示12.2節中由人口預測每州能源消費所發展出迴歸模型的每一組資料，將$X$值插入簡單迴歸等式中就可得到預測的$\hat{y}$值。

　　例如當$X=3.7$，$\hat{y}=.3211+.2506(3.7)=1.2483$，就如表12.3的第3欄所示，每一個真實的$Y$值皆會減掉預測的$\hat{y}$值以判定誤差或殘差。例如表中所列的第一個$Y$值為.9，第一個預測的$Y$值為1.2483，而殘差值為.9−1.2483=−.3483。此問題的殘差值顯示於表12.3的第4欄。

　　注意殘差值總和會接近於0，除非是進位的誤差，否則殘差值總和永遠會

等於0。因為殘差是一個點與迴歸線的垂直幾何距離，迴歸方程式原本就是用來解答位於所有點中央迴歸線的斜率及截距，也就是說點與線的垂直距離會彼此抵消，因而加總為0，圖12.4即為能源消費問題資料及殘差的散佈圖。

　　檢視殘差值可以讓研究人員得知迴歸線適合資料點的程度，在能源消費問題中，最大的殘差值為-.4538，最小的殘差值為.0483，在本題中迴歸線的目標在於預測一州的能源消費量；在第2組資料（佛羅里達州）中，模型產生了453.8兆BTUs的誤差，在第6、7、9組資料（堪薩斯州，密西根州，紐澤西州）

| 人口($X$) | 能源消費($Y$) | 預測值($\hat{Y}$) | 殘差值($Y-\hat{Y}$) |
|---|---|---|---|
| 3.7 | 0.9 | 1.2483 | −.3483 |
| 12.9 | 3.1 | 3.5538 | −.4538 |
| 6.5 | 2.1 | 1.9500 | .1500 |
| 1.0 | 0.4 | .5717 | −.1717 |
| 11.4 | 3.5 | 3.1779 | .3221 |
| 2.5 | 1.0 | .9476 | .0524 |
| 9.3 | 2.7 | 2.6517 | .0483 |
| 5.1 | 1.5 | 1.5992 | −.0992 |
| 7.7 | 2.3 | 2.2507 | .0493 |
| 4.9 | 2.0 | 1.5490 | .4510 |
| | | | $\sum(Y-\hat{Y})=.0001$ |

表12.3
能源消費問
題的殘差值
及預測值

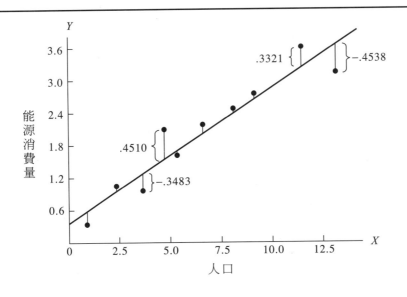

圖12.4
能源消費問
題的殘差值
散佈圖

中，模型預測則產生了50兆BTUs的誤差，這些結果是本案例中殘差值最極端的狀況，研究人員必須檢視這些殘差值，以判斷迴歸線適合資料的程度。

有時殘差值會用來標示離位點（outliers），離位點是指遠離其他點的資料點，離位點可以產生很大的殘差值，通常也很容易由散佈圖中辨認。離位點的產生可能是因為資料的誤記或錯誤，或者是有不合一般趨勢的資料點存在，在計算時迴歸方程式會被所有資料點影響，算數平均就是一個例子，因此有時離位點會不當的影響迴歸線，將迴歸線「拉向」離位點的方向，必須詳細檢視產生離位點的根源，以判斷是否該保留還是刪除離位點後重新計算。

殘差值通常以$X$軸為單位描繪，也可透露出當$X$值增加時殘差值的狀況。圖12.5是以$X$軸為單位的能源消費問題之Excel殘差圖。

# 利用殘差來檢定迴歸模型的假設

殘差分析有一個很重要的功能，它可用來檢定迴歸模型的假設，以下即為簡單迴歸分析的假設：

1.迴歸模型是線性的。

2.誤差項的變異數一致。

3.誤差項彼此獨立。

4.誤差項呈常態分配。

圖12.5
能源消費問
題的Excel
殘差圖。

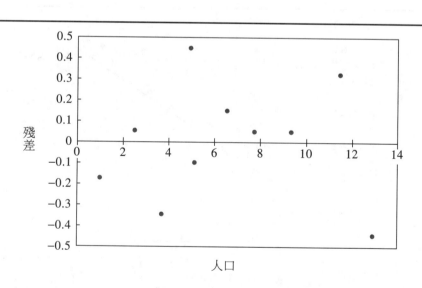

殘差圖（residual plot）是一種可以研究殘差值行為的特殊方法，殘差圖是將迴歸模型的殘差值及其對應的X值按(X, Y−Ŷ)形式排列的一種圖形，可由檢視圖形獲知迴歸模型適合迴歸假設與否的資訊。當樣本數很大時，殘差圖較富有意義；當樣本數很小時，殘差圖的分析則可能會出問題，也易流於解釋偏差。在能源消費案例中，只包括10組資料，因此讀者在由圖12.5獲得結論時，必須特別謹慎。然而在圖12.6、圖12.7、圖12.8中，則包含了大量的資料點，也因而較能指出正確的趨勢。

　　如果出現了像圖12.6的殘差圖，則模型為線性的假設就不成立。注意當X的值很小或很大時，殘差值為負數，當X處於中間值，殘差值則為正值。本圖殘差值呈拋物線狀，而非呈線性。當資料存在非線性關係時，形狀並不一定得像圖12.6一般，在線性殘差圖中若存在任何重大的離差，就表示兩變數間存在非線性的關係。

　　變異數一致的假設有時稱之為變異數齊一性（homoscedasticity）。若誤差變異數並不一致，則稱為變異數不齊一性（heterscedasticity），殘差圖看

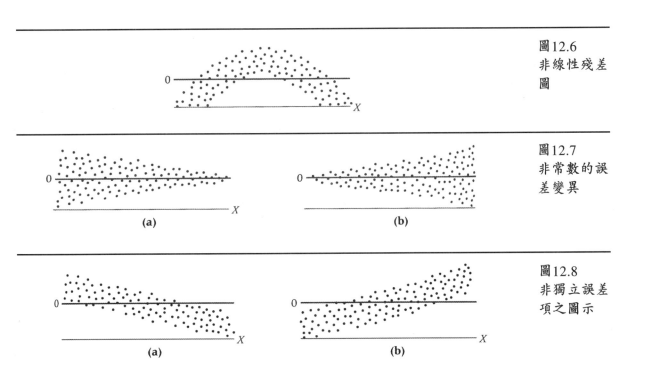

圖12.6
非線性殘差圖

圖12.7
非常數的誤差變異

(a)　　　　　　　　　　(b)

圖12.8
非獨立誤差項之圖示

(a)　　　　　　　　　　(b)

起來可能會像圖12.7的其中之一。注意在圖12.7(a)中，當X較小時變異數較大，而圖12.7(b)的情形則相反。

如果誤差項不獨立，殘差圖看起來則可能像圖12.8的其中之一，由這些圖看來，誤差項並非彼此獨立，殘差值是鄰近殘差值的函數，例如大的正殘差值旁也是大的正殘差值，而小的負殘差值旁也是小的負殘差值。

滿足迴歸分析假設的殘差圖——健全的殘差圖，看起來可能會像圖12.9。圖12.9相對的較為線性，每一個X值的誤差變異數都相同，而誤差項看來與鄰近的誤差項並不相關。

# 用電腦作殘差分析

●●●●●●●●●●●●●●●●●●●●●●●●●●●●●●●●●●●●●●●●●●●●●●●●●●●●●●●

有些電腦程式可以在違背迴歸假設的情況下做殘差分析，表12.10是以MINITAB繪製的殘差分析圖，其迴歸模型是以甜玉米總產量來預測美國每月的胡蘿蔔產量，資料收集期間橫跨連續120個月（見附錄B的農業資料庫）。

這些MINITAB的殘差診斷模型包括四個不同的圖，右下角是殘差圖，基本上與圖12.5用Excel所繪製的相同，注意當X愈大時，殘差圖也呈往外爆開的形狀，表示這個模型具有變異數不齊一性，並不符合迴歸模型誤差項變異數須相等的假設，迴歸模型的另一基本假設則是對一既定的X點而言，其誤差項將會趨近常態分配。

殘差分析左上角的圖是殘差的常態圖，觀察圖12.10的常態圖幾乎呈直線，表示殘差值幾乎呈常態分配，左下角是殘差的直方圖，直方圖將誤差項分類以便研究人員不用再看殘差圖就可以得知殘差狀況，並且能驗證殘差是否幾乎呈常態分配。在此圖中殘差值在−0.5至0.7之間呈堆高的狀態，這表示殘差值至少會呈現像山丘的形狀。

---

圖12.9
健全的殘差
圖

圖12.10　MINITAB殘差分析

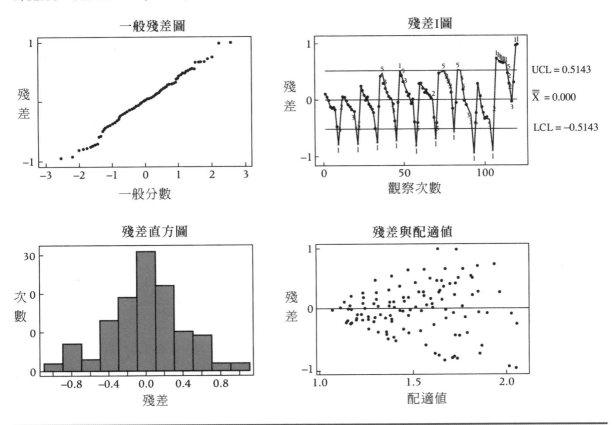

　　右上角的I圖是控制圖的一種形態，十七章將會介紹控制圖及統計的品管技巧，UCL（upper control limit）一般都位於中央線以上三個標準差處，在此中央線為0.000。LCL（lower control limit）通常位於中央線以下三個標準差處，經由觀察可發現所有的殘差值都位於UCL與LCL之間，在分析控制圖時，若發現有位於UCL及LCL之外的殘差值，則表示系統可能有失控狀況發生。此外在中央線上下的殘差值應呈相對較為隨機的狀態，最後三分之一的殘差值開始落在UCL與LCL之外，這指出一個問題：這種模式與其下圖的情形相同，表示殘差值的變異漸增（違反變異數一致的假設），此外殘差值所呈現出的似乎是一個明確的上升或下降情形，也很清楚的暗示其違反迴歸誤差項必須獨立的假設。此迴歸模型所用的是時間序列資料(將在第十五章討論)，然而農業資料中存在著季節性因素，這可能可以解釋誤差項缺乏獨立性的原因。

例題12.2　　　　計算例題12.1中迴歸模型的殘差值，此迴歸模型是以醫院床位預測全職員工數，用MINITAB來分析殘差值。

解答

下表顯示了本題的資料及計算出來的迴歸線。

| 醫院 | 床位數目($X$) | 全職員工($Y$) | 預測值($\hat{Y}$) | 殘差值($Y-\hat{Y}$) |
|---|---|---|---|---|
| 1 | 23 | 69 | 82.22 | −13.22 |
| 2 | 29 | 95 | 95.62 | −.62 |
| 3 | 29 | 102 | 95.62 | 6.38 |
| 4 | 35 | 118 | 109.01 | 8.99 |
| 5 | 42 | 126 | 124.63 | 1.37 |
| 6 | 46 | 125 | 133.56 | −8.56 |
| 7 | 50 | 138 | 142.49 | −4.49 |
| 8 | 54 | 178 | 151.42 | 26.58 |
| 9 | 64 | 156 | 173.74 | −17.74 |
| 10 | 66 | 184 | 178.20 | 5.80 |
| 11 | 76 | 176 | 200.52 | −24.52 |
| 12 | 78 | 225 | 204.98 | 20.02 |

$$\Sigma(Y-\hat{Y}) = -.01$$

注意對醫院2及醫院5來說，由其殘差分別為−0.62及1.37個全職員工可看出：迴歸模型很適合資料。而醫院1，醫院8，醫院9，醫院11，醫院12的殘差值相對較大，表示迴歸模型對資料較不適合。殘差的常態圖顯示殘差幾乎呈常態分配，由殘差的直方圖可看出殘差在中間部份有堆高情形，但卻有點偏向較大的正值，而I圖及殘差圖皆指出當$X$增加時，殘差似乎也隨之增加，也就是說資料可能有變異數不齊一性的潛在問題。

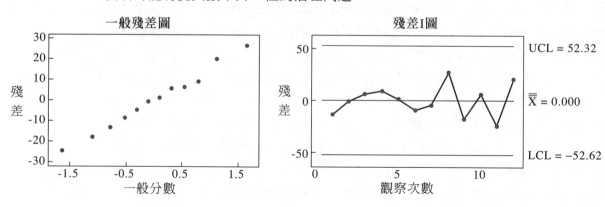

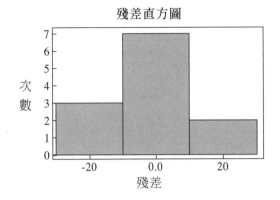

残差直方圖

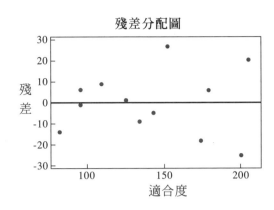

残差分配圖

12.12 利用以下資料求出迴歸方程式並計算其殘差值。　　　　　　　　　　問題12.3

| $X$ | 15 | 8 | 19 | 12 | 5 |
|---|---|---|---|---|---|
| $Y$ | 47 | 36 | 56 | 44 | 21 |

12.13 利用12.5的資料計算預測的$Y$值及殘差值。

12.14 利用12.6的資料計算預測的$Y$值及殘差值。

12.15 利用12.7的資料計算預測的$Y$值及殘差值。

12.16 利用12.8的資料計算預測的$Y$值及殘差值。

12.17 迴歸方程式為

$$\hat{Y} = 50.506 - 1.646X$$

資料如下：

| $X$ | 5 | 7 | 11 | 12 | 19 | 25 |
|---|---|---|---|---|---|---|
| $Y$ | 47 | 38 | 32 | 24 | 22 | 10 |

計算殘差，並畫出殘差圖。檢視這些資料是否違反迴歸假設。

12.18 威斯康辛州是美國重要的牛奶產地，有些人可能會說那是因為運輸成本的緣故，牛奶成本會隨著與威斯康辛州距離的增加而增加。假設8個城市的牛奶價格如下。

| 牛奶價格（每加侖） | 距麥迪遜路程（哩） |
| --- | --- |
| $2.64 | 1245 |
| 2.31 | 425 |
| 2.45 | 1346 |
| 2.52 | 973 |
| 2.19 | 255 |
| 2.55 | 865 |
| 2.40 | 1080 |
| 2.37 | 296 |

利用這些資料發展迴歸模型，以每個城市距離威斯康辛州麥迪遜的路程，預測牛奶價格，使用迴歸方程式計算殘差值，依 $X$ 的順序排列繪製殘差圖，並評論殘差圖的形狀。

12.19 以下面的資料繪製殘差圖，根據圖示指出其是否可能違反迴歸假設。

| $X$ | $Y-\hat{Y}$ |
| --- | --- |
| 213 | −11 |
| 216 | −5 |
| 227 | −2 |
| 229 | −1 |
| 237 | +6 |
| 247 | +10 |
| 263 | +12 |

12.20 以下面的資料繪製殘差圖，根據圖示指出其是否可能違反迴歸假設。

| $X$ | $Y-\hat{Y}$ |
| --- | --- |
| 5 | −21 |
| 6 | +16 |
| 8 | +14 |
| 9 | −11 |
| 12 | −8 |
| 13 | −7 |
| 14 | +5 |
| 17 | −2 |
| 18 | +1 |

12.21以下面的資料繪製殘差圖，並且根據圖示指出其是否可能違反迴歸假設

| $X$ | $Y-\hat{Y}$ |
|---|---|
| 10 | +6 |
| 11 | +3 |
| 12 | −1 |
| 13 | −11 |
| 14 | −3 |
| 15 | +2 |
| 16 | +5 |
| 17 | +8 |

12.22下列為以MINITAB所繪製的簡單迴歸分析，根據圖示指出其是否可能違反迴歸假設。

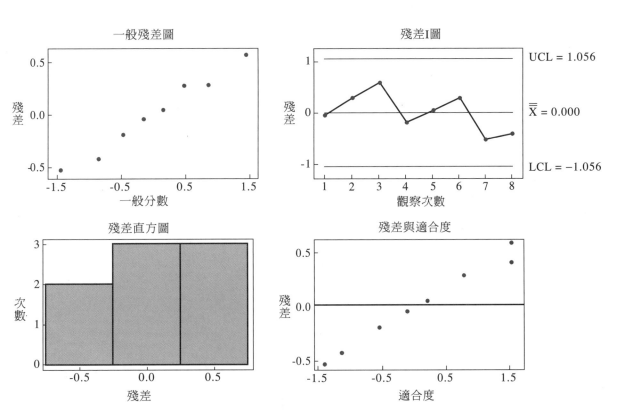

# 12.4 估計的標準誤差

●●●●●●●●●●●●●●●●●●●●●●●●●●●●●●●●●●●●●●●●●●●

　　殘差是指在估計既定點時所產生的誤差,當樣本資料很多時,計算殘差是相當費力的,即使有電腦,研究人員在處理眾多的殘差資料時,可能還是難以理解殘差的意義。在檢察模型誤差時,另一個替代方案是利用估計的標準誤來衡量迴歸的誤差。

　　因為殘差總和為0,試著將殘差加總以決定誤差總和是無用的。為避免將殘差總值相加而得到0的結果,可將殘差平方和加總,除了表12.1的能源資料外,表12.4還包括殘差及殘差平方值。殘差平方的總和稱之為誤差平方和(SEE)

| SSE | $$SSE = \Sigma(Y - \hat{Y})^2$$ |
|-----|-----|

　　就理論上而言,適合樣本點的線會有無數條,然而由等式12.1及12.2所得到的線會最適合樣本點,其SSE是所有適合樣本點的線中最小的,這是理所當然的。因為等式12.1及12.2就是由將SSE最小化的等式中求出來的,也因如此,本章所使用的迴歸方程式被稱為最小平方迴歸方程式。

　　以下的算式可用來計算SSE,在解釋時,這個算式不如$\Sigma(Y - \hat{Y})^2$來得有意

表12.4
求出能源消
費問題中的
SSE

| 人口(X) | 能源消費(Y) | 殘差(Y−Ŷ) | (Y−Ŷ)² |
|---------|------------|-----------|---------|
| 3.7 | .9 | −.3483 | .1213 |
| 12.9 | 3.1 | −.4538 | .2059 |
| 6.5 | 2.1 | .1500 | .0225 |
| 1.0 | .4 | −.1717 | .0295 |
| 11.4 | 3.5 | .3221 | .1037 |
| 2.5 | 1.0 | .0524 | .0027 |
| 9.3 | 2.7 | .0483 | .0023 |
| 5.1 | 1.5 | −.0992 | .0098 |
| 7.7 | 2.3 | .0493 | .0024 |
| 4.9 | 2.0 | .4510 | .2034 |

$$\Sigma(Y - \hat{Y}) = \overline{.0001} \qquad \Sigma(Y - \hat{Y})^2 = \overline{.7035}$$

$$誤差平方和 = SSE = .7035$$

義，但較易於計算，計算公式如下：

$$SSE = \Sigma Y^2 - b_0 \Sigma Y - b_1 \Sigma XY$$

在能源消費問題中，

$$
\begin{aligned}
\Sigma Y^2 &= \Sigma[(0.9)^2 + (3.1)^2 + (2.1)^2 + (0.4)^2 + (3.5)^2 + (1.0)^2 \\
&\quad + (2.7)^2 + (1.5)^2 + (2.3)^2 + (2.0)^2] = 47.07
\end{aligned}
$$

$$b_0 = .3211$$

$$b_1 = .2506$$

$$\Sigma Y = 19.5$$

$$\Sigma XY = 160.04$$

$$
\begin{aligned}
SSE &= \Sigma Y^2 - b_0 \Sigma Y - b_1 \Sigma XY \\
&= 47.07 - (.3211)(19.5) - (.2506)(160.04) = .7025
\end{aligned}
$$

此處與表12.4的差異，是因爲進位的緣故。

誤差平方和是用來計算總誤差平方和資料的一部份，而估計的標準誤則是一種較有用的測量標準，可寫成Se的形式，是迴歸誤差的標準差，較SSE更爲實用。以下爲估計的標準誤定義式：

$$S_e = \sqrt{\frac{SSE}{n-2}}$$

在能源消費的案例中估計的標準誤爲

$$S_e = \sqrt{\frac{SSE}{n-2}} = \sqrt{\frac{.7035}{8}} = .2965$$

該如何使用估計的標準誤呢？如先前所說的，估計的標準誤是誤差項的標準差，在第三章曾提及若資料趨近常態分配，由經驗法則可知約有68%的值會位於$\mu \pm 1\sigma$的範圍內，約有95%的值會位於$\mu \pm 2\sigma$的範圍內。在12.3節中，迴歸模型有一基本假設，即在一個既定點上的誤差項會呈常態分配。既然誤差項爲常態分配。$S_e$爲誤差項標準差，而誤差平均爲0，因此約有68%的誤差值（殘差）會位於$0 \pm 1S_e$的範圍內，約有95%的誤差值（殘差）會位於$0 \pm 2S_e$的範圍內，經由檢視$S_e$的值，研究人員可以判斷迴歸模型適合資料的程度。在能源消費的案例中，$S_e$值該如何解釋呢？

在能源消費的案例中，迴歸模型是用一州人口來預測能源消費量，注意在表12.1中能源消費資料的範圍由0.4至3.5都有，本迴歸模型資料的$S_e$爲.2965，

可解釋為能源消費問題的誤差項標準差為.2965個單位，在既定的X點上，若誤差項為常態分配，則約有68%的誤差值（殘差）會位於±.2965千萬億BTUs的範圍內，約有95%的誤差值（殘差）會位於±2(.2965)=±.5930千萬億BTUs的範圍內，檢視殘差值可發現10個殘差值中有6個（60%）位於一個估計標準誤（.2965）的範圍內，而100%的殘差皆位於±2個$S_e$的範圍內。估計的標準誤差可以衡量迴歸模型中誤差項的大小。此外有些研究人員利用估計的標準誤差值來找出極值，即察看位於±2 $S_e$ 或±3個 $S_e$ 之外的資料。

---

**例題12.3**　　　計算例題12.1的誤差平方和，及估計的標準差，此題的迴歸模型是以床位數來預測醫院全職員工數。

**解答**

| 醫院 | 床位X | 全職員工數Y | 殘差 $(Y-\hat{Y})$ | $(Y-\hat{Y})^2$ |
|------|-------|-------------|-------------------|-----------------|
| 1 | 23 | 69 | −13.22 | 174.77 |
| 2 | 29 | 95 | −0.62 | 0.38 |
| 3 | 29 | 102 | 6.38 | 40.70 |
| 4 | 35 | 118 | 8.99 | 80.82 |
| 5 | 42 | 126 | 1.37 | 1.88 |
| 6 | 46 | 125 | −8.56 | 73.27 |
| 7 | 50 | 138 | −4.49 | 20.16 |
| 8 | 54 | 178 | 26.58 | 706.50 |
| 9 | 64 | 156 | −17.74 | 314.71 |
| 10 | 66 | 184 | 5.80 | 33.64 |
| 11 | 76 | 176 | −24.52 | 601.23 |
| 12 | 78 | 225 | 20.02 | 400.80 |
| | $\Sigma Y = 592$ | $\Sigma Y = 1692$ | $\Sigma(Y-\hat{Y}) = -0.01$ | $\Sigma(Y-\hat{Y})^2 = 2448.86$ |

$$SSE = 2448.86$$

$$S_e = \sqrt{\frac{SSE}{n-2}} = \sqrt{\frac{2448.86}{10}} = 15.65$$

估計的標準誤為15.65位全職員工，檢視這個問題的殘差值，可發現在12個醫院中有8個（67%）位於±1$S_e$的範圍內，而全部（100%）都位於±2$S_e$的範圍內，這樣的結果是可以接受的嗎？醫院管理者最有資格回答這個問題。

12.23求出問題12.5的SSE及估計的標準誤（$S_e$），並判斷在問題12.13中有多少殘差會位於$\pm 1 S_e$的範圍內。如果誤差項爲常態分配，則應該有多少殘差值會位於$\pm 1 S_e$的範圍內呢？

12.24求出問題12.6的SSE及估計的標準誤（$S_e$）。並判斷在問題12.14中有多少殘差會位於$\pm 1 S_e$的範圍內？又有多少殘差會位於$\pm 2 S_e$的範圍內？如果誤差項爲常態分配，則與經驗法則比較結果爲何？

12.25求出問題12.6的SSE及估計的標準誤（$S_e$），探討本題中用迴歸模型預測的變數並評論$S_e$值。

12.26求出問題12.7的SSE及估計的標準誤（$S_e$），探討本題中用迴歸模型預測的變數並評論$S_e$值。

12.27利用問題12.17的資料求出其$S_e$值。

12.28在問題12.18中的迴歸模型是用以預測牛奶價格，判斷12.18的SSE及$S_e$並評斷迴歸模型中$S_e$的大小。

12.29建構一個迴歸方程式，以近年來公司在股市賣出的股數，來預測其年度銷售量，並計算估計的標準誤，賣出的股數是否爲良好的預測值呢？爲什麼？

| 公司 | 年度銷量<br>（十億） | 年度售出股數<br>（百萬股） |
|---|---|---|
| 墨克（Merck） | 10.5 | 728.6 |
| 菲利浦摩里斯（Philip Morris） | 48.1 | 497.9 |
| IBM | 64.8 | 439.1 |
| 柯達伊士曼（Eastman Kodak） | 20.1 | 377.9 |
| 布里斯托梅爾藥廠（Bristol–Myers Squibb） | 11.4 | 375.5 |
| 通用汽車（General Motors） | 123.8 | 363.8 |
| 福特汽車（Ford Motors） | 89.0 | 276.3 |

## 12.5 判定係數

●●●●●●●●●●●●●●●●●●●●●●●●●●●●●●●●●●●●●●●●●●●●●●●●●●●●●

　　判定係數（Coefficient of Determination）或 $r^2$ 常用於判斷衡量迴歸模型的適合度，判定係數是指應變數($Y$)的變異，能夠由自變數（$X$）解釋的部份。

　　判定係數範圍由0至1，當判定係數為0時，表示用來預測的變數 $X$ 無法解釋因變數（$Y$）的變異性，因而也無法用迴歸方程式的 $X$ 來預測 $Y$。當判定係數為1，則表示 $X$ 能完全的預測 $Y$ 值，$X$ 可用來解釋 $Y$ 變數100%的變異。大部份的判定係數都介於極端之間，研究人員必須能夠依運用的迴歸模型及其內容，判斷一個特定的判定係數其值是高還是低。

　　美國太空總署（NASA）的一位研究人員使用機械重量來預測出一次任務所需的成本，則其迴歸模型的判定係數可能高達0.9或更高，然而兒童發展研究人員在開始試著瞭解兒童為何對生命會有某種程度的認知時，若判定係數有0.5就會很高興了。和已經研究了一段時間的領域相比，在變數還不能完全被眾人所瞭解的基礎研究領域中，較低的判定係數較能夠被接受。

　　迴歸模型可以預測應變數 $Y$，而其平方總和可用來衡量 $Y$ 的變異。

$$SS_{YY} = \sum (Y - \bar{Y})^2 = \sum Y^2 - \frac{(\sum Y)^2}{n}$$

　　$SS_{YY}$ 是 $Y$ 值平方差的總和，此變異可分為二部份，亦即用迴歸平方和（SSR）來測量的已解釋變異，與誤差平方和（SSE）測量的未解釋變異。彼此之間的關係可用下列等式來表達：

$$SS_{YY} = SSR + SSE$$

　　如果每一項都除以 $SS_{YY}$，則等式會變成

$$1 = \frac{SSR}{SS_{YY}} + \frac{SSE}{SS_{YY}}$$

　　判定係數 $r^2$ 是指 $Y$ 的變異可由迴歸模型解釋的部份，在此可以表示成

$$r^2 = \frac{SSR}{SS_{YY}}$$

　　將此等式代入上述等式可得到

$$1 = r^2 + \frac{\text{SSE}}{\text{SS}_{YY}}$$

因而由方程式12.4可得

$$r^2 = 1 - \frac{\text{SSE}}{\text{SS}_{YY}}$$

---

(12.4)　　　　　　$r^2 = 1 - \dfrac{\text{SSE}}{\text{SS}_{YY}} = 1 - \dfrac{\text{SSE}}{\sum Y^2 - \dfrac{(\sum Y)^2}{n}}$　　　　判 定 係 數

注意 $: 0 \leq r^2 \leq 1$

---

在預測能源消費的案例中，判定係數值 $r^2$ 為

$$\text{SSE} = .7035$$

$$SS_{YY} = \sum Y^2 - \frac{(\sum Y)^2}{n} = 47.07 - \frac{(19.5)^2}{10} = 9.045$$

$$r^2 = 1 - \frac{\text{SSE}}{\text{SS}_{YY}} = 1 - \frac{.7035}{9.045} = .922$$

也就是說，每年每州的能源消費量有92.2%的變異可由該州人口來解釋或預測，這個結果也指出能源消費量 $Y$ 有7.8%的變異無法由 $X$ 或迴歸模型來解釋。

判定係數 $r^2$ 可由以下的公式直接求出

$$r^2 = \frac{\text{SSR}}{\text{SS}_{YY}}$$

透過代數運算本式可表達成

$$\text{SSR} = b_1^2 SS_{XX}$$

如此便可建立判定係數 $r^2$ 的計算公式。

---

$$r^2 = \frac{b_1^2 SS_{XX}}{SS_{YY}}$$　　　　判 定 係 數 $r^2$
計 算 公 式

---

在能源消費的問題中 $b_1 = .2506$, $SS_{XX} = 132.86$, $SS_{YY} = 9.045$

使用判定係數的計算公式，我們可得到

$$r^2 = \frac{(.2506)^2 (132.86)}{9.045} = .922$$

例題12.4 　　　計算例題12.1的判定係數，例題12.1的迴歸模型是以床位數預測醫院的全職員工數。

解答
$$SSE = 2448.6$$
$$SS_{YY} = 260,136 - \frac{1692^2}{12} = 21,564$$
$$r^2 = 1 - \frac{SSE}{SS_{YY}} = 1 - \frac{2448.6}{21,564} = .886$$

迴歸模型可解釋全體員工數88.6%的變異，只有11.4%的變異是無法解釋的。

使用例題12.1的數值$b_1=2.232$以及$SS_{XX}=3838.667$，我們利用計算公式可得判定係數為

$$r^2 = \frac{b_1^2 SS_{XX}}{SS_{YY}} = \frac{(2.232)^2(3838.667)}{21,564} = .886$$

問題12.5 　　12.30計算問題12.23的判定係數值$r^2$並討論結果。

　　12.31計算問題12.24的判定係數值$r^2$並討論結果。

　　12.32計算問題12.25的判定係數值$r^2$並討論結果。

　　12.33計算問題12.26的判定係數值$r^2$並討論結果。

　　12.34計算問題12.27的判定係數值$r^2$並討論結果。

　　12.35我們可由總統提出的預算來預測家庭提撥基金委員會的預算，而此模型的預測效果如何？以下為1992會計年度提出的非國防部門預算，預算以10億計。

|  | 預算 | 家庭提撥基金 |
|---|---|---|
| 勞工、健康、教育 | $56.00 | $59.27 |
| 住宅、空間、退役軍人、環境 | 64.90 | 63.59 |
| 預算、州政府、司法 | 15.68 | 15.69 |
| 自然資源 | 12.10 | 13.20 |
| 運輸 | 14.56 | 13.63 |
| 國庫、郵政服務 | 10.80 | 10.75 |
| 能源、水利 | 9.83 | 9.75 |

利用以上的資料，發展迴歸模型。以總統提出的預算來預測家庭提撥基金委員會的預算，計算判定係數$r^2$的值並判定係數來評論模型的強度。

# 12.6　迴歸模型斜率假設檢定及全面模型檢定

●●●●●●●●●●●●●●●●●●●●●●●●●●●●●●●●●●●●

## 檢定斜率

可藉由迴歸模型樣本的斜率檢定來判斷母體的斜率是否顯著不為0，這個檢定是判斷迴歸模型是否適合資料的另一種方式，假設研究人員認為發展線性迴歸模型以$X$預測$Y$太吃力又不討好，則將$Y$平均並使用$\overline{Y}$以做為$Y$的預測值。在能源消費的案例中，研究人員可能不使用母體資料，而使用能源消費量的樣本平均值做為預測值。在案例中$Y$的平均值為

$$\overline{Y} = \frac{19.5}{10} = 1.95 \text{千萬億BTUs}$$

使用這個結果來預測$Y$，若一州人口為3百萬，1千萬，2千萬或是任何其他的數字預測的$Y$值仍為1.95。基本上這個方法讓$\overline{Y}=1.95$這條線能適合資料，而這條線為水平線，斜率為0。除了模型外，我們還能由迴歸分析中得到什麼呢？其實使用模型是最糟糕的情形，研究人員可分析迴歸模型以判斷$Y$模型是否較$\overline{Y}$模型更具預測能力，因為線斜率為0，要檢測迴歸線是否具有預測力的一種方法就是檢定母體迴歸線的斜率，以確認其是否為0。當斜率不為0時，迴歸模型較$\overline{Y}$模型有預測力，因而檢定迴歸線以判斷斜率是否為0是很重要的。

當斜率為0，在預測 $Y$ 時我們並不能從迴歸線得到多於模型的資訊。

研究人員如何檢定迴歸線的斜率呢？為何不直接檢查計算出來的斜率呢？例如在能源消費的案例中，迴歸線的斜率為.2506，很明顯的，這個值不是0。但問題在於此斜率是由10個樣本資料點所求出的，樣本斜率如果使用其他的人口數及能源消費樣本資料，則可能會獲得不同的斜率，因此樣本斜率是其所使用特定樣本資料的函數，然而這裡須要計算的是母體的斜率，如果可以取得所有的資料，迴歸線的斜率會不為0嗎？在此樣本中，斜率 $b_1$ 用於檢定母體斜率是否為0，檢定假設如下：

$$H_0 : \beta_1 = 0$$
$$H_a : \beta_1 \neq 0$$

注意檢定是雙尾的，若斜率不為正數即為負數時，虛無假設會被拒絕，負的斜率表示 $X$ 與 $Y$ 為負向相關，也就是說較大的 $X$ 值會對應較小的 $Y$ 值，或是較小的 $X$ 值會對應較大的 $Y$ 值，斜率不為0，可以是正的，或負的斜率。為了判斷兩變數間是否為顯著的正相關，檢定應為單尾，表示如下：

$$H_0 : \beta_1 = 0$$
$$H_a : \beta_1 > 0$$

為了判斷兩變數間是否為顯著的負相關，檢定應為單尾，表示如下：

$$H_0 : \beta_1 = 0$$
$$H_a : \beta_1 < 0$$

在每種情況下檢定虛無假設，都牽涉到用斜率的t檢定。

---

斜率的 $t$ 檢定

$$t = \frac{b_1 - \beta_1}{S_b}$$

其中：

$$S_b = \frac{S_e}{\sqrt{SS_{XX}}}$$

$$S_e = \sqrt{\frac{SSE}{n-2}}$$

$$SS_{XX} = \sum X^2 - \frac{(\sum X)^2}{n}$$

$\beta_1 =$ 假設的斜率
df $= n - 2$

---

讓我們來檢定能源消費問題的迴歸方程式。在此 $\alpha$ =0.05，迴歸線爲

$$\hat{Y} = .3211 + .2506X$$

樣本斜率 $b_1$ 爲.2506，$S_e$ 的值爲.2965，$\Sigma X$=65.0，$\Sigma X^2$ =555.36且 $n$ =10，此處假設爲

$$H_0 : \beta_1 = 0$$
$$H_a : \beta_1 \neq 0$$

自由度df=$n$−2=10−2=8，由於檢定爲雙尾，因此 $\alpha$/2=.025，$t$ 表上的值爲 $t_{.025,8}= \pm 2.306$。此樣本斜率的 $t$ 計算值爲

$$t = \frac{.2506 - 0}{\dfrac{.2965}{\sqrt{555.36 - \dfrac{(65.0)^2}{10}}}} = 9.74$$

如圖12.11所示，計算出來的 $t$ 值位於拒絕區域中。母體斜率爲0的虛無假設已被拒絕，而此線性迴歸模型也較 $\bar{Y}$ 模型（非迴歸模型）來得有預測力。

在檢定迴歸線的斜率時，我們已將虛無假設拒絕了，在拒絕母體斜率爲0的虛無假設時，也說明了迴歸模型能夠解釋應變數的變異，但 $Y$ 平均值的模型卻不能。若是無法拒絕虛無假設，則可以說迴歸模型對應變數沒有預測力，模型因而也沒什麼用處。

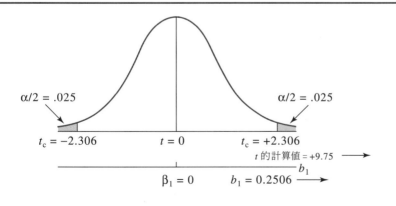

圖12.11
能源消費問
題斜率的 $t$
檢定

例題12.5 　　　　檢定在12.2中以床位數預測醫院全職員工數的迴歸模型斜率，以判斷斜率是否顯著為正，在此 $\alpha$ =.01。

解答

本題的假設為

$$H_0 : \beta_1 = 0$$
$$H_a : \beta_1 > 0$$

在此 $\alpha$ =.01，共有12組資料，因此df=10，t的查表臨界值為$t_{.01,10}$=2.764。這個問題的迴歸方程式為

$$\hat{Y} = 30.888 + 2.232X$$

樣本的斜率$b_1$為2.232，$S_e$ =15.65，$\Sigma X$=592，$\Sigma X^2$ =33,044且$n$=12。此樣本斜率的$t$計算值為

$$t = \frac{2.232 - 0}{\dfrac{15.65}{\sqrt{33,044 - (592^2 / 12)}}} = 8.84$$

計算出的$t$值(8.84)位於拒絕區域，因為其大於臨界表的$t$值2.764，因而拒絕虛無假設。迴歸線的母體斜率顯著的大於0。這個迴歸方程式較$\overline{Y}$模型顯著的有預測力。

## 檢定整個模型

在迴歸分析中用F檢定整個模型是很平常的，大部份的電腦套裝軟體都用F檢定及ANOVA表來作標準迴歸分析，在多元迴歸分析中這個檢定是用來判斷是否會有迴歸係數不為0，在簡單迴歸分析中只有一個預測值，也只需檢定一個迴歸係數，因為此處迴歸係數為迴歸線的斜率，因而F檢定是與t檢定一樣的東西。在簡單迴歸模型中，F檢定的基本假設為

$$H_0 : \beta_1 = 0$$
$$H_a : \beta_1 \neq 0$$

在簡單迴歸模型分析中，$F = t^2$。因此在能源消費的案例中，$F$值為

$$F = t^2 = (9.75)^2 = 95.06$$

$F$值亦可直接計算

$$F = \frac{\dfrac{SS_{reg}}{df_{reg}}}{\dfrac{SS_{err}}{df_{err}}} = \frac{MS_{reg}}{MS_{err}}$$

其中：

$df_{reg} = k$

$df_{err} = n-k-1$

　　$k = $ 自變數的個數

平方和(SS)自由度(df)及均方(MS)都是由ANOVA表中得知，以下為MINITAB所做的能源分析問題的變異數分析表。

```
Analysis of Variance

SOURCE        DF       SS          MS         F          p
Regression    1        8.3413      8.3413     94.83      0.000
Error         8        0.7037      0.0880
Total         9        9.0450
```

使用能源消費的變異數分析資訊，我們可得知

$$F = \frac{\dfrac{8.3413}{1}}{\dfrac{.7037}{8}} = \frac{8.3413}{.0880} = 94.83$$

$F$值（94.83）與$t$平方（95.06）之間的差異，是由於進位的誤差。要得到這麼大（或更大）的$F$值，需視在ANOVA表中$p$值為0.000的機率而定，這就表示母體迴歸線的斜率非常不可能為0，而不能以迴歸模型的統計樣本來預測的機率也非常的低。因此迴歸模型很可能對應變數具有預測能力。注意在ANOVA表中，迴歸平方和的自由度為1，在簡單迴歸模型中只有一個自變數，因此$k=1$，在簡單迴歸分析中，誤差自由度永遠都為$n-k-1=n-1-1=n-2$，以迴歸自由度（1）做為自由度的分子，而誤差的自由度做為自由度的分母（$n-2$），我們可以使用表A.7以得到F的臨界值（$F_{\alpha,1,n-2}$），F的臨界值永遠都位於

分配的右端，在簡單迴歸分析中，t臨界值與F臨界值之間的關係為

$$t^2_{\alpha/2,\,n-2}=F_{\alpha,\,1,\,n-2}$$

在能源消費的案例中，檢定為雙尾，$\alpha$為.05，臨界值$t_{.025,8}$為$\pm2.306$，而臨界值$F_{0.05,\,1,\,8}$為5.32。

$$t^2_{.025,\,8}=(\pm2.306)^2=5.32=F_{.05,\,1,\,8}$$

---

問題12.6　　12.36檢定問題12.5中迴歸線的斜率，令 $\alpha=.05$。

12.37檢定問題12.6中迴歸線的斜率，令 $\alpha=.01$。

12.38檢定問題12.7中迴歸線的斜率，令 $\alpha=.10$。

12.39檢定問題12.8中迴歸線的斜率，使用5%的顯著水準。

12.40以下為利用MINITAB作簡單迴歸分析的部份變異數分析表，使用**表A.7**計算*F*值，以判斷迴歸方程式在統計上是否顯著。並從此值計算*t*值，模型整體在統計上是否顯著？迴歸方程式的斜率顯著嗎？請解釋之。

```
Analysis of Variance

SOURCE        DF     SS       MS      F
Regression    1      5165
Error         7      18554
Total         8      23718
```

12.41研究以下簡單迴歸分析的變異數分析表，討論整個迴歸分析的*F*值，*t*值，並檢定迴歸線的斜率。

```
Analysis of Variance

SOURCE        DF     SS        MS       F      p
Regression    1      116.65    116.65   8.26   0.021
Error         8      112.95    14.12
Total         9      229.60
```

# 12.7 　估計

●●●●●●●●●●●●●●●●●●●●●●●●●●●●●●●●●●●●●

　　做為預測的工具是迴歸分析的主要功能之一，如果是一個良好的迴歸方程式，則研究人員可以用不同的自變數來預測應變數的值，例如財務仲介商可能會想要擁有一個模型，能以諸如失業率或躉售物價指數之類的變數來預測特定股票在某日的賣出價格。行銷經理可能會需要一個設置地點的模型，可以用人口密度或競爭者數目等變數來預測某個地點的商品銷售量。在預測能源消費量的案例中，迴歸模型即可能用一州的人口來預測一州的能源消費量。

　　將正在探討的特定變數$X$代入迴歸方程式中，解得$Y$即可求出點估計值，例如若一州的人口為600萬，則預測的能源消費量為何？此案例的迴歸方程式為

$$\hat{Y} = .3211 + .2506X$$

將$X=6$代入方程式中，可得預測的能源消費量為1.825千萬億BTUs。

## 用來估計$Y$：$\mu_{Y|X}$條件平均數的信賴區間

　　雖然研究人員對點估計很注意，但迴歸線是由樣本點決定的，如果採用不同的樣本資料，就會得到不同的迴歸線，也會產生不同的點估計值。此時計算估計的信賴區間常是很有用的，因為每一個$X$值（自變數）都可能對應許多不同的$Y$值（應變數）。信賴區間是在既定的$X$點上，對$Y$的平均值作估計。$Y$的平均值寫成$E(Y_X)$ —— $Y$的期望值。

| | |
|---|---|
| (12.5) $$\hat{Y} \pm t_{\alpha/2, n-2} S_e \sqrt{\frac{1}{n} + \frac{(X_0 - \overline{X})^2}{SS_{XX}}}$$ 其中： $$X_0 = 給定的X值$$ $$SS_{XX} = \sum X^2 - \frac{(\sum X)^2}{n}$$ | 給定$X$值，估計$E(Y_X)$的信賴區間 |

　　該公式可被應用於能源消費的案例中，當$X$（人口數）為600萬時，建構一95%的信賴區間，以估計$Y$（能源消費量）的平均值信賴區間，使用$t$值來估計在95%的信賴區間，$\alpha=.05$，$\alpha/2=.025$，自由度為n−2=10−2=8的情形下，$t$的

查表值為$t_{.025,8}=2.306$，此外本題所需要的其他資訊如下：

$$S_e = .2965，\Sigma X = 65.0，\overline{X} = 6.50，且\Sigma X^2 = 555.36$$

當$X_0 = 6$，$\hat{Y} = 1.825$，計算出的$Y$平均值，$E(Y_6)$，的信賴區間為

$$1.825 \pm (2.306)(.2965)\sqrt{\frac{1}{10} + \frac{(6-6.5)^2}{555.36 - \frac{(65.0)^2}{10}}} = 1.825 \pm .218$$

$$1.607 \leq E(Y_6) \leq 2.043$$

換言之，我們有95%的信心可以說，當$X=6$時，$Y$平均值會位於1.607與2.043之間。

表12.5包括了在能源消費的案例中以不同的$X$預測$Y$的平均值時，所計算出來的信賴區間。注意當$X$離平均值（6.5）愈遠，則信賴區間就愈大，當$X$離平均值（6.5）愈近，則信賴區間就愈狹窄。

## 估計單一$Y$值的預測區間

第二種迴歸估計區間為在既定的$X$點上估計單一$Y$值的預測區間。

| 給定$X$值，估計$Y$的預測區間 | $$\hat{Y} \pm t_{\alpha/2,n-2}S_e\sqrt{1 + \frac{1}{n} + \frac{(X_0 - \overline{X})^2}{SS_{XX}}} \qquad (12.6)$$ 其中：$$X_0 = 給定的X值$$ $$SS_{XX} = \sum X^2 - \frac{(\sum X)^2}{n}$$ |
|---|---|

事實上除了根號中多一個1，公式12.6和公式12.5是一樣的。這額外的1將預測區間由估計$Y$的平均值信賴區間擴大至估計$Y$的單一值。結果看來是很合

| 表12.5 | $X$ | 信賴區間 | |
|---|---|---|---|
| 能源消費問題中給定某些$X$值，用以估計Y平均值的信賴區間 | 2 | .822±.344 | .478~1.166 |
| | 4 | 1.324±.262 | 1.062~1.586 |
| | 6 | 1.825±.218 | 1.607~2.043 |
| | 8 | 2.326±.234 | 2.092~2.560 |
| | 10 | 2.827±.300 | 2.527~3.127 |

理的，因爲$Y$的平均值會趨近所有$Y$值的中位數，因而估計$Y$平均值的信賴區間不須如公式12.6般寬，而公式12.6是在探討既定$X$點上的所有$Y$值。

在能源消費的案例中，使用公式12.6，我們可以算出95%的預測區間以估計當$X$=6時，單一的$Y$值爲何，在此使用的數值與在估計$Y$的平均值時，建構信賴區間所用的數值一樣。

$$t_{.025,8} = 2.306 \text{，} S_e = .2965 \text{，} \Sigma X = 65.0$$
$$\overline{X}=6.5 \text{，且} \Sigma X^2 = 555.36$$

當$X_0$爲6，$\hat{Y} = 1.825$，$Y$單一值的預測區間爲

$$1.825 \pm (2.306)(.2965) \sqrt{1 + \frac{1}{10} + \frac{(6-6.5)^2}{555.36 - \frac{(65.0)^2}{10}}} = 1.825 \pm .718$$

$$1.107 \leq Y \leq 2.543$$

可經由操作電腦而得知預測區間，如圖12.12就是能源消費案例的有關資訊，其顯示了當$X$=6時（$\hat{Y} = 1.8247$），平均$Y$值的95％預測區間，以及當$X$=6時，$Y$單一值的95％預測區間，注意所得到的結果都與本節計算的結果相同。

圖12.13是在許多不同的$X$值下預測$Y$的平均值，及$Y$單一值的信賴區間，是以MINITAB繪製的，注意當$X$遠離平均值時，預測區間向終端爆開，而在任何一個$X$點上，$Y$單一值的預測區間一定較$Y$平均值的區間來得寬，這點也須注意。檢視一下公式，即可得知爲何在既定$X$點上，估計$Y$的預測區間會往外爆開。

$$\hat{Y} \pm t_{\alpha/2,n-2} S_e \sqrt{1 + \frac{1}{n} + \frac{(X_0 - \overline{X})^2}{\Sigma X^2 - \frac{(\Sigma X)^2}{n}}}$$

當我們以迴歸分析中不同的$X$值代入方程式，唯一會變動的只有$(X_0 - \overline{X})^2$。當$X$離平均值愈遠，則公式的值就愈高，而信賴區間就愈寬。當$X_0$離$\overline{X}$愈遠，則區間愈寬，當$X_0$離$\overline{X}$愈近，則區間愈狹窄。比較公式12.5及12.6可發現，它

| Fit | Stdev.Fit | 95% C.I. | 95% P.I. |
|---|---|---|---|
| 1.8247 | 0.0947 | (1.6064, 2.0431) | (1.1066, 2.5428) |

圖12.12 MINITAB 預測區間電腦報表

圖12.13
MINITAB
估計的區間

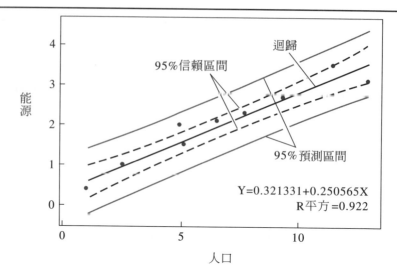

們基本上是相同的，除了公式12.6（在既定的$X$點上估計$Y$的預測區間）在根號中包括1，而公式12.5則沒有。這就說明了在其他條件相同的情形下，公式12.6所產生的區間會較公式12.5來得寬。

**注意**　迴歸線是經由資料抽樣而產生的，有不同的抽樣資料就可能會產生不同的迴歸線，信賴區間，判定係數，及$S_e$。也就是說當建立模型所用的資料不同時，發展出的迴歸模型不見得會有效力，（例如當$X$值爲.5，15，或20時），因而我們可以瞭解迴歸分析運用的限制是很必要的。

**例題12.6**　建構一95%的信賴區間，以估計在問題12.1中，當$X=40$時，$Y$（全職員工數）的平均值爲何，另建構一95%的信賴區間，以估計當$X=40$時，$Y$的單一值。

**解答**

　　在95%的信賴區間，$\alpha=.05$, $n=12$, df=10的情形下，$t$值爲$t_{0.025,10}=2.228$，$S_e$爲15.65，$\Sigma X=592$，$\overline{X}=49.33$及$\Sigma X^2=33,044$。當$X_0=40$，$\hat{Y}=120.17$，計算出來的$Y$平均值的信賴區間爲：

$$120.17\pm(2.228)(15.65)\sqrt{\frac{1}{12}+\frac{(40-49.33)^2}{33,044-\frac{(592)^2}{12}}}=120.17\pm11.35$$

$$108.82\le E(Y_{40})\le131.52$$

我們有95%的信心宣稱當醫院的床數為40時，全職員工數的平均值將包含在108.82及131.52之間。

計算$Y$平均值的預測區間為

$$120.17 \pm (2.228)(15.65)\sqrt{1 + \frac{1}{12} + \frac{(40-49.33)^2}{33{,}044 - \frac{(592)^2}{12}}} = 120.17 \pm 36.67$$

$$83.5 \le Y \le 156.84$$

我們有95%的信心可以說，當醫院有40張床位時，全職員工數將會介於83.5與156.84之間，很明顯的，這個區間較$X=40$時，$Y$平均值的95%的信賴區間來得寬，以下為在全部12個$X$值下，以MINITAB繪製的$Y$平均值及$Y$單一值的95%信賴區間，注意當靠近$X$的極端值時，區間有往外爆開的情形。

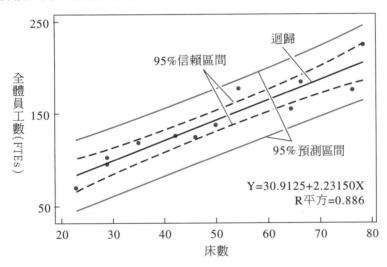

12.42 以$X=25$，建立一個95%的信賴區間，以估計問題12.5中$Y$的平均值。 問題12.9

12.43 以$X=100$，建立一個90%的信賴區間，以估計問題12.6中$Y$的單一值，再以$X=130$建立一個90%的信賴區間，以估計問題12.6中$Y$的單一值，比較其結果，哪一個預測區間會較寬？為什麼？

12.44 以$X=20$建立一個98%的信賴區間，以估計問題12.7中$Y$的平均值，再以$X=20$建立一個98%的預測區間，以估計問題12.7中$Y$的單一值，比較其

結果，哪一個預測區間會較寬？爲什麼？

12.45令基本利率爲10%建立一個99%的信賴區間，以估計問題12.8的平均債券收益率，並討論信賴區間的意義。

# 12.8 解讀電腦資料

到現在爲止，本章所著重的都在用手運算的部份，但是大部份的迴歸問題都使用電腦來分析。使用MINITAB這套電腦軟體來分析能源消費問題，我們可得到以下資訊：

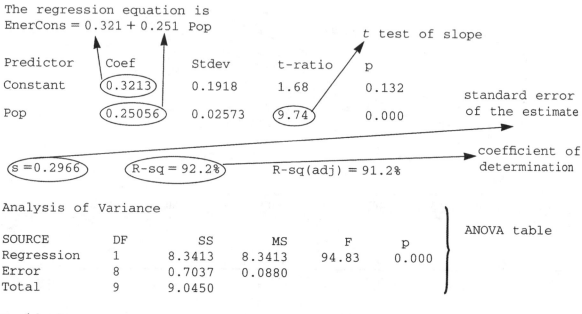

Regression Analysis

The regression equation is
EnerCons = 0.321 + 0.251 Pop

$t$ test of slope

| Predictor | Coef | Stdev | t-ratio | p |
|-----------|---------|---------|---------|-------|
| Constant | 0.3213 | 0.1918 | 1.68 | 0.132 |
| Pop | 0.25056 | 0.02573 | 9.74 | 0.000 |

standard error of the estimate

coefficient of determination

s = 0.2966      R-sq = 92.2%      R-sq(adj) = 91.2%

Analysis of Variance

ANOVA table

| SOURCE | DF | SS | MS | F | p |
|------------|----|--------|--------|-------|-------|
| Regression | 1 | 8.3413 | 8.3413 | 94.83 | 0.000 |
| Error | 8 | 0.7037 | 0.0880 | | |
| Total | 9 | 9.0450 | | | |

Residuals

```
-0.348419  -0.453613  0.150000  -0.171895  0.322234  0.052258
 0.048419  -0.099210  0.049323   0.450903
```

MINITAB的第一項資料爲迴歸方程式，接下來的表爲迴歸模型的詳細資料，Coef表示迴歸係數。人口（$X$）的係數爲0.25056，就等於迴歸線的斜率，在上面的表即反映了這一點。在係數旁即爲常數，也就是$Y$的截距，在迴歸方程式中也顯現出來。t比率是指對斜率及截距或常數檢定的結果，一般我們並不討論常數，然而斜率的t比率爲9.74，其機率爲0.000，和我們在12.6節中所得到的結果是相同的，因爲有出現此t比率的機率，因而$p$值可以用來解釋$t$值。

資料的下一列爲估計的標準誤s=0.2966，判定係數值R-sq=92.2%，且調整的判定係數R-sq(adj)=91.2%，在十三章中將會討論調整的判定係數。接下來爲變異數分析表，注意$F$值=94.83，就等於$t^2$（$9.74^2=94.87$，不考慮四捨五入的誤差）。表中亦列出殘差值以供研究人員使用。

以下爲例題12.1關於床位及全職員工數的迴歸分析資料，是用Excel製作的。

```
Summary Output
```

| Regression Statistics | |
|---|---|
| Multiple R | 0.941506 |
| R Square | 0.886434 |
| Adjusted R Square | 0.875077 |
| Standard Error | 15.64908 |
| Observations | 12 |

ANOVA

| | df | SS | MS | F | Significance F |
|---|---|---|---|---|---|
| Regression | 1 | 19115.06322 | 19115.06 | 78.05454 | 4.88631E-06 |
| Residual | 10 | 2448.936784 | 244.8937 | | |
| Total | 11 | 21564 | | | |

| | Coefficients | Standard Error | t Stat | P-value |
|---|---|---|---|---|
| Intercept | 30.91247 | 13.25422291 | 2.332273 | 0.041888 |
| X Variable 1 | 2.231504 | 0.252579783 | 8.834848 | 4.89E-06 |

用Excel所作的資料與用MINITAB所作的不盡相同，然而仍表現出迴歸的基本特徵。斜率或是$X$變數的係數爲2.231504，而$Y$的截距爲30.91247。在醫院的案例中，標準誤爲迴歸統計量的第四項，在資料中爲15.64908。判定係數在

資料中爲0.8864334，用斜率的t檢定可得知$t=8.834848$。在$t$旁的是$p$值，是指在虛無假設存在時，$t$值成立的機率。對斜率來說，機率爲$4.89E-06=4.89\times 10^{-6}=0.00000489$，在中間ANOVA表的$F$值其機率與$t$值一樣，$F$值並與平方相等，Excel有計算殘差及顯現殘差的功能，但在此處被省略。

# 12.9　相關的測量

●●●●●●●●●●●●●●●●●●●●●●●●●●●●●●●●●●●●●●●●●●●●●●●●●●●●

相關的測量（measures of association）即爲測量變數數值資料所帶來的相關資訊，在本章中只討論兩個變數的相關，而相關性（correlation）即爲一種相關的測量。

## 相關性

如果說迴歸分析是發展變數間的函數關係，則相關性是測量變數之間關係強度的程序。例如兩家航空公司股票的漲跌是否相關呢？就邏輯上來說，在同一產業中的兩種股票價格應該相關。抽樣一組資料後，相關分析可以產生一些數值資料以說明一段時間以來股價的相關強度。另一個例子則是在運輸業中，運費與所運送物體的重量是否相關呢？運費與運送距離又是否相關呢？訂價決策可以根據與其他變數相關的運輸成本而定。在經濟及金融上，失業率與躉售物價指數的相關強度爲何？在決策的困境中，我們曾提出一個問題：國家的失業率與政府花費在就業方案上的預算是否可能有相關性？兩變數之間眞的相關嗎？例如，在企業焦點中所提出的「一月份股市的復甦是否與其他月份股市的復甦相關」這個問題。

有好幾種方法可用以測量相關性，要選擇哪種方法則取決於被分析的資料。理想上，我們會想要求出母體的相關係數$\rho$，然而事實上我們在處理的是樣本資料，因而在本章中我們使用廣爲運用的樣本相關係數$r$。這個測度標準只有在被分析的兩個變數都至少有一個資料區間時才能使用，在十六章中我們將介紹當資料具有順序性時所使用的測度標準。

$r$被稱爲皮爾森積差相關係數（Pearson product-moment correlation

coefficient），它是以Karl Pearson命名。Karl Pearson是一位發展許多重要的相關係數及統計概念的統計學家。$r$是用來衡量兩個變數之間的線性相關程度，兩個變數之間的相關強度若用數字來表示則範圍由-1至0至+1，當相關係數$r$為+1則表示兩個變數之間具有完全的正相關，當$r$為-1則表示兩個變數之間為完全的負相關，完全負相關表示兩變數之間具有反向的關係，當一個變數變得較大，另一個變數就會較小。$r$為0則表示兩變數之間不存在線性關係。

$$(12.7) \qquad r = \frac{SS_{XY}}{\sqrt{(SS_{XX})(SS_{YY})}} = \frac{\sum(X-\overline{X})(Y-\overline{Y})}{\sqrt{\sum(X-\overline{X})^2 \sum(Y-\overline{Y})^2}}$$

$$= \frac{\sum XY - \frac{(\sum X)(\sum Y)}{n}}{\sqrt{\left[\sum X^2 - \frac{(\sum X)^2}{n}\right]\left[\sum Y^2 - \frac{(\sum Y)^2}{n}\right]}}$$

皮爾森動態相關係數

圖12.14表示了五種不同程度的相關：(a)表示變數間為高度的負相關，(b)表示變數間為中度的負相關，(c)變數間為中度的正相關，(d)變數間為高度的正相關，(e)變數間無線性相關。

聯邦基金利率與商品期貨指數之間的相關程度為何？表12.6的資料包括了十二天的聯邦基金利率與商品期貨指數樣本資料，相關係數r可由此計算出來。

檢視公式12.7可發現要計算相關係數r，必須要知道$\sum X$，$\sum X^2$，$\sum Y$，$\sum Y^2$，$\sum XY$及$n$之值。和迴歸分析不同的是，在相關分析中哪一個變數為$X$，哪一個變數為$Y$，並不重要。在這個例子中，相關係數的計算如表12.7所示，得到的r表示在12天中，聯邦基金利率與商品期貨指數之間為高度相關。

# 相關係數$r$與判定係數$r^2$之間的關係

相關係數與判定係數之間有關嗎？答案是肯定的，判定係數是相關係數的平方。在前一個例子中，目標在於確定聯邦基金利率與商品期貨指數的相關程度，如果能建構一迴歸模型，以利率來預測商品期貨指數，可發現判定係數是$(r)^2=(.815)^2=.66$。本章稍早曾發展一個迴歸模型以醫院床位預測全職員工數，

圖12.14 五種相關係數

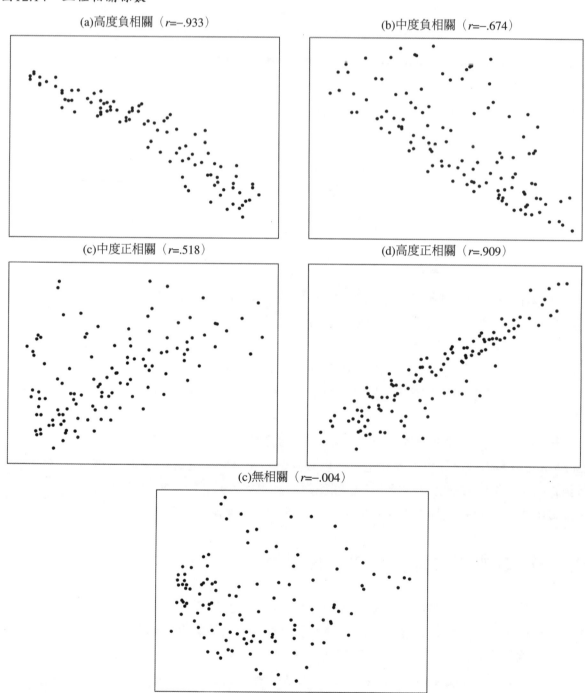

(a)高度負相關（ $r=-.933$ ）

(b)中度負相關（ $r=-.674$ ）

(c)中度正相關（ $r=.518$ ）

(d)高度正相關（ $r=.909$ ）

(c)無相關（ $r=-.004$ ）

| 日期 | 利率 | 期貨指數 |
|---|---|---|
| 1 | 7.43 | 221 |
| 2 | 7.48 | 222 |
| 3 | 8.00 | 226 |
| 4 | 7.75 | 225 |
| 5 | 7.60 | 224 |
| 6 | 7.63 | 223 |
| 7 | 7.68 | 223 |
| 8 | 7.67 | 226 |
| 9 | 7.59 | 226 |
| 10 | 8.07 | 235 |
| 11 | 8.03 | 233 |
| 12 | 8.00 | 241 |

表12.6
聯邦基金利率與商品期貨指數的資料

表12.7　計算聯邦基金利率與商品期貨指數的相關係數

| 日期 | 利率($X$) | 期貨指數($Y$) | $X^2$ | $Y^2$ | $XY$ |
|---|---|---|---|---|---|
| 1 | 7.43 | 221 | 55.205 | 48,841 | 1642.03 |
| 2 | 7.48 | 222 | 55.950 | 49,284 | 1660.56 |
| 3 | 8.00 | 226 | 64.000 | 51,076 | 1808.00 |
| 4 | 7.75 | 225 | 60.063 | 50,625 | 1743.75 |
| 5 | 7.60 | 224 | 57.760 | 50,176 | 1702.40 |
| 6 | 7.63 | 223 | 58.217 | 49,729 | 1701.49 |
| 7 | 7.68 | 223 | 58.982 | 49,729 | 1712.64 |
| 8 | 7.67 | 226 | 58.829 | 51,076 | 1733.42 |
| 9 | 7.59 | 226 | 57.608 | 51,076 | 1715.34 |
| 10 | 8.07 | 235 | 65.125 | 55,225 | 1896.45 |
| 11 | 8.03 | 233 | 64.481 | 54,289 | 1870.99 |
| 12 | 8.00 | 241 | 64.000 | 58,081 | 1928.00 |
| | $\Sigma X = 92.93$ | $\Sigma Y = 2,725$ | $\Sigma X^2 = 720.220$ | $\Sigma Y^2 = 619,207$ | $\Sigma XY = 21,115.07$ |

$$r = \frac{SS_{XY}}{\sqrt{SS_{XX} \cdot SS_{YY}}} = \frac{\sum XY - \frac{(\sum X)(\sum Y)}{n}}{\sqrt{\left[\sum X^2 - \frac{(\sum X)^2}{n}\right]\left[\sum Y^2 - \frac{(\sum Y)^2}{n}\right]}}$$

$$= \frac{(21,115.07) - \frac{(92.93)(2725)}{12}}{\sqrt{\left[(720.22) - \frac{(92.93)^2}{12}\right]\left[(619,207) - \frac{(2725)^2}{12}\right]}} = .815$$

此案例的判定係數為.886，將0.886開根號則可得到$r=.941$時，將判定係數開根號（$\sqrt{r^2}$）會得到正確的$r$絕對值，但卻可能得到錯誤的符號。研究人員必須檢視斜率的正負符號，以判斷變數為正相關或負相關，以及相關係數的符號究竟為正或負。

$r$可能得到錯誤的符號，研究人員必須檢查迴歸線的斜率來判定變數間的正負相關性來給$r$正確的符號。

Excel及MINITAB都可以計算相關係數，事實上電腦套裝軟體在迴歸／相關分析上最主要的作用即在於產生相關矩陣，以便同時計算許多變動的雙變數相關（bivariate correlation）矩陣。閱讀時很像地圖上的哩程圖，矩陣的上方及左方各有一個變數，而行與列的交點即是兩個變數的相關係數，圖12.15即是用Excel所製作的6個變數的相關矩陣，資料則來自附錄B化學公司的財務資料庫。由圖12.15可以得知股數與毛收入之間的相關程度相當高，有.9453，而報酬率（ROE）與毛收入之間的相關程度則幾近為 0 （−.0074）。在表中的「1」則表示每個變數與自己的相關係數為1。表的右上角為空白，因為相關係數是與$X$和$Y$對稱的，也就是說報酬率（ROE）與毛收入之間的相關程度，相等於毛收入與報酬率之間的相關程度。

## 共變異數

另一個測量相關程度的方法則是共變異數（covariance），第三章曾介紹變異數的觀念，$X$母體的變異數為

$$\sigma^2 = \frac{\sum(X-\mu)^2}{N} = \frac{\sum X^2 - \frac{(\sum X)^2}{N}}{N} = \frac{SS_{XX}}{N}$$

圖12.15
Excel財務資料庫相關性矩陣

| | Gross Rev(mil$) | Oper prof Mgn(%) | Ret on Equity(%) | Shares(1,000s) |
|---|---|---|---|---|
| Gross Rev (mil$) | 1 | | | |
| Oper prof Mgn (%) | −0.080231693 | 1 | | |
| Ret on Equity (%) | −0.00741809 | 0.483020215 | 1 | |
| Shares (1,000s) | 0.945269415 | 0.013027677 | 0.200964472 | 1 |
| P/E Ratio | −0.131713584 | −0.100994594 | 0.047185478 | −0.134369165 |
| Avg Yld (%) | 0.614614849 | −0.259673012 | −0.01109771 | 0.519663093 |

共變異數是一個類似的概念，是指$X$與$Y$之間共同的變異數，共變異數的定義爲

$$\sigma_{xy}^2 = \frac{\sum(X-\mu_X)(Y-\mu_Y)}{N} = \frac{\sum XY - \frac{(\sum X)(\sum Y)}{N}}{N} = \frac{SS_{XY}}{N}$$

財務分析人員會使用共變異數以爲測量兩變數相關程度的指標，檢視相關係數的分子，會發現其即爲共變異數的分子：$\sum(X-\overline{X})(Y-\overline{Y})$。如果$X$和$Y$爲正相關，且$X$大於平均值，$Y$也傾向大於其平均值，則共變異數分子會爲正值。若$X$小於平均值，且$Y$也傾向小於其平均值，則共變異數的分子亦會爲正值。當$X$和$Y$爲負相關，且$X$大於平均值，$Y$會傾向小於其平均值，則共變異數的分子會爲負值。若$X$小於平均值，$Y$會傾向大於其平均值，則共變異數的分子會爲負值。將這些負值相加可以得到一的負的$r$值。如果彼此之間沒什麼相關（$r\approx 0$），且$X$大於平均值，$Y$可能大於或小於平均值，則結果可能爲正或負，將結果相加，因抵消的效果則可能得到0。

---

12.46 求出以下資料的相關係數。　　　　　　　　　　　　　　　　　　　　問題12.9

| $X$ | 4 | 6 | 7 | 11 | 14 | 17 | 21 |
|---|---|---|---|---|---|---|---|
| $Y$ | 18 | 12 | 13 | 8 | 7 | 7 | 4 |

12.47 求出以下資料的$r$值。

| $X$ | 2 | 6 | 8 | 15 | 19 | 20 | 23 |
|---|---|---|---|---|---|---|---|
| $Y$ | 5 | 6 | 13 | 16 | 22 | 20 | 21 |

12.48 求出以下資料的$r$值。

| $X$ | 158 | 296 | 87 | 110 | 436 |
|---|---|---|---|---|---|
| $Y$ | 349 | 510 | 301 | 322 | 550 |

12.49 一位分析家爲了判斷航空公司間的股票價格是否相關，特別蒐集了8天的股市動態資訊，使用以下的環球航空（TWA）的股價及西南航空（Southwest Air）的股價資訊，計算其相關係數。

| 環球航空 | 西南航空 |
|---|---|
| $10\frac{7}{8}$ | $23\frac{1}{2}$ |
| $11\frac{1}{2}$ | $25\frac{3}{4}$ |
| $11\frac{1}{4}$ | $16\frac{5}{8}$ |
| $6\frac{1}{2}$ | $19\frac{5}{8}$ |
| $8\frac{1}{4}$ | $18\frac{3}{4}$ |
| 10 | 17 |
| $9\frac{7}{8}$ | $19\frac{1}{8}$ |
| $9\frac{7}{8}$ | $17\frac{1}{2}$ |

12.50為了研究道瓊工業指數（Dow Jones Average of 30 Industrials）與30年國庫券利率之間的相關程度，研究人員蒐集9天的資訊，得到以下的結果。

| 道瓊工業指數 | 國庫券利率 |
|---|---|
| 5523 | 6.24 |
| 5445 | 6.38 |
| 5710 | 6.03 |
| 5573 | 6.90 |
| 5287 | 7.64 |
| 5192 | 7.25 |
| 5283 | 7.49 |
| 5479 | 6.56 |
| 5315 | 6.67 |

計算這些資料的r值，它們是否為高度相關？如果研究人員要建立迴歸模型，以道瓊工業指數來預測國庫券利率，這個模型的預測力如何？計算此模型的判定係數。

12.51以下資料為藍十字與藍盾公司近年來在9個州的債權及資產的盈餘狀況，（以百萬計）使用這些資料計算相關係數$r$，以判斷債權及資產盈餘的相關程度。

| 州 | 債權 | 盈餘 |
|---|---|---|
| 阿拉巴馬 | $1425 | $277 |
| 科羅拉多 | 273 | 100 |
| 佛羅里達 | 915 | 120 |
| 伊利諾 | 1687 | 259 |

| 州 | 債權 | 盈餘 |
|---|---|---|
| 緬因 | 234 | 40 |
| 蒙大拿 | 142 | 25 |
| 北達科塔 | 259 | 57 |
| 奧克拉荷馬 | 258 | 31 |
| 德州 | 894 | 141 |

12.52 國家安全會議發布3年來數個產業中，每100名員工致命或喪失工作能力的意外發生率之資料，計算每2年資料的 $r$ 值，並判斷哪幾年最爲高度相關。

| 產業 | 第一年 | 第二年 | 第三年 |
|---|---|---|---|
| 紡織業 | .46 | .48 | .69 |
| 化學工業 | .52 | .62 | .63 |
| 傳播業 | .90 | .72 | .81 |
| 機械工業 | 1.50 | 1.74 | 2.10 |
| 服務業 | 2.89 | 2.03 | 2.46 |
| 非鐵金屬業 | 1.80 | 1.92 | 2.00 |
| 食品業 | 3.29 | 3.18 | 3.17 |
| 政府機關 | 5.73 | 4.43 | 4.00 |

決策難題解決之道

# 歐洲的失業問題

有什麼因素會與失業有關呢？即將選舉的政客可能會主張花費更多納稅人的錢在就業方案上，以降低失業率。在決策困境中，有失業率及政府花在就業方案上的預算相關資料，使用本章所教的技巧，我們可以計算相關係數爲0.34，表示變數之間爲中度相關，注意相關係數爲正，也就是說，政府在就業方案上的預算比例愈高，失業率就呈現愈高的趨勢。這個結果可能不是政府決策者所樂見的，將相關係數平方後可得判定係數爲0.11，表示若建立一個以政府在就業方案上的預算比例來預測失業率的迴歸模型，則政府在就業方案上的預算比例只能解釋失業率11%的變異情形，這兩個變數之間似乎沒什麼共同點。以下爲以MINITAB製作的迴歸分析資料。

```
Regression Analysis


The regression equation is
unemploy = 7.33 + 0.926 %empprog


Predictor        Coef        Stdev        t-ratio          p
Constant        7.331       3.271        2.24          0.047
%empprog        0.9260      0.7779       1.19          0.259


s = 4.661      R-sq = 11.4%      R-sq(adj) = 3.4%

Analysis of Variance


SOURCE          DF          SS           MS           F          P
Regression       1         30.78        30.78       1.42       0.259
Error           11        238.94        21.72
Total           12        269.73
```

　　估計的標準誤爲4.661，表示在預測失業率時的標準差爲4.661%，因爲在建立模型時所使用的失業率範圍由3.8%至22.2%（全距爲18.4個百分點），因而這是一個相當大的估計標準誤。此外對本模型做F的顯著檢定結果並不顯著（$p=.259$）。其爲簡單迴歸模型，因而和檢定斜率的結果相同。檢視迴歸方程式可發現「政府於就業方案的預算比率」係數爲正的，表示預測變數與政府於就業方案的預算比率爲正相關（就業方案的預算比率愈高，則失業率就愈高）。在既定的資料中，樣本的斜率$b_1$與樣本的相關係數r會有相同的符號。你可能會說，每個國家的經濟規模相差太多，故應該使用實際的貨幣金額而非政府支出的百分比。國家大小如何？失業率與人口相關嗎？因爲失業會降低所得，失業與每人所得相關嗎？有些經濟學家則相信高失業率可能肇因於一國的貿易逆差，當一國的出口較進口爲少，在世界市場中處於弱勢時，工作機會也跟著減少。一國的失業率眞的與貿易逆差有關嗎？以下爲以Excel製作的相關矩陣，包括了一國中8項地理變數的交互相關情形，這8項變數爲：人口（POP），國內生產毛額（GDP），每人所得（percap），國家預算規模（natbudg），貿易餘額（trdebal），就業方案支出（\$empprog），就業方案預算百分比（%empprog）及失業率（%unempl）。

|          | pop      | GDP      | percap   | natbudg  | trdebal  | $empprog | %emprog | %unempl |
|----------|----------|----------|----------|----------|----------|----------|---------|---------|
| pop      | 1        |          |          |          |          |          |         |         |
| GDP      | .992004  | 1        |          |          |          |          |         |         |
| percap   | .254046  | .33789   | 1        |          |          |          |         |         |
| natbudg  | .923484  | .926315  | .318533  | 1        |          |          |         |         |
| trdebal  | -0.15619 | -0.06846 | .328317  | .02271   | 1        |          |         |         |
| $empprog | .851402  | .86009   | -.346289 | .900676  | .285978  | 1        |         |         |
| %emprog  | -0.43842 | -0.40865 | .208272  | -0.38851 | .523369  | -0.12411 | 1       |         |
| %unempl  | .039085  | -0.01201 | -0.27419 | -0.10875 | -0.29367 | -0.08014 | .337835 | 1       |

觀察表中最下面一列的$r$值，可發現每個變數與失業率的相關係數，注意相關係數都很低。政府在就業方案上的預算比率是與失業率最相關的一項，其$r$值為.338。貿易逆差則是第二相關的，其$r$值為–.294，貿易逆差與失業率可能為中度的負相關，兩變數的負相關則表示：貿易餘額若為正（出口多於進口）就會降低失業率。然而若將$r$值平方，$r^2=.086$，也就是說在簡單迴歸分析中，若以貿易餘額來預測失業率，則貿易餘額只能解釋8.6%的失業率變異，而有91.4%的變異無法解釋。至於其他的變數與失業率更不相關。

政客、政府決策者，及研究人員可能必須要找出除了這7項以外造成失業的其他原因。也許目前的就業政策並沒有被妥善的設計及實施，也許它們就是沒有用。失業的原因可能很複雜，也可能無法與今日國際市場動態的環境絕緣。政客或政府領袖可能仍以推動就業方案為降低失業率的主要方法。然而由以上的案例看來，這十四個國家在此段期間內，並沒有證據顯示政府於就業方案上的預算比率與降低失業率有關。

# 結語

迴歸是指建立一個數學模型以一個變數預測另一個變數的程序。相關性則是測量兩變數之間的相關程度。迴歸及相關分析都包括兩個變數。

簡單迴歸分析包括了$Y$及$X$兩變數，$Y$是應變數，由自變數$X$來預測。產生的模型為線性的，一般的簡單迴歸方程式為截距式。簡單迴歸模型的方程式包括了斜率，即$X$的係數，及一個常數，即$Y$的截距。

在發展出迴歸線後，有幾種統計量可用以判斷迴歸線適合資料的程度。將歷史資料的$X$值代入迴歸方程式中，即可得到預測的$Y$值。再將預測的$Y$值與實

際的Y值相比較，就可知道迴歸線適合資料的程度。實際的Y值與預測的Y值之間的差異稱為殘差或預測誤差，檢視分析這些殘差可以判斷是否滿足迴歸的基本假設。殘差圖尤其可以幫助我們判斷(1)是否為線性，(2)誤差變異數是否一致，(3)誤差項是否獨立。殘差是指與迴歸線上Y的幾何垂直距離，因為迴歸方程式本來就設計會產生一條位於所有點幾何中心的迴歸線，因而殘差會彼此抵消，其值加總為0。

亦可以計算估計的標準誤$S_e$來測量誤差項，$S_e$為模型誤差項的標準差，$S_e$本身就可以當做測量迴歸誤差項的指標。

另一個廣泛用於檢定迴歸模型強度的統計量為判定係數，判定係數是指變數Y的變異可以由X解釋或預測的部份。其範圍由0至1，判定係數愈大，模型的預測能力愈強。

檢定迴歸模型的斜率是否為0，則是另一個判斷迴歸線是否適合資料的方法。如果檢定結果不能証明母體迴歸線斜率不為0，則模型對應變數並沒有顯著的預測能力。t統計量是用來檢定斜率的顯著程度，至於要檢定整個模型則可以用F檢定。在簡單迴歸模型中，因為只有一個預測值，所以可以用t檢定，而$F=t^2$。

迴歸模型最普遍的作用之一即為在既定的X點上預測Y值為何，預測值與實際的值通常並不相同，因而發展出在既定的X點上Y平均值的信賴區間，及Y單一值的信賴區間。後者的區間較寬，因單一值可能較為分散，然而Y平均值的信賴區間，則只反應了在既定的X點上Y平均數的區間。

雙變數的相關程度可以多種方法來測量，在本章中只介紹了皮爾森積差相關係數，r。其範圍由−1到0到1，r若為1則表示完全的正相關，−1則表示完全的負相關，負相關的意義為當一變數增加時，另一變數會減少。當r值為0或接近0，則表示變數之間並不相關。

# 重要辭彙

●●●●●●●●●●●●●●●●●●●●●●●●●●●●●●●●●●●●●●●●●●●●●●●●●●●●●●

| | | | |
|---|---|---|---|
| 判定係數（$r^2$） | 皮爾森積差相關係數法（$r$） | | 相關性 |
| 機率模式 | 應變數 | 迴歸 | 判定性模型 |

残差　　　　　　　變異數不齊一性　　殘差圖　　　　　　變異數齊一性
散佈圖　　　　　　自變數　　　　　　簡單迴歸　　　　　最小平方分析法
估計的標準誤($S_e$)　極值　　　　　　誤差平方和(SSE)　共變異數

# 公式

**簡單迴歸線性方程式**

$$\hat{Y} = b_0 + b_1 X$$

**平方和**

$$SS_{XX} = \sum X^2 - \frac{(\sum X)^2}{n}$$

$$SS_{YY} = \sum Y^2 - \frac{(\sum Y)^2}{n}$$

$$SS_{XY} = \sum XY - \frac{\sum X \sum Y}{n}$$

**迴歸線斜率**

$$b_1 = \frac{SS_{XY}}{SS_{XX}} = \frac{\sum(X-\overline{X})(Y-\overline{Y})}{\sum(X-\overline{X})^2} = \frac{\sum XY - n\overline{X}\,\overline{Y}}{\sum X^2 - n\overline{X}^2} = \frac{\sum XY - \frac{(\sum X)(\sum Y)}{n}}{\sum X^2 - \frac{(\sum X)^2}{n}}$$

**迴歸線 $Y$ 的截距**

$$b_0 = \overline{Y} - b_1\overline{X} = \frac{\sum Y}{n} - b_1\frac{(\sum X)}{n}$$

**誤差平方和**

$$\text{SSE} = \sum(Y-\hat{Y})^2 = \sum Y^2 - b_0\sum Y - b_1\sum XY$$

**估計的標準誤**

$$S_e = \sqrt{\frac{\text{SSE}}{n-2}}$$

**判定係數**

$$r^2 = 1 - \frac{\text{SSE}}{\text{SS}_{YY}}$$

判定係數計算公式

$$r^2 = \frac{b_1^2 SS_{XX}}{SS_{YY}}$$

斜率的 t 檢定

$$t = \frac{b_1 - \beta_1}{S_b}$$

其中：

$$S_b = \frac{S_e}{\sqrt{SS_{XX}}}$$

已知 $X$ 值，估計 $E(Y_X)$ 值的信賴區間

$$\hat{Y} \pm t_{\alpha/2, n-2} S_e \sqrt{\frac{1}{n} + \frac{(X_0 - \overline{X})^2}{SS_{XX}}}$$

已知 $X$ 值，估計 $Y$ 的預測區間

$$\hat{Y} \pm t_{\alpha/2, n-2} S_e \sqrt{1 + \frac{1}{n} + \frac{(X_0 - \overline{X})^2}{SS_{XX}}}$$

皮爾森積差相關係數法

$$r = \frac{SS_{XY}}{\sqrt{(SS_{XX})(SS_{YY})}} = \frac{\sum(X - \overline{X})(Y - \overline{Y})}{\sqrt{\sum(X - \overline{X})^2 \sum(Y - \overline{Y})^2}}$$

$$= \frac{\sum XY - \dfrac{(\sum X)(\sum Y)}{n}}{\sqrt{\left[\sum X^2 - \dfrac{(\sum X)^2}{n}\right]\left[\sum Y^2 - \dfrac{(\sum Y)^2}{n}\right]}}$$

因變異數

$$\sigma_{xy}^2 = \frac{\sum(X - \mu_X)(Y - \mu_Y)}{N} = \frac{\sum XY - \dfrac{(\sum X)(\sum Y)}{N}}{N} = \frac{SS_{XY}}{N}$$

個案

# 達美電纜將訓練當成武器

●●●●●●●●●●●●●●●●●●●●●●●●●●●●●●●●●●●●●●●●●●●●●●●●●

　　達美電纜成立於1978年的密西西比州，生產鋼索運銷全球，目前有91名員工，銷售額在過去幾年均有增加。然而在幾年前情況似乎不甚樂觀，除了美元貶值，外國競爭者增加對達美電纜構成威脅外，產業的品質要求也愈來愈高。

　　達美電纜的主管瞭解到有些情況，如美元的幣值，並不是他們所能控制的。然而他們能夠改善員工的教育；達美電纜和密西西比州政府合作發展訓練計畫，並與地方的社區學院合作設立自己的學校。達美電纜並再次向顧客保證其一定會改善品質，以維持競爭力，並邀請他們一起去上教育課程，由於其努力及用心，達美電纜在競爭者環伺的情形下，仍克服危機並維持產業的領導地位。

討論

　　達美電纜對於其在員工教育上的努力頗為自豪，而教育員工在幾年後就可以還本，有人認為員工接受越多教育就越不可能請假。假設以下的資料為20位員工去年的病假日數及其所接受的員工教育時數，使用本章所教的技巧包括迴歸及相關來分析資料，並討論模型及相關程度的強度。

| 員工 | 教育時數 | 病假日 | 員工 | 教育時數 | 病假日 |
|------|---------|--------|------|---------|--------|
| 1 | 24 | 5 | 11 | 8 | 8 |
| 2 | 16 | 4 | 12 | 60 | 1 |
| 3 | 48 | 0 | 13 | 0 | 9 |
| 4 | 120 | 1 | 14 | 28 | 3 |
| 5 | 36 | 5 | 15 | 15 | 8 |
| 6 | 10 | 7 | 16 | 88 | 2 |
| 7 | 65 | 0 | 17 | 120 | 1 |
| 8 | 36 | 3 | 18 | 15 | 8 |
| 9 | 0 | 12 | 19 | 48 | 0 |
| 10 | 12 | 8 | 20 | 5 | 10 |

很多公司都發現：實施全面品質管理有助於提升銷售量，從很多案例中都可發現不注

重品管的公司已經喪失其市場佔有率，並在市場上消失。假設達美電纜已雇用一家公司衡量每年顧客的滿意度，研究公司設計了一個顧客滿意尺度，當顧客完全滿意時可得50分，當顧客完全不滿意時則只得到0分，評分橫跨各產業的顧客，並且每年均會平均。當顧客滿意程度增加時，銷售量也會增加嗎？為了研究這個問題，達美電纜將每年顧客滿意程度的得分平均，再將其與過去15年的銷量配對建立一回歸模型。以下即為以Excel及MINITAB製作的回歸分析。假設你受達美電纜委託分析資料並歸納結果，你發現了什麼呢？

```
MINITAB

The regression equation is
Sales = 1.73 + 0.162 CustSat

Predictor     Coef         Stdev       t-ratio        p
Constant      1.7332       0.4364      3.97           0.002
CustSat       0.16245      0.01490     10.90          0.000

s = 0.4113      R-sq = 90.1%      R-sq(adj) = 89.4%

Analysis of Variance

SOURCE        DF           SS          · MS          F         p
Regression    1            20.098      20.098        118.80    0.000
Error         13           2.199       0.169

Total         14           22.297
```

**Excel**

```
SUMMARY OUTPUT
```

| Regression Statistics | |
|---|---|
| Multiple R | 0.949401646 |
| R Square | 0.901363486 |
| Adjusted R Square | 0.893776062 |
| Standard Error | 0.411314145 |
| Observations | 15 |

ANOVA

| | df | SS | MS | F | Significance F |
|---|---|---|---|---|---|
| Regression | 1 | 20.0980021 | 20.098 | 118.797 | 6.56599E-08 |
| Residual | 13 | 2.199331232 | 0.169179 | | |
| Total | 14 | 22.29733333 | | | |

|  | Coefficients | Standard Error | t Stat | P-value |
|---|---|---|---|---|
| Intercept | 1.733158263 | 0.436400291 | 3.971487 | 0.001596 |
| CustSat | 0.162447479 | 0.014904252 | 10.89941 | 6.57E-08 |

　　美元幣值是達美電纜多年來一直關切的一個問題，外幣的幣值不但會影響達美電纜在國際市場上的競爭力，也有助於達美電纜判斷哪些國家是其競爭對手。以下為用Excel製作的相關矩陣，其內容包括了從1970年至1993年五個國家的幣值：法國、德國、日本、南韓以及英國。從表中可看出日圓對美元一直是強勁的升值（用較少的日圓就可以換得一美元），檢視相關矩陣，並討論每國幣值的彼此相關情形。如果達美電纜在這五個國家均有出售產品，則若其在某國的幣值較為不利，就表示幣值在國際市場都處於不利的地位嗎？哪幾國的匯率具有相關性呢？而這可能代表什麼呢？

|  | France | Germany | Japan | S.Korea | U.Kingdom |
|---|---|---|---|---|---|
| France | 1 |  |  |  |  |
| Germany | 0.293537 | 1 |  |  |  |
| Japan | -0.09219 | 0.893125 | 1 |  |  |
| S.Korea | 0.518937 | -0.60701 | -0.78829 | 1 |  |
| U.Kingdom | -0.7538 | 0.332155 | 0.652651 | -0.89508 | 1 |

道德省思

# 相關及迴歸分析

　　相關及迴歸分析為違反道德的行為提供了一些機會。在繪製散佈圖時，研究人員可以對資料賦予尺度，當兩軸的尺規不同時，就有造成誤解資料的潛在危險。不道德的研究人員可以操縱兩軸刻度，讓資料以對自己最有利的方式呈現出來，即使那不是資料的實際狀況。

　　研究人員若違背統計基本假設操作資料，就是不道德的，有時研究人員並沒有察覺有些資料會導致操作技巧的誤用。要從事迴歸分析，誤差項必須獨立，且其變異數要相等，透過殘差圖及其他統計技巧的運用，研究人員可以判斷是否已滿足假設。呈現一個已違背基本假設的迴歸模型就是不道德的行為。

　　一個高度相關或預測能力很強的迴歸模型，並不盡然可以指出因果，只因兩變數相關，就得到變數之間具有因果關係的結論，是不專業且不道德的行為。例如，假設租賃的搬家貨車數量隨著溫度上升而增加，有些決策者認為天氣愈熱，搬家的人就愈多。然而事實可能是，人們傾向於學期結束後搬家，這樣比

較不會影響到小孩的學業。在大部份的地區中,天氣較熱時都會放暑假,因此造成搬家較多的原因可能是學校的時間安排。就算在一月忽然變得很熱,搬家情況也不見得會增加。

迴歸分析還會產生另一個道德上的問題,即利用範圍以外的自變數來預測因變數。在本章的能源消費問題中,我們提到只有人口為100萬到1290萬的州,才包括在迴歸模型的範圍內。在人口超過範圍的州中,人口與能源消費似乎也呈線性,但我們並不能證明迴歸模型會適合人口範圍外的資料。事實上人口範圍外的資料可能會呈現非線性,也可能根本沒有關係存在。

假設我們可以說肥料是幾種特定農作物之生產力的良好預測值,也就是說,肥料愈多,農作物生產力就愈高。然而只有在特定範圍內的肥料才適用,如果肥料太多,反而會「殺害」農作物。因此,該模型在一定的肥料範圍內是好的模型。若沒有事先檢視肥料範圍,則可能是不道德的,也可能會出錯。

# 第13章

## 多元迴歸分析和模型建立

學習目標 　　　本章將呈現出多元迴歸分析做爲企業做決策與應用的工具上的潛力，從而使你能夠：

1. 能依多元迴歸模型發展。
2. 瞭解和應用可用來決定　個多元迴歸模型適合資料之程度的技術。
3. 在多元迴歸分析中能夠分析和解釋非線性變數。
4. 瞭解質變數所扮演的角色與如何在多元迴歸中使用它們。
5. 學習如何建立和評估多元迴歸模型。
6. 能用迴歸技術以解決單因子變異數分析的問題，並解釋結果。

---

決策難題

# 決定總裁的俸給

● ● ● ● ● ● ● ● ● ● ● ● ● ● ● ● ● ● ● ● ● ● ● ● ● ● ● ● ● ● ● ● ● ● ● ● ● ● ● ● ● ● ● ● ● ● ●

　　大公司的總裁因工作所領到的報酬金額數目，變化範圍非常大。爲何會如此呢？是何因素造成了每位總裁所領的報酬金額不同呢？

　　首先，一個可能檢視的地方是公司的大小，其常依銷售額、員工數、工廠數而定，而總裁的俸給金額亦如此。大公司的總裁負有較大的責任，因此也收到較高的報酬金額，如George Fischer，柯達伊士曼公司的總裁。一些研究者相信，總裁的俸給和一些事情相關，如公司所屬的產業之業績，流通在外的股票百分比和董事會擁有的內線比例。至少有一重要比例的總裁可能根據發俸前的會計年度的公司業績，作爲俸給金額的衡量。而公司業績可以一些變數來衡量，如每股盈餘、獲利改變百分比、銷售量和獲利。此外，有外部所有權的公司，較傾向於向股東宣佈股利，而較不傾向發放高額的總裁俸給計畫。

　　總裁的個人和家庭特徵在他們的俸給計畫中有扮演什麼角色呢？總裁的年齡、學位、婚姻狀況、從軍經驗和子女數目在決定報酬時重要嗎？公司產業的種類和地理位置重要嗎？什麼是決定總裁的俸給計畫的重要因素呢？

　　下表爲總裁的報酬資料，此資料乃使用Wyatt Data Services所出版的俸給管理模型所產生的。在左邊的第一欄是二十位總裁的現金報酬金額（以千元美元爲單位）。它們代表薪資、紅利和其他的現金報酬。其他右邊四欄包含關於每位總裁其公司的資料變數：銷售額、員工數、資本投資和是否公司是從事製造業。銷售數字和資本投資數字乃是以百萬美元爲單位。

| 現金報酬 | 銷售額 | 員工數 | 投資資本額 | 製造業(1)或非製造業(0) |
|---|---|---|---|---|
| 212 | 35.0 | 248 | 10.5 | 1 |
| 226 | 27.2 | 156 | 3.8 | 0 |
| 237 | 49.5 | 348 | 14.9 | 1 |
| 239 | 34.0 | 196 | 5.0 | 0 |
| 242 | 52.8 | 371 | 15.9 | 1 |
| 245 | 37.6 | 216 | 5.7 | 0 |
| 253 | 60.7 | 425 | 18.3 | 1 |
| 262 | 49.2 | 285 | 8.0 | 0 |
| 329 | 137.2 | 947 | 41.4 | 1 |
| 340 | 140.1 | 825 | 30.3 | 0 |
| 353 | 162.9 | 961 | 36.7 | 0 |
| 384 | 221.7 | 1517 | 67.1 | 1 |
| 405 | 261.6 | 1784 | 79.2 | 1 |
| 411 | 300.1 | 1788 | 79.8 | 0 |
| 456 | 455.5 | 2733 | 135.7 | 0 |
| 478 | 437.6 | 2957 | 132.7 | 1 |
| 525 | 802.1 | 4857 | 278.4 | 0 |
| 564 | 731.5 | 4896 | 222.2 | 1 |

管理及統計上的問題

   1.有可能分類出和總裁俸給變數似乎相關的變數嗎?請決定何變數是較明顯的預測元。

   2.可以發展出模型以預測總裁的俸給金額嗎?

   3.假如一個模型被設計出來,如何評估一個模型是否有效呢?

   4.是否有一些變數與總裁的報酬相關,但是其乃屬於非線性的型態呢?

   5.是否有一些變數高度的相關,且在它們在決定總裁的俸給金額中是無用的,多餘的呢?

    簡單迴歸分析是一個雙變數線性迴歸模型,其中有一個應變數$Y$,由一個自變數$X$所預測。簡單迴歸應用的例子包含利用模型以預測:依人口密度以預測零售銷售額,依主要的利率以預測道瓊平均指數,依能源消費量以預測原油生產和依季銷售額以預測總裁的俸給金額。然而,通常有其他的自變數可使預測應變數的結果較好。例如,銷售額可以依商店的大小和競爭者的數目再加上人口密度以預測之。建立一個預測30個工業的道瓊平均指數的模型除了主要的利率之外,應該包含如:昨日的量、債券利率和生產者物價指數。一個預測總裁俸給金額(請看決策難題)的模型,應該以公司的每股盈餘、總裁的年齡、

公司的大小和季銷售額變數以發展模型。一個模型或許會利用如單價、出口稅、資金成本、運輸損害和其他因素當作預測變數，其特點為只有一個唯一的應變數 $Y$，和簡單迴歸相同。然而，有多個自變數 $X$（預測變數）。迴歸分析有兩個或多個自變數或至少一個非線性的預測元，稱為多元迴歸分析。

# 13.1 多元迴歸模型

●●●●●●●●●●●●●●●●●●●●●●●●●●●●●●●●●●●●●●●●●●●●●●●●●●●●●●

多元迴歸分析和簡單迴歸分析的原則相似。然而，在觀念上和計算上卻是較為複雜的。回想第十二章中關於機率的簡單迴歸模型的方程式如下：

$$Y=\beta_0+\beta_1 X+\in$$

其中：

$Y$＝應變數值

$\beta_0$＝母體 $Y$ 的截距

$\beta_1$＝母體的斜率

$\in$＝預測的誤差

將此觀念擴張到多元迴歸個案，會給予我們一般的機率多元迴歸模型方程式。

$$Y=\beta_0+\beta_1 X_1+\beta_2 X_2+\beta_3 X_3+\cdots+\beta_k X_k+\in$$

其中：

$Y$＝應變數值

$\beta_0$＝迴歸常數

$\beta_1$＝對自變數1的偏迴歸係數

$\beta_2$＝對自變數2的偏迴歸係數

$\beta_3$＝對自變數3的偏迴歸係數

$\beta_k$＝對自變數k的偏迴歸係數

$k$＝自變數的數目

在多元迴歸分析中，應變數 $Y$，有時稱為反應變數。一個自變數的偏迴歸係數，$\beta_i$，代表在所有其他的變數不變之下，此自變數增加一單位，應變數 $Y$

所增加的數量。一個自變數的「完整」迴歸係數（相對於偏迴歸係數）是從簡單迴歸而來的。在簡單迴歸中，自變數乃是$Y$的唯一預測變數，就如同在十二章的個案中的斜率。偏迴歸係數之所以會發生是因為在此模型中有超過一個預測變數。偏迴歸係數類似於$\beta_1$，在第十二章中它為簡單迴歸模型的斜率。

　　事實上，多元迴歸模型中的偏迴歸係數和迴歸常數，是母體的參數，且為未知的。這些值利用樣本資訊以估計之。在此用樣本資訊，顯示估計$Y$的方程式形式。

$$\hat{Y} = b_0 + b_1X_1 + b_2X_2 + b_3X_3 + \cdots + b_kX_k$$

　　其中：

　　　　$\hat{Y} = Y$的預測值
　　　　$b_0 =$迴歸常數的估計值
　　　　$b_1 =$迴歸係數1的估計值
　　　　$b_2 =$迴歸係數2的估計值
　　　　$b_3 =$迴歸係數3的估計值
　　　　$b_k =$迴歸係數$k$的估計值
　　　　$k =$自變數的數目

# 擁有兩個自變數的多元迴歸模型（第一階）

　　最簡單的多元迴歸模型是只有兩個自變數，且每一個變數的最高次方為1（第一階迴歸模型）這個迴歸模型如下：

$$Y = \beta_0 + \beta_1X_1 + \beta_2X_2 + \in$$

常數和係數可以從簡單的資訊中估計出來，導出下列的模型：

$$\hat{Y} = b_0 + b_1X_1 + b_2X_2$$

　　圖13.1是一個三度空間的立體圖形，其中一連串的點（$X_1$, $X_2$, $Y$）乃是多元迴歸模型中的三個變數的代表值，利用房子大小的平方英呎數目和屋齡以預測房屋售價。此圖利用電腦套裝軟體STATISTICA的統計圖表所產生。簡單迴歸模型在$XY$平面上產生一通過資料點的配適線。在多元迴歸模型的分析中，產生的是一反應面（response surface），在此顯示的多元迴歸模型乃是擁有兩

圖13.1
樣本空間點

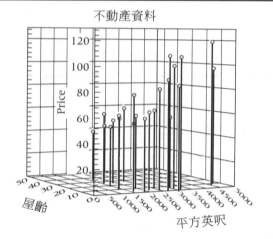

個一階的自變數,此迴歸反應面就是一個反應平面。此模型的反應平面乃配置
三維的空間$(X_1, X_2, Y)$。如果此一反應平面配置於圖13.1的點,結果應如
STATISTICA中所建構的圖13.2。注意大部分的點並不在平面上。一如在簡單
迴歸之中,通常會有誤差存在於多元迴歸的配置之中。在圖中所顯示從點到反
應平面的距離乃是配置誤差或殘差($Y-\hat{Y}$)。包含三個或更多個自變數的多元
迴歸模型牽涉超過三維的空間且更難從圖形上描繪出來了。

　　觀察圖13.2中,迴歸模型企圖配置一平面進入三維空間的點中。注意此平
面截於$Y$軸。圖13.2描繪出一些在不同的$X_1$和$X_2$之下的$Y$值。在預測或決定$Y$值
時的反應平面誤差($\epsilon$)是從點到平面的距離。

圖13.2
第一階、兩
個預測元的
多元迴歸模
型

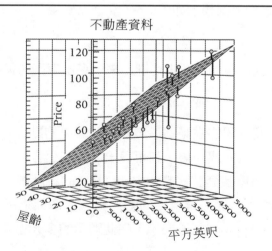

不動產資料

# 決定多元迴歸方程式

在簡單迴歸之中(第十二章)，決定簡單的斜率與截距乃利用微積分的方法計算最小化迴歸模型的誤差平方和。發展這些方程式的步驟顯示在附錄E中，牽涉到解出兩個同時成立的方程式，且具有兩個未知數$b_0$和$b_1$。想要從這些公式中找出簡單的斜率和截距，需要$\Sigma X$、$\Sigma Y$、$\Sigma XY$和$\Sigma X^2$的數值。

決定公式以解出多元迴歸係數的程序是相似的。此公式被建立以符合最小化模型的誤差平方和。因此，這裡顯示的迴歸分析是指最小平方分析法。微積分的計算法被應用，在具有k個自變數的多元迴歸模型中，會產生k+1個方程式，有k+1個未知數($b_0$和$b_1$的k值)。因此，一個具有六個自變數的多元迴歸模型，將產生七個同時成立的方程式，含有七個未知數（$b_0$, $b_1$, $b_2$, $b_3$, $b_4$, $b_5$, $b_6$）。

對於擁有兩個自變數的多元迴歸模型，結果會產生三個同時成立的方程式，有三個未知數（$b_0$, $b_1$和$b_2$）。

$$b_0 n + b_1 \Sigma X_1 + b_2 \Sigma X_2 = \Sigma Y$$
$$b_0 \Sigma X_1 + b_1 \Sigma X_1^2 + b_2 \Sigma X_1 X_2 = \Sigma X_1 Y$$
$$b_0 \Sigma X_2 + b_1 \Sigma X_1 X_2 + b_2 \Sigma X_2^2 = \Sigma X_2 Y$$

利用手算以解出這些方程式是工程浩大且耗時的。在有兩個自變數的多元迴歸模型中，欲解出迴歸係數和迴歸常數，需要$\Sigma X_1$、$\Sigma X_2$、$\Sigma Y$、$\Sigma X_1^2$、$\Sigma X_2^2$、$\Sigma X_1 X_2$、$\Sigma X_1 Y$和$\Sigma X_2 Y$個數值。事實上，幾乎所有的研究者均使用電腦的統計套裝軟體以解出迴歸係數、迴歸常數和其他關鍵資訊。

在這一章，我們將討論電腦報表的輸出和假設很少或不用手計算，重點在於解釋電腦報表的輸出結果。

# 一個多元迴歸模型

最近，在一個路易斯安那州的小城市中執行一個不動產的研究，以決定何種變數會和房價有關。數種變數被發現，包含房間數目、浴室數目、屋齡、客廳的平方英呎數目、總空間的平方英呎數目，以及此屋共有多少的車庫。假設我們想要發展一個具有兩個變數的迴歸模型：房子的總平方英呎數目和屋齡的迴歸模型以預測房屋的市價。列在**表13.1**中的是這三個變數的資料。

可執行多元迴歸分析的統計套裝軟體包括Excel和MINITAB。在此使用MINITAB利用不動產的資料建構一個多元迴歸分析。圖13.3為此問題的電腦輸出值。

在輸出中有一部份標明「迴歸方程式為」（The regression eguationis）。從圖13.3中可知在表13.1中的資料迴歸方程式為

$$\hat{Y} = 37.4 + .0177X_1 - .666X_2$$

迴歸常數37.4是Y的截距。Y截距指的是在$X_1$（平方英呎數目）和$X_2$（屋齡）都為零的情況下的$\hat{Y}$值。在此例子中，實際瞭解Y截距是無意義的。因為若說

表13.1
不動產資料

| 市價($1000)<br>Y | 平方英呎總數<br>$X_1$ | 屋齡(年)<br>$X_2$ |
|---|---|---|
| 43.0 | 1605 | 35 |
| 45.1 | 2489 | 45 |
| 49.9 | 1553 | 20 |
| 56.8 | 2404 | 32 |
| 53.9 | 1884 | 25 |
| 57.9 | 1558 | 14 |
| 54.9 | 1748 | 8 |
| 58.0 | 3105 | 10 |
| 59.0 | 1682 | 28 |
| 63.4 | 2470 | 30 |
| 59.5 | 1820 | 2 |
| 63.9 | 2143 | 6 |
| 59.7 | 2121 | 14 |
| 64.5 | 2485 | 9 |
| 76.0 | 2300 | 19 |
| 89.5 | 2714 | 4 |
| 82.5 | 2463 | 5 |
| 101.0 | 3076 | 7 |
| 84.9 | 3048 | 3 |
| 108.0 | 3267 | 6 |
| 109.0 | 3069 | 10 |
| 97.9 | 4765 | 11 |
| 120.0 | 4540 | 8 |

圖13.3
不動產問題
的MINI-
TAB電腦輸
出迴歸圖

```
Regression Analysis

The regression equation is
Price=37.4+0.0177    Sq Feet —0.666 Age

Predictor       Coef           Stdev          t-ratio        p
Constant        37.35          10.01          3.73           0.001
Sq Feet         0.017718       0.003146       5.63           0.000
Age             -0.6663        0.2280         -2.92          0.008

S=11.96         R-sq=74.1%        R-sq(adj)=71.5%

Analysis of Variance

SOURCE          DF        SS          MS         F           p
Regression      2         8189.7      4094.9     28.63       0.000
Error           20        2861.0      143.1
Tatal           22        11050.7
```

一房屋的平方英吋為零（$X_1=0$）且此房屋為新屋（$X_2=0$）的情況下，此屋值
$37,400元是毫無意義的。此外，$X_1=0$和$X_2=0$的值均在$X_1$、$X_2$用來建構模型的
資料範圍之外。然而，注意在圖13.2中，反應平面跨$Y$（價格）軸於37.4的位
置。

　　$X_1$（房子的平方英呎數目）的係數值為.0177。此意指在屋齡數目維持不
變下，一單位的平方英呎數目增加亦將導致預測房價增加 .0177($1000)=
$17.70。所有其他變數維持不變下，額外的一單位平方英呎空間的增加，將導
致預測增加$17.70的房價。

　　$X_2$（屋齡）的係數為-.666。係數為負號代表屋齡和房價的負向關係。房
屋愈舊愈不值錢。在此案例中，若房屋平方英呎總數維持不變下，屋齡增加一
單位（一年）將導致預測-.666($1000)=-$666房價下跌$666。

　　在檢視迴歸係數中，記住自變數常用不同的單位衡量是很重要的事。比較
多元迴歸模型中的預測元的迴歸係數和決定最大的迴歸係數為最好的預測元是
很不明智的。在此例子中，兩個變數是具備不同單位的，平方英呎和年。只因
為$X_2$有較大的迴歸係數（.666）未必能使$X_2$成為$Y$最強的預測元。

　　一些統計套裝軟體沒有特別印出如「迴歸方程式為」的敘述，然而如這裡
所顯示的會產生一個表。此表也是MINITAB迴歸輸出的一部份。使用者應該

瞭解在此案例中Coef意指迴歸係數,且在Constant旁的數值為迴歸常數值。因此,前面從表13.1中的資料所給的迴歸方程式也可從這裡的輸出值中看出。注意在MINITAB中的被稱為變數的欄位包含在此,且MINITAB表中所印出的值較從前所顯示在迴歸方程模型為精確。

```
Predictor              Coef
Constant               37.35
Square Feet            0.017718
Age                    -0.6663
```

電腦輸出的其餘部分將於13.2節中探討。

若此屋總共有2500平方英呎人且為12年,則可用此迴歸模型以預測在此小城市的房價。將$X_1$=2500與$X_2$=12代入迴歸模型產生

$$\hat{Y} = 37.4 + .0177X_1 - .666X_2$$
$$= 37.4 + .0177(2500) - .666(12)$$
$$= 73.658$$

預測的房價為$73,658。

圖13.2為包含這些資料的一反應平面和殘差距離的圖形。

---

例題13.1　　　以下顯示的是芬蘭七年期間的貨幣市場利率,出口額和貨幣儲備金。貨幣市場利率所給的單位為百分比,而出口額和貨幣儲備金都以百萬馬卡(markkaa,芬蘭幣)為單位。使用此資料以發展多元迴歸模型去預測芬蘭的貨幣市場利率,利用(1)出口額、(2)貨幣儲備金。若在出口為90,000(百萬馬卡),且貨幣儲備金為20,000(百萬馬卡)的情況下,決定所預測的貨幣市場利率。

### 芬蘭

| 貨幣市場利率<br>(%) | 出口額<br>(百萬馬卡) | 貨幣儲備金<br>(百萬馬卡) |
|---|---|---|
| 13.46 | 84,064 | 12,159 |
| 11.90 | 82,699 | 11,592 |
| 11.19 | 87,601 | 18,642 |
| 11.49 | 90,901 | 23,990 |
| 13.84 | 99,854 | 29,863 |
| 14.00 | 101,380 | 22,400 |
| 13.08 | 93,088 | 28,038 |

資料來源:*International Financial Statistics* (Washington, DC: International Monetary Fund, Judy 1992).

解答

　　此資料利用統計套裝軟體Excel的迴歸部分作分析。

Summary Output

| Regression Statistics | |
| --- | --- |
| Multiple R | 0.690310595 |
| R Square | 0.476528718 |
| Adjusted R Square | 0.214793077 |
| Standard Error | 1.02927761 |
| Observations | 7 |

ANOVA

| | df | SS | MS | F | Significance F |
| --- | --- | --- | --- | --- | --- |
| Regression | 2 | 3.857636121 | 1.928818 | 1.820649 | 0.274022183 |
| Residual | 4 | 4.237649593 | 1.059412 | | |
| Total | 6 | 8.095285714 | | | |

| | Coefficients | Standard Error | t Stat | P-value |
| --- | --- | --- | --- | --- |
| Intercept | -0.825247062 | 7.418774025 | -0.11124 | 0.916786 |
| X Variable 1 | 0.00016846 | 9.84736E-05 | 1.710716 | 0.162305 |
| X Variable 2 | -8.86827E-05 | 9.95614E-05 | -0.89073 | 0.423407 |

RESIDUAL OUTPUT

| Observation | Predicted Y | Residuals |
| --- | --- | --- |
| 1 | 12.25791237 | 1.202087628 |
| 2 | 12.07824705 | -0.178247052 |
| 3 | 12.27882688 | -1.088826877 |
| 4 | 12.36047112 | -0.870471116 |
| 5 | 13.34786339 | 0.492136608 |
| 6 | 14.26677274 | -0.26677274 |
| 7 | 12.36990645 | 0.710093549 |

　　迴歸方程式為

$$\hat{Y} = -.83 + .000168X_1 - .000089X_2$$

其中：

$Y$=貨幣市場利率

$X_1$=出口額

$X_2$=貨幣儲備金

此模型指出在貨幣儲備金維持不變下，面對每一單位（百萬馬卡）的出口額增加，所預測的貨幣市場利率將會增加.000168%。此外，在出口額維持不變下，若此模型的貨幣儲備金增加一單位，則預測的貨幣市場利率將會減少.000089%。

在$X_1$（出口額）為90,000（百萬馬卡）和$X_2$（貨幣儲備金）為20,000（百萬馬卡）的情形下，此模型預測貨幣市場的利率將為12.51%。

$$\hat{Y} = -.83 + .000168(90{,}000) - .000089(20{,}000) = 12.51$$

---

問題13.1　13.1使用電腦為下面的資料發展迴歸方程式模型。對迴歸係數做一說明。當$X_1$=200且$X_2$=7時，決定Y的預測值。

| $Y$ | $X_1$ | $X_2$ |
|---|---|---|
| 12 | 174 | 3 |
| 18 | 281 | 9 |
| 31 | 189 | 4 |
| 28 | 202 | 8 |
| 52 | 149 | 9 |
| 47 | 188 | 12 |
| 38 | 215 | 5 |
| 22 | 150 | 11 |
| 36 | 167 | 8 |
| 17 | 135 | 5 |

13.2使用電腦為下面的資料發展迴歸方程式模型。對迴歸係數做一說明。當$X_1$=33，$X_2$=29且$X_3$=13時，決定Y的預測值。

| $Y$ | $X_1$ | $X_2$ | $X_3$ |
|-----|-------|-------|-------|
| 114 | 21 | 6 | 5 |
| 94 | 43 | 25 | 8 |
| 87 | 56 | 42 | 25 |
| 98 | 19 | 27 | 9 |
| 101 | 29 | 20 | 12 |
| 85 | 34 | 45 | 21 |
| 94 | 40 | 33 | 14 |
| 107 | 32 | 14 | 11 |
| 119 | 16 | 4 | 7 |
| 93 | 18 | 31 | 16 |
| 108 | 27 | 12 | 10 |
| 117 | 31 | 3 | 8 |

13.3 使用下表所給定的資料,以決定迴歸模型方程式。在此有多少個自變數呢?說明這些迴歸係數的意義。

| 預測元 | 係數 |
|--------|------|
| 常數 | 121.62 |
| $X_1$ | −.174 |
| $X_2$ | 6.02 |
| $X_3$ | .00026 |
| $X_4$ | .0041 |

13.4 使用下列的資料以決定多元迴歸模型的方程式。說明迴歸係數。

| 預測元 | 係數 |
|--------|------|
| 常數 | 31,409.5 |
| $X_1$ | .08425 |
| $X_2$ | 289.62 |
| $X_3$ | −.0947 |

13.5 財星雜誌(1995年8月7日)發行世界最大的產業公司之資料。所給的資訊包含銷售額、獲利、資產、股東權益和員工數目。在此列出這些公司的四個變數的12個抽樣。使用資料以決定多元迴歸模型的方程式;利用收入、資產和員工數目以預測獲利。收入、獲利和資產所給定的單位為百萬美元。

| 公司 | 獲利額 | 資產 | 員工數 | 收入 |
|------|--------|------|--------|------|
| Nestle（瑞士） | 2,377.8 | 34,562.6 | 212,687 | 41,625.7 |
| Hitachi（日本） | 1,146.7 | 105,257.5 | 331,673 | 76,430.9 |
| Renault（法國） | 655.5 | 42,357.4 | 138,279 | 32,188.0 |
| Rhone–Poulenc（法國） | 547.7 | 22,947.1 | 81,582 | 15,559.5 |
| Volvo（瑞典） | 1,714.9 | 18,652.9 | 60,115 | 20,204.0 |
| Petrofina（比利時） | 324.9 | 10,868.2 | 14,013 | 11,399.1 |
| Dow（美國） | 931.0 | 26,545.0 | 53,700 | 20,015.0 |
| Pohang（南韓） | 474.9 | 15,676.7 | 22,891 | 9,064.1 |
| Indian Oil（印度） | 326.6 | 5,807.3 | 34,729 | 8,235.7 |
| Sandoz（瑞士） | 1,268.7 | 14,935.1 | 60,304 | 11,611.1 |
| Raytheon（美國） | 596.9 | 7,395.4 | 60,200 | 10,012.9 |
| Akzo Nobel（荷蘭） | 647.5 | 10,364.1 | 70,400 | 12,206.9 |

13.6 Jensen、Solberg和Zorn調查內部所有權，負債和公司的股利政策的關係。他們發現，當公司具有高度的內在所有權時，會選擇低水準的負債和股利。這裡顯示出11個不同產業的此三個變數的抽樣資料。使用這些資料，利用負債比率和股利發放以發展迴歸方程式模型，來預測內在所有權。說明迴歸係數。

| 產業 | 內在所有權 | 負債比例 | 發放股利 |
|------|-----------|---------|---------|
| 礦業 | 8.2 | 14.2 | 10.4 |
| 食品和飲料業 | 18.4 | 20.8 | 14.3 |
| 家具業 | 11.8 | 18.6 | 12.1 |
| 出版業 | 28.0 | 18.5 | 11.8 |
| 石油精練業 | 7.4 | 28.2 | 10.6 |
| 水泥與玻璃業 | 15.4 | 24.7 | 12.6 |
| 汽車業 | 15.7 | 15.6 | 12.6 |
| 百貨業 | 18.4 | 21.7 | 7.2 |
| 餐飲業 | 13.4 | 23.0 | 11.3 |
| 娛樂業 | 18.1 | 46.7 | 4.1 |
| 醫療業 | 10.0 | 35.8 | 9.0 |

資料來源：R. Gerald Jensen, Donald P. Solberg, and Thomas S. Zorn, "Simultaneous Determination of Insider Ownership, Debt, and Dividend Policies, " *Journal of Financial and Quantitative Analysis* 27, no. 2 (June 1992).

# 13.2 評估多元迴歸模型

● ● ● ● ● ● ● ● ● ● ● ● ● ● ● ● ● ● ● ● ● ● ● ● ● ● ● ● ● ● ●

如果衡量水準是正確的且有足夠的資料點，則多元迴歸模型幾乎可以用來配置任何的資料集合。一旦模型被建立，檢視模型以決定是否此模型適合此資料且是否符合迴歸模型的假設便很重要。有數種方法可以檢驗迴歸模型的配適性，包含檢驗模型的完整的顯著性，研究迴歸係數的顯著性檢定，計算殘差，檢驗估計的標準誤和觀察判定係數。

## 檢定完整模型

在簡單迴歸中，迴歸線斜率的t檢定被用來決定是否母體的迴歸線斜率異於零——換言之，是否自變數在線性預測應變數時是顯著的。在第12章中對此檢驗的假設為

$$H_0: \beta_1 = 0$$
$$H_a: \beta_1 \neq 0$$

在多元迴歸模型中，利用F統計量以進行類似的檢定。多元迴歸模型的完整的顯著性可利用下列的假設以檢定之。

$$H_0: \beta_1 = \beta_2 = \beta_3 = \cdots = \beta_k = 0$$
$$H_a: 至少一回歸係數 \neq 0$$

若我們不能拒絕虛無假設，則我們聲稱此迴歸模型對於應變數沒有顯著性的預測能力。拒絕虛無假設意指至少有一個自變數對於$Y$有顯著的預測能力。

在統計套裝軟體中，此完整的顯著性F檢定常被印製為標準的多元迴歸輸出的一部份。此輸出相似於變異數分析（ANOVA）表。在此顯示的是在圖13.3中的電腦輸出的不動產例子的ANOVA表。

```
Analysis of Variance

SOURCE          DF        SS          MS          F           p
Regression       2      8189.7      4094.9       28.63       .000
Error           20      2861.0       143.1
Total           22     11050.7
```

在此F值為28.63；因為$p=.000$，此F值在$\alpha=.001$下是顯著的。因此虛無假設被拒絕，且在此分析中，至少有一個顯著的房價預測元。

F值可由下列的方程式所計算。

$$F = \frac{MS_{\text{reg}}}{MS_{\text{err}}} = \frac{\dfrac{SS_{\text{reg}}}{df_{\text{reg}}}}{\dfrac{SS_{\text{err}}}{df_{\text{err}}}} = \frac{\dfrac{SSR}{k}}{\dfrac{SSE}{N-k-1}}$$

其中：

MS＝均方

SS＝平方和

df＝自由度

$k$＝自變數的數目

$N$＝觀察的數目

注意在不動產問題的ANOVA表中，$df_{\text{reg}}=2$。迴歸的自由度之公式為（迴歸係數的數目加上迴歸常數的數目）減1。此淨結果為迴歸係數的數目，此相當於自變數的數目，k。在不動產的問題中，有兩個自變數，所以k=2。多元迴歸的誤差的自由度相當於觀察總數減去(迴歸係數的數目加上迴歸常數的數目)。淨結果為N−(k+1)=N−k−1。在不動產的問題中，N=23；因此，$df_{\text{err}}=23-2-1=20$。如在第十一章中所顯示的，MS=SS/df。F比例的計算利用$MS_{\text{reg}}$除$MS_{\text{err}}$。再使用F分配表以決定臨界值，用此來檢定F的計算值，其分子自由度為$df_{\text{reg}}$，分母自由度為$df_{\text{err}}$。表中的F值的獲得方法同第十一章所述。對於不動產的例子而言，在$\alpha=.01$下的查表值為：

$$F_{.01,2,20} = 5.85$$

將計算值F=28.63與查表值相比，顯示應該拒絕虛無假設。這和利用電腦報表的$p$值法所產生的結論相同。

若一個迴歸模型含有只有一個線性的自變數，則此為簡單迴歸模型。在此案例中，對於完整模型的F檢定是相似於對母體斜率顯著性的t檢定。在迴歸的ANOVA表中所呈現的F值乃和在簡單迴歸中對斜率的t檢定相關，如下所示：

$$F = t^2$$

在簡單迴歸中，F值和t值給予完整檢定模型重複的、多餘的資訊。

大部分使用多元迴歸分析的研究者將會先觀察F值和$p$值。若F值不顯著，則表示沒有一個母體迴歸係數顯著異於零，且迴歸模型對於應變數沒有預測能力。

## 迴歸係數的顯著性檢定

利用t檢定可以獲得每個迴歸係數個別的顯著性檢定。此檢定相似於在第十二章中對簡單迴歸的斜率所做的t檢定。對於每個自變數檢定其迴歸係數的假設採取如下的形式。

$$H_0 : \beta_1 = 0$$
$$H_a : \beta_1 \neq 0$$

$$H_0 : \beta_2 = 0$$
$$H_a : \beta_2 \neq 0$$
$$\vdots$$
$$H_0 : \beta_k = 0$$
$$H_a : \beta_k \neq 0$$

很多多元迴歸電腦套裝軟體會產生t的計算值以檢定個別迴歸係數作為標準輸出配備。這裡顯示的是不動產例子中的t值和他們相關的機率值，列於圖13.3多元迴歸輸出中。

| 變數 | $t$比率 | $p$值 |
|------|------|------|
| 平方英呎 | 5.63 | .000 |
| 屋齡 | −2.92 | .008 |

在α=.05下，虛無假設對於兩個變數都被拒，因為與其相關的t值之機率值（$p$）均小於.05。若任何預測變數的t值不顯著（無法拒絕虛無假設），研究者可能會從分析中剔除變數，視為不顯著的預測元。其他的因素則可繼續進入決策之中。在下一節中，我們將探討有一些變數分類的模型建立技術。

對於每個迴歸係數的個別檢定的自由度為n−k−1。在這個特別的例子中，自由度為23−2−1=20。在雙尾檢定與α=.05下，其臨界的查表t值為

$$t_{.025,20} = \pm 2.086$$

從這裡的查表t值中你將會注意到，若我們使用此臨界的查表t值作為假設檢定的準則而非使用p值法時，結果是相同的。檢定迴歸係數不只可以給予研究者對於迴歸模型的配適性的洞察，更可以幫助評估在預測Y時個別自變數的價值何在。

# 殘差，誤差平方和和估計的標準誤

迴歸模型的殘差或誤差是Y值和Y的預測值（$Y-\hat{Y}$）的差距。一個多元迴歸模型的殘差可以用與在簡單迴歸模型中相同的方法被解出。首先，Y的預測值$\hat{Y}$的決定，乃利用對每一個自變數將一給定的觀察值組合輸入多元迴歸方程式，以解出$\hat{Y}$。接著，計算每一組觀察值$Y-\hat{Y}$。這裡顯示的是從表13.1中第一組的觀察值的殘差計算。在$X_1=1605$和$X_2=35$下，Y的預測值為

$$\hat{Y} = 37.4 + .0177(1605) - .666(35) = 42.50$$
$$Y的實際值 = 43.0$$
$$殘差 = Y - \hat{Y} = 43.0 - 42.5 = .50$$

在不動產的例子中，所有的殘差顯示於表13.2中，且其資料和迴歸模型分別展示於表13.1和圖13.3。

從表13.2的殘差檢視中，可以透露出一些關於迴歸模型的配適性的資訊。回想此模型被用來預測房價，我們可以觀察殘差和決定是否誤差對於我們來說是足夠小的，可以滿足模型的精確性。房價的數字是以$1000為單位。在23個殘差中有兩個是大於20.00的，或可說成預測值低於實際值$20,000以上。另一方面，有兩個殘差小於1，或可說成預測值低於實際值$1000以下。

殘差在指出離位點方面也是有用的。離位點指的是遠離其他資料集中區的資料點。他們有時是被誤記或錯誤的測量下的資料點。就如同每一個資料點都會對於迴歸模型產生影響，離位點會因他們和其他點的距離而導致對模型過重的影響。所以對於離位點的檢視是值得考慮的。在表13.2中，第八個殘差列為-27.699。此誤差指出迴歸模型幾乎不能成功的如其他房子般預測此特別的房子的房價(一個超過$27,000的誤差)。不論什麼理由，此資料點已有一些偏離其他資料點，且可被認為是唯一的極值。

表13.2
不動產迴歸
模型的殘差

| $Y$ | $\hat{Y}$ | $Y-\hat{Y}$ |
|---|---|---|
| 43.0 | 42.499 | .501 |
| 45.1 | 51.485 | −6.385 |
| 49.9 | 51.568 | −1.668 |
| 56.8 | 58.639 | −1.839 |
| 53.9 | 54.097 | −.197 |
| 57.9 | 55.653 | 2.247 |
| 54.9 | 63.012 | −8.112 |
| 58.0 | 85.699 | −27.699 |
| 59.0 | 48.523 | 10.477 |
| 63.4 | 61.139 | 2.261 |
| 59.5 | 68.282 | −8.782 |
| 63.9 | 71.335 | −7.435 |
| 59.7 | 65.618 | −5.918 |
| 64.5 | 75.391 | −10.891 |
| 76.0 | 65.456 | 10.544 |
| 89.5 | 82.774 | 6.726 |
| 82.5 | 77.665 | 4.835 |
| 101.0 | 87.183 | 13.817 |
| 84.9 | 89.352 | −4.452 |
| 108.0 | 91.230 | 16.770 |
| 109.0 | 85.061 | 23.939 |
| 97.9 | 114.415 | −16.515 |
| 120.0 | 112.430 | 7.570 |

　　殘差在檢定迴歸分析的假設時也相當有用。圖13.4展示MINITAB對於不動產問題的診斷技術。在右下是一個殘差圖。注意殘差變異似乎在圖的右半漸增，這意味著潛在的殘差變異不同。如在第十二章的討論，迴歸分析的一個假設為誤差項有相同的變異。在此問題中此假設可能被違背了。殘差常態圖幾乎是一直線，這意味著誤差項的常態分配的假設可能沒有被違背。

　　對於任何的迴歸模型，殘差有一個特質就是殘差和為零。此零和的特質可以被平方然後加總平方加以克服。如此的操作將產生誤差平方和或SSE。

　　計算多元迴歸模型的誤差平方和（SSE）的公式是如同在簡單迴歸的。

$$SSE = \Sigma(Y - \hat{Y})^2$$

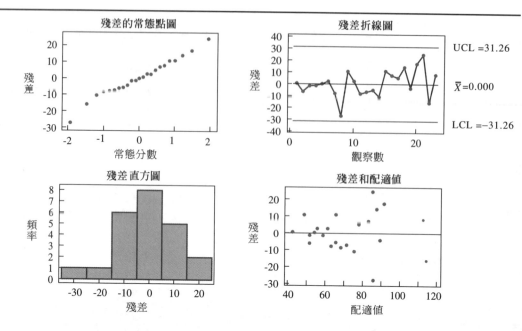

圖13.4
不動產問題
的MINI-
TAB殘差診
斷圖

在不動產的問題中，SSE可以利用顯示於表13.2的殘差加以平方再加總而得之。

$$SSE=[(.501)^2+(-6.385)^2+(-1.668)^2+(-1.839)^2+(-.197)^2+(2.247)^2$$
$$+(-8.112)^2+(-27.699)^2+(10.477)^2+(2.261)^2+(-8.782)^2+(-7.435)^2$$
$$+(-5.918)^2+(-10.891)^2+(10.544)^2+(6.726)^2+(4.835)^2+(13.817)^2$$
$$+(-4.452)^2+(16.770)^2+(23.939)^2+(-16.515)^2+(7.570)^2]$$
$$=2861.0$$

SSE也可從多元迴歸的電腦輸出中利用選擇上面的SS（平方和）和旁邊的error交集的值以獲得。這裡顯示在圖13.3中的ANOVA輸出的一部份，此乃多元迴歸分析模型發展預測房價的結果。注意顯示在ANOVA表中對於誤差的平方和等於$\Sigma(Y-\hat{Y})^2$的計算值（2861.0）。

```
                                           SSE
Analysis of Variance
SOURCE        DF          SS          MS          F          P
Regression     2      8189.7      4094.9      28.63       .000
Error         20      2861.0       143.1
Total         22     11050.7
```

SSE當作誤差的測量是有限制的。然而，它是一個用來解決其他，較有用

的測量的工具。其中之一是估計標準誤，$S_e$，本質上是迴歸模型的殘差（誤差）的標準差。如在第十二章的解釋，一個迴歸模型的假設是誤差項接近常態分配且均值爲零。用此資訊和經驗法則，接近68%的殘差應於$\pm 1S_e$之內且95%的殘差應於$\pm 2S_e$之內。這使得估計標準誤在估計一個迴歸模型如何精準的配適資料中，成爲一個很有用的工具。

估計標準誤的計算乃利用SSE除以模型的誤差自由，度然後再開平方根。

$$S_e = \sqrt{\frac{SSE}{n-k-1}}$$

不動產房價的例子的$S_e$值可被計算如下。

$$S_e = \sqrt{\frac{SSE}{n-k-1}} = \sqrt{\frac{2861}{23-2-1}} = 11.96$$

其中：

　　　　$n$＝觀察值的數目
　　　　$k$＝自變數的數目

估計標準誤，$S_e$，通常電腦套裝軟體會當作標準的輸出配備。在圖13.3呈現的MINITAB電腦輸出中包含

$$S_e = 11.96$$

此乃不動產例子中的估計標準誤。依經驗法則，接近68%的殘差應在$\pm 1S_e = \pm 1(11.96) = \pm 11.96$之內。回想房價的單位是\$1000，我們發現接近68%的預測在$\pm 11.96(\$1000)$，或$\pm \$11,960$之內。

檢視呈現於表13.2例子的殘差，我們可以發覺18/23或大約78%的殘差在此範圍內。根據經驗法則，接近95%的殘差應該位於$\pm 2S_e$，或$\pm 2(11.96) = \pm 23.92$之內。更進一步檢視在表13.2的殘差值，23個中有21個，或91%位於此範圍內。研究者可以研究估計標準誤和這些經驗相關的範圍，且決定是否迴歸模型的誤差小到足夠更進一步的判斷使用模型的合適性。

# 多元判定係數（$R^2$）

多元判定係數（$R^2$）與在第十二章中所討論的判定係數（$r^2$）相似。$R^2$代表應變數$Y$的變異在迴歸模型中可被自變數解釋的比例。如同$r^2$一般，$R^2$值的可

能範圍爲從0到1之間。若$R^2$爲0，代表模型中的預測變數和$Y$無關。若$R^2$爲1則代表有100%的$Y$的變異可被預測元所解釋。當然，我們會想要$R^2$高一點，代表一個迴歸模型具備很強的預測能力。多元判定係數可利用下列的公式被計算。

$$R^2 = \frac{\text{SSR}}{SS_{YY}} = 1 - \frac{\text{SSE}}{SS_{YY}}$$

在不動產的例子當中，$R^2$可利用圖13.3的ANOVA部份中的迴歸平方和（SSR），誤差平方和（SSE）和總平方和（$SS_{YY}$）被計算出來。

```
                                    SSR
                                          SSE
                                             SS_YY
Analysis of Variance
SOURCE          DF          SS          MS          F          P
Regression      2        8189.7      4094.9      28.63      .000
Error           20       2861.0       143.1
Total           22      11050.7
```

$$R^2 = \frac{\text{SSR}}{SS_{YY}} = \frac{8189.7}{11050.7} = .741$$

或

$$R^2 = 1 - \frac{\text{SSE}}{SS_{YY}} = 1 - \frac{2861.0}{11050.7} = .741$$

此外，實際上所有的統計套裝軟體輸出$R^2$做爲多元迴歸的標準的輸出。再檢視圖13.3，不動產例子的多元迴歸分析的電腦輸出透露$R^2$給定如下

```
R-sq=74.1%
```

此結果顯示較高比例的應變數（房價）的變異，可被迴歸模型的自變數所解釋。

## 調整後的判定係數

隨著額外的自變數加入迴歸模型，判定係數（$R^2$）的值不可能會降低，且在大部分的情況應該會增加。讓我們再次檢視判定係數的公式。

$$R^2 = \frac{\text{SSR}}{SS_{YY}} = 1 - \frac{\text{SSE}}{SS_{YY}}$$

我們瞭解對於一組給定的觀察值，因爲$SS_{YY}$是應變數的總平方和，故$SS_{YY}$

的值應隨著自變數加入迴歸分析中而維持不變。因為額外的自變數很可能會至少增加$SSR$一些數目，所以對於任意額外的自變數將會增加$R^2$的值。

　　然而，一些額外的自變數並沒有對迴歸模型加入顯著的資訊，但判定係數卻增加了。判定係數因此可能產生一個膨脹的數字。統計學家已經發展出一個調整後的判定係數（Adjusted $R^2$），將每個新自變數帶來迴歸模型的額外資訊和所改變迴歸的自由度都考量進去了。很多標準統計電腦套裝軟體現在將計算和報導調整後的判定係數做為輸出的一部份。計算調整後的判定係數的公式是

$$\text{調整後的 } R^2 = 1 - \frac{\dfrac{SSE}{n-k-1}}{\dfrac{SS_{YY}}{n-1}}$$

　　我們可以使用從圖13.3中的電腦ANOVA部分輸出的資訊以解出不動產例子的調整後判定係數的值。

```
                   n-k-1            SS_YY
                         n-1   SSE
Analysis of Variance

SOURCE            DF         SS          MS          F          p
Regression         2      8189.7      4094.9      28.63       .000
Error            (20)    (2861.0)      143.1
Total            (22)   (11050.7)

SSE=2861          SS_YY=11050.7         n-k-1=20           n-1=22
```

$$\text{調整後的 } R^2 = 1 - \frac{\dfrac{2861}{20}}{\dfrac{11050.7}{22}} = 1 - .285 = .715$$

　　在圖13.3標準的MINITAB電腦輸出迴歸圖包含已經計算的調整後的判定係數。在不動產的例子中，此值顯示如

```
R-sq(adj.)=71.5%
```

　　比較此例的判定係數（.741）和調整後的判定係數（.715），顯示調整後的判定係數降低應變數被自變數整體的比例達0.026或2.6%。判定係數和調整後的判定係數的差距隨著不顯著的自變數加入迴歸模型而傾向增加。隨著$n$增加，判定係數和調整後的判定係數的差距變少。

## 多元迴歸電腦輸出的再檢視

　　圖13.5是MINITAB的不動產問題的多元迴歸輸出。在此表中，很多觀念均超出了本章的範圍。注意下列的項目。

1. 迴歸模型的方程式
2. 模型完整檢定的ANOVA表中的F值
3. 檢定迴歸係數的顯著性的t比率
4. SSE值
5. $S_e$的值
6. $R^2$的值
7. 調整後的$R^2$值

圖13.5
不動產例子
的電腦輸出
迴歸圖加強
版

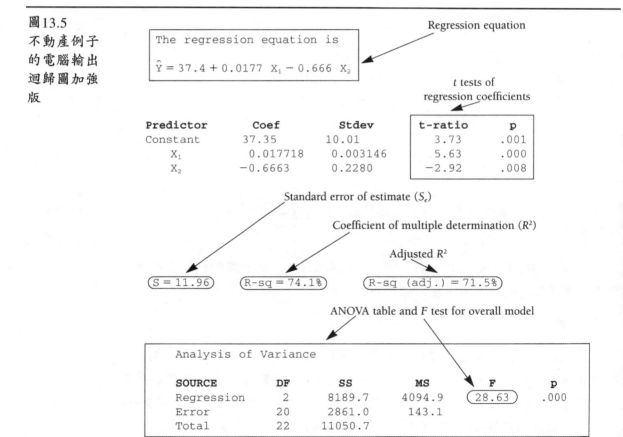

討論問題13.1的Excel電腦多元迴歸輸出。評論完整模型的顯著性的F檢　　例題13.2
定，迴歸係數的t檢定、$S_e$、$R^2$和調整後的$R^2$值。

**解答**

此迴歸分析是利用(1)出口額（百萬馬卡），(2)貨幣儲備金（百萬馬卡）預
測芬蘭的貨幣市場利率（%）。迴歸模型的方程式呈現在例題13.1中的解。這
裡顯示的是以Excel分析資料的完整的迴歸輸出。

```
Summary Output
```

|  | Regression Statistics |
|---|---|
| Multiple R | 0.690310595 |
| R Square | 0.476528718 |
| Adjusted R Square | 0.214793077 |
| Standard Error | 1.02927761 |
| Observations | 7 |

```
ANOVA
```

|  | df | SS | MS | F | Significance F |
|---|---|---|---|---|---|
| Regression | 2 | 3.857636121 | 1.928818 | 1.820649 | 0.274022183 |
| Residual | 4 | 4.237649593 | 1.059412 |  |  |
| Total | 6 | 8.095285714 |  |  |  |

|  | Coefficients | Standard Error | t Stat | P-value |
|---|---|---|---|---|
| Intercept | −0.825247062 | 7.418774025 | −0.11124 | 0.916786 |
| X Variable 1 | 0.00016846 | 9.84736E-05 | 1.710716 | 0.162305 |
| X Variable 2 | −8.86827E-05 | 9.95614E-05 | −0.89073 | 0.423407 |

```
RESIDUAL OUTPUT
```

| Observation | Predicted Y | Residuals |
|---|---|---|
| 1 | 12.25791237 | 1.202087628 |
| 2 | 12.07824705 | −0.178247052 |
| 3 | 12.27882688 | −1.088826877 |
| 4 | 12.36047112 | −0.870471116 |
| 5 | 13.34786339 | 0.492136608 |
| 6 | 14.26677274 | −0.26677274 |
| 7 | 12.36990645 | 0.710093549 |

此問題的F值為1.82，伴隨的機率為.274，此在$\alpha$=.05下並不顯著。在此資
料的基礎上，我們將不會拒絕虛無假設。沒有迴歸係數是顯著的異於零，且從
此模型中，並沒有顯著的芬蘭貨幣市場利率的預測能力。

t比率的檢視也支持此一結論。出口的t比率為1.71，伴隨的相關機率值為.162，此在$\alpha=.05$下並不顯著。貨幣準備的t比率為$-.89$，伴隨的相關機率值為.423，此在$\alpha=.05$下並不顯著。

估計的標準誤為$S_e=1.029$，意指接近68%的殘差介於$\pm1.029$之間。檢視問題13.1的應變數，提醒我們預測貨幣市場率是以百分比做為衡量單位的。用來建構迴歸模型的Y值變化範圍從11.19%到13.84%（一個範圍為2.65%）。然而，估計的標準誤，為1.029%。此誤差數在如此小的Y值的範圍是不能被接受的。更進一步說，事實是接近95%的殘差應在$\pm2(1.029)$或$\pm2.058\%$之間，低估了此模型誤差的相對大小。

此迴歸分析的判定係數為.477或47.7%。換言之，在此分析中47.7%的貨幣市場值的變數可被此兩預測元所解釋。同時，52.3%並不能從此模型解釋。調整後的判定係數只有21.5%，意指判定係數的值是被膨脹的。因此，一個可能的敘述是，只有21.5%的貨幣市場利率的變異可以被此分析的兩個預測元所解釋，而有78.5%的變異卻無法被解釋。

此問題強調資料可以發展成迴歸模型但卻無法用一顯著的方法加以配適資料的觀念。利用檢視$F$、$t$、$S_e$、$R^2$和調整後的$R^2$值，研究者可以開始去瞭解是否迴歸模型提供Y任何顯著的預測。

---

**問題13.2**　13.7檢視在此顯示的多元迴歸分析的MINITAB的電腦輸出結果。在此模型中有多少預測元呢？評論迴歸模型的完整顯著性。討論變數的t比例和其他的顯著性。估計標準誤的值為何？找出判定係數與將它與調整後的判定係數做比較。

```
The regression equation is
```

$$\hat{Y} = 4.096 - 5.111\ X_1 + 2.662\ X_2 + 1.557\ X_3 + 1.141\ X_4 +$$
$$1.650\ X_5 - 1.248\ X_6 + 0.436\ X_7 + 0.962\ X_8 + 1.289\ X_9$$

| Predictor | Coef | Stdev | t-ratio | p |
|---|---|---|---|---|
| Constant | 4.096 | 1.2884 | 3.24 | .006 |
| $X_1$ | $-5.111$ | 1.8700 | 2.73 | .011 |
| $X_2$ | 2.662 | 2.0796 | 1.28 | .212 |
| $X_3$ | 1.557 | 1.2811 | 1.22 | .235 |
| $X_4$ | 1.141 | 1.4712 | 0.78 | .445 |
| $X_5$ | 1.650 | 1.4994 | 1.10 | .281 |
| $X_6$ | $-1.248$ | 1.2735 | 0.98 | .336 |
| $X_7$ | 0.436 | 0.3617 | 1.21 | .239 |
| $X_8$ | 0.962 | 1.1896 | 0.81 | .426 |

| | | | |
|---|---|---|---|
| $X_9$ | 1.289 | 1.9182 | 0.67 | .508 |
| S = 3.503 | R-sq = 40.8% | | R-sq(adj.) = 20.3% |

Analysis of Variance

| SOURCE | DF | SS | MS | F | p |
|---|---|---|---|---|---|
| Regression | 9 | 219.746 | 24.416 | 1.99 | .0825 |
| Error | 26 | 319.004 | 12.269 | | |
| Total | 35 | 538.750 | | | |

13.8 這裡展示的是MINITAB對多元迴歸分析的電腦輸出。研究此ANOVA表，
$t$值，$S_e$，$R^2$和調整後的$R^2$，並討論迴歸模型的優缺點。此模型配適此資料
夠好嗎？從這裡的資訊顯示，在此模型中關於預測變數你會作何建議？

The regression equation is

$Y = 34.7 + 0.0763\ X_1 + 0.00026\ X_2 - 1.12\ X_3$

| Predictor | Coef | Stdev | t-ratio | p |
|---|---|---|---|---|
| Constant | 34.672 | 5.256 | 6.60 | .000 |
| $X_1$ | 0.07629 | 0.02234 | 3.41 | .005 |
| $X_2$ | 0.000259 | 0.001031 | 0.25 | .805 |
| $X_3$ | $-1.1212$ | 0.9955 | $-1.13$ | .230 |

S = 9.722          R-sq = 51.5%          R-sq(adj) = 40.4%

Analysis of Variance

| SOURCE | DF | SS | MS | F | p |
|---|---|---|---|---|---|
| Regression | 3 | 1306.99 | 435.66 | 4.61 | .021 |
| Error | 13 | 1228.78 | 94.52 | | |
| Total | 16 | 2535.77 | | | |

13.9 使用問題13.5的資料，發展一個多元迴歸模型以利用資產、員工和收入預
測獲利。討論輸出和特別注意$F$檢定、$t$檢定和$S_e$、$R^2$以及調整後的$R^2$值。

3.10 使用問題13.6的資料，利用負債比率和股利率以預測內部的所有權。檢視
ANOVA表、t檢定，和$S_e$、$R^2$以及調整後的$R^2$值，以評論模型的優點和預
測元。

13.11 使用下列資料，從$X_1$，$X_2$，和$X_3$發展一多元迴歸模型以預測$Y$。討論F、
$t$、$S_e$、$R^2$以及調整後的$R^2$值。

| Y | $X_1$ | $X_2$ | $X_3$ |
|---|---|---|---|
| 5.3 | 44 | 11 | 401 |
| 3.6 | 24 | 40 | 219 |
| 5.1 | 46 | 13 | 394 |
| 4.9 | 38 | 18 | 362 |
| 7.0 | 61 | 3 | 453 |
| 6.4 | 58 | 5 | 468 |
| 5.2 | 47 | 14 | 386 |
| 4.6 | 36 | 24 | 357 |
| 2.9 | 19 | 52 | 206 |
| 4.0 | 31 | 29 | 301 |
| 3.8 | 24 | 37 | 243 |
| 3.8 | 27 | 36 | 228 |
| 4.8 | 36 | 21 | 342 |
| 5.4 | 50 | 11 | 421 |
| 5.8 | 55 | 9 | 445 |

13.12 使用下列資料，從$X_1$和$X_2$中發展一多元迴歸模型以預測$Y$。評論輸出結果。只從$X_1$中發展一迴歸模型以預測$Y$。比較此模型的結果和使用兩個預測元的結果。如何比較判定係數的值呢？利用檢視兩個迴歸模型的輸出結果，你可以得到什麼結論？

| Y | $X_1$ | $X_2$ |
|---|---|---|
| 28 | 12.6 | 134 |
| 43 | 11.4 | 126 |
| 45 | 11.5 | 143 |
| 49 | 11.1 | 152 |
| 57 | 10.4 | 143 |
| 68 | 9.6 | 147 |
| 74 | 9.8 | 128 |
| 81 | 8.4 | 119 |
| 82 | 8.8 | 130 |
| 86 | 8.9 | 135 |
| 101 | 8.1 | 141 |
| 112 | 7.6 | 123 |
| 114 | 7.8 | 121 |
| 119 | 7.4 | 129 |
| 124 | 6.4 | 135 |

13.13研究下列的Excel多元迴歸輸出。在此模型中有多少預測元？有多少觀察
值？什麼是迴歸線的方程式？以$R^2$、調整後的$R^2$、$S_e$和F的層面加以討論
模型的優點。如果有的話，是哪一個預測元為顯著的？為什麼或為何
不？評論此模型的完整效果。

Summary Output

| | Regression Statistics |
|---|---|
| Multiple R | 0.842407116 |
| R Square | 0.709649749 |
| Adjusted R Square | 0.630463317 |
| Standard Error | 109.4295947 |
| Observations | 15 |

ANOVA

| | df | SS | MS | F | Significance F |
|---|---|---|---|---|---|
| Regression | 3 | 321946.8018 | 107315.6 | 8.961759 | 0.00272447 |
| Residual | 11 | 131723.1982 | 11974.84 | | |
| Total | 14 | 453670 | | | |

| | Coefficients | Standard Error | t Stat | P-value |
|---|---|---|---|---|
| Intercept | 657.0534435 | 167.4595388 | 3.923655 | 0.002378 |
| X Variable 1 | 5.710310868 | 1.791835982 | 3.186849 | 0.008655 |
| X Variable 2 | −0.416916682 | 0.322192459 | −1.294 | 0.222174 |
| X Variable 3 | −3.471481072 | 1.442934778 | −2.40585 | 0.03487 |

13.14下列乃是問題13.13中的迴歸模型的MINITAB的殘差診斷輸出圖。研究這
些圖，並以符合或違背假設的觀點加以討論模型。

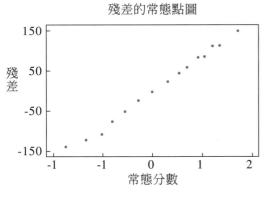

殘差的常態點圖

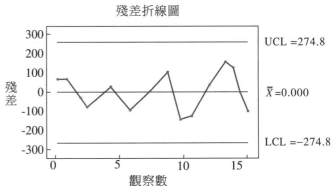

殘差折線圖

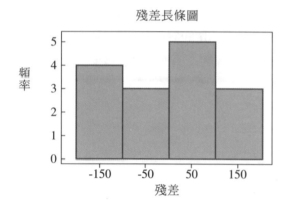

残差長條圖

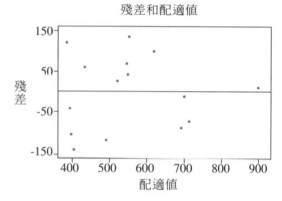

残差和配適值

# 13.3　指示（虛擬）變數

　　有些變數被指為質變數，它和於量變數相反，因為質變數無法產生量化的結果。然而質變數產生名義或序列尺度的資訊，此常用來分類項目。這些變數在多元迴歸中扮演一個指示（或稱虛擬）變數的角色。在此節，我們將檢視指示或虛擬變數做為多元迴歸分析中自變數或預測變數的角色。

　　指示變數在企業研究中的很多方面產生。郵寄問卷或個人訪談人口統計問題是主要的選擇，因為他們傾向於產生質的測量在一些項目上，如性別、地理區、職業，管理／非管理地位，買／租房子，交通工具或經紀商種類。在一個企業研究（Cleveland）中，研究者傾向發展一多元迴歸模型以預測購買者在較大的克里夫蘭區中，開車到購物中心的距離。有個自變數為是否購物中心位於伊利湖（Lake Erie）。在第二個研究中，一個比薩餐廳的地點選擇模型包含指示變數：(1)餐廳是否應提供啤酒的服務，(2)餐廳是否應有一個沙拉吧。

　　這些指示變數為質變數，並非間距或比例衡量尺度。例如，若一個購物中心位於伊利湖邊，給它一個分數20或30或75分皆可，因為它的位置並無意義。在性別項目下，在迴歸研究中你會指定何種數值給予男性或女性？指示或虛擬變數在迴歸研究中常是有用的，且若它們以特別的規則加以編碼，則可被包含於其中。

　　大部分的研究者將指示變數編以0或1的碼。例如，在購物中心的研究中，

購物中心位於伊利爾湖邊可指定為一個1，其他的購物中心被指定為一個0。指定0或1乃是任意的，有此數只是為了對分類做一個安排。因為這個理由，編碼被指為「虛擬」編碼；一個類別所代表的數並非一個測量。

很多指示或虛擬變數是二分的，例如男性／女性，沙拉吧／沒有沙拉吧，被錄用／未被錄用，和租用／自有。對於這些變數，一個1值乃任意指定到一個類別中，一個0值乃被安排到其他類別中。一些質變數包含數個變數，例如工作的種類，可能就有組裝者，油漆工和監督者。在此案例中，個別使用編碼1、2和3是方便易用的。然而，編碼的種類去製造了多元迴歸分析的問題。「監督者」類所設定的值是油漆工的三倍。此外，1、2和3會指出工作種類的階層性。

組裝者＜油漆工＜監督者

適當的方法對指示變數加以編碼是用0、1編碼。兩個分開的自變數應被用來編三類工作。第一個變數是組裝者，其中若此人的工作為組裝者，一個1被紀錄；若它不是，則被紀錄成0。第二個變數為油漆工，當此人的工作為油漆工，其中一個1被紀錄，若不是則為0。監督者不應被指定任何一個變數，因為在此研究中所有的工人，若未被組裝變數，或油漆變數紀錄一個1的話，此人的工作必為監督者。一個第三個變數（監督者）可能包含一個多餘的資訊，且是不必要的。這個理由對於所有超過兩個類別的指示變數均成立。若一個指示變數有c類，則會有c−1個虛擬變數被擬定以插入迴歸模型中，為了包含指示變數於多元迴歸中。

一個指示變數含超過兩個類別的例子為下例從典型問卷中節錄之問題的結果。

你的辦公室位於國家中的哪一區呢？

_____ 東北部　　　_____ 中西部　　　　_____ 南部　　　　　_____ 西部

假定一個研究者使用多元迴歸分析以預測做生意的成本，且相信辦公室的地理區是一個潛在的預測元。研究者如何將此質變數插進此分析中呢？因為該問題的c＝4，三個虛擬變數將會進入此一分析中。表13.3顯示13個回答者可能產生的一個方法。注意第2、7和11行均為零，此乃指這些回答者的辦公室位於西部。因此，第四個西部的虛擬變數並不需要，且實際上不應被包含在內，因為在第四個變數的資訊會被包含於其他三個變數中。

表13.3
將地理區編
碼產生指示
變數，進行
迴歸分析

| 東北部 $X_1$ | 中西部 $X_2$ | 南部 $X_3$ |
|---|---|---|
| 1 | 0 | 0 |
| 0 | 0 | 0 |
| 1 | 0 | 0 |
| 0 | 0 | 1 |
| 0 | 1 | 0 |
| 0 | 1 | 0 |
| 0 | 0 | 0 |
| 0 | 0 | 1 |
| 1 | 0 | 0 |
| 1 | 0 | 0 |
| 0 | 0 | 0 |
| 0 | 1 | 0 |
| 0 | 0 | 1 |

　　在此須提醒大家注意順序。因為自由度與解釋的考量，一個多元迴歸模型分析有足夠的觀察值以正確地處理自變數進入是一件重要的事。一些研究者建議每個自變數至少有三個觀察值做為一個規範。若一個質變數有多種類別，導致數個虛擬自變數，和若數個質變數將被包含在一個分析中，預測元的數目可以快速地超過每個觀察值數目所建議的變數數目。然而，指示或虛擬變數可以是很有用的，且用此法，名義和序列尺度資訊可被再編碼和組織進入一個多元迴歸模型中。

**案例**　很多勞工市場薪資研究透露了在某些產業中，勞工薪資所得有性別歧視。為檢視此一議題，假定從一特定產業隨機抽樣15名員工，且員工的平均月薪隨他們的年齡與性別被決定。資料顯示於**表13.4**。因為性別只能為男性或女性，此變數乃為一虛擬變數，需要0與1編碼。假定我們任意讓1代表男性且0代表女性。**圖13.6**是從**表13.4**中所發展出來的迴歸模型，使用MINITAB利用年齡和性別兩個自變數以預測月薪應變數。

　　**圖13.6**包含了此模型的迴歸方程式。

```
Monthlysalary = 0.732 + 0.111Age + 0.459Gender
```

對於 $t$ 比例的檢視透露了虛擬變數性別有一迴歸係數在 $\alpha=.001$ 之下為顯著

（$t=8.58$，$p=.000$）。完整模型在$\alpha=.001$下是顯著的（$F=48.54$，$p=.000$）。估計標準誤，$S_e=(.09679 \times \$1000)$。判定係數相對較高，達到89.0%且調整後的判定係數是87.2%。

| 月薪<br>($1000) | 年齡<br>(10年) | 性別<br>(1=男性，0=女性) |
|---|---|---|
| 1.548 | 3.2 | 1 |
| 1.629 | 3.8 | 1 |
| 1.011 | 2.7 | 0 |
| 1.229 | 3.4 | 0 |
| 1.746 | 3.6 | 1 |
| 1.528 | 4.1 | 1 |
| 1.018 | 3.8 | 0 |
| 1.190 | 3.4 | 0 |
| 1.551 | 3.3 | 1 |
| 0.985 | 3.2 | 0 |
| 1.610 | 3.5 | 1 |
| 1.432 | 2.9 | 1 |
| 1.215 | 3.3 | 0 |
| .990 | 2.8 | 0 |
| 1.585 | 3.5 | 1 |

表13.4
月薪例子的
資料

```
The regression equation is:

Monthlysalary = 0.732 + 0.111 Age + 0.459 Gender

Predictor      Coef        Stdev       t-ratio      p
Constant       0.7321      0.2356       3.11       .009
Age            0.11122     0.07208      1.54       .149
Gender         0.45868     0.05346      8.58       .000

S = 0.09679    R-sq = 89.0%   R-sq(adj) = 87.2%

Analysis of Variance

SOURCE         DF          SS          MS           F          p
Regression     2           0.90949     0.45474      48.54      .000
Error          12          0.11242     0.00937
Total          14          1.02191
```

圖13.6
月薪例子的
電腦輸出迴
歸圖

圖13.7
男性與女性
的迴歸模型
點圖

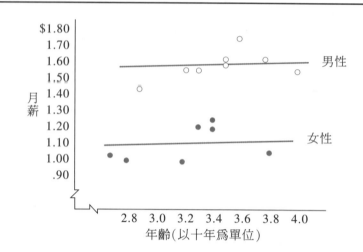

代表性別的$t$值指出在此模型中,性別是一個月薪的顯著預測元。圖13.7顯示當性別=1(男性)的迴歸方程式的圖形且當性別=0(女性)的迴歸方程式的圖形。

當性別=1(男性),迴歸方程式變為

$$.732 + .111(年齡) + .459(1) = 1.191 + .111(年齡)。$$

當性別=0(女性),迴歸方程式變為

$$.732 + .111(年齡) + .459(0) = .732 + .111(年齡)。$$

完全的迴歸模型(有兩個預測元)有一個在三維空間的反應平面。然而,若我們對性別輸進一個1值於完全的模型中,恰如上所示,迴歸模型降為一條線,此線通過由月薪和年齡所形成的平面。若我們對性別輸進一個0值於完全的模型中,恰如上所示,迴歸模型亦降為一條線,此線通過由月薪和年齡所形成的平面。圖13.7展示此兩線。注意此兩線唯一的差異為$Y$截距。觀察男性的月薪,以○表之,相對於女性的月薪,以●表之。這兩線在$Y$截距的差異為0.459,此乃女性迴歸係數的值。這指出平均而言,男人在此樣本中較女人每月多賺\$459。

問題13.3    13.15分析下列資料。使用一多元迴歸電腦套裝軟體,利用$X_1$和$X_2$以預測$Y$。注意$X_2$是一個虛擬變數。討論從迴歸分析的輸出;特別是評論虛擬變數的

預測能力。

| Y | $X_1$ | $X_2$ |
|---|---|---|
| 16.8 | 27 | 1 |
| 13.2 | 16 | 0 |
| 14.7 | 13 | 0 |
| 15.4 | 11 | 1 |
| 11.1 | 17 | 0 |
| 16.2 | 19 | 1 |
| 14.9 | 24 | 1 |
| 13.3 | 21 | 0 |
| 17.8 | 16 | 1 |
| 17.1 | 23 | 1 |
| 14.3 | 18 | 0 |
| 13.9 | 16 | 0 |

13.16這裡所給的資料是從一個應變數和兩個自變數而來的。第二個自變數是一個含有數個類別的指示變數。因此,此變數以$X_2$,$X_3$和$X_4$為代表。此自變數有多少類別呢?使用一電腦以執行一多元迴歸分析,利用此資料去從$X$變數中預測$Y$。討論輸出和特別注意虛擬變數。

| Y | $X_1$ | $X_2$ | $X_3$ | $X_4$ |
|---|---|---|---|---|
| 11 | 1.9 | 1 | 0 | 0 |
| 3 | 1.6 | 0 | 1 | 0 |
| 2 | 2.3 | 0 | 1 | 0 |
| 5 | 2.0 | 0 | 0 | 1 |
| 9 | 1.8 | 0 | 0 | 0 |
| 14 | 1.9 | 1 | 0 | 0 |
| 10 | 2.4 | 1 | 0 | 0 |
| 8 | 2.6 | 0 | 0 | 0 |
| 4 | 2.0 | 0 | 1 | 0 |
| 9 | 1.4 | 0 | 0 | 0 |
| 11 | 1.7 | 1 | 0 | 0 |
| 4 | 2.5 | 0 | 0 | 1 |
| 6 | 1.0 | 1 | 0 | 0 |
| 10 | 1.4 | 0 | 0 | 0 |
| 3 | 1.9 | 0 | 1 | 0 |
| 4 | 2.3 | 0 | 1 | 0 |
| 9 | 2.2 | 0 | 0 | 0 |
| 6 | 1.7 | 0 | 0 | 1 |

13.17 在此呈現的MINITAB電腦輸出是擁有三個自變數的多元迴歸分析的結果。變數$X_1$是一個虛擬變數。討論電腦輸出和$X_1$在迴歸模型中所扮演的角色。

$$Y = 121 + 13.4\ X_1 - 0.632\ X_2 + 1.42\ X_3$$

| Predictor | Coef | Stdev | t-ratio | p |
|---|---|---|---|---|
| Constant | 121.31 | 11.56 | 10.50 | .000 |
| $X_1$ | 13.355 | 4.714 | 2.83 | .014 |
| $X_2$ | −0.6322 | 0.2270 | −2.79 | .015 |
| $X_3$ | 1.421 | 3.342 | 0.43 | .678 |

S = 7.041          R-sq = 79.5%          R-sq(adj) = 74.7%

Analysis of Variance

| SOURCE | df | SS | MS | F | p |
|---|---|---|---|---|---|
| Regression | 3 | 2491.98 | 830.66 | 16.76 | .000 |
| Error | 13 | 644.49 | 49.58 | | |
| Total | 16 | 3136.47 | | | |

13.18 這裡給的是一多元迴歸模型的MINITAB電腦輸出結果，此模型利用兩個自變數，$X_1$和$X_2$以預測$Y$。根據輸出的基礎，討論多元迴歸模型的優點。重點放於虛擬變數的貢獻。標出當$X_2$為0時的$X_1$和$Y$，然後再標出當$X_2$為1時的$X_1$和$Y$。比較這兩條線並討論差異。

The regression equation is

$$Y = 2.74 - 0.052\ X_1 + 1.65\ X_2$$

| Predictor | Coef | Stdev | t-ratio | p |
|---|---|---|---|---|
| Constant | 2.7419 | 0.6083 | 4.51 | .000 |
| $X_1$ | −0.0518 | 0.2580 | −0.20 | .844 |
| $X_2$ | 1.6456 | 0.3332 | 4.94 | .000 |

S = 0.6028          R-sq = 69.9%          R-sq(adj) = 64.5%

Analysis of Variance

| SOURCE | DF | SS | MS | F | p |
|---|---|---|---|---|---|
| Regression | 2 | 9.2975 | 4.6488 | 12.79 | .001 |
| Error | 11 | 3.9968 | 0.3633 | | |
| Total | 13 | 13.2943 | | | |

13.19 Falvey、Fried和Richards 發展一多元迴歸模型以預測紐奧良餐廳的平均一餐的價格。一些變數被發現包含指示變數如下。

可接受訂位

可接受信用卡

是否備有停車位

是否有一分開的休息室或酒吧

有餐廳經理

有穿著規定

有燭臺

有現場的娛樂節目

提供酒精飲料服務

是一個牛排館

位於法國區

假定一個相對簡單的模型被發展，利用餐廳每星期開店小時數，在到達時仍有座位的機率，和是否位於法國區，來預測坐落於紐奧良的餐廳的一餐價格。使用下列資料，和用一電腦以發展此一模型。評論輸出結果。

| 價格 | 小時 | 有座位的機率 | 法國區 |
|---|---|---|---|
| $ 8.52 | 65 | .62 | 0 |
| 21.45 | 45 | .43 | 1 |
| 16.18 | 52 | .58 | 1 |
| 6.21 | 66 | .74 | 0 |
| 12.19 | 53 | .19 | 1 |
| 25.62 | 55 | .49 | 1 |
| 13.90 | 60 | .80 | 0 |
| 18.66 | 72 | .75 | 1 |
| 5.25 | 70 | .37 | 0 |
| 7.98 | 55 | .64 | 0 |
| 12.57 | 48 | .51 | 1 |
| 14.85 | 60 | .32 | 1 |
| 8.80 | 52 | .62 | 0 |
| 6.27 | 64 | .83 | 0 |

13.20 一位研究者已蒐集了具備四項變數：工作滿意度、職業、產業，和婚姻狀況的155個觀察值。他或她想利用其他三個變數以發展一多元迴歸模型來預測工作滿意度。所有的三個預測變數均具有下列類別的質變數。

1.職業：會計、管理、行銷、財務。

2.產業：製造、醫療、運輸。

3.婚姻狀況：已婚、未婚。

有多少個變數將會在此模型中？記述在每一個類別中所需的預測元的數目，並討論總預測元數目。

# 13.4　較複雜的迴歸模型

●●●●●●●●●●●●●●●●●●●●●●●●●●●●●●●●●●●●●●●●●●●●●

到目前為止所呈現的迴歸模型，根據一般線性迴歸模型，其形式為

(13.1)
$$Y = \beta_0 + \beta_1 X_1 + \beta_2 X_2 + \cdots + \beta_k X_k + \epsilon$$

其中：

$\beta_0 =$迴歸常數

$\beta_1，\beta_2 \cdots，\beta_k$為$k$個自變數的偏迴歸係數

$X_1，\cdots，X_k$為自變數

$k =$自變數的數目

在此一般的線性模型中，參數$\beta_i$是線性的。然而此不意味應變數$Y$必須與預測變數有線性相關。散佈圖常透露出$X$和$Y$之間的曲線關係。多元迴歸反應平面不限於線性平面，可能為曲線的。

對於這一點，變數$X_i$代表不同的預測元。例如，在前述的不動產例子中，變數$X_1$和$X_2$代表兩個預測元，房屋的平方英呎數和屋齡。在第十二章，簡單迴歸模型包含變數$X_1$，它代表單一的預測變數。當然，迴歸模型可以有兩個以上的預測元。例如，一個市場地點的模型可以一銷售額當作反應變數，以人口密度、競爭者數目、商店大小，和銷售人員的數目預測之，發展出一迴歸模型。如此的模型可以採取下列的形式

$$Y = \beta_0 + \beta_1 X_1 + \beta_2 X_2 + \beta_3 X_3 + \beta_4 X_4 + \epsilon$$

這個迴歸模型有四個$X_i$變數，每一個代表不同的預測元。

這個一般化的模型也可以應用到一些情況，其中一些$X_i$代表因另一個自變數而呈現在模型中的預測變數的再編碼資料。在一些模型中，$X_i$代表數學轉換以利模型採用一般化線性模型的變數。

在此節，我們將探討一些其他的線性模型，包含多項迴歸模型，有交互作用的迴歸模型，有轉換變數的模型，和一些非線性的模型。

# 多項式迴歸

迴歸模型的任一預測變數的最高次方為一次，且沒有交互項——交互乘積（$X_i \cdot X_j$）——指的是第一階模型。簡單迴歸像在第12章所呈現的是第一階模型具備一個自變數。一般化的簡單迴歸為

$$Y = \beta_0 + \beta_1 X_1 + \epsilon$$

若有第二個自變數的加入，模型變為具備兩個自變數的第一階模型，顯示為

$$Y = \beta_0 + \beta_1 X_1 + \beta_2 X_2 + \epsilon$$

多項迴歸模型是第二階或更高階的迴歸模型。它們包含平方、立方，或較高次方的預測變數，且反應平面為曲線。然而，他們仍是一般線性迴歸模型（方程式13.1）的特例。考慮一個迴歸模型具有一個自變數，且此模型包含第二個預測元為此自變數的平方，因為最高次方的預測元為2，但是仍只有一個自變數。這模型的形式如下。

$$Y = \beta_0 + \beta_1 X_1 + \beta_2 X_1^2 + \epsilon$$

使用此模型，我們可以探查預測一個應變數的二次模型的可能配適度。這如何能成為一般化線性模型的一個特例？若我們將一般化線性模型的$X_2$代入$X_1^2$，那麼$Y = \beta_0 + \beta_1 X_1 + \beta_2 X_1^2 + \epsilon$變為$Y = \beta_0 + \beta_1 X_1 + \beta_2 X_2 + \epsilon$。一位研究者應透過何過程以發展此類曲線模型的迴歸常數和係數？

多元迴歸分析的過程假定迴歸係數和常數的線性配適度，但自變數（$Xs$）不必然呈現線性關係。因此，我們可以在多元迴歸分析採用前，利用資料的再記錄可以完成曲線迴歸。

讓我們探討在表13.5中所給定的資料為例。此表包含13個製造公司的銷售量（以$1,000,000為單位）。在此表中也包含了每個公司製造商的代表數目。一個簡單迴歸分析利用製造商的代表數以預測銷售的結果呈現於表13.8的MINITAB輸出圖中。

在圖13.8中的迴歸輸出顯示一個迴歸模型的判定係數爲87.0%，估計標準誤爲51.10，模型的完整F檢定和製造代表數的預測元之顯著性t比例。

圖13.9(a)是表13.5的資料的散佈圖。注意代表數和銷售量的點不是一直線且此兩個變數可能爲曲線。爲了探討銷售量和代表數之間可能存在一個二次方的關係，我們創造第二個預測變數，（製造代表數）$^2$，以應用於迴歸分析來預測銷售量，其顯示於表13.6。因此，利用線性模型的自變數之資料的平方和將

表13.5
13家製造公司的銷售資料

| 製造商 | 銷售額 ($1,000,000) | 製造代表數 ($1,000,000) |
|---|---|---|
| 1 | 2.1 | 2 |
| 2 | 3.6 | 1 |
| 3 | 6.2 | 2 |
| 4 | 10.4 | 3 |
| 5 | 22.8 | 4 |
| 6 | 35.6 | 4 |
| 7 | 57.1 | 5 |
| 8 | 83.5 | 5 |
| 9 | 109.4 | 6 |
| 10 | 128.6 | 7 |
| 11 | 196.8 | 8 |
| 12 | 280.0 | 10 |
| 13 | 462.3 | 11 |

圖13.8
製造問題的
MINITAB
簡單迴歸輸出

```
The regression equation is sales = −107 + 41.0 numreps

Predictor      Coef        Stdev       t-ratio        p
Constant      −107.03      28.74       −3.72         .003
numreps         41.026      4.779        8.58         .000

S = 51.10      R-sq = 87.0%   R-sq(adj) = 85.8%

Analysis of Variance

SOURCE        DF          SS          MS          F          P
Regression     1       192395      192395      73.69        .000
Error         11        28721        2611
Total         12       221117
```

其輸入分析中以創造一個變數，用來探查二階的拋物線之關係。圖13.9(b)是銷售量和（製造代表數）²的散佈圖。並注意含平方項的此圖較圖13.9(b)接近直線。利用對於預測變數的再編碼，我們可能創造一個較佳的迴歸配適度。

　　有了這些資料，多元迴歸模型可以被發展出來。圖13.10是MINITAB的迴歸分析的電腦輸出，以利用製造商的代表數目和其平方來對銷售量作預測。

| 製造商 | 銷售額<br>($1,000,000)<br>$Y$ | 製造代表數<br>$X_1$ | （製造代表數）²<br>$X_2 = (X_1)^2$ |
|---|---|---|---|
| 1 | 2.1 | 2 | 4 |
| 2 | 3.6 | 1 | 1 |
| 3 | 6.2 | 2 | 4 |
| 4 | 10.4 | 3 | 9 |
| 5 | 22.8 | 4 | 16 |
| 6 | 35.6 | 4 | 16 |
| 7 | 57.1 | 5 | 25 |
| 8 | 83.5 | 5 | 25 |
| 9 | 109.4 | 6 | 36 |
| 10 | 128.6 | 7 | 49 |
| 11 | 196.8 | 8 | 64 |
| 12 | 280.0 | 10 | 100 |
| 13 | 462.3 | 11 | 121 |

表13.6
含最新創造
變數的製造
資料

圖13.9　製造資料的MINITAB散佈圖

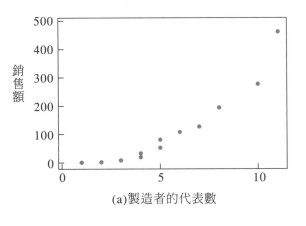

(a)製造者的代表數

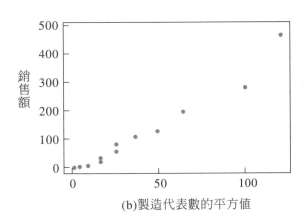

(b)製造代表數的平方值

在圖13.10中讓我們檢視輸出，並比較圖13.8的簡單迴歸輸出圖。此模型的判定係數為97.3%，此乃從簡單線性預測模型的判定係數的87.0%所增加而來。此模型估計的標準誤為24.59，其較簡單迴歸模型的51.10值為低。記住，銷售量的數字單位為$1,000,000。二次方模型降低了估計標準誤26.51($1,000,000)或$26,510,000。以二次方模型預測銷售量顯然是一個較佳的模型。

平方項的t統計量的檢視和其相關的機率在圖13.10中，其顯示出在$\alpha$=.001之下，在統計上是顯著的。（t=6.12，機率為.000）。若此t統計量不顯著，研究者最可能降低平方項且轉換為第一階模型（簡單迴歸模型）。

理論上，第三或第四階模型可以被發展出來。一般而言，研究者傾向採用第一或第二階迴歸模型而較少用更高階的模型。我們必須記住大部分的迴歸分析在企業上是用以做決策。較高階的模型（第三、第四等等）變得較難以解釋。此外，研究者通常找尋趨勢和一般的指導方向。迴歸模型愈高階，模型跟隨不規則的波動愈大，離有意義的方向愈遠。

## Tukey的轉換階梯

如我們剛才看到的製造例子，資料再編碼在改進迴歸模型的配置上是一個很有用的工具。在此過程中很多其他的再編碼資料的方法可以被發覺。John W. Tukey發明了一種「階梯狀的表達」可用來使$X$和$Y$的點圖直線化，因此提

---

圖13.10
以二次模型
來預測銷售
額的MINI-
TAB電腦輸
出

```
The regression equation is sales = 18.1 − 15.7 numreps + 4.75 repsq

Predictor        Coef         Stdev        t-ratio       p
Constant        18.07        24.67          0.73       .481
numreps        −15.723        9.550         −1.65       .131
repsq           4.7504        0.7759         6.12       .000

S = 24.59      R-sq = 97.3%   R-sq(adj) = 96.7%

Analysis of Variance

SOURCE          DF          SS           MS           F          P
Regression       2       215069       107534       177.79       .000
Error           10         6048          605
Total           12       221117
```

供了一個潛在的迴歸模型預測能力的改進。Tukey給予$X$和$Y$兩者階梯狀的展開式。

$X$的階梯

←上階梯　　　　↓中立　　　　　　　下階梯→

$$\cdots, X^4, X^3, X^2, X, \sqrt{X}, X, \log(X), -\frac{1}{\sqrt{X}}, -\frac{1}{X}, -\frac{1}{X^2}, -\frac{1}{X^3} -\frac{1}{X^4}, \cdots,$$

$Y$的階梯

←上階梯　　　　↓中立　　　　　　　下階梯→

$$\cdots, Y^4, Y^3, Y^2, Y, \sqrt{Y}, Y, \log(Y), -\frac{1}{\sqrt{Y}}, -\frac{1}{Y}, -\frac{1}{Y^2}, -\frac{1}{Y^3} -\frac{1}{Y^4}, \cdots,$$

這些階梯給予使用者潛在再編碼資料的建議。我們應該使用哪一個？Tukey發表了一個四象限法以決定何種階梯的呈現對於一個給定的局面較為適合。此法根據$X$和$Y$的散佈圖的形狀。圖13.11顯示四象限與相關的再編碼表現。若$X$和$Y$的散佈圖的形狀如左上的象限圖，對$X$變數的再編碼應做「下階梯」移動至

$$\log X, -\frac{1}{\sqrt{X}}, -\frac{1}{X}, -\frac{1}{X^2}, -\frac{1}{X^3} -\frac{1}{X^4}, \cdots,$$

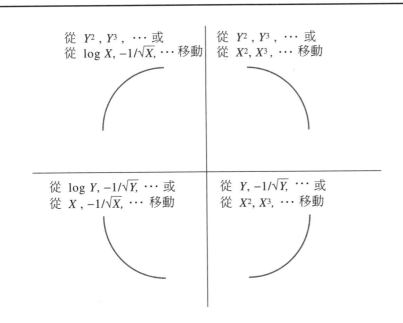

從 $Y^2$, $Y^3$, $\cdots$ 或
從 $\log X$, $-1/\sqrt{X}$, $\cdots$ 移動 ┃ 從 $Y^2$, $Y^3$, $\cdots$ 或
從 $X^2$, $X^3$, $\cdots$ 移動

從 $\log Y$, $-1/\sqrt{Y}$, $\cdots$ 或
從 $X$, $-1/\sqrt{X}$, $\cdots$ 移動 ┃ 從 $Y$, $-1/\sqrt{Y}$, $\cdots$ 或
從 $X^2$, $X^3$, $\cdots$ 移動

圖13.11
Tukey的四象限法

或對Y變數做「上階梯」移動從

$$Y^2, Y^3, Y^4, \cdots,$$

若X和Y的散佈圖的形狀如右下的象限，對X變數的再編碼應做「上階梯」移動至

$$X^2, X^3, X^4, \cdots,$$

或對Y變數做「下階梯」移動至

$$\log(Y), \ -\frac{1}{\sqrt{Y}}, \ -\frac{1}{Y}, \ -\frac{1}{Y^2}, \ -\frac{1}{Y^3} - \frac{1}{Y^4}, \ \cdots,$$

在製造的例子中，在圖13.9(a)的形狀像位於Tukey的四象限法的右下象限的曲線。他的方法建議我們應對X利用平方項做「上階梯」的移動。我們可以探查其他的選擇如繼續對X作上階梯或對Y做下階梯。Tukey的階梯是連續的，且在兩個表達之間乃是開放的，可以有其他的再編碼可能。如在$X^2$和$X^3$之間有很多可能的X次方可以被發覺，如$X^{2.1}$，$X^{2.5}$，或$X^{2.86}$。

## 有交互作用的迴歸模型

當兩個不同的自變數被用於一個迴歸分析中，常會在兩個變數中有一個交互作用存在。這如同在第十一章的二因子變異數分析所討論的交互作用，其中一個變數可能在第二個變數的某一個既定的範圍和此變數的另一個既定的範圍之下的表現有所不同。例如，在製造公司的例子中，溫度和溼度可能有交互作用，以至於對原料的堅固程度有所影響。空氣的溼度在不同的溫度下可能對原料的影響不同。在迴歸分析中，交互作用可被視為一個分開的自變數。一個交互作用預測變數可被設計為兩個資料變數的相乘，因此創造一個新變數。一個模型包含一個交互變數為

$$Y = \beta_0 + \beta_1 X_1 + \beta_2 X_2 + \beta_3 X_1 X_2 + \epsilon$$

此$X_1 X_2$項是交互作用項。即使此模型的任何一變數的最高次方為1，它可被認為是一個第二階方程式，因為有$X_1 X_2$項。

思考在表13.7中的資料。假定他們代表三個公司，15個月期的收盤股價，我們想要使用股價2及3以發展迴歸模型來預測股價1。一般的線性迴歸模式的形式為

| 股票1 | 股票2 | 股票3 | 股票1 | 股票2 | 股票3 | 表13.7<br>15個月期中<br>三張股票的<br>股價 |
| --- | --- | --- | --- | --- | --- | --- |
| 41 | 36 | 35 | 41 | 62 | 65 | |
| 39 | 36 | 35 | 35 | 70 | 77 | |
| 38 | 38 | 32 | 36 | 72 | 75 | |
| 45 | 51 | 41 | 39 | 74 | 74 | |
| 41 | 52 | 39 | 33 | 83 | 81 | |
| 43 | 55 | 55 | 28 | 101 | 92 | |
| 47 | 57 | 52 | 31 | 107 | 91 | |
| 49 | 58 | 54 | | | | |

$$Y = \beta_0 + \beta_1 X_1 + \beta_2 X_2 + \in$$

其中：

    $Y$ =股票1的股價

    $X_1$ =股票2的股價

    $X_2$ =股票3的股價

可獲得MINITAB的電腦輸出於圖13.12中。第一個迴歸模型是第一階的模型，具有兩個預測元，$X_1$和$X_2$。此模型產生一個中等的判定係數為.472。兩者的t比率是小的且統計上並不顯著（t=−.62，p=.549和t=−.36，p=.728）。雖然完整的模型在統計上是顯著的，F=5.37，p=.022，但沒有一個預測元是顯著的。

有時兩個變數的效果並不是相加的，因為在兩個變數中有交互作用。在此一案例中，研究者可以使用多元迴歸模型包含交互作用於方程式中，以探討交互作用。

$$Y = \beta_0 + \beta_1 X_1 + \beta_2 X_2 + \beta_3 X_1 X_2 + \in$$

一般線性模型的方程式配置的形式為

$$Y = \beta_0 + \beta_1 X_1 + \beta_2 X_2 + \beta_3 X_3 + \in$$

其中$X_3 = X_1 X_2$。每一個個別$X_3$的觀察值可透過一個再編碼的程序，將相關的$X_1$和$X_2$的觀察值相乘以獲得之。

第二個迴歸輸出在圖13.12中，包含$X_1$，$X_2$和交互項$X_1 X_2$。觀察此模型的判定係數為.804。交互項的導入使得判定係數由47.2%增加到80.4%。此外，估計標準誤從第一個模型的4.57降低到第二個模型的2.909。在第二個模型中，$X_1$項和交互項的t比率都在統計上為顯著（$X_1$的t=3.36，p=.006；$X_1 X_2$的

圖13.12
兩個MINI-
TAB的迴歸
輸出　一
個含有交互
作用，一個
則無

First Regression Analysis with 2 predictors without interaction:

The regression equation is

Stock $1 = 50.9 - 0.119$ Stock $2 - 0.071$ Stock 3

| Predictor | Coef | Stdev | t-ratio | p |
|---|---|---|---|---|
| Constant | 50.855 | 3.791 | 13.41 | 0.000 |
| Stock 2 | −0.1190 | 0.1931 | −0.62 | 0.549 |
| Stock 3 | −0.0708 | 0.1990 | −0.36 | 0.728 |

$S = 4.570$   R-sq = 47.2%   R-sq(adj) = 38.4%

Analysis of Variance

| SOURCE | DF | SS | MS | F | p |
|---|---|---|---|---|---|
| Regression | 2 | 224.29 | 112.15 | 5.37 | 0.022 |
| Error | 12 | 250.64 | 20.89 | | |
| Total | 14 | 474.93 | | | |

Second Regression Analysis with the interaction variable included:
Regression Analysis

The regression equation is

Stock $1 = 12.0 + 0.879$ Stock $2 + 0.220$ Stock $3 - 0.00998$ Inter

| Predictor | Coef | Stdev | t-ratio | p |
|---|---|---|---|---|
| Constant | 12.046 | 9.312 | 1.29 | 0.222 |
| Stock 2 | 0.8788 | 0.2619 | 3.36 | 0.006 |
| Stock 3 | 0.2205 | 0.1435 | 1.54 | 0.153 |
| Inter | −0.009985 | 0.002314 | −4.31 | 0.001 |

$S = 2.909$   R-sq = 80.4%   R-sq(adj) = 75.1%

Analysis of Variance

| SOURCE | DF | SS | MS | F | p |
|---|---|---|---|---|---|
| Regression | 3 | 381.85 | 127.28 | 15.04 | 0.000 |
| Error | 11 | 93.09 | 8.46 | | |
| Total | 14 | 474.93 | | | |

t=-4.31，p=.001)。交互項的結論為可幫忙迴歸模型說明應變數較大的比例，且對此模型為一個顯著的貢獻。

　　圖13.13(a)是在圖13.12（沒有交互作用的模型）所呈現的第一個迴歸模型

(a) 沒有交互作用

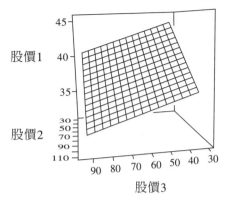

圖13.13
包含與不包
含交互作用
的股價問題
的迴歸平面

(b) 有交互作用

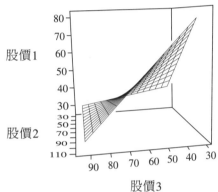

的反應面。當你以股票3做為參考點觀察的反應平面，你可以發現當平面向股票2的較小值移動時，平面隨著股票1增加而上移。現在檢視圖13.13(b)，在圖13.12（有交互作用的模型）所呈現的第二個迴歸模型的反應面。注意隨著股票2移動時，反應平面如何扭曲以及斜率如何改變。此模式乃因股價2與3的交互效果所引起的。在任何給定的股價2下會產生一條線可以從股價1以預測股價3。當我們穿越不同的股價2，線的斜率會改變，指出股價1和股價3的關係會隨著股價2而改變。

一位研究者可以發展一個使用兩個自變數且有其平方項和交互項的模型。如此一個模型將會是第二階模型，且具備兩個自變數。此模型看起來像這樣。

$$Y = \beta_0 + \beta_1 X_1 + \beta_2 X_2 + \beta_3 X_1^2 + \beta_3 X_2^2 + \beta_5 X_1 X_2 + \in$$

MINITAB指此為有兩個預測元的「完整」的二次模型。

## 模型轉換

在檢視多項與交互模型時，我們把焦點放於對$X$變數的再編碼。一些多元迴歸情形需要對應變數$Y$再編碼。回想在檢視$X$和$Y$不同的關係時，我們使用Tukey的四象限分析法和轉換階梯以探討對$X$或$Y$的再編碼方法，來達到建構迴歸模型，增加其預測能力。包含在階梯的$Y$轉換如$\log Y$和$1/Y$。

思量下列資料。假定他們代表七個公司的年度銷售額和年度廣告支出。一個迴歸模型可以從這些數字發展出來，利用年度廣告支出以預測年度銷售額嗎？

| 公司 | 銷售額<br>（$百萬元／年） | 廣告<br>（$百萬元／年） |
|------|------|------|
| 1 | 2,580 | 1.2 |
| 2 | 11,942 | 1.6 |
| 3 | 9,845 | 2.2 |
| 4 | 27,800 | 3.2 |
| 5 | 18,926 | 2.9 |
| 6 | 4,800 | 1.5 |
| 7 | 14,550 | 2.7 |

一個可以配適資料的良好數學模型爲具有指數模型的形式：

$$Y = \beta_0 \beta_1{}^X \in$$

讓此模型放於一般化線性方程式的形式，我們可以轉換它（每邊皆取log函數）。

$$\log Y = \log \beta_0 + X \log \beta_1$$

此轉換模型需要對$Y$使用對數進行資料的再編碼。注意$X$未被再編碼但迴歸常數和係數爲對數的尺度。若我們讓$Y' = \log Y$，$\beta_0' = \log \beta_0$和$\beta_1' = \log \beta_1$，此指數模型是一般化線性模型的形式。

$$Y' = \beta_0' + \beta_1' X$$

此過程開始利用將$Y$值取log。此資料被用來建立迴歸模型如下。

| log銷售額(Y) | 廣告(X) |
|---|---|
| 3.4116 | 1.2 |
| 4.0771 | 2.6 |
| 3.9932 | 2.2 |
| 4.4440 | 3.2 |
| 4.2771 | 2.9 |
| 3.6812 | 1.5 |
| 4.1629 | 2.7 |

下列的Excel迴歸輸出是由這些資料所產生。

```
SUMMARY OUTPUT
```

| Regression Statistics | |
|---|---|
| Multiple R | 0.990161451 |
| R Square | 0.980419699 |
| Adjusted R Square | 0.976503639 |
| Standard Error | 0.054338066 |
| Observations | 7 |

```
ANOVA
```

| | df | SS | MS | F | Significance F |
|---|---|---|---|---|---|
| Regression | 1 | 0.739215427 | 0.739215 | 250.3587 | 1.83438E-05 |
| Residual | 5 | 0.014763127 | 0.002953 | | |
| Total | 6 | 0.753978554 | | | |

| | Coefficients | Standard Error | t Stat | P-value |
|---|---|---|---|---|
| Intercept | 2.900316798 | 0.07287919 | 39.79623 | 1.89E-07 |
| Adver | 0.475146161 | 0.030029347 | 15.82273 | 1.83E-05 |

一個簡單迴歸模型（對 $Y$ 變數無取 log 函數進行再編碼）產生的判定係數為 87%，然而指數模型的判定係數為 98%。在指數模型中，廣告的 t 統計量為 15.82 且其 p 值為 .0000183，而在簡單迴歸模型中，廣告的 t 統計量為 5.774 且其 p 值為 .002191。指數模型較簡單迴歸模型的配適度為佳。對於 $(X^2, Y)$ 和 $(X^3, Y)$ 模型的檢視顯示其判定係數分別為 .930 和 .969，其判定係數為相當高的，但是仍不如指數模型所產生的判定係數為佳。

指數模型的結果方程式為

$$Y = 2.90032 + .47515X$$

在使用迴歸方程式以利用$X$來決定預測的$Y$值時，記住預測的$Y$值的結果為對數形式且必須對於所預測的$Y$值採取反對數（antilog）以得到以原單位所預測的$Y$值。例如，在一個廣告數字為2.0（$百萬）下的預測的$Y$值為何？以$X$=2.0代入迴歸方程式。

$$Y = 2.90032 + .47515X = 2.90032 + .47515(2.0) = 3.85062$$

銷售額的對數值為3.85062。對3.85062採取反對數函數會產生以原來的單位的預測的銷售額。

$$antilog(3.85062) = 7089.57 \quad （\$百萬）$$

因此，指數迴歸模型預測廣告支出為$2.0（百萬）時將會導致$7,089.57（百萬）的銷售額。

有其他轉換數學模型的方法使他們可被視為一般化的線性模型。一個例子為倒數模型如

$$Y = \frac{1}{\beta_0 + \beta_1 X_1 + \beta_2 X_2 + \epsilon}$$

如此的一個模型可以左右均取倒數轉換成如下的形式

$$\frac{1}{Y} = \beta_0 + \beta_1 X_1 + \beta_2 X_2 + \epsilon$$

以$Y'=1/Y$代入上述的方程式中將導致一般化的線性模型。

$$Y' = \beta_0 + \beta_1 X_1 + \beta_2 X_2 + \epsilon$$

使用此「倒數」模型，$Y$的資料值利用$1/Y$再編碼，且迴歸分析依據$1/Y$，$X_1$，和$X_2$而進行。為了從模型中得到$Y$的預測值，輸進原始的$X_1$和$X_2$值。從迴歸方程式得到的預測結果的$Y$值將會是真正預測的$Y$值的倒數。

---

例題13.3　　　　在航太和國防產業中，一些成本估計元使用如下的數學模型以預測新的太空計畫的成本。

$$Y = \beta_0 X^{\beta_1} \epsilon$$

這些成本估計元常使用被送進太空的目標物的重量當作預測元$(X)$和目標物的成本作爲應變數$(Y)$。常常$\beta_1$是一個介於0和1的值，所以$Y$的預測值會等於$X$的某些根值。

使用這裡給定的抽樣的成本資料以發展一個成本迴歸模型，用剛才所顯示的形式來決定預測值$Y$的迴歸方程式。使用此迴歸方程式以預測$Y$值，在$X$爲3000的情況下。

| $Y$（以十億計的成本） | $X$（以噸計的重量） |
|---|---|
| 1.2 | 450 |
| 9.0 | 20,200 |
| 4.5 | 9,060 |
| 3.2 | 3,500 |
| 13.0 | 75,600 |
| 0.6 | 175 |
| 1.8 | 800 |
| 2.7 | 2,100 |

解答

方程式爲

$$Y = \beta_0 X^{\beta_1} \in$$

這不是一個一般線性模式，但它可利用對數函數加以轉換。

$$\log Y = \log \beta_0 + \beta_1 \log X + \in$$

可轉爲一般線性形式

$$Y' = \beta_0' + \beta_1 X'$$

其中：

$$Y' = \log Y$$
$$\beta_0' = \log \beta_0$$
$$X' = \log X$$

這個方程式需要$X$和$Y$以對數函數再編碼。

| LOG $Y$ | LOG $X$ |
|---------|---------|
| .0792 | 2.6532 |
| .9542 | 4.3054 |
| .6532 | 3.9571 |
| .5051 | 3.5441 |
| 1.1139 | 4.8785 |
| −.2218 | 2.2430 |
| .2553 | 2.9031 |
| .4314 | 3.3222 |

使用這些資料，電腦產生下列的迴歸函數和係數。

$$b_0' = -1.25292 \qquad b_1 = .49606$$

因為這些值，預測的$Y$值的方程式可被決定為

$$\log \hat{Y} = -1.25292 + .49606 \log X$$

若$X$=3000，$\log X$=3.47712且

$$\log \hat{Y} = -1.25292 + .49606(3.47712) = .47194$$

$$\hat{Y} = \text{antilog}(\log \hat{Y}) = \text{antilog}(.47194) = 2.9644。$$

當$X$=3000噸重時，$Y$的預測值為\$2.9644（十億）。

對$b_0' = -1.25292$採取反對數函數，我們可以得到.055857。從這個和$b_1$=.49606，我們可以寫出模型的原始形式。

$$Y = (.055857)X^{.49606}$$

以$X$=3000代入此公式，同樣也產生\$2.9645（十億）。

---

問題13.4  13.21使用下列資料以發展一個二次方的模型，從$X$預測$Y$。從此資料發展一個簡單迴歸模型和比較此兩模型的結果。二次方的模型是否提供了一個較佳的預測能力呢？為什麼或為何不？

| X | Y |
|---|---|
| 14 | 200 |
| 9 | 74 |
| 6 | 29 |
| 21 | 456 |
| 17 | 320 |
| 15 | 247 |
| 8 | 82 |
| 5 | 21 |
| 10 | 94 |

13.22使用下列資料以發展一個曲線模型來預測$Y$。在此模型中包含$X_1$和$X_2$，再加上$X_1^2$、$X_2^2$和交互項$X_1X_2$。評論此模型的所有優點和每個預測元的顯著性。使用電腦套裝軟體以繪製「完整」的二次方模型的反應面。發展一個具有如上模型的相同的自變數的迴歸模型，但沒有交互變數。比較此模型和「完整」的二次方模型。將此模型的反應面加以繪圖出來。其和「完整」模型的反應面相比如何？

| Y | $X_1$ | $X_2$ |
|---|---|---|
| 47.8 | 6 | 7.1 |
| 29.1 | 1 | 4.2 |
| 81.8 | 11 | 10.0 |
| 54.3 | 5 | 8.0 |
| 29.7 | 3 | 5.7 |
| 64.0 | 9 | 8.8 |
| 37.4 | 3 | 7.1 |
| 44.5 | 4 | 5.4 |
| 42.1 | 4 | 6.5 |
| 31.6 | 2 | 4.9 |
| 78.4 | 11 | 9.1 |
| 71.9 | 9 | 8.5 |
| 17.4 | 2 | 4.2 |
| 28.8 | 1 | 5.8 |
| 34.7 | 2 | 5.9 |
| 57.6 | 6 | 7.8 |
| 84.2 | 12 | 10.2 |
| 63.2 | 8 | 9.4 |
| 39.0 | 3 | 5.7 |
| 47.3 | 5 | 7.0 |

13.23發展一多元迴歸模型屬於如下的形式

$$Y = b_0 b_1{}^X \in$$

使用下列資料從 $X$ 預測 $Y$。使用Tukey的階梯轉換以探討其他對於資料的再編碼方式，和發展一個替代的迴歸模型並比較其結果。

| X | Y |
|------|------|
| 2485 | 3.87 |
| 1790 | 3.22 |
| 874 | 2.91 |
| 2190 | 3.42 |
| 3610 | 3.55 |
| 2847 | 3.61 |
| 1350 | 3.13 |
| 740 | 2.83 |
| 4010 | 3.62 |
| 3629 | 3.52 |
| 8010 | 3.92 |
| 7047 | 3.86 |
| 5680 | 3.75 |
| 1740 | 3.19 |

13.24在紐約市的出版商情報局公司發行了全國主要廣告商所編輯的雜誌廣告支出資料。此資料乃依據在時間上橫跨數年的產品種類所組織而成。自此顯示的資料是雜誌廣告支出的總額和對家用設備和日用品的廣告支出額。使用這些資料，利用家用設備和日用品的廣告支出和其平方來發展一個迴歸模型以預測雜誌廣告支出的總額。將此模型和一個只以家用設備和日用品的廣告支出來預測雜誌廣告支出總額的迴歸模型做一個比較。依此資料畫一散佈圖。圖的形狀依據Tukey的四象限法可建議一些替代的模型嗎？若可以，發展至少一個其他的模型，比較此一模型和上述已發展的兩個模型。

| 雜誌廣告支出總額<br>（百萬美元） | 家用設備和日用品的支出額<br>（百萬美元） |
|---|---|
| 1193 | 34 |
| 2846 | 65 |
| 4668 | 98 |
| 5120 | 93 |
| 5943 | 102 |
| 6644 | 103 |

13.25 Dun&Bradstreet公司報導有關數年來新公司產生和公司失敗的數目的資料。這裡顯示的是從1970年來企業失敗的資料以及現在這些失敗公司的負債。使用這些資料和下列的模型，利用企業失敗的數目來預測這些失敗公司的負債。討論此模型的優點。

$$Y = b_0 b_1^X \in$$

現在利用對於X的再編碼，發展一個不同的迴歸模型。使用Tukey的四象限法當作資源並比較模型。

| 1970年以來的企業失敗率<br>（10,000） | 失敗公司的流動負債<br>（百萬美元） |
|---|---|
| 44 | 1,888 |
| 43 | 4,380 |
| 42 | 4,635 |
| 61 | 6,955 |
| 88 | 15,611 |
| 110 | 16,073 |
| 107 | 29,269 |
| 115 | 36,937 |
| 120 | 44,724 |
| 102 | 34,724 |
| 98 | 39,126 |
| 65 | 44,261 |

13.26 下列是MINITAB對於兩個迴歸分析的電腦輸出。第一個迴歸分析是利用$X_1$和$X_2$還有$X_1^2$，$X_2^2$，和交互項$X_1 X_2$的預測變數的一個完整的二次方模

型。第二個迴歸分析的執行沒有交互項。研究每個模型的輸出結果並比較模型。交互項在此模型中造成很大的差異嗎？

```
Regression Analysis

The regression equation is
Y = 77.9 − 10.4X1 − 12.3X2 + 0.501X1Sq + 0.557X2Sq + 1.13X1*X2


Predictor       Coef        Stdev       t-ratio         p
Constant        77.90       30.98        2.51        0.025
X1             −10.435       6.832       −1.53        0.149
X2             −12.318       5.656       −2.18        0.047
X1Sq            0.5011       0.3550       1.41        0.180
X2Sq            0.5570       0.2894       1.92        0.075
X1*X2           1.1291       0.6179       1.83        0.089

s = 1.485    R-sq = 79.0%    R-sq(adj) = 71.5%

Analysis of Variance

SOURCE         DF         SS          MS          F          p
Regression      5      116.235      23.247      10.54      0.000
Error          14       30.880       2.206
Total          19      147.115

Regression Analysis

The regression equation is
Y = 22.1 + 1.68X1 − 2.58X2 − 0.092X1Sq + 0.157X2Sq

Predictor       Coef        Stdev       t-ratio         p
Constant        22.113       5.636        3.92        0.001
X1               1.682       1.772        0.95        0.357
X2              −2.583       2.041       −1.27        0.225
X1Sq           −0.0915       0.1553      −0.59        0.564
X2Sq            0.1569       0.2034       0.77        0.452

s = 1.597    R-sq = 74.0%    R-sq(adj) = 67.1%

Analysis of Variance

SOURCE         DF         SS          MS          F          p
Regression      4      108.869      27.217      10.67      0.000
Error          15       38.246       2.550
Total          19      147.115
```

# 13.5　模型建立：搜尋程序

在這章中，我們已經探討了多元迴歸模型的數種不同的形式，我們也已評估了迴歸模型的優點，且我們已經學習如何從多元迴歸的電腦套裝軟體的輸出結果中學到更多。讓我們來檢視另一個迴歸模型。

## 一個多元迴歸的例子

假定一位研究者想發展一個多元迴歸模型來預測世界的原油生產。此研究者發現世界的原油市場的驅動力來自相關於美國的使用生產的變數。他或她決定使用下列的五個自變數當作預測元。

　　1.美國的能源消費

　　2.美國的核能發電總量

　　3.美國的產煤量

　　4.美國的天然氣生產總量

　　5.美國擁有的汽車的燃料率

研究者衡量世界原油生產的每一個資料點之前一年的每項變數資料，他／她認為世界產量是由美國前一年的活動所導致。它可視為隨著美國的能源消費的增加，世界生產的原油亦同樣增加。此外，隨著核電生產、產煤量、天然氣的生產和燃料率的增加，世界原油生產在能源消費接近常數時會下降。

在**表13.8**中有五個自變數和應變數（世界原油生產）。使用在**表13.8**中所呈現的資料，研究者企圖使用五個不同的自變數來發展一個多元迴歸模型。此過程的結果呈現在**圖13.14**的電腦輸出中。檢視輸出，我們可以達到關於這特別模型及其變數的結論。

此輸出包含一個判定係數為90.5%和一個估計標準誤為1.044，以及整體的顯著F值為30.41。注意從**圖13.14**中的t比率指出在顯著水準為.05之下，兩個預測變數——核電和天然氣——並不顯著。若我們將此兩變數自模型中移除，回到只有其他三個變數的迴歸模型，此模型會發生何事？若我們只執行具有一個

預測元的簡單迴歸模型呢？這些模型與具有五個預測元的完整模型相比如何？所有的預測元是必需的嗎？

在發展企業決策的迴歸模型時，至少有兩個考量點。第一個是發展一個迴歸模型說明大部分應變數的變異，也就是說，發展可以將Y值差異的解釋部分最大化的模型。在同時，迴歸模型應盡可能的簡單和經濟。此理由乃因一個數量模型變為愈複雜，對於經理人去解釋和執行此一模型愈為困難。此外，在一個模型中有愈多的變數，去蒐集歷史資料和更新現在的資料將會愈昂貴。這兩個考量點（應變數的解釋能力和模型的經濟實惠性）往往是相反的。因此，研

表13.8　多元迴歸模型來預測元由生產的資料

| 世界原油生產（百萬桶／天） | 美國能源消費（千萬億／年） | 美國核能發電總生產（十億瓩＝千瓦時） | 美國煤生產（百萬美噸） | 美國總天然氣生產（兆立方英呎） | 美國汽車燃料率（哩／加侖） |
|---|---|---|---|---|---|
| 55.7 | 74.3 | 83.5 | 598.6 | 21.7 | 13.3 |
| 55.7 | 72.5 | 114 | 610 | 20.7 | 13.42 |
| 52.8 | 70.5 | 172.5 | 654.6 | 19.2 | 13.52 |
| 57.3 | 74.4 | 191.1 | 684.9 | 19.1 | 13.53 |
| 59.7 | 76.3 | 250.9 | 697.2 | 19.2 | 13.8 |
| 60.2 | 78.1 | 276.4 | 670.2 | 19.1 | 14.04 |
| 62.7 | 78.9 | 255.2 | 781.1 | 19.7 | 14.41 |
| 59.6 | 76 | 251.1 | 829.7 | 19.4 | 15.46 |
| 56.1 | 74 | 272.7 | 823.8 | 19.2 | 15.94 |
| 53.5 | 70.8 | 282.8 | 838.1 | 17.8 | 16.65 |
| 53.3 | 70.5 | 293.7 | 782.1 | 16.1 | 17.14 |
| 54.5 | 74.1 | 327.6 | 895.9 | 17.5 | 17.83 |
| 54 | 74 | 383.7 | 883.6 | 16.5 | 18.2 |
| 56.2 | 74.3 | 414 | 890.3 | 16.1 | 18.27 |
| 56.7 | 76.9 | 455.3 | 918.8 | 16.6 | 19.2 |
| 58.7 | 80.2 | 527 | 950.3 | 17.1 | 19.87 |
| 59.9 | 81.3 | 529.4 | 980.7 | 17.3 | 20.31 |
| 60.6 | 81.3 | 576.9 | 1029.1 | 17.8 | 21.02 |
| 60.2 | 81.1 | 612.6 | 996 | 17.7 | 21.69 |
| 60.2 | 82.1 | 618.8 | 997.5 | 17.8 | 21.68 |
| 60.6 | 83.9 | 610.3 | 945.4 | 18.2 | 21.04 |
| 60.9 | 85.6 | 640.4 | 1033.5 | 18.9 | 21.48 |

```
Regression Analysis

The regression equation is
OilProd = 6.3 + 0.862 EnConsmp + 0.0005 Nuclear + 0.0114 Coal −0.281
DryGas −1.13 FuelRate

Predictor     Coef          Stdev          t-ratio      p
Constant      6.35          12.03          0.53         0.605
EnConsmp      0.8623        0.1994         4.32         0.001
Nuclear       0.00050       0.01084        0.05         0.964
Coal          0.011413      0.006072       1.88         0.078
DryGas        −0.2812       0.3735         −0.75        0.462
FuelRate      −1.1278       0.4675         −2.41        0.028

s = 1.044     R-sq = 90.5%     R-sq(adj) = 87.5%

Analysis of Variance

SOURCE        DF        SS          MS          F         p
Regression     5    165.724      33.145      30.41     0.000
Error         16     17.442       1.090
Total         21    183.166
```

圖13.14
原油例子的
MINITAB
迴歸電腦輸
出

究者和模型的建立者需要去探討很多模型的選擇。

在前述的世界原油生產的迴歸模型中,若三個變數和五個變數解釋世界原油生產的變異相當接近,則愈簡單的模型愈具有吸引力。是否有一些可以執行迴歸分析的方法以便研究者可以檢視數個模型呢?此答案是利用搜尋程序。

搜尋程序即一個以上的多元迴歸模型,在給定資料基礎下被發展出來的過程,且此模型在此程序下依據不同的準則被比較和分類。一般而言,所有的搜尋程序均在電腦中被執行。在此節中有數項搜尋程序被討論,包含所有可能的迴歸(all possible regression),逐步迴歸(stepwise regression),前向選擇(forward selection),和後向消除(backward elimination)。

# 所有可能的迴歸

一個搜尋程序是所有可能的迴歸。此程序從資料中使用所有的變數,計算所有可能的線性多元迴歸模型。若一個資料組包含$k$個自變數,所有可能的迴歸將決定$2^k-1$種不同的模型。

對於原油生產的例子,所有可能的迴歸程序在$k=5$個自變數下,將會產生

$2^5-1=31$ 個不同的模型。對於此例中有 $k=5$ 個預測元,程序產生所有的單一預測元模型,具有兩個自變數的所有模型,具有三個預測元的所有模型,具有四個預測元的所有模型,和具有五個預測元的所有模型,顯示於**表13.9**中。

使用所有可能的迴歸能夠使研究者檢視每一個模型。在理論上來說,和其他程序相比,這消除了研究者從未思考一些模型的機會。另一方面,研究者必須從所有可能的模型中加以搜尋,來選擇出一個模型,這樣的一個方法會令人生厭、耗時,而且是無效率的。事實上,還有其他較受歡迎的搜尋程序。

## 逐步迴歸

或許最普遍為大眾所知、所用的搜尋程序為逐步迴歸。逐步迴歸是一個一步接著一步的程序,始於發展一個只有單一預測變數的迴歸模型,再增加和消除預測元,一次一步檢視每個步驟的模型配適程度,直到此模型外無較顯著的預測元存在為上。

表13.9
含五個獨立
變數的所有
可能迴歸的
預測元

| 單一預測元 | 兩個預測元 | 三個預測元 |
|---|---|---|
| $X_1$ | $X_1, X_2$ | $X_1, X_2, X_3$ |
| $X_2$ | $X_1, X_3$ | $X_1, X_2, X_4$ |
| $X_3$ | $X_1, X_4$ | $X_1, X_2, X_5$ |
| $X_4$ | $X_1, X_5$ | $X_1, X_3, X_4$ |
| $X_5$ | $X_2, X_3$ | $X_1, X_3, X_5$ |
| | $X_2, X_4$ | $X_1, X_4, X_5$ |
| | $X_2, X_5$ | $X_2, X_3, X_4$ |
| | $X_3, X_4$ | $X_2, X_3, X_5$ |
| | $X_3, X_5$ | $X_2, X_4, X_5$ |
| | $X_4, X_5$ | $X_3, X_4, X_5$ |

| 四個預測元 | 五個預測元 |
|---|---|
| $X_1, X_2, X_3, X_4$ | $X_1, X_2, X_3, X_4, X_5$ |
| $X_1, X_2, X_3, X_5$ | |
| $X_1, X_2, X_4, X_5$ | |
| $X_1, X_3, X_4, X_5$ | |
| $X_2, X_3, X_4, X_5$ | |

**步驟1**　在一個逐步迴歸程序的步驟1中，k個自變數一次被檢視一個，利用對每個自變數發展一個簡單迴歸模型來預測應變數。包含最大的t的絕對值的自變數的模型被選取，相關於被選取模型的自變數在第一個步驟中做為Y的最佳預測元。一些電腦套裝軟體使用一個F值代替一個t值以做此決定。大部分的這些電腦程式允許研究者預先決定t或F的臨界值，但大部分包含一個既定值，當作一個選擇。在第一步驟中的第一個自變數以$X_1$表之。此模型以此形式出現

$$\hat{Y} = b_0 + b_1 X_1$$

在檢查所有可能的單一預測元之後，若在顯著水準為$\alpha$之下沒有一個自變數產生一個顯著的$t$值，那麼搜尋程序將停止下來，且建議為沒有模型。

**步驟2**　在步驟2中，逐步程序檢視所有可能的兩個預測元迴歸模型，其中$X_1$當作此模型的自變數之一，且決定其他k−1個自變數中的哪一個和$X_1$結合將在此模型中產生最高的絕對$t$值。從剩下的自變數中所選取的其他變數被記為$X_2$，且和$X_1$一起被包含於步驟2所選的模型中。模型顯示的形式為

$$\hat{Y} = b_0 + b_1 X_1 + b_2 X_2$$

在此點上，逐步迴歸暫停，且檢視$X_1$的迴歸係數之$t$值。常常，當$X_2$加入模型中，$X_1$的迴歸係數將會變為在統計上不顯著。在此情形下，從模型中剔除$X_1$並退回再檢視是否有其他的k−2個自變數在此一變數和$X_2$同時被含括於模型中時將會產生最大的顯著絕對$t$值。如果沒有其他的變數具備顯著的$t$值，此程序就停止了。值得注意的是，迴歸係數很可能隨這步驟而改變，以便解釋新的預測元加入此過程中。因此，若在步驟2中$X_1$留於此模型中，$b_1$在步驟1的值將很可能不同於$b_1$在步驟2的值。

**步驟3**　步驟3始於模型中的自變數$X_1$和$X_2$（在步驟2中的最終選擇變數）。在此步驟中，執行一次搜尋以決定剩下的k−2個自變數中的哪一個與$X_1$和$X_2$在迴歸模型中會產生最大的顯著$t$值。被選取的一個被記為$X_3$。若沒有其他的顯著$t$值存在，程序在此停止且在步驟2所決定的模型是一個最終的模型。在步驟3，模型所顯示的形式為

$$\hat{Y} = b_0 + b_1 X_1 + b_2 X_2 + b_3 X_3$$

相似於步驟2的方法，逐步迴歸現在回頭檢視在此步驟3模型的$X_1$和$X_2$的迴歸係數的$t$值。若其中之一或兩者的$t$值現在是不顯著的，此變數從模型中被剔除，且從剩餘的$k-3$個自變數中展開搜尋過程，以決定如果有的話，是哪一個連同$X_3$在此模型中會產生最大的顯著的$t$值。此逐步迴歸過程連續的一步一步進行，直到不在此模型中的顯著自變數完全消失為止。

**案例**　表13.8包含從五個不同的自變數中，可被用來發展一個迴歸模型以預測世界原油生產的資料。圖13.14展示一個多元迴歸分析的結果，使用所有的五個預測元產生一個模型。假定我們在此資料上使用逐步迴歸搜尋程序來發現一個迴歸模型。回想下列被考慮的自變數。

1. 美國的能源消費
2. 美國的核能發電總量
3. 美國的產煤量
4. 美國的天然氣生產總量
5. 美國擁有的汽車的燃料率

**步驟1**　每一個自變數一次一個被檢視以決定在簡單迴歸中每一個預測元的優點。結果列於表13.10。

注意在步驟1中，美國能源消費的自變數被選為預測變數$X_1$。表13.10的探查中透露美國能源消費產生單一預測變數的最大絕對$t$值（7.61）。就本身而言，美國能源消費可解釋$Y$值（世界原油生產）的變異達74.3%。此模型的電腦輸出迴歸方程式為

$$Y = 13.31 + .577X_1$$

表13.10
步驟1：使用每個自變數來預測原油生產的簡單迴歸結果

| 應變數 | 自變數 | $t$比率 | 判定係數$R^2$ |
|---|---|---|---|
| 原油生產 | 能源消費 | 7.61 | 74.3% |
| 原油生產 | 核能 | 2.64 | 25.9 |
| 原油生產 | 煤 | 1.89 | 15.2 |
| 原油生產 | 天然氣 | .76 | 2.8 |
| 原油生產 | 燃料率 | 1.64 | 11.8 |

所選擇當作$X^1$的變數

其中：

$Y$ = 世界原油生產

$X_1$ = 美國能源消費

**步驟2**　在步驟2中，$X_1$在此模型中開始時被保存下來，且其他四個剩下的自變數被搜尋來決定哪一個變數和$X_1$會產生最大的$t$值，且其為顯著的。**表13.11**列出此搜尋的結果。

在**表13.11**中的資訊顯示在步驟2所選擇的模型包含美國能源消費和美國燃料率的自變數。燃料率的預測元有最大的絕對$t$值(-4.28)，且在$\alpha$ =.05下，其為顯著的。其他變數產生不同大小的$t$值。在步驟2中此模型產生一個判定係數為86.9%。這兩個變數一起考慮可說明世界原油生產的變異接近87%。

從其他的電腦資料中，確定此模型的$X_1$變數的$t$值為10.45，此甚至比步驟1為高。因此，利用逐步迴歸程序，$X_1$將不會從模型中剔除且將會留置於模型中。在步驟2電腦輸出產生下列的迴歸模型。

$$Y = 3.819 + .807X_1 - .471X_2$$

其中：

$Y$ = 世界原油生產

$X_1$ = 美國能源消費

$X_2$ = 美國燃料率

注意$X_1$的迴歸係數從步驟1的.577改變為步驟2的.807。

在步驟1的模型的判定係數為74.3%。注意沒有從步驟2模型產生的判定係數值少於74.3%。此理由乃為$X_1$仍在此模型中，所以在下一步驟的判定係數必至少如它在步驟1那般高，其中只有$X_1$在此模型中。此外，利用檢視**表13.11**的

| 應變數<br>$Y$ | 自變數<br>$X_1$ | 自變數<br>$X_2$ | $X_2$的$t$比率 | 判定係數<br>$R^2$ |
|---|---|---|---|---|
| 原油生產 | 能源消費 | 核能 | -3.58 | 84.7% |
| 原油生產 | 能源消費 | 煤 | -2.65 | 81.3 |
| 原油生產 | 能源消費 | 天然氣 | 2.12 | 79.2 |
| 原油生產 | 能源消費 | 燃料率 | -4.28 | 86.9 |

➤ 步驟二所選取的變數

表13.11
步驟2：有
兩個預測元
的迴歸結果

表13.12　步驟3：有三個預測元的迴歸結果

| 應變數 Y | 自變數 X₁ | 自變數 X₂ | 自變數 X₃ | $X_3$的$t$比率 | 判定係數 $R^2$ |
|---|---|---|---|---|---|
| 原油生產 | 能源消費 | 燃料率 | 核能 | 1.87 | 87.5% |
| 原油生產 | 能源消費 | 燃料率 | 煤 | 2.27 | 89.8 |
| 原油生產 | 能源消費 | 燃料率 | 天然氣 | −1.49 | 88.4 |

▶ 步驟三所選取的變數

判定係數值，你將可感覺得到新預測元加入模型的可能性的多寡可視判定係數從74.3%增加多少而定。例如，$X_2$（燃料率）加入模型，判定係數提升到86.9%。然而，加入天然氣的變數於$X_1$，增加判定係數卻很微量（它升為79.2%）。

**步驟3**　在步驟3中，搜尋過程從剩餘的三個自變數中連續的找尋一個額外的預測變數。變數$X_1$和$X_2$被保留於模型中。表13.12報導此搜尋的結果。

表13.12顯示變數煤有最大的顯著絕對$t$值。此外，電腦輸出（沒有顯示）對能源消費（$X_1$）和燃料率（$X_2$）產生顯著的$t$值，指出這兩個開始的自變數應繼續保留在模型中。對這三個預測模型的判定係數為89.8%。在步驟3的迴歸方程式為

$$\hat{Y} = 3.088 + .799X_1 - 1.020X_2 + .0129X_3$$

**步驟4**　在步驟4中，除了剩餘的兩個變數其中一項被探討外，包含$X_1$（能源消費）、$X_2$（燃料率）和$X_3$（煤）的迴歸模型亦將被探討。此分析的結果給於表13.13。

表13.13　步驟4：有四個預測元的迴歸結果

| 應變數 Y | 自變數 X₁ | 自變數 X₂ | 自變數 X₃ | 自變數 X₄ | $X_4$的$t$比率 | 判定係數 $R^2$ |
|---|---|---|---|---|---|---|
| 原油生產 | 能源消費 | 燃料率 | 煤 | 核能 | 0.73 | 90.1% |
| 原油生產 | 能源消費 | 燃料率 | 煤 | 天然氣 | −1.07 | 90.5 |

表中無t比率在顯著水準為$\alpha = .05$下是顯著的
沒有新變數加入模型中

步驟4中在 $\alpha = .05$ 下，沒有模型產生顯著的 $t$ 值。沒有新變數被加入於步驟3所產生的模型中。逐步迴歸的過程結束。

**MINITAB電腦輸出結果** 統計電腦套裝軟體MINITAB產生一個特別的逐步迴歸的輸出。圖13.15是世界原油生產問題的逐步迴歸MINITAB輸出。在此表中所印製的結果是同於在此節所討論的逐步的結果，但是形式不同。

在圖13.15中的每一欄包含在每一步驟的迴歸模型的資訊。因此，欄1包含迴歸模型的步驟1的資料。在每一步驟的每欄中，你可以看到此模型的變數。如一個例子，在步驟2中，能源消費和燃料率是在模型之中。$t$ 值上面的數為迴歸係數。例如，迴歸係數和常數在第3欄，產生步驟3的迴歸模型方程值。

$$\hat{Y} = 3.088 + .799X_1 - 1.02X_2 + .0129X_3$$

判定係數的值呈現於輸出的底列。

# 前向選擇

另一個搜尋程序為前向選擇。前向選擇本質上和逐步迴歸是相同的，但一

```
Stepwise Regression

F-to-Enter:      4.00    F-to-Remove:      4.00

Response is OilProd on 5 predictors, with N = 22

Step              1           2           3
Constant      13.308       3.819       3.088

EnConsmp       0.577       0.807       0.799
T-Ratio         7.61       10.45       11.40

FuelRate                  -0.47       -1.02
T-Ratio                   -4.28       -3.89

Coal                                   0.0129
T-Ratio                                2.27

S               1.53        1.12        1.02
R-Sq           74.33       86.93       89.83
```

圖13.15
原油生產例子的MINI-TAB逐步迴歸輸出

次只有一個變數進入程序中，它從不會被消除。前向選擇始於會產生最大絕對$t$值（和最大的判定係數）的自變數以預測$Y$。選擇的值通常被標為$X_1$且為模型的一部份。

$$\hat{Y} = b_0 + b_1 X_1$$

前向選擇產生到步驟2。當保持$X_1$，它檢視其他的k–1個自變數和決定在此模型中的哪一個變數和$X_1$會產生最大的絕對$t$值，且其為顯著的。關於此點，前向選擇如同逐步迴歸。若第二個變數被指為$X_2$，則模型為

$$\hat{Y} = b_0 + b_1 X_1 + b_2 X_2$$

在此點，前向選擇並無再檢視$X_1$的$t$值。當其他的模型被檢視與包含於內時，$X_1$和$X_2$都保留在此模型中。在前向選擇中，當自變數與資料的重疊性相關時，可以限制組合在內的兩個或更多個變數潛在的預測能力。逐步迴歸有部分乃考慮此點，它會再回去檢視已經在模型中的預測元的$t$值時以決定是否他們仍是$Y$的顯著的預測元。$Y$的最強的單一預測元在步驟1中被選取，可能當聯合考慮另一個其他變數的時候，就不是$Y$的一個顯著的預測元。

使用一個前向選擇程序來發展多元迴歸模型，在世界原油生產的例子中將導致如逐步迴歸一般的相同結果，因為$X_1$和$X_2$均未從模型中被移除。此兩程序的差異在於前一步驟選擇的變數，在下一步驟卻被移除的例子中是較明顯的。

## 後向消除

後向消除是一個步驟接著一個步驟的程序，始於完整的模型（所有k個預測元）。使用$t$值，一個搜尋執行以決定是否有任何不顯著的自變數存在於模型中。若沒有不顯著的預測元，後進消去結束於完整模型。若有不顯著的預測元，有最小絕對$t$值的預測元從過程中被消除，則一個新的模型被發展到下一個步驟。

確認最小的不顯著的$t$值的預測元和消除的程序持續到所有存在於模型中的變數有顯著的$t$值。有時此過程產生相似於從前進選擇所獲得的結果，有時則否。一個值得警告的是順序。後向消除總是開始於在模型中所有可能的預測元。有時在樣本資料中沒有足夠的觀察值以判定同時於模型中所有可能的預測

元的使用。在此案例中，後進消去並非建立迴歸模型時適合的選擇。

**案例**　後向消除過程可被用來發展多元迴歸模型，使用**表13.8**的資料和五個預測元來預測世界原油生產。

**步驟1**　含有所有預測元的完整模型被發展。結果顯示於**表13.14**。此模型的判定係數為90.5%。**表13.14**的研究中，顯示核電的預測元有最小的不顯著絕對 $t$ 值（t=.05，$p$=.964）。在步驟2中，此變數從模型中剔除。

**步驟2**　第二個迴歸模型被發展，其具備k−1=4個預測元。核電已從模型中消失。此多元迴歸模型的結果呈現於**表13.15**中。在**表13.15**的電腦結果中指出，天然氣的變數有最小的不顯著絕對 $t$ 值（t=−1.07，$p$=.299）。在步驟3中，此變數將被剔除。

**步驟3**　第三個迴歸模型被發展，其具備k−2=3個預測元。核電和天然氣的變數已從模型中消失。此多元迴歸模型的結果呈現於**表13.16**中。觀察發現所有 $p$ 值小於顯著水準.05，此意味所有的 $t$ 值是顯著的，所以沒有額外的自變數被移除。後向消除過程將終結於三個變數的模型中。從這裡的後向消除過程中所獲

| 預測元 | 係數 | t比率 | $p$值 |
|---|---|---|---|
| 能源消費 | .8623 | 4.32 | .001 |
| 核能 | .00050 | .05 | .964 |
| 煤 | .11413 | 1.88 | .078 |
| 天然氣 | −.2812 | −.75 | .462 |
| 燃料率 | −1.1278 | −2.41 | .028 |

從模型中刪除的變數

表13.14
步驟1：後向消除，完整模型

| 預測元 | 係數 | t比率 | $p$值 |
|---|---|---|---|
| 能源消費 | .8703 | 9.02 | .000 |
| 煤 | .011391 | 1.94 | .069 |
| 天然氣 | −.2926 | −1.07 | .299 |
| 燃料率 | −1.1105 | −4.05 | .001 |

從模型中刪除的變數

表13.15
步驟2：後向消除，四個預測元

表13.16
步驟3：後
向消除，三
個預測元

| 預測元 | 係數 | t比率 | p值 |
|---|---|---|---|
| 能源消費 | .79903 | 11.40 | .000 |
| 煤 | .01295 | 2.27 | .036 |
| 燃料率 | −1.0203 | 3.89 | .001 |
| 所有變數在顯著水準爲0.05下均是顯著的 | | | |
| 沒有變數從模型中刪除 | | | |
| 過程停止 | | | |

得的最後的模型如同使用逐步迴歸所獲得的一樣。

問題13.5    13.27使用一個逐步迴歸過程和下列資料以發展一個多元迴歸模型來預測$Y$。討論每個步驟中所輸入的變數，評論他們的$t$值和判定係數。

| $Y$ | $X_1$ | $X_2$ | $X_3$ |
|---|---|---|---|
| 21 | 5 | 108 | 57 |
| 17 | 11 | 135 | 34 |
| 14 | 14 | 113 | 21 |
| 13 | 9 | 160 | 25 |
| 19 | 16 | 122 | 43 |
| 15 | 18 | 142 | 40 |
| 24 | 7 | 93 | 52 |
| 17 | 9 | 128 | 38 |
| 22 | 13 | 105 | 51 |
| 20 | 10 | 111 | 43 |
| 16 | 20 | 140 | 20 |
| 13 | 19 | 150 | 14 |
| 18 | 14 | 126 | 29 |
| 12 | 21 | 175 | 22 |
| 23 | 6 | 98 | 38 |
| 18 | 15 | 129 | 40 |

13.28以下是一個應變數和四個潛在預測元的資料。使用這些資料和一個逐步迴歸過程來發展一個多元迴歸模型以預測$Y$。檢視每個步驟的t和$R^2$值，且評論每個值。此過程使用多少步驟呢？爲何你認爲此過程應該停止？

| $Y$ | $X_1$ | $X_2$ | $X_3$ | $X_4$ |
|-----|-------|-------|-------|-------|
| 101 | 2 | 77 | 1.2 | 42 |
| 127 | 4 | 72 | 1.7 | 26 |
| 98 | 9 | 69 | 2.4 | 47 |
| 79 | 5 | 53 | 2.6 | 65 |
| 118 | 3 | 88 | 2.9 | 37 |
| 114 | 1 | 53 | 2.7 | 28 |
| 110 | 3 | 82 | 2.8 | 29 |
| 94 | 2 | 61 | 2.6 | 22 |
| 96 | 8 | 60 | 2.4 | 48 |
| 73 | 6 | 64 | 2.1 | 42 |
| 108 | 2 | 76 | 1.8 | 34 |
| 124 | 5 | 74 | 2.2 | 11 |
| 82 | 6 | 50 | 1.5 | 61 |
| 89 | 9 | 57 | 1.6 | 53 |
| 76 | 1 | 72 | 2.0 | 72 |
| 109 | 3 | 74 | 2.8 | 36 |
| 123 | 2 | 99 | 2.6 | 17 |
| 125 | 6 | 81 | 2.5 | 48 |

13.29 這裡給定的電腦輸出是逐步迴歸分析以使用六個預測元來預測應變數的結果。觀察值的數目為108。研究輸出和討論結果。最終在此模型有多少的結果?若有的話,是哪一個預測元沒有輸入模型中?

STEPWISE REGRESSION OF C1 ON 6 PREDICTORS, WITH N = 108

| STEP | 1 | 2 | 3 | 4 |
|------|-----|-----|-----|-----|
| CONSTANT | 8.71 | 6.82 | 6.57 | 5.96 |
| C4 | −2.85 | −4.92 | −4.97 | −5.00 |
| T-RATIO | 2.11 | 2.94 | 3.04 | 3.07 |
| C2 | | 4.42 | 3.72 | 3.22 |
| T-RATIO | | 2.64 | 2.20 | 2.05 |
| C5 | | | 1.91 | 1.78 |
| T-RATIO | | | 2.07 | 2.02 |
| C7 | | | | 1.56 |
| T-RATIO | | | | 1.98 |
| S | 3.81 | 3.51 | 3.43 | 3.36 |
| R-SQ | 29.20 | 49.45 | 54.72 | 59.29 |

13.30研究這裡所給定的資料，此乃逐步迴歸分析從四個變數中以預測$Y$。評論每一步驟的輸出結果。

```
STEPWISE REGRESSION OF C1 ON 4 PREDICTORS, WITH N = 63
```

| STEP | 1 | 2 |
|---|---|---|
| CONSTANT | 27.88 | 22.30 |
| C3 | 0.89 | |
| T-RATIO | 2.26 | |
| C2 | | 12.38 |
| T-RATIO | | 2.64 |
| C4 | | 0.0047 |
| T-RATIO | | 2.01 |
| S | 16.52 | 9.47 |
| R-SQ | 42.39 | 68.20 |

13.31位於俄亥俄州（Ohio）辛辛那提（Cincinnati）市的一個全國的保險業公司發行財產和意外保險的資料。這裡所給定的是發行資料的一部份。此資料包含在美國保險產業中關於(1)稅後淨所得，(2)政策股東的股利，(3)淨承保獲利／損失，和(4)所賺得的溢價。使用資料和逐步迴歸以從其他的三個變數預測所賺得的溢價之資訊。

| 所賺得的溢價 | 稅後淨所得 | 股利 | 承包獲利/損失 |
|---|---|---|---|
| 30.2 | 1.6 | .6 | .1 |
| 47.2 | .6 | .7 | −3.6 |
| 92.8 | 8.4 | 1.8 | −1.5 |
| 95.4 | 7.6 | 2.0 | −4.9 |
| 100.4 | 6.3 | 2.2 | −8.1 |
| 104.9 | 6.3 | 2.4 | −10.8 |
| 113.2 | 2.2 | 2.3 | −18.2 |
| 130.3 | 3.0 | 2.4 | −21.4 |
| 161.9 | 13.5 | 2.3 | −12.8 |
| 182.5 | 14.9 | 2.9 | −5.9 |
| 193.3 | 11.7 | 2.9 | −7.6 |

13.32美國能源資訊管理會在他們的刊物《能源檢視月刊》中發表關於數種燃料和電力成本的數字。這裡顯示的是四個不同項目，12年期間的數字資

料。使用此資料和逐步迴歸從住宅用天然氣，剩餘的煤油，和定期的汽油的成本來預測住宅用的電力成本。檢視資料並討論輸出。

| 住宅用的電力<br>（kWh） | 住宅用的天然氣<br>（100 FT³） | 剩餘的煤油<br>（GAL） | 定期的汽油<br>（GAL） |
|---|---|---|---|
| 2.54 | 1.29 | .21 | .39 |
| 3.51 | 1.71 | .31 | .57 |
| 4.64 | 2.98 | .44 | .86 |
| 5.36 | 3.68 | .61 | 1.19 |
| 6.20 | 4.29 | .76 | 1.31 |
| 6.86 | 5.17 | .68 | 1.22 |
| 7.18 | 6.06 | .65 | 1.16 |
| 7.54 | 6.12 | .69 | 1.13 |
| 7.79 | 6.12 | .61 | 1.12 |
| 7.41 | 5.83 | .34 | .86 |
| 7.41 | 5.54 | .42 | .90 |
| 7.49 | 4.49 | .33 | .90 |

# 13.6　複共線性

在多元迴歸分析中有一個問題可能會產生，即為複共線性。複共線性是一個多元迴歸的兩個或多個自變數呈高度的相關。技術上來說，若自變數中的兩個是相關的，則其具有共線性。當三個或更多個自變數為相關的，我們有複共線性。然而，此兩項常被用來交互使用。

大多數的企業研究之真相為兩個自變數之間只有些許的相關性。當預測元的相關性為高時，複共線性的問題將會產生。這會引起數個其他的問題，特別在解釋分析時。

1.對於解釋估計的迴歸係數是困難的，但非不可能的。

2.迴歸係數可能會產生過度小的$t$值。

3.迴歸係數的標準差被高估。

4.對於一個特定的預測變數，估計的迴歸係數的代數符號可能與預期相反。

在企業研究中，複共線性的問題發生在迴歸分析中。例如，假定一個模型

被發展來預測某一產業的薪資。自變數,如教育年數、年齡、管理年資、工作經驗、在公司的年資等皆可被視為預測元。此數個變數是相關的,會產生多餘且重複的資訊這是很明顯的。假定一個財務迴歸模型利用一些自變數如道瓊平均指數、主要利率、國民生產毛額、生產者指數和消費者指數的發展來預測債券市場利率。這些變數中的數種變數很可能是相關的。

在13.5節中所使用的例子,我們企圖預測世界原油生產水準,其中的數個自變數是相關的,導致潛在的複共線性的問題。表13.17提供原油生產問題的預測變數的相關性。注意相關係數值相當的高(r>.90):燃料率和核電為.969,燃料率和煤為.960,煤和核電為.937。

注意從表13.17中燃料率和煤產量是高度相關的。使用燃料率為一個單一的原油生產預測元,會產生下列的簡單迴歸模型。

$$\hat{Y} = 51.995 + 0.3279 \text{(燃料率)}$$

注意迴歸係數的估計為.3279,乃正數,這意指當燃料率增加時,原油生產亦會增加。使用煤當作一個原油生產的單一的預測元會產生下列的簡單迴歸模型。

$$\hat{Y} = 50.716 + .00829 \text{(煤)}$$

若一個多元迴歸模型使用煤和燃料率同時發展以預測原油生產,此模型為

$$\hat{Y} = 50.479 + .01624 \text{(煤)} - .3711 \text{(燃料率)}$$

觀察此模型並指出燃料率和原油生產的負向關係(−.3711),此情形恰好和當燃料率為單一的預測元時,所顯示在迴歸模型的正向關係相反。因為煤和燃料率的複共線性,所以難以解釋此兩自變數交互作用下的迴歸分析所產生的

| 表13.17 原油生產預測元變數之間的相關 | 能源消費 | 核能 | 煤 | 天然氣 | 燃料率 |
|---|---|---|---|---|---|
| 能源消費 | 1 | .809 | .677 | −.062 | .695 |
| 核能 | .809 | 1 | .937 | −.572 | .969 |
| 煤 | .677 | .937 | 1 | −.638 | .960 |
| 天然氣 | −.062 | −.572 | −.638 | 1 | −.631 |
| 燃料率 | .695 | .969 | .960 | −.631 | 1 |

迴歸係數估計。在解釋這些迴歸係數估計時，有一些警告是必須的。

　　複共線性的問題也可影響用來評估迴歸係數的$t$值。因為在預測元之間的複共線性的問題可能導致迴歸係數標準差的高估，$t$值傾向於被低估，當複共線性存在時。包含複共線性在內的迴歸模型，所有的$t$值是不顯著的，但整體模型的F值卻是相當顯著的。在13.4節中，有一個顯著的交互作用如何增強一個迴歸模型的例子。迴歸模型具備和不具備交互項的電腦輸出顯示於圖13.12中。沒有交互項的模型產生一個統計的顯著的F值，但沒有預測元是顯著的。更進一步的研究此模型，兩個變數$X_1$和$X_2$的相互關係為.945。此乃一極端的高度相關，且為兩個變數的共線性的強烈暗示。這個共線性可能解釋整體模型為顯著，但沒有一個預測元是顯著的。它也低估了共線性的問題之一 —— 低估$t$值。若模型中有其他的變數，此$t$值檢定了預測元的強度。若一預測元和其他的自變數是高度的相關，就不能增加很多對$Y$的解釋，而產生較低的$t$值。然而，若預測元不在這些其他的變數中，預測元可能可以解釋高比例的$Y$。複共線性的問題中有很多是解釋的問題。研究者應知道在模型中有預測元間存在複共線性的可能性，且以此的觀點解釋模型的結果。

　　複共線性的問題不是一個容易克服的問題。然而，有數種可以解決的方法。其中一個是如表13.17中檢視一個相關性矩陣，來搜尋潛在的預測元之間的可能的相關性。若數個變數是高度相關，研究者可選擇最相關於應變數的變數，且使用此變數於模型中以代表其他變數。此觀點的一個問題為變數之間的相關性較簡單相關為複雜。也就是說，簡單相關值不易透露出變數之間的多個相關性。在一些例子中，變數可能不是明顯的成對相關，一個變數為其他數個變數的線性組合。此情形也是一個複共線性的例子，且草率的觀察相關矩陣並不能透露出此一問題。

　　逐步迴歸是另一個解決複共線性的方法。在搜尋過程中一次輸入一個變數，並比較解答中的變數和新變數。若一個新變數被輸入且舊變數的$t$值變得不顯著，舊變數使從解答中剔除。用此法，共線性問題影響迴歸分析就較為困難。當然，因為共線性的緣故，一些重要的預測元可能不會輸入分析之中。

　　還有其他企圖控制複共變數的問題的技術。其中之一稱為一個變異數膨脹因子，用其他的自變數來預測一個自變數以執行迴歸分析。被預測的自變數變為應變數。對每一個應變數均執行此一過程。以決定是否有任一個自變數為其

他自變數的函數，進而產生複共線性的證據。從此模型中利用判定係數，可以計算出一個變異數膨脹因子VIF（variance inflation factor），來決定估計標準誤是否被膨脹了。

$$VIF - \frac{1}{1-R_i^2}$$

其中$R_i^2$為任何利用其他的k-1個自變數來預測一個自變數的模型的判定係數。一些研究者遵守的規則為若變異數膨脹因子大於10或最大的變異數膨脹因子的判定係數值大於.90，則存在一個嚴格的複共線性的問題。

---

**問題13.6**

13.33 在問題13.27中，發展一個自變數的相關矩陣。研究矩陣和判斷是否複共線性的問題存在於預測元間。為什麼或為何不？

13.34 依據問題13.28對四個自變數建構一個相關矩陣，和搜尋可能的複共線性。你發現什麼和為什麼？

13.35 在問題13.31中，你被要求使用逐步迴歸。利用淨所得、股利和承保利益與損失，來預測所賺得的溢價。研究逐步迴歸的結果，包括迴歸係數，來決定是否可能有複共線性的問題。建構這三個變數的一個相關矩陣來協助你執行此任務。

13.36 研究問題13.32中的三個預測變數，來決定本質的複共變數問題是否存在於預測變數之間。若有一個複共變數的問題，這如何影響多元迴歸分析的結果？

# 13.7 使用迴歸來解決ANOVA問題

● ● ● ● ● ● ● ● ● ● ● ● ● ● ● ● ● ● ● ● ● ● ● ● ● ● ● ● ● ● ● ● ●

多元迴歸可被用來執行如第11章所示的變異數分析（ANOVA）問題。在迴歸中ANOVA的設定乃利用將所有的觀察值堆積於一欄中，且利用指數或虛擬變數以代表處理水準。最基本的例子為從完整的隨機設計中所得的單因子ANOVA。一個單因子ANOVA只有一個自變數但包含兩個或更多個處理水準

（若只有兩個處理水準，則其相當於兩個自母體的t檢定）。回想若一個質變數有c類，迴歸模型將只需要c−1個虛擬變數在模型中來代表它。因此，若單因子ANOVA的自變數有四個處理水準，多元迴歸模型將包含三個虛擬變數。對迴歸模型來說，第四個虛擬變數將為多餘的資訊，因為不在首先的三個處理水準中的任何項目才為第四個。一般而言，利用迴歸來執行一個單因子ANOVA，若ANOVA有k個處理水準，迴歸模型將有k−1個虛擬變數。應變數（$Y$）的值乃均從ANOVA的所有觀察值而來。

假定我們想要執行在第十一章中的表11.2所示的國外貨輪停泊問題做為一個例子。表13.18再次給予資料。

你可以回想在第十一章中此問題的虛無假設為所有的平均值均相等。對立假設為至少有一個平均值不同於其他的。

$$H_0 : \mu_1 = \mu_2 = \mu_3 = \mu_4$$
$$H_a : 至少有一個平均值不同於其他$$

有四個處理水準。用迴歸以執行此問題時，國外貨運數目的觀察值被堆積在一欄中，成為$Y$變數。此問題的迴歸設定顯示於表13.19中。第一個虛擬變數（第二欄）代表貨輪停泊於長堤，第二個代表停泊於休士頓，第三個代表停泊於紐約。所有其他的為紐奧良的貨輪。

圖13.16為此問題的Excel迴歸輸出。觀察發現ANOVA表為迴歸輸出的一部份。這裡顯示的F=5.11顯示迴歸模型的完整效果，同時也是在第十一章中所獲得的值。在迴歸分析中所獲得的F值就相同於在單因子變異數分析中所獲得的F值。因為迴歸輸出也產生顯著的F值，所以$p$值可被用來達到關於虛無假設的結論。在此例中的機率值為.011，此意味著在顯著水準為.05之下，此F值為顯著，且虛無假設被拒絕。

| 長堤 | 休士頓 | 紐約 | 紐奧良 |
|---|---|---|---|
| 5 | 2 | 8 | 3 |
| 7 | 3 | 4 | 5 |
| 4 | 5 | 6 | 3 |
| 2 | 4 | 7 | 4 |
|   | 6 | 9 | 2 |
|   |   | 8 |   |

表13.18
國外貨運的
ANOVA問
題之資料

表13.19
國外貨運的
ANOVA問
題的迴歸設
定

| 貨輪數目 | 長堤 | 休士頓 | 紐約 |
|---|---|---|---|
| 5 | 1 | 0 | 0 |
| 7 | 1 | 0 | 0 |
| 4 | 1 | 0 | 0 |
| 2 | 1 | 0 | 0 |
| 2 | 0 | 1 | 0 |
| 3 | 0 | 1 | 0 |
| 5 | 0 | 1 | 0 |
| 4 | 0 | 1 | 0 |
| 6 | 0 | 1 | 0 |
| 8 | 0 | 0 | 1 |
| 4 | 0 | 0 | 1 |
| 6 | 0 | 0 | 1 |
| 7 | 0 | 0 | 1 |
| 9 | 0 | 0 | 1 |
| 8 | 0 | 0 | 1 |
| 3 | 0 | 0 | 0 |
| 5 | 0 | 0 | 0 |
| 3 | 0 | 0 | 0 |
| 4 | 0 | 0 | 0 |
| 2 | 0 | 0 | 0 |

圖13.16
ANOVA問
題的Excel
迴歸輸出

SUMMARY OUTPUT

| Regression Statistics | |
|---|---|
| Multiple R | 0.699509 |
| R Square | 0.489313 |
| Adjusted R Square | 0.393559 |
| Standard Error | 1.662077 |
| Observations | 20 |

ANOVA

| | df | SS | MS | F | Significance F |
|---|---|---|---|---|---|
| Regression | 3 | 42.35 | 14.11667 | 5.110106 | 0.011401547 |
| Residual | 16 | 44.2 | 2.7625 | | |
| Total | 19 | 86.55 | | | |

| | Coefficients |
|---|---|
| Intercept | 3.4 |
| X Variable 1 | 1.1 |
| X Variable 2 | 0.6 |
| X Variable 3 | 3.6 |

迴歸平方和相當於變異數分析中的處理平方和,且迴歸中的殘差平方和相當於變異數分析中的誤差平方和。自由度對於迴歸模型和變異數分析是相同的。迴歸的自由度相等於變異數分析中的處理的自由度。迴歸中殘差的自由度相等於變異數分析中誤差的自由度。在顯著水準為.05之下,表A.7指出一個臨界的F值,使用在圖13.16中的迴歸和殘差自由度3和16。臨界的F值為3.24。未使用迴歸所獲得的F值較此為大,虛無假設被拒絕和使用p值所決定的情形是一樣的。此兩個模型總是給予相同的結果。

迴歸係數可以用變異數分析的觀點加此解釋之。貨輪的ANOVA問題的迴歸方程式為

$$\hat{Y} = 3.4 + 1.1X_1 + .6X_2 + 3.6X_3$$

假定一個貨輪停泊於長堤(第1群)。以1代入迴歸方程式的$X_1$中,以0代入$X_2$和$X_3$中,導致一個預測的Y值為1.1+3.4=4.5。此迴歸模型中的長堤的預測值也是在第11章中所提出的長堤群的平均值。相同的,休士頓的平均值可從.6+3.4=4.0中獲得,且紐約為3.6+3.4=7.0。將迴歸方程式以0代入所有的三個X變數中,常數或Y截距保持3.4,來分析紐奧良的貨輪。因此,變異數分析的輸出中的一部份的群平均值可從迴歸中利用將1代入想要的X變數的迴歸方程式中,將0代入其他的變數中。結果的預測值為此群的平均值。對於沒有用一個指示變數以代表的群平均值,將0代入所有的X中,剩下常數或截距作為群的平均值。

迴歸分析也可被用來執行隨機化的集區設計和因素設計問題。你可以回想隨機化的集區設計產生兩個F值,一個為處理效果,一個為集區效果。一個具備交互作用的二因子因素設計產生三個F值(列、欄、交互作用)。因此,利用迴歸分析這些設計,每個需要至少兩個迴歸模型的產生。處理平方和及交互作用乃從模型中處理輸出來決定。誤差平方和通常自包含所有效果的完整模型中獲得。對於此主題的更深入探討已超過本書的範圍了。然而,好奇的學生可能可以在執行隨機化集區設計和/或因素設計時,以自己的方式來探討迴歸模型的使用和虛擬的編碼。

13.37使用迴歸分析來執行例題11.1。回想此問題乃企圖決定在三家工廠的工人之平均年紀是否有顯著的差異。比較從迴歸中獲得的F值。使用迴歸方程式來計算群平均數。

13.38使用迴歸分析來執行第十一章中的問題11.14。檢定是否住這四個城市中家庭的月交通費用有顯著的差異。使用變異數分析的技術來解決問題。比較兩個不同的技術的輸出結果。

13.39下列為第十一章中的變異數分析問題11.6的MINITAB迴歸輸出。分析迴歸輸出。在處理水準群中有顯著的差異嗎？群平均數為何？

```
Regression Analysis

The regression equation is
Obser = 13.0 − 0.667 group1 − 3.00 group2 − 1.00 group3 + 3.00
        group4
```

| Predictor | Coef | Stdev | t-ratio | p |
|-----------|--------|--------|---------|-------|
| Constant | 13.0000 | 0.4969 | 26.16 | 0.000 |
| group1 | −0.6667 | 0.8607 | −0.77 | 0.449 |
| group2 | −3.0000 | 0.7370 | −4.07 | 0.001 |
| group3 | −1.0000 | 0.7857 | −1.27 | 0.219 |
| group4 | 3.0000 | 0.7370 | 4.07 | 0.001 |

```
s = 1.217     R-sq = 77.9%   R-sq(adj) = 72.9%

Analysis of Variance
```

| SOURCE | DF | SS | MS | F | p |
|------------|----|---------|--------|-------|-------|
| Regression | 4 | 93.768 | 23.442 | 15.82 | 0.000 |
| Error | 18 | 26.667 | 1.481 | | |
| Total | 22 | 120.435 | | | |

---

決策難題解決之道

# 決定對總裁的俸給

可被用來研究總裁俸給的一個統計工具為多元迴歸分析。迴歸模型使用如年齡、經驗年數、公司的價值，或其他的預測變數可被發展來預測總裁的俸給。搜尋程序如逐步迴歸可被用來分類出總裁俸給中較顯著的預測元。

研究者執行對總裁的研究工作，且蒐集數項變數的資料來發展迴歸分析。

在「決策難題」中所呈現的資料可被用在此分析中。因為相信總裁的俸給與公司的價值和大小相關似乎是合理的事情，所以企圖利用公司的大小，公司內的員工數目，和公司的資本投資變數來發展迴歸模型或模型以預測總裁的俸給是有意義的。

質變數或虛擬變數也可被用於此一分析中。在「決策難題」中所給定的資料庫，有一個變數為該公司是否為製造公司。迴歸分析對此變數的再編碼的一個方法為對於製造公司指定為1，否則為0。

一個逐步迴歸程序可以分類出對於總裁俸給中的似乎為較重要的變數。一個逐步迴歸分析可以用「決策難題」的資料庫中的銷售額、員工數目、資本投資，和是否一個公司屬製造業作為四個自變數來執行。此分析的結果如下。

```
Stepwise Regression
Response is CashComp on 4 predictors, with N = 20
```

| Step | 1 | 2 | 3 | 4 |
|---|---|---|---|---|
| Constant | 243.9 | 232.2 | 223.8 | 223.3 |
| Employees | 0.0696 | 0.1552 | 0.0498 | |
| T-Ratio | 13.67 | 4.97 | 0.98 | |
| CapInvst | | −1.66 | −2.92 | −3.06 |
| T-Ratio | | −2.77 | −3.97 | −4.27 |
| Sales | | | 1.08 | 1.45 |
| T-Ratio | | | 2.46 | 6.10 |
| S | 32.6 | 27.9 | 24.5 | 24.5 |
| R-Sq | 91.22 | 93.95 | 95.61 | 95.34 |

逐步迴歸分析在步驟1中，產生一個單一的預測模型，其具有一個高的判定係數值為.9122。員工數目的變數被用於簡單迴歸模型中可以解釋超過91.2%的總裁俸給資料的變異。在步驟1中，員工數目的迴歸係數為.0696，這意指一位員工的增加將導致一個預測的總裁俸給增加為(.0696×$1000)，接近$70。

在步驟2中，公司的資本投資加入模型中。注意判定係數的增加只有.0273，且資本投資的迴歸係數為負的。這似乎與直覺上相反，因為我們預期一家公司有愈多的資本投資，總裁的責任報酬應該愈多。只有使用資本投資的一個MINITAB簡單迴歸分析產生下列的模型。

```
The regression equation is
CashComp = 257 + 1.29 CapInvst
```

注意此模型的迴歸係數為正數，正與我們預期中的相同。複共線性的存在是很有可能的。事實上，在銷售額、員工數目，和資本投資中有複共線性。它們之中的每一個均是公司大小的一個函數或決定因子。檢視下列的相關係數。

```
Correlations

           Sales    Employees
Employees  0.997
CapInvst   0.995    0.990
```

　　注意此三個預測元乃高度的互相相關的。因此解釋迴歸係數和在逐步迴歸中的變數之進入順序是困難的。然而，在這些資料中員工的數目與總裁俸給是最高度相關的。在逐步迴歸的步驟4中，員工的數目從模型中剔除掉了。在步驟3中的員工數目的$t$值是不顯著的($t=.98$)。然而，當員工的數目被移除後，判定係數真的有些下降。搜尋一個既經濟又可解釋的模型，研究者可能只選擇在步驟1的模型。

　　研究者可能想去探究較複雜的非線性模型。一些自變數可能與總裁俸給相關，是以非線性模型的形式。

　　在「決策難題」的資料庫中，對預測變數作一簡短的研究透露隨著報酬的增加，在自變數的資料值並未以一線性的比例增加。散佈圖證明此點。觀察下列總裁俸給和銷售額、員工數目以及資本投資的散佈圖。在每個案例中，圖表建議為對數配置較線性配置為佳。我們可以使用第十三章所呈現的再編碼技術來執行一個多元迴歸分析，使用每個變數的對數來預測報酬。在此分析中，補償變數值維持不變，但此三個數量的自變數利用對每一個數值取對數的再編碼方式，輸入結果變數於模型中。第二個逐步迴歸分析採用對數變數和原始變數的組合。結果顯示如下。

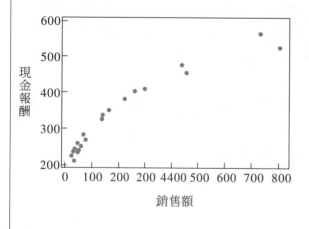

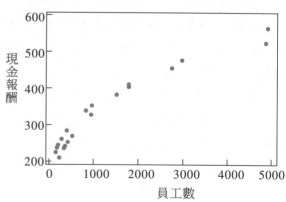

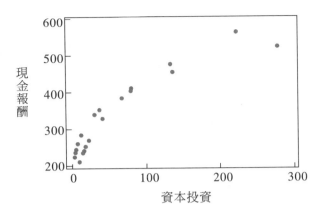

```
Stepwise Regression

Response is CashComp on 7 predictors, with N = 20
```

| Step | 1 | 2 | 3 | 4 | 5 |
|---|---|---|---|---|---|
| Constant | −129.61 | −13.23 | −122.53 | −147.22 | −120.74 |
| logSales | 97.4 | 66.1 | 122.2 | 133.7 | 121.9 |
| T-Ratio | 22.22 | 8.75 | 11.08 | 32.74 | 26.81 |
| Employees | | 0.0251 | 0.0233 | 0.0903 | 0.0828 |
| T-Ratio | | 4.53 | 6.97 | 13.94 | 15.52 |
| logCapIn | | | −46.2 | −54.7 | −47.7 |
| T-Ratio | | | −5.58 | −17.87 | −15.56 |
| Sales | | | | −0.434 | −0.250 |
| T-Ratio | | | | −10.52 | −4.11 |
| CapInvst | | | | | −0.37 |
| T-Ratio | | | | | −3.51 |
| S | 20.7 | 14.3 | 8.59 | 3.07 | 2.32 |
| R-Sq | 96.48 | 98.41 | 99.46 | 99.94 | 99.97 |

注意在此逐步迴歸分析中，log銷售額的變數有最大解釋報酬的能力，產生一判定係數值為.9648，此乃較在第一個逐步迴歸分析中的步驟1的值為高。在步驟2中員工數目加入，且資本投資的對數在步驟3中加入。然而，在步驟1中有如此高的判定係數，導致有較少的空間以增強預測能力。我們從變數的研究中足以決定以銷售額的對數做為有效、有預測補償能力的模型。最終的模型可能為

$$總裁的報酬 = −129.61 + 97.4 \log 銷售額。$$

人力資源經理常使用補償表來協助他們決定薪資提供的範圍。公司的董事會可使用如此的模型做為一個協調總裁職位的可能候選者或協助他們判斷現任的總裁俸給有無被高估或低估。此外，搜尋新的總裁機會的候選者可以使用模型以決定一個新職位的可能報酬和在應徵總裁職位時作為薪資協調的準備。

在此研究的一些變數無庸置疑的將產生多餘的資訊。使用相關性矩陣和一個逐步迴歸分析的過程可以避免一些從複共線性所產生的問題。

多元迴歸分析使用在具有很多自變數的總裁俸給資料的一個大例子中可以提供一些有趣且令人振奮的結果。決定一個總裁應收到多少報酬的實質因素為何？多元迴歸分析有助於回答此一問題。

# 結語

●●●●●●●●●●●●●●●●●●●●●●●●●●●●●●●●●●●●●●●

多元迴歸分析為一統計工具，其以兩個或更多個自變數，或至少一個非線性預測元來預測應變數，所發展而來的一個數學模型。因為用手執行多元迴歸分析過程繁瑣且耗時，所以幾乎皆利用電腦執行。

從一個多元迴歸分析的標準輸出相似於簡單迴歸的標準輸出。一個產生的迴歸方程式所具備的常數相似於簡單迴歸中的$Y$截距，所具備的迴歸係數估計值相似於簡單迴歸中斜率的估計。完整模型的F檢定用來檢定是否至少有一個迴歸係數為顯著的異於零。此F值通常呈現於ANOVA表中，此乃迴歸輸出的一部份。ANOVA表也包含了誤差平方和及迴歸平方和，此被用於計算模型中的其他的統計資料。

大部分的多元迴歸電腦輸出包含$t$值，此被用來決定迴歸係數的顯著性。使用這些$t$值，統計學家可以判斷從模型中包含或剔除變數。

殘差、估計標準誤和判定係數也是多元迴歸的標準電腦輸出。簡單迴歸模型的判定係數以$r^2$表示，在多元迴歸中則以$R^2$表示。殘差、標準誤和$R^2$在多元迴歸中的解釋相似於在簡單迴歸中的解釋。因為含不顯著的變數在組合中，判定係數可能被膨脹了，所以常會計算出調整後的$R^2$。不像$R^2$，調整後的$R^2$考慮了自由度和觀察數目。

指示變數或虛擬變數為在迴歸模型中用來代表類別資料的質變數。這些變

數被編碼為0，1且常被用來代表研究者想在迴歸分析中使用的名義或序列尺度的資料。若一個質變數含超過兩類，它會產生多個虛擬變數。一般而言，若一個質變數包含c類，則c-1個虛擬變數應被創造出來。

多元迴歸分析可以處理非線性自變數。一個處理這種問題的方法為將資料再編碼，且將此變數如一般的方法納入分析中。

然而，一些非線性迴歸模型，如指數模型，卻需要完整模型的轉換。常常轉換中牽涉到使用對數。在一些案例中，迴歸模型的結果值乃為對數的形式，且必須將答案加以反對數，來決定$Y$的預測值。

搜尋程序再檢視不同的可能模型時，被用來協助分類如預測元的自變數。數項可使用的搜尋程序包括所有可能的迴歸、逐步迴歸、前進選擇，和後進消去。這些的其中之一項，所有可能的迴歸，計算一組資料的每一種可能的迴歸模型。此程序的缺點包含耗時耗力，且難以決定哪一模型為最適當。另一個搜尋程序為逐步迴歸，牽涉到一次選擇和加入一個自變數於迴歸程序中，此程序始於一個包含一預測元的模型。在每一階段中，若變數在其他變數中具有最顯著的$t$值，則此變數加入模型當中。在任何給定的階段，若無額外的$t$值為統計上顯著的，此程序即停止。在逐步迴歸中，程序中的每一個階段均檢視已存在於模型中的變數之$t$值是否仍為顯著的。若非顯著的，它們將從模型中剔除，且此程序將搜尋其他具有大且顯著的$t$值的自變數，來取代被剔除的變數。

第三個搜尋程序為前進選擇。它與逐步迴歸相同但一旦變數已被包含於模型之中，將不會在被剔除。第四個搜尋程序為後進消去。它始於完整模型，即為一個包含所有自變數的模型。樣本大小必須夠大才能判斷限制因素的完整模型。後進消去始於一次剔除掉一個最不重要的預測元，直到只有顯著的預測元留於迴歸模型中。有最小絕對$t$值，且其為統計上不顯著的$t$值之變數，乃為在每一步驟中被剔除的自變數。

在使用多元迴歸模型中的一個問題為複共線性，或在預測變數之間的相關性。此問題可能引起過度膨脹迴歸係數標準差的估計，如誤解了迴歸係數，低估$t$值，和誤導了迴歸係數的符號。它可使用一個內部相關矩陣來協助確認雙變數的相關性，或使用逐步迴歸一次分類一個變數和／或使用如變異數膨脹因子的技術來減輕此問題。

多元迴歸分析技術可被用來執行變異數分析的問題。ANOVA問題的迴歸

設定須將所有觀察值堆積於一欄或一變數中。在使用迴歸來分析單因子 ANOVA時，必須創造k−1個虛擬變數來代表k群，1代表其爲特定的處理群之一員，而0代表不與此群相關的觀察值。從迴歸中獲得的F值如同從ANOVA中獲得的F值。迴歸平方和同於在ANOVA中獲得的處理平方和。殘差平方和爲ANOVA的誤差平方和。每個處理群的平均值可利用將1代入從迴歸方程式處理群的公式中，將0代入其他群所獲得。群的迴歸係數加上常數相當於群的平均值。對於不是以質變數作代表的群，群的平均值爲迴歸方程式的常數。

# 重要辭彙

● ● ● ● ● ● ● ● ● ● ● ● ● ● ● ● ● ● ● ● ● ● ● ● ● ● ● ● ● ● ● ● ● ● ● ● ● ● ●

| | | | |
|---|---|---|---|
| 調整後的$R^2$ | 偏迴歸係數 | 所有可能的迴歸 | 質變數 |
| 後向消除 | $R^2$ | 多元判定係數（$R^2$） | 殘差 |
| 應變數 | 反應平面 | 虛擬變數 | 反應面 |
| 前向選擇 | 反應變數 | 一般化線性迴歸模型 | 搜尋程序 |
| 自變數估計標準誤 | 指示變數 | 逐步迴歸 | 最小平方分析 |
| 誤差平方和 | 複共線性 | Tukey的四象限法 | 多元迴歸 |
| Tukey的轉換階梯 | 離位點 | 變異數膨脹因子 | |

# 公式

● ● ● ● ● ● ● ● ● ● ● ● ● ● ● ● ● ● ● ● ● ● ● ● ● ● ● ● ● ● ● ● ● ● ● ● ● ● ●

$F$值

$$F = \frac{MS_{\text{reg}}}{MS_{\text{err}}} = \frac{\dfrac{SS_{\text{reg}}}{df_{\text{reg}}}}{\dfrac{SS_{\text{err}}}{df_{\text{err}}}} = \frac{\dfrac{SSR}{k}}{\dfrac{SSE}{N-k-1}}$$

誤差平方和

$$SSE = \sum (Y - \hat{Y})^2$$

估計標準誤

$$S_e = \sqrt{\frac{\text{SSE}}{n-k-1}}$$

調整後的$R^2$

$$調整後的 R^2 = 1 - \frac{\dfrac{\text{SSE}}{n-k-1}}{\dfrac{SS_{\text{YY}}}{n-1}}$$

判定係數

$$R^2 = \frac{\text{SSR}}{SS_{\text{YY}}} = 1 - \frac{\text{SSE}}{SS_{\text{YY}}}$$

個案

# 維吉尼亞半導體

● ● ● ● ● ● ● ● ● ● ● ● ● ● ● ● ● ● ● ● ● ● ● ● ● ● ● ● ● ● ● ● ● ● ● ● ● ● ● ● ●

　　維吉尼亞半導體是一種製造由矽做成的微電子晶片。公司是於1978年由兩兄弟Thomas
與Robert Digges所成立，座落在維吉尼亞的費雷德立克堡（Frederickburg）。公司在1980
年代靠著銷售量高但價低的晶片而獲利成長。然而在1985年，公司在無預警下失去兩個佔
有其銷售量65%的客戶。公司極需新的客戶。

　　公司總裁Thomas Digges, Jr.決定藉由其工程研究與專業技術發展市場較小但利潤高的
市場。這改變對一小公司而言是明智的。

　　公司發展兩英吋寬，75毫米厚，兩端磨光的晶片。這種晶片適用於許多顧客，但市場
上過去並無此種產品。公司因此大量生產，且定價比以往多十倍。

　　不久，公司製造二到四微米厚的晶片（超薄型），表面附有紅外線用的紋理，而且只
在特定市場賣，交貨速度可比競爭者的傳統晶片快。

　　在奪回失去的銷售後，公司必須簡化營運，控制存貨與支出。在沒有裁員但工時減少
至32小時，且總裁減薪80%下，費用減至最小可能。

該公司最後沒有長期負債且不需增加舉債。少了大量債務支出使得公司得以快速反映市場需求。

公司藉由交互訓練員工來提昇製程品質。此外，公司參與拓展外國市場至40%的業務，在1985年只佔1%。

因為新產品，公司持續尋找新顧客。在1985年只有不到50個，現已超過300個積極的客戶。

討論

對公司的決策者而言，決定哪些因子是影響消費者購買量是很有用的。假設維吉尼亞公司的決策者想從許多顧客資料中找出影響購買量的可能預測元，下列資料是針對16家公司，以五個變數為項目的資料。包括一年內購買總數量（購買量），買方公司規模（總銷售額），產品占顧客輸入的比例，與顧客的距離，和買方公司是否有單一採購單位。用這些資料進行多元迴歸分析以利用其他變數來預測購買量。將你在模型的強度、重要預測變數與新變數加以綜合。

| 購買量<br>（$1000） | 公司規模<br>（百萬銷售額） | 輸入比率<br>（%） | 與維吉尼亞<br>半導體的距離 | 中央採購？ |
|---|---|---|---|---|
| 27.9 | 25.6 | 41 | 18 | 1 |
| 89.6 | 109.8 | 16 | 75 | 0 |
| 12.8 | 39.4 | 29 | 14 | 0 |
| 34.9 | 16.7 | 31 | 117 | 0 |
| 408.6 | 278.4 | 14 | 209 | 1 |
| 173.5 | 98.4 | 8 | 114 | 1 |
| 105.2 | 101.6 | 20 | 75 | 0 |
| 510.6 | 139.3 | 17 | 50 | 1 |
| 382.7 | 207.4 | 53 | 35 | 1 |
| 84.6 | 26.8 | 27 | 15 | 1 |
| 101.4 | 13.9 | 31 | 19 | 0 |
| 27.6 | 6.8 | 22 | 7 | 0 |
| 234.8 | 84.7 | 5 | 89 | 1 |
| 464.3 | 180.3 | 27 | 306 | 1 |
| 309.8 | 132.6 | 18 | 73 | 1 |
| 294.6 | 118.9 | 16 | 11 | 1 |

假設下列數字是維吉尼亞公司11年的來銷售量，平均每週工作時數，與針對不同產品的顧客數目。每週工時長度與或顧客數目如何影響銷售量？用離散圖來檢驗兩者關係。以Tukey四象限法將資料編碼。用逐步迴歸分析來凸顯兩者關係。讓銷售量、平均工時與顧客數目當成應變數，編碼成的變數當預測元。探討二次相關，交互相關與其他使用逐步迴歸時適當的相關。

| 銷售額（百萬美元） | 平均每週工時 | 顧客數目 |
|---|---|---|
| 15.6 | 44 | 54 |
| 15.7 | 43 | 52 |
| 15.4 | 41 | 55 |
| 14.3 | 41 | 55 |
| 11.8 | 40 | 39 |
| 9.7 | 40 | 28 |
| 9.6 | 40 | 37 |
| 10.2 | 38 | 58 |
| 11.3 | 38 | 67 |
| 14.3 | 32 | 186 |
| 14.8 | 37 | 226 |

當維吉尼亞公司持續成長繁榮，但始終有效率不彰的危機。假設幾年後公司業績下滑，但卻繼續招募員工。如下方十年期間的數據。將這些資料製成圖表，銷售量當應變數，而員工數當自變數。用Tukey四象限法研究此圖。用已學得資訊做迴歸來預測員工數。根據你的發現，你會對管理者做何建議？你認為哪些資料是管理者所關心？

| 銷售額（百萬美元） | 員工數 |
|---|---|
| 20.2 | 120 |
| 24.3 | 122 |
| 28.6 | 127 |
| 33.7 | 135 |
| 35.2 | 142 |
| 35.9 | 156 |
| 36.3 | 155 |
| 36.2 | 167 |
| 36.5 | 183 |
| 36.6 | 210 |

# 多元迴歸

多元迴歸分析可能有意或無意地以不道德的方式被誤用。當自由度很小時，一個膨脹的$R^2$值可被獲得，導致對於迴歸模型的預測能力過度預期。為了避免此點，一位研究者應考量資料本質、變數和調整後的$R^2$的值。

另一個多元迴歸方面的誤導為研究者有假定應變數和預測元之間有因果關係。只因為自變數產生一個顯著的判定係數並不必然意味著這些變數為$Y$值變異的原因。實際上，一些其他不在此模型的力量可能同時影響自變數和應變數。

一些研究者誤用搜尋程序的結果，他們以變數進入模型的順序（在逐步迴歸和前進選擇）做為變數重要性的排序。他們認為在步驟1中進入的變數為$Y$的最重要的預測元，在步驟2中所進入的變數為第二個重要的，以此類推。事實上，在步驟1之後輸入分析中的變數，乃為分析這些變數可以解釋多少不能解釋的變異（殘差變異），而非它們和$Y$的相關程度。一個在步驟4中進入模型的變數，乃為前三個變數解釋$Y$值變異的剩下部分所能作最大解釋的變數。然而，此第四個數若在只有單一預測元中，其本身可能較第二或第三個變數解釋較多的$Y$變異。

一些人使用迴歸係數估計來比較預測元的價值；愈大的迴歸係數具有愈大的價值。此方法至少產生兩個問題。第一為大部分變數的測量單位皆不同。因此，迴歸係數權數為變數測量單位的部分函數。第二，若有複共線性，迴歸係數的解釋是可質疑的。此外，複共線性的存在，產生數項解釋其他迴歸輸出的問題。研究者忽視此問題很可能犯下偽造的結果。

另一個在使用迴歸分析時的危險是：對於已超出原先設計模型的變數值的範圍的模型插補法的使用。一個迴歸模型在給定範圍的配適資料不必然於範圍之外依舊會適合。一個使用迴歸分析的規範為在範圍中進行預測。使用者需要知道在過去已發生的是不必然保證在未來將會持續發生。不謹慎而使用迴歸模型來對未來作結論是沒有基礎可言的。此訊息的接收者應注意迴歸模型可能於模型發展的值的範圍之外，是缺乏有效性的。

# 第14章

## 指數

| 學習目標 | 本章討論在商業中指數的角色，從而使你能夠： |
|---|---|
| | 1.瞭解指數對商業決策者的重要性與實用性。 |
| | 2.計算並且能解釋簡單的指數。 |
| | 3.計算並且解釋簡單的綜合物價指數。 |
| | 4.計算並解釋加權物價指數，其中包含了拉氏物價指數、裴氏物價指數及 |
| | 　費雪理想物價指數。 |
| | 5.熟知在商業中所使用的一些重要的指數。 |

決策難題

# 有線電視成長之探索

　　有線電視自從1950年代起，在美國經歷了相當異常快速的成長。從《有線電視財務記事本》（*The Cable TV Financial Notebook*）的資料中顯示了在1955年，美國境內有250,000有線電視收視戶，到了1990年，這個數目飆漲到超過五千萬收視戶，而且衛星接收器也由東海岸到西海岸到處都有分佈。雖然這個成長在1990年代看起來正在持續當中，但很有可能再過幾年後，市場將達到一個飽和的狀態。從這個觀點來看，系統承包商的數目可能一年一年的改變。

　　以下就是從1955年到1993年，由有線電視業中所取得的一些資料。注意一下在有線電視業發展的早期，成長相當的快速而且在過去近幾年這個產業已經每年成長超過三百萬戶。年復一年的改變，可以從觀察一些資料大略數字的增加與減少中察覺。但是否存在其他的方法能表現資料所隱含的意義，而能使產業分析家從每年或甚至每十年的資料中，做更有意義的比較呢？

| 年度 | 美國裝設有線<br>電視的家庭數 |
|---|---|
| 1955 | 250,000 |
| 1960 | 750,000 |
| 1965 | 1,500,000 |
| 1970 | 5,100,000 |
| 1975 | 9,800,000 |
| 1976 | 10,800,000 |

| | |
|---|---|
| 1977 | 12,200,000 |
| 1978 | 13,400,000 |
| 1979 | 14,800,000 |
| 1980 | 17,700,000 |
| 1981 | 23,700,000 |
| 1982 | 29,300,000 |
| 1983 | 34,100,000 |
| 1984 | 37,300,000 |
| 1985 | 39,900,000 |
| 1986 | 42,200,000 |
| 1987 | 45,000,000 |
| 1988 | 49,000,000 |
| 1989 | 52,600,000 |
| 1990 | 54,900,000 |
| 1991 | 55,800,000 |
| 1992 | 57,200,000 |
| 1993 | 58,800,000 |

管理與統計上的問題

1.是否存在更佳的方法來描繪這些資料,而非只是用一些原始粗略的資料呢?

2.是否有其中一年比其他年度更重要,而可以當成一個基準年呢?1955是否是一個最適合與其他年度比較的一年,或是後年甚至大後年呢?

3.在較早期的資料中,是否有一個時間點變得與目前產業發展不相干呢?

也許商業統計的存在,有一個最恆長的理由;就是能夠讓商業決策者透過一些數量化的工具使資料能轉換爲更能有效使用的型式。研究者的責任就是要持續的研究出最有效的溝通工具,使決策者能夠且有效使用大量資料。

有一種特別型態的敘述工具叫做指數,它能有效的比較一段時間的資料。指數是一種比率,此比率乃某一時間的測量值與另一時間(基期)相同測量值的比值,又被稱爲基期。通常指數會被乘以100而且以百分比表示之。指數之所以被表示爲百分比乃因其爲比較粗略的資料表示法。指數使用者變成習慣於解釋以某一以100(%)爲指數的基期,所得某一段特定時間的測量值。指數可用來比較不同期間的現象,而且特別能強調出交叉期間的差異。

指數在全世界各地已被廣泛地解釋：使用於股票市場、通貨膨脹、銷售額、進口、出口、農業及許多其他方面的資訊。請注意一下在「決策難題」中有線電視案例的資料。對此一特定的產業，指數可能為有線電視收視而使用。有些特別的指數則是用於勞工成本指數、建築物價指數、製造業產能指數、生產者物價指數、消費者物價指數、道瓊工業指數、產出指數等。雖然瞭解了股票及其他指數的重要性，本章節將焦點置於物價、數量及價格指數，而且特別強調物價指數。

# 14.1  簡單指數及未加權的綜合物價指數

## 簡單指數

使用指數的動機在於讓資料成為更易於使用、更方便的型式。舉例而言，在表14.1中，顯示了自1983至1993年為止，擁有一個小孩（1–5歲）的美國家庭每週在食物費用的粗略資料。

分析家可以透過自1983年以來，逐漸增加的每週食物花費來解析這些資料。但如何比較1989年與1986年的成本呢？且又如何比較1989與1983或1984年的成本呢？如何比較1986與1985或1983年的成本呢？若沒有指數而要解答

表14.1
一個小孩的
每週食物花
費，1983–
1993年

| 年度 | 每週成本 |
|------|---------|
| 1983 | $66.90 |
| 1984 | 69.20 |
| 1985 | 71.30 |
| 1986 | 73.90 |
| 1987 | 77.50 |
| 1988 | 81.60 |
| 1989 | 86.40 |
| 1990 | 89.50 |
| 1991 | 91.70 |
| 1992 | 92.30 |
| 1993 | 95.00 |

這些問題，研究人員可能會採取食物成本扣除各年利率且再比較相對的增加或減少。但這對必須在最少時間發揮最大能力的決策者而言，卻是一個費時費力且成效不彰的方法。使用一些簡單指數，研究人員能使這些資料轉化得更有價值且更有用。除此之外，有時它使得比較其他年度與特定某關鍵年度更容易。但這些指數如何使用呢？

簡單指數的公式如下：

$$I_i = \frac{X_i}{X_0}(100)$$

其中：

$X_0$是數量、價格或在基期的成本

$X_i$是數量、價格或在有利率年度的成本

$I_i$是有利率年度的指數

從表14.1的資料中，生活成本的研究員決定要以1983年當成基期，來算出指數。1984年的指數是

$$I_{1984} = \frac{X_{1984}}{X_{1983}}(100) = \frac{69.20}{66.90}(100) = 103.4$$

1993年的指數是

$$I_{1993} = \frac{X_{1993}}{X_{1983}}(100) = \frac{95.00}{66.90}(100) = 142.0$$

表14.2顯示了表14.1資料中所有粗略資料的指數，其中以1983年當成基期。

| 年度 | 每週成本 | 指數 |
|------|----------|------|
| 1983 | $66.90 | 100.0 |
| 1984 | 69.20 | 103.4 |
| 1985 | 71.30 | 106.6 |
| 1986 | 73.90 | 110.5 |
| 1987 | 77.50 | 115.8 |
| 1988 | 81.60 | 122.0 |
| 1989 | 86.40 | 129.1 |
| 1990 | 89.50 | 133.8 |
| 1991 | 91.70 | 137.0 |
| 1992 | 92.30 | 138.0 |
| 1993 | 95.00 | 142.0 |

表14.2
每週食物花費資料的指數

表14.2可大略窺知：相對於1983年在食物費用上成長最快速的年度就是1993年（42.0%的費用成長）。因爲一般大部份的人很容易接受或瞭解100%的觀念。所以很可能決策者能透過這段期間的指數做出食物費用成本成長的快速判斷。

---

例題14.1　　以下就是美國每年爲勞工問題的停工次數，由美國勞工統計局所公佈超過1000名工人的停工次數。以下列每一年的資料算出簡單指數。讓我們用1960年爲基期。

| 年度 | 停工次數 |
|------|---------|
| 1960 | 222 |
| 1965 | 268 |
| 1970 | 381 |
| 1975 | 235 |
| 1980 | 187 |
| 1985 | 54 |
| 1990 | 44 |
| 1991 | 40 |
| 1992 | 35 |
| 1993 | 35 |

解答

這些數據爲數量，這些數據可算出數量指數。因爲以1960年爲基期，指數就是以每年勞工停工數，除以基期的數目（222）後再乘以100，其結果如下：

| 年 | 指數 |
|------|-------|
| 1960 | 100.0 |
| 1965 | 120.7 |
| 1970 | 171.6 |
| 1975 | 105.9 |
| 1980 | 84.2 |
| 1985 | 24.3 |
| 1990 | 19.8 |
| 1991 | 18.0 |
| 1992 | 15.8 |
| 1993 | 15.8 |

觀察這些指數，我們可以看到自1970年起停工數增加，但又於1975年下跌至基期附近。從1980年，美國勞工停工數的指數大幅滑落，甚至在1990年只有到1960年的五分之一的水準。

# 未加權綜合物價指數

使用簡單指數可轉化價格、成本、數量等等與其它期間比較，以基期為100%的數字。然而簡單指數的缺點之一就是每一個期間都只能表示一個商品或一個項目。如果有乘的項目，就可以做多個項目的指數；假如你對綜合或加總各類項目的價格有興趣，你就能比較多年的物價，創造一個「市場籃子」。在這部份，要介紹你一個技巧來加總多個項目，或決定全部項目的指數（加總）。由於這個技巧大部份用於決定物價指數，這個部份的焦點就在於綜合物價指數。架構一個未加權的綜合物價指數公式如下：

$$I_i = \frac{\sum P_i}{\sum P_0}(100)$$

未加權綜合
物價指數

其中：

$P_i$ 是有利率年度（$i$）某項產品的價格

$P_0$ 是基期（0）某項產品的價格

$I_i$ 是有利率年度（$i$）的指數

**案例**  假如勞工部想比較數年來的家庭購買食物成本，部門官員決定不用單一食物項目作比較，而是用五種項目作食物籃子，包含：蛋、牛奶、香蕉、馬鈴薯及糖。他們蒐集了1985年、1990年及1995年這五種項目的物價資料，這些項目及其價格都列在**表14.3**中。

從**表14.3**及其公式中1985年、1990年及1995年的未加權綜合物價指數以1985年為基期。第一步就是加總特定一年所有食物籃子項目的價格，這些加總顯示在**表14.3**的最後一列。指數是由這些加總所建構而成的（並非單一項目的價格）：$\sum P_{1985}=2.88$、$\sum P_{1990}=3.82$ 和 $\sum P_{1995}=3.94$。以上述資料，未加權的綜合物價指數可以被計算如下。

表14.3
一籃食物的
價格

| 項目 | 年度 | | |
|---|---|---|---|
| | 1985 | 1990 | 1995 |
| 雞蛋（一打） | .91 | 1.21 | 1.23 |
| 牛奶（1/2加侖） | 1.13 | 1.43 | 1.46 |
| 香蕉（每磅） | .32 | .43 | .46 |
| 馬鈴薯（每磅） | .17 | .32 | .38 |
| 糖（每磅） | .35 | .43 | .41 |
| 總項目 | 2.88 | 3.82 | 3.94 |

1985年：

$$I_{1985} = \frac{\sum P_{1985}}{\sum P_{1985}}(100) = \frac{2.88}{2.88}(100) = 100.0$$

1990年：

$$I_{1990} = \frac{\sum P_{1990}}{\sum P_{1985}}(100) = \frac{3.82}{2.88}(100) = 132.6$$

1995年：

$$I_{1995} = \frac{\sum P_{1995}}{\sum P_{1985}}(100) = \frac{3.94}{2.88}(100) = 136.8$$

表14.4顯示這三年來食物籃子的指數。

例題14.2　　　阿拉帕荷溪谷小兒科診所已經營業15年了。該辦公室經理已經注意到醫療器材與辦公室用品的價格隨時間起伏波動。為能正常運作醫療診所，經理必須觀察價格的趨勢，他已經觀察了六項產品的價格，這六項產品是患者已購買了多年也是其療程的一部份。以下所列的是由1990到1996年來的項目與其相對的價格，讓我們使用這些資料來為這些年度求出未加權綜合物價指數。令1990年為基期。

表14.4
一籃食物項
目的指數

| 年 | 指數 |
|---|---|
| 1985 | 100.0 |
| 1990 | 132.6 |
| 1995 | 136.8 |

|  | 年度 | | | | | | |
|---|---|---|---|---|---|---|---|
| 項目 | 1990 | 1991 | 1992 | 1993 | 1994 | 1995 | 1996 |
| 注射器（打） | 6.35 | 6.25 | 6.50 | 6.70 | 6.75 | 6.95 | 6.95 |
| 棉花棒（盒） | 1.25 | 1.25 | 1.30 | 1.35 | 1.40 | 1.40 | 1.45 |
| 病歷表（本） | 4.50 | 4.75 | 4.75 | 5.10 | 5.35 | 5.50 | 6.25 |
| 兒童用藥（瓶） | 3.80 | 4.20 | 4.25 | 4.50 | 4.50 | 4.65 | 4.95 |
| 電腦紙（箱） | 9.95 | 10.50 | 10.95 | 11.95 | 12.25 | 12.90 | 13.20 |
| 溫度計 | 7.00 | 7.50 | 7.25 | 7.90 | 8.00 | 8.50 | 9.00 |
| 總計 | 32.85 | 34.45 | 35.00 | 37.50 | 38.25 | 39.90 | 41.80 |

**解答**

首先，每一年所有項目的加總應先求出；完成後，結果列於上表的最後一列。以1990年為基期，以下就是用這些加總值所求出的指數。

1990年：

$$I_{1990} = \frac{\sum P_{1990}}{\sum P_{1990}}(100) = \frac{32.85}{32.85}(100) = 100.0$$

1991年：

$$I_{1991} = \frac{\sum P_{1991}}{\sum P_{1990}}(100) = \frac{34.45}{32.85}(100) = 104.9$$

1992年：

$$I_{1992} = \frac{\sum P_{1992}}{\sum P_{1990}}(100) = \frac{35.00}{32.85}(100) = 106.5$$

1993年：

$$I_{1993} = \frac{\sum P_{1993}}{\sum P_{1990}}(100) = \frac{37.50}{32.85}(100) = 114.2$$

1994年：

$$I_{1994} = \frac{\sum P_{1994}}{\sum P_{1990}}(100) = \frac{38.25}{32.85}(100) = 116.4$$

1995年：

$$I_{1995} = \frac{\sum P_{1995}}{\sum P_{1990}}(100) = \frac{39.90}{32.85}(100) = 121.5$$

1996年：

$$I_{1996} = \frac{\sum P_{1996}}{\sum P_{1990}}(100) = \frac{41.80}{32.85}(100) = 127.2$$

以下則是最後這些資料的未加權綜合物價指數。

| 年度 | 指數 |
|------|------|
| 1990 | 100.0 |
| 1991 | 104.9 |
| 1992 | 106.5 |
| 1993 | 114.2 |
| 1994 | 116.4 |
| 1995 | 121.5 |
| 1996 | 127.2 |

這些指數顯示出一籃子醫療用品的價格趨漲，透過指數的觀察可知加總各項目的價格在1992年與1993年間成長最快，此時指數上漲了7.7點。1996年的指數指出一籃用品價格較1990年的價格成長了27.2%。

---

**問題14.1**　14.1假設以下的資料是在45年的時間內，20令的辦公室用紙的價格，求出資料的簡單指數。

a.以1950年為基期。

b.以1980年為基期。

| 年度 | 價格 |
|------|------|
| 1950 | $22.45 |
| 1955 | 31.40 |
| 1960 | 32.33 |
| 1965 | 36.50 |
| 1970 | 44.90 |
| 1975 | 61.24 |
| 1980 | 69.75 |
| 1985 | 73.44 |
| 1990 | 80.05 |
| 1995 | 84.61 |

14.2假設以下資料是中級乾衣機的價格，請求出以下資料的簡單指數

a.以1985年為基期。

b.以1990年為基期。

| 年度 | 價格 |
|------|------|
| 1985 | $359 |
| 1986 | 342 |
| 1987 | 365 |
| 1988 | 401 |
| 1989 | 380 |
| 1990 | 388 |
| 1991 | 405 |
| 1992 | 411 |
| 1993 | 414 |
| 1994 | 407 |
| 1995 | 401 |
| 1996 | 402 |

14.3 美國專利與商標處報告提出每年度美國所核發的專利權數目。以下就是由
1980年至1993年每年所核發的專利權數目，以1981年為基期，利用這些
資料求出每年的簡單指數。

| 年度 | 專利數（千） |
|------|------|
| 1980 | 66.2 |
| 1981 | 71.0 |
| 1982 | 63.3 |
| 1983 | 62.0 |
| 1984 | 72.7 |
| 1985 | 77.2 |
| 1986 | 76.9 |
| 1987 | 89.4 |
| 1988 | 84.3 |
| 1989 | 102.5 |
| 1990 | 99.2 |
| 1991 | 106.8 |
| 1992 | 107.4 |
| 1993 | 109.7 |

14.4 在出版品《工廠與設備的花費及計畫》中，美國戶口普查局公佈不同產業
所做的新廠房與設備的商業花費。以下就是由1980至1993年化學業的新
設備廠房的花費。以1985年為基期，求出這些資料的簡單指數。

| 年度 | 支出（十億美元） |
|------|------------------|
| 1980 | 10.6 |
| 1981 | 12.0 |
| 1982 | 11.4 |
| 1983 | 11.6 |
| 1984 | 13.5 |
| 1985 | 14.4 |
| 1986 | 14.5 |
| 1987 | 13.9 |
| 1988 | 16.6 |
| 1989 | 18.5 |
| 1990 | 20.5 |
| 1991 | 18.1 |
| 1992 | 16.4 |
| 1993 | 15.7 |

14.5 使用以下美國勞工統計處的資料求出四種肉類的綜合指數，以1985年爲此市場產品的基期。

| 項目 | 年度 | | |
|------|------|------|------|
| | 1985 | 1990 | 1995 |
| 牛肉（每磅） | 1.24 | 1.62 | 1.37 |
| 香腸（每磅） | 1.69 | 2.39 | 1.93 |
| 培根（每磅） | 1.93 | 2.24 | 2.16 |
| 牛排（每磅） | 2.78 | 3.39 | 3.22 |

14.6 假設以下是1989到1995年家庭交通設備的價格，以1992年爲基期，求出這些資料的綜合交通物價指數。

| 項目 | 年度 | | | | | | |
|------|------|------|------|------|------|------|------|
| | 1989 | 1990 | 1991 | 1992 | 1993 | 1994 | 1995 |
| 汽油（每加侖） | 1.01 | 1.06 | 1.21 | 1.09 | 1.13 | 1.10 | 1.16 |
| 油（每夸特） | 1.38 | 1.47 | 1.65 | 1.60 | 1.62 | 1.58 | 1.61 |
| 傳導流體（每夸特） | 1.65 | 1.70 | 1.70 | 1.80 | 1.85 | 1.80 | 1.82 |
| 冷卻液（每加侖） | 6.55 | 6.65 | 6.90 | 7.50 | 8.10 | 7.95 | 7.96 |

## 14.2 加權綜合物價指數

●●●●●●●●●●●●●●●●●●●●●●●●●●●●●●●●●●●●●●

在14.1節中，我們討論了綜合指數的使用，就是在一段特定時期內，各式產品所組成的市場籃的價格可以被綜合在單一指數中。綜合物價指數的優點之一是能讓研究人員在做決定時同時考慮多種的資料。然而這些綜合指數的缺點是他們是未加權的，也就是每一項目占相同比重，這隱含了一個假設：每一種項目在市場籃中只有一個。這個假設可能正確或不正確。舉例而言，一個家庭可能每年消費五磅的香蕉卻消費50加侖的牛奶。此外，未加權指數只能使用在各種相同單位的產品中。舉例而言，如果牛奶以夸特（1/4加侖）而非加侖來計量，計算牛奶價格的指數將比較低。能避免這類問題的指數就是加權指數。

加權物價指數就是在一特定的一年，將市場籃中各項目數量乘以各項目的價格，有時候，當以數量與價格來計算指數時，此種指數就是價格指數。因此加權綜合物價指數也是一種價格指數。

將數量考慮進來才可以解決未考慮在每一段時期內每樣東西所消費的數量及每樣東西的單位。如果消費了50加侖的牛奶但只消費了5磅的香蕉，加權物價指數將會反映出不同的重要性。如果研究人員將牛奶的加權數轉為夸特，價格將會下降，而數量會增加四倍（一加侖為四夸特）。

一般而言，加權綜合物價指數是將一固定時間（通常是一年）內每一項目產品的數量與價格相乘，之後再相加。指數就是將一段時間的物價總和比上基期後再乘以100。以下的公式就表現出加權物價指數就是以每一段時期的數量來做加權。

$$I_i = \frac{\sum P_i Q_i}{\sum P_0 Q_0}(100)$$

這個公式有一個問題就是應用，因為在每段時期中有新的或不同的數量。然而，研究人員擴大時間與金錢來確定市場籃中使用的數量，每一年重新確定數量的成本通常對大部份的組織來說都是高得嚇人（即使對政府來說）。有兩種特別解決數量問題的方法已經被提出使用，第一種是被廣泛使用的就是拉氏物價指數，第二種則是較少用的是裴氏物價指數。

# 拉氏物價指數

拉氏物價指數是一種加權物價指數，透過使用與基期相同的數量來計算所有其他期間，這個方法的優點就是所有年度的物價指數可以被比較，不須決定每一年的新數量，拉氏物價指數的公式如下：

| 拉氏物價指數 | $$I_L = \dfrac{\sum P_i Q_0}{\sum P_0 Q_0}(100)$$ |
|---|---|

注意這個公式在分子或分母都是以基期的數量來計算。

**案例**　在14.1節中，食物籃是透過綜合物價指數來表示，這個食物籃包含了蛋、牛奶、香蕉、馬鈴薯及糖。某一年綜合價格就是這些產品的加總，而物價指數則是透過這些加總數目來計算，未加權的綜合物價指數在14.1節中給每種產品相同的重要性；要瞭解，若研究人員確定每種食物在一年中的使用量時，給這五種產品相同的比重來加總並非為建構食物籃一種好的、代表性的方式。表14.5列出這五項產品的價格以及在基期年（1985）的使用量，從這些資料中，拉氏物價指數可以被算出。

以1985年為基期年算出1990年的拉氏物價指數。

$$\sum P_i Q_0 = \sum P_{1990} Q_{1985}$$
$$= \sum[(1.21)(45)+(1.43)(60)+(.43)(12)+(.32)(55)+(.43)(36)]$$
$$= 54.45+85.8+5.16+17.60+15.48 = 178.49$$

$$\sum P_0 Q_0 = \sum P_{1985} Q_{1985}$$
$$= \sum[(0.91)(45)+(1.13)(60)+(.32)(12)+(.17)(55)+(.35)(36)]$$
$$= 40.95+67.8+3.84+9.35+12.60 = 134.54$$

$$I_{1990} = \frac{\sum P_{1990} Q_{1985}}{\sum P_{1985} Q_{1985}}(100) = \frac{178.49}{134.54}(100) = 132.7$$

表14.5
包含重量的
食物籃項目

| 項目 | 數量 1985 | 價格 1985 | 1990 | 1995 |
|---|---|---|---|---|
| 雞蛋（一打） | 45 | $ .91 | $1.21 | $1.23 |
| 牛奶（1/2加侖） | 60 | 1.13 | 1.43 | 1.46 |
| 香蕉（每磅） | 12 | .32 | .43 | .46 |
| 馬鈴薯（每磅） | 55 | .17 | .32 | .38 |
| 糖（每磅） | 36 | .35 | .43 | .41 |

1995年的拉氏物價指數爲

$$I_{1995} = \frac{\sum P_{1995}Q_{1985}}{\sum P_{1985}Q_{1985}}(100) = \frac{184.13}{134.54}(100) = 136.9$$

仔細觀察表14.5可以發現從1990年到1995年有四項產品的價格上漲了,當以1985年的數量計算時,拉氏指數從1990年到1995年由於價格變動而增加了;觀察數量變化可以很容易發現牛奶、馬鈴薯及蛋的消費量增加,這些項目由於消費量的增加,對拉氏物價指數的影響力也會增加。然而,由於馬鈴薯價格較低,對物價指數的整體影響較少於蛋及牛奶。

---

1993年我們拿到阿拉帕荷溪谷小兒科診所所使用之用品籃數目。從1993 **例題14.3**
年到1996年這些用品的數量及價格表列如下。以1993年爲基期,計算1996年
的拉氏物價指數。

| 項目 | 數量 1993 | 價格 | | | |
|---|---|---|---|---|---|
| | | 1993 | 1994 | 1995 | 1996 |
| 注射器（打） | 150 | $ 6.70 | $ 6.75 | $ 6.95 | $ 6.95 |
| 棉花棒（盒） | 60 | 1.35 | 1.40 | 1.40 | 1.45 |
| 病歷表（本） | 8 | 5.10 | 5.35 | 5.50 | 6.25 |
| 兒童用藥（瓶） | 25 | 4.50 | 4.50 | 4.65 | 4.95 |
| 電腦紙（箱） | 6 | 11.95 | 12.25 | 12.90 | 13.20 |
| 溫度計 | 4 | 7.90 | 8.00 | 8.50 | 9.00 |

**解答**

$$\sum P_i Q_0 = \sum P_{1996}Q_{1993}$$
$$= \sum[(6.95)(150)+(1.45)(60)+(6.25)(8)+(4.95)(25)$$
$$+(13.20)(6)+(9.00)(4)]$$
$$= 1042.50+87.00+50.00+123.75+79.20+36.00 = 1418.45$$

$$\sum P_0 Q_0 = \sum P_{1993}Q_{1993}$$
$$= \sum[(6.70)(150)+(1.35)(60)+(5.10)(8)+(4.50)(25)$$
$$+(11.95)(6)+(7.90)(4)]$$
$$= 1005.00+81.00+40.80+112.50+71.70+31.60 = 1342.60$$

$$I_{1996} = \frac{\sum P_{1996}Q_{1993}}{\sum P_{1993}Q_{1993}}(100) = \frac{1418.45}{1342.60}(100) = 105.6$$

## 裴氏物價指數

　　裴氏物價指數是一種加權物價指數透過以特定計算期間的數量來加權。這個方法的優點是它用了當期的數量作計算，但一個缺點就是要確定每一段時期的數量是很花錢的，裴氏物價指數的計算公式如下：

| 裴氏物價指數 | $$I_P = \frac{\sum P_i Q_i}{\sum P_0 Q_i}(100)$$ |
|---|---|

**案例**　我們在表14.5列出每年度食品籃消費的數量；在表14.6並列出其價格，來計算裴氏物價指數。

　　1990年及1995年的裴氏物價指數可以算出，以1985年為基期計算如下：

1990年：

$$\sum P_{1990}Q_{1990} = \sum[(1.21)(42)+(1.43)(57)+(.43)(13)+(.32)(52)+(.43)(36)]$$
$$= 50.82+81.51+5.59+16.64+15.48$$
$$= 170.04$$

$$\sum P_{1985}Q_{1990} = \sum[(.91)(42)+(1.13)(57)+(.32)(13)+(.17)(52)+(.35)(36)]$$
$$= 38.22+64.41+4.16+8.84+12.60$$
$$= 128.23$$

$$I_{1990} = \frac{\sum P_{1990}Q_{1990}}{\sum P_{1985}Q_{1990}}(100) = \frac{170.04}{128.23}(100) = 132.6$$

1995年：

$$\sum P_{1995}Q_{1995} = \sum[(1.23)(41)+(1.46)(53)+(.46)(13)+(.38)(51)+(.41)(37)]$$
$$= 50.43+77.38+5.98+19.38+15.17$$
$$= 168.34$$

表14.6
食物籃項目
及其每年消
費數量

| 項目 | $P_{1985}$ | $Q_{1985}$ | $P_{1990}$ | $Q_{1990}$ | $P_{1995}$ | $Q_{1995}$ |
|---|---|---|---|---|---|---|
| 雞蛋（一打） | $0.91 | 45 | $1.21 | 42 | $1.23 | 41 |
| 牛奶（1/2加崙） | 1.13 | 60 | 1.43 | 57 | 1.46 | 53 |
| 香蕉（每磅） | 0.32 | 12 | .43 | 13 | .46 | 13 |
| 馬鈴薯（每磅） | 0.17 | 55 | .32 | 52 | .38 | 51 |
| 糖（每磅） | 0.35 | 36 | .43 | 36 | .41 | 37 |

$$\sum P_{1985}Q_{1995} = \sum[(.91)(41)+(1.13)(53)+(.32)(13)+(.17)(51)+(.35)(37)]$$
$$= 37.31 + 59.89 + 4.16 + 8.67 + 12.95$$
$$= 122.98$$

$$I_{1995} = \frac{\sum P_{1995}Q_{1995}}{\sum P_{1985}Q_{1995}}(100) = \frac{168.34}{122.98}(100) = 136.9$$

1995年的裴氏物價指數（136.9）高於1990年的裴氏物價指數（132.6），不像拉氏物價指數，這兩個指數分母並不相同（$\sum P_{1985}Q_{1990}$ vs. $\sum P_{1985}Q_{1995}$）因為分母是以計算期間的數量計算，而非以基期值計算分母，因此兩個指數的差異很難合理的計算。

以下是1993年與1996年阿拉帕荷溪谷小兒科診所的數量與價格，以1993 **例題14.4** 年為基期，計算1996年的裴氏物價指數：

| 項目 | 1993 | | 1996 | |
|------|------|------|------|------|
| | 價格 | 數量 | 價格 | 數量 |
| 注射器（打） | $ 6.70 | 150 | $ 6.95 | 135 |
| 棉花棒（盒） | 1.35 | 60 | 1.45 | 65 |
| 病歷表（本） | 5.10 | 8 | 6.25 | 12 |
| 兒童用藥（瓶） | 4.50 | 25 | 4.95 | 30 |
| 電腦紙（箱） | 11.95 | 6 | 13.20 | 8 |
| 溫度計 | 7.90 | 4 | 9.00 | 2 |

解答

$$\sum P_{1996}Q_{1996} = \sum[(6.95)(135)+(1.45)(65)+(6.25)(12)$$
$$+(4.95)(30)+(13.20)(8)+(9.00)(2)]$$
$$= 938.25 + 94.25 + 75.00 + 148.50 + 105.60 + 18.00$$
$$= 1379.60$$

$$\sum P_{1993}Q_{1996} = \sum[(6.70)(135)+(1.35)(65)+(5.10)(12)$$
$$+(4.50)(30)+(11.95)(8)+(7.90)(2)]$$
$$= 904.50 + 87.75 + 61.20 + 135.00 + 95.60 + 15.80$$
$$= 1299.85$$

$$I_{1996} = \frac{\sum P_{1996}Q_{1996}}{\sum P_{1993}Q_{1996}}(100) = \frac{1379.60}{1299.85}(100) = 106.1$$

以1993年為基期，1996年裴氏物價指數為106.1，因此以1996年的數量，我們可知道1996年的醫療用品價格高出1993年醫療用品的價格6.1%。

# 費雪理想物價指數

　　費雪理想物價指數除了拉氏及裴氏物價指數以外，第三種加權物價指數就是費雪理想物價指數。這個指數合併了拉氏及裴氏物價指數，就像以下的公式所示，裴氏物價指數就是將拉氏指數及裴氏物價指數相乘後開根號。

　　這個指數對經濟學者而言，有比拉氏指數及費氏指數更有吸引力的數學特

| 費雪理想物價指數 | $$I_F = \sqrt{I_L \cdot I_P}$$ |
|---|---|

性；因為這個指數是由前兩種指數所構成的。費雪指數像拉氏指數一樣也有一些缺點，即數量的評估必須每個時期作評估，數量加權的決定包含了很多大量的研究且花費也相當昂貴。

**案例**　1990年及1995年的拉氏及裴氏物價指數，其食物產品籃包含了蛋、牛奶、香蕉、馬鈴薯及糖，利用這些值（如同以下所示），1990年與1995年的費雪理想指數可被記算出：

　　1990年：

$$I_L = 132.7 \quad I_P = 132.6$$
$$I_F = \sqrt{(132.7)(132.6)} = 132.65$$

　　1995年：

$$I_L = 136.9 \quad I_P = 136.9$$
$$I_F = \sqrt{(136.9)(136.9)} = 136.9$$

---

**例題14.5**　　用拉氏及裴氏物價指數來計算1996年阿拉帕荷溪谷小兒科診所的費雪理想物價指數。以下所示就是診所1996年的指數

$$I_L = 105.6 \quad I_P = 106.1$$

**解答**

$$I_F = \sqrt{I_L \cdot I_P} = \sqrt{(105.6)(106.1)} = 105.85$$

---

**問題14.2**　　14.7利用以下資料來計算1994–1996年的拉氏物價指數，以1980年為基期。

| 項目 | 數量<br>1980 | 價格<br>1980 | 1994 | 1995 | 1996 |
|---|---|---|---|---|---|
| 1 | 21 | $0.50 | $0.67 | $0.68 | $0.71 |
| 2 | 6 | 1.23 | 1.85 | 1.90 | 1.91 |
| 3 | 17 | 0.84 | .75 | .75 | .80 |
| 4 | 43 | 0.15 | .21 | .25 | .25 |

14.8利用以下的資料計算1995及1996年的拉氏及裴氏物價指數，請以1985年
爲基期。

| 項目 | 價格<br>1985 | 1995<br>價格 | 數量 | 1996<br>價格 | 數量 |
|---|---|---|---|---|---|
| 1 | $22.50 | $27.80 | 13 | $28.11 | 12 |
| 2 | 10.90 | 13.10 | 5 | 13.25 | 8 |
| 3 | 1.85 | 2.25 | 41 | 2.35 | 44 |

14.9用這些資料回答以下的問題

| 項目 | 1980<br>價格 | 數量 | 1990<br>價格 | 數量 | 1995<br>價格 | 數量 |
|---|---|---|---|---|---|---|
| 1 | $ 1.75 | 55 | $ 1.90 | 43 | $ 2.10 | 41 |
| 2 | .65 | 12 | .70 | 14 | 1.95 | 15 |
| 3 | 3.45 | 6 | 3.60 | 8 | 3.65 | 8 |
| 4 | .90 | 67 | 1.15 | 61 | 1.28 | 57 |
| 5 | 14.35 | 3 | 13.90 | 5 | 12.60 | 6 |

　a.以1980年爲基期，求出1980年、1990年及1995年的拉氏物價指數。

　b.以1980年爲基期，求出1990年及1995年的裴氏物價指數。

　c.請求出1990年及1995年的費雪理想物價指數。

　d.討論1995年拉氏物價指數、裴氏物價指數及費雪理想指數的差異及相
　　似處。

14.10用以下的資料以1987年爲基期，回答以下問題

| 項目 | 1987<br>價格 | 數量 | 1996<br>價格 | 數量 |
|---|---|---|---|---|
| 1 | $ .55 | 116 | $ .72 | 128 |
| 2 | 1.86 | 24 | 2.26 | 53 |
| 3 | 2.89 | 7 | 3.43 | 10 |
| 4 | .72 | 60 | .82 | 62 |

a.計算1987年及1996年的拉氏物價指數。

b.計算1987年及1996年的裴氏物價指數。

c.計算1987年及1996年的費雪理想物價指數。

14.11問題14.5中美國勞工統計處公告的肉類價格，肉品塵品籃的價格與數量列於下表。用這些資料來計算1985年、1990年及1995年的拉氏物價指數，以1985年為基期。

| 項目 | 1985 | | 1990 | | 1995 | |
|---|---|---|---|---|---|---|
| | 價格 | 數量 | 價格 | 數量 | 價格 | 數量 |
| 牛肉（每磅） | $1.24 | 175 | $1.62 | 126 | $1.37 | 115 |
| 香腸（每磅） | 1.69 | 8 | 2.39 | 6 | 1.93 | 5 |
| 培根（每磅） | 1.93 | 24 | 2.24 | 16 | 2.16 | 17 |
| 牛排（每磅） | 2.78 | 35 | 3.39 | 23 | 3.22 | 14 |

14.12以1985年為基期，利用問題14.11的資料計算1985年、1990年及1995年的裴氏物價指數。

14.13利用問題14.11與14.12的資料來計算1990年及1995年的費雪理想物價指數。

# 14.3 其他重要指數

● ● ● ● ● ● ● ● ● ● ● ● ● ● ● ● ● ● ● ● ● ● ● ● ● ● ● ● ● ● ● ● ● ● ● ● ● ● ● ● ● ●

到現在為止，我們一直把焦點放在物價指數上，除了以上介紹的物價指數外，還有其他類型的指數如：數量指數（quantity index），此外，還有幾種我們熟知且應用於企業界的指數也是值得做進一步詳細的介紹，這些指數中的三種分別為消費者物價指數（CPI）、生產者物價指數（PPI）、以及道瓊工業平均數（DJIA）。

## 數量指數

在過去某段時間裡，研究學者對於數量指數比物價來得有興趣，或是在物價之外會對數量指數同時納入考量，例如，在一項對食物以及家用商品的研究

中，研究學者可能比較想瞭解牛奶、麵包、水果、湯、以及其他物品的數量如何隨著時間而改變，生產量和消費量可能是經濟狀況重要的指標，如果我們把物價換成數量，數量指標就可以計算出來，簡單的數量指標可以從當期的數量除以基期的數量再乘以100計算出來：

$$I_i = \frac{Q_i}{Q_0}(100)$$

如果研究人員想要結合某一特定時期內的多種商品項目為單一測量值，綜合數量指數就可以派上用場。未加權綜合數量指數可以透過一個計算過程：將計算期的數種項目商品的數量加總，這個計算過程很像利用物價所計算出來的未加權綜合物價指數。

$$I_i = \frac{\sum Q_i}{\sum Q_0}(100)$$

加權綜合數量指數可以藉由拉氏或裴氏的方法加以計算，只要把式子中的Ps及Qs交換即可，拉氏著重於改變的數量，該方法使用基期的物價做為常數。

$$I_L = \frac{\sum Q_i P_0}{\sum Q_0 P_0}(100)$$

裴氏使用當期的物價（不是基期的物價）做為常數：

$$I_P = \frac{\sum Q_i P_i}{\sum Q_0 P_i}(100)$$

數量指數可以拿一個工業生產指數做為例子，表14.7列出了從1991到1993年之間幾種商品和生產品的工業生產指數。

| 產品 | 1991 | 1992 | 1993 |
|------|------|------|------|
| 煤 | 109.3 | 105.5 | 103.8 |
| 金屬礦產 | 156.7 | 161.8 | 167.6 |
| 電力設備 | 112.7 | 111.6 | 115.9 |
| 木材 | 90.5 | 96.4 | 100.6 |
| 家具 | 94.0 | 98.9 | 103.3 |
| 器具 | 105.4 | 104.3 | 104.0 |
| 服裝 | 91.8 | 92.6 | 93.1 |
| 石油 | 101.6 | 102.0 | 104.9 |
| 交通工具 | 94.8 | 105.0 | 120.7 |
| 鋼鐵 | 100.7 | 104.8 | 111.6 |

表14.7
工業產品生產指數的例子

# 消費者物價指數

消費者物價指數（CPI）是美國政府所發佈的數種經濟指標之一。這個普遍衡量消費者購買力的工具是都市薪水階級或所有消費者購買服務及商品市場籃的成本之相對測量值。

CPI最早在1919年發表，所計算用的資料是從1917至1919年間對藍領及白領階級家庭調查中獲得，CPI在1940、1953、1964、1978、1987年都有做過修改。

從1982至1984年消費者支出調查中，我們可以瞭解美國藍領階級所消費的產品項目以及產品的數量，從這些調查所收集的資料中，CPI指數就以1982到1984年做為新的基期重新計算。

美國勞工統計局公佈了兩種不同的CPI：CPI-U以及CPI-W，CPI-U根據所有的都市消費者而計算出，約佔80%的人口；CPI-W是根據都市的藍領階級與白領階級所計算出的，約佔32%的人口。CPI-U涵蓋了之前CPI所沒有涵蓋的團體，包含專業、經理人員以及技術人員、自營人員、短期勞工、失業人口以及退休人員。

目前的CPI是根據以下的消費項目，如食物、居住、燃料、運輸、一般醫療和牙醫、處方以及其他東西等的價格所計算的。資料是從美國國內超過57,000個家計單位以及19,000個團體蒐集而來，這些消費項目的賦稅也包含在計算內。

在決定CPI時，商品組合內各項目的權值可加入計算，用來表示該項目在消費總預算中所佔的比例和重要性。CPI在不同的地區都有計算以及公告，其中包含29個不同的區域。

CPI有數個重要的用途，其中之一是可衡量薪水階級的生活成本。美國就業人口中，有某部份是利用CPI來增減他們的薪資，當CPI增加時，工資就會隨之增加；將近有三百萬的勞工，其工資就是受CPI的影響。某些單位和公司則利用CPI來調整房租、權利金、贍養費、以及兒童扶養費以跟上波動的物價。數以萬計的美國人收入都受CPI的影響，因為CPI常用來調整社會安全福利金、軍公教退休金、食物和郵資津貼。例如，假設法院宣告父母必須每個月支付800元在兒童扶養費上，而當時CPI為基期(100)，如果CPI變成114，則兒童扶養費將增加為800(1.14)=912；CPI的另一個用途是做為通貨膨脹或成本增

加的經濟指標，企業、投資者、政府官員以及其他人可能利用CPI來協助做經濟上的決策。CPI的第三個用途是做為調整薪資的工具，這是因為會有通貨膨脹或通貨緊縮的可能，如果今年的CPI為140.2，而工人現在的工資是42500，則工人基期的工資應該是

$$\frac{\text{現在工資}}{\text{CPI}}100 = \frac{42,500}{140.2}100 = 30,314$$

如果今年的CPI是93.4，則工人的基期工資將為

$$\frac{\text{現在工資}}{\text{CPI}}100 = \frac{42,500}{93.4}100 = 45,503$$

表14.8顯示了三種不同商品在1970至1993年之間的消費者物價指數，這些指數的基期為1982-1984，這三種商品的CPI告訴我們從1970至1993年間物價是連續上漲的，圖14.1為這三種商品在這段期間內CPI值的MINITAB圖形。

# 生產者物價指數

生產者物價指數（PPI），正式名稱為躉售物價指數，是由美國勞工部的勞工統計處所公佈歷史最悠久的連續統計系列；生產者物價指數是由所有商品

| 年度 | 項目 | | |
|------|------|------|------|
|      | 食物 | 住宅 | 醫療保健 |
| 1970 | 39.2 | 36.4 | 34.0 |
| 1975 | 59.8 | 50.7 | 47.5 |
| 1980 | 86.8 | 81.1 | 74.9 |
| 1985 | 105.6 | 107.7 | 113.5 |
| 1986 | 109.0 | 110.9 | 122.0 |
| 1987 | 113.5 | 114.2 | 130.1 |
| 1988 | 118.2 | 118.5 | 138.6 |
| 1989 | 125.1 | 123.0 | 149.3 |
| 1990 | 132.4 | 128.5 | 162.8 |
| 1991 | 136.3 | 133.6 | 177.0 |
| 1992 | 137.9 | 137.5 | 190.1 |
| 1993 | 140.9 | 141.2 | 201.4 |

表14.8
1970-1993
年間，三種
商品的CPI

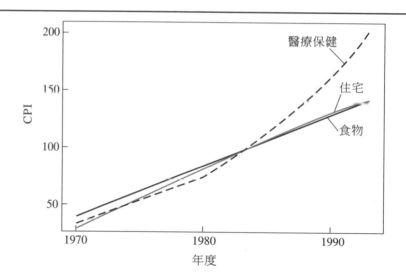

圖14.1
利用三種商
品在1970-
1993年間
的CPI值所
繪之MINI-
TAB圖形

所有生產階段的生產者所計算出的一種指數。這個指數在1962年、1978年及1988年被修訂。

就最近而言,生產者物價指數是基於3100種商品所計算出來的,價格的決定通常是指由賣方或對每一種商品製造商對大批數量的商品交易所開出的價格,或是指賣方在一個有組織的交易所或是中央市場所開出的價格。這個指數

表14.9
1960年至
1994年三
種商品價格
的生產者物
價指數

| 年度 | 商品 | | |
|------|------|------|------|
| | 皮革 | 大麥 | 煤 |
| 1960 | 30.1 | 51.2 | 17.9 |
| 1970 | 34.6 | 39.7 | 28.1 |
| 1980 | 99.8 | 108.3 | 87.4 |
| 1985 | 113.4 | 87.6 | 102.2 |
| 1986 | 122.9 | 76.3 | 100.8 |
| 1987 | 140.9 | 72.8 | 97.1 |
| 1988 | 167.5 | 93.7 | 95.4 |
| 1989 | 170.4 | 109.5 | 95.5 |
| 1990 | 177.5 | 87.6 | 97.5 |
| 1991 | 168.4 | 79.4 | 97.2 |
| 1992 | 163.7 | 98.5 | 95.0 |
| 1993 | 168.6 | 98.4 | 96.1 |
| 1994 | 179.6 | 104.8 | 96.7 |

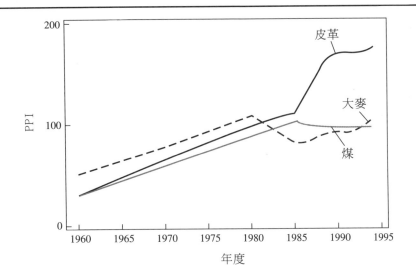

圖14.2
三個商品的
1960–1994
年間的生產
者物價指數
MINITAB
圖

代表了在美國生產或加工的商品的全部淨售價。以1982年爲基期可以恰巧符合1982年製造商的普查統計。

表14.9列出由1960至1994年間三種商品的生產者指數（PPI）。圖14.2是這三種商品的生產者物價指數迷你圖。

## 道瓊平均指數

道瓊公司公佈了四個指數可以用來偵測美國證券交易所的股票績效：30家工業公司股票的道瓊平均指數，20家運輸公司股票的道瓊平均指數，15家公益事業股票的道瓊平均指數，以及這65家股票的綜合指數。

20家運輸公司的道瓊平均指數是一種將20家運輸公司股票股價加以平均的指數。道瓊公益事業股價指數則是將15加公益事業的股票面值平均後的數值。

最有名的道瓊指數就是道瓊工業平均指數，是30家工業股票的平均價格。這個指數是最常使用也最常見於媒體的指數。表14.10列出1996年30家用來計算道瓊工業平均指數的公司。

第四種道瓊股票指數是一種綜合的平均指數，利用用在其他三種指數的65家股票價格來計算。還有許多其他的指數，「國際焦點」中列出11個國家的股票指數，「商業焦點」則討論了美國中型企業股票的新指數。

表14.10
建構道瓊工
業平均除數
（DJIA）的
公司(1996)

| | | |
|---|---|---|
| Allied Signal | Dupont | Minnesota Mining & Manufacturing |
| Alcoa | Eastman Kodak | J P Morgan |
| American Express | Exxon | Phillip Morris |
| AT&T | General Electric | Proctor & Gamble |
| Bethlehem Steel | General Motors | Sears |
| Boeing | Goodyear | Texaco |
| Caterpillar | IBM | Union Carbide |
| Chevron | International Paper | United Tech |
| Coca Cola | McDonald's | Westinghouse |
| Disney | Merck | Woolworth |

全球焦點

# 國際股票市場指標

在美國，許多指數已經被用做爲股票市場的指標。在一般大衆中，最有名的就是道瓊工業指數。
許多其他的國家有股票市場，也有股票市場指數。以下列出數例。

| 國家 | 指數 |
|---|---|
| 澳大利亞 | Sydney All Ordinaries |
| 英國 | FT-SE 100 |
| 加拿大 | Toronto 300 |
| 法國 | CAC-40 Index |
| 德國 | DAX Index |
| 香港 | Hang Seng Index |
| 墨西哥 | Bolsa Mexicana de Valores Index |
| 荷蘭 | CBS General |
| 新加坡 | Straits Times Index |
| 西班牙 | Madrid General |
| 瑞士 | Credit Suisse |

愈來愈多的投資人將其資金轉移至全球股票市場中。當全球經濟變得愈來愈相互依賴時，發展全球市場動態的指標亦日益迫切。此類指標之一即20家全球証交所的摩根史坦利全球資金指數（Morgan Stanley Capital International's index）。

# 道瓊工業平均除數

　　理論上，每一個道瓊指數代表了指數內各家公司的平均股價，因此30家公司的道瓊工業平均除數（DJIA）就是以30家公司的股價來計算且此指數的除數應為30。然而，道瓊工業平均除數用了超過500家公司的股價。而計算中分母卻小於一，為什麼呢？

　　道瓊工業平均除數(DJIA)在1897年第一次被提出時是12種股票的平均價格，這個指數是將12種股票的價格相加後再除以12，然而，當公司股票開始分割，簡單的平均12個股價就無法滿足了。如果一個公司的股票分割，則公司股份數為原本的兩倍，但是每一股的價格將會只有分割前股價的一半；為了計算這種情形，道瓊指數會將公司的價格加權2倍（為分割股票）做為分子，這樣才能使公司整體的股票價值在計算時保持相同，當股票開始分割，很明顯的是：這個方法以分割數目加權股票價格是很有用的。在1928年，這個方法被摒棄而改用今日所採用的方式。

　　目前所採用的方式就是在公司股票分割前的道瓊工業平均除數（DJIA），分子也包含了股票分割後的新股價且也使用了新的分母（除數）。舉例而言，假設某一個指數是由三家公司的股價所構成，而他們的股票分別價值$5.00、$12.00及$13.00，那麼這三數所構成的股票指數將是(5.00+12.00+13.00)/3=$10.00。假設第一家公司（$5.00）的股票分割，股票價格跌落為2.5，新的除數（分母）會因為股票分割而產生，新的股票價格也就是分割後的股票價格，而指數必須與分割前的數值相等（$10.00），因此可以算出新的分母，舉例來說

$$\frac{2.50+12.00+13.00}{X}=10.00$$

　　解出等式中的X將是一個新值為2.75，而不是3。每當股票開始分割時，新的分母（除數）就會產生。

　　到1996年春天為止，對30家公司而言，道瓊工業平均除數DJIA的除數為0.346而不是30，因此道瓊工業平均除數DJIA不再只是30家股票價格的簡單加權平均。當1980年代除數跌落低於1時，除數實際上變成一種乘數。當指數低於0.5時，30家股票中的任何一種股票只要跌一點就能造成指數邊跌超過60點；有一些分析師所關心的是投資人對道瓊工業平均除數DJIA的波動可能過度反應，投資人與研究人員應記得道瓊指數，就部份而言，只是他們計算的一種工具；到1996年春天為止，20家運輸公司股票的除數為0.519，而15家公益事業股票的除數為1.789。

## 其他指數

其他指數還有許多其他的經濟指標被許多分析師所使用，例如，生活費用指標、進口價格指標、出口價格指標、雇傭成本指標、農作物進口指標、農作物出口指標、工業產品生產量指標、食品生產量指標、製造業產能指標、小時賠償費指標、飛機航線成本指標以及其他等等。

以這些指標舉例而言，製造業產能指標是一種計算工具，它能表現出以現有在製造業的工廠設備所能夠製造的產山數量，有一些產業包含在這個指數中，例如，紡織、木材、石油、橡膠、玻璃、金屬、化學、食品、酒、服飾、家具以及機械。表14.11提供給我們從1950至1994年爲止，該指數的數值。

## 基期

計算指標的一個重要決定就是以哪一段時間做爲基期，對於一組指標數目的整體印象與可溝通的資料在某種程度而言是基期的一個函數。因爲選定做爲基期的時期之指標數目爲100，這一段時期將呈現出穩定；因此如果1970年的價格爲資料中價格最低的一年，且1970年被選爲基期，1970年看起來將是正常的而其他時期將看起來是波動的。

基期的選定應該依靠經濟因素或使用者所試圖傳達的特殊觀點，我們的建議是基期最好不要選過去太遠的時期，因爲時代的改變且指數的使用者可能無法證明遙遠的時期與現在有關。

表14.11
製造業產能
指數：1950
年至1994年

| 年度 | 指數* |
|------|------|
| 1950 | 29 |
| 1960 | 44 |
| 1965 | 54 |
| 1970 | 71 |
| 1975 | 84 |
| 1980 | 98 |
| 1985 | 115 |
| 1990 | 132 |
| 1994 | 144 |

*以1987年爲基期。

決策難題解決之道

# 有線電視的成長

在「決策難題」資料中列出有線電視收視戶數目隨時間的成長,透過原始資料的觀察可以知道有線電視收視戶的數目由二十五萬到超過五千萬;從原始資料中所給數目的大小,觀察這35年的趨勢有一點讓人沮喪,但這些資料是計算指數的必要條件。

簡單指數可以從這些資料中選定某一段時間為基期,以每一年系統業者數目除以基期的系統業者數目,再將這個比率乘以100。一個問題就是以哪一年做為基期。以這些資料而以不同的三年做為基期所求出的指數列於下列附表中。注意,1955年是資料記錄的第一年,若以此年做為基期,指數快速上升且因為快速上升而變得很大;因為指數的規模很大,使解釋後幾年這些指數變得相當困難。以1970年做基期提供了對這些資料較合理的觀點,然而,以1980年為基期我們更可以明顯的看出系統業者的數目在過去十年快速成長(幾近三倍)且同時看到從1955到1980年系統業者數目的演變,以1980年為基期也正好符合其他美國政府在1980年代早期一些指標的資料。

### 1955至1993年有線電視收視戶之指數

| 年度 | 1955 | 1970 | 1980 |
|------|------|------|------|
| 1955 | 100 | 4.9 | 1.4 |
| 1960 | 300 | 14.7 | 4.2 |
| 1965 | 600 | 29.4 | 8.5 |
| 1970 | 2,040 | 100.0 | 28.8 |
| 1975 | 3,920 | 192.2 | 55.4 |
| 1976 | 4,320 | 211.8 | 61.0 |
| 1977 | 4,880 | 239.2 | 68.9 |
| 1978 | 5,360 | 262.7 | 75.7 |
| 1979 | 5,920 | 290.2 | 83.6 |
| 1980 | 7,080 | 347.1 | 100.0 |
| 1981 | 9,280 | 454.9 | 133.9 |
| 1982 | 11,720 | 574.5 | 165.5 |
| 1983 | 13,640 | 668.6 | 192.7 |
| 1984 | 14,920 | 731.4 | 210.7 |
| 1985 | 15,960 | 782.4 | 225.4 |
| 1986 | 16,880 | 827.5 | 238.4 |

| 年度 | 1955 | 1970 | 1980 |
|------|------|------|------|
| 1987 | 18,000 | 882.4 | 254.2 |
| 1988 | 19,600 | 960.8 | 276.8 |
| 1989 | 21,040 | 1,031.4 | 297.2 |
| 1990 | 21,960 | 1,076.5 | 310.2 |
| 1991 | 22,320 | 1,094.1 | 315.3 |
| 1992 | 22,880 | 1,121.6 | 323.2 |
| 1993 | 23,520 | 1,152.9 | 332.2 |

# 結語

●●●●●●●●●●●●●●●●●●●●●●●●●●●●●●●●●●●●●●●●●●●●●●●●●●●●

　　在商業上常會產生一段時間內大量有用的資料做為一些變數；如成本、物價、生產或購買的數量。透過比較不同時期間內這些變數的測量值來觀察不同期間的差異與趨勢是很有用的。以原始資料比較各段期間內的測量值是很讓人失望且很困難的，透過這些指數的使用，原始資料可以被轉換為更能夠相互比較的數字，簡單指數的計算是以一特定期間的原始資料值比上原始資料中基期的值，然後再將比率乘以100。基期的指標數目被定為100。

　　簡單指數只能用來表示一個項目在一段期間，一個企業的特定某一方面，有時候比較有用的方法是同時分析數個項目在企業的特定某一方面，尤其是在物價指數方面；未加權的綜合物價指數是加總一段時間內幾種項目的產品價格，比上基期內相同項目的產品價格加總，然後再將比率乘以100。在簡單物價指數中這個方法的優點是指數中包含了數種項目的產品，而因此隨時間指數能更具有商業代表性。然而，未加權的綜合物價指數使每一項產品在商業中有相同的比重，但實際上大部份的產品項目在一段時期的使用量不相同，為此，加權綜合物價指數被發展出來。

　　加權的綜合物價指數是一種指數，它是利用幾種產品價格並以各種產品的使用量來加權，而一個進退兩難的問題是使用數量加權。在計算中，以哪一種數量種類加權，是加權在當期或加權在基期呢？為回答這個問題，有三種類型的加權綜合物價指數被發展出來：拉氏物價指數、裴氏物價指數、以及費雪理想物價指數。

拉氏物價指數在所有的計算中使用基期的數量加權值，這個方法的優點是比較一段時期內拉氏物價指數比較合理，且新的數量就不必每一次重新決定，但缺點就是基期的數量未必能保證其他期間的數量也相同。

　　裴氏物價指數，則是以目前當期的數量，做為當期及基期數量的加權計算。這個方法的優點之一就是計算中總是能包含當期的數量值，但缺點之一就是這個方法很花錢，而且也不太可能去找出每一個時期內重新決定的數量值。

　　費雪理想物價指數則是針對一段特定期間將拉氏物價指數以及裴氏物價指數相乘後再開根號，這個方法的優點之一是它的數學性質很吸引經濟學家，因為在費雪理想物價指數中包含了裴氏物價指數，因此費雪理想物價指數也承襲了裴氏物價指數相同的缺點。

　　另一種型態的指數是數量指數，這些指數通常用於研究人員主要有興趣於觀察多時期的數量行為，數量指數的決定相當類似於價格指數。加權數量指數通常以價格做為權數，拉氏物價指數及裴氏物價指數也可應用於數量指數，只是將數量與價格的角色互換。

　　這兒有一些有名的指數如消費者物價指數、生產者物價指數、及道瓊平均指數。消費者物價指數由美國政府所統計，做為一個經濟的指標。消費者物價指數乃基於一籃子的商品及消費者所購買的勞務而定。生產者物價指數，正式的名稱為躉售物價指數，是指生產者對商品接受價格的指數，通常它是基於3100項商品而定。

　　道瓊指數有四種。最普及的就是由30家工業所構成的道瓊平均指數，它是基於30家領導地位的工業公司的股票價格而定。還有20家運輸公司股票價格的道瓊平均指數，15家公益事業公司股票的道瓊平均指數，以及包含前三種指數所使用的65家公司的股票價格所構成道瓊綜合指數。

　　基期的選擇是一個很重要的決定，它也會改變指數的外貌。經濟因素以及其所傳達的觀點也是決定基期選擇的決定因素之一。

# 重要辭彙

●●●●●●●●●●●●●●●●●●●●●●●●●●●●●●●●●●●●●●●●●●●●●●●●●●●●●●

消費者物價指數　　　　生產者物價指數　　　　道瓊平均指數　　　簡單指數

費雪理想物價指數　　　未加權綜合物價指數　　　指數　　　　　裴氏物價指數
加權綜合物價指數　　　拉氏物價指數

# 公式

．．．．．．．．．．．．．．．．．．．．．．．．．．．．．．．．．．．．．．．．．．

簡單指數

$$I_i = \frac{X_i}{X_0}(100)$$

未加權綜合物價指數

$$I_i = \frac{\sum P_i}{\sum P_0}(100)$$

拉氏物價指數

$$I_L = \frac{\sum P_i Q_0}{\sum P_0 Q_0}(100)$$

費雪理想指數

$$I_F = \sqrt{I_L \cdot I_P}$$

裴氏物價指數

$$I_P = \frac{\sum P_i Q_i}{\sum P_0 Q_i}(100)$$

個案

# 小克拉克森公司

．．．．．．．．．．．．．．．．．．．．．．．．．．．．．．．．．．．．．．．．．．

　　小克拉克森公司（The J. R. Clarkson Company）是一家生產工業用調節閥的製造公司，位於內華達州的火星鎮（Sparks）。這個公司是由羅柏特。小克拉克森（J. R. Clarkson）於1950年所建立的，他目前擔任公司董事長，他的兒子克提斯。克拉克森

Curtis W. Clarkson目前是公司的總裁。

　　該公司曾經經歷一段艱辛的時光，在那段時間中，公司內根本沒有任何生產計畫，公司也沒有一套評估系統來決定需求和設備供應程度之間的關係，在行銷和製造部門之間的聯繫更是缺乏，製造上的先後次序是採取先進先出法（first-in first-out），或是「誰叫得最大聲，誰就先做」。

　　來自客戶和經銷商的抱怨都是相同的；一項調查指出克拉克森只有40%的準時交貨率，該公司之所以可以繼續經營是因為他們生產的東西都是第一流的，而客戶也願意等待這些過期的訂單交貨。

　　公司高層瞭解到仍有新市場可以開發，但卻覺得他們無法有效率地交貨，而為瞭解決這個問題，在專案小組研究過可用的電腦軟硬體資源後，克拉克森裝置了一套「製造資源規劃系統」。

　　目前克拉克森已經跟以前的經營狀況大相逕庭：資料現在可以在各部門間共享，行銷人員用來預測需求，而製造部經理用來確認產能和原料足夠生產，工程人員也可以決定設計出的產品是否能符合特定用途，高層經理能決定生產規劃和公司的政策是否一致，財務經理則能提供關於財務資源的供應程度以協助達成目標。

　　在克拉克森，供給和需求已經結合在一起，主要的排程計畫都根據銷售預測來規劃，因為有各種成本的資料可供分析，定價也變得更穩定。公司也逐漸自行生產所需的零件，因為公司主管認為自行製造所付出的成本和供應商所供應的價格相同，這方式讓公司在交貨方面更有彈性也更具時效性。

　　某些成本已經降低，這是因為克拉克森的採購員能夠利用更好的排程和規劃進行大量採購，並因而得到數量折扣優惠，自從合作式排程和規劃系統建置後，訂購的前置時間已經從6至8週降低為2週，準時交貨率也提高至95%，銷售金額也加倍成長至一千兩百萬美元左右，存貨則降低了30%。

## 討論

　　克拉克森公司一直設法要降低存貨。藉由更有效率的管理以及和原料供應商密切的配合，克拉克森降低了30%的存貨成本，假設下表的指數代表過去十年內的存貨，研讀這些數字並討論這些存貨對克拉克森有何含意，哪一年是基期？如果有任何趨勢在裡面的話，請指出。

| 年 | 指數 |
|---|---|
| 1 | 100.0 |
| 2 | 97.2 |
| 3 | 104.5 |
| 4 | 105.5 |
| 5 | 99.0 |
| 6 | 91.0 |
| 7 | 94.8 |
| 8 | 90.0 |
| 9 | 85.8 |
| 10 | 69.7 |

假設下表顯示克拉克森公司過去25年的總銷售情形，使用指數來表示這些資料，選擇三種不同的基期（一年、十二年、二十五年）並注意這些指數個別如何變化，利用指數來討論這些銷售數據。

| 年 | 銷售額 | 年 | 銷售額 |
|---|---|---|---|
| 1 | $4.9（百萬） | 14 | $6.3（百萬） |
| 2 | 5.1 | 15 | 6.1 |
| 3 | 5.3 | 16 | 6.0 |
| 4 | 5.5 | 17 | 7.1 |
| 5 | 5.4 | 18 | 7.6 |
| 6 | 5.6 | 19 | 8.3 |
| 7 | 5.8 | 20 | 9.0 |
| 8 | 6.2 | 21 | 9.8 |
| 9 | 5.9 | 22 | 10.3 |
| 10 | 6.0 | 23 | 10.7 |
| 11 | 6.2 | 24 | 11.6 |
| 12 | 6.5 | 25 | 12.1 |
| 13 | 6.4 | | |

假設下表顯示克拉克森過去25年內大型調節閥的生產數據，使用指數來表示這些資料，並從這些指數中歸納資料。

| 年 | 生產量 | 年 | 生產量 |
|---|---|---|---|
| 1 | 97 | 14 | 263 |
| 2 | 112 | 15 | 274 |
| 3 | 107 | 16 | 301 |
| 4 | 129 | 17 | 284 |
| 5 | 134 | 18 | 273 |

| 年 | 生產量 | 年 | 生產量 |
|---|---|---|---|
| 6 | 157 | 19 | 198 |
| 7 | 169 | 20 | 204 |
| 8 | 182 | 21 | 167 |
| 9 | 209 | 22 | 188 |
| 10 | 228 | 23 | 195 |
| 11 | 243 | 24 | 170 |
| 12 | 219 | 25 | 165 |
| 13 | 246 | | |

在最近幾年中，克拉克森的準時交貨率已經變成95%，研究下列的資料，這些是過去25年內的準時交貨率，把這些資料換算成指數可能會比較沒有分析價值。為什麼？

| 年 | 準時交貨率 | 年 | 準時交貨率 |
|---|---|---|---|
| 1 | 40% | 14 | 69% |
| 2 | 43 | 15 | 73 |
| 3 | 42 | 16 | 72 |
| 4 | 47 | 17 | 77 |
| 5 | 48 | 18 | 80 |
| 6 | 55 | 19 | 83 |
| 7 | 53 | 20 | 79 |
| 8 | 52 | 21 | 78 |
| 9 | 49 | 22 | 84 |
| 10 | 53 | 23 | 86 |
| 11 | 50 | 24 | 91 |
| 12 | 59 | 25 | 95 |
| 13 | 67 | | |

假設克拉克森生產六種不同的調節閥，以下的表列出了1994、1995、1996年中每一種的數量以及市場上販售的價格，使用裴氏物價指數，並用1994年為基期來分析這些資料。

| 項目 | 1994 價 | 1994 量 | 1995 價 | 1995 量 | 1996 價 | 1996 量 |
|---|---|---|---|---|---|---|
| 安全調節閥 | $247 | 1747 | $253 | 1521 | $268 | 1486 |
| 蝴蝶調節閥 | 62 | 9640 | 60 | 9432 | 59 | 9899 |
| 畢剝調節閥 | 87 | 5064 | 90 | 5987 | 99 | 6321 |
| 易滑調節閥 | 109 | 3502 | 115 | 3789 | 121 | 3528 |
| 菌狀調節閥 | 397 | 2983 | 408 | 2501 | 427 | 2468 |
| 細針調節閥 | 285 | 1984 | 285 | 2182 | 297 | 1781 |

# 指數

　　指數是一種敘述統計，它可能被誤用來代表趨勢、觀念、及商業資料。一個研究人員可能有意或無意間不正確地使用指數，也因此傳達出不正確的商業事實。

　　指數最重要的層面之一在於基期，大部份的商業都循著它的商業週期在進行，研究人員若選擇了低值的一年為基期，則當期的值將會被浮誇。同樣的，選擇高價或大量的一年做為基期，其它的年度將顯得相對較低。

　　在建立綜合指數時，選擇商品項目是很重要的，選擇一個不重要的項目或傾向某類型的項目時，都可能使指數有偏頗。舉列來說，在計算10項商品的家庭物價指數時，研究人員可能使用6項運輸商品項目，而使指數偏向運輸項目，但實際上運輸項目商品可能只佔了家庭預算的20%。很合理的就是指數不可能包含了一個工廠或企業體所有的項目，指數變成一種推論統計，因為要決定選擇少量的樣品來代表全部。選擇代表性的項目是很重要的。

　　指數並未考慮科技的進步或指數選定項目品質的改善，對不能比較的項目比較價格與數量是最不可靠也最不合理的。最好的例子即掌上型攝影機，由於它價格降低了，使用量自然較從前多，但我們如何比較今天與10年或15年前的計算機或電腦設備呢？

　　在物價指數計算中，我們要用什麼價格呢？是用蠆售價格或是用零售價格呢？價格所代表的是國家（或世界）的什麼區域呢？所選定商品的價格是代表百貨公司價還是工廠銷售價或是折扣商店價呢？這個價格是代表東北部、西部、南部、或是中西部的價格呢？

　　價格的選擇連同其他變數都可能被用來反應分析師的觀點，許多這些方法可能被視為不道德的行為。

# 第15章

預測及時間序列

在本章裡，我們將討論企業中預測的一般用途、數個可用以進行企業預測的工具，以及時間序列資料的本質，從而使你能夠：

1. 對以迴歸爲基礎的預測技術及時間序列預測技術能有大體的瞭解並區分兩者之差異。
2. 瞭解數種衡量預測誤差的方法。
3. 瞭解迴歸模型如何被使用在趨勢分析中。
4. 學習如何將時間序列分解爲數個要素，並用分解技術加以預測。
5. 瞭解數種時間序列技術，其中包含平均模型及指數平滑模型。
6. 瞭解自身相關的意義及其檢定方法。
7. 瞭解預測中的自身相關。

---

決策難題

# 銀行信用卡利率走向爲何？

借款或貸款雙方都希望能夠預測銀行信用卡利率的走勢。在1989年和1991年之間，美國的基本利率由11.5%下跌至7.5%。在1992年，基本利率又下降到6.0%。在這段時間內，大多數授權存款的利率也應聲下跌。

然而，在同一時期內，放款機構主要的信用卡對於消費者收取的利息卻只有小幅些微的降低。1992年末，銀行信用卡的使用收費仍然維持在年利率19.8%左右。

自1992年至1995年之間，銀行信用卡年利率有小幅下滑的跡象，但仍然維持在18%左右。現在，銀行信用卡3500億負債中有超過2250億是直接與基本利率相關。較低的基本利率會導致相關的銀行信用卡利率下跌，但在過去並未發生信用卡與基本利率關係如此密切的情形發生。銀行信用卡負債中有500億以上與其他某些變數相關，例如國庫券、折扣率及商業本票利率。銀行可能用降低利率但增加年費的方式作爲抵銷。許多州政府對於銀行信用卡收費利率都有限制。例如，北卡羅萊納州舊有利率上限18%，最高年費美金24元的限制。某些州沒有限制，也因而吸引更多信用卡的發行。

是什麼影響了銀行信用卡利率的高低？是基本利率嗎？這僅是市場所產生的嗎？下列是一些顯示銀行信用卡APR（年度百分利率）及基本利率的時間序列資料。我們可以用這些資料預測未來幾年的APR嗎？

| 年度 | 年度百分利率 | 基本利息 |
|------|------------|---------|
| 1976 | 17.16% | 8.00% |
| 1977 | 17.16 | 7.00 |
| 1978 | 16.89 | 7.00 |
| 1979 | 17.03 | 9.50 |
| 1980 | 17.03 | 13.00 |
| 1981 | 17.31 | 15.50 |
| 1982 | 17.78 | 19.00 |
| 1983 | 18.51 | 15.00 |
| 1984 | 18.78 | 11.00 |
| 1985 | 18.77 | 12.00 |
| 1986 | 18.70 | 10.00 |
| 1987 | 18.73 | 8.00 |
| 1988 | 18.03 | 8.75 |
| 1989 | 18.09 | 10.50 |
| 1990 | 18.42 | 10.50 |
| 1991 | 18.42 | 10.00 |
| 1992 | 17.95 | 6.60 |

管理及統計上的問題

1.如何進行對利率的預測？

2.哪些是和信用卡利率相關的變數？

3.信用卡利率是否可以透過時間序列資料加以預測？哪種時間序列技術在預測這些利率時會產生最佳的結果？

4.研究者應如何衡量信用卡利率預測模型的誤差？

5.如果一個預測模型被建立以預測信用卡利率，該模型對未來多久的預測是有效的？

　　預測是一種去推測未來將發生什麼的意圖。它對於企業界而言非常重要，因爲企業的成功通常有賴於決策者有能力去探知未來將發生的事情。幾乎每一天，企業的決策都是基於對下列事物的估計或預測：

1.一個產品的市場：規模、地點及需求。

2.科技上的創新：新產品與新製程。

3.財務環境：利率、資金流通程度及投資環境。

4.政府及法規態勢。

5.競爭。

6.勞動供給。

預測可以用於推測信用卡利率,如同在決策兩難中所討論到的,或者去預測在更為統一的歐洲建立之後,歐洲共同體所發生的經濟現象。企業專題討論用金屬碎屑價格去預測產業經濟的體質。預測可以用於推測明天甚至於未來數年的現象。有許多不同的預測技術可適用於決策者,但卻都不完美並受限於誤差。在本章中,我們將瀏覽許多預測的方法。

# 15.1　簡介預測

事實上在每天當中,報紙和新聞的內容中都包含了一些由預測技巧得到的結論。快速的瀏覽華爾街日報文章中所討論的一些問題,我們可以發現一些和預測相關的概念:

1.透過鐵質的攝取量去預測一個人患有心臟病的傾向是可能的。

2.一個日本商人在東南亞地區的零售上有非凡的成功,因為他預測那裡的市場正在崛起。

3.一個完整農業地帶的恢復將花去一些時間。

4.當冬天接近,天然瓦斯價格預期將會上漲。

5.商品售價正對最近可能的經濟復甦傳達蕭條的訊息。

這些和研究相關的個人和組織如何得到這些結論?他們使用了哪些預測技術?

本章中所提出的預測技術可以被分為兩種主要的型態:以迴歸為基礎的預測技術以及時間序列技術。

以迴歸為基礎的預測技術是基於一個變數可以被至少另外一個變數所推估或預測的假定。用這個方法,資料透過這些變數而蒐集,迴歸模型也被建立起來,透過其他一個或多個變數去預測某一特定變數。以迴歸為基礎的預測技術在第十二章及第十三章中已經提到,因此不在這裡詳細討論。

在給定的特性、經過固定時間、規律的時間間隔之下所收集的資料即爲時間序列資料。時間序列預測技術試圖藉由檢視前一段時間的模式、循環或趨勢去解釋隨時間的改變並預測未來某段時間的結果。時間序列方法包括了原始法、平均、平滑、以及分解出可能的時間序列因素，在接下來的部份將會一一詳細討論。

# 15.2　預測誤差之衡量

· · · · · · · · · · · · · · · · · · · · · · · · · · · · · · · · · ·

在本章中將介紹幾種會產生不同預測結果的預測技術。一個決策者如何知道哪種預測技術在預測未來時可以獲致最佳的效果？其中一種方法是比較預測值與實際值以確定技術程序誤差的量。個別誤差的檢測指引了預測的正確性。然而這樣的程序卻可能是冗長繁複的，尤其是對龐大的資料群，通常一個單一的針對所有預測誤差的衡量對資料群而言是必須的。許多方法都可以用於計算預測誤差。如何選擇端視預測人員之目標、對該技術的瞭解程度以及該模型用電腦預測軟體算出的誤差大小而定。有幾種技術可以用於整體誤差，包括了平均誤差（ME）、平均絕對偏誤（MAD）、平均平方誤差（MSE）、平均百分比誤差（MPE），以及平均絕對百分比誤差（MAPE）。

## 誤差

個別預測之誤差是實際值與預測值之間的差距。

| |
|---|
| $$e_t = X_t - F_t$$ 　　　　　　　　　　　　　　　　　　　　　　*預測之誤差*<br><br>其中：<br>　　　　$e_t$ =預測之誤差<br>　　　　$X_t$ =實際值<br>　　　　$F_t$ =預測值 |

# 平均誤差（ME）

計算整體誤差的方法之一為平均誤差（ME）。平均誤差是對一組資料之所有預測誤差的平均。計算平均誤差的公式如下：

| 平均誤差 | |
|---|---|
| | $$ME = \frac{\sum e_i}{預測次數}$$ |
| | 其中： |
| | $e_i =$ 第 $i$ 個值的預測誤差 |

正如同公式所指出，平均誤差是決定於所有預測誤差之加總除以預測次數。當然，這產生了平均誤差（或稱為中位誤差）。平均誤差有一個有趣的概念，如果預測有高於或低於實際值，產生了正值和負值的誤差，平均誤差將包含一些因為正負值相抵消的作用。在這種情形下，其結果是平均誤差小於預測誤差「大小」的平均。因為這種效果，ME可能會低估整體衡量的誤差。

表15.1包含了11年期的非農業合夥稅收數目（以1000為單位），由美國財政部之資料所摘錄。預測所用的技術在後面幾章會被介紹，個別預測誤差已經被計算出來，預測值及其誤差一併顯示於表15.1中。

表15.1
非農業合夥
稅收

| 年 | 實際值 | 預測值 | 誤差 |
|---|---|---|---|
| 1 | 1402 | — | — |
| 2 | 1458 | 1402 | 56.0 |
| 3 | 1553 | 1441.2 | 111.8 |
| 4 | 1613 | 1519.5 | 93.5 |
| 5 | 1676 | 1585.0 | 91.0 |
| 6 | 1755 | 1648.7 | 106.3 |
| 7 | 1807 | 1723.1 | 83.9 |
| 8 | 1824 | 1781.8 | 42.2 |
| 9 | 1826 | 1811.3 | 14.7 |
| 10 | 1780 | 1821.6 | −41.6 |
| 11 | 1759 | 1792.5 | −33.5 |

# 以金屬碎屑價格預測經濟？

經濟學家經常在尋找一個有效的經濟指標。預測人員已經篩選了油價指標（如西德州原油）、全球黃金市場價格、道瓊工業指數、政府公佈指標，以及其他實際上可能在某方面與經濟狀況有關的因素。

你相信金屬碎屑價格在美國是廣爲使用的經濟指標嗎？幾個知名且經驗豐富的經濟預測人員，如聯邦儲備金主席亞倫‧葛林斯班（Alan Greenspan），以及曼哈頓銀行集團的首席市場分析師唐諾‧范恩（Downal Fine），他們都相信金屬碎屑價格是產業經濟的良好指標。

金屬碎屑是剩餘的銅、鋼、鋁以及其他金屬。金屬碎屑是產業活動的良好指標，因爲當製造活動增加時，對金屬碎屑的需求也會隨之增加，其價格也會隨之上漲。唐諾‧范恩說：「金屬碎屑是生產鍊的開始」，因此對其需求的增加就是增加生產製造的指標。范恩繼續談到，比起許多政府數據，金屬碎屑在許多時候會是預測經濟未來走向更好的指標。在某些情形下，即使當政府的評估指出景氣復甦，金屬碎屑價格仍可以正確的預言事實上經濟並未呈現復甦。

表15.1資料之平均誤差計算如下：

$$ME = (56.0 + 111.8 + 93.5 + 91.0 + 106.3 + 83.9$$
$$+ 42.2 + 14.7 - 41.6 - 33.5)/10$$
$$= 52.4$$

# 平均絕對偏差

表15.1的資料顯示預測誤差中有些爲正、有些爲負。其中的負值41.6，33.5也包含在ME的計算當中，而導致其總和之減少。

在某些情形下，預測人員可能傾向檢視預測誤差的大小而忽略其方向。

平均絕對偏誤（MAD）是誤差之絕對值的中位數或平均值。

$$MAD = \frac{\sum |e_i|}{預測次數}$$

平均絕對偏差

當然，由於採用了誤差的絕對值，我們不需要去考慮正負值相抵消的效應。表15.1中預測誤差的平均絕對偏誤可以計算如下：

$$MAD = (|56.0| + |111.8| + |93.5| + |91.0| + |106.3| + |83.9|$$
$$+ |42.2| + |14.7| + |-41.6| + |-33.5|)/10$$
$$= 67.5$$

我們可以看到在相同的資料之下，此MAD值會大於ME值。

## 平均平方誤差（MSE）

MSE是另一個能避免正負誤差相抵消問題的方法。MSE的計算是將各個誤差加以平方（以產生正值），並將平方誤差加以平均。下列的公式有更正式的表達：

| 平均平方誤差 | $$MSE = \frac{\sum e_i^2}{預測次數}$$ |
|---|---|

表15.1中誤差的MSE值可以計算如下。

$$MSE = [(56.0)^2 + (111.8)^2 + (93.5)^2 + (91.0)^2 + (106.3)^2 + (83.9)^2$$
$$+ (42.2)^2 + (14.7)^2 + (-41.6)^2 + (-33.5)^2]/10$$
$$= 55,847.1/10 = 5584.7$$

## 平均百分比誤差（MPE）

在決策中，檢視原始值或原始誤差值的平均有時可能會被誤導而失去價值。部份的預測者喜歡用誤差佔實際值之百分比而不用原始誤差。百分比誤差（PE）是誤差佔實際值的比例再乘以100。

| 百分比誤差 | $$PE = \frac{e_i}{X_i}(100)$$ |
|---|---|

這些百分比誤差的平均即為平均百分比誤差。

| 平均百分比誤差 | $$MPE = \frac{\sum\left(\frac{e_i}{X_i} \cdot 100\right)}{預測次數}$$ |
|---|---|

計算表15.1中誤差的ME值，結果如下：

$$
\begin{aligned}
\text{MPE} = [&(56.0/1458)(100) + (111.8/1553)(100) \\
&+ (93.5/1613)(100) + (91.0/1676)(100) \\
&+ (106.3/1755)(100) + (83.9/1807)(100) \\
&+ (42.2/1824)(100) + (14.7/1826)(100) \\
&+ (-41.6/1780)(100) + (-33.5/1759)(100)]/10 \\
= &\ 3.2\%
\end{aligned}
$$

非農業合夥企業資料預測的平均百分比誤差為3.2%。

# 平均絕對百分比誤差（MAPE）

MPE計算包括兩個負的百分比誤差，抵消了正的百分比誤差之總和的一部份，結果導致了一個較小的MPE值。此一抵消的效果可以透過平均絕對百分比誤差的計算而加以避免。MAPE是百分比誤差之絕對值的平均。

$$
\text{MAPE} = \frac{\sum\left(\dfrac{|e_i|}{X_i} \cdot 100\right)}{\text{預測次數}}
$$

平均絕對百分比誤差

表15.1中誤差的MAPE值可以計算如下：

$$
\begin{aligned}
\text{MAPE} = [&(|56.0|/1458)(100) + (|111.8|/1553)(100) \\
&+ (|93.5|/1613)(100) + (|91.0|/1676)(100) \\
&+ (|106.3|/1755)(100) + (|83.9|/1807)(100) \\
&+ (|42.2|/1824)(100) + (|14.7|/1826)(100) \\
&+ (|-41.6|/1780)(100) + (|-33.5|/1759)(100)]/10 \\
= &\ 4.0\%
\end{aligned}
$$

我們可以看到此值大於MPE值（3.2%）。當誤差被視為百分比時，預測人員可以選用MPE或MAPE。

---

下列表中提供了美國自1984年到1993年每年生產工人的數目（單位　例題15.1 100,000人），該資料出自美國商務部所出版的1993年製造業年度調查：產業

群及產業之統計數據。這些資料的MINITAB圖表如下所示。預測所用的技術將在本章中陸續介紹。預測誤差連同資料與預測值給定如下表。請計算這些資料的ME、MAD、MSE、MPE以及MAPE值。

| 年度 | 工人數目 | 預測值 | 誤差 |
|---|---|---|---|
| 1984 | 12.57 | — | |
| 1985 | 12.17 | 12.57 | −.40 |
| 1986 | 11.77 | 12.45 | −.68 |
| 1987 | 12.24 | 12.25 | −.01 |
| 1988 | 12.40 | 12.24 | .16 |
| 1989 | 12.34 | 12.29 | .05 |
| 1990 | 12.13 | 12.31 | −.18 |
| 1991 | 11.51 | 12.25 | −.74 |
| 1992 | 11.65 | 12.03 | −.38 |
| 1993 | 11.73 | 11.92 | −.19 |

解答

$$ME = \frac{(-.40 - .68 - .01 + .16 + .05 - .18 - .74 - .38 - .19)}{9} = -.26$$

$$MAD = \frac{(|-.40| + |-.68| + |-.01| + |.16| + |.05| + |-.18| + |-.74| + |-.38| + |-.19|)}{9}$$
$$= .31$$

$$MSE =$$
$$\frac{[(-.40)^2 + (-.68)^2 + (-.01)^2 + (.16)^2 + (.05)^2 + (-.18)^2 + (-.74)^2 + (-.38)^2 + (-.19)^2]}{9}$$
$$= .16$$

$$MPE = \left[\frac{(-.40)}{(12.17)}(100) + \frac{(-.68)}{(11.77)}(100) + \frac{(-.01)}{(12.24)}(100) + \frac{(.16)}{(12.40)}(100) + \frac{(.05)}{(12.34)}(100)\right.$$
$$\left. + \frac{(-.18)}{(12.13)}(100) + \frac{(-.74)}{(11.51)}(100) + \frac{(-.38)}{(11.65)}(100) + \frac{(-.19)}{(11.73)}(100)\right]$$
$$= [-3.29 - 5.78 - .08 + 1.29 + .41 - 1.48 - 6.43 - 3.26 - 1.62]/9 = -2.25\%$$

$$MAPE = \left[\frac{|-.40|}{(12.17)}(100) + \frac{|-.68|}{(11.77)}(100) + \frac{|-.01|}{(12.24)}(100) + \frac{|.16|}{(12.40)}(100) + \right.$$
$$\left. \frac{|.05|}{(12.34)}(100) + \frac{|-.18|}{(12.13)}(100) + \frac{|-.74|}{(11.51)}(100) + \frac{|-.38|}{(11.65)}(100) + \frac{|-.19|}{(11.73)}(100)\right]$$
$$= [3.29 + 5.78 + .08 + 1.29 + .41 + 1.48 + 6.43 + 3.26 + 1.62]/9 = 2.63\%$$

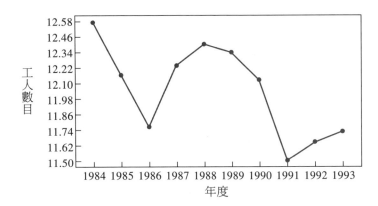

如何選擇一個特別的機制以計算誤差是由預測人員所決定。要瞭解不同誤差計數會產生不同資訊是很重要的。研究者應被充分告知各種誤差衡量技術以對預測結果作有訓練的評估。

---

15.1 由此處所給的預測誤差去計算ME、MAD、MSE值。討論各種類型誤差衡 　　問題15.1
　　量方法所提供資訊之異同。

| 期數 | $e$ |
|------|------|
| 1 | 2.3 |
| 2 | 1.6 |
| 3 | −1.4 |
| 4 | 1.1 |
| 5 | .3 |
| 6 | −.9 |
| 7 | −1.9 |
| 8 | −2.1 |
| 9 | .7 |

15.2 求出下列各項預測的誤差。計算下列誤差的的ME、MAD、MSE、MPE以
　　及MAPE值。

| 期數 | 值 | 預測值 | 誤差 |
|------|-----|--------|------|
| 1 | 202 | — | — |
| 2 | 191 | 202 | |
| 3 | 173 | 192 | |
| 4 | 169 | 181 | |
| 5 | 171 | 174 | |

| 期數 | 值 | 預測值 | 誤差 |
|---|---|---|---|
| 6 | 175 | 172 | |
| 7 | 182 | 174 | — |
| 8 | 196 | 179 | |
| 9 | 204 | 189 | |
| 10 | 219 | 198 | |
| 11 | 227 | 211 | |

15.3 使用下列資料求算ME、MAD、MSE、MPE以及MAPE值。在這些誤差衡量方法中，何者可能對該預測提供了最佳資訊。

| 期數 | 值 | 預測值 |
|---|---|---|
| 1 | 19.4 | 16.6 |
| 2 | 23.6 | 19.1 |
| 3 | 24.0 | 22.0 |
| 4 | 26.8 | 24.8 |
| 5 | 29.2 | 25.9 |
| 6 | 35.5 | 28.6 |

15.4 大學委員會公佈了1983年至1994年女性的SAT測驗中語言部份分數的平均值。透過本章後面會提到的一種技術進行了自1987年至1994年的預測。請計算這些預測資料的ME、MAD、MSE、MPE以及MAPE值。討論這種預測方法的準確性以及這五種不同的誤差衡量技術的特點。

| 年度 | 女性SAT語言<br>分數的平均值 | 預測值 |
|---|---|---|
| 1983 | 420 | — |
| 1984 | 420 | — |
| 1985 | 425 | — |
| 1986 | 426 | — |
| 1987 | 425 | 424 |
| 1988 | 422 | 425 |
| 1989 | 421 | 424 |
| 1990 | 419 | 423 |
| 1991 | 418 | 421 |
| 1992 | 419 | 419 |
| 1993 | 420 | 419 |
| 1994 | 421 | 419 |

15.5 下表是自1984年到1993年美國境內栽種番茄的田地面積。該資料是由美國農業部所公佈的。透過這些資料，預測工作藉由本章後面會陸續談到的技術而進行。計算這些預測的ME、MAD、MSE、MPE及MAPE值。請評論其誤差。

| 年度 | 面積（公畝） | 預測值 |
|------|------------|--------|
| 1984 | 122,580 | — |
| 1985 | 123,380 | 122,580 |
| 1986 | 125,710 | 123,060 |
| 1987 | 129,600 | 124,650 |
| 1988 | 140,000 | 127,620 |
| 1989 | 141,730 | 135,040 |
| 1990 | 134,590 | 139,054 |
| 1991 | 131,710 | 136,376 |
| 1992 | 131,910 | 133,576 |
| 1993 | 134,650 | 132,576 |

## 企業專題

# 預測失敗的理由

預測並非完美無缺。在眞實生活中，預測結果通常是錯誤的。事實上企業預測也可能只是讓企業決策者對於未來將發生的事件擁有「最佳猜測」，而非準確地知道事件將如何發生。預測人員一直努力使預測成爲一種預測科學。然而，預測的藝術成分常常大於科學。基於許多理由，預測會缺乏效果甚至無法達成。爲什麼預測會失敗呢？

約翰·馬哈費是Coates & Jarratt公司的成員。該公司是一個位於華盛頓特區、專門研究未來趨勢的調查公司。馬哈費列出八個經常會導致預測失敗的錯誤：

1. 未能檢視假設
2. 有限的專業知識技術
3. 缺乏想像力
4. 忽略限制

5.過分樂觀

6.依賴機械式的推論

7.過早下定論

8.過分規格化

有哪些假設會在發展預測時被提出？有些預測會假設經濟情況良好，有的則假設有特定的社會或科技發展。當現實狀況與這些假設不符合時，預測模型就可能會產生錯誤的推斷。有些預測人員並沒有足夠的專業知識技術去正確地預測某一領域。由於對該領域相關知識的缺乏，他們可能會過分重視某一部份潛在的技術進展，或高估某些相關資訊。其他預測的失敗則是因為預測人員缺乏想像力。保守的想法或放不開的態度亦可能會導致預測欠缺某些潛在的、未被預期的情境。

預測人員常會忽略限制。他們彷彿是在忽略企業限制或極限的情形下進行所有可能的想法或情境，而這些限制，如經濟、法律、或政府態度等，都可能使預期結果無法出現。在前面「決策兩難」部份中談到信用卡利率預測的案例中，預測人員應該要清楚地知道美國的法律限制。另外有些預測的失敗是因為模型的建立者抱持過分樂觀的態度而不重視其隱含的風險。例如，某些投資者會選擇在一些先前有過許多企業失敗的地段開業。他們認為自己的產品或方法非常優秀，一定可以達到相當高的銷售業績及獲利，但卻忽略了先前失敗者的教訓。

某些預測之所以會失敗是因為過分依賴機械化的推論。當相關因素有限時，例如連續趨勢或已知的循環下，推論可以有不錯的效果。然而，當現象的歷史有任何改變，例如曲線下降或加快步調，這些並不會被推論所預測出來。另一個使預測失敗的原因是太早下結論，這會導致在所有因素被考慮之前預測就已經終結，使一些更具創造性、更長遠的機會被忽略掉。過早結束預測的原因可能是因為預測人員害怕在預測之後可能發生的事情（如公司失去生意），或是狹隘的思考方式。最後一個導致失敗的原因是過分規格化，尤其是當預測人員過分注重未來可能發生的某些特定事項。預測的真正價值在於提供企業未來走向並瞭解環境變動的本質為何。那些宣稱可以預言未來特定數年中某些特定統計資料的預測工作，其結果通常是令人失望的。

# 15.3 使用迴歸進行趨勢分析

• • • • • • • • • • • • • • • • • • • • • • • • • • • • • • • • •

## 時間序列資料

凡是資料的蒐集是在規律的間隔、經過某一時期而得來，皆可稱之為時間序列資料。事實上在各行各業中，包括了生產、銷售、雇用、運輸、配銷及存貨等各方面，都在產生及維續時間序列資料。表15.2中的時間序列資料範例是由美國財政部所提供。該表包含了在14年的期間中3個月期的國庫券殖利率。

一般認為時間序列資料是由四個元素所組成：**趨勢**、**循環性**、**季節性**及**不規則性**。並非所有的時間序列資料都包含有這四項因素。許多學者相信這四種元素可以藉由乘法模式產生時間序列資料。

$$T \cdot C \cdot S \cdot I$$

其中：

        $T$=趨勢

        $C$=循環性

        $S$=季節性

        $I$=不規則性

表15.1顯示在經過數年期間的時間序列效果。資料的長期整體方向即為**趨勢**。循環則是指一年以上的時間內資料高低起伏的模式。季節性效果是比較短的循環，通常是在一年以下。其他資料中快速的變動發生在比季節效果更短的時間之內，這些被視為不規則的波動可能是天天發生的，受到各種瞬息變動的影響，且通常無法預期。某些不規則波動是由於自然環境或戰爭的影響。

## 利用迴歸找出趨勢

時間序列資料的四個基本要素之一為**趨勢**。趨勢是數年內企業徵候的長期整體方向。資料的**趨勢**可以透過幾種方法加以確定，在這裡會使用到的一個特

表15.2
三個月期國
庫券獲利率

| 年 | 平均獲利率 |
|---|---|
| 1981 | 14.03% |
| 1982 | 10.69 |
| 1983 | 8.63 |
| 1984 | 9.58 |
| 1985 | 7.48 |
| 1986 | 5.98 |
| 1987 | 5.82 |
| 1988 | 6.69 |
| 1989 | 8.12 |
| 1990 | 7.51 |
| 1991 | 5.42 |
| 1992 | 3.45 |
| 1993 | 3.02 |
| 1994 | 4.29 |

別方法是使用迴歸分析。在時間序列－迴歸分析中，應變數Y代表被預測的項目，而自變數X則代表時間。

　　許多可能的趨勢可以透過研究時間序列資料加以吻合。在本章中，我們將只介紹線性模式及二次方模型，因為他們比較易於瞭解且便於計算。

圖15.1
時間序列效
應

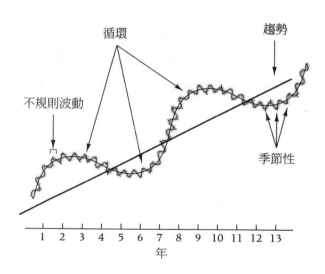

案例　表15.3的資料顯示35年來加拿大製造業工人平均工作週的長度。將時期和工作週的長度分別視為自變數和應變數，就可以找出一條可以說明這些資料的迴歸曲線。由於時間是連續的，因此可以1到35重新加以編號，連同時間序列資料（Y）一起輸入迴歸分析。在本案例中的線性模式如下：

$$Y_i = \beta_0 + \beta_1 X_{ti} + e_i$$

其中：

$Y_i$ ＝ 第$i$期的資料值

$X_{ti}$ ＝ 第$i$期

　　圖15.2是本問題用Excel所輸出的。藉由X變數之係數及其截距，我們可以找出該趨勢線的方程式如下：

$$\hat{Y} = 37.416 - .0614X_t$$

其斜率表示當時間$X_t$增加一單位時，我們可以預測製造業平均工作週的長

---

表15.3　加拿大35年來製造業每週平均工作時數

| 年度 | 小時 | 時期 | 年度 | 小時 | 時期 |
|------|------|------|------|------|------|
| 1960 | 37.2 | 1 | 1978 | 36.0 | 19 |
| 1961 | 37.0 | 2 | 1979 | 35.7 | 20 |
| 1962 | 37.4 | 3 | 1980 | 35.6 | 21 |
| 1963 | 37.5 | 4 | 1981 | 35.2 | 22 |
| 1964 | 37.7 | 5 | 1982 | 34.8 | 23 |
| 1965 | 37.7 | 6 | 1983 | 35.3 | 24 |
| 1966 | 37.4 | 7 | 1984 | 35.6 | 25 |
| 1967 | 37.2 | 8 | 1985 | 35.6 | 26 |
| 1968 | 37.3 | 9 | 1986 | 35.6 | 27 |
| 1969 | 37.2 | 10 | 1987 | 35.9 | 28 |
| 1970 | 36.9 | 11 | 1988 | 36.0 | 29 |
| 1971 | 36.7 | 12 | 1989 | 35.7 | 30 |
| 1972 | 36.7 | 13 | 1990 | 35.7 | 31 |
| 1973 | 36.5 | 14 | 1991 | 35.5 | 32 |
| 1974 | 36.3 | 15 | 1992 | 35.6 | 33 |
| 1975 | 35.9 | 16 | 1993 | 36.3 | 34 |
| 1976 | 35.8 | 17 | 1994 | 36.5 | 35 |
| 1977 | 35.9 | 18 | | | |

圖15.2
線性趨勢之
Excel迴歸
輸出結果

```
Summary Output

  Regression Statistics

Multiple R            0.781883512
R Square              0.611341827
Adjusted R Square     0.599564307
Standard Error        0.508971127
Observations                   35

ANOVA
```

| | df | SS | MS | F | Significance F |
|---|---|---|---|---|---|
| Regression | 1 | 13.44672549 | 13.44673 | 51.90752 | 2.92781E-08 |
| Residual | 33 | 8.548703081 | 0.259052 | | |
| Total | 34 | 21.99542857 | | | |

| | Coefficients | Standard Error | t Stat | P-value |
|---|---|---|---|---|
| Intercept | 37.41613445 | 0.175818203 | 212.8115 | 2.32E-53 |
| X Variable 1 | −0.061372549 | 0.00851842 | −7.20469 | 2.93E-08 |

度會減少.0614。由此可知,在加拿大的製造業其平均工作週長度有每年下降.0614的趨勢。Y軸截距37.416表示在第一期之前期平均工作週的長度是37.416小時。

其t比例之機率(.0000000293)表示資料呈現若干顯著的線性趨勢。此外,$R^2$=.61表示該模型有相當的預測能力。將不同的時間值(1, 2, 3, ..., 35)插入先前的迴歸方程式中即可產生此趨勢下Y的預測值。例如,1982年(即第23期)之預測值是:

$$\hat{Y} = 37.416 - .0614(23) = 36.004\text{小時}$$

該模型是以35年的期間(自1960至1994的35年)來發展的。從模型中,我們可以將西元2000年以第41期代入而預測加拿大的平均工作週長度。

$$\hat{Y} = 37.416 - .0614(41) = 34.9\text{小時}$$

圖15.3是由Excel所繪出35年內平均工作週長度的散佈圖。Excel繪出了我們先前由迴歸所發展出的趨勢線和各資料點。雖然我們可以觀察到資料在整體上有下降的趨勢,但必須注意的是,這些點的分佈具有循環性的特徵。由於這種模式,我們可能希望能去確認二次方模型是否會更適用於該趨勢。

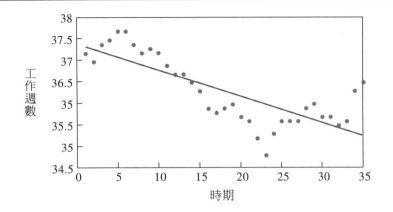

圖15.3
時間資料及
趨勢線之
Excel圖

除了線性迴歸之外，預測人員可以使用二次迴歸模型進行資料預測。二次
迴歸模型是

$$Y_i = \beta_0 + \beta_1 \cdot X_{ti} + \beta_2 \cdot X_{ti}^2 + e_i$$

其中：

$Y_i$ ＝第$i$期時間序列資料值

$X_{ti}$ ＝第$i$期

$X_{ti}^2$ ＝第$i$期之平方

本模型可藉由將時間期數之平方視為額外的預測因子以進行時間序列趨勢
分析。舉例來說，除了使用$t$=1, 2, 3, 4,…, 35之外，我們還可使用$t^2$=1, 4, 9,
16,…, 1225做為預測因子。

表15.4的資料必須再去計算其二次迴歸趨勢模型。該表包含了原始資料、
期數、及期數的平方。

二次迴歸趨勢分析的Excel電腦報表如圖15.4所示。該模型包含$X$及$X^2$，其
$R^2$=.79。而線性模型只包含一個$X$，其$R^2$=.61。二次迴歸模型似乎為趨勢模型
增加了相當的預測能力。

---

下表顯示美國自1984年至1993年的勞動人口資料。該資料是由美國勞動
部勞動統計局所提供。請用迴歸分析找出該資料之趨勢線，並試著找出其二次
迴歸趨勢。這兩者之效果如何？比較這兩種模型之異同。

例題15.2

表15.4
製造業每週
平均工作小
時，採用二
次模型

| 年度 | 小時 | 時期 | (時期)² |
|------|------|------|---------|
| 1960 | 37.2 | 1 | 1 |
| 1961 | 37.0 | 2 | 4 |
| 1962 | 37.4 | 3 | 9 |
| 1963 | 37.5 | 4 | 16 |
| 1964 | 37.7 | 5 | 25 |
| 1965 | 37.7 | 6 | 36 |
| 1966 | 37.4 | 7 | 49 |
| 1967 | 37.2 | 8 | 64 |
| 1968 | 37.3 | 9 | 81 |
| 1969 | 37.2 | 10 | 100 |
| 1970 | 36.9 | 11 | 121 |
| 1971 | 36.7 | 12 | 144 |
| 1972 | 36.7 | 13 | 169 |
| 1973 | 36.5 | 14 | 196 |
| 1974 | 36.3 | 15 | 225 |
| 1975 | 35.9 | 16 | 256 |
| 1976 | 35.8 | 17 | 289 |
| 1977 | 35.9 | 18 | 324 |
| 1978 | 36.0 | 19 | 361 |
| 1979 | 35.7 | 20 | 400 |
| 1980 | 35.6 | 21 | 441 |
| 1981 | 35.2 | 22 | 484 |
| 1982 | 34.8 | 23 | 529 |
| 1983 | 35.3 | 24 | 576 |
| 1984 | 35.6 | 25 | 625 |
| 1985 | 35.6 | 26 | 676 |
| 1986 | 35.6 | 27 | 729 |
| 1987 | 35.9 | 28 | 784 |
| 1988 | 36.0 | 29 | 841 |
| 1989 | 35.7 | 30 | 900 |
| 1990 | 35.7 | 31 | 961 |
| 1991 | 35.5 | 32 | 1024 |
| 1992 | 35.6 | 33 | 1089 |
| 1993 | 36.3 | 34 | 1156 |
| 1994 | 36.5 | 35 | 1225 |

（資料由勞工統計局生產與科技處所提供，1995年9月。）

```
Summary Output

     Regression Statistics

Multiple R              0.89031693
R Square               0.79266424
Adjusted R Square      0.77730604
Standard Error         0.39476213
Observations                   30

ANOVA

               df        SS          MS          F       Significance F

Regression      2  16.08606391  8.043032   51.61178      5.95802E-10
Residual       27   4.207602753  0.155837
Total          29  20.29366667


              Coefficients   Standard Error   t Stat      P-value

Intercept       37.9824138    0.231480907    164.0844     4.93E-42
X Variable 1    −0.1422588    0.034421786     −4.13281    0.000311
X Variable 2     0.00190142   0.001077401      1.76482    0.088905
```

圖15.4
採用二次趨
勢 模 型 之
Excel迴歸
輸出結果

| 年度 | 勞動人口（100,000人） |
|------|------|
| 1984 | 92.194 |
| 1985 | 94.521 |
| 1986 | 96.903 |
| 1987 | 99.303 |
| 1988 | 101.407 |
| 1989 | 103.480 |
| 1990 | 103.905 |
| 1991 | 102.786 |
| 1992 | 103.688 |
| 1993 | 105.067 |

解答

　　將各時期由1至10重新編碼並定義為X。將勞動力視為應變數Y、各時期為
自變數，進行迴歸分析。現在將各個X加以平方得出1, 4, 9,…, 81, 100，以此
產生第二個預測因子。藉由時期變數（X）及（時期）之平方兩項變數進行迴
歸分析以預測勞動力之數目。以下是各種迴歸分析用Excel得到的報表。

線性趨勢分析

SUMMARY OUTPUT

| Regression Statistics | |
|---|---|
| Multiple R | 0.934022467 |
| R Square | 0.87239797 |
| Adjusted R Square | 0.856447716 |
| Standard Error | 1.677139736 |
| Observations | 10 |

ANOVA

| | df | SS | MS | F | Significance F |
|---|---|---|---|---|---|
| Regression | 1 | 153.8457648 | 153.8458 | 54.69493 | 7.65167E-05 |
| Residual | 8 | 22.50238155 | 2.812798 | | |
| Total | 9 | 176.3481464 | | | |

| | Coefficients | Standard Error | t Stat | P-value |
|---|---|---|---|---|
| Intercept | 92.81473333 | 1.145704553 | 81.01105 | 6.01E-13 |
| X Variable 1 | 1.365575758 | 0.184647008 | 7.395602 | 7.65E-05 |

二次分析

SUMMARY OUTPUT

| Regression Statistics | |
|---|---|
| Multiple R | 0.98743384 |
| R Square | 0.975025588 |
| Adjusted R Square | 0.967890042 |
| Standard Error | 0.793202476 |
| Observations | 10 |

ANOVA

| | df | SS | MS | F | Significance F |
|---|---|---|---|---|---|
| Regression | 2 | 171.9439552 | 85.97198 | 136.6434 | 2.46169E-06 |
| Residual | 7 | 4.40419118 | 0.62917 | | |
| Total | 9 | 176.3481464 | | | |

| | Coefficients | Standard Error | t Stat | P-value |
|---|---|---|---|---|
| Intercept | 88.74165 | 0.932926614 | 95.12179 | 3.74E-12 |
| X Variable 1 | 3.402117424 | 0.389629485 | 8.731673 | 5.19E-05 |
| X Variable 2 | −0.185140152 | 0.034519707 | −5.36332 | 0.001049 |

比較這兩個模型可以發現，線性模式可以解釋勞動力數目變化的87%，而二次模式增加其解釋力達到97%。在二次模式的輸出報表中，兩個預測因子的 $t$ 統計量的機率值皆為顯著，顯示其對於模型的解釋能力皆有貢獻。以下是用 Excel 繪出之資料散佈圖及其趨勢線。

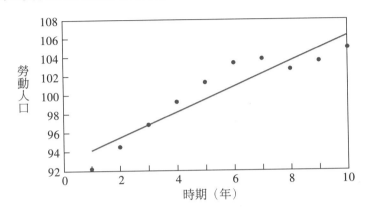

---

15.6 對美國總統的經濟報告中包含了製造業新到及未供貨訂單之數量（以百萬美金為單位）。下表數字是21年中的新到訂單數。請使用電腦發展出迴歸模型以找出資料的趨勢效果。先用線性模型再試著用二次模型。兩者解釋資料的效果如何？　　　問題15.2

| 年度 | 新訂單總數 | 年度 | 新訂單總數 |
|---|---|---|---|
| 1 | 55,022 | 12 | 168,025 |
| 2 | 55,921 | 13 | 162,140 |
| 3 | 64,182 | 14 | 175,451 |
| 4 | 76,003 | 15 | 192,879 |
| 5 | 87,327 | 16 | 195,706 |
| 6 | 85,139 | 17 | 195,204 |
| 7 | 99,513 | 18 | 209,389 |
| 8 | 115,109 | 19 | 227,025 |
| 9 | 131,629 | 20 | 240,758 |
| 10 | 147,604 | 21 | 243,643 |
| 11 | 156,359 | | |

15.7 下列資料是自1984年至1993年美國工會員工數目，該數據由勞動統計局

所提供。請使用本節所探討的迴歸技術，分析該資料之趨勢。繪出其資料之散佈圖及其趨勢線。討論該模型之解釋力。

| 年度 | 公會人數（千人） |
|------|------------------|
| 1984 | 17,340 |
| 1985 | 16,996 |
| 1986 | 16,975 |
| 1987 | 16,913 |
| 1988 | 17,002 |
| 1989 | 16,960 |
| 1990 | 16,740 |
| 1991 | 16,568 |
| 1992 | 16,390 |
| 1993 | 16,598 |

15.8下列資料是自1982年至1995年經銷商之電腦銷售量（以1000為單位），該數據是根據電子產業工會之統計而來。請用迴歸分析找出該資料之趨勢。繪出資料之散佈圖及趨勢線，並討論該模型之預測能力。另外，找出其二次模式之趨勢。你發現了什麼？比較這兩個模型之異同。

| 年度 | 銷售量（1000台） |
|------|------------------|
| 1982 | 1550 |
| 1983 | 3750 |
| 1984 | 3975 |
| 1985 | 3200 |
| 1986 | 2950 |
| 1987 | 3125 |
| 1988 | 3500 |
| 1989 | 3900 |
| 1990 | 4000 |
| 1991 | 3900 |
| 1992 | 4875 |
| 1993 | 5850 |
| 1994 | 6552 |
| 1995 | 7340 |

# 15.4  時間序列：分解

●●●●●●●●●●●●●●●●●●●●●●●●●●●●●●●●●●●●●●●●●●●●●●●

　　在本章前面，我們討論了時間序列資料是由四種要素所組成之概念：**趨勢**
**性**、**循環性**、**季節性**及**不規則性**。在本節中，我們將探討把這些要素各自獨立
以各別檢視其對於時間序列資料之影響效果。這個程序有時會被稱爲分解。其
分析基礎是在15.3節中介紹的乘法模式。

$$T \cdot C \cdot S \cdot I$$

　　其中：

$T$ =趨勢

$C$ =循環性

$S$ =季節性

$I$ =不規則性

　　我們採用**表**15.5中美國引擎渦輪運輸之時間序列資料以說明該流程。**圖**
15.5是該資料的圖形。首先要探討的要素是季節性。

## 季節性效應

　　季節性效應是資料在一年以內的時間所發生的行爲模式。通常季節性效應
是以月來衡量。有時季節性效應是每季才發生，但他們也可以更小的時間間隔
來加以衡量，如一週或一日。

　　任何長於一年的趨勢或效應則視爲循環性行爲或趨勢性效應。我們該如何
分離出季節性效應？

　　根據時間序列乘法模式（$T \cdot C \cdot S \cdot I$），資料可能包含了趨勢、循環性效
應、季節性效應及不規則波動各項要素。在本節中，我們將找出每個值的$T \cdot C$
值，以此除以時間序列資料值（$T \cdot C \cdot S \cdot I$）以分離出季節性效應。其結果爲

$$\frac{T \cdot C \cdot S \cdot I}{T \cdot C} = S \cdot I$$

　　如你所見，該結果包含了季節性效應以及不規則波動。本節中，在化簡時
間序列資料$SI$（季節性及不規則性）效應後，我們會介紹消去不規則波動的方
法，只留下季節性效果。

| 月 | 年1 | 年2 | 年3 | 年4 | 年5 |
|---|---|---|---|---|---|
| 一月 | 1029 | 930 | 1002 | 1170 | 1163 |
| 二月 | 1191 | 1117 | 1171 | 1444 | 1316 |
| 三月 | 1531 | 1368 | 1462 | 1620 | 1534 |
| 四月 | 1235 | 1134 | 1250 | 1374 | 1259 |
| 五月 | 1188 | 1138 | 1297 | 1367 | 1314 |
| 六月 | 1311 | 1266 | 1370 | 1511 | 1471 |
| 七月 | 940 | 1064 | 1083 | 966 | 966 |
| 八月 | 1004 | 1145 | 1399 | 1378 | 1272 |
| 九月 | 1235 | 1340 | 1511 | 1555 | 1505 |
| 十月 | 1076 | 1174 | 1287 | 1293 | 1214 |
| 十一月 | 1050 | 1270 | 1363 | 1303 | 1363 |
| 十二月 | 1560 | 1625 | 2028 | 2033 | 1841 |

表15.5
五年內美國
引擎渦輪運
輸資料（單
位爲百萬）

（資料來源：《製造業的運輸、存貨及訂單》，美國商業部統計局。）

假設我們先以跨越數年、以月爲遞增量的時間序列資料爲起點。如果我們採用12個月的資料平均，我們可能會對資料的季節效應感到沮喪，因爲每月數值的起伏會超過該年的平均。

我們先計算第1年自1月至12月的12個月平均值，採用表15.5的資料如下：

12月平均值 = (1029 + 1191 + 1531 + 1235 + 1188 + 1311 + 940
+ 1004 + 1235 + 1076 + 1050 + 1560)/12
= 1195.83

第1年自1月至12月運輸總值的12個月移動平均是1195.83（百萬美金）。

圖15.5
引擎渦輪資
料圖

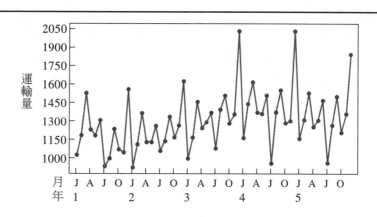

如果我們要將該平均值插入表中，其對應之位置為何？請看以下列出之12個月份。由於其12月平均應置於月份的中間，因此其位置應在六、七月之間。

一月
二月
三月
四月
五月
六月
————— 1195.83
七月
八月
九月
十月
十一月
十二月

然而，為了消去季節效應，我們必須找出每個月的集中值。為了解決這個問題，預測人員不採用12個月移動平均，而採用12個月移動加總，並將兩個連續的移動加總相加。在將這個包含了24個月的加總值除以24以產生集中的12個月移動平均。此法相當於計算兩個連續的12個月移動平均之後再加以平均，產生一個介於兩個平均值之間的值。用此方式計算**表15.5**的結果位於**表15.6**之第5行中。

12個月移動加總可以從第一年的1月到12月的資料加以計算如下。

第一移動加總 = 1029 + 1191 + 1531 + 1235 + 1188 + 1311 + 940
　　　　　　　 + 1004 + 1235 + 1076 + 1050 + 1560
　　　　　　 = 14,350

在**表15.6**中，14,350是介於第一年的6、7月之間。第二年1月至12月的12個月移動加總計算如下：

第二移動加總 = 1191 + 1531 + 1235 + 1188 + 1311 + 940 + 1004
　　　　　　　 + 1235 + 1076 + 1050 + 1560 + 930
　　　　　　 = 14,251

在**表15.6**中，此值是介於第一年的7、8月之間。計算7月的24個月移動加總（2年）如下：

24個月移動加總 = 14,350 + 14,251 = 28,601

表15.6　12個月移動平均之發展

| 第1欄<br><br>月 | 第2欄<br>運輸量（百萬）<br>實際值<br>$T \cdot C \cdot S \cdot I$ | 第3欄<br><br>12個月<br>移動加總 | 第4欄<br><br>2年<br>移動加總 | 第5欄<br>12月集中<br>移動平均<br>$T \cdot C$ | 第6欄<br>實際值<br>移動平均 (100)<br>$S \cdot I$ |
|---|---|---|---|---|---|
| 一月（第1年） | 1029 | | | | |
| 二月 | 1191 | | | | |
| 三月 | 1531 | | | | |
| 四月 | 1235 | | | | |
| 五月 | 1188 | | | | |
| 六月 | 1311 | | | | |
| 七月 | 940 | 14,350 | 28,601 | 1191.71 | 78.88 |
| 八月 | 1004 | 14,251 | 28,428 | 1184.50 | 84.76 |
| 九月 | 1235 | 14,177 | 28,191 | 1174.63 | 105.14 |
| 十月 | 1076 | 14,014 | 27,927 | 1163.63 | 92.47 |
| 十一月 | 1050 | 13,913 | 27,776 | 1157.33 | 90.73 |
| 十二月 | 1560 | 13,863 | 27,681 | 1153.38 | 135.25 |
| 一月（第2年） | 930 | 13,818 | 27,760 | 1156.67 | 80.40 |
| 二月 | 1117 | 13,942 | 28,025 | 1167.71 | 95.66 |
| 三月 | 1368 | 14,083 | 28,271 | 1177.96 | 116.13 |
| 四月 | 1134 | 14,188 | 28,474 | 1186.42 | 95.58 |
| 五月 | 1138 | 14,286 | 28,792 | 1199.67 | 94.86 |
| 六月 | 1266 | 14,506 | 29,077 | 1211.54 | 104.50 |
| 七月 | 1064 | 14,571 | 29,214 | 1217.25 | 87.41 |
| 八月 | 1145 | 14,643 | 29,340 | 1225.50 | 93.66 |
| 九月 | 1340 | 14,697 | 29,488 | 1228.67 | 109.06 |
| 十月 | 1174 | 14,791 | 29,698 | 1237.42 | 94.88 |
| 十一月 | 1270 | 14,907 | 29,973 | 1248.88 | 101.69 |
| 十二月 | 1625 | 15,066 | 30,236 | 1259.83 | 128.99 |
| 一月（第3年） | 1002 | 15,170 | 30,359 | 1264.96 | 79.21 |
| 二月 | 1171 | 15,189 | 30,632 | 1276.33 | 91.75 |
| 三月 | 1462 | 15,443 | 31,057 | 1294.04 | 112.98 |
| 四月 | 1250 | 15,614 | 31,341 | 1305.88 | 95.72 |
| 五月 | 1297 | 15,727 | 31,547 | 1314.46 | 98.67 |
| 六月 | 1370 | 15,820 | 32,043 | 1335.13 | 102.61 |
| 七月 | 1083 | 16,223 | 32,614 | 1358.92 | 79.70 |
| 八月 | 1399 | 16,391 | 33,055 | 1377.29 | 101.58 |
| 九月 | 1511 | 16,664 | 33,486 | 1395.25 | 108.30 |
| 十月 | 1287 | 16,822 | 33,768 | 1407.00 | 91.47 |
| 十一月 | 1363 | 16,946 | 33,962 | 1415.08 | 96.32 |
| 十二月 | 2028 | 17,016 | 34,173 | 1423.88 | 142.43 |

| 第1欄 | 第2欄 | 第3欄 | 第4欄 | 第5欄 | 第6欄 |
|---|---|---|---|---|---|
| 月 | 運輸量（百萬）<br>實際值<br>$T \cdot C \cdot S \cdot I$ | 12個月<br>移動加總 | 2年<br>移動加總 | 12月集中<br>移動平均<br>$T \cdot C$ | 實際值<br>移動平均 (100)<br>$S \cdot I$ |
| 一月（第4年） | 1170 | 17,157 | 34,197 | 1424.88 | 82.11 |
| 二月 | 1444 | 17,040 | 34,059 | 1419.13 | 101.75 |
| 三月 | 1620 | 17,019 | 34,082 | 1420.08 | 114.08 |
| 四月 | 1374 | 17,063 | 34,132 | 1422.17 | 96.61 |
| 五月 | 1367 | 17,069 | 34,078 | 1419.92 | 96.27 |
| 六月 | 1511 | 17,009 | 34,023 | 1417.63 | 106.59 |
| 七月 | 966 | 17,014 | 34,021 | 1417.54 | 68.15 |
| 八月 | 1378 | 17,007 | 33,886 | 1411.92 | 97.60 |
| 九月 | 1555 | 16,879 | 33,672 | 1403.00 | 110.83 |
| 十月 | 1293 | 16,793 | 33,471 | 1394.63 | 92.71 |
| 十一月 | 1303 | 16,678 | 33,303 | 1387.63 | 93.90 |
| 十二月 | 2033 | 16,625 | 33,210 | 1383.75 | 146.92 |
| 一月（第5年） | 1163 | 16,585 | 33,170 | 1382.08 | 84.15 |
| 二月 | 1316 | 16,585 | 33,064 | 1377.67 | 95.52 |
| 三月 | 1534 | 16,479 | 32,908 | 1371.17 | 111.88 |
| 四月 | 1259 | 16,429 | 32,779 | 1365.79 | 92.18 |
| 五月 | 1314 | 16,350 | 32,760 | 1365.00 | 96.26 |
| 六月 | 1471 | 16,410 | 32,628 | 1359.50 | 108.20 |
| 七月 | 966 | 16,218 | | | |
| 八月 | 1272 | | | | |
| 九月 | 1505 | | | | |
| 十月 | 1214 | | | | |
| 十一月 | 1363 | | | | |
| 十二月 | 1841 | | | | |

此值在表15.6中是集中在第一年7月，因為其介於兩個相鄰的12個月移動加總。將此總和除以24會得到表15.6第5行中7月份的12個月移動平均。

$$\frac{28,601}{24} = 1191.71$$

第3行包含了未集中的12個月移動加總，第4行包含2年集中移動加總，而第5行則包含了12個月集中移動平均。

表15.6第5行之12個月集中移動平均代表$T \cdot C$。季節性效應已藉由加總12個月份而從原始資料（實際資料）中消除。當資料逐期加總，季節性和不規則

性效應會被抵消掉，只留下**趨勢**及循環效果。

表15.6第2行包含了原始資料（實際值），其含括了所有的效應（$T \cdot C \cdot S \cdot I$）。第5行只包含了**趨勢**及循環效應$T \cdot C$。將第2行的資料除以第5行得出之結果即為$S \cdot I$，列於表15.6之第6行中。

$$第 6 欄 = \frac{第 2 欄}{第 5 欄} = \frac{T \cdot C \cdot S \cdot I}{T \cdot C} = S \cdot I$$

第6行中之值被稱為實際值對移動平均比，其已乘上100作為指標。這些值即為季節性指標。此後第6行只包含季節效應及不規則波動。我們該如何消去剩卜的不規則效應呢？

表15.7包含的值是由表15.6按不同月份及年份組織而得。排除各月份過高、過低之指標，以此消去極端值。如下所示，將一月份中剩下的兩個指標平均即可。

一月： 80.40　79.21　82.11　84.15
消去：　　 79.21　 及　 84.15
將剩下之指數加以平均

$$\overline{X}_{一月指數} = \frac{80.40 + 82.11}{2} = 81.26$$

表15.8列出了該資料所有月份最後的季節指標。因為平均和循環的原因，季節性指標加總之結果並非預期中的1200。為了更正這項錯誤，我們需計算

| 表15.7<br>引擎渦輪資料之季節指標 | 月 | 第1年 | 第2年 | 第3年 | 第4年 | 第5年 |
|---|---|---|---|---|---|---|
| | 一月 | — | 80.40 | 79.21 | 82.11 | 84.15 |
| | 二月 | — | 95.66 | 91.75 | 101.75 | 95.52 |
| | 三月 | — | 116.13 | 112.98 | 114.08 | 111.88 |
| | 四月 | — | 95.58 | 95.72 | 96.61 | 92.18 |
| | 五月 | — | 94.86 | 98.67 | 96.27 | 96.26 |
| | 六月 | — | 104.50 | 102.61 | 106.59 | 108.20 |
| | 七月 | 78.88 | 87.41 | 79.70 | 68.15 | — |
| | 八月 | 84.76 | 93.66 | 101.58 | 97.60 | — |
| | 九月 | 105.14 | 109.06 | 108.30 | 110.83 | — |
| | 十月 | 92.47 | 94.88 | 91.47 | 92.71 | — |
| | 十一月 | 90.73 | 101.69 | 96.32 | 93.90 | — |
| | 十二月 | 135.25 | 128.99 | 142.43 | 146.92 | — |

| 月份 | 指數 |
|------|------|
| 一月 | 81.26 |
| 二月 | 95.59 |
| 三月 | 113.53 |
| 四月 | 95.65 |
| 五月 | 96.27 |
| 六月 | 105.55 |
| 七月 | 79.29 |
| 八月 | 95.63 |
| 九月 | 108.68 |
| 十月 | 92.59 |
| 十一月 | 95.11 |
| 十二月 | 138.84 |

表15.8
引擎渦輪資
料最後之季
節指數

1200及指標加總之比值。下列是指標之加總及比值之計算。

$$
\begin{array}{r}
81.26 \\
95.59 \\
113.53 \\
95.65 \\
96.27 \\
105.55 \\
79.29 \\
95.63 \\
108.68 \\
92.59 \\
95.11 \\
138.84 \\
\hline
1197.99
\end{array}
$$

$$比例 = \frac{1200}{1197.99} = 1.00168$$

　　每個指標經由乘以該比例而加以調整。在本例中,每個指標須乘以1.00168而調整。其結果之最後調整過的季節指標列於表15.9,圖15.6是季節指標之散佈圖。

　　在找出最後調整過之季節指標後,其原始資料即可被去除季節效應。將實際資料去除季節效應是非常普遍的,尤其是在政府相關單位公佈的資料中。資

表15.9
最後調整過
的季節指標

| 月份 | 調整後季節指標 |
|---|---|
| 一月 | 81.40 |
| 二月 | 95.75 |
| 三月 | 113.72 |
| 四月 | 95.81 |
| 五月 | 96.43 |
| 六月 | 105.73 |
| 七月 | 79.42 |
| 八月 | 95.79 |
| 九月 | 108.86 |
| 十月 | 92.75 |
| 十一月 | 95.27 |
| 十二月 | 139.07 |
| 總數 | 1200.00 |

料可以透過將實際資料（包含 $T \cdot C \cdot S \cdot I$）除以最後調整過的季節效應，以將資料去除季節效應。

$$去除季節性效應資料 = \frac{T \cdot C \cdot S \cdot I}{S} = T \cdot C \cdot I$$

由於季節性效應是以指數之形式表達，季節指數必須在去除季節效應之前先除以100。以下為表15.5中第1年1月蒸汽渦輪資料消去季節效應之計算。

第1年1月實際值 = 1029
第1年1月季節指數 = 81.40

圖15.6
季節指數圖
形

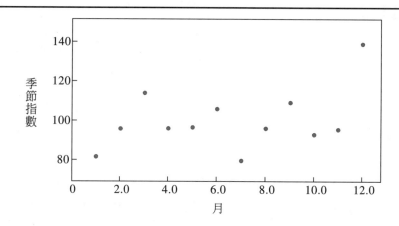

圖15.7
去除季節效
應資料之圖
形

$$第1年1月去除季節效應之值 = \frac{1029}{.8140} = 1264$$

　　表15.10提供了蒸汽渦輪問題的去除季節性效應之資料。圖15.7是該資料之圖形。注意其中所顯示的循環模式。

| 月 | 運輸量<br>實際值<br>$T \cdot C \cdot S \cdot I$ | 調整後的<br>季節指數<br>$S$ | 去除季節效<br>應之資料<br>$T \cdot C \cdot I$ |
|---|---|---|---|
| 一月　（第1年） | 1029 | 81.40 | 1264 |
| 二月 | 1191 | 95.75 | 1244 |
| 三月 | 1531 | 113.72 | 1346 |
| 四月 | 1235 | 95.81 | 1289 |
| 五月 | 1188 | 96.43 | 1232 |
| 六月 | 1311 | 105.73 | 1240 |
| 七月 | 940 | 79.42 | 1184 |
| 八月 | 1004 | 95.79 | 1048 |
| 九月 | 1235 | 108.86 | 1134 |
| 十月 | 1076 | 92.75 | 1160 |
| 十一月 | 1050 | 95.27 | 1102 |
| 十二月 | 1560 | 139.07 | 1122 |
| 一月　（第2年） | 930 | 81.40 | 1143 |
| 二月 | 1117 | 95.75 | 1167 |
| 三月 | 1368 | 113.72 | 1203 |
| 四月 | 1134 | 95.81 | 1184 |
| 五月 | 1138 | 96.43 | 1180 |
| 六月 | 1266 | 105.73 | 1197 |
| 七月 | 1064 | 79.42 | 1340 |
| 八月 | 1145 | 95.79 | 1195 |

表15.10
去除季節效
應之資料

| 月 | 運輸量實際值 $T \cdot C \cdot S \cdot I$ | 調整後的季節指數 $S$ | 去除季節效應之資料 $T \cdot C \cdot I$ |
|---|---|---|---|
| 九月 | 1340 | 108.86 | 1231 |
| 十月 | 1174 | 92.75 | 1266 |
| 十一月 | 1270 | 95.27 | 1333 |
| 十二月 | 1625 | 139.07 | 1168 |
| 一月（第3年） | 1002 | 81.40 | 1231 |
| 二月 | 1171 | 95.75 | 1223 |
| 三月 | 1462 | 113.72 | 1286 |
| 四月 | 1250 | 95.81 | 1305 |
| 五月 | 1297 | 96.43 | 1345 |
| 六月 | 1370 | 105.73 | 1296 |
| 七月 | 1083 | 79.42 | 1364 |
| 八月 | 1399 | 95.79 | 1460 |
| 九月 | 1511 | 108.86 | 1388 |
| 十月 | 1287 | 92.75 | 1388 |
| 十一月 | 1363 | 95.27 | 1431 |
| 十二月 | 2028 | 139.07 | 1458 |
| 一月（第4年） | 1170 | 81.40 | 1437 |
| 二月 | 1444 | 95.75 | 1508 |
| 三月 | 1620 | 113.72 | 1425 |
| 四月 | 1374 | 95.81 | 1434 |
| 五月 | 1367 | 96.43 | 1418 |
| 六月 | 1511 | 105.73 | 1429 |
| 七月 | 966 | 79.42 | 1216 |
| 八月 | 1378 | 95.79 | 1439 |
| 九月 | 1555 | 108.86 | 1428 |
| 十月 | 1293 | 92.75 | 1394 |
| 十一月 | 1303 | 95.27 | 1368 |
| 十二月 | 2033 | 139.07 | 1462 |
| 一月（第5年） | 1163 | 81.40 | 1429 |
| 二月 | 1316 | 95.75 | 1374 |
| 三月 | 1534 | 113.72 | 1349 |
| 四月 | 1259 | 95.81 | 1314 |
| 五月 | 1314 | 96.43 | 1363 |
| 六月 | 1471 | 105.73 | 1391 |
| 七月 | 966 | 79.42 | 1216 |
| 八月 | 1272 | 95.79 | 1328 |
| 九月 | 1505 | 108.86 | 1383 |
| 十月 | 1214 | 92.75 | 1309 |
| 十一月 | 1363 | 95.27 | 1431 |
| 十二月 | 1841 | 139.07 | 1324 |

下列爲美國自1987年至1991年每季家用器具運送的資料及其圖表。該資    例題15.3
料是由美國商務部所提供。請用這些資料計算四季的季節指標。

家用器具運輸量，1987–1991

| 年 | 季 | 運輸量（百萬美金） |
|---|---|---|
| 1987 | 1 | 4009 |
| | 2 | 4321 |
| | 3 | 4224 |
| | 4 | 3944 |
| 1988 | 1 | 4123 |
| | 2 | 4522 |
| | 3 | 4657 |
| | 4 | 4030 |
| 1989 | 1 | 4493 |
| | 2 | 4806 |
| | 3 | 4551 |
| | 4 | 4485 |
| 1990 | 1 | 4595 |
| | 2 | 4799 |
| | 3 | 4417 |
| | 4 | 4258 |
| 1991 | 1 | 4245 |
| | 2 | 4900 |
| | 3 | 4585 |
| | 4 | 4533 |

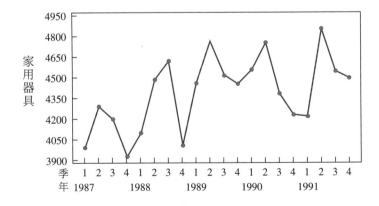

解答

　　將每年資料加以平均可以大致消去季節效應。在本例中，每年包含有四季，因此我們可以計算這些資料的四季移動平均。這個移動平均會落於何處？是否是介於第2季和第3季之間？關於這個問題，我們必須計算季與季之間的四季移動加總。下面我們將加總相鄰的四季加總，以產生一個八季移動加總來對應圖中的某一季。例如，1987年第一季至第四季之加總爲16,498。

$$四季移動加總 = 4,009 + 4,321 + 4,224 + 3,944 = 16,498$$

　　該值介於第二、三季之間。接下來，我們消去1987年第一季而改用1988年第一季，然後以此計算下一個四季移動加總。

$$四季移動加總 = 4,321 + 4,224 + 3,944 + 4,123 = 16,612$$

　　八季移動加總的計算是把相鄰的兩個四季移動加總相加。第一個8季移動加總的計算是合併先前計算的兩個四季移動加總。

$$八季移動加總 = 16,498 + 16,612 = 33,110$$

　　此加總是相對於1987年第三季。現在如果將八季移動加總除以8，我們將得到四季移動平均（$T \cdot C$）之值。由先前的八季移動加總，

$$四季移動平均 = \frac{33,110}{8} = 4,139$$

　　此四季移動平均將季節效應移除。爲了算出季節效應，我們必須找出實際值（$T \cdot C \cdot S \cdot I$）對移動平均（$T \cdot C$）之比值。

　　將該比例乘上100即可求出季節指標。第1個指標的計算如下

$$季節指數1 = \frac{4224}{4139} \cdot 100 = 102.05$$

下表是其餘季節指標之計算。

| 季 | 實際值<br>$(T \cdot C \cdot S \cdot I)$ | 4季<br>移動加總 | 2年<br>移動加總 | 4季<br>集中移<br>動平均<br>$T \cdot C$ | 實際值<br>移動平均<br>$S \cdot I \cdot (100)$ |
|---|---|---|---|---|---|
| 1987 | | | | | |
| 1 | 4009 | | | | |
| 2 | 4321 | | | | |
| 3 | 4224 | 16,498 | 33,110 | 4139 | 102.05 |
| 4 | 3944 | 16,612 | 33,425 | 4178 | 94.40 |
| 1988 | | | | | |
| 1 | 4123 | 16,813 | 34,059 | 4257 | 96.85 |
| 2 | 4522 | 17,246 | 34,578 | 4322 | 104.63 |
| 3 | 4657 | 17,332 | 35,034 | 4379 | 106.35 |
| 4 | 4030 | 17,702 | 35,688 | 4461 | 90.34 |
| 1989 | | | | | |
| 1 | 4493 | 17,986 | 35,866 | 4483 | 100.22 |
| 2 | 4806 | 17,880 | 36,215 | 4527 | 106.16 |
| 3 | 4551 | 18,335 | 36,772 | 4597 | 99.00 |
| 4 | 4485 | 18,437 | 36,867 | 4608 | 97.33 |
| 1990 | | | | | |
| 1 | 4595 | 18,430 | 36,726 | 4591 | 100.09 |
| 2 | 4799 | 18,296 | 36,365 | 4546 | 105.57 |
| 3 | 4417 | 18,069 | 35,788 | 4474 | 98.73 |
| 4 | 4258 | 17,719 | 35,539 | 4442 | 95.86 |
| 1991 | | | | | |
| 1 | 4245 | 17,820 | 35,808 | 4476 | 94.84 |
| 2 | 4900 | 17,988 | 36,251 | 4531 | 108.14 |
| 3 | 4585 | 18,263 | | | |
| 4 | 4533 | | | | |

以下是每季實際值對移動平均值之比例再乘上100（季節指數）。

| | 1987 | 1988 | 1989 | 1990 | 1991 |
|---|---|---|---|---|---|
| $Q_1$ | | 96.85 | 100.22 | 100.09 | 94.84 |
| $Q_2$ | | 104.63 | 106.16 | 105.57 | 108.14 |
| $Q_3$ | 102.05 | 106.35 | 99.00 | 98.73 | |
| $Q_4$ | 94.40 | 90.34 | 97.33 | 95.86 | |

將最高、最低之指標消去並將剩餘的兩個加以平均。

$Q_1$：　　消去 94.84 及 100.22

　　　　　平均：$\dfrac{96.85+100.09}{2}=98.47$

$Q_2$：　　消去 104.63 及 108.14

　　　　　平均：$\dfrac{105.57+106.16}{2}=105.87$

$Q_3$：　　消去 98.73 及 106.35

　　　　　平均：$\dfrac{99.00+102.05}{2}=100.53$

$Q_4$：　　消去 90.34 及 97.33

　　　　　平均：$\dfrac{94.40+95.86}{2}=95.13$

季節指數之結果爲

$$Q_1 = 98.47$$

$$Q_2 = 105.87$$

$$Q_3 = 100.53$$

$$Q_4 = 95.13$$

此四項指標之總和爲400，因此不需再調整。


## 趨勢效應

　　藉由第15.3節中的迴歸趨勢分析技術，我們可以找出趨勢效應以作爲分解程序之一部分。在迴歸趨勢分析中，將n個相鄰之時期由1至n加以編號做爲預測變數。在第15.3節之中，我們探討了線性及二次模型之趨勢。在此我們只將檢視線性趨勢。

**案例**　我們再來看表15.5之引擎渦輪資料。由於其中包含了60個月的資料，因此可將各期由1至60加以編碼以做爲預測變數。引擎渦輪資料及各期之編碼於表15.11列示。該筆資料迴歸分析之MINITAB報表顯示於圖15.8中。注意其趨勢線爲

$$\hat{Y} = 1151.22 + 5.083 \cdot X_t$$

表15.11
引擎渦輪資料

| 月 | 運送量 (T·C·S·I) | 期 |
|---|---|---|
| 一月（第1年） | 1029 | 1 |
| 二月 | 1191 | 2 |
| 三月 | 1531 | 3 |
| 四月 | 1235 | 4 |
| 五月 | 1188 | 5 |
| 六月 | 1311 | 6 |
| 七月 | 940 | 7 |
| ⋮ | ⋮ | ⋮ |
| 八月（第5年） | 1272 | 56 |
| 九月 | 1505 | 57 |
| 十月 | 1214 | 58 |
| 十一月 | 1363 | 59 |
| 十二月 | 1841 | 60 |

其斜率表示當時期X每增加一單位時，運送的預期增量為5.083（$1,000,000）。因此，其長期趨勢為運輸量每月增加$5,083,000。其Y截距1511.22（$1,000,000）表示在該資料第一期之前的月份（12月）中，運輸量為$1,151,220,000。

$t$檢定之機率值（.003）表示資料中有顯著的線性趨勢。然而，其R²只有14.3%。圖15.5之重新檢視該資料的趨勢性並未如此充分。

```
The regression equation is:
Shipments = 1151.22 + 5.083 Time Period

        Predictor      Coef      Stdev     t-ratio      p
        Constant     1151.22     57.20      20.13     .000
        Time Period    5.083      1.631      3.12     .003

S = 218.8     R-sq = 14.3%      R-sq(adj) = 12.9%

Analysis of Variance

        SOURCE       DF        SS          MS        F        p
        Regression    1      465020      465020     9.72     .003
        Error        58     2776079       47863
        Total        59     3241100
```

圖15.8
引擎渦輪資料之MINI-TAB迴歸報表

將不同期之值（1, 2, 3,…, 60）插入先前的迴歸方程式以產生該趨勢下Y之預期值。例如，做為第1期的第1年1月，

$$\hat{Y} = 1151.22 + 5.083(1) = 1156$$

其只使用趨勢求得預期第1年1月的運輸量為1156（$1,000,000）。預測該資料的下一期（即第6年1月），我們將$X_t$=61代入趨勢方程式而得到

$$\hat{Y} = 1151.22 + 5.083(61) = 1461$$

表15.12包含了60期的原始資料和用線性趨勢求得之預測值。圖15.9繪出了表15.12的趨勢線。

---

例題15.4　　　　導出例題15.3中每季家用器具之迴歸趨勢分析。

解答

下面列出家用器具資料及各時期。其為自1987年至1991年之各季，已從1至20編號。

| 季 | 實際值（$Y$） | 期（$X$） |
|---|---|---|
| 1(1987) | 4009 | 1 |
| 2 | 4321 | 2 |
| 3 | 4224 | 3 |
| 4 | 3944 | 4 |
| 1(1988) | 4123 | 5 |
| 2 | 4522 | 6 |
| 3 | 4657 | 7 |
| 4 | 4030 | 8 |
| 1(1989) | 4493 | 9 |
| 2 | 4806 | 10 |
| 3 | 4551 | 11 |
| 4 | 4485 | 12 |
| 1(1990) | 4595 | 13 |
| 2 | 4799 | 14 |
| 3 | 4417 | 15 |
| 4 | 4258 | 16 |
| 1(1991) | 4245 | 17 |
| 2 | 4900 | 18 |
| 3 | 4585 | 19 |
| 4 | 4533 | 20 |

| 月 | 期 | 運送量<br>$T \cdot C \cdot S \cdot I$ | 預測值 |
|---|---|---|---|
| 一月（第1年） | 1 | 1029 | 1156 |
| 二月 | 2 | 1191 | 1161 |
| 三月 | 3 | 1531 | 1166 |
| 四月 | 4 | 1235 | 1172 |
| 五月 | 5 | 1188 | 1177 |
| 六月 | 6 | 1311 | 1182 |
| 七月 | 7 | 940 | 1187 |
| 八月 | 8 | 1004 | 1192 |
| 九月 | 9 | 1235 | 1197 |
| 十月 | 10 | 1076 | 1202 |
| 十一月 | 11 | 1050 | 1207 |
| 十二月 | 12 | 1560 | 1212 |
| 一月（第2年） | 13 | 930 | 1217 |
| 二月 | 14 | 1117 | 1222 |
| 三月 | 15 | 1368 | 1227 |
| 四月 | 16 | 1134 | 1233 |
| 五月 | 17 | 1138 | 1238 |
| 六月 | 18 | 1266 | 1243 |
| 七月 | 19 | 1064 | 1248 |
| 八月 | 20 | 1145 | 1253 |
| 九月 | 21 | 1340 | 1258 |
| 十月 | 22 | 1174 | 1263 |
| 十一月 | 23 | 1270 | 1268 |
| 十二月 | 24 | 1625 | 1273 |
| 一月（第3年） | 25 | 1002 | 1278 |
| 二月 | 26 | 1171 | 1283 |
| 三月 | 27 | 1462 | 1288 |
| 四月 | 28 | 1250 | 1294 |
| 五月 | 29 | 1297 | 1299 |
| 六月 | 30 | 1370 | 1304 |
| 七月 | 31 | 1083 | 1309 |
| 八月 | 32 | 1399 | 1314 |
| 九月 | 33 | 1511 | 1319 |
| 十月 | 34 | 1287 | 1324 |
| 十一月 | 35 | 1363 | 1329 |
| 十二月 | 36 | 2028 | 1334 |
| 一月（第4年） | 37 | 1170 | 1339 |
| 二月 | 38 | 1444 | 1344 |
| 三月 | 39 | 1620 | 1349 |
| 四月 | 40 | 1374 | 1355 |

表15.12
引擎渦輪資
料線性迴歸
預測值

| 月 | 期 | 運送量<br>$T \cdot C \cdot S \cdot I$ | 預測值 |
|---|---|---|---|
| 五月 | 41 | 1367 | 1360 |
| 六月 | 42 | 1511 | 1365 |
| 七月 | 43 | 966 | 1370 |
| 八月 | 44 | 1378 | 1375 |
| 九月 | 45 | 1555 | 1380 |
| 十月 | 46 | 1293 | 1385 |
| 十一月 | 47 | 1303 | 1390 |
| 十二月 | 48 | 2033 | 1395 |
| 一月（第5年） | 49 | 1163 | 1400 |
| 二月 | 50 | 1316 | 1405 |
| 三月 | 51 | 1534 | 1410 |
| 四月 | 52 | 1259 | 1416 |
| 五月 | 53 | 1314 | 1421 |
| 六月 | 54 | 1471 | 1426 |
| 七月 | 55 | 966 | 1431 |
| 八月 | 56 | 1272 | 1436 |
| 九月 | 57 | 1505 | 1441 |
| 十月 | 58 | 1214 | 1446 |
| 十一月 | 59 | 1363 | 14751 |
| 十二月 | 60 | 1841 | 1456 |

下面資料是用MINITAB迴歸分析加以進行。

These data are analyzed by using MINITAB regression analysis.

```
Regression Analysis

The regression equation is
Shipmnts = 4168 + 24.5 Period
```

圖15.9
引擎渦輪資
料之趨勢線

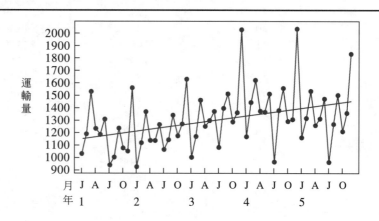

```
Predictor    Coef       Stdev     t-ratio      p
Constant    4167.7      111.0      37.53     0.000
Period       24.494     9.269       2.64     0.017

s = 239.0    R-sq = 28.0%    R-sq(adj) = 23.9%

Analysis of Variance

SOURCE       DF      SS         MS        F       p
Regression    1     398970    398970    6.98    0.017
Error        18    1028404     57134
Total        19    1427374
```

藉由該線性模式之迴歸式 $\hat{Y} = 4167.7 + 24.494X_t$，我們可以得到家用器具運輸之預測值。這些值表列如下：

| 季 | 實際值 | 趨勢預測 |
|---|---|---|
| 1(1987) | 4009 | 4192 |
| 2 | 4321 | 4217 |
| 3 | 4224 | 4241 |
| 4 | 3944 | 4266 |
| 1(1988) | 4123 | 4290 |
| 2 | 4522 | 4315 |
| 3 | 4657 | 4339 |
| 4 | 4030 | 4364 |
| 1(1989) | 4493 | 4388 |
| 2 | 4806 | 4413 |
| 3 | 4551 | 4437 |
| 4 | 4485 | 4462 |
| 1(1990) | 4595 | 4486 |
| 2 | 4799 | 4511 |
| 3 | 4417 | 4535 |
| 4 | 4258 | 4560 |
| 1(1991) | 4245 | 4584 |
| 2 | 4900 | 4609 |
| 3 | 4585 | 4633 |
| 4 | 4533 | 4658 |

對於該線性模式而言，其斜率值24.494表示在該趨勢中每增加一單位，預期的家用器具運輸量將增加24.494($1,000,000)。也就是說，每經過一季，運量預期可以增加$24,494,000。$Y$截距4167.7表示在第0期時，也就是1986年第四季，其運輸量為4167.7($1,000,000)。1992年第1季的運輸量可藉由將

$X_t=21$代入公式而得到

$$\hat{Y} = 4167.7 + 24.494(21) = 4682(\$1,000,000)運輸量$$

## 循環效應

趨勢分析著重於企業資料在一段長時期下的整體走勢。季節效應衡量的是一年的期間內資料的高低起伏。有時企業的徵候會橫跨數年的循環,這些效應則稱為循環效應。循環效應也可由分解法加以分離出來。

你可能想起了本節先前中,我們可以藉由12個月集中移動平均分離出季節效應。此集中移動平均包含了T·C的效應。將集中12個月移動平均除以趨勢值T,則可以找出循環效應值C。

$$循環效應 = \frac{T \cdot C}{T} = C$$

**案例** 本程序可以用**表15.5**之引擎渦輪資料加以舉例。檢視**表15.6**之第5行,其中T·C的值或12個月集中移動平均已被包含於其中。檢視**表15.12**第4行中的趨勢值,將**表15.6**第5行之值(T·C)除以**表15.12**第4行之值,如此即可得出循環效應(C)。將循環效應乘以100,將該值轉換為指數形式。**表15.3**包含了引擎渦輪資料之T·C值、T及計算結果C。

由於沒有第1年1月至6月及第5年7月至12月之12個月集中移動平均資料,在這些月份中並無法算出循環效應。為了找出第1年7月的循環效應,將第1年的12月集中移動平均(1191.7)除以第1年7月的趨勢值(1187),如此得出循環效應的指數100.4。

$$C = \frac{T \cdot C}{T} = \frac{1191.7}{1187} \cdot (100) = 100.4$$

觀察**表15.13**之週期值,第1年7月有一個向下之循環一直到第2年1月。自第2年1月至第4年1月,該循環呈向上遞增。在第4年1月,循環開始呈向下之跡象,一直持續到資料結束(第5年6月)。**圖15.10**是這些循環效應的圖形。

表15.13
引擎渦輪資
料之循環效
應

| 月 | $T \cdot C$ | $T$ | $C$ |
|---|---|---|---|
| 七月（第1年） | 1191.7 | 1187 | 100.4 |
| 八月 | 1184.5 | 1192 | 99.4 |
| 九月 | 1174.6 | 1197 | 98.1 |
| 十月 | 1163.6 | 1202 | 96.8 |
| 十一月 | 1157.3 | 1207 | 95.9 |
| 十二月 | 1153.4 | 1212 | 95.2 |
| 一月（第2年） | 1156.7 | 1217 | 95.0 |
| 二月 | 1167.7 | 1222 | 95.6 |
| 三月 | 1178.0 | 1227 | 96.0 |
| 四月 | 1186.4 | 1233 | 96.2 |
| 五月 | 1199.7 | 1238 | 96.9 |
| 六月 | 1211.5 | 1243 | 97.5 |
| 七月 | 1217.3 | 1248 | 97.5 |
| 八月 | 1225.5 | 1253 | 97.8 |
| 九月 | 1228.7 | 1258 | 97.7 |
| 十月 | 1237.4 | 1263 | 98.0 |
| 十一月 | 1248.9 | 1268 | 98.5 |
| 十二月 | 1259.8 | 1273 | 99.0 |
| 一月（第3年） | 1265.0 | 1278 | 99.0 |
| 二月 | 1276.3 | 1283 | 99.5 |
| 三月 | 1294.0 | 1288 | 100.5 |
| 四月 | 1305.9 | 1294 | 100.9 |
| 五月 | 1314.5 | 1299 | 101.2 |
| 六月 | 1335.1 | 1304 | 102.4 |
| 七月 | 1358.9 | 1309 | 103.8 |
| 八月 | 1377.3 | 1314 | 104.8 |
| 九月 | 1395.3 | 1319 | 105.8 |
| 十月 | 1407.0 | 1324 | 106.3 |
| 十一月 | 1415.1 | 1329 | 106.5 |
| 十二月 | 1423.9 | 1334 | 106.7 |
| 一月（第4年） | 1424.9 | 1339 | 106.4 |
| 二月 | 1419.1 | 1344 | 105.6 |
| 三月 | 1420.1 | 1349 | 105.3 |
| 四月 | 1422.2 | 1355 | 105.0 |
| 五月 | 1419.9 | 1360 | 104.4 |
| 六月 | 1417.6 | 1365 | 103.9 |
| 七月 | 1417.5 | 1370 | 103.5 |
| 八月 | 1411.9 | 1375 | 102.7 |
| 九月 | 1403.0 | 1380 | 101.7 |
| 十月 | 1394.6 | 1385 | 100.7 |
| 十一月 | 1387.6 | 1390 | 99.8 |

| 月 | $T \cdot C$ | $T$ | $C$ |
|---|---|---|---|
| 十二月 | 1383.8 | 1395 | 99.2 |
| 一月（第5年） | 1382.1 | 1400 | 98.7 |
| 二月 | 1377.7 | 1405 | 98.0 |
| 三月 | 1371.2 | 1410 | 97.2 |
| 四月 | 1365.8 | 1416 | 96.5 |
| 五月 | 1365.0 | 1421 | 96.1 |
| 六月 | 1359.5 | 1426 | 95.3 |

圖15.10
循環效應圖

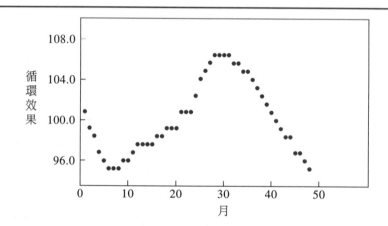

例題15.5　　　　找出例題15.3中家用器具資料之循環效應，並加以評論。

**解答**

家用器具資料顯示了5年的四季資料。除了計算12個月集中移動平均之外，如同我們對引擎渦輪資料所做的一般，我們計算包含了$T \cdot C$的四季集中移動平均。

趨勢效應（T）已顯示在例題15.4中。循環效應之計算是將四季集中移動平均（$T \cdot C$）除以趨勢效應（T）。當四季集中移動平均沒有被算在1987年前兩季及1991年末兩季，先前計算的第一個循環效應是針對1987年第三季，最後一個是針對1991年第二季。下列是1987年第三季循環效應之計算。

$$循環效應_{Q3,1987} = \frac{T \cdot C}{T} = \frac{4139}{4241} \cdot (100) = 97.6$$

下表所示爲1986年第三季至1990年第二季間家計資料之循環效應。

| | 季 | 家用器具運輸量 | | |
|---|---|---|---|---|
| | | $T \cdot C$ | $T$ | $C$ |
| 1987 | 1 | — | | |
| | 2 | — | | |
| | 3 | 4139 | 4241 | 97.6 |
| | 4 | 4178 | 4266 | 97.9 |
| 1988 | 1 | 4257 | 4290 | 99.2 |
| | 2 | 4322 | 4315 | 100.2 |
| | 3 | 4379 | 4339 | 100.9 |
| | 4 | 4461 | 4364 | 102.2 |
| 1989 | 1 | 4483 | 4388 | 102.2 |
| | 2 | 4527 | 4413 | 102.6 |
| | 3 | 4597 | 4437 | 103.6 |
| | 4 | 4608 | 4462 | 103.3 |
| 1990 | 1 | 4591 | 4486 | 102.3 |
| | 2 | 4546 | 4511 | 100.8 |
| | 3 | 4474 | 4535 | 98.7 |
| | 4 | 4442 | 4560 | 97.4 |
| 1991 | 1 | 4476 | 4584 | 97.6 |
| | 2 | 4531 | 4609 | 98.3 |
| | 3 | — | | |
| | 4 | — | | |

　　觀察該循環資料，我們可以發現在1987年第三季有一個上昇循環結束。一個下降循環自1989年第四季開始並延續至1990年第四季，當其方向往上轉時其延續至1991年。

# 以分解法進行預測

　　以分解法求出之時間序列效應可以用於預測的過程中。例如，假設我們想要預測第6年12月的引擎渦輪運輸。我們該如何利用時間序列分解法求出結果而加以完成呢？

　　記得預測包含了四種效應：

$$\hat{Y} = T \cdot S \cdot C \cdot I$$

　　首先，我們用**趨勢**模型去預測一個運輸值。從第一年一月到第5年12月的最後一筆資料共有60期，因此第6年12月即爲$X_t = 72$期。其**趨勢**預測爲：

$$\hat{Y} = 1151.22 + 5.083(72) = 1517$$

季節性效應可以由12月最後季節指標139.07加以含括。12月季節指標之值較高，因為比起一年中的其他月份，有更多的運輸是在12月中進行，也因此預測也需用此因素加以調高。

$$\hat{Y} = 1517(1.3907) = 2110$$

注意季節指標是在相乘之前先除以100，如此以將其從指數轉換為原始數字。含括循環效應比含括季節效應略微困難，因為將該趨勢在未來的影響加以具體化較為困難。表中最後一個循環值是針對第5年的6月，該循環指標是為95.3。如果我們回到表中另一個更早的時間使該指標更接近時，我們發現第1年12月的循環指標是95.2。第5年6月是在我們試圖建立預測的18個月之前（從第6年12月往前推算）。當第1年12月的循環指標與第6年6月的指標相近時，或許當我們從第1年12月往前回算時，我們可以得到第6年12月的趨勢值（第5年6月的18個月之後）。藉此我們找出第3年6月的循環值。我們以此將循環效應加入預測。

$$\hat{Y} = 2110(1.024) = 2160$$

在加入循環及季節效應之後，運輸的預測值是2160。須注意的是，循環指標102.4在預測之前已被轉換為原始值1.024。

我們假設不規則效應為未知，並以一個不規則指標100（該時間序列分解的結果可以被用來預測未來值。原始資料1）用於預測的過程中。總括的說，第6年12月的預測是

$$\hat{Y} = T \cdot S \cdot C \cdot I = 1517(1.3907)(1.024)(1) = 2160$$

用此方法，時間序列資料分解的結果可以用來預測未來值。

# 用電腦進行分解法

分解法可以用電腦的MINITAB加以進行。MINITAB分解法之程式可以產生季節及趨勢效應，但並未分析循環效應。表15.14包含了問題15.2中家用器具運輸資料用分解法產生的MINITAB報表。這份報表包含了第2行中的實際值，第3行中的趨勢值，第4行的季節指數，第7行的預測值，以及最後1行中分解法預測的誤差。該報表是用MAPE、MAD及MSD（本文中用MSE）所衡量出

```
Time Series Decomposition

Date shipmnts
Length 20.0000
NMissing 0

Trend Line Equation

Yt=4167.66+24.494*t

Seasonal Indices

Period          Index

   1          0.984848
   2          1.05870
   3          1.00524
   4          0.951211

Accuracy of Model

MAPE:            2.8
MAD:           125.2
MSD:         21217.8
```

| Row | Shipmnts | Trend | Seasonal | Detrend | Deseason | Model | Error |
|---|---|---|---|---|---|---|---|
| 1 | 4009 | 4192.16 | 0.98485 | 0.95631 | 4070.68 | 4128.64 | -119.636 |
| 2 | 4321 | 4216.65 | 1.05870 | 1.02475 | 4081.43 | 4464.16 | -143.155 |
| 3 | 4224 | 4241.15 | 1.00524 | 0.99596 | 4201.96 | 4263.39 | -39.388 |
| 4 | 3944 | 4265.64 | 0.95121 | 0.92460 | 4146.29 | 4057.52 | -113.523 |
| 5 | 4123 | 4290.13 | 0.98485 | 0.96104 | 4186.43 | 4225.13 | -102.128 |
| 6 | 4522 | 4314.63 | 1.05870 | 1.04806 | 4271.29 | 4567.88 | -45.881 |
| 7 | 4657 | 4339.12 | 1.00524 | 1.07326 | 4632.70 | 4361.88 | 295.122 |
| 8 | 4030 | 4363.62 | 0.95121 | 0.92355 | 4236.70 | 4150.72 | -120.719 |
| 9 | 4493 | 4388.11 | 0.98485 | 1.02390 | 4562.13 | 4321.62 | 171.381 |
| 10 | 4806 | 4412.60 | 1.05870 | 1.08915 | 4539.54 | 4671.61 | 134.392 |
| 11 | 4551 | 4437.10 | 1.00524 | 1.02567 | 4527.26 | 4460.37 | 90.632 |
| 12 | 4485 | 4461.59 | 0.95121 | 1.00525 | 4715.04 | 4243.91 | 241.086 |
| 13 | 4595 | 4486.08 | 0.98485 | 1.02428 | 4665.70 | 4418.11 | 176.890 |
| 14 | 4799 | 4510.58 | 1.05870 | 1.06394 | 4532.93 | 4775.34 | 23.665 |
| 15 | 4417 | 4535.07 | 1.00524 | 0.97396 | 4393.96 | 4558.86 | -141.857 |
| 16 | 4258 | 4559.57 | 0.95121 | 0.93386 | 4476.40 | 4337.11 | -79.110 |
| 17 | 4245 | 4584.06 | 0.98485 | 0.92603 | 4310.31 | 4514.60 | -269.602 |
| 18 | 4900 | 4608.55 | 1.05870 | 1.06324 | 4628.33 | 4879.06 | 20.938 |
| 19 | 4585 | 4633.05 | 1.00524 | 0.98963 | 4561.08 | 4657.35 | -72.347 |
| 20 | 4533 | 4657.54 | 0.95121 | 0.97326 | 4765.50 | 4430.31 | 102.694 |

表15.14
家用器具運
輸資料以分
解法求得之
MINITAB
報表

的誤差值。顯示在報表上方的季節指標及趨勢線方程式是標準輸出。報表及本章中計算之差異是由於誤差所致。用第1期爲預測值舉例，第1期之趨勢值爲：

$$Y = 4167.66 + 24.494(1) = 4192.16$$

該值顯示住第3行第1列中。其已藉由乘以季節指標（.98485，在第4行第1列中）而消去季節效果。

$$\hat{Y} = 4192.16(.98485) = 4128.64$$

這是第1期的預測（顯示於表中之模型，第7行第1列）。該預測之誤差可以由將預測值減掉實際值而求出。

$$誤差 = 4009 - 4128.64 = -119.64$$

除了這些資料分析之外，MINITAB分解程序產生了數個對結果極具啓示性的圖表。圖15.11是家用器具運輸資料以分解法求出之MINITAB報表。MINITAB將該內容組織爲三個部份：原始資料包含趨勢線及預測值之時間序列圖；原始資料、趨勢調整資料、季節調整資料、趨勢及季節共同調整資料，以及描述季節模式如何影響資料的季節分析圖。

---

**問題15.3** 15.9美國農業部每個月會公佈各種農產品生產製造之統計數字。此處所示爲自1992年1月至1993年12月甘藍的生產數字。請使用這些資料算出12個月集中移動平均（T・C）。以這些算出之數值找出季節效應（S・I）。

| 月份 | 甘藍運輸量<br>（1000CWT） | 月份 | 甘藍運輸量<br>（1000CWT） |
|---|---|---|---|
| 一月（1992） | 1054 | 一月（1993） | 800 |
| 二月 | 989 | 二月 | 869 |
| 三月 | 830 | 三月 | 849 |
| 四月 | 1073 | 四月 | 951 |
| 五月 | 802 | 五月 | 834 |
| 六月 | 819 | 六月 | 770 |
| 七月 | 704 | 七月 | 677 |
| 八月 | 556 | 八月 | 574 |
| 九月 | 775 | 九月 | 595 |
| 十月 | 798 | 十月 | 778 |
| 十一月 | 779 | 十一月 | 709 |
| 十二月 | 826 | 十二月 | 813 |

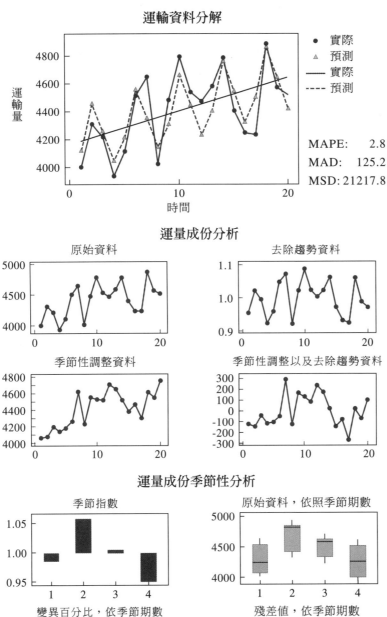

運輸資料分解

運輸量

4800
4600
4400
4200
4000

0          10          20
時間

● 實際
▲ 預測
── 實際
- - - 預測

MAPE:     2.8
MAD:    125.2
MSD: 21217.8

運量成份分析

原始資料

去除趨勢資料

季節性調整資料

季節性調整以及去除趨勢資料

運量成份季節性分析

季節指數

原始資料，依照季節期數

變異百分比，依季節期數

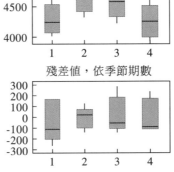

殘差值，依季節期數

圖15.11
家用器具資
料之MINI-
TAB分解圖

15.10 美國商業部公佈了製造業的普查資料。此處所包含之數字是1986年至1991年紙製容器及箱子製造商之每月運輸資料。這些運輸數字是以百萬美金為單位。請用這些資料分析季節、趨勢及循環等效應。用線性模式發展趨勢模型。

| 月份 | 運輸量 | 月份 | 運輸量 |
|---|---|---|---|
| 一月(1986) | 1891 | 一月(1989) | 2336 |
| 二月 | 1986 | 二月 | 2474 |
| 三月 | 1987 | 三月 | 2546 |
| 四月 | 1987 | 四月 | 2566 |
| 五月 | 2000 | 五月 | 2473 |
| 六月 | 2082 | 六月 | 2572 |
| 七月 | 1878 | 七月 | 2336 |
| 八月 | 2074 | 八月 | 2518 |
| 九月 | 2086 | 九月 | 2454 |
| 十月 | 2045 | 十月 | 2559 |
| 十一月 | 1945 | 十一月 | 2384 |
| 十二月 | 1861 | 十二月 | 2305 |
| 一月(1987) | 1936 | 一月(1990) | 2389 |
| 二月 | 2104 | 二月 | 2463 |
| 三月 | 2126 | 三月 | 2522 |
| 四月 | 2131 | 四月 | 2417 |
| 五月 | 2163 | 五月 | 2468 |
| 六月 | 2346 | 六月 | 2492 |
| 七月 | 2109 | 七月 | 2304 |
| 八月 | 2211 | 八月 | 2511 |
| 九月 | 2268 | 九月 | 2494 |
| 十月 | 2285 | 十月 | 2530 |
| 十一月 | 2107 | 十一月 | 2381 |
| 十二月 | 2077 | 十二月 | 2211 |
| 一月(1988) | 2183 | 一月(1991) | 2377 |
| 二月 | 2230 | 二月 | 2381 |
| 三月 | 2222 | 三月 | 2268 |
| 四月 | 2319 | 四月 | 2407 |
| 五月 | 2369 | 五月 | 2367 |
| 六月 | 2529 | 六月 | 2446 |
| 七月 | 2267 | 七月 | 2341 |
| 八月 | 2457 | 八月 | 2491 |
| 九月 | 2524 | 九月 | 2452 |
| 十月 | 2502 | 十月 | 2561 |
| 十一月 | 2314 | 十一月 | 2377 |
| 十二月 | 2277 | 十二月 | 2277 |

# 15.5 時間序列預測技術簡介

除了分解法及迴歸法之外，還有數種預測技術試圖利用時間資訊。在本節中，我們將檢視三種一般的方法：原始模型、平均模型，以及平滑模型。

## 原始預測模型

原始預測模型是一種簡單的模型，其假設時期越接近的資料通常可以代表對未來結果最佳的預測。原始模型並不考慮資料的趨勢或季節性。基於這個理由，原始模式可能較適用於以每天或每週為基礎，或是沒有趨勢性或季節性的情形。原始預測法最簡單的地方在於模型中給定某一期的數值以預測前一期。

$$F_t = X_{t-1}$$

其中：

$F_t$是第t期的預測值

$X_{t-1}$是第t–1期的值

舉例來說，如果上週零售商賣了532雙鞋子，則原始模型會預測本週零售商仍會售出532雙鞋子。用這個原始模型，本週的實際銷售值仍將會用於下週的預測。

觀察表15.15中的農業資料，其描述了在給定的一年中美國境內鐘形胡椒粉的鐵路、卡車及空中運輸量。圖15.12是這些運輸資料在12個月的期間內，以MINITAB繪出之圖形。藉由這些資料我們可以進行原始預測，用12月的數字去預測下一年1月鐘形胡椒粉運輸總額。

另一個進行原始預測的方式是用前一年1月的資料去預測下一年1月的運輸數字，因為研究人員可能會相信鐘形胡椒粉運輸量及月份之間存在某種關係。在此情形下，表15.15中下一年度1月的原始預測值是386（前一年1月之值）。預測者可以自由的對原始模型發揮想像力，在時間序列資料的限制之內找出其他的關係或原因，產生有效的預測。

表15.15
鐘形胡椒粉
國內運輸報
告

| 月份 | 運輸量（100CWT） |
|------|------------------|
| 一月 | 386 |
| 二月 | 282 |
| 三月 | 338 |
| 四月 | 378 |
| 五月 | 512 |
| 六月 | 612 |
| 七月 | 283 |
| 八月 | 114 |
| 九月 | 79 |
| 十月 | 136 |
| 十一月 | 500 |
| 十二月 | 449 |

圖15.12
12個月期間
內鐘形胡椒
粉運輸之
MINITAB
圖表

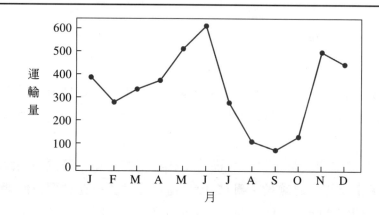

## 平均模型

　　許多原始模型的預測是以一期的資料爲基礎。通常這樣的預測會變成資料
不規則波動的函數；結果這些預測會被「過分引導」。藉由平均模型，預測者
可以開始將資料加以平滑，並將數期資料的效應加入預測之中。平均模型的計
算是將數期的資料加以平均並以此做爲下一期的預測值。

**簡單平均** 簡單模型之中最基本的一種是爲簡單平均模型。藉由此模型，第t期之預測爲先前給定期數之資料的平均，如下列之算式所示。

$$F_t = \frac{X_{t-1} + X_{t-2} + X_{t-3} + \cdots + X_{t-n}}{n}$$

表15.16之資料是自1993年1月至1995年8月美國居家暖氣用油之成本。圖15.13是該資料之MINITAB圖形。

簡單12個月平均可以用於預測居家暖氣用油在1995年9月之成本，透過表15.16之資料，將1994年9月至1995年8月（先前12個月）之數值平均而求得。

$$F_{1995, 9月} =$$

$$\frac{(55.7 + 56.7 + 57.2 + 58.0 + 58.2 + 58.3 + 57.7 + 56.7 + 56.8 + 55.5 + 53.8 + 52.8)}{12}$$

$$= 56.45$$

藉由簡單平均，1995年9月運輸成本之預測爲56.45分錢。注意，前12個月的數字中並無任何一個等於該值，該平均值也不必然更接近早期的值而非晚期值。12個月簡單平均的用途在於將發生在該期間內的變異、波動加以平滑。

**移動平均** 假設現在我們試圖以平均法爲預測方式，對1995年10月的運輸量進行預測。我們是否仍然使用簡單平均法處理1994年9月至1995年8月的資料，就如同我們對1995年8月所做的預測一般？除了用相同的12月平均預測1995年9月之外，用1995年10月之前的12個月加以平均進行預測可能更爲合理。爲此目的，我們將1994年10月和1995年9月之數值加以平均。假設1995年

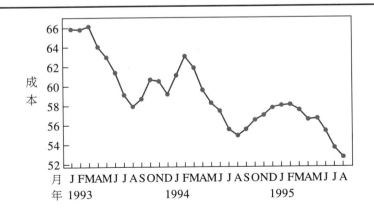

圖15.13
暖氣用油成本資料之MINITAB圖形

| 月 | 暖汽油成本 |
|---|---|
| 一月（1993） | 66.1 |
| 二月 | 66.1 |
| 三月 | 66.4 |
| 四月 | 64.3 |
| 五月 | 63.2 |
| 六月 | 61.6 |
| 七月 | 59.3 |
| 八月 | 58.1 |
| 九月 | 58.9 |
| 十月 | 60.9 |
| 十一月 | 60.7 |
| 十二月 | 59.4 |
| 一月（1994） | 61.3 |
| 二月 | 63.3 |
| 三月 | 62.1 |
| 四月 | 59.8 |
| 五月 | 58.4 |
| 六月 | 57.6 |
| 七月 | 55.7 |
| 八月 | 55.1 |
| 九月 | 55.7 |
| 十月 | 56.7 |
| 十一月 | 57.2 |
| 十二月 | 58.0 |
| 一月（1995） | 58.2 |
| 二月 | 58.3 |
| 三月 | 57.7 |
| 四月 | 56.7 |
| 五月 | 56.8 |
| 六月 | 55.5 |
| 七月 | 53.8 |
| 八月 | 52.8 |

表15.16
家用暖氣用油之成本（分／每加侖）

9月暖氣用油的成本是53.3分。我們可能會用包含了用以預測1995年9月相同月份的新平均值來預測1995年10月，但其中不包含1994年9月的值，並增添1995年9月之值。

$F_{1995,9月} =$

$$\frac{(56.7+57.2+58.0+58.2+58.3+57.7+56.7+56.8+55.5+53.8+52.8+53.3)}{12}$$

$$= 56.25$$

計算1994年10月至1995年9月之值的平均會產生移動平均，其可以用於預測1995年10月的運輸數目。在計算移動平均當中，前12個值的第一個（1994年9月）被消去；而最接近的值（1995年9月）被包含在內。

移動平均是一個在每一新時期被考慮之時，重新更新或計算的平均。最新的資訊會被利用於每一個新的移動平均。但是此項優點會被下列缺點所抵消(1)選擇一個最佳的時間長度以計算移動平均頗為困難；(2)移動平均通常不會隨著時間序列的一些效應，如趨勢、循環、季節效應等，而加以調整。為了決定更有效的長度以計算移動平均，我們可能會需要用數個不同的平均長度並比較他們的誤差。

---

**例題15.6**

此處所示為在12個月的期間內，電器照明及纜線設備的運輸量（以百萬美金為單位）。用這些資料算出每一個可估算月份的4個月移動平均。

| 月份 | 運輸量 |
|------|--------|
| 一月 | 1056 |
| 二月 | 1345 |
| 三月 | 1381 |
| 四月 | 1191 |
| 五月 | 1259 |
| 六月 | 1361 |
| 七月 | 1110 |
| 八月 | 1334 |
| 九月 | 1416 |
| 十月 | 1282 |
| 十一月 | 1341 |
| 十二月 | 1382 |

**解答**

第1個移動平均是

$$4個月移動平均 = \frac{1056+1345+1381+1191}{4} = 1243.25$$

第1個移動平均可用以預測5月的運輸量。由於5月實際的運輸量是1259，該預測誤差是

$$誤差_{5月} = 1259 - 1243.25 = 15.75$$

下列資料包含了每月運輸量、4個月移動平均及預測誤差，其中是用4個月移動平均預測下個月的運輸量。第1個移動平均顯示於五月份旁。因為該值的計算是用1月、2月、3月、4月的資料以估算5月的運輸量。其餘的4個月移動平均及預測誤差如下所示。

| 月份 | 運輸量 | 4個月移動平均 | 預測誤差 |
|---|---|---|---|
| 一月 | 1056 | — | — |
| 二月 | 1345 | — | — |
| 三月 | 1381 | — | — |
| 四月 | 1191 | — | — |
| 五月 | 1259 | 1243.25 | 15.75 |
| 六月 | 1361 | 1294.00 | 67.00 |
| 七月 | 1110 | 1298.00 | −188.00 |
| 八月 | 1334 | 1230.25 | 103.75 |
| 九月 | 1416 | 1266.00 | 150.00 |
| 十月 | 1282 | 1305.25 | −23.25 |
| 十一月 | 1341 | 1285.50 | 55.50 |
| 十二月 | 1382 | 1343.25 | 38.75 |

圖15.14是實際運輸值及以4個月移動平均為基礎求得之預測運輸值的MINITAB圖形。注意其移動平均與個別資料相比較為平滑，顯示較少的波動，並顯示其試圖去依循資料的一般趨勢。

**加權移動平均** 有時預測人員會想將某些時期的資料賦予更高的權數。例如，預測人員可能會認為在預測中前一個月資料值的重要性是其他月份的三倍。在移動平均的計算當中，如果有部份時期的資料權數與其他期不同，則可稱之為加權移動平均。

舉例來說，假設3個月移動平均值的計算是將前一個月份的權值設為3，再

前一個月的權值為2，最前一個月為1。該加權平均之計算如下

$$\overline{X}_{\text{加權}} = \frac{3(M_{t-1}) + 2(M_{t-2}) + 1(M_{t-3})}{6}$$

其中：

$M_{t-1}$ = 上個月之值

$M_{t-2}$ = 再前一個月之值

$M_{t-3}$ = 最前一個月之值

注意其中的除數為6。在加權平均中，除數通常為所有權數之和。在本例中，$M_{t-1}$值算3次而$M_{t-3}$值只有1次。

---

計算例題15.6中電器照明及纜線資料之4個月加權移動平均，其中最近一個月之權值為4，再前一個月為2，最前面兩個月為1。    例題15.7

**解答**

第1個加權平均值為

$$\frac{4\ (1191) + 2\ (1381) + 1\ (1345) + 1\ (1056)}{8} = 1240.875$$

該移動平均又再依各月份一一計算。以下所示為各月資料、加權移動平均及資料之預測誤差。

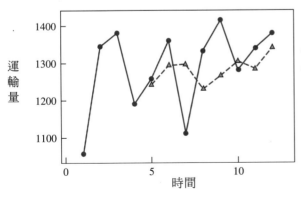

移動平均長度：    4
MAPE：    6.28
MAD：    80.25
MSD：    9808.44

圖15.14
移動平均相
對於實際值
之MINI-
TAB圖形

| 月份 | 運輸量 | 4個月加權移動平均（預測值） | 預測誤差 |
|------|--------|------------------------------|----------|
| 一月 | 1056 | — | — |
| 二月 | 1345 | — | — |
| 三月 | 1381 | — | — |
| 四月 | 1191 | — | — |
| 五月 | 1259 | 1240.9 | 18.1 |
| 六月 | 1361 | 1268.0 | 93.0 |
| 七月 | 1110 | 1316.8 | −206.8 |
| 八月 | 1334 | 1201.5 | 132.5 |
| 九月 | 1416 | 1272.0 | 144.0 |
| 十月 | 1282 | 1350.4 | −68.4 |
| 十一月 | 1341 | 1300.5 | 40.5 |
| 十二月 | 1382 | 1334.8 | 47.2 |

請注意在該問題中，用4個月加權移動平均所得到之誤差比大部份未用加權平均的移動平均誤差要大，如下所示：

| 預測誤差，<br>未加權4個月移動平均 | 預測誤差，<br>加權4個月移動平均 |
|------|------|
| — | — |
| — | — |
| — | — |
| — | — |
| 15.8 | 18.1 |
| 67.0 | 93.0 |
| −188.0 | −206.8 |
| 103.8 | 132.5 |
| 150.0 | 144.0 |
| −23.3 | −68.4 |
| 55.5 | 40.5 |
| 38.8 | 47.2 |

並非所有的情形都是如此。預測人員可以試著將不同的權數用於加權平均的計算技術中。有許多的加權模式可以使用。

## 指數平滑法

另一種預測技術「指數平滑法」，是將前面數期的資料予以加權，以指數遞減其重要性的方式用於預測當中。指數平滑法的作法是將本期實際值乘上一

個介於0到1之間的數值（指數平滑常數）以$\alpha$表示（並非型 I 誤差中的$\alpha$），並加上本期預測值$F_t$及（$1-\alpha$）的乘積。以下是更正式的說明。

$$F_{t+1} = \alpha \cdot X_t + (1 - \alpha) \cdot F_t$$

指數平滑法

其中：

$F_{t+1}$ = 下一期（$t+1$）之預測

$F_t$ = 本期（$t$）之預測

$X_t$ = 本期之實際值

$\alpha$ = 一個介於0與1之間的值，此即指數平滑常數。

$\alpha$之值是由預測人員所決定。本程序的本質在於新的預測是本期預測及本期實際值的結合。如果決定採用的$\alpha$值小於.5，實際值的權數即比預測值要小。如果決定採用的$\alpha$值大於.5，實際值的權數即比預測值要大。

例如，假設某一期的基本利率是5%，而本期預測的基本利率為6%。如果用指數平滑法預測下一期基本利率，且令$\alpha=3$，則預測結果為

$$F_{t+1} = (.3)(5\%) + (1.0 - .3)(6\%) = 5.7\%$$

注意下一期預測值5.7%的計算中，由於$\alpha=.3$，所以前期預測值6%的權數會比實際值5%要高。假設我們用$\alpha=.7$做為指數平滑常數。

$$F_{t+1} = (.7)(5\%) + (1.0 - .7)(6\%) = 5.3\%$$

該值較為接近實際值5%而非預測值6%，因為其指數平滑常數$\alpha$大於.5。

為何這樣叫做指數平滑？讓我們再一次檢視指數平滑法的式子。

$$F_{t+1} = \alpha \cdot X_t + (1 - \alpha)F_t$$

如果我們對某一段時期進行指數平滑法，$F_t$的預測值可以由下式求出。

$$F_t = \alpha \cdot X_{t-1} + (1 - \alpha)F_{t-1}$$

將預測值$F_t$換為前式以求出$F_t+1$，可得

$$F_{t+1} = \alpha \cdot X_t + (1 - \alpha)[\alpha \cdot X_{t-1} + (1 - \alpha)F_{t-1}]$$
$$= \alpha \cdot X_t + \alpha(1 - \alpha) \cdot X_{t-1} + (1 - \alpha)^2 F_{t-1}$$

但是

$$F_{t-1} = \alpha \cdot X_{t-2} + (1 - \alpha)F_{t-2}$$

將$F_{t-1}$換為前式以求出$F_{t+1}$，可得

$$F_{t+1} = \alpha \cdot X_t + \alpha (1 - \alpha) \cdot X_{t-1} + (1 - \alpha)^2 F_{t-1}$$
$$= \alpha \cdot X_t + \alpha (1 - \alpha) \cdot X_{t-1} + (1 - \alpha)^2 [\alpha \cdot X_{t-2} + (1 - \alpha) F_{t-2}]$$
$$= \alpha \cdot X_t + \alpha (1 - \alpha) \cdot X_{t-1} + \alpha (1 - \alpha)^2 \cdot X_{t-2} + (1 - \alpha)^3 F_{t-2}$$

如果我們繼續該程序，你將會發現前期數值及預測的權數中包含了$(1-\alpha)^n$（指數值）下列是在三個不同的$\alpha$之下，$(1-\alpha)$、$(1-\alpha)^2$及$(1-\alpha)^3$之值。其中所包含的$\alpha(1-\alpha)^3$是用以加權倒退3期的實際值。指數平滑法對時間序列的影響，在於加重了近期資料的重要性。$\alpha$值的選擇決定了該重要性的程度。

| $\alpha$ | $1 - \alpha$ | $(1 - \alpha)^2$ | $(1 - \alpha)^3$ | $\alpha (1 - \alpha)^3$ |
|---|---|---|---|---|
| .2 | .8 | .64 | .512 | .1024 |
| .5 | .5 | .25 | .125 | .0625 |
| .8 | .2 | .04 | .008 | .0064 |

有些預測人員以電腦在不同$\alpha$值之下進行時間序列資料之分析。藉由設定評斷預測誤差之原則，他們可以選擇最適合資料的$\alpha$值。

指數平滑的公式

$$F_{t+1} = \alpha \cdot X_t + (1 - \alpha) \cdot F_t$$

可以用代數的方式重新加以排列如下

$$F_{t+1} = F_t + \alpha (X_t - F_t)$$

這種方式顯示了新的預測值$F_{t+1}$等於舊的預測值加上做為調整基礎的$\alpha$乘上舊的預測誤差（$X_t - F_t$）。$\alpha$值越小，誤差對新預測的影響越小，新預測也更為接近舊的預測。這顯示了$\alpha$對於預測的抑制效應。

---

例題15.8　　美國普查局在當代建築報告中公佈了住宅資料。下列是美國境內自1980年至1994年私有住宅的總數。請用指數平滑法預測後續幾期的數字。用$\alpha$=.2、.5及.8。

| 年度 | 總數（千棟） |
|---|---|
| 1980 | 1292 |
| 1981 | 1084 |
| 1982 | 1062 |
| 1983 | 1703 |
| 1984 | 1750 |

| 年 | 總數（千棟） |
|---|---|
| 1985 | 1742 |
| 1986 | 1805 |
| 1987 | 1620 |
| 1988 | 1488 |
| 1989 | 1376 |
| 1990 | 1193 |
| 1991 | 1014 |
| 1992 | 1200 |
| 1993 | 1288 |
| 1994 | 1457 |

**解答**

下面是該資料之MINITAB圖形。

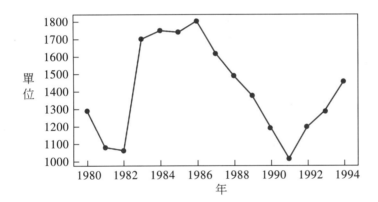

下表所示為用三個$\alpha$值所做的預測。此處需注意由於我們沒有對第1期預測，我們不能對第2期用指數平滑法加以計算。取而代之的是，我們用第1期實際值作為對第2期預測的起始點。舉例來說，以$\alpha=.2$進行對第3、4、5期的預測如下。

$$F_3 = .2(1084) + .8(1292) = 1250.4$$
$$F_4 = .2(1062) + .8(1250.4) = 1212.7$$
$$F_5 = .2(1703) + .8(1212.7) = 1310.8$$

其餘的預測及誤差列於下表之中。

| 年度 | 住宅數(千棟) | $\alpha = .2$ | | $\alpha = .5$ | | $\alpha = .8$ | |
|---|---|---|---|---|---|---|---|
| | | $F$ | $e$ | $F$ | $e$ | $F$ | $e$ |
| 1980 | 1292 | — | — | — | — | — | — |
| 1981 | 1084 | 1292.0 | −208.0 | 1292.0 | −208.0 | 1292.0 | −208.0 |
| 1982 | 1062 | 1250.4 | −188.4 | 1188.0 | −126.0 | 1125.6 | −63.6 |
| 1983 | 1703 | 1212.7 | 490.3 | 1125.0 | 578.0 | 1074.7 | 628.3 |
| 1984 | 1750 | 1310.8 | 439.2 | 1414.0 | 336.0 | 1577.3 | 172.7 |
| 1985 | 1742 | 1398.6 | 343.4 | 1582.0 | 160.0 | 1715.5 | 26.5 |
| 1986 | 1805 | 1467.3 | 337.7 | 1662.0 | 143.0 | 1736.7 | 68.3 |
| 1987 | 1620 | 1534.8 | 85.2 | 1733.5 | −113.5 | 1791.3 | −171.3 |
| 1988 | 1488 | 1551.9 | −63.9 | 1676.8 | −188.8 | 1654.3 | −166.3 |
| 1989 | 1376 | 1539.1 | −163.1 | 1582.4 | −206.4 | 1521.3 | −145.3 |
| 1990 | 1193 | 1506.5 | −313.5 | 1479.2 | −286.2 | 1405.1 | −212.1 |
| 1991 | 1014 | 1443.8 | −429.8 | 1336.1 | −322.1 | 1235.4 | −221.4 |
| 1992 | 1200 | 1357.8 | −157.8 | 1175.1 | 25.0 | 1058.3 | 141.7 |
| 1993 | 1288 | 1326.3 | −38.3 | 1187.5 | 100.5 | 1171.7 | 116.3 |
| 1994 | 1457 | 1318.6 | 138.4 | 1237.8 | 219.2 | 1264.7 | 192.3 |

　　哪一個$\alpha$值才是最適用於資料的預測？下列是用3種不同的誤差衡量方式衡量3個不同的$\alpha$值所求出。在這三種情形中，$\alpha=.8$產生最小的衡量誤差。觀察原始資料的圖形可以發現資料有著相當的高低起伏。在指數平滑中，$\alpha$值乘上實際值，而（$1-\alpha$）則是乘上預測值，如此可以產生下一次預測。由於實際資料的變化相當大，採用最大$\alpha$值的指數平滑值似乎可以產生最佳的預測。將實際值賦予最大的權數，新的預測可以得出更佳的效應。

| 誤差 | 誤差測量值 | | |
|---|---|---|---|
| | $\alpha = .2$ | $\alpha = .5$ | $\alpha = .8$ |
| MAD | 242.6 | 215.2 | 181.0 |
| MSE | 79,320.8 | 63,409.3 | 51,425.9 |
| MAPE | 17.5% | 15.5% | 13.1% |

　　用MINITAB進行指數平滑預測可產生實際值、預測值、誤差、MAD、MSE及MAPE。下列是本問題中各個指數平滑預測用MINITAB所繪製之圖形。

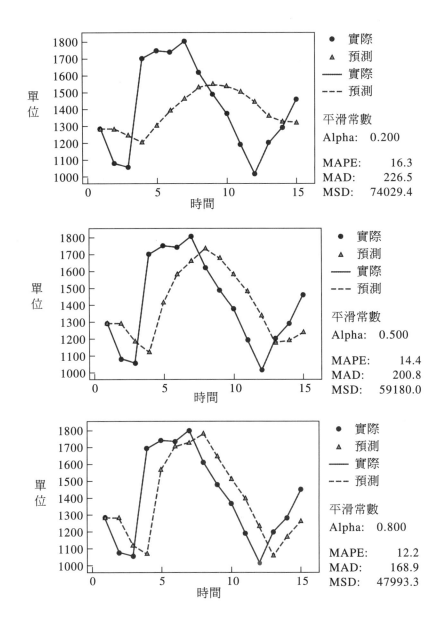

還有其他更為複雜的指數平滑模型可以為預測人員所採用。其中的某些模型試圖將長期趨勢含括在預測當中，其他的則希望將季節因素包含在指數平滑模型中。

# 進階指數平滑法

在前一節所談到的指數平滑技術是一種將從現有實際資料的資訊與預測現有資料（其編入了前期資料的資訊）加以連結的機制，以此預測接連數期的情形。

預測人員在預測的過程中會比較當前實際資料及當前資料預測的重要性而給予權數。其他的因素可以被考慮於指數平滑模式中。特別的是，時間序列的兩個要素，趨勢及季節效應，可以在他們出現時被合併考量在預測當中。

**包含趨勢效應的指數平滑法：霍特法**　包含有趨勢效應的指數平滑技術之一是為霍特的雙參數法。霍特法利用權數做為一種類似於前節所用指數平滑法去平滑該趨勢。霍特的雙參數法用下列三個式子來加以完成。

平滑值：　　　　$E_t = \alpha X_t + (1 - \alpha)(E_{t-1} + T_{t-1})$

趨勢項更新：　　$T_t = \beta (E_t - E_{t-1})(1 - \beta)T_{t-1}$

下期預測：　　　$F_{t+1} = E_t + T_t$

未來 $k$ 期預測：　$F_{t+k} = E_t + kT_t$

在簡單指數平滑法中，平滑值即為預測結果。下一個平滑值的決定是藉由將實際值以 $\alpha$ 加權以及將前期預測（上一個預測值）以 $(1-\alpha)$ 加權。現在我們已介紹將趨勢加入考量。注意上面最後的兩個式子，其中預測值已是平滑值及趨勢的函數。如此，我們可以分配一個新的符號給平滑值E，並保留F給預測值。T代表趨勢。使用簡單指數平滑，所以只有一個平滑指數 $\alpha$。由於趨勢在此是預測程序的一部份，因此我們介紹一個趨勢的權數 $\beta$。或者兩個權數可以一樣或不同。如同以前一樣，權值決定當期值與前期值應各有多少的重要性。較高的 $\alpha$ 及 $\beta$ 值較強調當期值的重要性。

檢視這些式子可以啟發我們與該程序有關的地方。最後的兩個式子是用以計算預測值。下一期的預測用 $F_{t+1}=E_t+T_t$。要以現在的資訊進行未來一期以上的預測，用 $F_{t+k}=E_t+kT_t$。其中 $k$ 是未來要預測之期數。舉例來說，如果你要對未來三期進行預測，可以用 $F_{t+3}=E_t+3T_t$。

注意其中對下一期的預測是本期平滑值及本期趨勢的函數。在用 $E_t=\alpha X_t+(1-\alpha)(E_{t-1}+T_{t-1})$ 計算新平滑值當中，最後一項 $(E_{t-1}+T_{t-1})$ 僅是本期的預

測。將本符號換爲平滑公式可得

$$E_t = \alpha X_t + (1-\alpha)(F_t)$$

此法與簡單指數平滑法相似，用來更新平滑值。該平滑值是實際值與預測值的函數。

趨勢項藉由第二個方程式在過程中的每一步更新 $T_t = \beta(E_t - E_{t-1}) + (1-\beta)T_{t-1}$。基本上，更新過的趨勢項是該期與前期平滑值之差的加權值，再加上前期趨勢值的加權。

舉一個使用本技術的例子，我們將霍特的雙參數法應用於例題15.7住宅資料。我們選擇 $\alpha=.8$ 及 $\beta=.4$ 做爲權數。如何初始化該程序是預測人員需選擇的。由於在問題中我們沒有1980年以前的資料，所以我們以趨勢值爲0做爲起始。如果有在程序中趨勢值的歷史資料，有些預測人員會以該趨勢值做爲初始值。注意，雖然其中的第1個實際值是用以預測第2期（1981年），第1個平滑值是第1個實際值（1980年的值1292）。此處所示是關於1981、1982、1983年的計算。

| 年度 | $X_t$ | $E_t$ | $T_t$ | $F_t$ | 誤差 |
|------|-------|-------|-------|-------|------|
| 1980 | 1292 | 1292 | 0 | — | — |
| 1981 | 1084 | | | | |
| 1982 | 1062 | | | | |
| 1983 | 1703 | | | | |

利用1980年的初始值，我們可以得到1981年的預測。

$$F_{1981} = E_{1980} + T_{1980} = 1292 + 0 = 1292$$

我們可以將1981年的平滑值更新爲

$$E_{1981} = .8X_{1981} + (1 - .8)(F_{1981}) = .8(1084) + .2(1292) = 1125.6$$

趨勢值更新爲

$$T_{1981} = .4(E_{1981} - E_{1980}) + (1 - .4)T_{1980} = .4(1125.6 - 1292) + .6(0) = -66.6$$

1982年的預測值爲

$$F_{1982} = E_{1981} + T_{1981} = 1125.6 + (-66.6) = 1059.0$$

1982年的平滑值爲

$$E_{1982} = .8X_{1982} + (1 - .8)(F_{1982}) = .8(1062) + .2(1059) = 1061.4$$

趨勢值更新為

$$T_{1982} = .4(E_{1982} - E_{1981}) + (1 - .4)T_{1981}$$
$$= .4(1061.4 - 1125.6) + .6(-66.6) = -65.6$$

1983年的預測值為

$$F_{1983} = E_{1982} + T_{1982} = 1061.4 + (-65.6) = 995.8$$

趨勢平滑程序之結果及趨勢值顯示在表15.17中。預測誤差的衡量是藉由 MSE、MAD及MAPE。比較此處及例題15.7之結果,其中當$\alpha$=.2或.3時該程序所產生的誤差會比簡單指數平滑要小。

然而,以$\alpha$=.8的簡單指數平滑比此處所包含趨勢值的誤差要小。顯然包含趨勢值對該資料並無多大幫助。觀察例題15.7的圖形顯示,資料中僅有些許的趨勢效應。然而對其他資料而言,霍特的雙參數法可以改進簡單指數平滑法的預測。

表15.17
住宅資料以
霍特雙參數
法所求得之
結果

| 年度 | $X_t$ | $E_t$ | $T_t$ | $F_t$ | 誤差 |
|------|-------|-------|-------|-------|------|
| 1980 | 1292 | 1292.0 | 0 | — | — |
| 1981 | 1084 | 1125.6 | −66.6 | 1292.0 | −208.0 |
| 1982 | 1062 | 1061.4 | −65.6 | 1059.0 | 3.0 |
| 1983 | 1703 | 1561.6 | 160.7 | 995.8 | 707.2 |
| 1984 | 1750 | 1744.5 | 169.6 | 1722.3 | 27.7 |
| 1985 | 1742 | 1776.4 | 114.5 | 1914.1 | −172.1 |
| 1986 | 1805 | 1822.2 | 87.0 | 1890.9 | −85.9 |
| 1987 | 1620 | 1677.8 | −5.6 | 1909.2 | −289.2 |
| 1988 | 1488 | 1524.8 | −64.6 | 1672.2 | −184.2 |
| 1989 | 1376 | 1392.8 | −91.6 | 1460.2 | −84.2 |
| 1990 | 1193 | 1257.9 | −108.9 | 1301.2 | −108.2 |
| 1991 | 1014 | 1041.0 | −152.1 | 1149.0 | −135.0 |
| 1992 | 1200 | 1137.8 | −52.5 | 888.9 | 311.1 |
| 1993 | 1288 | 1247.5 | 12.4 | 1085.3 | 202.7 |
| 1994 | 1457 | 1417.6 | 75.5 | 1259.9 | 197.1 |
| 1995 | | | | 1493.1 | |

MAD = 193.9

MSE = 65,176.9

MAPE = 13.6%

注意在**表15.17**中包含了1995年的預測，其計算是藉由加總1994年的平滑值及預測值。假設預測人員想藉由1994年的數值去預測在2000年新的住宅資料。2000年是在1994年的6年之後，所以k=6。該預測為

$$F_{1994+6} = E_{1994} + 6T_{1994} = 1417.6 + 6(75.5) = 1870.6$$

**包含趨勢及季節效應的指數平滑法：溫特法**　　與霍特的雙參數法相似，溫特法使用指數平滑法，但卻同時包括了整合季節性及趨勢性的程序。下列即為溫特法的式子。

| | |
|---|---|
| 平滑值： | $E_t = \alpha(X_t/S_{t-L}) + (1 - \alpha)(E_{t-1} + T_{t-1})$ |
| 趨勢項更新： | $T_t = \beta(E_t - E_{t-1}) + (1 - \beta)T_{t-1}$ |
| 季節性更新： | $S_t = \gamma(X_t/E_t) + (1 - \gamma)S_{t-L}$ |
| 下期預測： | $F_{t+1} = (E_t + T_t)S_{t-L+1}$ |
| 未來$k$期預測： | $F_{t+k} = (E_t + kT_t)S_{t-L+k}$ |

比較這些式子及霍特法。其平滑值的式子與霍特法一樣，但實際值則被換為實際值除以季節值。這將實際值依照季節性加以調整。趨勢方程式仍然相同。新的式子是季節性方程式。

$$S_t = \gamma(X_t/E_t) + (1 - \gamma)S_{t-L}$$

溫特法介紹了第3個權數$\gamma$以伴隨$\alpha$與$\beta$來使用。他是一個介於0與1之間的值，用以加權現有季節效應，該效應是現在實際值除以平滑值的比例。舊的季節值是由$1-\gamma$來加權。預測值與霍特法相似，但平滑值及趨勢值的和要再乘上季節效應以產生下一期預測。**表15.18**提供了用溫特法去計算例題15.7的住宅資料，其中$\alpha = .8$，$\beta = .4$，$\gamma = .3$。採用溫特法的問題之一是季節效應的初始值為何。此處我們令初始值為1代入。1981年及1982年的計算以及1983年的預測如下。

| 年度 | $X_t$ | $E_t$ | $T_t$ | $S_t$ | $F_t$ | 誤差 |
|---|---|---|---|---|---|---|
| 1980 | 1292 | 1292 | 0 | 1 | — | — |
| 1981 | 1084 | | | | | |
| 1982 | 1062 | | | | | |
| 1983 | 1703 | | | | | |

表15.18
住宅資料以
溫特法求出
之結果

| 年度 | $X_t$ | $E_t$ | $T_t$ | $S_t$ | $F_t$ | 誤差 |
|------|-------|-------|-------|-------|-------|------|
| 1980 | 1292 | 1292.0 | 0 | 1.00 | — | — |
| 1981 | 1084 | 1125.6 | −66.6 | .99 | 1292.0 | −208.0 |
| 1982 | 1062 | 1070.0 | −62.2 | .99 | 1048.4 | 13.6 |
| 1983 | 1703 | 1577.7 | 165.8 | 1.02 | 997.7 | 705.3 |
| 1984 | 1750 | 1721.2 | 156.9 | 1.02 | 1778.4 | −28.4 |
| 1985 | 1742 | 1741.9 | 102.4 | 1.01 | 1915.7 | −173.7 |
| 1986 | 1805 | 1798.6 | 84.1 | 1.01 | 1862.7 | −57.7 |
| 1987 | 1620 | 1659.7 | −5.1 | 1.00 | 1901.5 | −281.5 |
| 1988 | 1488 | 1521.3 | −58.4 | .99 | 1654.6 | −116.6 |
| 1989 | 1376 | 1404.5 | −81.8 | .99 | 1448.3 | −72.3 |
| 1990 | 1193 | 1228.6 | −119.4 | .98 | 1309.5 | −116.5 |
| 1991 | 1014 | 1049.6 | −143.2 | .98 | 1087.0 | −73.0 |
| 1992 | 1200 | 1160.9 | −41.4 | 1.00 | 888.3 | 311.7 |
| 1993 | 1288 | 1254.3 | 12.5 | 1.01 | 1119.5 | 168.5 |
| 1994 | 1457 | 1407.4 | 68.8 | 1.02 | 1279.9 | 177.5 |
| 1995 | | | | | 1505.7 | |

$$MAD = 182.5$$
$$MSE = 61,670.5$$
$$MAPE = 12.8\%$$

用1980年的初始值可以得到1981年的預測。

$$F_{1981} = (E_{1980} + T_{1980})S_{1980} = (1292 + 0)1 = 1292$$

我們可以將1981年的平滑值更新爲

$$E_{1981} = .8(X_{1981}/S_{1980}) + (1 - .8)(E_{1980} + T_{1980}) = .8(1084/1) + .2(1292+0) = 1125.6$$

趨勢值更新爲

$$T_{1981} = .4(E_{1981} - E_{1980}) + (1 - .4)T_{1980} = .4(1125.6 - 1292) + .6(0) = −66.6$$

季節值更新爲

$$S_{1981} = .3(X_{1981}/E_{1981}) + (1 - .3)S_{1980} = .3(1084 - 1125.6) + .7(1) = .99$$

1982年的預測爲

$$F_{1982} = (E_{1981} + T_{1981})S_{1981} = (1125.6 −66.6)(.99) = 1048.4$$

我們可以將1982年的平滑值更新為

$$E_{1982} = .8X_{1982}/S_{1981} + (1 - .8)(E_{1981} + T_{1981})$$
$$= .8(1062/.99) + .2(1125.6 - 66.6) = 1070$$

趨勢值現在更新為

$$T_{1982} = .4(E_{1982} - E_{1981}) + (1 - .4)T_{1981} = .4(1070 - 1125.6) + .6(-66.6) = -62.2$$

季節值更新為

$$S_{1982} = .3(X_{1982}/E_{1982}) + (1 - .3)S_{1981} = .3(1062/1070) + .7(.99) = .99$$

1983年的預測為

$$F_{1983} = (E_{1982} + T_{1982})S_{1982} = (1070 - 62.2)(.99) = 997.7$$

用溫特法求出的三種誤差衡量均比用霍特法要小。溫特法對每一個指數平滑技術處理的資料產生最低的MAPE值，其中包含了用 $\alpha = .8$ 的簡單指數平滑。有許多 $\alpha$、$\beta$、$\gamma$ 的組合可以一一排出，其中的某些組合可以改進此處所列示的解答。電腦預測程式非常適合於一一找出這些排列並找出最多可能的加權值。

圖15.15是將住宅資料用溫特法得之MINITAB分析。此處用MINITAB所得出之結果與我們手算的資料有些微的差異，因為MINITAB對時間用迴歸分析以決定程度及趨勢的初始值。季節要素的初始值是由去除趨勢效應資料的虛擬變數迴歸所求出。

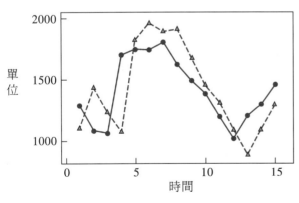

● 實際
▲ 預測
— 實際
--- 預測

平滑常數
Alpha（等級）： 0.800
Gsmma（趨勢）：0.400
Delta（季節）： 0.300

MAPE:　　15.2
MAD:　　210.0
MSD:　　63511.1

圖15.15
住宅資料以
溫特法得出
之MINI-
TAB分析

問題15.4　　　15.11請用下列時間序列資料回答下列問題。

| 時期 | 值 |
|---|---|
| 1 | 27 |
| 2 | 31 |
| 3 | 58 |
| 4 | 63 |
| 5 | 59 |
| 6 | 66 |
| 7 | 71 |
| 8 | 86 |
| 9 | 101 |
| 10 | 97 |

a.用4個月移動平均發展第5期到第10期的預測。

b.用4個月加權移動平均發展第5期到第10期的預測。最接近月份的因素為4，前一個月份為2，其餘月份為1。

c.計算(a)(b)中的預測誤差並觀察用兩個不同技術求出的預測誤差之差異。

15.12下列是8個不同時期的時間序列資料。用指數平滑法去預測第3到第8期的數值。用第1期的數值預測第2期。用兩個不同的$\alpha$值.1及.8去計算預測值。計算每一種預測的誤差並比較兩個不同的指數平滑常數所產生的誤差。

| 時期 | 值 |
|---|---|
| 1 | 211 |
| 2 | 228 |
| 3 | 236 |
| 4 | 241 |
| 5 | 242 |
| 6 | 227 |
| 7 | 217 |
| 8 | 203 |

15.13下列是9期的時間序列資料。以$\alpha=.3$及.7用指數平滑法去預測第3期到第9期。用第1期的值預測第2期。用3個月移動平均計算第4期到第9期的預測。計算預測誤差並討論每一種方法的誤差大小。

| 時期 | 值 |
|------|------|
| 1 | 9.4 |
| 2 | 8.2 |
| 3 | 7.9 |
| 4 | 9.0 |
| 5 | 9.8 |
| 6 | 11.0 |
| 7 | 10.3 |
| 8 | 9.5 |
| 9 | 9.1 |

15.14 用霍特的雙參數法以指數平滑的方式解出問題15.13的資料。令 $\alpha$ =.5，並試用 $\beta$=.3 及 $\beta$=.7。計算MAD並比較兩種分析。問題15.13的結果應如何加以比較？

15.15 用溫特法以指數平滑方式解出問題15.13的資料。令 $\alpha$ =.5，並試用 $\beta$=.3 及 $\beta$=.7。用MAD衡量該誤差。你該如何進行？將結果與問題15.14的結果加以比較。

15.16 美國商務部公佈了耐久貨品運輸的資料。下列是1970年到1990年的運輸資料。

a.用5年移動平均去發展1975年到1990年的預測。

b.用5年加權移動平均去發展1975年到1990年的預測。最近一年的權數為6，前一年為4，再前一年為2，其餘為1。

c.計算a.與b.中預測的誤差，並觀察該預測誤差之不同。

| 年度 | 運輸量（百萬美金） |
|------|------|
| 1970 | 28,156 |
| 1971 | 29,924 |
| 1972 | 33,987 |
| 1973 | 39,635 |
| 1974 | 44,173 |
| 1975 | 43,598 |
| 1976 | 50,623 |
| 1977 | 59,168 |
| 1978 | 67,731 |

| 年度 | 運輸量（百萬美金） |
|------|------|
| 1979 | 75,927 |
| 1980 | 77,419 |
| 1981 | 83,727 |
| 1982 | 79,212 |
| 1983 | 85,481 |
| 1984 | 97,940 |
| 1985 | 101,279 |
| 1986 | 103,238 |
| 1987 | 108,128 |
| 1988 | 117,993 |
| 1989 | 124,532 |
| 1990 | 125,388 |

15.17聯邦準備金系統理事會公佈美國借貸款的資料。下列是農業界每月借貸款的資料。下表是1972年至1991年以百萬美金爲單位之資料。

| 年度 | 農業借貸款 |
|------|------|
| 1972 | 14.3 |
| 1973 | 17.2 |
| 1974 | 18.3 |
| 1975 | 20.1 |
| 1976 | 23.2 |
| 1977 | 25.8 |
| 1978 | 28.2 |
| 1979 | 31.1 |
| 1980 | 31.6 |
| 1981 | 33.1 |
| 1982 | 36.2 |
| 1983 | 39.2 |
| 1984 | 40.1 |
| 1985 | 36.1 |
| 1986 | 31.5 |
| 1987 | 29.4 |
| 1988 | 29.8 |
| 1989 | 30.7 |
| 1990 | 33.0 |
| 1991 | 32.4 |

以指數平滑技術，$\alpha=.2$及$.9$，去發展1974年至1991年的預測。另1973年的預測值為1972年之值。檢視預測誤差並比較其結果。

5.18用霍特的雙參數法以指數平滑的方式解出問題15.17的資料。令$\alpha=.9$，$\beta=.4$，$\gamma=.6$。用MAPE比較兩預測。總結你的發現。他們是如何比較問題15.17的結果（其中$\alpha=.9$）？

# 15.6　自身相關與自我迴歸

• • • • • • • • • • • • • • • • • • • • • • • • • • • • • • • • • • •

依時間收集之資料值通常與過去的數值相關。此種資料特性在用迴歸進行預測時會產生問題，但同時也提供了一些機會。在迴歸資料的分析中可能會發生的一個問題是自身相關。

## 自身相關

自身相關（或序列相關）發生在當資料的迴歸預測模型產生的誤差項互為相關時。這樣的情形有可能發生在企業的時間資料中，尤其是經濟變數。在以迴歸分析為預測方式之中，自身相關可能會是一個問題，因為迴歸分析中有一個假設：誤差項必須為獨立或隨機（非相關）。在大多數分析的情形中，誤差項的相關可能會產生正的自身相關。（正的誤差值與正的可比較等級誤差相關，負的誤差與負的可比較等級誤差相關）

當自身相關出現在迴歸分析時，有幾種可能的問題會出現。首先，迴歸係數的估計不再具有最小變異的特性而可能無效。第二，誤差項的變異會因為均方誤差值而過分低估。第三，估計迴歸係數的真正標準差可能會被嚴重低估。第四，其信賴區間以及用t分配及F分配所做之檢定不再適用。

第一階自身相關的發生在當誤差項與相鄰期（相對的先前兩期或更多期）互為相關時。如果第一階自身相關出現，某一期的誤差即為前期誤差的函數，如下所示。

$$\epsilon_t = \rho \epsilon_{t-1} = \upsilon_t$$

第一階自身相關係數$\rho$衡量誤差項之間的相關程度。其為介於-1，0，1之間的數值，如同第十二章所討論的相關係數一樣。$v_t$是一個常態分配的獨立誤差項。如果呈現了正的自身相關，$\rho$值會介於0與+1之間。若$\rho$值為0，則$\in_t = v_t$，其表示並未呈現自身相關，而$\in_t$僅是一個隨機獨立誤差項。

決定是否有自身相關存在於時間序列迴歸分析的其中一個方法是杜賓—華生檢定(Durbin-Watson test)。下列所示是以杜賓—華生檢定計算自身相關的式子。

杜賓—華生
檢定

$$D = \frac{\sum_{t=2}^{n}(e_t - e_{t-1})^2}{\sum_{t=1}^{n}e_t^2}$$

其中：

$n$ = 觀察數目

從計算杜賓—華生檢定的式子中可以發現，該檢定中包含了算出兩個連續誤差值的差異（$e_t - e_{t-1}$）。如果誤差間呈現正相關，其差距會比隨機獨立的誤差要小。該項的平方會減少正負項的抵消效應。

該檢定的虛無假設為不存在自身相關。以雙尾檢定來看，其對立假設為存在自身相關。

$$H_0： \rho = 0$$
$$H_a： \rho \neq 0$$

如同前面所提到的，大多數商業預測的自身相關多為正的自身相關。大多數的情形下是用單尾檢定。

$$H_0： \rho = 0$$
$$H_a： \rho > 0$$

D是杜賓—華生統計用迴歸分析所得之殘差值所計算出之值。D的臨界值可以由$\alpha$，$n$，$k$之值以附錄中表A.9求出，其中$\alpha$是顯著水準，$n$是資料項數目，$k$是預測數目。附錄中提供了兩個杜賓—華生檢定的表。其中的一個表用$\alpha = .01$，令一個表用$\alpha = .05$。附錄A中的杜賓—華生表包含了$d_U$及$d_L$的值。這些值介於0到4之間。如果D的計算值大於$d_U$，則我們無法拒絕虛無假設，亦

即沒有顯著的自身相關。如果D的計算值小於$d_L$，則拒絕虛無假設，亦即存在自身相關。有時計算統計值D會介於$d_U$及$d_L$之間，在這種情形下，杜賓—華生檢定是沒有確定結果的。

**案例** 表15.19列出了自1970年至1990年油井及天然氣井的鑽勘資料。一條迴歸線可以符合這些資料，以決定是否可以用某一年當中的天然氣井鑽勘數目來預測給定一年的石油井鑽勘數目。其預測導致的誤差可以由杜賓—華生統計量檢定，以$\alpha=.05$找出是否有顯著的正自身相關。其假設為

$$H_0：\rho = 0$$
$$H_a：\rho > 0$$

| 年 | 油井（1000個） | 田然氣井（1000個） |
|------|------|------|
| 1970 | 13.043 | 4.031 |
| 1971 | 11.903 | 3.983 |
| 1972 | 11.437 | 5.484 |
| 1973 | 10.251 | 6.975 |
| 1974 | 13.664 | 7.168 |
| 1975 | 16.979 | 8.169 |
| 1976 | 17.697 | 9.438 |
| 1977 | 18.700 | 12.119 |
| 1978 | 19.065 | 14.405 |
| 1979 | 20.689 | 15.166 |
| 1980 | 32.219 | 17.185 |
| 1981 | 42.819 | 19.887 |
| 1982 | 40.182 | 17.169 |
| 1983 | 38.286 | 12.727 |
| 1984 | 43.824 | 14.818 |
| 1985 | 35.882 | 12.600 |
| 1986 | 18.196 | 7.815 |
| 1987 | 15.759 | 7.603 |
| 1988 | 13.240 | 8.227 |
| 1989 | 10.140 | 8.927 |
| 1990 | 11.170 | 9.325 |

表15.19
美國石油及天然氣井探勘

資料來源：*World Oil*，1992年2月，54期。）

下列迴歸方程式的導出可以由MINITAB電腦分析得出。

油井數 = −.8038 + 2.1146（天然氣井數）

用表15.19中天然氣井鑽勘的數目（X）以及此處的迴歸模型方程式，Y（石油井鑽勘數）預測值可以算出。再從預測值及實際值可以算出每一段時期預測的誤差值。表15.20顯示了問題中$\hat{Y}$，$e_t$，$e_t^2$，$(e_t - e_{t-1})$，$(e_t - e_{t-1})^2$之值。其中第1個Y的預測值是為

$$\hat{Y}_{1970} = −.8038 + 2.1146(4.031) = 7.720$$

1970年的誤差值是

$$實際值_{1970} − 預測值_{1970} = 13.043 − 7.720 = 5.323$$

| 年 | $\hat{Y}$ | $e_t$ | $e_t^2$ | $e_t - e_{t-1}$ | $(e_t - e_{t-1})^2$ |
|---|---|---|---|---|---|
| 1970 | 7.720 | 5.323 | 28.334 | — | — |
| 1971 | 7.619 | 4.284 | 18.353 | −1.039 | 1.080 |
| 1972 | 10.793 | 0.644 | 0.415 | −3.640 | 13.250 |
| 1973 | 13.946 | −3.695 | 13.653 | −4.339 | 18.827 |
| 1974 | 14.354 | −0.690 | 0.476 | 3.005 | 9.030 |
| 1975 | 16.470 | 0.509 | 0.259 | 1.199 | 1.438 |
| 1976 | 19.154 | −1.457 | 2.123 | −1.966 | 3.865 |
| 1977 | 24.823 | −6.123 | 37.491 | −4.666 | 21.772 |
| 1978 | 29.657 | −10.592 | 112.190 | −4.469 | 19.972 |
| 1979 | 31.266 | −10.577 | 111.873 | 0.015 | 0.000 |
| 1980 | 35.536 | −3.317 | 11.002 | 7.260 | 52.708 |
| 1981 | 41.249 | 1.570 | 2.465 | 4.887 | 23.883 |
| 1982 | 35.502 | 4.680 | 21.902 | 3.110 | 9.672 |
| 1983 | 26.109 | 12.177 | 148.279 | 7.497 | 56.205 |
| 1984 | 30.530 | 13.294 | 176.730 | 1.117 | 1.248 |
| 1985 | 25.840 | 10.042 | 100.842 | −3.252 | 10.576 |
| 1986 | 15.722 | 2.474 | 6.121 | −7.568 | 57.275 |
| 1987 | 15.274 | 0.485 | 0.235 | −1.989 | 3.956 |
| 1988 | 16.593 | −3.353 | 11.243 | −3.838 | 14.730 |
| 1989 | 18.073 | −7.933 | 62.932 | −4.580 | 20.976 |
| 1990 | 18.915 | −7.745 | 59.985 | 0.188 | 0.035 |
| 總和 | | $\Sigma e_t = 0.000$ | $\Sigma e_t^2 = 926.903$ | | $\Sigma(e_t - e_{t-1})^2 = 340.498$ |

表15.20 石油及天然氣井資料的預測值及誤差項

1970年及1971年之$e_t - e_{t-1}$值的計算是將1971年的誤差減去1970年的誤差而算出。

$$e_{1971} - e_{1970} = 4.284 - 5.323 = -1.039$$

杜賓－華生統計現在可以針對這個問題加以計算。

$$D = \frac{\sum_{t=2}^{n}(e_t - e_{t-1})^2}{\sum_{t=1}^{n}e_t^2} = \frac{340.498}{926.903} = .367$$

由於我們採用簡單線性迴歸，所以$k$值為1。樣本大小$n$為21，$\alpha$=.05。表A.9中的臨界值是

$$d_U = 1.42 \quad 和 \quad d_L = 1.22$$

由於本題所計算的D統計量比$d_L$ =1.22之值為小，所以拒絕虛無假設。本問題中存在正的自身相關。

圖15.16是表15.20中殘差值的圖形。注意其中有數個正負誤差項的動向，而不是誤差項的隨機分配。這是呈現自身相關的跡象。

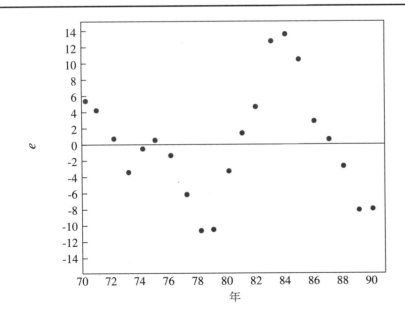

圖15.16
石油及天然
氣問題之殘
差值圖形

## 解決自身相關問題之方法

當自身相關問題存在時，有幾個資料分析的方法，其中的兩種是用附加獨立變數，以及轉換獨立變數。

**附加獨立變數**　通常在迴歸分析發生自身相關的原因是因為一個或數個重要的預測變數已被排除在分析之外。例如，假設研究人員發展了一個迴歸預測模型，以某一時期的二手屋銷售量來預測新屋銷售量。這樣的模型可能會存在顯著的自身相關。由於模型中排除了基本抵押利率，這可能會是讓兩個變數之間產生自身相關的一個原因。將這個變數加入模型中可能可以顯著地減少自身相關。

**轉換變數**　當採用額外變數的方式無法將自身相關程度減低至可接受的範圍內，有其他的方式可以用來解決該問題。將變數的資料轉換可能會有幫助。其中的一個方法稱為第一差分法。用第一差分法，每一期的X值要減去下一期的X值，而這些差距則變為新的轉換變數X。同樣的方式也可用於轉換Y變數。隨後用迴歸分析計算轉換X與Y變數以求出新的模型，如此以試圖消去自身相關效應。

另一種產生新變數的方式是用一期到一期間改變的百分比做為新變數。第三種方式是用自我迴歸模型。

## 自我迴歸

另一種預測技術是利用當期值（$Y_t$）與前期值（$Y_{t-1}$, $Y_{t-2}$, $Y_{t-3}$,…）的關係，稱為自我迴歸。自我迴歸是一種多元迴歸技術，其中自變數是應變數的時間落差形式，意即我們用前幾期的Y值去預測本期的Y值。自變數的落差可以是1、2、3期甚至更多期，如以下所示。

$$\hat{Y} = b_0 + b_1 Y_{t-1} + b_2 Y_{t-2} + b_3 Y_{t-3}$$

舉例來說，假設我們採用**表15.19**中石油井鑽勘資料，以兩期的資料落差去預測石油井鑽勘數目。本分析所用之資料列於**表15.21**中。

藉由電腦軟體，多元迴歸模型可以被發展來以$Y_{t-1}$, $Y_{t-2}$預測$Y_t$值。

表15.21
時間落差石
油井之資料

| 年度 | 油井數<br>$Y_t$ | 1期落差<br>$Y_{t-1}(X_1)$ | 2期落差<br>$Y_{t-2}(X)$ |
|------|------|------|------|
| 1970 | 13.043 | — | — |
| 1971 | 11.903 | 13.043 | — |
| 1972 | 11.437 | 11.903 | 13.043 |
| 1973 | 10.251 | 11.437 | 11.903 |
| 1974 | 13.664 | 10.251 | 11.437 |
| 1975 | 16.979 | 13.664 | 10.251 |
| 1976 | 17.697 | 16.979 | 13.664 |
| 1977 | 18.700 | 17.697 | 16.979 |
| 1978 | 19.065 | 18.700 | 17.697 |
| 1979 | 20.689 | 19.065 | 18.700 |
| 1980 | 32.219 | 20.689 | 19.065 |
| 1981 | 42.819 | 32.219 | 20.689 |
| 1982 | 40.182 | 42.819 | 32.219 |
| 1983 | 38.286 | 40.182 | 42.819 |
| 1984 | 43.824 | 38.286 | 40.182 |
| 1985 | 35.882 | 43.824 | 38.286 |
| 1986 | 18.196 | 35.882 | 43.824 |
| 1987 | 15.759 | 18.196 | 35.882 |
| 1988 | 13.240 | 15.759 | 18.196 |
| 1989 | 10.140 | 13.240 | 15.759 |
| 1990 | 11.170 | 10.140 | 13.240 |

MINITAB的分析結果顯示於圖15.17。

本自我迴歸模型爲

$$Y_t = 4.849 + 1.2820Y_{t-1} - .4924Y_{t-2}$$

相對較高的$R^2$值（80.3%）及相對較低的S值（5.626）顯示本迴歸模型有相當強的預測能力。此外，兩個預測因子的t檢定爲顯著（$t = 5.90$，$p = .000$，以及$t = -2.25$，$p = .039$）。

自我迴歸對於找出時間序列資料中的季節或循環效應相當有幫助。舉例來說，如果給定的資料是每月遞增，自我迴歸可以用落差變數如12個月來找尋前幾個月的可預測性。如果資料是以每季給定，自我迴歸將前四期移除，則可以

圖15.17
石油鑽勘資
料之自我迴
歸輸出結果

```
The regression equation is:

Y_t = 4.849 + 1.2820 Y_{t-1} - 0.4942 Y_{t-2}

          Predictor        Coef       Stdev      t-ratio        p

          Constant        4.849       2.946        1.65      .119
          Y_{t-1}        1.2820      0.2171        5.90      .000
          Y_{t-2}       -0.4942      0.2199       -2.25      .039

S = 5.626       R-sq = 80.3%       R-sq(adj) = 77.8%

Analysis of Variance

          SOURCE       DF          SS          MS        F        p
          Regression    2       2060.6      1030.3    32.55     .000
          Error        16        506.4        31.6
          Total        18       2567.0
```

有效地找出前幾季資料的預測能力。當時期是以年為間隔,每年落差資料以及使用自我迴歸可以幫助找出循環性的預測。

問題15.5　15.19 美國勞工統計局公佈了涵蓋許多商品的CPI值。下列是自1974年至1994年食物及住所的CPI變化百分比。請用該資料發展一個線性迴歸模型,以住所CPI變動百分比去預測食物CPI變動百分比。計算杜賓一華生統計量以決定該模型是否有顯著的自身相關。令 $\alpha = .05$。

| 年度 | 食物 | 住所 |
|------|------|------|
| 1974 | 14.3 | 9.6 |
| 1975 | 8.5 | 9.9 |
| 1976 | 3.0 | 5.5 |
| 1977 | 6.3 | 6.6 |
| 1978 | 9.9 | 10.2 |
| 1979 | 11.0 | 13.9 |
| 1980 | 8.6 | 17.6 |
| 1981 | 7.8 | 11.7 |
| 1982 | 4.1 | 7.1 |
| 1983 | 2.1 | 2.3 |
| 1984 | 3.8 | 4.9 |
| 1985 | 2.3 | 5.6 |

| 年度 | 食物 | 住所 |
|------|------|------|
| 1986 | 3.2 | 5.5 |
| 1987 | 4.1 | 4.7 |
| 1988 | 4.1 | 4.8 |
| 1989 | 5.8 | 4.5 |
| 1990 | 5.8 | 5.4 |
| 1991 | 2.9 | 4.5 |
| 1992 | 1.2 | 3.3 |
| 1993 | 2.2 | 3.0 |
| 1994 | 2.4 | 3.1 |

15.20請用問題15.19的資料以第一差分資料轉換來建立迴歸預測模型。從本模型得到之結果與問題15.19有什麼差別？

15.21聯邦存款保險公司公佈銀行的資料。下列是在美國給定某年資料的銀行倒閉數目，以及給定某年中破產所涉及之存款金額。請用這些資料建立一個簡單迴歸預測模型，用銀行倒閉數目預測倒閉所涉及的存款金額之總數。假設有150家倒閉的情形下，用該模型預測倒閉所涉及的存款金額。試評論該預測模型。計算該迴歸模型的杜賓－華生統計值，並決定是否存在顯著的自身相關。令$\alpha=.05$。

| 年度 | 倒閉數目 | 總存款（$1000） |
|------|----------|-----------------|
| 1979 | 10 | 110,753 |
| 1980 | 11 | 5,516,112 |
| 1981 | 10 | 3,825,944 |
| 1982 | 42 | 9,908,379 |
| 1983 | 48 | 5,441,608 |
| 1984 | 79 | 2,883,162 |
| 1985 | 120 | 8,059,441 |
| 1986 | 138 | 6,471,100 |
| 1987 | 184 | 6,281,500 |
| 1988 | 200 | 24,931,302 |
| 1989 | 206 | 24,090,551 |
| 1990 | 169 | 14,837,371 |

| 年度 | 破產數目 | 總存款（$1000） |
|------|---------|----------------|
| 1991 | 127 | 53,829,963 |
| 1992 | 122 | 40,939,600 |
| 1993 | 41 | 3,132,178 |
| 1994 | 12 | 1,236,488 |

15.22請用問題15.21的資料在以第一差分法記錄之後計算其迴歸模型。計算杜賓─華生統計值並決定在此第一差距模型中是否存在顯著的自身相關。比較本模型與問題15.21之模型的異同，並比較其杜賓─華生統計值顯著性的差異。令$\alpha=.05$。

15.23美國普查局的《當代建築報告》中包含了新建私有住宅數目。下列是自1970年至1994年西部的新建私有住宅數目（單位為1000戶）。請用這些時間序列資料發展一個一期落差的自我迴歸模型。再發展一個二期落差的自我迴歸模型。討論其結果並比較這兩個模型。

| 年度 | 新建住宅（千戶） |
|------|----------------|
| 1970 | 311 |
| 1971 | 486 |
| 1972 | 527 |
| 1973 | 429 |
| 1974 | 285 |
| 1975 | 275 |
| 1976 | 400 |
| 1977 | 538 |
| 1978 | 545 |
| 1979 | 470 |
| 1980 | 306 |
| 1981 | 240 |
| 1982 | 205 |
| 1983 | 382 |
| 1984 | 436 |
| 1985 | 468 |
| 1986 | 483 |
| 1987 | 420 |
| 1988 | 404 |

| 年度 | 新建住宅（千戶） |
|------|------|
| 1989 | 396 |
| 1990 | 329 |
| 1991 | 254 |
| 1992 | 288 |
| 1993 | 302 |
| 1994 | 351 |

15.24美國農業部公佈了美國水果生產、利用及價值的資料。此處所示爲自
1973年至1993年非柑橘類加工果汁（單位爲1000噸）的數量。請用該資
料發展二期落差的自我迴歸模型。討論該分析之結果。

| 年度 | 加工果汁 |
|------|------|
| 1973 | 598 |
| 1974 | 768 |
| 1975 | 863 |
| 1976 | 818 |
| 1977 | 841 |
| 1978 | 1140 |
| 1979 | 1285 |
| 1980 | 1418 |
| 1981 | 1235 |
| 1982 | 1255 |
| 1983 | 1445 |
| 1984 | 1336 |
| 1985 | 1226 |
| 1986 | 1135 |
| 1987 | 1893 |
| 1988 | 1372 |
| 1989 | 1547 |
| 1990 | 1450 |
| 1991 | 1557 |
| 1992 | 1742 |
| 1993 | 1736 |

## 決策難題解決之道

# 銀行信用卡利率走向為何？

　　銀行信用卡利率可以預測嗎？如果可以，又該如何預測？本章中介紹了許多可以預測銀行信用卡利率的方法。在「決策難題」中指出，數年來銀行信用卡利率與基本利率之間的關係已不是那樣緊密。為了更深入地檢視這個可能的因果關係，我們採用MINITAB迴歸分析，用基本利率去預測在「決策難題」中的銀行信用卡APR。其結果為$R^2=.01$，迴歸模型的F值為不顯著。以此迴歸分析為基礎，我們可以說銀行信用卡APR在觀察的期間之內實際上與基本利率無關。其APR描點圖及本時間區間的基本利率（如下所示）更強調兩個變數之間缺乏關係。也許有其他的自變數可以用於迴歸模型中去預測銀行信用卡利率，例如消費者支出、生產價格指標、不同的所得水準、股市指標、由信用卡所借貸之金額或其他因素。此外，預測人員可以瀏覽線性或非線性關係。

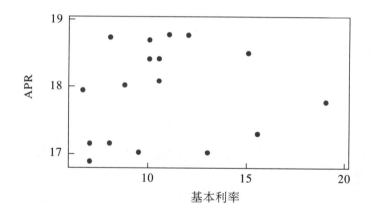

　　也許有某些先天因素存在於銀行信用卡利率時間序列值之中，可以用來預測信用卡利率。藉由電腦，我們可以用MINITAB找出符合銀行信用卡利率的直線以及二次**趨勢**。其結果如下所示。注意其中每個圖形中的誤差衡量、圖形**趨勢**及**趨勢**模型。

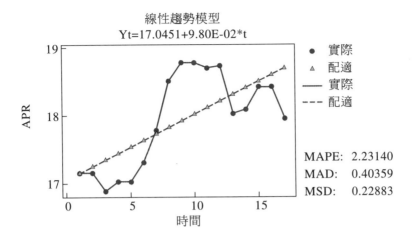

線性趨勢模型
Yt=17.0451+9.80E-02*t

● 實際
△ 配適
── 實際
-- 配適

MAPE: 2.23140
MAD:  0.40359
MSD:  0.22883

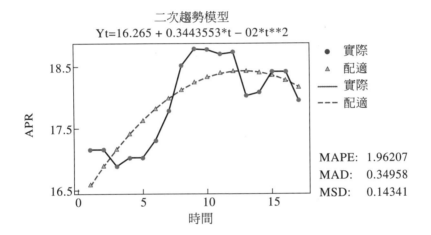

二次趨勢模型
Yt=16.265 + 0.3443553*t − 02*t**2

● 實際
△ 配適
── 實際
-- 配適

MAPE: 1.96207
MAD:  0.34958
MSD:  0.14341

　　二次模型似乎比線性模型更符合該資料。事實上，二次模型比線性模型在最後一點上更加顯示了向下的趨勢。下一期會發生什麼？利率將會回升、繼續下降或波動？二次模型的誤差衡量較小。二次模型的MAD值約為.35%。MAD=.35%值相當可觀地被給定利率的範圍。雖然在資料中顯示了一些趨勢，其他效應亦有可能出現。

　　自我迴歸用EXCEL分別以落差1、2、3、4期加以執行。一期落差模型之$R^2$為.78，二期落差模型之$R^2$為.48，三期落差模型之$R^2$為.17，四期落差模型之$R^2$為.05。該分析指出信用卡利率與落差一期之利率有相當強的關係，但當我們回溯更前面幾期時關係程度降低。

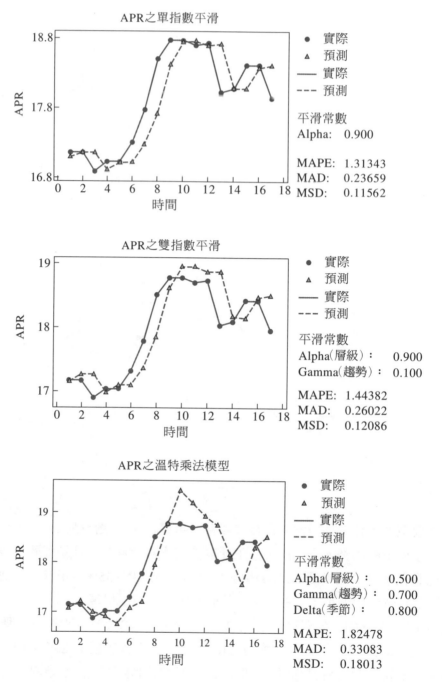

用指數平滑技術預測銀行信用卡利率是透過MINITAB來進行。其結果顯示於上圖。比起包含了趨勢效應的雙指數平滑或是包含了趨勢及季節效應的溫特法，單一指數平滑配

合 $\alpha = .9$ 將產生較小的誤差衡量。在每一種情形中,最後的預測忽略了最後一個利率的方向,但也有可能在下一期追蹤到該值的動向。

透過MINITAB的電腦技術,銀行信用卡利率藉由分解法加以分析。其預測之結果比起用指數平滑方式所得到的較不理想。其所用分解分析得到之MAPE、MAD及MSE值均比平滑法求得的為大。

發展一個有效的模型去預測銀行信用卡利率可能是一件極具挑戰性的工作。許多州以法令限制某些利率可以被收費。消費者似乎是處於借錢的心態。如何將這些不同的力量結合起來以驅使利率走向?用本章所介紹的技術以及其他預測技術也許可以對本問題有所幫助。

# 結語

在本章中,我們考慮了數個企業預測的技術。這些技術一般被分類為迴歸預測技術或時間序列技術。迴歸預測技術是基於一個變數可以被其他至少一個變數所預測的觀念,其發展是藉由第十二章、第十三章所提到的方法。

另一個建立有效預測的方法是檢視預測誤差。預測誤差是實際值與預測值之間的差異。有許多不同的方法可以計算預測誤差。其包含了平均誤差、平均絕對偏誤、平均平方誤差、平均百分比誤差、以及平均絕對百分比誤差。

時間序列資料是在某一段時間內以固定間隔所蒐集的資料。一般都相信時間序列資料是由四種要素所組成:趨勢、季節性、循環性及不規則性;而這四種要素以乘法的方式相關。

趨勢是時間序列資料的長期整體方向。循環效應是一年以上的時期中所發生的企業或經濟的循環。季節效應是一年之內的時期中資料行為的模式或週期。不規則波動是無法解釋的干擾或變動,其發生在較為短暫的時間之內。

迴歸分析可以用於找出趨勢。在本章中,我們檢視了線性及二次模型迴歸趨勢分析是迴歸分析的一種特例,其中應變數是要被預測的資料,自變數是自1到$k$連續的期數,其中$k$為時期的數目。對於二次模型而言,第二個變數是將第一個變數加以平方而得到,兩個自變數均包含在分析之中。

分解法是將四個效應各自獨立出來。計算每月時間序列資料的12個月集中

移動平均，季節效應及不規則變動被過濾掉，剩下趨勢及循環效應（$T \cdot C$）。將實際值（$T \cdot C \cdot S \cdot I$）除以12個月集中移動平均（$T \cdot C$），即可得到季節效應及不規則波動。排除過高及過低月份並將其他$S \cdot I$值加以平均，即可消去不規則波動，單獨求出季節效應（$S$）。將S之值乘上100即可得到季節指標。如果將原始資料除以S之值，該資料則被去除季節化，季節效應即由資料中移除。

趨勢可以由數個方向來研判。其中一個方法是以時期做為自變數以發展迴歸模型來估計趨勢。資料中的循環效應（$C$）可以將12個月集中移動平均（$T \cdot C$）除以趨勢值（$T$）而求得。

時間序列預測技術試圖利用一段時間內的改變去預測未來可能發生的事。在時間序列預測技術中最為簡單的是原始預測模型，其僅使用了資料的一點資訊。有許多不同的原始模型可以被發展。其中最基本的一個是將前一期資料做為對下一期預測值的原始模型。

另一種形式的時間序列模型是平均模型。簡單平均模型用先前給定期數之平均值預測下一期。移動平均是在每一期的平均中加入最近一期的數值並刪去最遠一期的數值。移動平均的一個特例是加權移動平均，其中將不同的權值賦予不同時期的數值。

另一種時間序列預測技術是指數平滑法。指數平滑是一種將前期資料指數加權去預測當期資料的技術。預測人員可以選擇賦予較高的權數給當期值或前期值。

進階的指數平滑技術包含在霍特的雙參數法以及溫特法之中。霍特的雙參數法可以讓研究人員將趨勢及平滑值加入平滑過程中。溫特法在平滑過程中包含了趨勢及季節效應。

自身相關或序列相關發生在當各期預測誤差項互為相關時。在迴歸分析中這是非常不利的，因為模型假設誤差項互相獨立。檢定是否存有自身相關的方法為杜賓－華生檢定。

有一些方法可以試著解決資料自身相關的效應。其中一個方法是確定是否至少有遺漏一個自變數，如果有，將其加入模型之中。另一種方法是將這些變數加以轉換。第一差分法是其中的一種方法，其內容是將每一期X值減去下一期X值，以其差距做為X變數之值。同樣的方法可以用在Y變數之上。然後便

可用轉換過的變數發展預測模型。

　　自我迴歸是一種預測技術，其中將時間序列資料由將原始資料的應變數作為落差自變數進行預測。落差一期的變數是由前一期而來。其他的變數可以落差兩期或更多期。

# 重要辭彙

●●●●●●●●●●●●●●●●●●●●●●●●●●●●●●●●●●●●●●●●●●●●●●●●●

| | | | |
|---|---|---|---|
| 自身相關 | 自我迴歸 | 平均模型 | 循環效應 |
| 分解法 | 去除季節化資料 | 杜賓－華生檢定 | 個別預測誤差 |
| 指數平滑 | 第一差分法 | 預測 | 預測誤差 |
| 不規則波動 | 平均絕對偏誤（MAD） | 加權移動平均 | 移動平均 |
| 平均誤差（ME） | 平均百分比誤差（MPE） | 平均平方誤差（MSE） | |
| 原始預測模型 | 百分比誤差（PE） | 迴歸基礎預測模型 | 二次迴歸模型 |
| 季節效應 | 序列相關 | 簡單平均 | 簡單平均模型 |
| 時間序列資料 | 趨勢 | 平均絕對百分比誤差（MAPE） | |

# 公式

●●●●●●●●●●●●●●●●●●●●●●●●●●●●●●●●●●●●●●●●●●●●●●●●●

**杜賓－華生檢定**

$$D = \frac{\sum_{t=2}^{n}(e_t - e_{t-1})^2}{\sum_{t=1}^{n}e_t^2}$$

**指數平滑法**

$$F_{t+1} = \alpha \cdot X_t + (1-\alpha) \cdot F_t$$

**個別預測誤差**

$$e_t = X_t - F_t$$

平均誤差

$$ME = \frac{\sum e_i}{預 測 次 數}$$

平均絕對偏誤

$$MAD = \frac{\sum |e_i|}{預 測 次 數}$$

平均平方誤差

$$MSE = \frac{\sum e_i^2}{預 測 次 數}$$

百分比誤差

$$PE = \frac{e_i}{X_i}(100)$$

平均百分比誤差

$$MPE = \frac{\sum \left( \dfrac{e_i}{X_i} \cdot 100 \right)}{預 測 次 數}$$

平均絕對百分比誤差

$$MAPE = \frac{\sum \left( \dfrac{|e_i|}{X_i} \cdot 100 \right)}{預 測 次 數}$$

**霍特法指數平滑**

平滑值：      $E_t = \alpha X_t + (1 - \alpha)(E_{t-1} + T_{t-1})$

趨勢項更新：      $T_t = \beta (E_t - E_{t-1})(1 - \beta)T_{t-1}$

下期預測：      $F_{t+1} = E_t + T_t$

未來 $k$ 期預測：      $F_{t+k} = E_t + kT_t$

**溫特法指數平滑**

平滑值： $E_t = \alpha(X_t / S_{t-L}) + (1 - \alpha)(E_{t-1} + T_{t-1})$

趨勢項更新： $T_t = \beta(E_t - E_{t-1}) + (1 - \beta)T_{t-1}$

季節性更新： $S_t = \gamma(X_t / E_t) + (1 + \gamma)S_{t-L}$

下期預測： $F_{t+1} = (E_t + T_t)S_{t-L+1}$

未來 $k$ 期預測： $F_{t+k} = (E_t + kT_t)S_{t-L+k}$

---

個案

# 迪伯夫製造公司

••••••••••••••••••••••••••••••••••••••••••••••••••••••••••••

　　迪伯夫製造公司成立於1909年，是位於明尼蘇達州的鋼鐵製造公司。在1980年代，如同鋼鐵製造的其他同業一樣，該公司陷入經營危機。迪伯夫公司遇到的問題包含了預測下降、勞資關係惡化、及成本上升等。工會反對以成本考量的裁員方案。損失在製造單位工作站逐漸累積，尤其是三個部門中最大的一個。一個製造徒步鋼橋的部門於1990年關閉。其餘的部門生產全美所需之鎖頭，而大環境亦趨向為低價競爭。

　　1990年，在該公司的緊要關頭，他們做了一個冒險的決定，將位於高成本的明尼蘇達州的工廠權數移往猶他州及科羅拉多州的低成本區域。八十多輛連結車以成本一千兩百萬將設備、存貨移動1,000英里。該公司遷移至猶他州一棟空了三年的建築物之中。只有10名員工從明尼蘇達州一起遷移到新公司，他們快速地招募並訓練了80名以上的新員工。遷移到猶他州可以使該公司不需設立工會。

　　迪伯夫公司同時遭遇了財務危機。一家已經為該公司貸款35年的銀行不再伸出援手。此外，高成本的分離方案讓明尼蘇達的員工得以在搬移期間繼續生產。內部的股票交易在公司總裁史帝夫·柏格及其他三位主要股東——他的三位姑母手中運作。

　　該建築物的頂樓就是迪伯夫製造公司在猶他州的新家，但它也急需整修。在先前生產的幾週當中，該區域的大雨有時會迫使生產中斷。

　　儘管如此，1991年仍是該公司突出的一年，每個月鎖頭的銷售量均有相當高的記錄。該公司現在的獲利能力是以前的兩倍。積極的團隊合作精神中，培育了員工之間更多的信任。所有的員工，包括柏格總裁，都穿著同樣的制服。其管理重心已轉變為員工參與決

策、品質、團隊合作、員工參與報酬、共享利潤。

## 討論

在1990年搬到猶他州、科羅拉多州以及其他的創新之後，迪伯夫製造公司的銷售業績開始往上爬。假設下述的數字是迪伯夫公司自1991年1月至1996年12個月每月的銷售數字。資料中有**趨勢**存在嗎？迪伯夫公司的銷售含有季節因素嗎？下圖是利用12個月季節性地進行銷售數字分解法分析所得到的**MINITAB**電腦輸出結果。檢視該資料、圖表以及其他你認為有幫助的分析，並寫出一個關於該公司銷售的簡報。其中須包含銷售的整體方向、季節性**趨勢**以及任何可能發生的循環。

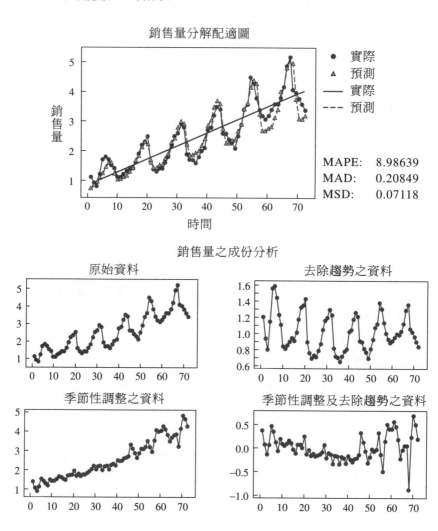

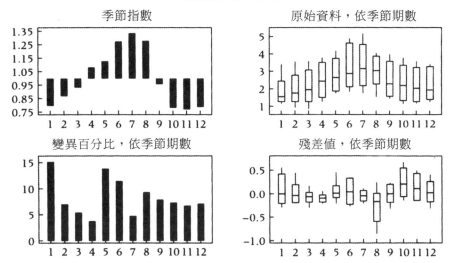

銷售量季節性分析

季節指數

原始資料，依季節期數

變異百分比，依季節期數

殘差值，依季節期數

| | 1991 | 1992 | 1993 | 1994 | 1995 | 1996 |
|---|---|---|---|---|---|---|
| 一月 | 1.1 | 1.3 | 1.4 | 1.8 | 2.1 | 3.4 |
| 二月 | .9 | 1.4 | 1.6 | 2.0 | 2.5 | 3.6 |
| 三月 | .8 | 1.4 | 1.8 | 2.1 | 2.9 | 3.6 |
| 四月 | 1.2 | 1.6 | 2.2 | 2.7 | 3.4 | 3.8 |
| 五月 | 1.7 | 1.9 | 2.5 | 2.8 | 3.6 | 4.2 |
| 六月 | 1.8 | 2.2 | 2.6 | 3.2 | 4.5 | 4.9 |
| 七月 | 1.7 | 2.3 | 2.9 | 3.5 | 4.3 | 5.2 |
| 八月 | 1.5 | 2.5 | 2.8 | 3.4 | 3.8 | 4.1 |
| 九月 | 1.4 | 1.6 | 1.9 | 2.6 | 3.4 | 4.0 |
| 十月 | 1.1 | 1.4 | 1.7 | 2.6 | 3.2 | 3.8 |
| 十一月 | 1.1 | 1.3 | 1.7 | 2.4 | 3.1 | 3.6 |
| 十二月 | 1.2 | 1.4 | 1.6 | 2.3 | 3.2 | 3.4 |

　　假設迪伯夫公司的會計人員已經可以計算由1988年至今每年鎖頭的單位成本。利用本章的技術去分析該資料。預測2000年的單位勞動成本。請利用平滑技術、移動平均、趨勢分析以及其他可行的方式。計算預測誤差並找出一種可以最小化預測誤差的方式。研究該資料，並解釋自1988年以來單位勞動成本的變動行為。思考該公司自1988年以來的歷史及目標。

| 年 | 單位勞動成本 |
|------|----------|
| 1988 | $80.15 |
| 1989 | 85.29 |
| 1990 | 85.75 |
| 1991 | 64.23 |
| 1992 | 63.70 |
| 1993 | 62.54 |
| 1994 | 60.19 |
| 1995 | 59.84 |
| 1996 | 57.29 |

道德省思

# 預測

　　對於預測的真正檢驗是其預測的準確性。在該時期的實際值得到之前,預測的真實性是未知的。許多預測人員對社會的種種現象進行預測,包含了占星師、宗教領袖及預言家。同樣的情形對企業界也可以成立。預測的範圍從市場佔有率、利率,以至於國際航線旅客數目,無所不包。預測的藝術成分可能大於科學。為了保持預測的道德,預測的消費者應被告知預測的限制。預測人員在推銷預測時也應該誠實的提醒顧客。此外,預測人員應該持續的找出企業設定的模型中有哪些已經改變,並盡快的將這些變化轉換、加入預測模型之中。不道德的預測行為可能會發生在特定的資料被事先決定加入模型以產生特定的結果時。如同前面所述,統計可以被用來證明任何事情。有道德的預測人員會讓資料導引模型,並持續的從新變數中找出真實的因素以修正預測。他們必須持續努力的將預測及模型的限制與顧客加以溝通。

# 第16章

卡方及其他無母數統計量

學習目標 本章將介紹數個專門用來分析資料的無母數統計量，從而使你能夠：

1. 認識無母數統計量的優點及缺點。

2. 認識卡方適合度檢定以及如何運用。

3. 利用卡方獨立性檢定來分析資料。

4. 瞭解如何利用連檢定來檢定隨機性。

5. 瞭解曼─惠尼（Mann-Whitney）U檢定、威爾寇克森成對符號等級檢定法（Wilcoxen matched-pairs signed rank test）、克魯斯高─華利斯檢定法（Kruskal-Wallis test）及弗利曼檢定法（Friedman test）的使用時機與使用方法。

6. 學習使用斯皮爾曼等級相關係數（Spearman's rank correlation measurement）來測量相關性的時機與使用方法。

---

決策難題

# 選擇供應商：電器產業中大公司與小公司的比較

在電器產業中要以什麼樣的標準做為準則來選擇供應商？在過去，價格是在眾多產業中最具決定性的評判準則之一，開價較低的供應商通常可以得到訂單。近年來，企業在全球競爭以及品質提昇的壓力下，被迫開始評估潛在供應商的其它特徵。

Dempsey針對電力供應與電子製造產業研究其選擇供應商的評估準則，發現選擇資本設備供應商最重要的三個評估標準是貨物遞送能力、技術能力，以及品質。而價格則只在某些特定形態的採購計劃中佔重要的地位，例如購買補充的零件。

Pearson與Ellram調查目前電器產業在選擇供應商時使用的評估技巧，意圖找出大型公司與小型公司之間，對於選擇供應商的方法與標準是否存在著顯著的差異。他們發出了調查問卷，詢問企業使用何種標準來選擇與評估供應商、在選擇的過程中各部門的參與程度，以及所使用的評比方法是否有正式的規範等問題。接受問卷的公司員工在250人以下的被認定屬於小型的公司，而250人以上的則視為大型公司。本研究所發出的問卷共回收了二百一十份，其中有87家為小型公司，平均營業額三千三百萬美金，其它123家為大型。所有公司的平均營業額為五億八千三百萬美金。

接受問卷調查的公司回答了一連串供應商選擇與評估標準的的問題，例如品質、成

本、目前的技術水準、設計能力、將產品推到市場的速度、製造過程與位置。受訪者除了要回答上述的問題，找出影響供應商選擇的因素，還要將這些因素按照影響力加以排序。在進行資料分析的時候，研究者記錄有多少公司將某項因素列為第一位，第二位，第三位，有多少公司認為該項因素會影響其供應商的選擇但重要性卻不在前三名，又有多少公司認為該項因素完全不影響其決策。這項研究的結果如下。

此外，研究者也指出在大型公司與小型公司中各部門參與供應商選擇與評估的頻率之比較。舉例來說，在所有有效問卷中，41.38%的小公司將研發部門加入其選擇過程中，而大公司則有48.78%，就工程部門參與供應商選擇過程而言，小公司與大公司的比例分別是81.6%與91.1%，但在供應商評估方面則是67.8%與81.3%。

| 公司規模 | | | 公司規模 | | | 公司規模 | | |
|---|---|---|---|---|---|---|---|---|
| 排名 | 小型 | 大型 | 排名 | 小型 | 大型 | 排名 | 小型 | 大型 |
| 品質 | | | 成本 | | | 目前的技術水準 | | |
| 1 | 48 | 70 | 1 | 8 | 14 | 1 | 5 | 13 |
| 2 | 17 | 27 | 2 | 29 | 36 | 2 | 8 | 11 |
| 3 | 7 | 6 | 3 | 26 | 37 | 3 | 5 | 12 |
| 4* | 8 | 8 | 4* | 16 | 23 | 4* | 21 | 49 |
| 5** | 7 | 12 | 5** | 8 | 13 | 5** | 48 | 38 |

* 有排名，但非前三名。
** 未排名。

管理及統計上的問題

1. 在電器產業中，小公司與大公司對於供應商選擇與評估準則的認定是否存在著差異？
2. 當研究者以頻率來衡量企業選擇與評估供應商標準的相對等級時，應該要使用何種統計方法來分析這些資料？
3. 研究者以百分比來顯示以公司部門與公司大小來比較員工參與供應商決策過程的程度，而這些資料中顯示的差異究竟是因抽樣而產生的，還是因為公司大小與公司部門之間確實存在顯著的差異。對於這種資料又要使用何種統計方法？

到目前為止，本書中所介紹的統計方法實際上都是屬於有母數的統計方法，而所謂的有母數統計就是以樣本母體假設為基礎的統計方法。舉例來說，若是要使用t統計量來對母體平均數進行假設檢定，則必須假設樣本資料是從

常態分配的母體中抽樣而得。有母數統計的名稱所指的是對於用來檢定或是估計母數（例如本例中的母體平均數）的資料所做的假設（例如本例中常態分配的資料）。此外，使用有母數統計還需要有量化的測量值提供等距尺度或是比例尺度的資料。

有些時候，在某些實驗中所產生的數據並不能符合對母體所做的假設，或是資料是定性的而非量化的測量值，在這種情況下發展出了一種稱為無母數或是與分配無關的統計方法。無母數統計方法對母體與母數所做的假設較有母數統計為少。有時無母數統計方法也被稱做與分配無關的統計方法，因為其中大部份都可以不考慮母體分配的形態來使用。對於名義尺度或是順序尺度的資料，無母數統計提供了許多方法做為分析資料的工具，有些方法至少需要順序尺度的資料，而有些則特別適用於名義尺度的資料。

無母數統計方法具有以下的優點：

1. 有些時候在特定情況下有母數統計方法無從用起，只有無母數統計方法能用。
2. 有些無母數檢定能用來分析名義尺度資料。
3. 有些無母數檢定能用來分析順序尺度資料。
4. 無母數統計量的計算比起有母數統計通常較不複雜，特別是在小樣本的情況下。
5. 大部份從無母數統計檢定所得到的機率陳述都是精確的機率。

但卻具有以下的缺點：

1. 若是在能實行有母數檢定的情況下，則無母數統計檢定的推論效力較低。
2. 無母數統計檢定通常不如有母數統計來的應用廣泛與為人熟知。
3. 在大樣本的情況下，無母數統計量的計算常常是很繁瑣冗長的。

對於較詳細的介紹與講解有專門的教材來負責，本書只介紹其中較重要的幾項方法：卡方適合度檢定，卡方獨立性檢定，連檢定，曼－惠尼U檢定，威爾寇克森成對符號等級檢定法，克魯斯－華利斯檢定法，弗利曼檢定法以及斯皮爾曼等級相關係數。

# 16.1 卡方適合度檢定

●●●●●●●●●●●●●●●●●●●●●●●●●●●●●●●●●●●●●●●●●●

　　卡方統計量的應用範圍十分廣泛，在許多形式的分析中都會用到，例如在第八章及第九章中，我們使用卡方統計量來估計或是檢定母體的變異數，而卡方統計量的另一個用處則是用於適合度檢定，在第五章中，我們介紹過二項分配，也就是在每次實驗都只有兩種可能發生的結果。若是將其加以延伸，則可以得到多項分配，也就是在每一次實驗中可能發生的結果是多於兩種的。卡方適合度檢定就是用來分析多項分配的試行機率。舉例來說，將個人的經濟情況分成三種層次：高階、中階與低階，若是以社會地位等級為變數，而經濟情況為應變數，則每一次實驗試行的可能發生結果即為前述三種層次，但實際上每次實驗試行只能有一種結果產生，也就是說，一個人的經濟情況只能是高階、中階，或是低階中的一種，而不能同時屬於二種等級或是更多。

　　卡方適合度檢定比較期望值與觀察值的機率分配，或者是理論值與實際值的機率分配之間是否存在顯著差異，例如管理者可能假設乘客的年紀屬於某一種特定的機率分配，為了驗證這種說法，在隨機採取乘客的樣本後，可以利用卡方適合度檢定比較觀察值與期望值。或是用來檢定客戶到達銀行櫃檯的時間是否如預期般地適合卜瓦松分配。在造紙工業中，企業也可以利用卡方適合度檢定來決定一年之中紙張的需求是否符合均勻分配。

| | | |
|---|---|---|
| (16.1) | $$\chi^2 = \sum \frac{(f_0 - f_e)^2}{f_e}$$ $$df = k - 1 - c$$ | 卡方適合度檢定 |

其中：

　　$f_0$ ＝ 觀察值的次數
　　$f_e$ ＝ 期望值的次數
　　$k$ ＝ 種類數
　　$c$ ＝ 樣本資料中被估計的參數之數目

　　公式16.1是用來計算卡方適合度檢定的公式，由於期望次數的加總必須等於觀察次數的加總值，因此自由度要減一，其理由是從樣本中取得的觀察總值被用來當成期望次數的總值。此外，若是母體參數（例如 $\lambda$ ， $\mu$ ， $\sigma$ ）的取得是利用樣本值估計而得到的話，則每估計一個母體參數，自由度就要再減1。大體上來說，若是以均勻分配為期望分配，則自由度為k–1，若是卜瓦松分配

的話，則自由度是k−2，因為估計 $\lambda$ 而多減了一個1。若是常態分配的話，則自由度為k−3，因為 $\mu$ 與 $\sigma$ 是利用樣本值估計而得。

　　Karl Pearson在1900年發展了卡方統計檢定，卡方分配是k個隨機變數的平方和，因此絕不可能低於零，而且朝正值的方向無限延伸。

　　在自由度數值不大的情況下，卡方分配右偏的幅度極大，隨著自由度增加，卡方分配漸漸逼近常態分配。卡方分配的查表值放在附錄A，但因為空間的限制，附錄A只列出了其中的一部份。

　　卡方適合度檢定要如何應用在企業經營的環境中呢？例如華爾街日報與NBC新聞所進行的一項美國消費者調查詢問消費者對美國企業所提供的服務給予何種評價，對該問題的回答呈現如下的分配：

| | |
|---|---|
| 優 | 8% |
| 良 | 47% |
| 可 | 34% |
| 劣 | 11% |

　　假設你想要知道該項調查的結果是否可以應用在本市超級市場的消費者，因此你在本市的各處隨機訪問了207位剛離開超級市場的消費者，對於他們剛踏出的超級市場給予何種評價，答案可以是優、良、可與劣這四種選項之中的一種。結果如表16.1所示。則你可以使用卡方適合度檢定來決定觀察值與之前華爾街日報與NBC新聞所進行的調查是否結果一致。

步驟一：假設如下。

　　$H_0$：觀察值的分配與期望值的分配相同

　　$H_1$：觀察值的分配與期望值的分配不同

步驟二：使用統計檢定

$$\chi^2 = \sum \frac{(f_0 - f_e)^2}{f_e}$$

表16.1
消費者滿意
度的市場調
查結果

| 回應 | 次數($f_0$) |
|---|---|
| 優 | 21 |
| 良 | 109 |
| 可 | 62 |
| 劣 | 15 |

步驟三：令$\alpha=.05$。

步驟四：若是卡方值為零，則表示兩分配完全相同，因此卡方適合度檢定為單尾檢定。若是卡方值不為零，表示兩分配之間有差異，由於卡方統計量是平方值的和，不可能小於零，且在本例中有四種選項（優、良、可、劣），因此k＝4。因為期望分配已給定，故自由度為k－1＝4－1＝3。在$\alpha=.05$而自由度為3的條件下，卡方臨界值為7.815。

$$x^2_{.05,3} = 7.815$$

在分析資料之後，若是要拒絕虛無假設則卡方值必須要大於7.815。

步驟五：從表16.2可看出，觀察值的總次數為207，因此$n=207$。各項期望值的相對比例雖為已知，但其次數則需要乘上觀察值的總次數，如表16.2所示。

步驟六：到這一步可以計算出卡方適合度檢定的值，如表16.3所示。

步驟七：卡方的觀察值為6.25，而臨界值為7.815。由於卡方觀察值並未大於卡方臨界值，因此不能拒絕虛無假設。

| 回應 | 期望比例 | 期望次數($f_E$)<br>（比例×樣本總和） |
|---|---|---|
| 優 | .08 | (.08)(207) = 16.56 |
| 良 | .47 | (.47)(207) = 97.29 |
| 可 | .34 | (.34)(207) = 70.38 |
| 劣 | .11 | (.11)(207) = 22.77 |
| | | 207.00 |

表16.2
建立超級市場服務滿意度研究之期望值

| 回應 | $f_0$ | $f_e$ | $\dfrac{(f_0 - f_e)^2}{f_e}$ |
|---|---|---|---|
| 優 | 21 | 16.56 | 1.19 |
| 良 | 109 | 97.29 | 1.41 |
| 可 | 62 | 70.38 | 1.00 |
| 劣 | 15 | 22.77 | 2.65 |
| | 207 | 207.00 | 6.25 |

$$\chi^2 = \sum \frac{(f_0 - f_e)^2}{f_e} = 6.25$$

表16.3
超級市場服務滿意度問體的卡妨計算

步驟八：根據從超級市場蒐集到的207個樣本資料顯示，超級市場消費者的答案與全國調查所得的結果在機率分配上並無顯著不同。

既然其客戶與該調查中所訪問的受訪者態度一致，管理者因此會覺得將該項調查的結果應用到他所處的產業之中較無不妥之處。圖16.1為本例題由MINITAB所繪製的卡方分配曲線以及觀察值與臨界值。

例題16.1　假設牛奶廠商為了規劃牛奶的產量與存貨量，因而想知道牛奶的銷售量是否平均分佈於一年之中。均勻分配表示各類別的頻率或是次數都相同，在這樣的情況下，生產者意圖決定牛奶的銷售量是否每個月都相同。生產者首先確定某家大型超級市場每月的牛奶銷售量，並取得以下的資料。請以$\alpha=.01$檢定該資料是否符合均勻分配。

| 月份 | 加侖 | 月份 | 加侖 |
|------|------|------|------|
| 一月 | 1,610 | 八月 | 1,350 |
| 二月 | 1,585 | 九月 | 1,495 |
| 三月 | 1,649 | 十月 | 1,564 |
| 四月 | 1,590 | 十一月 | 1,602 |
| 五月 | 1,540 | 十二月 | 1,655 |
| 六月 | 1,397 | 總和 | 18,447 |
| 七月 | 1,410 | | |

解答

步驟一：首先建立如下的虛無假設與對立假設。

$H_0$：每月的牛奶銷售量是均勻分配

$H_a$：每月的牛奶銷售量不是均勻分配

圖16.1
超級市場例
題之卡方的
MINITAB
圖

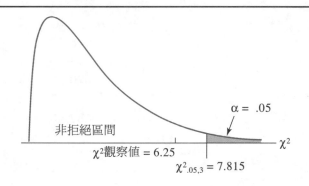

非拒絕區間

$\chi^2$觀察值 = 6.25

$\chi^2_{.05,3} = 7.815$

$\alpha = .05$

步驟二：利用卡方統計檢定：

$$\chi^2 = \sum \frac{(f_0 - f_e)^2}{f_e}$$

步驟三：$\alpha = .01$。

步驟四：因為一年有十二個月，因此共可分成十二個類別。而且預期其次數將呈現均勻分配。因此自由度是 $k-1 = 12-1 = 11$。在 $\alpha = .01$ 的情況下，臨界值是 $\chi^2_{.01,11} = 24.725$，若是要拒絕虛無假設，則卡方觀察值必須大於 24.725。

步驟五：資料如上。

步驟六：計算檢定統計量的第一步驟是決定理論次數。由於期望次數的總和必須與觀察值的總和（18,447）相等，若是次數符合均勻分配，則預期的牛奶銷售量應該每月的量都相等，數額是

$$\frac{18,447}{12} = 1,537.25 \text{加侖}$$

下表顯示了本例題的觀察值、期望值，以及卡方統計量的計算值。

| 月份 | $f_0$ | $f_e$ | $\dfrac{(f_0 - f_e)^2}{f_e}$ |
|---|---|---|---|
| 一月 | 1,610 | 1,537.25 | 3.44 |
| 二月 | 1,585 | 1,537.25 | 1.48 |
| 三月 | 1,649 | 1,537.25 | 8.12 |
| 四月 | 1,590 | 1,537.25 | 1.81 |
| 五月 | 1,540 | 1,537.25 | 0 |
| 六月 | 1,397 | 1,537.25 | 12.80 |
| 七月 | 1,410 | 1,537.25 | 10.53 |
| 八月 | 1,350 | 1,537.25 | 22.81 |
| 九月 | 1,495 | 1,537.25 | 1.16 |
| 十月 | 1,564 | 1,537.25 | .47 |
| 十一月 | 1,602 | 1,537.25 | 2.73 |
| 十二月 | 1,655 | 1,537.25 | 9.02 |
| 總和 | 18,447 | 18,447.00 | $\chi^2 = 74.37$ |

步驟七：由於觀察值的卡方統計量是74.37，大於臨界值24.725，因此最後的決策是拒絕虛無假設。本例題的資料提供了足夠的證據指出牛奶的銷售量不是均勻分配。

步驟八：既然牛奶的零售需求量不是均勻分配，因此銷售經理與生產經理必須

提出新的生產計劃以處理每月不均等的顧客需求。在需求量大時，必
須要生產更多的牛奶，或是事先留下足夠的存貨，而在需求量較小的
時候，則要留下足夠的存貨空間或是減少向酪農購買的牛奶數量。

以下是以MINITAB畫出的卡方分配圖，其中包括臨界值與觀察值。

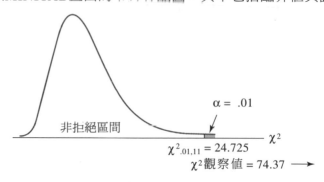

例題16.2　　　第五章曾提出，在實際的企業環境中，隨機到達常是屬於卜瓦松分配，該
分配的特徵是有一個平均到達率 $\lambda$。假設一位銀行出納組長認為該行的客戶隨
機到達率是卜瓦松分配，並且開始蒐集資訊以檢定這項假設。以下的資料表示
該行以分鐘為間隔時間的客戶到達次數之分佈狀況。請以 $\alpha=.05$ 來檢定這些資
料以判別客戶到達時間是否屬於卜瓦松分配。

| 客戶到達次數 | 觀察次數 |
|---|---|
| 0 | 7 |
| 1 | 18 |
| 2 | 25 |
| 3 | 17 |
| 4 | 12 |
| ≥5 | 5 |

**解答**

步驟一：首先建立如下的虛無假設與對立假設。

　　　　$H_0$：次數分佈是卜瓦松分配

　　　　$H_a$：次數分佈不是卜瓦松分配

步驟二：利用卡方統計量

$$\chi^2 = \sum \frac{(f_0 - f_e)^2}{f_e}$$

步驟三：$\alpha = .05$

步驟四：由於期望分配是卜瓦松分配，因此 $\lambda$ 的值必須藉由觀察值來估計，所以自由度必須要多減一也就是 k−2=6−1−1=4。在 $\alpha = .05$ 的條件下，查表所得的臨界值是9.488。 若是要拒絕虛無假設則卡方觀察值必須大於9.488。

步驟五：要決定期望值，這位組長必須先取得各間隔時間類別的機率再乘以觀察值的總和。藉由估計 $\lambda$，再以此 $\lambda$ 的值查表即可得到卜瓦松分配的機率值。因為 $\lambda$ 是卜瓦松分配的平均值，所以藉由計算觀察值的平均值即可得到 $\lambda$ 的估計值。將各種客戶到達次數與其對應的值相乘取得乘積，再除以加總的總和，即可得到各種客戶到達次數的加權平均。

| 客戶到達次數 | 觀察次數 | 到達值×觀察值 |
|---|---|---|
| 0 | 7 | 0 |
| 1 | 18 | 18 |
| 2 | 25 | 50 |
| 3 | 17 | 51 |
| 4 | 12 | 48 |
| ≥5 | 5 | 25 |
| | 84 | 192 |

$$\lambda = \frac{192}{84} = 2.3$$

在從附錄A取得查表值後，可以決定各類別到達次數的機率值，方法是在附錄A的表A.3中先找到 $\lambda = 2.3$ 的那一行，再找出X=0、1、2、3、4所對應的機率值，而 X≥5 的機率值則將 X≥5 所對應的機率值全部加總。觀察值的總和為84，再加上由查表所取得的機率值，將這兩個數值相乘可以得到期望次數。

| 客戶到達次數 | 期望機率 | 期望次數 |
|---|---|---|
| 0 | .1003 | 8.42 |
| 1 | .2306 | 19.37 |
| 2 | .2652 | 22.28 |
| 3 | .2033 | 17.08 |
| 4 | .1169 | 9.82 |
| ≥5 | .0837 | 7.03 |
| | | 84.00 |

步驟六：利用期望值與觀察值來計算卡方統計量。

| 客戶到達次數 | 觀察次數 | 期望次數 | $\frac{(f_o-f_e)^2}{f_e}$ |
|---|---|---|---|
| 0 | 7 | 8.42 | .24 |
| 1 | 18 | 19.37 | .10 |
| 2 | 25 | 22.28 | .33 |
| 3 | 17 | 17.08 | .00 |
| 4 | 12 | 9.82 | .48 |
| ≥5 | 5 | 7.03 | .59 |
| | 84 | 84.00 | $\chi^2 = 1.74$ |

步驟七：由於觀察值的卡方統計量是小於臨界值9.488，因此最後的決策是不
　　　　拒絕虛無假設。也就是該銀行經理所進行的檢定無法拒絕銀行的顧客
　　　　到達是卜瓦松分配的假設。

步驟八：決策者可以利用卜瓦松分配爲基礎來進行其他的分析，例如排隊模
　　　　型。

　　　　以下是以MINITAB畫出的卡方分配圖，其中包括臨界值與觀察值。

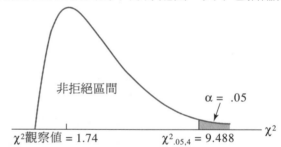

# 注意事項

　　當某一類別的期望次數太低時，最後可能會得到過大的卡方值，使得結果
有誤，造成型一誤差。爲了避免這種誤差，當觀察值的次數低於5時，要將該
類別與其相臨的其他類別相結合，組成新的類別，使得次數大於5。

# 使用卡方適合度檢定來檢定母體比例

　　在第九章中，我們曾討論到檢定母體比例值的技巧。當樣本數夠大時

（$n \cdot P \geq 5$，且$n \cdot Q \geq 5$），樣本比例是常態分配，因此可以用以下的公式來檢定對母體比例的假設。

$$Z = \frac{\hat{p} - P}{\sqrt{\dfrac{P \cdot Q}{n}}}$$

除了上述的方法外，卡方適合度檢定也可以用來檢定母體比例$P$，當母體被分成兩類時，便成為二項分配，這種情況可以算是卡方適合度檢定的特例。整個運算的步驟與其他的卡方適合度檢定相同，只是此時只有兩種類別（成功與失敗），因此自由度是$k-1=2-1=1$。

以下以第九章第四節的兩個例題為範例，說明如何用卡方統計量來檢定母體比例值。第一個例子所要檢定的假設是製成品有8%的比例是瑕疵品。虛無假設與對立假設如下。

$$H_0：p = .08$$
$$H_a：p \neq .08$$

令$\alpha$為0.10。為了檢定以上的假設，研究者隨機抽取200個樣本，並發現其中有33個是有瑕疵的。要用卡方適合度檢定來處理這個問題，必須要將母體的機率分配視為只有兩個類別的分配。在這個例子中，預期的機率值也就是.92是合格品，.08是瑕疵品。觀察值是33個瑕疵品，而合格品為167個。由於觀察值的總數為200，因此預期的合格品是.92(200)=184個，而預期的瑕疵品則為.08(200)=16個。以下是觀察值與期望值的次數統計。

|  | $f_o$ | $f_e$ |
|---|---|---|
| 瑕疵品 | 33 | 16 |
| 合格品 | 167 | 184 |

由於$\alpha$為.10，而且本例為雙尾檢定，所以$\alpha/2=.05$。自由度為1，卡方查表臨界值為

$$\chi^2_{.05,1} = 3.841$$

若要拒絕虛無假設，則樣本的卡方值必須要大於3.841。本例題的卡方值計算方式如下。

$$\chi^2 = \sum \frac{(f_0 - f_e)^2}{f_e} = \frac{(33-16)^2}{16} + \frac{(167-184)^2}{184} = 18.06 + 1.57 = 19.63$$

由於樣本卡方值為19.63，大於卡方臨界值3.841，因此最後結果為拒絕虛無假設，也就是製造商的產品瑕疵率不是.08。此外，觀察抽樣所得到的數據，瑕疵率為0.165，母體的瑕疵率應該是大於8%。第九章的計算結果是觀察值$Z=4.43$，而$Z$的臨界值為1.645，與此處最後的計算結果大致相同，都是拒絕虛無假設。對於研究者來說，這種結果並不足訝異，因為在自由度為1的情況下，$\chi^2$的值就等於$Z^2$。

---

**例題16.3**　　　以卡方適合度檢定例題9.3。

**解答**

在本題中，要檢定的問題是威士康辛州的居民在早餐以牛奶為飲料的比例是否明顯高於美國其他州的平均比例.17，因此本問題的虛無假設與對立假設如下：

$$H_0 : P = .17$$
$$H_a : P > .17$$

本問題屬於單尾檢定，而且$\alpha$的值為.05。因為本問題只有兩種類別（喝牛奶與不喝牛奶），所以$k=2$，而自由度則為$k-1=2-1=1$。經查表得知卡方統計量的臨界值是

$$\chi^2_{.05,1} = 3.841$$

研究者抽取了550人為樣本，其中有115人聲稱牛奶是他們早餐的主要飲料，因此第一類的觀察值為115，第二類的觀察值為550−115=435。 第一類的期望值為550乘以0.17，第二類的期望值則為550乘以0.83，各別是93.5與456.5。其次數分配如下表所示。

|  | $f_o$ | $f_e$ |
|---|---|---|
| 喝牛奶 | 115 | 93.5 |
| 不喝牛奶 | 435 | 456.5 |

卡方觀察值可由下式求出

$$\chi^2 = \sum \frac{(f_0 - f_e)^2}{f_e} = \frac{(115-93.5)^2}{93.5} + \frac{(435-456.5)^2}{456.5} = 4.94 + 1.01 = 5.95$$

經由上表可以求得卡方觀察值為5.95，大於臨界值3.841，因此最後的結果

為拒絕虛無假設，也就是說，威士康辛州的居民以牛奶為早餐的主要飲料的比列高於美國其他州的平均比例。在例題9.3，Z值為2.44，大於臨界值1.645，因比可以拒絕虛無假設。以上所用的兩種不同方法（$\chi^2$和Z）本質上都是一致的。

如同Z檢定一般，卡方適合度檢定可以用來檢定單一比例的假設。在實際的產業環境中，只要是將藉由樣本的比例來檢定母體的比例的問題都可以使用。

---

16.1用卡方適合度檢定決定觀察值與期望值的次數分配是否一致。（$\alpha=.05$） 問題16.1

| 種類別 | $f_o$ | $f_e$ |
|---|---|---|
| 1 | 53 | 68 |
| 2 | 37 | 42 |
| 3 | 32 | 33 |
| 4 | 28 | 22 |
| 5 | 18 | 10 |
| 6 | 15 | 8 |

16.2由以下的資料決定觀察值的次數是否是均勻分配。$\alpha=.01$。

| 種類別 | $f_o$ |
|---|---|
| 1 | 19 |
| 2 | 17 |
| 3 | 14 |
| 4 | 18 |
| 5 | 19 |
| 6 | 21 |
| 7 | 18 |
| 8 | 18 |

16.3以下的資料是否為卜瓦松分配？以卡方適合度檢定在$\alpha=.05$的條件下回答這個問題。估計的$\lambda$值為何？

| 抵達數 | $f_o$ |
|---|---|
| 0 | 28 |
| 1 | 17 |
| 2 | 11 |
| 3 | 5 |

16.4以下的資料是否是常態分配？令$\alpha$為.05，用卡方適合度檢定法檢驗之。平均數與標準差的估計值各為多少？

| 種類別 | 觀察值 |
|---|---|
| 10–20以下 | 6 |
| 20–30以下 | 14 |
| 30–40以下 | 29 |
| 40–50以下 | 38 |
| 50–60以下 | 25 |
| 60–70以下 | 10 |
| 70–80以下 | 7 |

16.5在一項調查中發現，成功的女性企業家從幾個選項中選出她們個人所認為成功的定義為何。有百分之三十九的人認為是快樂，百分之十二的人認為是銷售量與利潤，百分之十八的人認為是幫助他人，百分之三十一的人認為是成就與挑戰。假設你想判斷男性企業家與女性企業家的看法是否一致，因此隨機抽取了男性的樣本，其資料如下表所示。請用卡方適合度檢定法判斷男性與女性的觀察值的機率分配是否一致。$\alpha$為.05。

| 定義 | $f_o$ |
|---|---|
| 快樂 | 42 |
| 銷售量／利潤 | 95 |
| 幫助他人 | 27 |
| 成就／挑戰 | 63 |

16.6下表的百分比部份是一項全國調查的資料，顯示購買預錄音樂的消費者的年齡分佈。

| 年齡 | 普查百分比 | $f_o$ |
|---|---|---|
| 10–14 | 9 | 22 |
| 15–19 | 23 | 50 |
| 20–24 | 22 | 43 |
| 25–29 | 14 | 29 |
| 30–34 | 10 | 19 |
| ≥35 | 22 | 49 |

而一項區域的調查則得到了觀察值的次數。請問在區域調查的觀察值是否提供了足夠的證據來拒絕該區域的音樂產品消費者的年齡分佈符合全國的分配特性？$\alpha$為.01。

16.7一支大聯盟球隊的經理認為來看球賽觀眾的年齡是常態分配。以下是球賽

觀眾抽樣的資料。請用卡方適合度檢定法判定球賽觀眾的年齡的分配是否與常態分配顯著不同。$\alpha$為0.05。

| 購買者年齡 | 次數 |
|---|---|
| 10–20以下 | 16 |
| 20–30以下 | 44 |
| 30–40以下 | 61 |
| 40–50以下 | 56 |
| 50–60以下 | 35 |
| 60–70以下 | 19 |

16.8 Clear Lake緊急醫療服務公司會留下所有急救電話的記錄。一項調查以5分鐘為一間隔，得到了以下150個時間間段中急救電話次數的資料。例如，有18個5分鐘間隔是沒有一通急救電話的。請以卡方適合度檢定法在$\alpha=0.01$的條件下決定急救電話的次數分配是否是卜瓦松分配？

| 電話數（每隔五分鐘） | 次數 |
|---|---|
| 0 | 18 |
| 1 | 28 |
| 2 | 47 |
| 3 | 21 |
| 4 | 16 |
| 5 | 11 |
| 6或以上 | 9 |

16.9 根據一項調查，與往年相比，所有的電腦公司中有66%打算要在下一年度投入更多的資金於產品行銷上，其他資訊科技類的企業只有33%打算這麼做，而非資訊科技類的企業則有28%打算這麼做。假設有一位研究者想要檢定非資訊科技類的企業有28%的比例意圖在下一年度投入更大筆的資金，因此隨機選取了270家企業，發現其中62家打算在下一年度投入較多的資金於行銷上。利用$\alpha=.05$，請用卡方適合度檢定法對以上的樣本資料檢定是否非資料科技類的企業中有28%打算在下一年度投入更多的資金於行銷上。

16.10 跨文化訓練成為愈來愈多的企業在組織中培養海外主管所採行的方法。這項訓練包括了外語、行前適應訓練，與有經驗的人會談，當地文化背

景的資訊。根據Runzhheimer International，所有大企業中有30%提供正式的跨文化訓練課程給那些要被派駐海外的主管做爲行前訓練。假設有一位研究者意圖檢定上述數字對於通訊產業中的企業是否太高，因此隨機抽取了180個通訊類的企業做爲樣本，發現其中有42家提供上述的訓練課程。令$\alpha$=.05，請用卡方適合度檢定法判定前述.30的比例對通訊產業來說太高了。

# 16.2 列聯分析：卡方獨立性檢定

卡方適合度檢定是用來分析在單一變數下次數分配的類別，其中的變數可能是年齡或是銀行的顧客到達率，以此決定觀察值的次數分配與期望值的分配相同。然而，卡方適合度檢定法不能用來同時分析兩個變數。另有一種卡方檢定法，稱爲卡方獨立性檢定法，則可以用來分析有兩種變數的各類別次數以決定兩種變數之間是否獨立。舉例來說，市場研究員可能想要決定某一消費者的年齡與他所偏好的飲料之間是否相關，或是組織行爲學家可能會想要知道曠職率與工作類別之間是否有獨立，又或是金融投資人會想知道投資人所偏好的股票是否與他所居住的區域有關。卡方獨立性檢定法可以用來分析任意層次的資料，不過最有用的地方還是在於分析名目資料。假設一位研究人員對於判斷地理位置與金融投資之間是否有關，他可能會在問卷中用以下的兩個問題來衡量地理位置與金融投資。

請問您住在這個國家的哪個區域？

A.東北部　　　B.中西部　　　C.南部　　　D.西部

您今天最想投資哪一種投資標的？

E.股票　　　F.債券　　　G.政府公債

研究者統計各種答案的次數，記錄在一個二維的表格中，稱之爲列聯表。由於卡方獨立性檢定法使用列聯表，因此這個檢定法又稱爲列聯分析法。在**表16.4**中就是一個列聯表，其中的兩個變數分別就是地理位置與金融投資。變數1是地理位置，有四個類別：A、B、C、D。變數2是金融投資的標的種類，有三個類別：E、F、G。每個格子中的觀察值是用$o_{ij}$來代表，$i$表示列，而$j$表示

表16.4
投資案例中
的列聯表

金融投資類別

行。也就是說，$o_{13}$是第一行第三列的觀察值。期望值的表示方法也是一樣。若是兩個變數是獨立的，代表著他們之間是不相關的。也就是說，卡方獨立性檢定是用來檢定兩個變數之間是否相關。卡方獨立性檢定的虛無假設是假設兩個變數是獨立的，若是虛無假設被拒絕，則結論是兩個變數並不是獨立的而是相關的。一開始，先假設變數1與變數2是獨立的，則類別A與類別F交集的機率可以用第四章所介紹的獨立事件的乘法定律而求得。

$$P(A \cap F) = P(A) \cdot P(F)$$

若是類別A與類別F之間不相關，則

$$P(A) = \frac{n_A}{N}, P(F) = \frac{n_F}{N}, \quad \text{且} \quad P(A \cap F) = \frac{n_A}{N} \cdot \frac{n_F}{N}$$

若是將P(A∩F)乘上總次數則可以得到類別A與類別F交集的期望次數。

$$e_{AF} = \frac{n_A}{N} \cdot \frac{n_F}{N}(N) = \frac{n_A \cdot n_F}{N}$$

一般來說，若是兩個變數是獨立的，列聯表中每個方格的期望值可以由以下的公式算出。

$$e_{ij} = \frac{(n_i)(n_j)}{N}$$

其中：

$i$ =列數

$j$ =行數

$n_i$ =列i的總和

$n_j$ =行j的總和

$N$ =所有次數的總和

有了期望次數與觀察次數，我們就可以卡方獨立性檢定法來決定變數之間是否獨立。以下是用來計算的公式16.2。

| 卡方獨立性檢定法 | $$\chi^2 = \sum\sum \frac{(f_0 - f_e)^2}{f_e}$$ (16.2) |
|---|---|
| | 其中： |
| | $$df = (r-1)(c-1)$$ |
| | $r$ = 列數 |
| | $c$ = 行數 |

卡方獨立性檢定的虛無假設是兩個變數是互相獨立的，而對立假設則是變數之間不獨立。在此處的檢定是屬於單尾檢定。自由度是$(r-1)(c-1)$。要注意的是公式16.2與公式16.1是相同的，除了最後要把所有行與列的值加總以及自由度的計算法不同之外。

假設研究人員想要決定個人的收入高低與所偏好的汽油種類之間是否獨立，他採用隨機抽樣，先問所偏好的汽油種類，再問其收入是多少。汽油有三種：(1)普通汽油，(2)高級汽油，(3)超高級汽油，而收入分為四類：(1)低於$30,000，(2)$30,000到$49,999，(3)$50,000到$99,999，(4)高於$100,000。研究者記錄受訪者者答案製成表16.5。令$\alpha$為.01，則他可以用卡方獨立性檢定法來決定消費者所偏好的汽油種類與其收入高低是否獨立（無關）。

步驟一：建立假設。

　　　$H_0$：消費者所偏好的汽油種類與其收入高低之間是獨立的。

　　　$H_a$：消費者所偏好的汽油種類與其收入高低之間不是獨立的。

步驟二：適當的統計檢定為

$$\chi^2 = \sum\sum \frac{(f_0 - f_e)^2}{f_e}$$

步驟三：$\alpha$為.01。

步驟四：因為整個列聯表有四列三行，可計為$r=4$，$c=3$。則自由度為(4-1)(3-1)=6。$\alpha$為.01的卡方臨界值是$\chi^2_{.01,6}$ =16.812。因此若是觀察值的卡方值大於16.812則要拒絕虛無假設。

步驟五：觀察值如表16.5所示。

步驟六：要計算觀察值的卡方值，研究者必須要先計算期望次數。計算式以下所示。$e$下方第一項代表列，第二項代表行。

表16.5
汽油消費者
案例的列聯
表

|  | 汽油種類 | | | |
| 收入 | 普通 | 高級 | 超高級 | |
| --- | --- | --- | --- | --- |
| $30,000以下 | 85 | 16 | 6 | 107 |
| $30,000–$49,999 | 102 | 27 | 13 | 142 |
| $50,000–$99,999 | 36 | 22 | 15 | 73 |
| $100,000以上 | 15 | 23 | 25 | 63 |
|  | 238 | 88 | 59 | 385 |

$$e_{11} = \frac{(n_1)(n_{.1})}{N} = \frac{(107)(238)}{385} = 66.15$$

$$e_{12} = \frac{(n_1)(n_{.2})}{N} = \frac{(107)(88)}{385} = 24.46$$

$$e_{13} = \frac{(n_1)(n_{.3})}{N} = \frac{(107)(59)}{385} = 16.40$$

$$e_{21} = \frac{(n_2)(n_{.1})}{N} = \frac{(142)(238)}{385} = 87.78$$

$$e_{22} = \frac{(n_2)(n_{.2})}{N} = \frac{(142)(88)}{385} = 32.46$$

$$e_{23} = \frac{(n_2)(n_{.3})}{N} = \frac{(142)(59)}{385} = 21.76$$

$$e_{31} = \frac{(n_3)(n_{.1})}{N} = \frac{(73)(238)}{385} = 45.13$$

$$e_{32} = \frac{(n_3)(n_{.2})}{N} = \frac{(73)(88)}{385} = 16.69$$

$$e_{33} = \frac{(n_3)(n_{.3})}{N} = \frac{(73)(59)}{385} = 11.19$$

$$e_{41} = \frac{(n_4)(n_{.1})}{N} = \frac{(63)(238)}{385} = 38.95$$

$$e_{42} = \frac{(n_4)(n_{.2})}{N} = \frac{(63)(88)}{385} = 14.40$$

$$e_{43} = \frac{(n_4)(n_{.3})}{N} = \frac{(63)(59)}{385} = 9.65$$

研究人員再將計算出的期望值與觀察值放在列聯表中各自的方格中。

在本書中，寫在括號中的是期望值。本範例的列聯表如表16.6所示。

接下來，研究人員將$(f_0-f_e)^2/f_e$加總以求得卡方值。

表16.6
汽油消費者
案例的觀察
值及期望次
數的列聯表

| 收入 | 汽油種類 | | | |
|---|---|---|---|---|
| | 普通 | 高級 | 超高級 | |
| $30,000以下 | (66.15)<br>85 | (24.46)<br>16 | (16.40)<br>6 | 107 |
| $30,000–$49,999 | (87.78)<br>102 | (32.46)<br>27 | (21.76)<br>13 | 142 |
| $50,000–$99,999 | (45.13)<br>36 | (16.69)<br>22 | (11.19)<br>15 | 73 |
| $100,000以上 | (38.95)<br>15 | (14.40)<br>23 | (9.65)<br>25 | 63 |
| | 238 | 88 | 59 | 385 |

$$\chi^2 = \frac{(85-66.15)^2}{66.15} + \frac{(16-24.46)^2}{24.46} + \frac{(6-16.40)^2}{16.40} + \frac{(102-87.78)^2}{87.78}$$

$$+ \frac{(27-32.46)^2}{32.46} + \frac{(13-21.76)^2}{21.76} + \frac{(36-45.13)^2}{45.13} + \frac{(22-16.69)^2}{16.69}$$

$$+ \frac{(15-11.19)^2}{11.19} + \frac{(15-38.95)^2}{38.95} + \frac{(23-14.40)^2}{14.40} + \frac{(25-9.65)^2}{9.65}$$

$$= 5.37 + 2.93 + 6.60 + 2.30 + 0.92 + 3.53 + 1.85 + 1.69 + 1.30 + 14.73$$

$$+ 5.14 + 24.42$$

$$= 70.78$$

步驟七：觀察值的卡方值為70.78，大於由表A.8查出的卡方臨界值16.812，因此最後的結論是拒絕虛無假設，也就是說，收入與汽油偏好之間是相關的。

步驟八：在做出結論之後，研究者就可以檢視結果以決定哪一類的消費者傾向於購買哪一種的汽油，並將這些資訊應用於市場決策方面。

　　圖16.2是MINITAB計算卡方值所輸出的結果，圖16.3是MINITAB所繪製的圖表，包含卡方值、臨界值、拒絕區間，及$\chi^2$的觀察值。

---

例題16.4　　　　請問在餐廳午餐時間，顧客所點的飲料種類與消費者的年齡是否獨立？在隨機抽取309位消費者的樣本之後，所得到觀察值的資料呈現在以下的列聯表中。請以$\alpha=.01$決定以上的兩個變數之間是否相關？

| 年齡 | 偏好的飲料 | | | |
|---|---|---|---|---|
| | 咖啡／茶 | 無酒精飲料 | 其他（牛奶等等） | |
| 21–34 | 26 | 95 | 18 | 139 |
| 35–55 | 41 | 40 | 20 | 101 |
| >55 | 24 | 13 | 32 | 69 |
| | 91 | 148 | 70 | 309 |

```
Chi-Square Test
Expected counts are printed below observed counts
           Regular     Premium      Extra      Total
1             85          16           6         107
            66.15       24.46       16.40
2            102          27          13         142
            87.78       32.46       21.76
3             36          22          15          73
            45.13       16.69       11.19
4             15          23          25          63
            38.95       14.40        9.65
Total        238          88          59         385
ChiSq=5.374+2.924+6.593+
      2.303+0.918+3.527+
      1.846+1.693+1.300+
      14.723+5.136+24.39=70.727
df = 6, p = 0.000
```

圖16.2
汽油消費者
案例的MINI-
TAB電腦輸
出結果

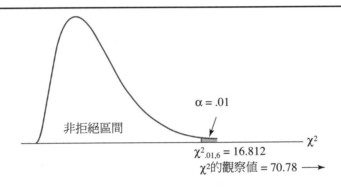

圖16.3
汽油問題的
卡方分配之
MINITAB
圖

$\alpha = .01$

非拒絕區間

$\chi^2$

$\chi^2_{.01,6} = 16.812$

$\chi^2$的觀察值 = 70.78 ⟶

解答

步驟一:建立假設:

H₀:飲料種類與年齡之間是獨立的。

Hₐ:飲料種類與年齡之間是相關的。

步驟二:選擇合適的統計量:

$$\chi^2 = \sum\sum \frac{(f_0 - f_e)^2}{f_e}$$

步驟三:$\alpha$為.01。

步驟四：自由度為(3−1)(3−1)=4，臨界值為$\chi^2_{.01,4} = 13.277$。若是卡方觀察值大於13.277，則最後的結論為拒絕虛無假設。

步驟五：樣本資料如前頁中所示。

步驟六：期望次數是由各行的總和與各列的總和相乘再除以所有次數的總和，期望值的列聯表如以下所示。

偏好的飲料

| 年齡 | | 咖啡／茶 | 無酒精飲料 | 其他（牛奶等等） | |
|---|---|---|---|---|---|
| | 21-34 | (40.94) 26 | (66.58) 95 | (31.49) 18 | 139 |
| | 35-55 | (29.74) 41 | (48.38) 40 | (22.88) 20 | 101 |
| | >55 | (20.32) 24 | (33.05) 13 | (15.63) 32 | 69 |
| | | 91 | 148 | 70 | 309 |

由以上的資料可以求算得卡方觀察值。

$$\chi^2 = \frac{(26-40.94)^2}{40.94} + \frac{(95-66.58)^2}{66.58} + \frac{(18-31.49)^2}{31.49}$$
$$+ \frac{(41-29.74)^2}{29.74} + \frac{(40-48.38)^2}{48.38} + \frac{(20-22.88)^2}{22.88}$$
$$+ \frac{(24-20.32)^2}{20.32} + \frac{(13-33.05)^2}{33.05} + \frac{(32-15.63)^2}{15.63}$$
$$= 5.45 + 12.13 + 5.78 + 4.26 + 1.45 + .36 + .67 + 12.16 + 17.15$$
$$= 59.41$$

步驟七：卡方觀察值為59.41，大於臨界值13.277，因此最後的結論為拒絕虛無假設。

步驟八：本題中的兩個變數——飲料的種類與消費者的年齡並不是獨立的，從資料中可以得知年輕的消費者較喜歡無酒精的飲料，而年紀較大的消費者則較偏好其他的飲料種類。根據這些分析，經理人就可以鎖定其產品的特定市場族群而提供適當的產品。

## 注意事項

與卡方適合度檢定相同的是，期望值太小會造成卡方值過大而影響到檢定

的正確性。所以在使用列聯表時要注意不能讓各方格中的期望值小於5。若是
有小於5的情況發生，則要將小於5的那一行或列與其相鄰的行或列合併。

---

16.11用以下的列聯表計算各個方格中的期望值，並決定自由度。令$\alpha=.05$。　　　問題16.2

變數二

| 變數一 | | |
|---|---|---|
| | 24 | 59 |
| | 13 | 43 |
| | 20 | 35 |

16.12用以下的資料決定是否變數一與變數二是獨立的。令$\alpha=.05$。

變數二

| 變數一 | | |
|---|---|---|
| | 203 | 326 |
| | 68 | 110 |

16.13用以下的資料決定是否變數1與變數2 是獨立的。令$\alpha=.01$。

變數二

| 變數一 | | | | |
|---|---|---|---|---|
| | 24 | 13 | 47 | 58 |
| | 93 | 59 | 187 | 244 |

16.14用以下的資料以卡方獨立性檢定法決定社會階層與家庭子女人數之間是
否為獨立的。令$\alpha$為.05。

社會階層

| 子女數 | | 較低 | 中等 | 較高 |
|---|---|---|---|---|
| | 0 | 7 | 18 | 6 |
| | 1 | 9 | 38 | 23 |
| | 2或3 | 34 | 97 | 58 |
| | 3以上 | 47 | 31 | 30 |

16.15訪問一群三十歲的人以決定人們最常聽的音樂與地理位置之間是否不相
關的。請用以下的資料以卡方獨立性檢定法，在$\alpha=.01$的條件下決定音
樂偏好與地理位置之間是否獨立。

| | | 音樂偏好種類 | | | |
|---|---|---|---|---|---|
| | | 搖滾 | 靈魂 | 鄉村 | 古典 |
| 地理位置 | 東北部 | 140 | 32 | 5 | 18 |
| | 南部 | 134 | 41 | 52 | 8 |
| | 西部 | 154 | 27 | 8 | 13 |

16.16 請問送貨的方式與產業類別之間是否有關？假設以下的資料代表出版業與電腦硬體業所使用的送貨方式，請用卡方獨立性檢定法分析資料以決定運貨方式與產業類別之間是否獨立。令 $\alpha=0.05$。

| | | 運送方式 | | |
|---|---|---|---|---|
| | | 航空 | 火車 | 貨車 |
| 產業 | 出版業 | 32 | 12 | 41 |
| | 電腦硬體業 | 5 | 6 | 24 |

16.17 請問擁有行動電話與個人職業之間是否有關？有一項調查訪問了187人，這187人分別從事以下三種職業——醫師、律師、會計師，結果如以下所示。請用這些資料檢定個人職業與擁有行動電話之間是否獨立。令 $\alpha=.10$。

| | | 行動電話 | |
|---|---|---|---|
| | | 是 | 不是 |
| 職業 | 醫師 | 42 | 39 |
| | 律師 | 21 | 34 |
| | 會計師 | 13 | 38 |

16.18 在1980年代早期有一項研究，其目的在探討墨西哥披索大幅貶值對於美國邊境的零售業者有何影響。在這項研究中，所收集的資料主要是美國邊境零售業者與墨西哥人民貿易佔總貿易的比例。在訪問了41位美國邊境的百貨公司的消費者後，發現其中有24位是墨西哥人，而其他人則是美國人；35位在折扣商店的消費者中有20位是墨西哥人；30位電腦硬體商店的消費者中有11位是墨西哥人；60位鞋店的消費者中有32位是墨西哥人，至於其他的則都是美國人。請用卡方獨立性檢定法分析以上的資

料以決定消費者的國籍（美國或是墨西哥）與商店類別（百貨公司、折扣商店、電腦硬體商店與鞋店）之間是否獨立。令 $\alpha$ 為 .05。

# 16.3　連檢定

連檢定是無母數統計中用來檢定單一樣本的隨機性的，也就是檢定樣本中觀察值的順序是否具有隨機性。連（run）是指一串連續且具有一特定特徵的樣本觀察值。舉例來說，若是一組人的樣本中會含有男性與女性的可能值，一個連就可以是一串連續的女性的樣本值。若是在投錢幣的例子中，一連出現三個正面，或是七個反面就可以構成一個連。假設一位研究人員隨機抽取了15位進入沃爾商場（Wal–Mart）的消費者做為樣本，其中有8位是女性，而另外7位是男性。如果他們是隨機進入商店內的話，則他們進入的順序應該要是男性女性混合的順序才對，而不太可能（當然也是有可能的）出現先是8位女性消費者進入店裡，再來才是7位男性消費者進入店裡。要是真的如此的話，則這個樣本就包含了兩個連。要是出現女，男，女，男，女……交錯的情況，那麼這個樣本就包含了15個連。雖然上述的情況都是可能發生的，但在隨機的環境中機率卻不高。事實上，要是只有兩個連的話，就可能是先一群女性進入店裡，再來是一群男性進入店裡。真是這樣的話，則觀察到的樣本就不是隨機的了。同樣地，一連串的女－男混合也會讓研究者懷疑他所觀察到的樣本不是隨機到達的，而可能是一對對夫婦隨機到達。一個隨機樣本之中所包含的連的數目應該是介於以上的兩個極端之間，但多少連才是合理的數目呢？在單一樣本的連檢定中，樣本的大小 $n$，樣本觀察值的次數 $n_1$ 與 $n_2$（例如男性與女性），以及樣本中所包含連的個數 R，都必須要加入考慮才能得到最後的結論。以下將以單一樣本的連檢定來檢驗下列的假設。

$H_0$：樣本的觀察值是隨機產生的。

$H_a$：樣本的觀察值不是隨機產生的。

在小樣本數的條件下，連檢定的做法與大樣本數條件下的方法並不相同，以下將分別介紹。首先先說明在小樣本數條件下連檢定的計算方法。

# 小樣本數的連檢定

　　若是$n_1$與$n_2$都小於等於20，此時適合用小樣本的連檢定法。在前述的例子中，$n_1$表示7位男性，$n_2$表示8位女性，因此要用小樣本的連檢定法來檢驗樣本的隨機性。方法是比較樣本的連數與在固定$n_1$及$n_2$條件下的臨界值。附錄中的表A.11與表A.12是$\alpha$=.05下的臨界值。表A.11是左尾的臨界值，表示發生樣本的連數低於或是等於臨界值的機率低於.025($\alpha/2$)；表A.12是右尾的臨界值，表示發生樣本的連數高於或是等於臨界值的機率低於.025($\alpha/2$)。若是樣本的連數低於或是等於左尾的臨界值則結論是拒絕虛無假設，而若是樣本的連數高於或是等於右尾的臨界值則結論也是拒絕虛無假設，也就是樣本並不是隨機的。舉例來說，假設隨機抽樣26位飲用可樂的人以決定他們是較偏好普通可樂或是低卡可樂。在這個樣本中，有18人偏好飲用普通可樂，而其他8人則偏好低卡可樂。用C代表飲用普通可樂的人，而D代表飲用低卡可樂的人，假設抽樣的結果順序是DCCCCCDCCDCCCCDCDCCCDDDCCC，請問這個順序能不能證明樣本不是隨機的？以下是解題的步驟。

步驟一：建立假設：

> $H_0$：樣本的觀察值是隨機產生的
> $H_a$：樣本的觀察值不是隨機產生的

步驟二：以$n_1$代表飲用普通可樂的人數，以$n_2$代表飲用低卡可樂的人數，則$n_1$=18，$n_2$=8，故而適合使用小樣本的連檢定法。

步驟三：令$\alpha$=.05。

步驟四：從表A.11中查表得知在$n_1$=18，$n_2$=8的條件下，臨界值為7，而由表A.12中查表得知，臨界值為17。要是樣本的連數低於7或是高於17則要拒絕虛無假設。

步驟五：樣本的資料顯示

DCCCCCDCCDCCCCDCDCCCDDDCCC

步驟六：得到樣本資料的連數如下。

| 1 | | 2 | 3 | 4 | 5 | | 6 | 7 | 8 | 9 | 10 | 11 | 12 |
|---|---|---|---|---|---|---|---|---|---|---|---|---|---|
| D | | CCCCC | D | CC | D | | CCCC | D | C | D | CCC | DDD | CCC |

因此樣本的連數為12。

步驟七：既然樣本的連數介於兩個臨界值之間，表示證據不足以支援樣本資料
非隨機的主張，因此結論為不拒絕虛無假設。

步驟八：得到結論之後，由於樣本具有隨機性，因此研究者可以繼續其研究。

MINITAB可以用連檢定來分析資料。圖16.4即是MINITAB對上述可樂問題的電腦輸出結果。請注意其中包含了樣本的連數12以及檢定的顯著性。MINITAB的連檢定是雙尾檢定，而檢定的顯著性與$p$值檢定相同。由於顯著性是.971，最後的結論為不拒絕虛無假設。

# 大樣本數的連檢定

表A.11與表A.12並不包含當$n_1$與$n_2$大於20的查表值，不過還好在這種情況下R的分配大概與常態分配一致，而其平均數與標準差分別為

$$\mu_R = \frac{2 n_1 n_2}{n_1 + n_2} + 1$$

$$\sigma_R = \sqrt{\frac{2 n_1 n_2 (2 n_1 n_2 - n_1 - n_2)}{(n_1 + n_2)^2 (n_1 + n_2 - 1)}}$$

所使用的統計量Z則是

$$Z = \frac{R - \mu_R}{\sigma_R} = \frac{R - \left( \frac{2 n_1 n_2}{n_1 + n_2} + 1 \right)}{\sqrt{\frac{2 n_1 n_2 (2 n_1 n_2 - n_1 - n_2)}{(n_1 + n_2)^2 (n_1 + n_2 - 1)}}}$$

```
Runs Test

ColaType

K = 1.6923

The observed no. of runs = 12
The expected no. of runs = 12.0769
18 Observations above K 8 below
    The test is significant at 0.9710
    Cannot reject at alpha = 0.05
```

圖16.4
可樂問題之
連檢定的
MINITAB
電腦輸出結
果

所檢定的假設爲

　　$H_0$：樣本的觀察值是隨機產生的

　　$H_a$：樣本的觀察值不是隨機產生的

　　在 A 給定的情況下，可以由**表 A.5 查表**得到 Z 的臨界值。以下是一個製造業的例子。有一台機器所生產的零件偶爾會出現瑕疵品，即使在調整期間也會產出瑕疵品，不過似乎是隨機出現。品管人員今天隨機選取了這台機器所生產的 50 個樣本，一個一個加以檢視，結果發現 40 個合格品與 10 個瑕疵品，合格品（以 N 表示）與瑕疵品（以 F 表示）的出現順序如下所示，請以 $\alpha=.05$ 檢定瑕疵品的出現是否爲隨機。

NNN F NNNNNNN F NN FF NNNNN F NNNN F NNNNN
FFFF NNNNNNNNNNN

步驟一：建立假設

　　　　$H_0$：樣本觀察值是隨機出現的。

　　　　$H_a$：樣本觀察值不是隨機出現。

步驟二：使用大樣本數的連檢定法，統計量的計算方式如下。

$$Z = \frac{R - \mu_R}{\sigma_R} = \frac{R - \left(\dfrac{2n_1 n_2}{n_1 + n_2} + 1\right)}{\sqrt{\dfrac{2n_1 n_2 (2n_1 n_2 - n_1 - n_2)}{(n_1 + n_2)^2 (n_1 + n_2 - 1)}}}$$

步驟三：$\alpha$ 爲 .05。

步驟四：本題爲一雙尾檢定，連數太少或太多都表示該機器所生產的瑕疵品不是隨機的。因爲 $\alpha$ 爲 .05，所以 $\alpha/2=.025$，臨界值 $Z_{.025}=\pm 1.96$。若是 Z 值大於 1.96 或是小於 $-1.96$ 則最後結論爲拒絕虛無假設。

步驟五：由樣本資料可以得知 $n_1$ 爲 40，$n_2$ 爲 10，連數（R）爲 13。

步驟六：計算統計量

$$\mu_R = \frac{2(40)(10)}{40 + 10} + 1 = 17$$

$$\sigma_R = \sqrt{\frac{2(40)(10)[2(40)(10) - 40 - 10]}{(40 + 10)^2 (40 + 10 - 1)}} = 2.213$$

$$Z = \frac{13 - 17}{2.213} = -1.81$$

步驟七：由於Z＝−1.81，介於兩個臨界值之間，因此最後的結論為不拒絕虛無
假設。

步驟八：要是虛無假設被推翻，則表示該機器是有系統地生產出瑕疵品，因此
必須要維修。

　　圖16.5是本問題MINITAB的電腦輸出。由於1表示瑕疵品，0表示合格品，
因此樣本觀察值的平均數K為.2只是這些數字的平均值而已。在MINITAB中，
連是一串連續的大於平均值或是小於平均值的樣本觀察值，不過其最後的結果
與用連續的0或1來表示樣本觀察值的出現順序是相同的。即使在MINITAB中不
用0與1而採用其他任何的數字也會得到相同的結果。以下MINITAB的輸出表
示樣本的連數為13（與人工計算的值相同），而檢定的顯著性（$p$值）等
於.0710。由於$p$值大於$\alpha$（.05），因此本檢定的統計量為不顯著。

---

16.19用連檢定檢驗以下的樣本順序是否為隨機。$\alpha$=.05。　　　　　　　　問題16.3

X X X Y X X Y Y Y X Y X Y X X Y Y Y Y X

16.20用連檢定檢驗以下的樣本順序是否為隨機。$\alpha$=.05。

M M N N N N M M M M M N M M M M N M M

N N N N N N N N N N N N M M M M M M M M M M

16.21在生產流程中產出的成品有的合格，有的則是瑕疵品。抽取60個樣本檢
查，發現8個瑕疵品。在以MINITAB分析樣本順序的資料後，結果輸出
如下。請問若是以雙尾檢定，$\alpha$=0.05，最後的結論為何？

---

```
Runs Test
  FlawPblm
  K = 0.2000
The observed no. of runs = 13
The expected no. of runs = 17.0000
10 Observations above K 40 below
    The test is significant at 0.0710
    Cannot reject an alpha = 0.05
```

圖16.5
機器問題的
MINITAB
電腦輸出結
果

```
Runs Test
  Defects

  K = 0.1333
  The observed no. of runs = 11
  The expected no. of runs = 14.8667
  8 Observations above K 52 below
    The test is significant at 0.0264
```

16.22 一項調查顯示所有的拉丁美州裔的美國人中有58%比例的人對他們的薪水覺得滿意。假設有一位研究人員隨機抽取了27位拉丁美洲裔的美國工人的樣本，問他們是否滿意他們的薪水，其中有15人回答滿意。用MINITAB分析回答滿意與不滿意的順序是否隨機，以下是輸出的結果。請問若是以雙尾檢定，$\alpha$=.05，最後的結論為何？

```
Runs Test
  Yes/No

  K = 0.5556

  The observed no. of runs = 18
  The expected no. of runs = 14.3333
  15 Observations above K 12 below
  The test is significant at 0.1452
    Cannot reject at alpha = 0.05
```

16.23 一項維吉尼亞州的民意調查發現超過70%的女性受訪者認為她們比雙親更有成功的機會。假設有一位研究人員在該州進行了相同的民意調查，在64位女性受訪者中有40位相信他們比雙親更有成功的機會。以下是回答的順序，Y表示回答「是」，N表示回答「不是」。請以連檢定檢驗這些資料並決定該資料的順序是否符合隨機性。$\alpha$=.05。

YNNYYNNYYYNNYNNYYYYYNYYYYYNNYYYNNNYYYN
NYYYYNYNYYYYNNNYNNYYYYYYNNYYYY

16.24 一項調查發現所有的工人中有35%說他們的同事曾經承認竊取了辦公室的物品。假設在一家大公司中也進行一項相同的調查，對13位隨機選取的員工問一樣 的問題，得到的結果是有5個人說其同事曾經承認偷竊辦公室的物品，其他8人則回答不知道有這一類的事。回答的順序如下，請檢定這些資料是否符合隨機性。$\alpha$=.05。

NNNNYYYNNNNYY

# 16.4 曼─惠尼U檢定法

●●●●●●●●●●●●●●●●●●●●●●●●●●●●●●●●●●●●●●●●●●●●●●●●●●●●

曼─惠尼U檢定法是與 t 檢定類似的無母數統計檢定法，他們都是用來比較獨立的兩個母體的平均數。這種檢定法是由曼（Henry B.Mann）與惠尼（D.R.Whittney）在1947年發出來的。在第十章中用來檢定獨立樣本的t檢定法其適用情況是當母體是常態分配，而且資料尺度至少是「間隔」資料。不過，若是母體是常態分配的假設不成立，或是資料的尺度只是順序性的，那麼就不可以採用t檢定。在這樣的情況下，分析資料就可以使用曼─惠尼U檢定法。以下是曼─惠尼U檢定法的基本假設。

1.樣本之間是獨立的

2.資料的衡量尺度至少是順序的。

在雙尾檢定下，所要檢定的假設是

        $H_0$：兩個母體是相同的

        $H_a$：兩個母體不是相同的

U檢定的第一步是任意指定兩組樣本分別爲第一組與第二組，再將兩組的資料合併在一起，將合併後的資料由小到大依順序排列，最小的資料排第一。令$W_1$代表第一組樣本資料的排名加總，而$W_2$代表第二組樣本資料的排名加總。

在小樣本數的情況下，曼─惠尼U檢定法的計算方式與大樣本數的情況不同。若是$n_1$與$n_2$都小於等於10，則爲小樣本數；要是$n_1$或$n_2$其中之一大於10就是大樣本數。

## 小樣本數的情況

在小樣本數的情況下，下一步是計算統計量U。

$$U_1 = n_1 n_2 + \frac{n_1(n_1+1)}{2} - W_1$$

$$U_2 = n_1 n_2 + \frac{n_2(n_2+1)}{2} - W_2$$

而$U$是$U_1$與$U_2$之中較小的值。若是不想兩個值都計算,可以利用一個轉換公式求得另一個值。

$$U' = n_1 \cdot n_2 - U$$

表A.13是$U$的$p$值。要從表中查表決定$p$值,先令$n_1$代表較小的樣本數,$n_2$代表較大的樣本數,由$n_1$與$n_2$可以查表A.13,在左欄得到$U$值。在$U$與$n_1$交會的地方就是單尾檢定的$p$值。如果是雙尾檢定,則將$p$值乘以2。

---

例題16.5　　　請問醫療人員與教育人員在時薪上是否有差別?假設從國內不同地方隨機抽取了7個醫療工作人員與8個教育工作人員的樣本。訪問他們的僱主以取得時薪的資料,取得的資料如下所示,請用曼一惠尼$U$檢定法決定這兩個母體的時薪是否不相同?

| 醫療工作人員 | 教育工作人員 |
|---|---|
| $20.10 | $26.19 |
| 19.80 | 23.88 |
| 22.36 | 25.50 |
| 18.75 | 21.64 |
| 21.90 | 24.85 |
| 22.96 | 25.30 |
| 20.75 | 24.12 |
| | 23.45 |

**解答**

步驟一:建立假設

　　$H_0$:在工資方面,醫療工作與教育工作這兩個母體是相同的。

　　$H_a$:在工資方面,醫療工作與教育工作這兩個母體是不相同的。

步驟二:假設無法確定母體是否是常態分配,在這種情況下必須要採用無母數檢定法,而不能用t檢定法,所以適合用曼一惠尼$U$檢定法。

步驟三:令$\alpha$為.05。

步驟四:從表A.13找出對應的$p$值,如果最後的$p$值(由於是雙尾檢定,所以要乘以2)小於.05,則要拒絕虛無假設。

步驟五:樣本的資料如以上所示。

步驟六:合併兩組樣本的值,加以排序,由最小值排到最大值。

| 員工總薪資 | 排名 | 群組 |
|---|---|---|
| $18.75 | 1 | H |
| 19.80 | 2 | H |
| 20.10 | 3 | H |
| 20.75 | 4 | H |
| 21.64 | 5 | E |
| 21.90 | 6 | H |
| 22.36 | 7 | H |
| 22.96 | 8 | H |
| 23.45 | 9 | E |
| 23.88 | 10 | E |
| 24.12 | 11 | E |
| 24.85 | 12 | E |
| 25.30 | 13 | E |
| 25.50 | 14 | E |
| 26.19 | 15 | E |

$$W_1 = 1+2+3+4+6+7+8 = 31$$

$$W_2 = 5+9+10+11+12+13+14+15 = 89$$

$$U_1 = (7)(8) + \frac{(7)(8)}{2} - 31 = 53$$

$$U_2 = (7)(8) + \frac{(8)(9)}{2} - 89 = 3$$

由於$U_2$較$U$小,所以令$U=3$做為表A.13的檢定統計量。因為其為小樣本,所以令$n_1=7$,$n_2=8$。

步驟七:由表A.13查出$p$值為.0011,由於本題為雙尾檢定,查表所得到的$p$值要乘以2,由於最後的$p$值=.0022小於$\alpha$,因此拒絕虛絕假設。最後的結論為兩個母體並不相同。

步驟八:由樣本的資料中顯示出教育工作人員的時薪高於醫療工作人員。

## 大樣本數的情況

在大樣本數的情況下,$U$值大致上是常態分配,因此可以由U的期望值與標準差計算出Z值。之後就可以由以上的計算得到是否要拒絕虛無假設的決定。由$U$來計算Z的公式如下。

| | 曼—惠尼 $U$ 檢定法的大樣本公式 | (16.3) | $\mu_U = \dfrac{n_1 \cdot n_2}{2}, \quad \sigma_U = \sqrt{\dfrac{n_1 \cdot n_2 (n_1 + n_2 + 1)}{12}}, \text{且 } Z = \dfrac{U - \mu_U}{\sigma_U}$ |

舉例來說，曼—惠尼 $U$ 檢定法可以用來決定PBS電視台的收視戶與商業電視台收視戶的平均收入之間是否有差異存在。假設隨機樣本中有14個家庭是收看PBS，而其他13個家庭則是非PBS的收視者。

步驟一：建立如下的假設

$H_0$：PBS與非PBS收視戶的收入是相同的

$H_a$：PBS與非PBS收視戶的收入是不相同的

步驟二：使用大樣本數情況下的曼—惠尼 $U$ 檢定法。

步驟三：令 $\alpha = .05$。

步驟四：由於本題為雙尾檢定，$\alpha = .05$，因此臨界值為 $Z_{.025} = \pm 1.96$，若是檢定統計量大於1.96或是小於−1.96，則拒絕虛無假設。

步驟五：樣本中各個家庭所回答的收入狀況如表16.7所示。

步驟六：計算曼—惠尼 $U$ 檢定法的第一步是將兩組樣本合併起來，由小到大加

表16.7
PBS收視戶與非PBS收視戶之收入

| PBS | 非PBS |
|---|---|
| $24,500 | $41,000 |
| 39,400 | 32,500 |
| 36,800 | 33,000 |
| 43,000 | 21,000 |
| 57,960 | 40,500 |
| 32,000 | 32,400 |
| 61,000 | 16,000 |
| 34,000 | 21,500 |
| 43,500 | 39,500 |
| 55,000 | 27,600 |
| 39,000 | 43,500 |
| 62,500 | 51,900 |
| 61,400 | 27,800 |
| 53,000 | |
| $n_1 = 14$ | $n_2 = 13$ |

以排序，但同時也要記錄各資料是屬於何組樣本。表16.8是這一步驟的結果。要是出現兩個資料相等，必須給予相同的名次時，則先假設這兩個資料並不相等，分別給予不同的名次，再將這兩個名次的值求取平均，這個平均值就是兩個相等資料的名次。舉例來說，有兩個樣本的收入都是$43,500，分別給予19及20兩個名次，求取平均值得到19.5，因此這兩個樣本值的名次就是19.5。

若是PBS收視戶是第一組，$W_1$就是將所有PBS收視戶的收入排名加總。

$$W_1 = 4 + 7 + 11 + 12 + 13 + 14 + 18$$
$$+ 19.5 + 22 + 23 + 24 + 25 + 26 + 27$$
$$= 245.5$$

再從$W_1$計算$U$值，既然$n_1 = 14$，$n_2 = 13$，

$$U = (n_1)(n_2) + \frac{n_1(n_1 + 1)}{2} - W_1$$
$$= (14)(13) + \frac{(14)(15)}{2} - 245.5 = 41.5$$

既然$n_1$與$n_2$都大於10，因此$U$大致上是常態分配，其平均數為

| 收入 | 排名 | 群組 | 收入 | 排名 | 群組 |
|------|------|------|------|------|------|
| $16,000 | 1 | 非PBS | 39,500 | 15 | 非PBS |
| 21,000 | 2 | 非PBS | 40,500 | 16 | 非PBS |
| 21,500 | 3 | 非PBS | 41,000 | 17 | 非PBS |
| 24,500 | 4 | PBS | 43,000 | 18 | PBS |
| 27,600 | 5 | 非PBS | 43,500 | 19.5 | PBS |
| 27,800 | 6 | 非PBS | 43,500 | 19.5 | 非PBS |
| 32,000 | 7 | PBS | 51,900 | 21 | 非PBS |
| 32,400 | 8 | 非PBS | 53,000 | 22 | PBS |
| 32,500 | 9 | 非PBS | 55,000 | 23 | PBS |
| 33,000 | 10 | 非PBS | 57,960 | 24 | PBS |
| 34,000 | 11 | PBS | 61,000 | 25 | PBS |
| 36,800 | 12 | PBS | 61,400 | 26 | PBS |
| 39,000 | 13 | PBS | 62,500 | 27 | PBS |
| 39,400 | 14 | PBS | | | |

表16.8
PBS收視戶與非PBS收視戶之合併群組的收入排名

$$\mu_U = \frac{n_1 \cdot n_2}{2} = \frac{(14)(13)}{2} = 91$$

標準差為

$$\sigma_U = \sqrt{\frac{n_1 \cdot n_2 (n_1 + n_2 + 1)}{12}} = \sqrt{\frac{(14)(13)(28)}{12}} = 20.6$$

現在就可以計算Z值以決定若是母體之間無差異的情況下，樣本的$U$值平均數為91，標準差20.6的常態分配的機率是多少。

$$Z = \frac{U - \mu_U}{\sigma_U} = \frac{41.5 - 91}{20.6} = \frac{-49.5}{20.6} = -2.40$$

步驟七：Z值為−2.40，落在拒絕區間中，因此結論為PBS收視戶與非PBS收視戶的收入並不相同。由樣本資料中顯示PBS收視戶的收入高於非PBS收視戶的收入。

步驟八：由目前PBS收視戶的收入較高的事實可以知道，若是要滿足目前的較高收入的收視戶，又要吸引其他收入階層的家庭，則PBS的節目形態將受到影響。此外，募集資金（如慈善或是投資）也可以鎖定高收入的階層。

指定PBS收視戶到第一組其實是沒有規則的，若是指定非PBS收視戶為第一組，則最後的結果是一樣的，除了計算出的Z值變成正值之外。

$$\begin{aligned} W_1 &= 1 + 2 + 3 + 5 + 6 + 8 + 9 \\ &\quad + 10 + 15 + 16 + 17 + 19.5 + 21 \\ &= 132.5 \end{aligned}$$

$$U = 13(14) + \frac{(13)(14)}{2} - 132.5 = 140.5$$

$$\mu_U = \frac{n_1 \cdot n_2}{2} = \frac{(14)(13)}{2} = 91$$

$$\sigma_U = \sqrt{\frac{(14)(13)(28)}{12}} = 20.6$$

$$Z = \frac{140.5 - 91}{20.6} = \frac{49.5}{20.6} = 2.40$$

圖16.6是本例題MINITAB的電腦輸出結果，MINITAB並不計算Z而是計

圖16.6
PBS案例之
曼—惠尼U
檢定的MI-
NITAB電腦
輸出結果

```
C1       N = 14     Median =        43250
C2       N = 13     Median =        32500
Point estimate for ETA1-ETA2 is  12500
95.1 pct c.i. for ETA1-ETA2 is (3000, 22000)
W = 245.5
Test of ETA1 = ETA2 vs. ETA1 n.e. ETA2 is significant at 0.0174
The test is significant at 0.0174 (adjusted for ties)
```

算W以及檢定結果偶然發生的機率（.0174）。由於$p$值是.0174，小於$\alpha$=.05，因此結論是拒絕虛無假設。由Z值（2.40）計算出的$p$值是.0164，與前面.0174的差異應該是由於尾數捨去或是進位的結果。

請問建築工人在路邊攤吃午餐的花費會比在餐館吃午餐的花費少嗎？爲了檢定這個問題，研究人員選擇了兩組隨機樣本，一組是在路邊攤吃午餐，另一組是在餐館吃午餐。他們所花費的金額如下所示。請用曼—惠尼$U$檢定分析資料以決定路邊攤的食物是否比餐廳的食物便宜。$\alpha$=.01。

例題16.6

| 路邊攤 | 餐廳 |
|---|---|
| $2.75 | $4.10 |
| 3.29 | 4.75 |
| 4.53 | 3.95 |
| 3.61 | 3.50 |
| 3.10 | 4.25 |
| 4.29 | 4.98 |
| 2.25 | 5.75 |
| 2.97 | 4.10 |
| 4.01 | 2.70 |
| 3.68 | 3.65 |
| 3.15 | 5.11 |
| 2.97 | 4.80 |
| 4.05 | 6.25 |
| 3.60 | 3.89 |
|  | 4.80 |
|  | 5.50 |
| $n_1 = 14$ | $n_2 = 16$ |

解答

步驟一：建立假設

      $H_0$：建築工人的母體在路邊攤與在餐廳中花的午餐錢是一樣的

      $H_a$：建築工人的母體在路邊攤與在餐廳中花的午餐錢是不一樣的

步驟二：本例題適合用大樣本數的曼－惠尼 $U$ 檢定法。

步驟三：令 $\alpha$ 為 .01。

步驟四：若是樣本統計量的 $p$ 值小於 .01，則最後的決定是拒絕虛無假設。

步驟五：樣本資料如以上所示。

步驟六：將兩組樣本合併，由小到大加以排序，分別給予1至30的排名，其中1
代表最小的樣本值。研究人員接下來再計算 $W_1$。

| 花費 | 排名 | 群組 | 花費 | 排名 | 群組 |
|---|---|---|---|---|---|
| $2.25 | 1 | V | $4.01 | 16 | V |
| 2.70 | 2 | R | 4.05 | 17 | V |
| 2.75 | 3 | V | 4.10 | 18.5 | R |
| 2.97 | 4.5 | V | 4.10 | 18.5 | R |
| 2.97 | 4.5 | V | 4.25 | 20 | R |
| 3.10 | 6 | V | 4.29 | 21 | V |
| 3.15 | 7 | V | 4.53 | 22 | V |
| 3.29 | 8 | V | 4.75 | 23 | R |
| 3.50 | 9 | R | 4.80 | 24.5 | R |
| 3.60 | 10 | V | 4.80 | 24.5 | R |
| 3.61 | 11 | V | 4.98 | 26 | R |
| 3.65 | 12 | R | 5.11 | 27 | R |
| 3.68 | 13 | V | 5.50 | 28 | R |
| 3.89 | 14 | R | 5.75 | 29 | R |
| 3.95 | 15 | R | 6.25 | 30 | R |

將路邊攤的樣本值排名加總得到 $W_1$

$$W_1 = 1 + 3 + 4.5 + 4.5 + 6 + 7 + 8$$
$$+ 10 + 11 + 13 + 16 + 17 + 21 + 22$$
$$= 144$$

計算 $U$，$\mu_U$ 與 $\sigma_U$，得

$$U = (14)(16) + \frac{(14)(15)}{2} - 144 = 185$$

$$\mu_U = \frac{(14)(16)}{2} = 112$$

$$\sigma_U = \sqrt{\frac{(14)(16)(31)}{12}} = 24.1$$

計算Z的值,得

$$Z = \frac{185 - 112}{24.1} = 3.03$$

步驟七:Z=3.03的$p$值是.0012,因此拒絕虛無假設。

步驟八:研究者的最後結論為路邊攤的午餐花費較餐廳的花費低。

---

16.25 用曼－惠尼$U$檢定法分析以下的資料以決定是否第一組與第二組之間存在顯著差異。　　問題16.4

| 第一組 | 第二組 |
|:---:|:---:|
| 15 | 23 |
| 17 | 14 |
| 26 | 24 |
| 11 | 13 |
| 18 | 22 |
| 21 | 23 |
| 13 | 18 |
| 29 | 21 |

16.26 以下的資料代表從兩個母體隨機抽取的兩組樣本。請問第一組樣本母體的值是否高於第二組樣本母體?請用曼－惠尼$U$檢定。令$\alpha$=.01。

| 第一組樣本 | 第二組樣本 |
|:---:|:---:|
| 224 | 203 |
| 256 | 218 |
| 231 | 229 |
| 222 | 230 |
| 248 | 211 |
| 283 | 230 |
| 241 | 209 |

| 第一組樣本 | 第二組樣本 |
|---|---|
| 217 | 223 |
| 240 | 219 |
| 255 | 236 |
| 216 | 227 |
|  | 208 |
|  | 214 |

16.27 一項醫療調查的結果顯示65至74歲的人平均一年要看醫生8.2次；75歲及以上的人平均一年9.9次。假設你想要自已證實這項結果，以下的資料表示兩個年齡層的人每年看醫生的次數，樣本之間是獨立的。請用曼－惠尼$U$檢定決定75歲及以上的人每年看醫生的次數是否高於65歲至74歲的人。令$\alpha$=.01。

| 65到74歲 | 75歲以上 |
|---|---|
| 7 | 12 |
| 8 | 11 |
| 3 | 6 |
| 6 | 13 |
| 4 | 9 |
| 1 | 8 |
| 6 | 10 |
|  | 5 |
|  | 9 |

16.28 一項全國家庭醫療調查結果顯示都市家庭一年在食物上花費$2,400元，而鄉村家庭一年則在食物上花費$2,500元。假設隨機選取12個都市家庭與12個鄉村家庭為樣本，問他們一年花多少錢在食物上，訪問的結果如下。請用曼－惠尼$U$檢定決定兩種家庭之間食物的花費是否有顯著的不同。令$\alpha$=.05。

| 都市 | 鄉村 | 都市 | 鄉村 |
|---|---|---|---|
| $2110 | $2050 | $1950 | $2770 |
| 2655 | 2800 | 2480 | 3100 |
| 2710 | 2975 | 2630 | 2685 |
| 2540 | 2075 | 2750 | 2790 |
| 2200 | 2490 | 2850 | 2995 |
| 2175 | 2585 | 2850 | 2995 |

16.29 請問男性證券投資人獲利比女性證券投資人高嗎？紐約證券交換所的一項研究指出，男性證券投資人收入為$46,400元，而女性證券投資人的收入則為$39,400元。假設一位分析師想要證明男性投資人賺得比女性投資人多，以下的資料表示從全美各地隨機選取的男性投資人與女性投資人的樣本，這位分析師用曼一惠尼$U$檢定法來決定是否男性投資人真的賺的比女性投資人多。$\alpha=.01$，請問結果如何？

| 男性 | 女性 | 男性 | 女性 |
|---|---|---|---|
| $50,100 | $41,200 | $51,500 | $40,500 |
| 47,800 | 36,600 | 63,900 | 28,900 |
| 45,000 | 44,500 | 57,800 | 48,000 |
| 51,500 | 47,800 | 61,100 | 42,300 |
| 55,000 | 42,500 | 51,000 | 40,000 |
| 53,850 | 47,500 | | 31,400 |

16.30 數年前，一項調查顯示在德州Corpus Christi面積為2200平方英呎的房屋售價為$82,338元，而這個價格是在239個城市中同等級的房屋中最低的價格。假設現在有一調查分別在愛荷華州Des Moines及亞歷桑那州Tucson隨機抽取13個及15個面積為2200平方英呎的房屋為樣本，其售價如下表所示。請用曼一惠尼$U$檢定決定在以上兩個城市中面積為2200平方英呎的房屋售價是否有顯著的差異存在。令$\alpha=.05$。

| Des Moines | Tucson |
|---|---|
| $ 90,150 | $ 101,800 |
| 103,400 | 97,850 |
| 89,900 | 95,000 |
| 91,300 | 100,500 |
| 101,450 | 108,900 |
| 93,500 | 99,000 |
| 88,400 | 91,550 |
| 90,000 | 102,550 |
| 102,200 | 106,600 |
| 94,500 | 98,500 |
| 97,500 | 105,000 |
| 100,450 | 102,540 |
| 88,700 | 99,700 |
| | 112,500 |
| | 102,500 |

# 16.5 威爾寇克森成對符號順序檢定法

●●●●●●●●●●●●●●●●●●●●●●●●●●●●●●●●●●●●●●

16.4節的曼—惠尼$U$檢定法與t檢定一樣都可以用來檢定兩個樣本，只不過曼—惠尼$U$檢定法是用在兩個獨立樣本的無母數檢定法罷了。若是兩組樣本之間是相關的，則$U$檢定法就不適用，在此時應該要用威爾寇克森成對符號順序檢定法。這個檢定法是威爾寇克森（Frank Wilcoxon）在1945年發展出的方法。在兩個相關樣本的情況下，威爾寇克森檢定法與t檢定法一樣都可以分析相關的資料，例如實驗前與實驗後的資料，在不同條件下的同一個體、雙胞胎或是親屬之間的差異分析。

威爾寇克森檢定與t檢定同樣利用兩個成對樣本的差異來做分析。在計算出樣本的差異之後，威爾寇克森檢定法將樣本差異的絕對值由小到大加以排序，最小值的排名是1。同時，若樣本差異是負值，則給予一個負號，若是正值，則給予一個正號。再將正號與負號的所有排名加總。至於樣本差異為零的則略去不計，而總樣本數也要隨之減少。要是有兩個樣本差異值是相等的，則這兩個樣本差異值的排名是取排名的平均值。最後取正號與負號各別的排名加總中較小的為T。不過威爾寇克森檢定法的檢定方式會隨著樣本數的大小而有不同，當成對的樣本數$n$大於15時，T大概是呈現常態分配，因此可以計算Z而檢定虛無假設。當樣本數$n \leq 15$時，就要使用另一種方法。這個檢定方法的基本假設如下。

1.隨機選取成對的樣本。

2.樣本的機率分配是一致的。

這個檢定方法所要檢定的假設如下。

在雙尾檢定時：

$H_0：M_d = 0$

$H_a：M_d \neq 0$

在單尾檢定時：

$H_0：M_d = 0$

$H_a：M_d > 0$ 或

$H_0：M_d = 0$

$H_a：M_d < 0$

其中$M_d$為中位數。

# 小樣本數的情況（n≤15）

在小樣本數的情況下，可以在附錄中的**表**A.14查表得到一個臨界值與T比較而檢定虛無假設是否要被拒絕。查表的方法是在**表**A.14中找尋n與α所對應的臨界值。若是雙尾檢定，則α的值是單尾檢定的α值的二分之一。如T小於或是等於臨界值，則結論爲拒絕虛無假設。

**案例**　一項調查估計美國家庭在醫療方面平均花費的金額。結果是大都會區的家庭大約是$1,800元，假設分別在賓州匹茲堡與加州奧克蘭各隨機選取6個家庭爲樣本，這些家庭去年的醫療花費資料如下。

| 家庭 | 匹茲堡 | 奧克蘭 |
|------|--------|--------|
| 1 | $1,950 | $1,760 |
| 2 | 1,840 | 1,870 |
| 3 | 2,015 | 1,810 |
| 4 | 1,580 | 1,660 |
| 5 | 1,790 | 1,340 |
| 6 | 1,925 | 1,765 |

請用α=.05檢定這兩個城市的家庭在醫療方面的花費金額是否有顯著的差異。

步驟一：建立假設

$$H_0：M_d = 0$$
$$H_a：M_d \neq 0$$

步驟二：由於成對的樣本數爲6，因此適合採用小樣本數的威爾寇克森成對符號順序檢定法，不過前提是這兩組樣本的分配必須是一致的。

步驟三：令α=.05。

步驟四：由**表**A.14，若是T小於等於1，則結論爲拒絕虛無假設。

步驟五：樣本資料如以上所示。

步驟六：

| 家庭 | 匹茲堡 | 奧克蘭 | $d$ | 排名 |
|------|--------|--------|-----|------|
| 1 | $1,950 | $1,760 | +190 | +4 |
| 2 | 1,840 | 1,870 | −30 | −1 |
| 3 | 2,015 | 1,810 | +205 | +5 |
| 4 | 1,580 | 1,660 | −80 | −2 |
| 5 | 1,790 | 1,340 | +450 | +6 |
| 6 | 1,925 | 1,765 | +160 | +3 |

令T為T+與T-的最小值,由於T+=4+5+6+3=18,而T-=1+2=3,因此T=3。

步驟七:由於T=3大於臨界值1,因此結論為不拒絕虛無假設。

步驟八:最後的結果為無足夠證據支持匹茲堡與奧克蘭的家庭在醫療花費上不同的說法,這種資訊對醫療業者極有用處,特別是對目前在兩個城市都有醫院在營業的業者或是正打算要從其中一個城市搬遷到另一個城市營業的業者。此外,業者也可以據此定價。而要從其中一個城市搬到另一個城市的人也可以預期醫療費用將不會有太大的變動。

# 大樣本數的情況($n > 15$)

在大樣本的情況下,統計量T大概是呈現常態分配,因此可以用Z值為檢定的統計量。公式16.4就是整個計算過程中必要的公式。

| | | |
|---|---|---|
| 威爾寇克森<br>成對符號順<br>序檢定法 | $$\mu_T = \frac{(n)(n+1)}{4}$$ $$\sigma_T = \sqrt{\frac{n(n+1)(2n+1)}{24}}$$ $$Z = \frac{T - \mu_T}{\sigma_T}$$ 其中: $\quad$ $n$ = 成對數 $\quad$ $T$ = 總排名(無論帶正號或負號) | (16.4) |

這個檢定法可以應用於航空產業的分析上,例如分析師可以用這個檢定法分析在1979年與1996年各城市每英哩的平均機票費用是否不同。表16.9的資料表示在1979年與1996年17個城市的平均每英哩機票價格。

步驟一:建立假設

$$H_0 : M_d = 0$$
$$H_a : M_d \neq 0$$

步驟二:假設兩組樣本有一致的機率分配,採用威爾寇克森成對符號次序檢定法。

步驟三:令$\alpha = .05$。

步驟四：由於本例為雙尾檢定，$\alpha/2=.025$，臨界值$Z=\pm 1.96$，若是觀察值的統計量小於$-1.96$或是大於$1.96$，則最後的結論為拒絕虛無假設。

步驟五：樣本資料如表16.9所示。

步驟六：將兩個年度的資料一一相減，得到差異值d。計算的方式可以用1979年的資料減掉1996年的資料，反方向也可以，不過相減後的正負號必須要保留。在表16.9中是用1996年的資料減去1979年的資料。接下來將相減後的數字取絕對值由小到大加以排序。排名第6與第7的資料由於相等，因此取平均為6.5，排名第11與第12的資料也是如此處理。令T+為所有相減後為正號的資料的排名加總，T–為所有相減後為負號的資料的排名加總。

令T為T+與T–的最小值。

$$T = \text{最小值}\ (T_+,\ T_-)$$

由該資料得知：

$$T_+ = 17 + 13 + 15 + 14 + 6.5 + 10 + 9 + 3 + 11.5 = 99$$
$$T_- = 8 + 16 + 4 + 1 + 11.5 + 6.5 + 2 + 5 = 54$$
$$T = \text{最小值}(99,\ 54) = 54$$

| 城市 | 1979 | 1996 | d | 排名 |
|---|---|---|---|---|
| 1 | 20.3 | 22.8 | −2.5 | −8 |
| 2 | 19.5 | 12.7 | +6.8 | +17 |
| 3 | 18.6 | 14.1 | +4.5 | +13 |
| 4 | 20.9 | 16.1 | +4.8 | +15 |
| 5 | 19.9 | 25.2 | −5.3 | −16 |
| 6 | 18.6 | 20.2 | −1.6 | −4 |
| 7 | 19.6 | 14.9 | +4.7 | +14 |
| 8 | 23.2 | 21.3 | +1.9 | +6.5 |
| 9 | 21.8 | 18.7 | +3.1 | +10 |
| 10 | 20.3 | 20.9 | −0.6 | −1 |
| 11 | 19.2 | 22.6 | −3.4 | −11.5 |
| 12 | 19.5 | 16.9 | +2.6 | +9 |
| 13 | 18.7 | 20.6 | −1.9 | −6.5 |
| 14 | 17.7 | 18.5 | −0.8 | −2 |
| 15 | 21.6 | 13.4 | −1.8 | −5 |
| 16 | 22.4 | 21.3 | +1.1 | +3 |
| 17 | 20.8 | 17.4 | +3.4 | +11.5 |

表16.9
不同城市的
航空票價

在大樣本的情況下，T值呈常態分配，其平均數與標準差分別爲

$$\mu_T = \frac{(n)(n+1)}{4} = \frac{(17)(18)}{4} = 76.5$$

$$\sigma_T = \sqrt{\frac{n(n+1)(2n+1)}{24}} = \sqrt{\frac{(17)(18)(35)}{24}} = 21.1$$

由於可計算出Z值爲

$$Z = \frac{T - \mu_T}{\sigma_T} = \frac{54 - 76.5}{21.1} = -1.07$$

步驟七：Z的臨界值在雙尾檢定下是$Z_{.025} = \pm 1.96$，由於Z的觀察值爲$-1.07$，介於兩個臨界值之間，因此無法拒絕虛無假設。也就是說，1979年與1976年的機票每英哩平均價格並無顯著差異。

步驟八：航空公司的行銷人員可以利用這資訊（17年來機票價格並未顯著提升的事實）來促銷其產品。此外，管理者也可以用這事實做爲提升票價的理由。

例題16.7　在1980年代與1990年代，美國的產業愈來愈強調品質控制，其理由是品質控制可以增加產量。假設一企業實施品管控制計劃已歷經了兩年，該公司總裁想看看員工的生產力較之實行品管計劃前是否大幅增加。該公司記錄了兩年來由抽樣所選出的員工的產能資料。現在將同一員工兩年前與兩年後的生產力資料相比較，以下的資料就是樣本員工每小時的生產量。該公司的分析師以威爾寇克森成對符號順序檢定法決定員工的生產力在實施品質控制計劃之前與之後是否有顯著增加。令$\alpha = .01$。

| 員工 | 兩年前 | 兩年後 | 員工 | 兩年前 | 兩年後 |
|------|--------|--------|------|--------|--------|
| 1 | 5 | 11 | 11 | 2 | 6 |
| 2 | 4 | 9 | 12 | 5 | 10 |
| 3 | 9 | 9 | 13 | 4 | 9 |
| 4 | 6 | 8 | 14 | 5 | 7 |
| 5 | 3 | 5 | 15 | 8 | 9 |
| 6 | 8 | 7 | 16 | 7 | 6 |
| 7 | 7 | 9 | 17 | 9 | 10 |
| 8 | 10 | 9 | 18 | 5 | 8 |
| 9 | 3 | 7 | 19 | 4 | 5 |
| 10 | 7 | 9 | 20 | 3 | 6 |

解答

步驟一：建立假設

$$H_0 : M_d = 0$$
$$H_a : M_d < 0$$

步驟二：在兩組樣本的機率分配一致為前提的假設下，以威爾寇克森成對符號順序檢定法檢定兩年前與現在的員工生產力是否有差異存在。

步驟三：令 $\alpha = .01$。

步驟四：本例題為一單尾檢定。Z的臨界值為−2.33，若是樣本統計量小於−2.33，則最後的結論為拒絕虛無假設。

步驟五：樣本資料如以上所示。

步驟六：先將兩組樣本值一一相減，由於第三名員工相減後的差等於0，因此捨去不用，成對樣本的總數由20降為19。將相減後的差取絕對值由小到大加以排序，若是有相等的值則其排名要取平均，例如第四位，第五位，第七位，第十位與第十四位員工相減後的差都相等，因此其排名取7、8、9、10、11的平均值，也就是9。

| 員工 | 兩年前 | 兩年後 | $d$ | 排名 |
|------|--------|--------|-----|------|
| 1 | 5 | 11 | −6 | −19 |
| 2 | 4 | 9 | −5 | −17 |
| 3 | 9 | 9 | 0 | 刪除 |
| 4 | 6 | 8 | −2 | −9 |
| 5 | 3 | 5 | −2 | −9 |
| 6 | 8 | 7 | +1 | +3.5 |
| 7 | 7 | 9 | −2 | −9 |
| 8 | 10 | 9 | +1 | +3.5 |
| 9 | 3 | 7 | −4 | −14.5 |
| 10 | 7 | 9 | −2 | −9 |
| 11 | 2 | 6 | −4 | −14.5 |
| 12 | 5 | 10 | −5 | −17 |
| 13 | 4 | 9 | −5 | −17 |
| 14 | 5 | 7 | −2 | −9 |
| 15 | 8 | 9 | −1 | −3.5 |
| 16 | 7 | 6 | +1 | +3.5 |
| 17 | 9 | 10 | −1 | −3.5 |
| 18 | 5 | 8 | −3 | −12.5 |
| 19 | 4 | 5 | −1 | −3.5 |
| 20 | 3 | 6 | −3 | −12.5 |

計算$T_+$，$T_-$與T。

$$T_+ = 3.5 + 3.5 + 3.5 = 10.5$$

$$T_- = 19 + 17 + 9 + 9 + 9 + 14.5 + 9 + 14.5 + 17 + 17$$

$$+ 9 + 3.5 + 3.5 + 12.5 + 3.5 + 12.5 = 179.5$$

$$T = 最小值(10.5, 179.5) = 10.5$$

計算T的平均數與標準差。

$$\mu_T = \frac{(n)(n+1)}{4} = \frac{(19)(20)}{4} = 95$$

$$\sigma_T = \sqrt{\frac{n(n+1)(2n+1)}{24}} = \sqrt{\frac{(19)(20)(39)}{24}} = 24.8$$

求出樣本觀察值的Z值。

$$Z = \frac{T - \mu_T}{\sigma_T} = \frac{10.5 - 95}{24.8} = -3.41$$

步驟七：由於Z=−3.41，落在拒絕區間中，因此最後的結論為拒絕虛無假設，也就是說，在該公司實施品質控制計劃後的生產力較實施前明顯提升。

步驟八：管理者、品管小組，以及任何的管理顧問都可以依此數據宣佈品管計劃確實對員工生產力產生了正面的影響，同時也支持下一步品管計劃的進行。

圖16.7是本例題MINITAB的結果輸出。在威爾寇克森成對符號順序檢定法方面，MINITAB並不輸出統計量Z，而是計算與T相等的威爾寇克森統計量。MINITAB計算出T的$p$值為.0000，而Z=−3.41的$p$值則為.0003，這兩個值之間的差異是由於最小位數捨去或是進位的原因。

| 圖16.7 | Wilcoxon Signed Rank Test |  |  |  |  |
|---|---|---|---|---|---|
| 生產品管問題的MINI-TAB電腦輸出結果 | TEST OF MEDIAN = 0.000000 VERSUS MEDIAN L.T. 0.000000 |  |  |  |  |
|  |  | N | N FOR TEST | WILCOXON STATISTIC | P-VALUE | ESTIMATED MEDIAN |
|  | C3 | 20 | 19 | 10.5 | 0.000 | −2.000 |

16.31請用威爾寇克森成對符號順序檢定法決定以下兩組相關的資料是否有顯 問題16.5
著的差異存在。假設其機率分配是一致的。令$\alpha$=.10。

| 1 | 2 | | 1 | 2 |
|-----|-----|---|-----|-----|
| 212 | 179 | | 220 | 223 |
| 234 | 184 | | 218 | 217 |
| 219 | 213 | | 234 | 208 |
| 199 | 167 | | 212 | 215 |
| 194 | 189 | | 219 | 187 |
| 206 | 200 | | 196 | 198 |
| 234 | 212 | | 178 | 189 |
| 225 | 221 | | 213 | 201 |

16.32請用威爾寇克森成對符號順序檢定法分析以下之前與之後的兩組資料。
假設其機率分配是一致的。令$\alpha$=.05。

| 之前 | 之後 | | 之前 | 之後 |
|-----|-----|---|-----|-----|
| 49 | 43 | | 54 | 50 |
| 41 | 29 | | 46 | 47 |
| 47 | 30 | | 50 | 47 |
| 39 | 38 | | 44 | 39 |
| 53 | 40 | | 49 | 49 |
| 51 | 43 | | 45 | 47 |
| 51 | 46 | | | |
| 49 | 40 | | | |
| 38 | 42 | | | |

16.33某一企業在東部沿海擁有數百間加油站,該公司有一項預計在當地電視
台播放廣告的行銷計劃,行銷主管想要檢定這項計劃是否對加油站的銷
售業績有所幫助。以下的資料代表廣告播出前一天與廣告播出後一天的
汽油銷售額。請以威爾寇克森成對符號順序檢定法決定該行銷計劃是否
對汽油的銷售有所幫助。假設其機率分配是不一致的。令$\alpha$爲.05。

| 加油站 | 之前 | 之後 |
|-----|-----|-----|
| 1 | $10,500 | $12,600 |
| 2 | 8,870 | 10,660 |
| 3 | 12,300 | 11,890 |
| 4 | 10,510 | 14,630 |

| 加油站 | 之前 | 之後 |
|---|---|---|
| 5 | 5,570 | 8,580 |
| 6 | 9,150 | 10,115 |
| 7 | 11,980 | 14,350 |
| 8 | 6,740 | 6,900 |
| 9 | 7,340 | 8,890 |
| 10 | 13,400 | 16,540 |
| 11 | 12,200 | 11,300 |
| 12 | 10,570 | 13,330 |
| 13 | 9,880 | 9,990 |
| 14 | 12,100 | 14,050 |
| 15 | 9,000 | 9,500 |
| 16 | 11,800 | 12,450 |
| 17 | 10,500 | 13,450 |

16.34全美各地的超級市場為了減少顧客在櫃檯結帳所花的時間並提升櫃檯的處理速度，紛紛投資大筆資金在光學掃描系統上。不過這些系統並不是百分之百的有效，有的物品常常要掃描好幾次才會成功，或是有的根本就讀不出貨號，必須要人工鍵入貨號。在正常情況下，光學掃描系統真的比人工輸入資料來得快嗎？一項實驗測量某家超級市場中最好的14位櫃檯人員在使用光學掃描系統與手動輸入資料兩種工作模式下的工作效率。以下的資料是那14位櫃檯人員每小時所處理的物品數量。請以威爾寇克森成對符號順序檢定法分析兩種工作模式的差異。假設其機率分配是一致的。令 $\alpha$=.05。

| 櫃台 | 手動 | 掃描 |
|---|---|---|
| 1 | 426 | 473 |
| 2 | 387 | 446 |
| 3 | 410 | 421 |
| 4 | 506 | 510 |
| 5 | 411 | 465 |
| 6 | 398 | 409 |
| 7 | 427 | 414 |
| 8 | 449 | 459 |
| 9 | 407 | 502 |
| 10 | 438 | 439 |
| 11 | 418 | 456 |

| 櫃台 | 手動 | 掃描 |
|------|------|------|
| 12 | 482 | 499 |
| 13 | 512 | 517 |
| 14 | 402 | 437 |

16.35 美國人民對大企業的態度隨著時間而改變，而且可能是呈循環性的改變。假設以下是一項調查的資料，20位成年的美國人分別在1990年與1996年對整體大企業以1到100分給予正面的評分，其中1分代表最低的評價，而100分則是最高的評價。請用威爾寇克森成對符號順序檢定法決定1996年的評價是否明顯高於1990年。假設其機率分配是一致的。令 $\alpha=.10$。

| 人 | 1990 | 1996 |
|----|------|------|
| 1 | 49 | 54 |
| 2 | 27 | 38 |
| 3 | 39 | 38 |
| 4 | 75 | 80 |
| 5 | 59 | 53 |
| 6 | 67 | 68 |
| 7 | 22 | 43 |
| 8 | 61 | 67 |
| 9 | 58 | 73 |
| 10 | 60 | 55 |
| 11 | 72 | 58 |
| 12 | 62 | 57 |
| 13 | 49 | 63 |
| 14 | 48 | 49 |
| 15 | 19 | 39 |
| 16 | 32 | 34 |
| 17 | 60 | 66 |
| 18 | 80 | 90 |
| 19 | 55 | 57 |
| 20 | 68 | 58 |

16.36 假設分別在1995年與1996年分別訪問相同的16個人，而這16個人的工作是在不同產業中，請他們對產業狀況給予評分，做為他們對產業未來樂觀的指數，愈高的分數代表愈樂觀。以下是這16個人在1995年與1996年對產業狀況所給予的評分。請用威爾寇克森成對符號順序檢定法決定是否人

們在1996年比在1995年時不樂觀。假設其機率分配是一致的。令 $\alpha=.05$。

| 產業 | 1995年四月 | 1996年四月 |
|------|-----------|-----------|
| 1 | 63.1 | 57.4 |
| 2 | 67.1 | 66.4 |
| 3 | 65.5 | 61.8 |
| 4 | 68.0 | 65.3 |
| 5 | 66.6 | 63.5 |
| 6 | 65.7 | 66.4 |
| 7 | 69.2 | 64.9 |
| 8 | 67.0 | 65.2 |
| 9 | 65.2 | 65.1 |
| 10 | 60.7 | 62.2 |
| 11 | 63.4 | 60.3 |
| 12 | 59.2 | 57.4 |
| 13 | 62.9 | 58.2 |
| 14 | 69.4 | 65.3 |
| 15 | 67.3 | 67.2 |
| 16 | 66.8 | 64.1 |

# 16.6 克魯斯高—華利斯檢定法

克魯斯高—華利斯檢定法是應用於單因子變異數分析的無母數方法。與單因子變異數分析相同的是,克魯斯高—華利斯檢定法是在樣本組數大於等於3的前提下檢定樣本是否來自同一個母體,只不過單因子ANOVA的前提假設是母體分配為常態分配,獨立樣本,至少是間隔資料,而且母體的變異數相同。克魯斯高—華利斯檢定法則可以分析順序資料,且分配的形狀也不做任何假設。克魯斯高—華利斯檢定法的基本假設是C組樣本之間獨立,而且樣本是隨機抽取。這個檢定法是克魯斯高(William H. Kruskal)與華利斯(W. Allen Wallis)於1952年所發展的。克魯斯高—華利斯檢定法所要檢定的假設是

$H_0$:C個母體都是相同的

$H_a$:C個母體之中至少有一個母體與其他不同

也就是說,這個檢定法是用來決定是否所有的樣本組都來自同一個母體或

是一樣的母體，還是其中有一組是來自不同的母體。

計算克魯斯高—華利斯檢定法的統計量K的程序一開始是將各組的資料合併一組，由小到大加以排序，最小的值排名為1。若是有兩個或是兩個以上的樣本有相等的值，則取其排名的平均值。與單因子ANOVA不同的是，克魯斯高—華利斯檢定法分析的是資料的大小順序，而單因子ANOVA所分析的是樣本資料的原始值。

公式16.5適用來計算克魯斯高—華利斯統計量。

克魯斯高—華利斯K檢定

$$(16.5) \qquad K = \frac{12}{n(n+1)} \left( \sum_{j=1}^{c} \frac{T_j^2}{n_j} \right) - 3(n+1)$$

其中：

$C$ = 群組數

$n$ = 項目總數

$T_j$ = 一群組中的排名總和

$n_j$ = 一群組中的項目數

$K \approx \chi^2$，其 df = C−1

統計量K大致是呈現卡方分配，而且只要在各組樣本數$n_j$皆不小於5的情況下，其自由度為C−1。

假設研究者要決定門診醫師每天診療的門診病人人數是否有明顯的差異存在，因此先隨機抽樣，其樣本分別來自(1)醫師人數為2人的診所，(2)醫師人數為3人或是3人以上的診所，以及(3)醫療中心（HMO）。表16.10是所取得的樣本資料。

樣本有三組，因此C=3。共有18位醫師，因此樣本總數n等於18。再將每

| 二名醫師 | 三名以上醫師 | HMO |
|---|---|---|
| 13 | 24 | 26 |
| 15 | 16 | 22 |
| 20 | 19 | 31 |
| 18 | 22 | 27 |
| 23 | 25 | 28 |
|  | 14 | 33 |
|  | 17 |  |

表16.10
每位醫師的門診病患人數

位醫師每天所診治的病人人數由小到大加以排序，最後將各組樣本的排名分別加總，得到$T_j$，如表16.11所示。

統計量K為

$$K = \frac{12}{18(18+1)}(1,897) - 3(18+1) = 9.56$$

卡方臨界值為$\chi^2_{\alpha,df}$。若是$\alpha=.05$而df為$C-1=3-1=2$，則$\chi^2_{.05,2}=5.991$。本檢定法必定為單尾檢定，而且拒絕區間必定是在右尾。由於$K=9.56$，大於卡方臨界值，因此研究人員得以拒絕虛無假設，也就在三種醫院中的醫師每天的診治的病人人數並不相同。經由資料分析研判可以得知醫療中心的醫師每天所診治的病人最多，三人以上的診所其次，最少的是只有2人的診所。

圖16.8是本例題MINITAB的電腦輸出，圖中的統計量H與克魯斯高─華利斯檢定法中的統計量K是相同的（兩者皆為9.56）。

表16.11
醫師病患之克魯斯高─華利斯分析

| 二名醫師 | 三名以上醫師 | HMO |
|---|---|---|
| 1 | 12 | 14 |
| 3 | 4 | 9.5 |
| 8 | 7 | 17 |
| 6 | 9.5 | 15 |
| 11 | 13 | 16 |
| | 2 | 18 |
| | 5 | |
| $T_1 = 29$ | $T_2 = 52.5$ | $T_3 = 89.5$ |
| $n_1 = 5$ | $n_2 = 7$ | $n_3 = 6$ |

$n = 18$

$$\sum_{j=1}^{3} \frac{T_j^2}{n_j} = \frac{(29)^2}{5} + \frac{(52.5)^2}{7} + \frac{(89.5)^2}{6} = 1,897$$

圖16.8
克魯斯高─華利斯檢定的MINI-TAB電腦輸出結果

| LEVEL | JOBS | MEDIAN | AVE. RANK | Z VALUE |
|---|---|---|---|---|
| 1 | 5 | 18.00 | 5.8 | −1.82 |
| 2 | 7 | 19.00 | 7.5 | −1.27 |
| 3 | 6 | 27.50 | 14.9 | 3.04 |
| OVERALL | 18 | | 9.5 | |

H = 9.56    d.f. = 2    p = .009

農業研究員想找出在何種情況下聖誕樹生長最快,因此隨機抽取同樣高度　**例題16.8**
的聖誕樹幼苗樣本並將樣本分成四組。將四組幼苗樣本全栽種在同一個地方,
第一組完全自然生長,第二組施予額外的水份,第三組施予肥料,第四組則是
施予額外的水份與肥料。一年之後,測量各組幼苗成長的高度,如下表所示。
請用克魯斯高—華利斯檢定決定各組之間是否存在顯著差異。令$\alpha$=.05。

| 第一組<br>(自然生長) | 第二組<br>(加水) | 第三組<br>(加肥料) | 第四組<br>(加水和肥料) |
|---|---|---|---|
| 8吋 | 10吋 | 11吋 | 18吋 |
| 5 | 12 | 14 | 20 |
| 7 | 11 | 10 | 16 |
| 11 | 9 | 16 | 15 |
| 9 | 13 | 17 | 14 |
| 6 | 12 | 12 | 22 |

**解答**

　　本例題的總樣本數n=24,各組樣本數$n_j$=6。

步驟一:建立假設

$$H_0:各組都相等$$
$$H_a:至少有一組不同$$

步驟二:使用克魯斯高—華利斯檢定法

步驟三:令$\alpha$=.01。

步驟四:自由度為C−1=4−1=3,卡方臨界值$\chi_{.01,3}$=11.345。若是K的值大於
　　　　11.345,則最後的決策為拒絕虛無假設。

步驟五:樣本資料如以上所示。

步驟六:將所有的樣本資料加以排序,得到如下的結果。

| 1 | 2 | 3 | 4 |
|---|---|---|---|
| 4 | 7.5 | 10 | 22 |
| 1 | 13 | 16.5 | 23 |
| 3 | 10 | 7.5 | 19.5 |
| 10 | 5.5 | 19.5 | 18 |
| 5.5 | 15 | 21 | 16.5 |
| 2 | 13 | 13 | 24 |
| $T_1$ = 25.5 | $T_2$ = 64.0 | $T_3$ = 87.5 | $T_3$ = 123.0 |
| $n_2$ = 6 | $n_2$ = 6 | $n_3$ = 6 | $n_4$ = 6 　　n = 24 |

$$\sum_{j=1}^{c} \frac{T_j^2}{n_j} = \frac{(25.5)^2}{6} + \frac{(64)^2}{6} + \frac{(87.5)^2}{6} + \frac{(123)^2}{6} = 4,588.6$$

$$K = \frac{12}{24(24+1)}(4,588.6) - 3(24+1) = 16.77$$

步驟七：觀察值K為16.77，而臨界值$\chi^2_{.01,3}$=11.345。由於觀察值大於臨界值，因此最後結論為拒絕虛無假設，也就是採用不同栽種方法的聖誕樹其生長速度也不一樣。

步驟八：由資料中顯示，施予水份與肥料的聖誕樹生長狀況最好，而完全自然生長的第一組則是生長最慢的。然而這只是樣本資料，若是不經由多次的成對樣本比較（在本書中並不介紹這個檢定法）將無法決定施予水份與肥料的第四組是否真的比其他三組長得快。下圖表示由樣本觀察值計算出的K值與卡方臨界值之間的關係。

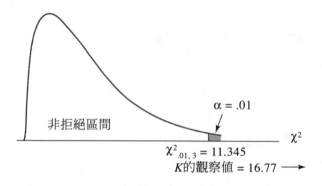

---

問題16.6　16.37請以克魯斯高－華利斯檢定法決定第一組到第五組的資料是否抽樣自不同的母體。令$\alpha$=.01。

| 1 | 2 | 3 | 4 | 5 |
|---|---|---|---|---|
| 157 | 165 | 219 | 286 | 197 |
| 188 | 197 | 257 | 243 | 215 |
| 175 | 204 | 243 | 259 | 235 |
| 174 | 214 | 231 | 250 | 217 |
| 201 | 183 | 217 | 279 | 240 |
| 203 | | 203 | | 233 |
| | | | | 213 |

16.38 請以克魯斯高－華利斯檢定法決定以下各組資料之間是否存在顯著的不同。令 $\alpha=.05$。

| 第一組 | 19 | 21 | 29 | 22 | 37 | 43 |
|---|---|---|---|---|---|---|
| 第二組 | 30 | 38 | 35 | 24 | 29 | |
| 第三組 | 39 | 32 | 41 | 44 | 30 | 27 | 33 |

16.39 在美國，銀行的客戶在開戶時所存入的儲款金額是否會依據其地理位置的不同而有所差異呢？分析師為了研究這個問題，從美國各地選了四家規模一致的銀行，這些銀行所處位置的經濟與人口特性都極為相似。在這四家銀行，隨機選取已成年的客戶並取得其開戶時所存入的存款金額，如下所示。請用克魯斯高－華利斯檢定法決定不同的地理位置之間是否在存款金額上有所不同。令 $\alpha=.05$。

| 第一區 | 第二區 | 第三區 | 第四區 |
|---|---|---|---|
| $1,200 | $225 | $ 675 | $1,075 |
| 450 | 950 | 500 | 1,050 |
| 110 | 100 | 1,100 | 750 |
| 800 | 350 | 310 | 180 |
| 375 | 275 | 660 | 330 |
| 200 | | | 680 |
| | | | 425 |

16.40 新車的售價是否取決於經銷商是位於小鎮、城市或是市郊的因素呢？研究者為檢定這個問題，隨機選取伊利諾州賣龐帝克車種的經銷商，研究人員假裝是想要買車，並詢問龐帝克 Grand Am 的售價（在相同配備的條件下）。以下的資料是研究人員在樣本經銷商處得到的資料。請問汽車的售價是否會因經銷商所處的位置而有所差異？請以克魯斯高－華利斯檢定法檢定之。令 $\alpha=.05$。

| 小鎮 | 城市 | 市郊 |
|---|---|---|
| $12,800 | $13,300 | $13,000 |
| 13,500 | 12,900 | 13,600 |
| 12,750 | 12,900 | 13,800 |
| 13,200 | 13,650 | 13,050 |
| 12,600 | 12,800 | 12,250 |
| | | 13,550 |

16.41 美國旅遊資料中心的調查發現美國人假期前往海濱渡假的比例高於前往
其他地方渡假的比例,後面比例次高的則是山區與鄉間,前往這兩種旅
遊地點的比例幾乎是相等的。人們在渡假地點停留的時間多長?而停留
的時間是否因渡假地點而有不同?假設以下是訪問人們在旅遊目的地停
留時間的資料。請以克魯斯高—華利斯檢定法決定停留在旅遊目的地的
時間是否會因地點而有所不同。令 $\alpha=.05$。

| 遊樂園 | 湖區 | 城市 | 國家公園 |
|---|---|---|---|
| 0 | 3 | 2 | 2 |
| 1 | 2 | 2 | 4 |
| 1 | 3 | 3 | 3 |
| 0 | 5 | 2 | 4 |
| 2 | 4 | 3 | 3 |
| 1 | 4 | 2 | 5 |
| 0 | 3 | 3 | 4 |
|  | 5 | 3 | 4 |
|  | 2 | 1 |  |
|  |  | 3 |  |

16.42 請問在不同時段工作的工人每週睡眠時間長短是否有差異?有些人相信
上大夜班(凌晨12:00 到早上8:00)以及晚班(下午4:00到凌晨
12:00)的工人無法與日班工人得到一樣的睡眠時間,其原因在於家庭
成員的作息時間、噪音、光線太亮,以及其他種種的因素。為了檢定這
種說法,研究者訪問了上大夜班、晚班,以及日班的工人,請他們記錄
一週內的睡眠時間。以下的資料是不同上班時段的工人一週的睡眠時
間。請以克魯斯高—華利斯檢定法決定這三種上班時段的工人在睡眠時
間上是否有所差異。令 $\alpha=.05$。

| 日班 | 晚班 | 大夜班 |
|---|---|---|
| 52 | 45 | 41 |
| 57 | 48 | 46 |
| 53 | 44 | 39 |
| 56 | 51 | 49 |
| 55 | 48 | 42 |
| 50 | 54 | 35 |
| 51 | 49 | 52 |
|  | 43 |  |

# 16.7　弗利曼檢定法

●●●●●●●●●●●●●●●●●●●●●●●●●●●●●●●●●●●●●●●●●●●●●●●●●●

　　弗利曼檢定法是由弗利曼（M. Friedman）在1937年發展出來的。在第十一章中曾經介紹隨機集區設計，而弗利曼檢定法就是一種隨機集區設計法，只是它用的是有母數的檢定方法。隨機集區設計與ANOVA具有相同的前提假設，例如，這兩種分析方法一樣都假設樣本是由常態分配的母體中抽取出的。不過如果常態分配的前提假設不能滿足或是樣本資料是順序性的，這時就必須要使用無母數統計方法中的弗利曼檢定法。

　　弗利曼檢定法有三項假設前提，分別是

1.集區之間是獨立的。

2.集區與處理方式之間並無交集。

3.每個集區中的樣本觀察值都可以按其大小排序。

　　弗利曼檢定法所要檢定的假設為

$H_0$：不同處理方式下的母體都相等

$H_a$：不同處理方式下的母體中至少有一個母體的值大於其他母體中的某一個

　　計算弗利曼檢定法的第一步是將所有的原始資料轉換成順序性的資料(除非原始資料原本就是順序性的）。不過與克魯斯高－華利斯檢定法不同的是，在克魯斯高－華利斯檢定法中，所有的資料是合併在一起然後排序，而弗利曼檢定法則是在各個集區中各自由小到大排序，最小的排名為1，而最大的則排名為C。每個集區都有C個名次，而C代表實驗中有多少種不同的處理水準。由這些名次，弗利曼檢定法就可以決定是否在同一個母體中就會出現不同處理水準。公式16.6是用來計算統計量$\chi_r$的，而$\chi_r$大概是自由度為C–1的卡方分配（C要大於4，或是C=3，b>9，或是C=4，b>4）。

| 弗利曼檢定法 | $\chi_r^2 = \dfrac{12}{bC(C+1)} \sum\limits_{j=1}^{C} R_j^2 - 3b(C+1)$ | (16.6) |

其中：

$C$ = 處理水準數（行）

$b$ = 集區數（列）

$R_j$ = 特殊處理水準（行）的排名總和

$j$ = 特殊處理水準（行）

$\chi_r^2 \approx \chi^2$，其df = C − 1

**案例**　一家製造廠商的業務是組合塑膠封裝的積體電路板。其管理者目前正為運貨途中封裝外殼大量損壞而傷透腦筋。整個封裝外殼分別由四家供應商製造，因此管理者決定進行一項研究，在四家供應商中各隨機選取五個封裝外殼的樣本，從週一到週五每天在生產線上用各家供應商的封裝外殼樣本製造一個成品做為檢定之用。在這個研究中，所要控制的處理方式是不同的供應商，而處理方式共有四種。從週一到週五每天的資料則是代表一個集區。品管人員想要檢定不同供應商所供應的封裝外殼在張力方面是否有所差異，以下是研究中所得到的樣本資料（以英磅／英吋為單位）。

| 日期 | 供應商1 | 供應商2 | 供應商3 | 供應商4 |
|------|---------|---------|---------|---------|
| 星期一 | 62 | 63 | 57 | 61 |
| 星期二 | 63 | 61 | 59 | 65 |
| 星期三 | 61 | 62 | 56 | 63 |
| 星期四 | 62 | 60 | 57 | 64 |
| 星期五 | 64 | 63 | 58 | 66 |

步驟一：建立假設

　　　　$H_0$：供應商的品質都是一樣的

　　　　$H_a$：至少有一家供應商的品質比其他供應商的其中一家要來得好

步驟二：假設研究人員不覺得有足夠的證據證明樣本是來自於常態分配的母體。若集區的設計是隨機的話，則適合用弗利曼檢定法。

步驟三：令$\alpha$=.05。

步驟四：由於整個研究中共有四種處理方式（供應商），因此$C$=4，而自由度df=4−1=3。卡方臨界值$\chi^2_{05,3}$=7.81473。若是卡方觀察值大於7.81473，則最後的結論為拒絕虛無假設。

步驟五：樣本資料如以上所示。

步驟六：首先將各列的樣本值將以排序，以1代表最小的樣本值。再將各行的名次值加總，得到$R_j$。將$R_j$平方之後再加總。由於本研究是取週一到週五的資料，因此集區的個數b=5。$R_j$的計算方式如下。

| 日期 | 供應商1 | 供應商2 | 供應商3 | 供應商4 |
|---|---|---|---|---|
| 星期一 | 3 | 4 | 1 | 2 |
| 星期二 | 3 | 2 | 1 | 4 |
| 星期三 | 2 | 3 | 1 | 4 |
| 星期四 | 3 | 2 | 1 | 4 |
| 星期五 | 3 | 2 | 1 | 4 |
| $R_j$ | 14 | 13 | 5 | 18 |
| $R_j^2$ | 196 | 169 | 25 | 324 |

$$\sum_{j=1}^{4} R_j^2 = (196+169+25+324) = 714$$

$$\chi_r^2 = \frac{12}{bC(C+1)} \sum_{j=1}^{C} R_j^2 - 3b(C+1) = \frac{12}{5(4)(4+1)}(714) - 3(5)(4+1) = 10.68$$

步驟七：因為$\chi_r^2 = 10.68$，大於臨界值7.81473，因此最後的結論為拒絕虛無假設。

步驟八：就統計上來說，不同供應商所製造的封裝外殼在張力上是有所差異的。由樣本資料中可看出，第三家供應商所生產的封裝外殼的張力比其他三家供應商來得低，而第四家供應的品質則是最高的。管理者與品管小組最後可能會要求第三家供應商趕上品質標準，否則可能會中止採購合約。

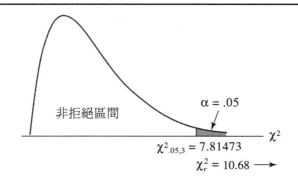

圖16.9
封裝外殼卡方問題之分配

圖16.10
塑膠封裝外
殼問題的
MINITAB
電腦輸出結
果

```
Friedman Test

Friedman test of Tensile by Supplier blocked by Weekday

S = 10.68  d.f. = 3  p = 0.014

                    Est        Sum of
Supplier    N     Median      RANKS
   1        5     62.125      14.0
   2        5     61.375      13.0
   3        5     56.875       5.0
   4        5     64.125      18.0

Grand median = 61.125
```

　　圖16.9顯示在自由度df=3的情況下的卡方分配圖,以及臨界值、觀察值與拒絕區間。圖16.10則是本範例MINITAB以弗利曼檢定法所得到的結果。其中包含了$\chi_r^2$的值(MINITAB以S表示)以及.014的$p$值,這數字告訴研究人員在$\alpha$為.05的情況下可以拒絕虛無假設。另外還有中位數以及各行的名次加總。

例題16.9　　　　一家市場調查公司被委託進行冰箱的品牌偏好研究。該公司與五家冰箱製造廠商簽約,以這五家廠商的產品為研究對象。在研究中,該公司隨機選取10位可能會購買冰箱的消費者並向他們展示五個廠牌的冰箱,再由這10位消費者各自將冰箱加以排名,由1排到5。以下是各個消費者給各廠牌冰箱的排名。請以弗利曼檢定法決定消費者對以上五種廠牌冰箱的偏好程度(排名)是否有所差異。令$\alpha$=.01。

**解答**

步驟一:建立假設:

　　　　$H_0$:消費者對這五種廠牌冰箱的偏好程度都是一樣的

　　　　$H_a$:至少有一種廠牌的冰箱較其他廠牌其中之一來得受消費者喜憂

步驟二:研究人員所收集的樣本資料是順序性的資料。本例題適合以弗利曼檢定法來分析資料。

步驟三:令$\alpha$=0.01。

步驟四:處理方式(廠牌)有五種,因此C=5,自由度df=5-1=4。臨界值$\chi_{.01,4}^2$=13.2767。若是卡方觀察值大於13.2767,則最後的結論為拒絕

虛無假設。

步驟五：樣本資料如以下所示。

步驟六：先將名次依各行分別加總，所得到的值各別加以平方，之後再將平方
值加總，結果如下。

| 消費者 | A品牌 | B品牌 | C品牌 | D品牌 | E品牌 |
|---|---|---|---|---|---|
| 1 | 3 | 5 | 2 | 4 | 1 |
| 2 | 1 | 3 | 2 | 4 | 5 |
| 3 | 3 | 4 | 5 | 2 | 1 |
| 4 | 2 | 3 | 1 | 4 | 5 |
| 5 | 5 | 4 | 2 | 1 | 3 |
| 6 | 1 | 5 | 3 | 4 | 2 |
| 7 | 4 | 1 | 3 | 2 | 5 |
| 8 | 2 | 3 | 4 | 5 | 1 |
| 9 | 2 | 4 | 5 | 3 | 1 |
| 10 | 3 | 5 | 4 | 2 | 1 |
| $R_j$ | 26 | 37 | 31 | 31 | 25 |
| $R_j^2$ | 676 | 1369 | 961 | 961 | 625 |

$$\Sigma R_j^2 = 4592$$

$\chi_r^2$ 之值為

$$\chi_r^2 = \frac{12}{bC(C+1)} \sum_{j=1}^{C} R_j^2 - 3b(C+1) = \frac{12}{10(5)(5+1)}(4592) - 3(10)(5+1) = 3.68$$

步驟七：由於觀察值 $\chi_r^2 = 3.68$，不大於臨界值 $\chi^2_{.01,4} = 13.2767$，因此研究者不能
拒絕虛無假設。

步驟八：由於可能會購買冰箱的消費者對於冰箱的廠牌並無明顯的偏好，因此
各冰箱製造公司的行銷經理可以發展行銷策略讓該公司的產品能與其
他同質的冰箱明顯區隔。

　　以下是用MINITAB所畫出的自由度為4的卡方分配圖，還有樣本統計量與
臨界值。此外，MINITAB對本例題的輸出也在下圖中，$p$值為.6843，很明顯
地，在 $\alpha$=.01時必須要拒絕虛無假設。

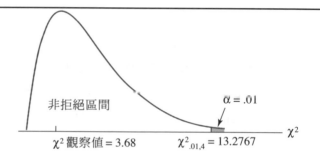

非拒絕區間

$\alpha = .01$

$\chi^2$ 觀察值 $= 3.68$　　　$\chi^2_{.01,4} = 13.2767$

$\chi^2$

```
Friedman Test

Friedman test of Rank by Brand blocked by Indiv.

S = 3.68 d.f. = 4 p = 0.451

                       Est.        Sum of
Brand        N       Median        RANKS
  1         10        2.300         26.0
  2         10        4.000         37.0
  3         10        3.000         31.0
  4         10        3.000         31.0
  5         10        1.700         25.0

Grand median = 2.800
```

問題16.7　16.43請用以下的資料檢定不同處理方式之間是否存在著明顯的差異。令 $\alpha=.05$。

| 集區 | 處理 | | | | |
|---|---|---|---|---|---|
| | 1 | 2 | 3 | 4 | 5 |
| 1 | 200 | 214 | 212 | 215 | 208 |
| 2 | 198 | 211 | 214 | 217 | 206 |
| 3 | 207 | 206 | 213 | 216 | 207 |
| 4 | 213 | 210 | 215 | 219 | 204 |
| 5 | 211 | 209 | 210 | 221 | 205 |

16.44請以弗利曼檢定法檢定以下的資料，以決定在不同處理方式下是否有明顯的差異存在。令 $\alpha=.05$。

|      | 處理 |     |     |     |     |     |
| ---- | --- | --- | --- | --- | --- | --- |
| 集區 | 1   | 2   | 3   | 4   | 5   | 6   |
| 1    | 29  | 32  | 31  | 38  | 35  | 33  |
| 2    | 33  | 35  | 30  | 42  | 34  | 31  |
| 3    | 26  | 34  | 32  | 39  | 36  | 35  |
| 4    | 30  | 33  | 35  | 41  | 37  | 32  |
| 5    | 33  | 31  | 32  | 35  | 37  | 36  |
| 6    | 31  | 34  | 33  | 37  | 36  | 35  |
| 7    | 26  | 32  | 35  | 43  | 36  | 34  |
| 8    | 32  | 29  | 31  | 38  | 37  | 35  |
| 9    | 30  | 31  | 34  | 41  | 39  | 35  |

16.45 有一項實驗，其目的在於研究四種不同的藥物對某種疾病治癒時間的影響。整個實驗共有六位醫師，二十四位罹患該種疾病的病患參與，每位醫師都分配到四位病患，各施予不同的藥物。研究中所要觀察的應變數為病患治癒需要幾天，所得到的實數據如下。請以弗利曼檢定法決定這四種不同的藥物對於病患治癒時間是否有明顯的差異。令 $\alpha=.01$。

|      | 處理 |     |     |     |
| ---- | --- | --- | --- | --- |
| 醫師 | 1   | 2   | 3   | 4   |
| 1    | 3   | 7   | 5   | 4   |
| 2    | 4   | 5   | 6   | 3   |
| 3    | 3   | 6   | 5   | 4   |
| 4    | 3   | 6   | 7   | 4   |
| 5    | 2   | 6   | 7   | 3   |
| 6    | 4   | 5   | 7   | 3   |

16.46 請問不同的工作天數組合對於生產力是否有任何的影響呢？研究人員研究以上的問題，比較傳統的一週工作五天，一週工作四天，以及一週中有三天工作十二小時加上一天四小時的不同組合，因此在一家小型電子零件工廠中進行實驗。研究人員首先選擇七位工人以不同的工作時間組合各工作一個月，再從每個人每個月的工作績效中隨機挑選一天做為在三種不同工作時間組合下生產力的樣本資料，實驗中觀察值的單位為每人每天生產的零件數。請以弗利曼檢定法決定不同工作時間組合下的生產力是否有所不同。

|  | 工作天數組合 | | |
|---|---|---|---|
| 工人 | 五天 | 四天 | 三天半 |
| 1 | 37 | 33 | 28 |
| 2 | 44 | 38 | 36 |
| 3 | 35 | 29 | 31 |
| 4 | 41 | 40 | 36 |
| 5 | 38 | 39 | 35 |
| 6 | 34 | 27 | 23 |
| 7 | 43 | 38 | 39 |
| 8 | 39 | 35 | 32 |
| 9 | 41 | 38 | 37 |
| 10 | 36 | 30 | 31 |

16.47 以下是以MINITAB計算弗利曼檢定的輸出結果，請問實驗設計的處理水準與集區數量各爲多少？請由這些資料討論本實驗的結果有何統計上的結論。

```
Friedman Test
Friedman test of Observa. by Treatment blocked by Block
S = 2.04  d.f. = 3  p = 0.564

                        Est.        Sum of
Treatment     N       Median        RANKS
    1         5        3.250         15.0
    2         5        2.000         10.0
    3         5        2.750         11.0
    4         5        4.000         14.0

Grand median = 3.000
```

16.48 以下是以MINITAB計算弗利曼檢定的輸出結果，請由這些資料討論實驗設計與實驗結果。

```
Friedman Test

Friedman test of Observ. by Treatment blocked by Block

S = 13.71  d.f. = 4  p = 0.009
                        Est.        Sum of
Treatment       N       Median      RANKS
    1           7       21.000      12.0
    2           7       24.000      14.0
    3           7       29.800      30.0
    4           7       27.600      26.0
    5           7       27.600      23.0

Grand median = 26.000
```

# 16.8 斯皮爾曼順序相關

••••••••••••••••••••••••••••••••••••••••••••••••••

　　在第十二章中介紹了皮爾森積差相關係數 $r$（Pearson product–moment correlation coefficient），用來衡量兩個變數之間相關的程度。要計算皮爾森相關係數，觀察值至少要是區間的資料。若是只能取得順序性（ordinal）的資料，則必須要用斯皮爾曼順序相關係數（Spearman's rank correlation）$r_s$ 來分析兩個變數之間相關的程度。

　　斯皮爾曼順序相關係數是由斯皮爾曼（Charles E. Spearman）所發展出的。整個計算的公式如下所示。

| | |
|---|---|
| (16.7)　　　　　　　　　　$$r_s = 1 - \frac{6\sum d^2}{n(n^2 - 1)}$$　　其中：<br>　　　　　$n$ = 相關的成對數<br>　　　　　$d$ = 每一對排序值之差 | 斯皮爾曼順<br>序相關係數 |

　　斯皮爾曼順序相關係數的計算公式是由皮爾森積差相關係數的公式所衍生的，其中的樣本資料並非原始資料，而是 $n$ 對樣本值排序後得到的名次值，之後各成對樣本再將名次值相減所得到的差，也就是公式中 $d$ 所代表的值。

　　計算的過程是先在各組內將樣本值由小到大加以排序，各組之間名次值的

差（d）則是將兩個成對樣本（分別屬於不同的兩個組別）相減而得。最後所有的d加以平方再加總。公式中的n代表樣本中的成對樣本數。

解釋$r_s$的方式與解釋r的方式相同，也就是當相關係數為正時，表示兩個變數之間的關係是正相關，其中一個變數的值愈高，則另一個變數的值也就愈高；其中一個變數的值愈低，則另一個變數的值也就愈低。當相關係數為負時，表示兩個變數之間的關係是負相關，其中一個變數的值愈高，則另一個變數的值也就愈低；其中一個變數的值愈低，則另一個變數的值也就愈高。愈接近+1就表示高度的正相關，愈接近−1就表示高度的負相關。接近0則表示兩個變數之間關連不大或是根本無關。

**案例**　表16.12是1984年到1993年十年間牛與羊每百英磅的平均售價，資料的來源為美國農業部所提供的國家農業統計數字。假設我們想要用斯皮爾曼順序相關決定前述十年間以上兩種家畜售價之間的關係。

計算的程序是將牛與羊的售價各別排序，再將各年的牛羊售價的排名相減，得到各年的d值。取d的平方再加總，就是$\Sigma d^2=280$。成對的樣本數n為10，而$r_s=-.697$，表示牛與羊的售價之間有中度的負相關，當羊的售價較低時，則牛的售價可能會較高，反之亦然。本例題的算式都在**表16.13**中。

**例題16.10**　　　請問原油價格與加油站的汽油價格之間的關連性有多強？為了要估計以上所說的關連性，一家石油公司的分析師蒐集了為期數月的資料，原油的價格以

**表16.12**
**1984–1993**
**年牛和羊的**
**售價**

| 年 | 牛的售價（$/100鎊） | 羊的售價（$/100鎊） |
|---|---|---|
| 1984 | 57.30 | 60.10 |
| 1985 | 53.70 | 67.70 |
| 1986 | 52.60 | 69.00 |
| 1987 | 61.10 | 77.60 |
| 1988 | 66.60 | 69.10 |
| 1989 | 69.50 | 66.10 |
| 1990 | 74.60 | 55.50 |
| 1991 | 72.70 | 52.20 |
| 1992 | 71.30 | 59.50 |
| 1993 | 72.60 | 64.40 |

| 年 | 牛的排名 | 羊的排名 | $d$ | $d^2$ |
|---|---|---|---|---|
| 1984 | 3 | 4 | −1 | 1 |
| 1985 | 2 | 7 | −5 | 25 |
| 1986 | 1 | 8 | −7 | 49 |
| 1987 | 4 | 10 | −6 | 36 |
| 1988 | 5 | 9 | −4 | 16 |
| 1989 | 6 | 6 | 0 | 0 |
| 1990 | 10 | 2 | 8 | 64 |
| 1991 | 9 | 1 | 8 | 64 |
| 1992 | 7 | 3 | 4 | 16 |
| 1993 | 8 | 5 | 3 | 9 |
| | | | | $\Sigma d^2 = 280$ |

表16.13
農業資料的
斯皮爾曼順
序相關之計
算

$$r_s = 1 - \frac{6\sum d^2}{n(n^2-1)} = 1 - \frac{6(280)}{10(10^2-1)} = -.697$$

美國德州西部一桶中級原油的市價為準,而汽油的價格則以某一城市中普通無
鉛汽油每加侖的平均售價為準,再計算這些資料的斯皮爾曼順序相關值。

| 原油 | 汽油 |
|---|---|
| $14.60 | $1.05 |
| 10.50 | 1.06 |
| 12.30 | 1.08 |
| 15.10 | 1.06 |
| 18.35 | 1.12 |
| 22.60 | 1.24 |
| 28.90 | 1.36 |
| 31.40 | 1.40 |
| 26.75 | 1.34 |

解答

　　首先,成對樣本數$n=9$,將兩組資料排序並計算$d$與$d^2$的值,可以得到如下
的結果:

| 原油 | 汽油 | $d$ | $d^2$ |
|---|---|---|---|
| 3 | 1 | +2 | 4 |
| 1 | 2.5 | −1.5 | 2.25 |
| 2 | 4 | −2 | 4 |
| 4 | 2.5 | +1.5 | 2.25 |
| 5 | 5 | 0 | 0 |
| 6 | 6 | 0 | 0 |
| 8 | 8 | 0 | 0 |
| 9 | 9 | 0 | 0 |
| 7 | 7 | 0 | 0 |
| | | | $\sum d^2 = 12.5$ |

$$r_s = 1 - \frac{6\sum d^2}{n(n^2-1)} = 1 - \frac{6(12.5)}{9(9^2-1)} = +.90$$

由以上的計算結果可以看出，德州西部中級原油的價格與每加侖普通無
鉛汽油的價格之間存在高度的正相關。

---

問題16.8　16.49請計算以下變數的斯皮爾曼順序相關係數以決定這兩個變數之間的關連
性。

| X | Y |
|---|---|
| 23 | 201 |
| 41 | 259 |
| 37 | 234 |
| 29 | 240 |
| 25 | 231 |
| 17 | 209 |
| 33 | 229 |
| 41 | 246 |
| 40 | 248 |
| 28 | 227 |
| 19 | 200 |

16.50以下的資料是變數X與變數Y的觀察值經過排序後的排名，請計算斯皮爾
曼順序相關係數以決定這兩個變數之間的關連性。

| X | Y |
|---|---|
| 4 | 6 |
| 5 | 8 |
| 8 | 7 |
| 11 | 10 |
| 10 | 9 |
| 7 | 5 |
| 3 | 2 |
| 1 | 3 |
| 2 | 1 |
| 9 | 11 |
| 6 | 4 |

16.51 請計算以下資料的斯皮爾曼順序相關係數。

| X | Y | X | Y |
|---|---|---|---|
| 99 | 108 | 80 | 124 |
| 67 | 139 | 57 | 162 |
| 82 | 117 | 49 | 145 |
| 46 | 168 | 91 | 102 |

16.52 請問美元的價值與利率之間是否在一段為期數月的期間中有強烈的關連性存在？以下的資料代表在某一段期間中的樣本值。請以斯皮爾曼順序相關決定利率與美元價值之間關連性的強弱。

| 美元價值 | 基本利率 |
|---|---|
| 92 | 9.3 |
| 96 | 9.0 |
| 91 | 8.5 |
| 89 | 8.0 |
| 91 | 8.3 |
| 88 | 8.4 |
| 84 | 8.1 |
| 81 | 7.9 |
| 83 | 7.2 |

16.53 美國能源部的能源資訊管理局公佈了美國家庭用戶使用能源的資料，以下是有瓦斯爐的家庭比例與有中央空調的家庭比例，調查時間為一段為期十二年期間的其中六年。請以斯皮爾曼順序相關係數決定以上這兩種

變數之間的關連性，並解釋計算結果。

| 年 | 瓦斯爐（%） | 中央空調（%） |
|---|---|---|
| 1 | 48 | 23 |
| 2 | 46 | 27 |
| 3 | 47 | 28 |
| 4 | 45 | 30 |
| 5 | 43 | 36 |
| 6 | 42 | 39 |

16.54 以下是美國鋼鐵協會所報告的九年來美國生鐵與粗鋼的產量淨重。請以這些資料計算斯皮爾曼順序相關以決定在這段期間內生鐵與粗鋼產量的關連程度。其關連程度如何？請加以評論。

| 年 | 生鐵（淨噸重） | 粗鋼（淨噸重） |
|---|---|---|
| 1 | 50,446,000 | 88,259,000 |
| 2 | 43,952,000 | 81,606,000 |
| 3 | 48,410,000 | 89,151,000 |
| 4 | 55,745,000 | 99,924,000 |
| 5 | 55,873,000 | 97,943,000 |
| 6 | 54,750,000 | 98,906,000 |
| 7 | 48,637,000 | 87,896,000 |
| 8 | 52,224,000 | 92,949,000 |
| 9 | 53,082,000 | 97,877,000 |

16.55 在景氣循環的期間，請問三十年期美國國庫券的利得與不動產的利得之間是否有所關連？富士證券公司公佈了以下自1954年以來的景氣循環資料。請用這些資料計算斯皮爾曼順序相關，並解釋所算出的相關係數代表何種意義。

| 景氣循環 | 30年國庫券獲利 | 不動產獲利 |
|---|---|---|
| 1/54–10/57 | 3.05% | 1.49% |
| 11/57–4/60 | 3.93 | 1.70 |
| 5/60–11/69 | 4.68 | 2.51 |
| 12/69–10/73 | 6.57 | 2.04 |
| 11/73–12/79 | 8.27 | 1.02 |
| 1/80–6/81 | 12.01 | 2.77 |
| 7/81–6/90 | 10.27 | 5.27 |
| 7/90–5/91 | 8.45 | 3.83 |

# 選擇供應商：電器產業中小公司與大公司的比較

　　Pearson與Ellram檢驗電器產業中大公司與小公司選擇與評估其供應商的標準的相對等級，以等級類別的次數為分析標的。在決策難題中的三個資料表包含了小企業與小企業對三種標準的選擇：品質、成本，以及目前的技術水準。由於每個表格都包含兩個變數（企業規模以及等級類別）的類別資料，因此適合用列聯分析（卡方獨立性檢定法）來分析資料。虛無假設為企業規模與供應商評選標準是獨立的，而對立假設則是企業規模與供應商評選標準之間並非獨立（也就是企業會因其規模而用不同的標準來評選供應商）。

　　以MINITAB卡方分析可得出以下的結果。

　　以品質來看：

```
ChiSq = 0.016+0.11+
0.083+0.059+
0.484+0.342+
0.284+0.201+
0.096+0.068 = 1.644
df = 4, p = 0.801
```

　　由以上的$p$值可以看出，結論是無法拒絕虛無假設，也就是小公司與大公司以品質為供應商評選標準是獨立的，大公司與小公司以品質為供應商評選標準並無顯著差異。觀察表中資料可以發現，不管是大公司還是小公司都有超過一半的受訪公司將品質視為最重要的供應商評選標準。

　　以成本來看：

```
ChiSq = 0.136+0.096+
0.159+0.113+
0.000+0.000+
0.002+0.001+
0.056+0.040 = 0.604
df = 4, p = 0.963
```

　　由以上的$p$值可以看出，結論是無法拒絕虛無假設，也就是小公司與大公司在供應商評選標準的排序上是獨立的。由原始資料可以看出，表中資料可以發現不管是大公司還是小公司都有大約三分之一的受訪企業將成本視為第二或是第三個考量因素。

以目前技術水準來看：

```
ChiSq = 0.810+0.573+
0.002+0.001+
0.593+0.419+
2.207+1.561+
4.296+3.038 = 13.500
df = 4, p= 0.009
```

在 $\alpha = .01$ 的條件下，卡方值是顯著的，也就是企業規模與以供應商目前技術水準為評選標準並非獨立。由原始資料各類別的次數可以看出，48/87=55.2%比例的小公司並不將這個因素視為供應商評選標準的工具。相對的，大公司中只30.9%不將這個因素視為供應商評選的重要工具。

Pearson與Ellram也發現小公司對於公司中哪些個部門與供應商評選有關這個問題的回答，在41.38%的公司中，研發部門是在其中。而回答與研發部門有關的大公司則有48.78%。由於這只是樣本統計，是否已有足夠的證據聲稱大公司與小公司之間有顯著的不同存在？在第十章中介紹的方法也可以用來檢定此處的假設。當然，也可以使用卡方獨立性檢定。其中兩個變數為企業規模（大或小）以及某部門是否與供應商評選有關（是或否），因此可以得到一個2×2的表格。

公司規模大小

|  | 小 | 大 |
|---|---|---|
| 是 | 36 | 60 |
| 否 | 51 | 63 |

原始數字是由樣本規模乘以比例。MINITAB計算出1.125的卡方值以及0.289的p值。以這些計算結果為基礎，可以看出大公司與小公司的研發部門參加供應商評選的比例並無明顯的差異存在。在決策難題中還包含了工程部門是否參與評選供應商的比例資料，其中，有81.6%的小公司其工程部門參與供應商選擇，而大公司則有91.1%，所計算出的卡方值為4.06，而$p$值則是.044，表示在 $\alpha = .05$ 下有明顯的不同。在大公司中工程部門參與供應商選擇的比例明顯高於小公司；在供應商評估方面，67.8%的小公司有工程部門參與，而大公司則為81.3%。由此算出5.039的卡方值，而p值則是.025。表示在 $\alpha = .05$ 下有顯著的不同，而且在大公司中，工程部門參與供應商評估決策的比例較高。

# 結語

●●●●●●●●●●●●●●●●●●●●●●●●●●●●●●●●●●●●●●●●●●●●●●●●●

　　無母數統計方法是在只能取得順序資料或名義資料時，或是母體參數（例如分配的形態）不能確定時所使用的各種分析方法的總稱。無母數統計檢定法有許多優點，例如在某些情況下無母數檢定法可能是唯一可用的方法。此外，無母數檢定法可以用來分析名義尺度的資料或是次序尺度的資料。在計算方面，其計算過程通常比有母數檢定法來得簡易，所得到的機率陳述也大多是準確的機率。不過，它卻不是沒有缺點，當可以利用有母數統計方法卻使用無母數統計方法時，常造成資料上的浪費，應用的範圍亦不如有母數統計方法來得廣。此外，在大樣本數的情況下，無母數統計方法的計算過程會變得很冗長。

　　許多本書中介紹的有母數統計方法都有其對應的無母數統計方法。本書中介紹了八種無母數統計方法：卡方適合度檢定法、卡方獨立性檢定法、連檢定法、曼—惠尼$U$檢定法，威爾寇克森成對符號順序檢定，克魯斯高—華利斯檢定法，弗利曼檢定法，以及斯皮爾曼順序相關係數。

　　卡方適合度檢定法是用來比較一種變數的各個類別的期望值的分配與觀察值的分配，也可以用來決定某些數值的分配是否符合某一特定的機率分配，例如卜瓦松分配或是常態分配。若是只有兩個類別，則卡方適合度檢定法與母體比例值的Z檢定相等。

　　卡方獨立性檢定法是用來分析兩個變數各類別的次數以決定這兩個變數是否是獨立的。卡方獨立性檢定法在分析資料時要將資料放在二維的列聯表中。因此，這個檢定法又稱為列聯分析法。在計算方式方面，卡方獨立性檢定法與卡方適合度檢定法大致上是相同的，而且期望值都必須大於5。不同的地方在於卡方獨立性檢定法要計算列聯表中各個方格的期望值，並比較期望值的卡方統計量與觀察值的卡方統計量的差異。

　　連檢定是無母數統計方法中用來檢定隨機性的方法，也就是決定樣本觀察值的出現順序是否隨機。一個連（run）是一串連續且性質相同的樣本值。若資料真的是隨機的，就不會出現過多或是過少的連數。

　　曼—惠尼$U$檢定法是檢定兩組獨立樣本平均數的無母數統計方法，與它相同用途的是有母數統計方法中的t檢定法。當資料的機率分配不能假設為常態

分配時，或是資料的衡量尺度只是順序性時，就可以用曼─惠尼$U$檢定法來取代t檢定法。與大多數無母數統計方法相同的是，曼─惠尼$U$檢定法並不分析原始資料而是分析原始資料的排序值。

威爾寇克森成對樣符號等級檢定法是在兩組成對樣本的情況下使用的統計方法，且適用時機是當無法假設母體的參數，或是當資料的衡量尺度是順序性時。相同用途的有母數統計方法是t檢定法。與曼─惠尼$U$檢定法不同的地方在於樣本是成對抽取的，而相同的地方則是兩者都不使用原始資料做為分析之用，而是使用排序之後的資料。

克魯斯高─華利斯檢定法是用於單因子變異數分析的無母數統計方法，特別是當母體不能滿足有母數單因子變異數分析法的F檢定的基本假設時最為適用。它通常是用來決定三組或是三組以上的樣本是否是抽樣自相等的母體中。其基本假設在於符合隨機性的抽樣過程以及各組資料是獨立的。原始資料同樣也要經過轉換，變成資料值的排名才能進行分析。

弗利曼檢定法是隨機集區設計的無母數統計方法。其計算方法為在各個集區中將資料排序，再於各個處理方式之內將名次值加總。最後所得到的統計量$\chi^2$，則大約是卡方分配。

若是兩個變數的資料尺度是順序性的，可以用斯皮爾曼順序相關係數決定兩個變數之間的關連性。與它相同用途的是皮爾森積差相關係數（Pearson's product-moment correlation coefficient），而兩種相關係數的解釋方式極相似。

# 重要辭彙

●●●●●●●●●●●●●●●●●●●●●●●●●●●●●●●●●●●●●●●●●●●●●●●●●●●

| | | | |
|---|---|---|---|
| 卡方分配 | 卡方適合度檢定 | 卡方獨立性檢定 | 斯皮爾曼順序相關 |
| 列聯表 | 弗利曼檢定 | 克魯斯高─華利斯檢定 | |
| 曼─惠尼$U$檢定 | 無母數統計方法 | 有母數統計方法 | |
| 列聯分析 | 連檢定 | 威爾寇克森成對符號順序檢定法 | |

# 公式

········································

χ² 適合度檢定

$$\chi^2 = \sum \frac{(f_0 - f_e)^2}{f_e}$$

χ² 獨立性檢定

$$\chi^2 = \sum \sum \frac{(f_0 - f_e)^2}{f_e}$$

曼－惠特尼$U$檢定

$$U = n_1 n_2 + \frac{n_1(n_1+1)}{2} - W_1$$
$$U' = n_1 \cdot n_2 - U$$
$$\mu_U = \frac{n_1 \cdot n_2}{2}$$
$$\sigma_U = \sqrt{\frac{n_1 \cdot n_2 (n_1 + n_2 + 1)}{12}}$$
$$Z = \frac{U - \mu_U}{\sigma_U}$$

威爾寇克森成對符號順序檢定

$$\mu_T = \frac{(n)(n+1)}{4}$$
$$\sigma_T = \sqrt{\frac{n(n+1)(2n+1)}{24}}$$
$$Z = \frac{T - \mu_T}{\sigma_T}$$

克魯斯高－華利斯檢定

$$K = \frac{12}{n(n+1)}\left(\sum_{j=1}^{c} \frac{T_j^2}{n_j}\right) - 3(n+1)$$

斯皮爾曼順序相關

$$r_s = 1 - \frac{6\sum d^2}{n(n^2-1)}$$

大樣本連檢定

$$\mu_R = \frac{2n_1 n_2}{n_1 + n_2} + 1$$

$$\sigma_R = \sqrt{\frac{2n_1 n_2 (2n_1 n_2 - n_1 - n_2)}{(n_1 + n_2)^2 (n_1 + n_2 - 1)}}$$

$$Z = \frac{R - \mu_R}{\sigma_R} = \frac{R - \left(\frac{2n_1 n_2}{n_1 + n_2} + 1\right)}{\sqrt{\frac{2n_1 n_2 (2n_1 n_2 - n_1 - n_2)}{(n_1 + n_2)^2 (n_1 + n_2 - 1)}}}$$

弗利曼檢定

$$\chi_r^2 = \frac{12}{bC(C+1)} \sum_{j=1}^{C} R_j^2 - 3b(C+1)$$

---

個案

# Alphatronix

• • • • • • • • • • • • • • • • • • • • • • • • • • • • • • • • • • • • • • • • •

Alphatronix是一家國際知名且富創新精神的資料儲存系統製造企業，其總部設在北卡羅萊納州的研究三角公園（Research Triangle Park）。該公司首先打開亞洲市場，其中包括日本。該公司所生產的產品包括了為美國太空梭以及南極研究人員所使用的可覆寫式光學資料儲存系統。在Alphatronix，顧客就是國王，而員工則是夥伴。

Alphatronix由Robert Freese以及另外三位過去曾在明尼蘇達礦業與製造公司（3M）的工作夥伴在1987年一起創立的。Freese將該公司的成功大半歸功於對品質的重視。在Alphatronix的主要品質行動包括了由員工提出改進意見，以及由顧客提出建議。工人的職權甚至包括了將不合品質標準的產品停止出貨。Freese記得他19歲時在汽車裝配廠工作，他提出一項可以將工人的產出提高三倍的技術，上司卻只是叫他回去繼續工作，不要想什麼提高生產力的事了。由於有這樣的經驗，他總是開放與下屬溝通的管道。

Alphatronix發展的產品都是由顧客的想法發源的。在過去兩年以來，平均每個月都有

一項新產品問市。該公司的銷售額大約在一千萬美金左右。所有Alphatronix的45位員工都有公司的股權或是股票認購權。

討論

    Alphatronix的經理人努力要提升品質，假設為了達到目標，該公司展開了一項包含三十個問題的顧客滿意度調查，其中每個問題都與品質有關，請客戶以1到五分填答，5分表示最滿意。將回答的分數加總，得到了每一位客戶的滿意度評分，分數分佈在30到150分之間。為了判斷客戶滿意度是否會隨著國家不同而有所改變，該公司的研究人員隨機選取了四個國家的客戶為樣本，得到了以下的資料。由於這些分數被認為是屬於次序性的資料，因此應該使用無母數統計方法來分析。請問你認為該公司的經理人會由資料中發現什麼？

| 日本 | 台灣 | 馬來西亞 | 韓國 |
|---|---|---|---|
| 91 | 126 | 121 | 135 |
| 82 | 105 | 101 | 128 |
| 99 | 104 | 109 | 147 |
| 82 | 86 | 139 | 145 |
| 120 | 64 | 87 | 113 |
| 114 | 92 | 106 | 117 |
| 101 | 144 | 130 | 145 |
| | | 89 | |

    Alphatronix非常鼓勵其員工正式提出有關程序、產品或是工作環境的改進建議。假設一位品質稽核員記錄下所有的建議意見與提案人的姓名。三年的期間中男性與女性員工提出的建議數量及員工所屬部門如下。請問員工所屬部門與其性別在建議數量上是否有關連？

| | 性別 | |
|---|---|---|
| | 男性 | 女性 |
| 工程部 | 209 | 32 |
| 製造部 | 483 | 508 |
| 運輸部 | 386 | 185 |

    假設有五臺機器生產光學膠捲的軸心，一位品質稽核員由每臺機器隨機抽取了100個軸心並發現機器A產出6個瑕疵品，B產出9個，C產出8個，D產出15個，E產出10個。請問

各機器生產的瑕疵品數量是否符合均勻分配？

假設該公司的總裁及營業部副總花了三個月創造了一個積極進取的工作環境，為了衡量其效益，他們請一家獨立的研究單位隨機抽取十位員工分別在三個月前以及三個月後測量其滿意程度。以MINITAB分析資料的結果如下，請對此結果加以評論，請問這對管理者來說代表什麼意義？在實驗設計上可能有什麼缺點？你認為這項努力能有持續的效應嗎？

```
Wilcoxon Signed Rank Test

TEST OF MEDIAN=0.000000 VERSUS MEDIAN L. T. 0.000000

            N FOR      WILCOXON                    ESTIMATED
    N       TEST       STATISTIC      P-VALUE        MEDIAN
    10       10          2.0           0.005         -16.00
```

## 道德省思

# 無母數統計方法

研究人員應該注意使用統計方法的假設前提。許多有母數統計方法都有資料衡量尺度的限制以及對母體分配或是參數的假設。只要以上的假設或是限制無法滿足，研究人員所用的統計分析方法就不正確，得到的結果也是錯誤的，當然更會導致錯誤的結論。在許多情況下，使用無母數統計方法都可以避免這些陷阱。

有些無母數統計方法對資料有一些限制，例如有些要求資料必須至少是順序尺度。此外，當期望次數太少時，使用卡方適合度檢定法或是卡方獨立性檢定法都必須小心。不過，到底什麼樣的數值才算是太小仍有相當爭議。在本章中，小於5的期望次數被視為太小。舉例來說，若是期望值為2，而觀察值為6，則對這一對數字來說，$(f_o-f_e)^2/f_e$的結果是$(6-2)^2/2=8$，有可能會造成最後算出的卡方值過大，造成分析結論有所偏誤。因此，研究人員在應用卡方檢定法時要小心期望次數太小的情況，否則會產生錯誤的結論。

# 第17章

統計品質控制

　　　　　　本章將介紹品質控管的基本概念，並強調品質控管的統計技巧，從而使你能夠：

1. 瞭解品質、品質管制、全面品質管理的概念。
2. 瞭解統計品質管制在全面品質管理的重要性。
3. 學習過程分析以及所使用的工具，包括佩瑞托圖表，魚骨圖，與控制圖。
4. 學習如何建構$\bar{X}$圖表、$R$圖表、$P$圖表及$c$圖表。
5. 瞭解合格抽樣的理論與應用。

## 決策難題

# 全錄的品質控管

●●●●●●●●●●●●●●●●●●●●●●●●●●●●●●●●●●●●●●●●●●●●●●●●●●●●●

　　在影印機產業中，全錄一直是領導者，事實上，全世界第一張紙本影印就是由全錄的機器所產生。而長久以來，全錄也一直是一家成功的美國企業，特別是在1960年代 —— 全錄的黃金年代 —— 全錄所推出的9–14機型廣受市場歡迎，可說是美國史上最成功的產品，全錄也成了美國最為人稱道的企業之一。

　　即使今日，全錄仍維持其強大的競爭力，但在1960至1990年這段期間內，全錄卻不是一帆風順，自1976年開始，由於日本的競爭者，如佳能，信舟，東芝，三洋，夏普等公司，推出一系列低價的影印機，全錄開始遭逢來自日本的挑戰與攻擊。漸漸地，這些日本企業吞食了全錄的市場佔有率。至1982年，全錄已失去了百分之四十的市場佔有率。1982年利潤從1981年的11億4千9百萬美金滑落到6億美金，引起了公司內部的高度關切。

　　到底發生了什麼事？在公司內部的自我檢視之後，管理者發現原因出在公司在過去太成功了。員工因此覺得自己已經夠好了，對公司的產品，品牌，與聲譽也感到非常驕傲，然而，有了這樣自以為是的觀念，員工就看不到顧客真正的需求了。除此之外，在1970年代末期，日本企業已經有能力以全錄製造影印機的成本做為售價將產品推出市面。

　　為了解決這道難題，全錄在1983年發起了「品質掛帥」計劃。由於這項計劃，使得全錄得以改頭換面並且可能因此免除了大難。在這項策略的指引下，全錄教育員工，給予員工更大的權力，並提供生產工具及技術，因而改變了公司的文化，在1983到1993年十年間，全錄將失去的市場佔有率重新奪回，並且因為該公司在品質上的成就而獲得了二十項

世界性的大獎。而全錄的股價也從1990年的一股29美元成長到1995年一股145美元。

　　全錄並不以此成就自滿，因為該公司在1970年代末期與1980年代初期所遭遇到的挫折就是因為對公司的成就志得意滿。公司的經營者想確定這一類的事件不會再發生，因而在1994年，全錄的董事長兼總裁Paul Allaire規劃了全錄西元2000年的策略——全錄2000，要再更新與改進「品質掛帥」，並且使全錄到西元2000年都能居業界之首。

　　在1975年，全錄的平均資產報酬率是百分之二十五，到1985年時變成只有百分之七，產生了生存上的危機。「品質掛帥」的努力使得平均資產報酬率到1990年成長到百分之十四，但接下來的三年卻不再有所進展。在一些公司的正式記錄上稱這段期間是「機會的危機」。要怎樣才能讓公司成長並擴展機會？公司在自我評估後，發現全錄雖然在改善品質與生產力上有了重大進展，但有幾個部份仍有待加強。舉例來說，不止在生產方面要加快速度，在決策、執行與評估方面也需要加快腳步。此外，公司也要更有效率地利用它的品質工具。

　　全錄2000的概念主要著眼點在於處理各項與品質相關的議題。其中一項計劃是要將生產力提升與品質相結合，全錄花費極大的心力將「品質掛帥」從策略面擴展到實作面，使得全面品質管理能與企業的策略規劃、日常作業緊密結合。全錄也發展了「全錄管理模式」並找出超過三十五項非財務性質的指標用來衡量並追蹤品質。這些指標中包含有顧客滿意度與忠誠度、工作流程衡量指標、員工工作投入程度、人力資源開發、策略方向與願景。企業的成果則包含市場佔有率、平均資產報酬率、生產力、員工激勵與滿意度。在為二十一世紀做準備的過程中，全錄不斷地改進與增加對全面品質管理所付出的努力。

## 管理與統計上的問題

1. 全錄有數以萬計的工作流程、有製造、訂單處理、聘僱與開革、行銷、配銷、品質評估等等，全錄一開始是如何研究這些工作流程進而加以改善呢？

2. 當問題發生時，全錄的品質小組與相關員工將合力尋求解決之道，但他們到底是如何從錯綜複雜的可能原因中找出問題的根源呢？

3. 全錄在1980年代的全面品質改善計劃使得統計流程控制得以實現，在生產過程的不同階段中，產品樣本不斷被測試，要如何監控各項測量指標並在生產程序出狀況時適當地警告管理者以防止問題擴大？

4. 全錄的供應商有好幾百個，要對各供應商的原料進行全面檢查是不可能的，全錄要如何決定某一批原料合不合格？

什麼是品質？對不同的人而言，品質有不同的意義。若你問汽車駕駛人他所駕駛的汽車品質是否優良，每個人有不同的觀點，所以也會有不同的答案。有些人的觀點是汽車要在開了75,000英哩後仍不需要大修才是高品質。事實上，克萊斯勒汽車公司對該公司的產品提供七年／七萬英哩的保證，大概是為了讓客戶因此認為該公司的產品品質良好以擴大其市場佔有率。但有的人卻認為汽車的品質反映在是否有舒適的座椅與額外附贈的電子設備，這些人要求額外的贈品以及舒適的座椅要在一輛品質優良的汽車中是必須的配備。還有些人則認為要有許多安全特質才是高品質的汽車。

在本章中，我們將檢驗各種不同的品質定義，並討論品質與品質管制的主要概念。同時，我們也要看看一些有助於流程分析的技巧。除此之外，我們還會學到如何建構與解釋品管圖表。最後，我們要檢視合格抽樣的概念。

# 17.1　品質管制簡介

品質的定義各人有各人的定義，而各種不同產品之間也有不同。假設在市場中，買方與賣方對產品的規格達成共識，則品質可以定義為當產品送達買方手中時該產品規格所明訂的項目。

以這樣的觀點來看，品質的存在是當生產者將當初買方賣方同意的規格送到買方手中時才發生。例如位於美國阿肯色州史密斯堡（Fort Smith, Arkansas）的柏德電子公司（Balder Electric Company）生產工業用電動馬達，其主要用途是採礦、心臟幫浦、鋼鐵生產及其它應用，假設一台會帶來固定數量利潤的電動馬達有特定的特徵，並且在固定期限內享有免費維修的服務，若是一台電動馬達滿足雙方之前所同意的規格，則根據先前的定義，這項產品就算是品質良好。

大部份的汽車消費者都同意Lexus或Cadillac品質很好，但若是消費者買了一輛有附加配備的Saturn，即使Saturn不是Lexus也不是Cadillac，只要車子送到買家手中時與原先指定的規格相符，則這輛車就是品質良好的。

對於品質的定義，有許多人提出他的看法。*Quality Is Free*與*Quality Without Tears*的作者Philip B. Crosby，他同時也是一位在品管領域極為知名的

一位專家，他認爲「品質就是符合需求」。要保證品質在水準以上，生產者必須要使產品符合需求，基本上，這樣的定義與之前以規格爲基礎的定義相類似。Armand V. Feigenbaum則在其著作*Total Quality Control*中提到「品質是由顧客來決定」而不是由管理者或是設計者來決定。他也提到顧客會根據他所接觸的產品或是服務來決定品質，而且這決策的過程永遠是一直在變動的。

另一位品管的學者，David A. Garvin，他是*Managing Quality*一書的作者。Garvin將品質定義爲五個維度：卓越、產品、使用者、製造以及價值。卓越的品質表示一項產品先天上就本質優良，擁有強固的標準，與高度的成就。但這項定義並不能提供企業太多實際的方向指引。產品的品質意指品質是可以在產品中衡量的。由於各人對產品的觀點不同，因此好的產品會有許多屬性。舉例來說，縫合緊密的棒球手套其品質也較高。儲存空間較大的硬碟其品質也較好，溝紋較深的輪胎其品質也較好。

使用者的品質意指產品的品質是由顧客來決定。這項品質的維度與之前所提到，以客戶需求與產品規格爲基礎的定義最爲相近。而製造的品質則主要是由工程與製造的實例中所衍生而來，當規格一旦確定，產品的品質就是製造商製造符合規格或是與規格差異最少的能力。第五個維度是價值的品質，主要與售價和成本相關，也就是顧客買到的產品是否值得他所付出的金錢。

# 什麼是品質控制？

企業要如何才能得知其產品是否品質優良？有一個方法是採行品質控管。所謂的品質控管（或是品質保證）是組織採行一策略、技術與行動的組合，以確保組織生產高品質的產品。

程序一開始是執行產品規劃與設計階段，在這個階段中要將產品的屬性釐清並確認，因爲產品的每一項屬性都會對產品的整體品質有所影響。而要讓品質控管成爲可行的方案，必須要使產品的每一項屬性都有其相對應的衡量指標。

實行品質控管有兩種截然不同的方式：程序後控管與程序中控管。程序後品質控管是檢查成品的屬性以判定該產品是否合格，或是需要重做，甚至要完全棄置。在1980年代及之前的數十年之間，美國的製造商主要即是採行程序後

品質控管，其重點在於找出有缺陷的產品以免流入市面，但採行這樣的方式來控制品質卻不能反映出製造過程中的問題或是原料的問題，因而無法提供改進問題的資訊。程序後品質控管所產生的成果主要有兩種，一是特定時間內瑕疵產品數量的報告，二是將瑕疵產品排除，以免流入市面。由於二次世界大戰後的數十年間，美國企業主宰了世界上的大部份市場，因此其經理人不會有壓力想改進其作法。

直到1970年代末期，當日本，其他亞洲國家以及西歐國家的企業開始在全球市場上成為美國企業強勁的對手後，美國企業才開始重新檢視其品質控管的方式。其結果是，美國企業跟著日本企業與歐洲企業發展了程序中品質控管的技術。程序中品質控管的主要著眼點是在產品生產製造的程序中，在各個不同的階段測量產品的屬性以找出問題的根源所在。在得到了問題所在的資訊後，品管人員與生產人員將可據此改善產品生產步驟，使生產流程與產品得以改進。提倡程序中品質控管最力的當推品管大師 —— 戴明（W. Edwards Deming）。

戴明在美國懷俄明州長大，並在懷俄明大學取得學士學位。之後則在科羅拉多大學取得數學與物理學碩士學位，在耶魯大學取得數學物理博士學位。在這樣的背景下，戴明將他在數學理論的上的想像力與鄉下農家實事求是的精神相結合，因而發現統計最符合他的興趣。

從耶魯畢業之後，戴明最先在貝爾實驗室工作，並在物理學家兼統計學家的薛華（W. A. Shewart）指導下學習。薛華也是統計程序控制領域的先驅。1946年，戴明離開貝爾實驗室前往美國主計局擔任統計顧問的工作。戴明非常強調薛華的程序控制方法，但當時美國業界的產量已接近其產能極限，根本無暇顧及戴明的理論。

在1947年，戴明受邀成為東京「產業聯盟最高指揮部」（the Supreme Command of Allied Powers）的諮詢顧問，因而首次有機會觀察日本的經濟。1950年，一群日本科學家與工程師邀請他主持統計控制的學術研討會，於是戴明又回到日本幫助日本業界重建其產業基礎。他告訴日本人，只要按照他的方法來進行，則日本的產業將能執世界牛耳。由於戴明的方法極為成功，日本人將他視為國家英雄。在1951年，日本以戴明的名字成立了一項特別獎座。在之後的三十年間，戴明在巴黎及倫敦教學，並在德國、墨西哥、土耳其與阿根廷

各國指導與接受諮詢，可說是極受尊崇的一位學者。但在美國戴明卻不受重視，主因是美國的產品在當時競爭者很少。

在1980年，一部NBC電視台的記錄影片稱戴明為日本戰後經濟奇蹟之父，正好福特汽車的總裁看到了該節目，因而開始與戴明接觸，到此時戴明的理論才真正在美國為人所知。時至今日，許多人視戴明為品質學的大師。

## 全面品質管理

指引日本邁向品質管理高峰的戴明告訴日本人，造就品質是要從高階管理者的投入開始，並一路向兩側擴展到供應商與顧客。他認為企業的目標不只在於賺錢，而是要永續經營與提供就業機會。他也相信品質控管需要企業長期努力地投入，戴明稱這種投入為全面品質管理。全面品質管理牽涉到組織中的所有組成份子，上從總經理，下至第一線的操作人員，全部都與品質改善有關。此外，組織的目標也是在品質管制的範圍之中，而且也可以用品質的觀點來衡量。供應商、原料、員工訓練，以及提供給員工改進的機會都是全面品質管理的一部份。全面品質管理的對比是企業指派一個品管部門全權負責改進產品的品質。

戴明以因果關係來解釋全面品質管理對企業的影響。這就是廣為人知的戴明連鎖反應。這個連鎖反應一開始是改進品質，而改進品質將會減少成本，其原因在於重作的次數、錯誤、延遲，與停頓的減少，並且也使得機器與原料更有效率地運用，而從成本降低又使得生產力提升，因為

$$生產力 = \frac{產出}{投入}$$

成本降低使得企業能以較少的投入得到與過去同樣數量的產出，因此而增加了生產力。當生產力提升時，企業就更有能力以更高的品質與更低的價格來滿足市場的需求，因而使得企業能繼續在商場上生存並提供更多的工作機會。

戴明列出了十四點原則做為改進全面品質管理的指引方針。

1. 以改進產品與服務為持續的目標。
2. 採行新的理念。
3. 別依賴大規模成品檢驗。

4.不要只依價格來作生意。

5.持續並永恆地改進生產與服務系統。

6.建立訓練的制度。

7.建立領導的制度。

8.驅逐恐懼。

9.打破員工之間的隔閡。

10.消除口號。

11.消除數字的配額。

12.去除工作上的障礙。

13.實行教育與再訓練的計畫。

14.切實實行改革。

　　第一點指出企業必須在生產過程、創新、設計與技術上持續地尋求改進。第二點則建議企業必須採行一個全新的、正面的觀點才能真正變革成功，因此過去認為品質不良是可以接受的觀點必須要改變。第三點則是要求由事後的檢驗轉變成生產過程中的檢驗。戴明曾在一次研討會中指出事後的檢驗對產品與服務的改善無濟於事。第四點則指出企業應該在與供應商簽約時更加小心，買方應該更看重供應商的品質與可靠度，而不是一昧地要求低價。戴明認為企業應該注重與供應商之間建立在一致的品質標準下長期的良好關係。

　　第五點聲明品質改善不是單一的活動，管理者與員工應持續地尋求改進產品質方法。第六點是建立訓練制度，訓練是全面品質管理的重要成份之一，員工必須學習如何正確地執行工作以及有助於品質提升的技術。第七點，建立領導制度，要求企業以實作及支持為基礎，以取代處罰來建立新的管理制度。第八點則是建立一個安全的工作環境，讓員工在意見交流與提出建議時不會覺得有負擔，或是擔心有負面的影響。第九點去除員工之間的隔閡，意指降低部門或是群體之間的競爭與衝突。因此有必要採用團隊（team）的組織，並強調「我們全都屬於這個團隊」。由於戴明不相信口號與目標會對產品品質提供有所幫助，因此第十點就著眼在品質管制計劃不單單是口號的活動。

　　第十一點聲明指定配額對企業生產高品質的產品並沒有幫助，反而會使效率降低，產生錯誤，更會減低品質。第十二點是管理者必須找出讓員工工作更

方便的方法，因為員工時常只能用有瑕疵的設備與原料來製造產品。第十三點要求企業要對員工全面地教育並訓練有關團隊合作，標竿管理，與統計製程控制等新方法。第十四點則說明只是口頭上說說是不夠的，企業必須要採取行動才能真正產生變革並提升品質。

## 重要的品管概念

以下將正式介紹數個廣為採用的品質管制的技術：團隊建立、即時系統（just-in-time systems），標竿管理（benchmarking），與企業再造工程（reengineering）。

**團隊建立** 美國企業制訂決策的傳統方法是讓管理者決定什麼對企業最有利並按照該決定來執行工作。近來，美國企業的文化已經改變成採取全面品質管理了。全面品質管理的其中一個構面即是建立團隊。團隊建立就是一組員工組織成為一個群體，一起來承擔管理的工作以及其它功能，例如組織、發展，以及計劃監督。

團隊建立的結果是愈來愈多的員工承擔管理的責任，而且員工與管理者或是工會與企業主之間的明顯分界線也愈來愈少。員工可以和管理者平起平坐以求去除阻礙品質改進的障礙，用管理者與員工之間的合作關係來取代過去人我的分界，以達成團隊的共同目標。

團隊中的成員時常代表著企業中不同的部門，例如設計、生產、行銷，與財務等。由於各部門的團隊成員在一起工作，他們就可以整合不同觀點的意見，其決策也會有更周詳的考量，更有效率地運用時間，因考慮不周而造成失敗與錯誤也會更少。舉例來說，組成團隊的目的可以是為了設計、發展，與生產新產品，或是監督新工廠的設立，或是為了要重新評估辦公室的擺設與佈置讓工作更有效率等各類的原因。

有一種特別團隊被稱為品管圈，它是由日本先開始實行，之後才引進到美國。所謂的品管圈由一小群員工所組成，而這些員工通常是來於同一個部門或是同一個工作場所。每隔一段時間，這些員工會與其直屬上司開會，一起來商討有關品管的事宜。品管圈的人數通常由四至十五人所組成，而在一起開會的

間隔大約是每週一次。會議的時間通常是正常的上班時間,但企業也會給予員工額外的薪資加給。那位品管圈成員的直屬上司雖然是整個品管圈的領導人,但整個開會的議程與會議結論都是由整個品管圈的成員一起來決定。

由於在品管圈之中將會有大量的腦力激盪,因此不能讓員工感覺發表意見可能會導致被懲罰或是對他產生負面的影響,以免阻礙腦力激盪的驅動力。每個人都應該被視為一個獨立的個體,同時也是整個團隊重要的一份子。由於員工可能對這一類的團隊預先存有不良的印象,使整個品管圈的活動不會一開始即發揮效果,因此前幾次的開會可能會不如預期的好。最後,只要是參與的成員瞭解到品管圈的重要性與實用性,他們就會開始發表他們對生產流程中該注意的事項的意見。不過,很重要的是,高階主管必須支持員工所付出的努力並加以鼓勵。通常品管圈運動失敗的原因大多是由於高階主管的不支持。

品管圈與其他團隊措施會將員工從裝配的層次提昇到分析師的層次。因此團隊的概念將能促進企業內的溝通與合作。這種概念應用的領域在不同產業都可以見到,從醫院到化學工廠都有。

**即時系統**　即時存貨系統也是一種增進品質控制的技術,只是它將焦點放在原料、零件以及供應商方面。就理想而言,即時系統的意思是生產線無須為了生產產品而儲存額外的原料或是零件。所有生產時所需的原料以及零件都會即時地送達,其優點在於減低成本、人員,以及存貨空間。即使正在生產過程中,如組裝零件,即時系統的原理也可以應用,讓生產程序更平順並消除瓶頸。

事實上,生產單位很難真正達到百分之百的即時制度。而實施即時系統的一項副作用則是,當原料存貨大幅縮減時,過去原本沒發覺問題可能會在此時曝露出來。例如,某兩部機器所生產的零件可能不敷生產流程的下一步驟使用,實施即時系統就會顯示出這個瓶頸的問題,於是公司可能會準備增加另一部機器以增加零件的數量,或是發展另一種策略。只要此處的瓶頸解除,問題得以解決,其他方面的弱點又會顯現出來。因此,即時系統所帶來的邊際效益就可能是一個機會,讓生產部門的經理能在一大堆過去不曾發覺問題中有系統地加以解決。

如同在「企業專題」中強調的,即時系統可能會改變供應商與生產者之間的關係,如柯達即與其供應商建立了新的關係。大多數實施即時系統的企業,與實施之前比較,其供應商的數量將減少許多。不過,供應商則會被要求達到

某種品質標準，而且要儘可能即時地將貨品送達。即時存貨系統下的供應商甚至可能會在生產者工廠附近設置工廠或是倉庫。在即時系統中，供應商也變成了全面品質管理行動中的一份子。

**標竿管理**　在美國有愈來愈多的企業開始採行標竿管理來改善品質。所謂的標竿管理是企業藉由觀察並模仿業界中的最佳典範來發展並建立全面品質管理的方法。其最終目的在於利用積極主動的行動來產生更高的績效變革。標竿管理的程序包括研究競爭對手以及向業界的最佳典範學習。

在本章開頭的「決策難題」中所介紹的全錄過去曾經努力要在國外強勁的競爭對手的威脅下維持其市場佔有率，就一方面來說，其他企業有能力以全錄的製造成本為售價來銷售其機器，因此全錄開始要找出原因。該公司實行了標竿管理，將競爭對手的內部生產流程徹底研究，意圖學習模仿這些最佳的範例。後來，由於標竿管理十分成功，全錄的高階管理者將標竿管理視為公司的重要執行事項之一。

**企業再造工程**　企業再造工程是採行劇烈的改變來改善品質。戴明的品質管理十四點原則主張持續而漸進的改革，而企業再造工程則是重新設計企業的核心程序。整個企業再造工程主要牽涉到創新精神而且通常背離整個企業的常規程序或是執行業務的方式。

企業再造工程不是將目前企業的工作流程細部調整，也不是企業組織減肥的方案。企業再造工程是由一張白紙與企業的未來遠景開始進行。企業再造工程的工作程序是從企業在未來想要達成的目標與為達成目標所應投入的資源來開始，並不將企業目前在各方面所受的限制列入考量範圍。根據這些資訊，企業要去除組織中的某些部份、增加某些部份、重新設計或是改變某些部份以達成目標。企業再造工程牽涉到企業組織從無到有並從頭開始設計工作流程。

企業再造工程幾乎牽涉到企業組織中的所有部門，例如資訊部門、財務部門、製造部門、供應商、船務與維修，而且對組織各部門的影響非常鉅大，對組織來說，企業再造工程往往帶來劇烈的痛苦而令組織覺得窒礙難行。因此能成功實行企業再造工程的企業組織往往也是那些面臨競爭環境劇烈改變並且因此需要實行重大變革才能繼續生存的企業。

# 柯達建立了新的製造商 —— 供應商關係

多年以來，美國製造商大多以價格與競標的方式來選擇供應商。不過當企業開始實行全面品質管理時，他們也要開始檢查與供應商的關係以及選擇供應商的程序。即時系統使得製造商必須要降低其供應商的數量並改變企業與供應商進行交易的方式。柯達公司就是重新定義與供應商關係的企業之一。

在柯達公司，生產過程中一半的組件都是由外部供應商提供的。在實施全面品質管理計劃時 —— 柯達公司稱之為品質領導流程（Quality Leadership Process） —— 柯達降低了往來的供應商數量，將不能符合新品質標準的供應商刪除在往來之列，而只與合格的供應商交易。降低供應商數量的結果是管理更容易而且成本更低。

柯達發展了三種工具用來評量供應的績效：供應商評等系統，品質保證稽核，以及供應商團隊改善程序。此外，柯達帶領其供應商提早進入產品發展週期，讓供應商能在設計上參與意見及提供貢獻，如此可以藉由專業技術的分享讓製造過程更進步。

柯達公司使用一種決策矩陣來選擇供應商，藉由比較供應商在各方面的表現而加以評等，依據評等結果來選擇適合的供應商。更進一步的評估則是針對供應商的文件作業進行全面性的檢討。至此，柯達得以找出最合適的供應商。經由這些選擇程序以及新的觀點，柯達與其供應商建立了一種以品質為中心的聯合

在施行企業再造工程時建議考量以下幾點：(1)採行直接的策略，(2)由最高層管理者來領導，(3)要有危機意識，(4)在設計上要由外而內，(5)要管理聘請來的顧問，(6)結合由上而下與由下而上的理念。第一點採行直接的策略十分重要，因為變革是由策略所驅動的，所以企業必須要決定要從事何種產業與如何才能在該產業中賺錢。同時，企業的策略也決定了企業的行動。由於企業再造工程牽涉到跨部門的運作，而高階管理者有能力也有權力，因此必須要由高階管理者來領導方能指引並促成決策的實行。內部政策的壓力或是滿足於小幅的進步將使得整個再造工程陷於進退兩難，建立危機意識將有助於再造工程的成功與維持整個變革任務的完成。

企業再造工程一開始是由公司外部與客戶的工作流程為起點展開觀察。即使目前的運作有缺陷，但仍要投入時間找出市場的需求與滿足需求的方法。傳統聘用顧問大多是請顧問到企業中觀察並提出一份報告，在進行企業再造工程

時，顧問所執行的工作將與企業更為密切，例如訓練企業的員工。儘管企業再造工程應該要由上層來領導，但下層的員工也必須要透過參與整個活動以輔助變革成功。事實上，第一線的員工通常對公司都有相當不錯的意見與看法，因此，在整個變革的過程中最好採取由上而下與由下而上並行的方式。

# 17.2　流程分析

在企業中所發生的事件大都牽涉到流程，所謂的流程是一連串的行動、改變，或是會造成某種結果的工作。流程通常牽涉到由某種投入，經過製造、生產、裝配，而得到產出。一般來說，在一個有意義的系統中，價值會在流程中添加到投入中。在生產方面，流程也常是決策者所關注的焦點。在各產業中，如化學、鋼鐵、汽車、家電、電腦、家具或是成衣，生產流程充斥在其中。或許工廠的配置不相同，但我們往往不難從原料、零件加工為成品的過程中拼湊出一個生產線的想像圖，不過，流程並不僅限於製造業才有。基本上，所有的產業都會牽涉到流程，例如支票從使用，再經過金融機構，之後再回到使用者的循環就是一例。或是人事部門聘用新人就可能牽涉到從工作說明開始，直到訓練結束的流程。而在醫療機構中也有許多的流程在其中。從病人住院、開刀到出院是一個流程，而同時，營養部門也會將調配的食物分送到醫院各處也是一個流程，與病人有關的一些文書作業又是另一項流程，而藥品調配又是另一項流程。

在品質改進中很重要的一點是找出流程的瓶頸所在。讓流程通暢並縮短循環時間將可以產生更高的生產力與更高的品質。由於有以上的原因，流程分析是全面品質管理的一大重點，而可利用的分析工具較有名的有：流程圖、佩瑞托分析（Pareto analysis），因果分析（魚骨圖），與控制圖。

## 流程圖

通常在非製造業的環境中，沒有人會去把組織中不同程序的各個工作階段一一仔細描繪成工作的流程。舉例來說，有一家美國航空公司與太空總署

（NASA）的承包商負責處理太空計劃中項目更動的文書作業，由NASA決定要更改哪些項目，再交由承包商處理文書作業，大約經過兩週之後處理好的文件才會再送回NASA。到底在這為期兩週的期間內承包商做了什麼事？為了加強作業品質，NASA要求承包商開始研究其工作程序。在過去，一直沒有人很認真地檢視文件送到了何處？在承辦人的辦公桌上又閒置了多少時間？一份文件要經過多少人處理？承包商必須要開始程序分析才能完成NASA的要求。

程序分析的第一步驟就是將整個工作程序從頭到尾以流程圖表示。流程圖以圖解的方式表示工作程序中發生的所有活動與互動，包含了決策點、活動、產出與投入，起點與終點，以及流程方向。圖17.1展示了流程圖中使用到的部份符號。

平行四邊形代表一項程序的投入或是產出，若是在醫院的營養部門，投入可能包含了未處理的食品、廚具、盤子、容器與各類液體，而最後的產出則是送達病患的烹煮好的食物。代表處理的符號是矩形，它表示一項活動。在醫院的營養部門，活動可能包含烹煮食物，或是把食物裝到餐車上。代表決策的符號是菱形，它是用在當好幾個可能的結果存在，就必須要決定下一個流程是要朝哪一個方向進行。在一些醫院中，營養部門除了供應病患餐飲之外，也經營自助餐廳，於是在程序中的某一點，必須要決定食物是要送到病患的病房或是

---

**圖17.1**
**流程圖符號**

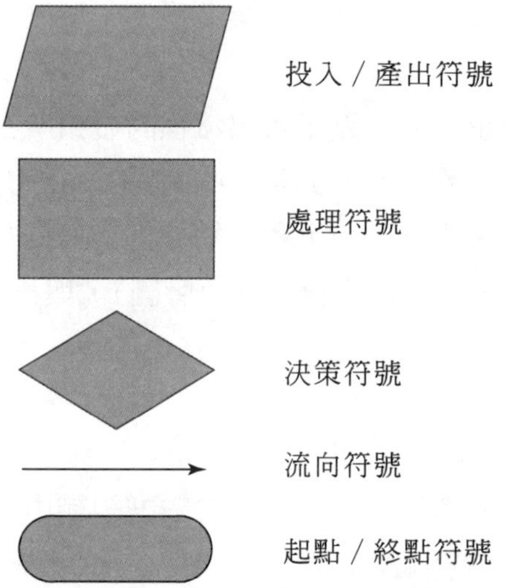

投入／產出符號

處理符號

決策符號

流向符號

起點／終點符號

自助餐廳。自助餐廳的食物可能是依據菜單而定，有一固定的形式，而病患的食物就會爲了個人的健康考量以致每位病患都有所不同。箭頭表示流程的方向，告訴使用者各項活動的執行順序。若是以醫院的食物爲例，流程方向是由食物原料（蔬菜、肉類、麵粉等）到送達病房或是自助餐廳的食物。橢圓形表示程序的起點與終點。

舉例來說，假設我們想要將向銀行取得$10,000的家庭貸款的程序以流程圖來表示，一開始是顧客進入銀行，顧客與銀行櫃檯人員接洽，此時產生了一個決策點，該顧客來銀行的目的是什麼？只是來詢問一些事、支票兌現、存款、買匯票、取得貸款，還是投資？由於本例是將貸款的程序以流程圖表現，所以流程的方向就指向貸款部門。顧客到貸款部門再與另一位行員接洽，行員問顧客貸款金額的數字。若是小額的個人貸款，則顧客就只要填妥表格交給銀行行員就可以，若是大額的貸款，如房屋整修貸款，貸款人除了要填表格之外，還要與核貸人員洽談。小額的個人貸款在審核之後，貸款人很快就可以得到回覆，若是審核通過，則櫃檯行員會交給貸款人一張支票。若是大額貸款，核貸人員在與貸款人洽談之後會做出貸款申請是否通過的決定。若是可以貸款，則銀行與貸款人簽署合約，貸款人就可以取得貸款金額的支票。圖17.2是本例的概括流程圖。

# 佩瑞托分析

一旦將工作程序以流程圖之類的技術表現出之後，就可以開始找出瓶頸與問題根源的步驟。有一項技術稱爲佩瑞托分析，它可以用來顯示問題根源。它是將產品缺陷的數量與種類以數字表示。分析人員就可以依據這些數據繪製直方圖，顯示出最常見的產品缺陷種類，依其發生次數由左到右排列。而這個直方圖就稱爲佩瑞托圖表。

佩瑞托圖表是以義大利經濟學家Vilfredo Pareto的名字而命名的。他在一百多年就觀察到義大利大部份的財富是由少數家族所擁有，也就是說，少數主要的家族其實是義大利經濟的操控力量。品管專家J. M. Juran由於觀察到許多造成品質不佳的原因常可以歸因於少數的因素，因此將這個說法沿用到品管的領域。佩瑞托圖表讓品管人員可以區分最嚴重的瑕疵及一般小瑕疵，進而設定

圖17.2　貸款過程的流程圖

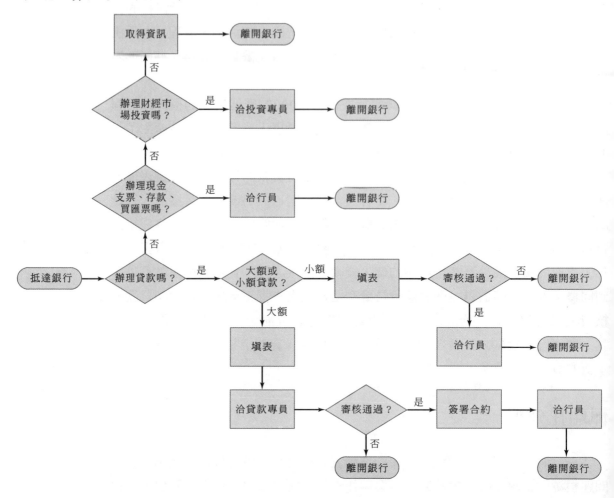

各項品質改進行動的優先順序。

　　假設一企業在檢查電動摩托車時發現瑕疵的數量愈來愈多。工作人員檢視過數百輛至少有一處瑕疵的電動摩托車記錄，找出發生最頻繁的瑕疵類別，其中40%的瑕疵與配線不良有關，30%是電路線圈短路，25%與插座不良有關，5%與軸承故障有關。圖17.3是依據以上資料所繪製的佩瑞托圖表，其中顯示出電動摩托車三項主要的瑕疵問題——線路不良、線圈短路、插座不良，這三項問題佔所有瑕疵的95%。於是決策者就可以依據這些資訊建立一個合理的品

質改良計劃。

首先,該公司大概會先改進牽涉到線路裝配的工作程序,其次是研究線圈的設計,再來才是檢查插座與供應商的工作程序。

圖17.4是MINITAB所繪出的佩瑞托圖表,除了直方圖分析之外,MINI-TAB的佩瑞托分析還包含累積比例的折線圖。觀察折線圖的斜率可以得到一些資訊,愈斜的折線代表問題發生的次數愈多。隨著斜率降低,表示問題發生的次數愈來愈少。折線圖提供了決策者另一個決定哪一項問題要優先解決的工具。

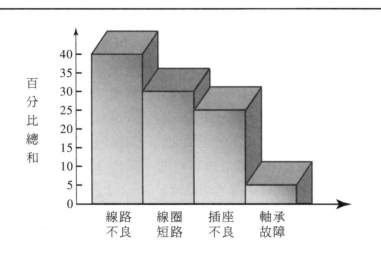

圖17.3
電動摩托車
問題的佩瑞
托圖表

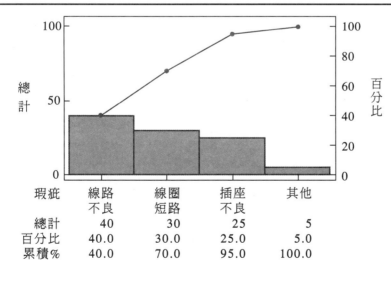

圖17.4
MINITAB
繪製的電動
摩托車問題
佩瑞托圖表

| 瑕疵 | 線路<br>不良 | 線圈<br>短路 | 插座<br>不良 | 其他 |
|---|---|---|---|---|
| 總計 | 40 | 30 | 25 | 5 |
| 百分比 | 40.0 | 30.0 | 25.0 | 5.0 |
| 累積% | 40.0 | 70.0 | 95.0 | 100.0 |

# 因果（魚骨）圖

要找出問題的原因有一個稱為因果圖的工具可以使用，這種工具有時也稱為魚骨圖或是Ishikawa圖。在1940年代，Ishikawa發展了這種工具用來顯示問題的可能原因以及這些原因的相互關係。要產生問題的原因可以利用腦力激盪、調查、觀察，或是其他的資訊蒐集方法。

有人稱之為魚骨圖是因為這種圖的形狀類似魚骨，問題是位於整個骨架的頭部，而各個原因則是位於整個骨架的身體部份，又可以再細分為各個子原因。

假設摩托車製造公司的管理人想要建構圖17.3中指出的線路不良問題的魚骨圖以找出可能的問題原因，某些線路不良的原因有可能是原料、設備、工人，或是加工方式，而原料部份的原因可能是供應商的問題（以及他們所購買的原料）、運送時造成的損壞，或是儲存時損壞（存貨）。設備方面可能的原因可能是設備陳舊，調整不當，維護不當，或是缺少有效率的工具。線路不良也可能是因為工人失誤的結果，追根究柢可以歸因於缺少訓練或是訓練不當，工作態度不佳，或是漫不經心所造成的。圖17.5是MINITAB所繪出的魚骨圖，其中指出本例的問題與其可能原因。

# 控制圖

第四種普遍為全球所採用的分析技術是控制圖。Armand V. Feigenbaum是在控制圖分析方面的專家，根據他的解釋，控制圖是一種評估工作程序是否在統計上控制得當的圖型表示法。控制圖有好幾種，圖17.6是$X$控制圖。在下一節，我們將更進一步詳細地探討控制圖。

---

問題17.1　　17.1就下列的情況，描繪出工作程序中的活動與決策點，並用圖17.1介紹的這些符號建構一個流程圖。

a.一位顧客進入保險經紀人的辦公室想買一份汽車保險。在他離開時手上有了一份已付清的汽車保單。

b.一輛卡車滿載著男性T恤開進了一家男性服飾零售公司配貨中心的倉

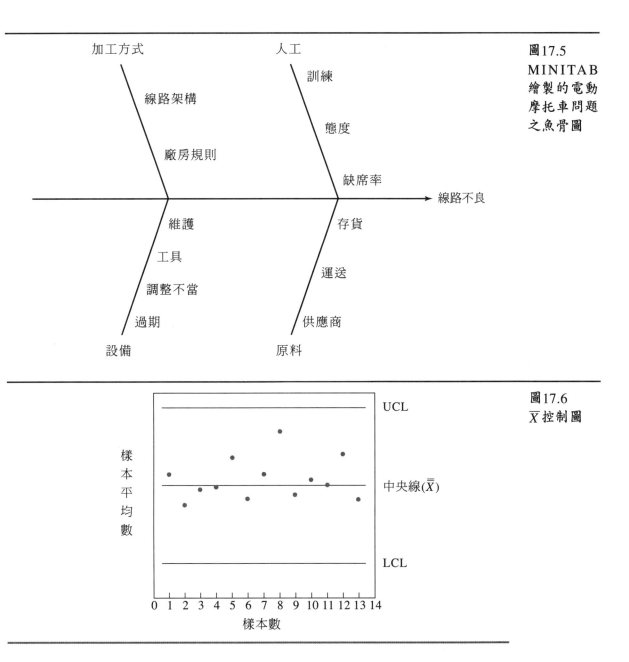

圖17.5
MINITAB
繪製的電動
摩托車問題
之魚骨圖

圖17.6
$\bar{X}$ 控制圖

庫，該公司在當地有四間分店，配貨中心由倉庫中調貨，分配T恤到各
分店販售。

c.一對夫妻走進一間餐廳享用晚餐，過了一個半小時後，他們滿意地在買

單之後離開。請以餐廳的觀點來建構流程圖。

17.2 一家航空公司用中央電話銀行與半自動電話程序接受訂位，但該公司一直
接到許多顧客對訂位系統的抱怨，因此該公司進行一項調查，訪問顧客
是否在訂位時遭遇到以下的問題：電話忙線中、無故斷線、通話品質不
良、與服務人員通話要等很久、無法接通代辦人、轉接錯誤。假設調查
了744位有抱怨的顧客，得到如下的次數表。

| 抱怨人數 | 抱怨內容 |
|---|---|
| 184 | 等很久 |
| 10 | 轉接錯誤 |
| 85 | 無法接通代辦人 |
| 37 | 無故斷線 |
| 420 | 電話忙線中 |
| 8 | 電話品質不良 |

請用以上的資料建構佩瑞托圖表，顯示顧客在訂位時所遭遇的各種問題。

17.3 一家銀行剛送出一份顧客的每月對帳單，其中在每月收入的那一欄卻出現
錯誤。請想出這個錯誤會產生的可能原因，再想想為什麼會發生。建構
一個魚骨圖以顯示你的答案。

# 17.3 控制圖

●●●●●●●●●●●●●●●●●●●●●●●●●●●●●●●●●●●●●●●●●●●●●●●●

控制圖已經為人使用了近七十年。薛華於1920年代在貝爾實驗室發展出
控制圖。薛華將控制圖應用在產業中做為控制變異的工具，當時戴明還是他的
助手。在二次世界大戰後控制圖並未在美國得到重視，理由是當時美國企業已
在全球市場上所向披靡，自然不會重視這種工具。不過當日本以及其他國家的
製造商利用這一類的工具而愈來愈具有競爭力時，控制圖才在美國開始廣為使
用。控制圖很容易瞭解，使用上也相當簡單，第一線工人常用它來記錄生產資
料。而在較自動化的工作環境中，偵測器會記錄生產資料並送到資訊系統中，
由資訊系統處理控制圖。控制圖主要是用來監控產品變異，它能讓作業員、技

師，以及管理者看某項程序何時失去控制，因此可以加以改進以提升生產力。

## 變異

要是產品之間不存在變異的話，根本就不需要控制圖。然而，事實上所有的產品或是服務都會產生變異。在同一批的物品之間會存在變異，各批物品之間也會有變異。會發生變異的理由可能是採用不同的原料、不同的工作人員、不同的機器、環境改變或是機器隨著時間而漸漸磨損。小變異可能是由一般不容易注意到的事所引發，例如一輛卡車通過造成震動或是灰塵掉落而影響機器運作。變異必須經過衡量、記錄並研判才能發現失控的情況並加以改正。

## 控制圖的類型

最普遍的控制圖類型是(1)衡量用的控制圖，以及(2)合格數量的控制圖。在這一節中，我們將討論兩種衡量用的控制圖，$\bar{X}$圖表以及R圖表，而在下一節則討論合格數量的控制圖，$P$圖表以及$c$圖表。

每一份控制圖都有一條中央線，一條控制上限（UCL），以及一條控制下限（LCL）。在控制圖上記錄資料，再看看圖上的資料分配形態是否顯示出失控的情況，然後再加以調整。

$\bar{X}$圖　　所謂的$\bar{X}$圖表是在一段期間內，表示一連串小規模樣本的各組樣本平均數的圖表。例如，衡量尺度可以是外用酒精的容積、金屬皮的厚度、塑膠零件開口的大小。將這些樣本平均值都畫在控制圖上，圖上還要包括中央線，控制上限和控制下限。

$\bar{X}$圖表的製作可以參考標準，也可以不參考標準。企業有時會將整個程序簡化到有現成的標準中央線與控制上下限可用的情況，而這些標準通常是該公司在生產某一種已長時間生產的產品時，或是在某些時候或某種情況下經理人花時間在測量產品方面就會使用。在本書中，我們只研究沒有預先設定標準的情況，特別是當一家公司生產一種新產品時，或是正密切測量產品以產生標準值，抑或是期望改進程序時。許多公司想要監控標準，因此他們重新計算各個控制圖的標準值。在沒有標準情況下，標準值（如平均數或是標準差）是由樣

本資料估計而來的。

$\overline{X}$圖表的中央線是各組樣本平均數的平均，$\overline{\overline{X}}$。它有一條控制上限，UCL，位於中央線上方三個標準差（$+3\sigma_{\overline{x}}$）的位置。而$\overline{X}$圖表的下限，稱為控制下限，LCL，則位於中央線下方三個標準差（$-3\sigma_{\overline{x}}$）的位置。回顧第三章中的經驗法則，當資料呈常態分配時，大約有99.7%的資料都是落在平均數加減三個標準差的範圍之內。由於在大樣本規模時，不論母體的分配如何，$\overline{X}$的樣本分配是常態的，所以該經驗法則可以使用在這個情況。然而，由於常用小樣本，因此必須要估計標準差以決定UCL以及LCL。估計的方法可以用樣本全距或是樣本標準差。在小樣本數的情況下（$n \leq 15$還可以接受，不過最好是$n \leq 10$），平均全距的加權值是相當好的三倍標準差估計值。全距十分容易計算（只是取樣本中最大與最小的值相減），因此對現場工作人員來說最是方便。在大樣本規模的情況下，樣本標準差的加權平均則是很好的估計值。不過用樣本標準差的缺點在於計算較麻煩，不如全距來得簡便。大部份的控制圖都是以小樣本來建構的，因此，使用全距較為普遍。

表A.15是計算控制上限與控制下限時平均樣本全距或是平均樣本標準差的加權權數。$A_2$的值是用在全距，而$A_3$則是用在標準差。製作$\overline{X}$圖表的步驟如下。

1.決定要衡量的品質。
2.決定樣本規模。
3.蒐集20至30組樣本
4.計算各組樣本的平均值，$\overline{X}$。
5.計算各組樣本的全距，R。
6.決定總樣本平均數$\overline{\overline{X}}$。

$$\overline{\overline{X}} = \frac{\sum \overline{X}}{k}$$

其中$k$是樣本數。

7.決定總樣本全距R。

$$\overline{R} = \frac{\sum R}{k}$$

或是決定總樣本標準差$\overline{S}$。

$$\overline{S} = \frac{\sum S}{k}$$

8.若是使用全距，則用樣本數$n_i$來決定$A_2$的值；若是使用標準差，則用樣本數$n_i$來決定$A_3$的值。

9.建構中央線、控制上限、控制下限。以全距而言：

$$\overline{\overline{X}}\ 為中央線$$

$$\overline{\overline{X}} + A_2\overline{R}\ 為UCL$$

$$\overline{\overline{X}} - A_2\overline{R}\ 為LCL$$

以標準差而言：

$$\overline{\overline{X}}\ 為中央線$$

$$\overline{\overline{X}} + A_3\overline{S}\ 為UCL$$

$$\overline{\overline{X}} - A_3\overline{S}\ 為LCL$$

---

例題17.1　　一家軸承製造商的某一種軸承規格是直徑5公厘。每10分鐘就抽取六個樣本並測量其直徑。一共蒐集了二十組樣本。請用以下的資料建構$\overline{X}$圖表。

| 樣本1 | 樣本2 | 樣本3 | 樣本4 | 樣本5 |
|---|---|---|---|---|
| 5.13 | 4.96 | 5.21 | 5.02 | 5.12 |
| 4.92 | 4.98 | 4.87 | 5.09 | 5.08 |
| 5.01 | 4.95 | 5.02 | 4.99 | 5.09 |
| 4.88 | 4.96 | 5.08 | 5.02 | 5.13 |
| 5.05 | 5.01 | 5.12 | 5.03 | 5.06 |
| 4.97 | 4.89 | 5.04 | 5.01 | 5.13 |

| 樣本6 | 樣本7 | 樣本8 | 樣本9 | 樣本10 |
|---|---|---|---|---|
| 4.98 | 4.99 | 4.96 | 4.96 | 5.03 |
| 5.02 | 5.00 | 5.01 | 5.00 | 4.99 |
| 4.97 | 5.00 | 5.02 | 4.91 | 4.96 |
| 4.99 | 5.02 | 5.05 | 4.87 | 5.14 |
| 4.98 | 5.01 | 5.04 | 4.96 | 5.11 |
| 4.99 | 5.01 | 5.02 | 5.01 | 5.04 |

| 樣本11 | 樣本12 | 樣本13 | 樣本14 | 樣本15 |
|---|---|---|---|---|
| 4.91 | 4.97 | 5.09 | 4.96 | 4.99 |
| 4.93 | 4.91 | 4.96 | 4.99 | 4.97 |
| 5.04 | 5.02 | 5.05 | 4.82 | 5.01 |
| 5.00 | 4.93 | 5.12 | 5.03 | 4.98 |
| 4.90 | 4.95 | 5.06 | 5.00 | 4.96 |
| 4.82 | 4.96 | 5.01 | 4.96 | 5.02 |

| 樣本16 | 樣本17 | 樣本18 | 樣本19 | 樣本20 |
|---|---|---|---|---|
| 5.01 | 5.05 | 4.96 | 4.90 | 5.04 |
| 5.04 | 4.97 | 4.93 | 4.85 | 5.03 |
| 5.09 | 5.04 | 4.97 | 5.02 | 4.97 |
| 5.07 | 5.03 | 5.01 | 5.01 | 4.99 |
| 5.12 | 5.09 | 4.98 | 4.88 | 5.05 |
| 5.13 | 5.01 | 4.92 | 4.86 | 5.06 |

解答

計算各組樣本的$\overline{X}$值，以及總樣本平均值$\overline{\overline{X}}$。

$$\overline{\overline{X}} = \frac{\overline{X}_1 + \overline{X}_2 + \overline{X}_3 + \cdots + \overline{X}_{20}}{20}$$

$$= \frac{4.9933 + 4.9583 + 5.0566 + \cdots + 5.0233}{20}$$

$$= \frac{100.043}{20} = 5.00215（中央線）$$

計算$R$並加以平均，得到$\overline{R}$。

$$\overline{R} = \frac{R_1 + R_2 + R_3 + \cdots + R_{20}}{20}$$

$$= \frac{.25 + .12 + .34 + \cdots + .09}{20}$$

$$= \frac{2.72}{20} = .136$$

用$n_i = 6$（樣本規模）由表A.15決定$A_2$的值：$A_2 = .483$。

控制上限為

$\overline{\overline{X}} + A_2\overline{R} = 5.00215 + (.483)(.136) = 5.00215 + .06569 = 5.06784$

控制下限為

$\overline{\overline{X}} - A_2\overline{R} = 5.00215 - (.483)(.136) = 5.00215 - .06569 = 4.93646$

不用全距而用標準差，

$$\bar{S} = \frac{S_1 + S_2 + S_3 + \cdots + S_{20}}{20}$$

$$= \frac{.0905 + .0397 + .1136 + \cdots + .0356}{20}$$

$$= .0494$$

用$n_i = 6$（樣本規模）由表A.15決定$A_3$的值：$A_3 = 1.287$。

控制上限為

$\bar{\bar{X}} + A_3\bar{S}$ = 5.00215 + (1.287)(.0494) = 5.00215 + .06358 = 5.06573

控制下限為

$\bar{\bar{X}} - A_3\bar{S}$ = 5.00215 − (1.287)(.0494) = 5.00215 − .06358 = 4.93857

下圖就是用全距來計算LCL與UCL的$\bar{X}$圖表（並不是用標準差）。在此應注意的是，若不是用全距而是用標準差來計算LCL與UCL，在此由於精確度的關係，看起來將會差不多。

要注意到第5組與第16組樣本的平均數都位於UCL的上方，而第11組與第19組則位於LCL的下方。結果指出這四組樣本都失去控制，必須要開始調查在這幾段期間中生產的軸承。而其他的樣本則都在控制界限之內，不必再調查。

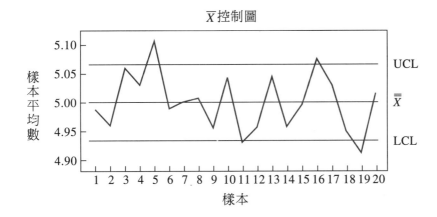

以下是本例題MINITAB的電腦輸出，要注意到MINITAB輸出的控制圖與此處的控制圖幾乎是一模一樣的。

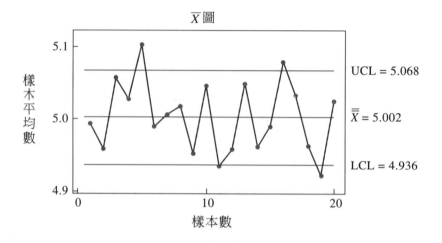

$\overline{X}$圖

樣本平均數

UCL = 5.068

$\overline{\overline{X}}$ = 5.002

LCL = 4.936

樣本數

*R圖*　*R*圖表是表示樣本全距的圖，通常與$\overline{X}$圖表並行使用。兩者的差別在於$\overline{X}$圖表是用來畫出各樣本平均值的圖，而*R*圖表則是畫出以全距來衡量各樣本的變異並表示在圖上。*R*圖表的中央線是全距的平均數$\overline{R}$，控制下限（LCL）則是$D_3\overline{R}$，其中$D_3$是一個加權的權數，用來反應樣本規模，其值可以由**表**A.15查出。控制上限（UCL）則是$D_4\overline{R}$，中$D_4$也是由**表**A.15查得，用來反應樣本規模。以下是建構*R*圖表的步驟。

　1.決定衡量的品質。

　2.決定樣本規模。

　3.蒐集20到30組樣本。

　4.計算各組樣本的全距*R*。

　5.決定所有樣本全距的總平均$\overline{R}$。

$$\overline{R} = \frac{\sum R}{k}$$

　其中k爲樣本規模。

　6.從**表**A.15中，以樣本規模$n_i$找出$D_3$與$D_4$的值。

　7.建構中央線與控制界限。

$$中央線 = \overline{R}$$
$$UCL = D_3\overline{R}$$
$$UCL = D_4\overline{R}$$

請建構例題17.1中20個軸承樣本資料的R圖表。

## 解答

計算樣本資料的全距如下。

| 樣本 | 全距 |
|------|------|
| 1 | .25 |
| 2 | .12 |
| 3 | .34 |
| 4 | .10 |
| 5 | .07 |
| 6 | .05 |
| 7 | .03 |
| 8 | .09 |
| 9 | .14 |
| 10 | .18 |
| 11 | .22 |
| 12 | .11 |
| 13 | .16 |
| 14 | .21 |
| 15 | .06 |
| 16 | .12 |
| 17 | .12 |
| 18 | .09 |
| 19 | .17 |
| 20 | .09 |

計算 $\overline{R}$。

$$\overline{R} = \frac{.25 + .12 + .34 + \cdots + .09}{20} = \frac{2.72}{20} = .136$$

由表A.15得到 $n_i = 6$，$D_3 = 0$，$D_4 = 2.004$。

中央線 $\overline{R} = .136$

$$\text{UCL} = D_3\overline{R} = (0)(.136) = 0$$

$$\text{UCL} = D_4\overline{R} = (2.004)(.136) = .2725$$

下圖表示例題17.1中樣本資料的R圖表。要注意的是，由圖中顯示出第3個樣本已超出控制範圍（高於UCL），因此應該是不能接受的值，必須要再檢查

這個樣本的母體。

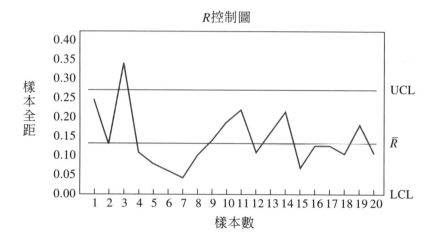

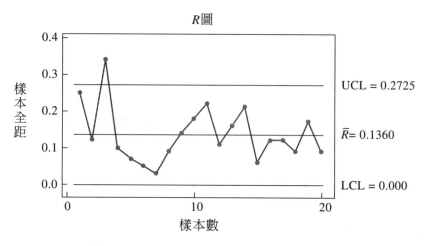

***P圖*** 當產品的屬性可以衡量時，由觀察而得到的資料就可以用來建構$\bar{X}$圖表與*R*圖表。不過，有時候檢查產品並無法得到衡量值，因為結果可能只是根據產品是否符合規格的判定而得到「是或不是」之類的結論。對於這一類的資料，將無法得到平均值或是全距之類的衡量值。在這種情況下，可以使用*P*圖表來描述產品的一致性。

舉例來說，假設一家生產電動摩托車的公司一週三次抽取40輛摩托車，持續一個月。計算每一組抽出的40輛摩托車中有多少比例不合規格。將得到的比例*p*繪在*P*圖表上以找出高瑕疵率的趨勢或是樣本。其他*P*圖表的應用包括決定

一桶顏料是否符合規格，一片玻璃中是否有裂縫，或是輪胎表面是否不合格等等。

與 $\bar{X}$ 圖表或是 $R$ 圖表相同的是，$P$ 圖表之中也包含了一條中央線。中央線表示樣本比例的平均值，樣本比例的平均值加上或是減去三倍樣本比例的標準差可以得到UCL與LCL。以下是建構一個 $P$ 圖表的步驟。

1.決定要衡量的品質。

2.決定樣本規模。

3.蒐集20到30個樣本。

4.計算樣本比例。

$$\hat{p} = \frac{n_{\text{non}}}{n}$$

其中：

$n_{\text{non}}$ ＝ 樣本中不合格的項目數
$n$ ＝ 樣本中的項目數

5.計算平均比例。

$$P = \frac{\sum \hat{p}}{k}$$

其中：

$\hat{p}$ ＝ 樣本比例
$k$ ＝ 樣本數

6.決定中央線、UCL、以及LCL，令 $Q = 1 - P$。

$$中央線 = P$$
$$\text{UCL} = P + 3\sqrt{(P \cdot Q)/n}$$
$$\text{LCL} = P - 3\sqrt{(P \cdot Q)/n}$$

---

一家公司生產高級紙張，為了確保品質，每隔一段期間抽取50張紙做為一份測試樣本。假設在某一段時間內隨機抽取的測試樣本有20份，其中不合格的比例如下。請利用這些資料建構 $P$ 圖表。

例題17.3

| 樣本 | n | 不合格數 |
|---|---|---|
| 1 | 50 | 4 |
| 2 | 50 | 3 |
| 3 | 50 | 1 |
| 4 | 50 | 0 |
| 5 | 50 | 5 |
| 6 | 50 | 2 |
| 7 | 50 | 3 |
| 8 | 50 | 1 |
| 9 | 50 | 4 |
| 10 | 50 | 2 |
| 11 | 50 | 2 |
| 12 | 50 | 6 |
| 13 | 50 | 0 |
| 14 | 50 | 2 |
| 15 | 50 | 1 |
| 16 | 50 | 6 |
| 17 | 50 | 2 |
| 18 | 50 | 3 |
| 19 | 50 | 1 |
| 20 | 50 | 5 |

解答

每一份樣本都有50張紙，因 $n = 50$，以 $n$ 為分母可以計算出每份樣本的不合格比例 $\hat{p}$。

| 樣本 | $\hat{p}$（不合格） |
|---|---|
| 1 | 4/50 = .08 |
| 2 | 3/50 = .06 |
| 3 | 1/50 = .02 |
| 4 | 0/50 = .00 |
| 5 | 5/50 = .10 |
| 6 | 2/50 = .04 |
| 7 | 3/50 = .06 |
| 8 | 1/50 = .02 |
| 9 | 4/50 = .08 |
| 10 | 2/50 = .04 |

| 11 | 2/50 = .04 |
| 12 | 6/50 = .12 |
| 13 | 0/50 = .00 |
| 14 | 2/50 = .04 |
| 15 | 1/50 = .02 |
| 16 | 6/50 = .12 |
| 17 | 2/50 = .04 |
| 18 | 3/50 = .06 |
| 19 | 1/50 = .02 |
| 20 | 5/50 = .10 |

將這些 $\hat{p}$ 值平均可得$P$值。

$$P = \frac{\hat{p}_1 + \hat{p}_2 + \hat{p}_3 + \cdots + \hat{p}_{20}}{20}$$

$$= \frac{.08 + .06 + .02 + \cdots + .10}{20} = \frac{1.06}{20} = .053$$

中央線$P = 0.053$

UCL為

$$P + 3\sqrt{\frac{P \cdot Q}{n}} = .053 + 3\sqrt{\frac{(.053)(.947)}{50}} = .053 + .095 = .148$$

LCL為

$$P - 3\sqrt{\frac{P \cdot Q}{n}} = .053 - 3\sqrt{\frac{(.053)(.947)}{50}} = -.042$$

由於不合格比例值不可能為$-.042$，因此令LCL為0。以下是本例題的$P$圖表。要注意的是所有20份樣本都位於品質控制界限之內。

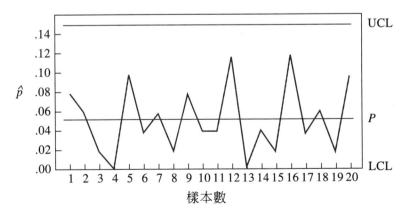

以下是MINITAB的電腦輸出之P圖表，要注意的是這個圖與上圖基本上是一模一樣的。

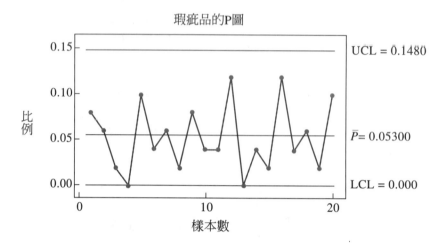

c 圖　c圖表與$\overline{X}$、R或是P圖表等比較起來，為人使用的次數較少。與P圖表相同的是在於c圖表也是用來建構與產品瑕疵有關的資訊，不過P圖表是用來顯示樣本中不合規格的比例，而c圖表則是用來顯示每件產品不合格的數量。舉例來說，塗裝瑕疵、刮痕、開口鑽太大或是太小，或是電子線路短路。c圖表容許一個物品有多個瑕疵，例如把一整台收音機視為一項物品，則收音機可能塗裝不良、有好幾個刮痕、焊接不當、線路不佳、控制面板壞了、燈泡燒壞，或是天線壞掉。一個單位不一定是電腦的晶片，有可能是一捆衣服，四尺電線，或是2×4的木板，只要在整個實驗過程中單位不變即可。

在計算c圖表時，c值是每個物品或是單位的不合格數。中央線是所有c值的平均數。由於理論上每個物品或是單位的不合格數應該是很小的，因此可以使用卜瓦松分配為c圖表的基礎。卜瓦松分配的長期平均數為λ，與c圖表中央線值c相似。控制上限（UCL）與控制下限（LCL）是由平均數c各加減三倍的標準差而得到的。而卜瓦松分配的標準差則是λ的平方根。相同地，c的標準差是c的平方根。因此UCL為 $\overline{c}+3\sqrt{c}$ 而LCL為 $\overline{c}-3\sqrt{c}$ 。以下是建構c圖表的步驟。

1.決定要衡量的不合格標準。
2.決定樣本的規模（物品或是單位），應該至少大於25。

3.蒐集樣本資料。

4.計算各物品或是單位的不合格數量以決定各個物品或單位的$c$值。

5.計算$\bar{c}$值。

$$\bar{c} = \frac{c_1 + c_2 + c_3 + \cdots + c_i}{i}$$

其中：

$i$ = 項目數

$c_i$ = 每項中不合格數

6.決定中央線，控制上限（UCL），與控制下限（LCL）。

$$中央線 = \bar{c}$$
$$UCL = \bar{c} + 3\sqrt{\bar{c}}$$
$$LCL = \bar{c} - 3\sqrt{\bar{c}}$$

---

一家企業製造衡量油壓的計量器。在該公司的統計程序控制中，隨機選取 　例題17.4
25個計量器並檢查其不合格的數量，其結果如下。請用這些資料建構$c$圖表以
顯示各個物品的不合格數。

| 項目數 | 不合格數 | 項目數 | 不合格數 |
|---|---|---|---|
| 1 | 2 | 14 | 2 |
| 2 | 0 | 15 | 1 |
| 3 | 3 | 16 | 4 |
| 4 | 1 | 17 | 0 |
| 5 | 2 | 18 | 2 |
| 6 | 5 | 19 | 3 |
| 7 | 3 | 20 | 2 |
| 8 | 2 | 21 | 1 |
| 9 | 0 | 22 | 3 |
| 10 | 0 | 23 | 2 |
| 11 | 4 | 24 | 0 |
| 12 | 3 | 25 | 3 |
| 13 | 2 | | |

**解答**

決定中線，控制上限及控制下限。

$$\bar{c} = \frac{(2+0+3+1+2+5+3+2+0+0+4+3+2+2+1+4+0+2+3+2+1+3+2+0+3)}{25}$$

$$= \frac{50}{25} = 2.0$$

UCL：

$$\bar{c} + 3\sqrt{\bar{c}} = 2.0 + 3\sqrt{2.0} = 2.0 + 4.2 = 6.2$$

LCL：

$$\bar{c} - 3\sqrt{\bar{c}} = 2.0 - 3\sqrt{2.0} = 2.0 - 4.2 = -2.2$$

注意：控制下限不能低於0，因此在此令LCL為0。

控制圖表如下。

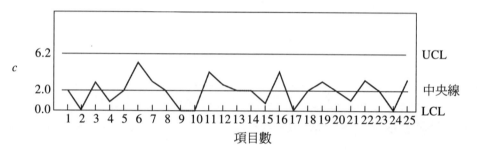

要注意的是本例題中沒有超出控制上下限的樣本資料，而且在中央線上下的偏誤十分正常，表示工作程序是處於控制之下，平均每個物品有兩處不合格。以下是MINITAB所輸出的$c$圖表。

不合格的$c$圖

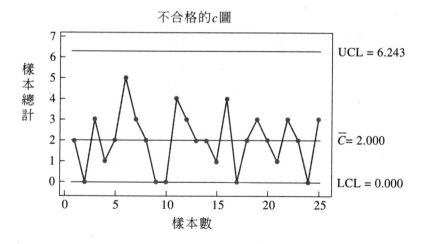

# 解釋控制圖

要如何用控制圖來監督工作程序？何時程序失去控制？在評估控制圖上的點時有幾件事必須要注意。很明顯的，其中之一是超出控制界限的點。控制圖的上下控制界限是將中央線值加減三倍的標準差而得到。第三章中介紹這項經驗法則，也就是Z的查表值在Z=3時表示大約99.7%的樣本資料都會在平均數加減三個標準差的範圍之內。將這項法則應用到控制圖，表示只有不到0.5%的點會落在上下控制界限之外。若是整個系統在控制之中，也就表示不會有落在上下控制界限之外的資料。當樣本值落在上下控制界限之外時，品管人員必須要開始檢查那些樣本值超出控制界限的成品。而在 $c$ 圖表中，一項物品落在控制上限的上方表示該物品的不合格數與平均值相比高出太多。總而言之，當某一點落在控制界限之外即表示必須要進行詳細的調查。

要決定控制圖所描繪的程序是否失去控制有好幾個評判標準。一般來說，落在上下限之間的值應該是呈現隨機上下震盪的。不過，若是連續太多的點都落在中央線的同一側可能表示一項程序失去控制了。這個值通常是以八為下限，當發生連續八個或是超過八個點都落在中央線的同一邊則表示程序失去控制了。此外，若11個點之中有10個是在中央線的同一側，亦或是14個點之中有12個落在中線的同一側也表示程序失去控制。

另一項可用來評判程序控制的標準是控制圖中表現出的趨勢。在程序中的任何一點，資料中是否產生了某種趨勢？以經驗來看，六個或多於六個遞增或是遞減的點就表示程序可能失去控制。這樣的趨勢可能表示到最後控制圖的點會與中央線愈離愈遠。

另一項在控制圖中的重要考慮因素為是否有過多的點落在中央線與外界（UCL與LCL）之間靠近外界三分之一的區域之中。與之前相似的，Z值的經驗法則表示大約所有點的95%應該在離中央線兩個標準差的距離之內，也就是說在正常的情況下只應該有不到5%的點會落在離中央線兩個標準差的距離之外。若是三個連續的點中有兩個是落在離中央線兩個標準差的距離之外，程序控制可能就是出了問題。相同的，由於大約只有68%的點應該落在離中央線一個標準差的距離之內（經驗法則，在Z=1時的查表值），也就表示只有32%的點應該落在離中央線超過一個標準差的距離之外。一般而言，若是五個連續的點中有四個是落在控制圖的外側三分之二的區域，就表示應該詳細檢查工作程序。

在評估控制圖時的另一項考量是中央線的位置。對一批連續的樣本而言，觀察中央線是否與規格偏離太遠是很重要的。

以下列出控制圖讓統計程序控制人員有所遵循的異常條件。

1. 點落在UCL之上或是LCL之下

2. 八個或是高於八個連續的點都落在中央線的同一側。十一個點之中有十個都落在中線的同一側；十四個點之中有十二個都落在中央線的同一側。

3. 連續六個或是多於六個遞增或是遞減的點。

4. 三個連續的點之中有兩個落在控制圖的外側三分之一的區域之中。

5. 五個連續的點之中有四個落在控制圖的外側三分之二的區域之中。

6. 隨著控制圖不同，中央線也跟著偏移。

圖17.7包含了數個控制圖，各個都有以下的問題之一。圖(a)有高於控制上限與低於控制下限的點。圖(b)有八個連續的點都在中央線的同一邊。圖(c)有七個連續遞增的點。在圖(d)，則在三個連續的點中至少有兩個落在控制圖的外側三分之一的區域之內。圖(e)，五個連續的點中至少有四個是落在控制圖的外側三分之二的區域之內。

在檢查控制圖中的異常情況時可以找到好幾個可能原因。以下列出其中一部份。

圖17.7
有問題的控
制圖

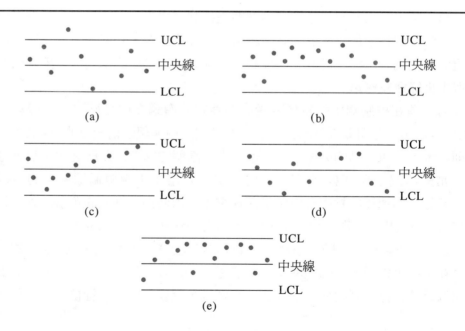

1.外在環境改變。

2.工人疲憊。

3.工具損壞。

4.機器或是操作人員更動。

5.維護。

6.工人的技能改變。

7.原料改變。

8.程序修改。

統計程序控制人員應該注意控制圖的異常情況可能會因為測量誤差或是控制界限計算錯誤而引起。為了不對所有控制圖上顯示出的異常情況反應過度，在判斷是否要調整程序上要特別注意。

---

**品質專題**

# ISO 標準：9000與14000

在1980年代出現了一項品質標準——ISO 9000，在1987年公佈，於1995年修訂。而ISO 14000標準則是在1996年秋季發表並得到了全球普遍的認同與採用。這些是什麼樣的標準呢？而它們又是如何產生的呢？

ISO 9000系列的品質標準一直以來都受人推崇，而且在歐洲有數以千計的企業採用。近來又有許多美國企業或是其他非歐洲的企業採用了ISO 9000的準則。許多大型知名的企業，例如，杜邦、奇異、柯達等企業若非大力鼓勵供應商推行，就是直接要求供應商必須要通過ISO認證。到底什麼是ISO 9000？

在1947年，有一稱為國際標準組織（International Organization for Standardization）的機構，由包括美國國家標準協會（American National Standards Institute）在內，來自92個不同國家的標準訂定團體共同成立，其目的在於訂定全球通用的標準。這個組織所設定的全球標準包括紙張大小，或是螺紋等等，不過其標準並不具強制力。在1987年，國際標準組織公佈了一組品質管理要件稱為ISO 9000。ISO 9000事實上是一系列的五個標準，其編號依次從9000到9004。要注意的是ISO並不是縮寫，這個名字其實是衍生自希臘字isos（意思是相等）。ISO 9000的目的是將企業關於品質管理的文件製作與分析的方式同等化或是標準化。

ISO 9000系列標準並不是另一種全面品質管理的方法，它應該是一種「將品質程序以文件證明的會計原則」之普遍機制。ISO 9000並不對產品的品質做任何要求，而是要求企業以文件來證明該公司在檢查、設計、維護、調整、訓練、顧客滿意度，以及其他與品質相關的功能都是依從文件所記載的步驟來進行。

支持ISO 9000的背後力量並不是政府，而是商業的力量。尤其是對買家而言，由於ISO 9000的標準認證包含了各種品質方法，因此給予買家一個選擇供應商的參考標準。

ISO 9000並不指明企業要如何改進其品質，也不說明企業要如何發展降低產品瑕疵的程序，它所做的

---

是讓企業重新檢視其公司營運記錄、手冊、工作守則、備忘錄等，諷刺的是ISO 9000的文件化程序的結果是降低組織內的文書工作，而且會產生一份全公司的標準報告。ISO 9000很快地變得愈來愈重要，而且在很多情況下變成是企業要在市場上成功的一項必要條件。

ISO 9000系列包含了以下的部份。

ISO 9000——幫助使用者選擇與使用ISO 9001–9003的標準

ISO 9001——涵蓋範圍最廣。包括設計、製造、安裝，以及服務系統

ISO 9002——包括生產以及安裝

ISO 9003——包括成品檢查與測試

ISO 9004——品質系統發展者的參考指引

ISO 14000是一系列的環境管理標準，可以提供用來管理法令規定的環保標準的架構與系統。其分類大項為環境管理系統、環境稽核、環境分類、環境績效評估，以及生命週期評估。ISO 14000在範圍上比ISO 9000更為廣泛。許多企業正開始提前準備ISO 14000系列的標準，而更積極的甚至開始實施TQEM方法論。TQEM是全面品質環境管理。迪吉多、寶鹼等公司都正在將環境考量與其各方面的作業程序整合在一起。

ISO 14000系列標準將會包含以下的部份。

ISO 14000——環境管理原則與系統的參考指引

ISO 14001——環境管理系統的規格

ISO 14010–15——環境稽核以及相關活動

ISO 14020–24——環境分類

ISO 14031–32——環境績效評估

ISO 14040–43—生命週期評量原則與實行

---

**問題17.2**　　17.4一家食物料理公司生產洋芋片、鹹脆捲餅以及起司片。雖然該公司的產品是一包包裝好依重量計價，但一直以來，該公司的抽樣方式都是以一包為單位，再計算其中有多少片以衡量產品品質。以下是五次抽樣每一袋產品中所含的片數。利用這些資料建構$\overline{X}$圖表以及$R$圖表，並討論結果。

| 樣本1 | 樣本2 | 樣本3 | 樣本4 | 樣本5 |
|---|---|---|---|---|
| 25 | 22 | 30 | 32 | 25 |
| 23 | 21 | 23 | 26 | 23 |
| 29 | 24 | 22 | 27 | 29 |
| 31 | 25 | 26 | 28 | 27 |
| 26 | 23 | 28 | 25 | 27 |
| 28 | 26 | 27 | 25 | 26 |
| 27 | 29 | 21 | 31 | 24 |

17.5 一家玩具製造商接下了一份塑膠小哨子的大訂單，一家大型快餐連鎖企業用這些哨子當作其兒童餐的贈品。隨機抽取了七次樣本，每一次都抽取四個哨子。每個哨子的重量以公克為單位，得到以下的資料。請用這些資料建構 $\bar{X}$ 圖表以及 $R$ 圖表。請問基於對結果的分析是否發現在生產程序方面有需要改進的地方？

| 樣本1 | 樣本2 | 樣本3 | 樣本4 | 樣本5 | 樣本6 | 樣本7 |
|------|------|------|------|------|------|------|
| 4.1  | 3.6  | 4.0  | 4.6  | 3.9  | 5.1  | 4.6  |
| 5.2  | 4.3  | 4.8  | 4.8  | 3.8  | 4.7  | 4.4  |
| 3.9  | 3.9  | 5.1  | 4.7  | 4.6  | 4.8  | 4.0  |
| 5.0  | 4.6  | 5.3  | 4.7  | 4.9  | 4.3  | 4.5  |

17.6 鉛筆製造工廠的一位機器操作員蒐集了十組樣本資料，每一組都有一百枝鉛筆。這一位操作員檢查這些鉛筆是否符合規格，得到了以下的資料。請用這些資料建構 $P$ 圖表，並對 $P$ 圖表的結果加以評論。

| 樣本 | 大小 | 不合格數 |
|------|------|--------|
| 1    | 100  | 2      |
| 2    | 100  | 7      |
| 3    | 100  | 4      |
| 4    | 100  | 3      |
| 5    | 100  | 3      |
| 6    | 100  | 5      |
| 7    | 100  | 2      |
| 8    | 100  | 0      |
| 9    | 100  | 1      |
| 10   | 100  | 6      |

17.7 一家大型製造公司生產汽閥，目前該公司生產一種用在工業引擎的特殊汽閥。在該公司的品質控制計劃中，工程師隨機選取了7組的樣本，每一組都有40個汽閥，並檢查這些汽閥是否合格，得到以下的結果。請用這些資料建構 $P$ 圖表，並加以評論。

| 樣本 | 大小 | 不合格數 |
|------|------|--------|
| 1    | 40   | 1      |
| 2    | 40   | 0      |
| 3    | 40   | 1      |

| 樣本 | 大小 | 不合格數 |
|---|---|---|
| 4 | 40 | 3 |
| 5 | 40 | 2 |
| 6 | 40 | 5 |
| 7 | 40 | 2 |

17.8 一家公司生產燈泡，在出貨之前會選取一組樣本做爲檢查之用。檢查員找出不合格的地方，例如，刮痕、功能不正常、燈芯斷掉、接觸不良，或是其他的瑕疵。假設檢查了三十五個六十瓦的燈泡，得到了以下的結果。請用這些資料建構 $c$ 圖表並討論結果。

| 燈泡數 | 不合格數 | 燈泡數 | 不合格數 |
|---|---|---|---|
| 1 | 0 | 18 | 0 |
| 2 | 1 | 19 | 2 |
| 3 | 0 | 20 | 0 |
| 4 | 0 | 21 | 0 |
| 5 | 3 | 22 | 1 |
| 6 | 0 | 23 | 0 |
| 7 | 1 | 24 | 0 |
| 8 | 0 | 25 | 0 |
| 9 | 0 | 26 | 2 |
| 10 | 0 | 27 | 0 |
| 11 | 2 | 28 | 0 |
| 12 | 0 | 29 | 1 |
| 13 | 0 | 30 | 0 |
| 14 | 2 | 31 | 0 |
| 15 | 0 | 32 | 0 |
| 16 | 1 | 33 | 0 |
| 17 | 3 | 34 | 3 |
|  |  | 35 | 0 |

17.9 一家飲料裝瓶公司剛開始將可樂裝入一大批十二盎司的罐子中，檢查員從中取出了三十二個罐子做爲樣本，並找出其中不合格的罐子。檢查員所要找的瑕疵是罐子塗裝不良、封裝不當、重量不對、有漏洞、糖漿與二氧化碳的混合比例不對，以及甜度不對等，所得到的結果如下。請用這些資料建構 $c$ 圖表並加以評論。

| 瓶罐數 | 不合格數 | 瓶罐數 | 不合格數 |
|:---:|:---:|:---:|:---:|
| 1 | 2 | 17 | 3 |
| 2 | 1 | 18 | 1 |
| 3 | 1 | 19 | 2 |
| 4 | 0 | 20 | 0 |
| 5 | 2 | 21 | 0 |
| 6 | 1 | 22 | 1 |
| 7 | 2 | 23 | 4 |
| 8 | 0 | 24 | 0 |
| 9 | 1 | 25 | 2 |
| 10 | 3 | 26 | 1 |
| 11 | 1 | 27 | 1 |
| 12 | 4 | 28 | 3 |
| 13 | 2 | 29 | 0 |
| 14 | 1 | 30 | 1 |
| 15 | 0 | 31 | 2 |
| 16 | 1 | 32 | 0 |

17.10檢查以下所列出的三個控制圖，並討論各個控制圖中可能存在的問題。

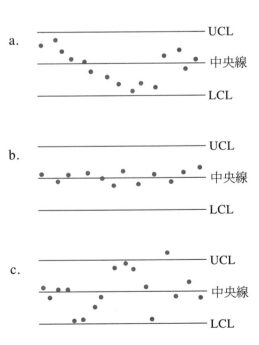

17.11 研究以下的各個控制圖，指出其中顯示程序有問題的控制圖並加以評論。

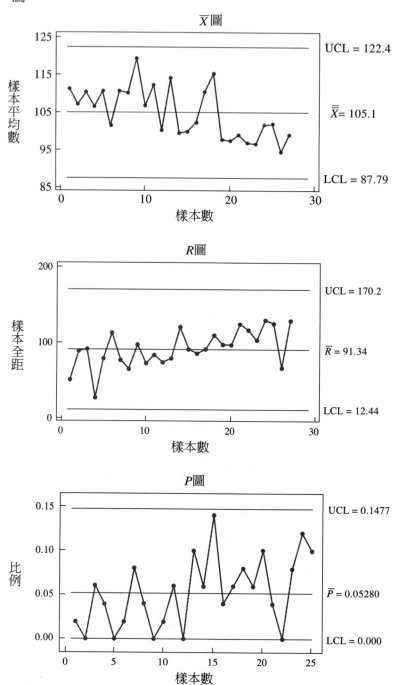

# 17.4 合格抽樣

●●●●●●●●●●●●●●●●●●●●●●●●●●●●●●●●●●●●●●●●●●●●●●●

　　合格抽樣（acceptance sampling）是另一種品質控制的方法，它與程序後檢查有關。所謂的合格抽樣是檢查從一批成品之中選取出的樣本是否合格，應不應該被拒絕。假設一家大型自行車製造商與一家廠商訂合約購買自行車頭燈的支架。運達的支架每一批數量都是三千。請問該自行車製造商要如何決定一批支架是否合格？當然，有一種方法是進行百分之百的檢查。

　　若是進行百分之百的檢查，則全部的支架，都須被檢查。而在合格抽樣中，一批成品就是一個母體。若是每個物品都檢查，就是百分之百的抽樣，那已經是普查，而不能算是抽樣了。採用這種方法成本太大而且會因檢查員太疲憊而效率愈來愈差。不過，在以安全為首要考量因素的時候，百分之百的檢查很可能是唯一的選擇。舉例來說，所有飛機的水壓系統都應該通過檢查。而在高度自動化的製造工廠中則可以以較低的成本對進廠的原料以及生產線上的半成品進行百分之百的檢查。然而，大多數的企業都傾向於使用合格抽樣而非百分之百的檢查。

　　在合格抽樣的方法中，數量為$n$的樣本由大小為N的母體中隨機抽取出。每一組$n$個樣本在檢查之後會標上合格或是不合格的記號，依據一組樣本被標記不合格或是合格的數量，就可以決定整批物品是否可以被接受。若是整批都被拒絕，則買方就可以決定是否要退回該批貨物或是要求供應商降價。合格抽樣有好幾種方案，包括單次抽樣方案，二次抽樣方案以及多次抽樣方案。

## 單次抽樣方案

　　單次抽樣方案是從一批數量為N的物品中抽取一組大小為$n$的樣本。在等於或是小於$c$個樣本不合格的情況，檢查員可以由過去的經驗以及公司所訂的規格決定是否要接受這一批物品。因此，若是超過$c$個樣本被拒絕，該批物品將被拒絕。通常一組樣本中真正被拒絕的數量是用$x$來代表。單次抽樣的規則如下。

| 單次抽樣接 受 規 則 | （若 $x \le c$，則接受） |
| :--- | :--- |
| | （若 $x > c$，則拒絕） |

　　假設前面提到的自行車製造商使用單次抽樣的方案以決定供應商送來的某一批支架是否合格，可以接受。該公司決定一組樣本的數量為$n=20$，而且若是超過兩個樣本不合格，則整批三千個支架都要被拒絕。也就是說，在這裡，$c=2$，只要一組樣本的不合格數為零，一，或是二，則該批貨品是可被接受的，要是不合格數為三或是更多，則該批物品是不可被接受的。

## 雙重抽樣方案

　　有時若是檢查人員發現一組樣本中不合格的數量正好在可接受與不可接受的邊緣地帶，他們可能會進行雙重抽樣，看看第二組樣本的結果是否與第一組樣本的結果一致，以決定是否要拒絕這一批物品。這種方法是雙重抽樣方案。首先，抽取第一組樣本，若是不合格數$x_1$小於或是等於某個事先給定的$c_1$，則該批物品是可以被接受的，若是$x_1$大於或是等於某個事先給定的$r_1$（$r_1 > c_1$），則該批物品應該被拒絕。要是$x_1$正好界於$c_1$與$r_1$之間，則要抽取第二組樣本。

　　令第二組樣本不合格數為$x_2$，將$x_2$加上$x_1$，若是小於或是等於某一個事先給定的值$c_2$，則該批物品是可以接受的，若是$x_1$加上$x_2$的總和大於$c_2$，則表示該批物品是要被拒絕的。以下是雙重抽樣方案的決策規則。

| 雙重抽樣方 案接受規則 | 樣本1： | 若 $x_1 \le c_1$，則接受 |
| :--- | :--- | :--- |
| | | 若 $x_1 \ge r_1$，則拒絕 |
| | | 若 $c_1 < x_1 < r_1$，則取樣本2 |
| | 樣本2： | 若 $x_1 + x_2 \le c_2$，則接受 |
| | | 若 $x_1 + x_2 > c_2$，則拒絕 |

　　假設該自行車製造商決定使用雙重抽樣方案，第一組樣本的大小為20，而$c_1=2$，$r_1=5$。若是第一組樣本的不合格數小於或是等於2（也就是不合格數為0，1或是2），整批三千個支架是可以接受的。若是不合格的樣本數大於或是等於5，則拒絕該批支架。然而，在不合格數界於二到五之間的情況下，也就是不合格數為三或是四，就要抽取第二組樣本。第二組樣本的數量不一定要與

第一組相同，假設該公司的員工決定$c_2$為四，若是第一組與第二組樣本不合格數的總和小於或是等於四，則接受該受該批支架，不過若是大於四，就要拒絕該批支架。

# 多重抽樣方案

多重抽樣是單次抽樣與雙重抽樣的延伸。在這種方案中會依序抽取三組或是更多組的樣本以決定一批物品是否可以接受。與雙重抽樣方案類似的地方在於每抽取一組樣本，其中不合格的數量就要與之前所抽取的樣本不合格數合併，再與$c_i$比較，若是小於或是等於$c_i$，則該批物品就是可以接受，而抽樣就到此為止。若是大於或是等於$r_i$，則抽樣也到此為止，但該批物品將要被拒絕。要是正好界於$c_i$與$r_i$之間，則要再抽下一組樣本。$c_i$與$r_i$不必每次都一樣，隨著每一次抽取一組樣本，$c_i$與$r_i$都可以改變。整個程序會持續進行直到該批物品被接受或是被拒絕，或是直到檢查人員認為抽樣數量已足夠為止。

# 決定誤差曲線與操作特徵（OC）曲線

在合格抽樣的過程中，就如同假設檢定一般，一旦研究人員由樣本資訊對母體下了結論之後，這個結論有可能是正確的，也有可能是錯誤的。如同第九章中所描述的，若是虛無假設為真，但研究人員卻將之拒絕，是犯了型一錯誤；若是虛無假設為偽，但研究人員卻不能拒絕虛無假設，則是犯了型二錯誤，這些原則也可以應用到合格抽樣的方法上。當決策者依據本資訊接受了一批物品，他要不是做了正確的決定，就是犯了型二錯誤；而要是該批物品應該被接受而樣本資料也顯示接受，則這是一個正確的決策。要是該批物品應該被拒絕，但樣本資訊卻顯示接受（不能拒絕），則犯了型二錯誤。

在合格抽樣中，消費者（顧客或是買方）通常都要對一批物品進行測試與決策。而生產者則是將物品送達消費者手中並等待消費者的測試結果。因此型一錯誤有時也被稱為生產者風險。犯下型一錯誤的機率，或者說是生產者風險以$\alpha$代表。型一錯誤只有當生產者所生產的產品被消費者所拒絕時才會發生，因此生產者會特別關心符合規格而應該被接受的產品卻因為樣本資訊誤導而被消費者拒絕的情況。

型二錯誤在合格抽樣中有時也被稱為消費者風險。犯下型二錯誤的機率，或者說是消費者風險，以$\beta$來代表。型二錯誤只有當不應被接受的一批物品卻被消費者接受時才會發生。消費者因為接受一批物品而承受風險。在此，表17.1合併了第九章介紹的型一錯誤與型二錯誤的概念以及消費者風險與生產者風險的觀念。

　　$\alpha$與$\beta$的值可以經由計算合格抽樣而得到。在自行車製造商的例子中，假設支架供應商送交了一批三千個支架。該自行車製造商決定隨機抽取十五個樣本，要是不合格數未超過一（$c=1$），則接受該批支架。請問該自行車製造商接受這批支架的機率是多少？

　　這一類的問題可以用二項分配來解決，只要母體規模大於樣本規模許多即可。記得在第五章中當抽樣是採抽樣後不放回的方式時，只要樣本規模小於母體規模的5%，就可以使用二項分配。若是樣本規模大於母體規模的5%，就應該要用超幾何分配。在合格抽樣中，若是一批被接受的物品其中包含部份的不合格品，則二項分配的$p$值以$p_0$代表；若是在該批物品中所含的不合格數在買方可接受的限度之外，則以$p_1$代表。在自行車製造商的例子中，$p_0$為.02，$n$為15，而$c=1$。因為$c=1$，所以若是樣本中的不合格數為$x=0$或是$x=1$，則該批支架是可以接受的。若是供應商送交了一批支架，其中2%為瑕疵品，則在$c=1$的決策法則下，該自行車製造商接受該批支架的機率以二項分配計算如下。

　　接受該批支架的機率為：

$$P(x = 0) + P(x = 1) = {}_{15}C_0(.02)^0(.98)^{15} + {}_{15}C_1(.02)^1(.98)^{14}$$
$$= .7386 + .2261 = .9647$$

表17.1
生產者與消
費者誤差

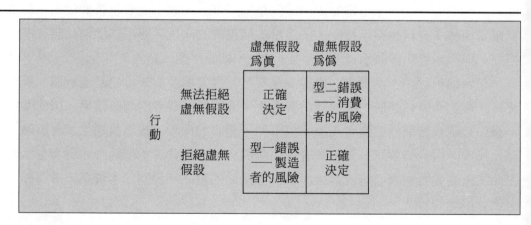

| | | 虛無假設為真 | 虛無假設為偽 |
|---|---|---|---|
| 行動 | 無法拒絕虛無假設 | 正確決定 | 型二錯誤——消費者的風險 |
| | 拒絕虛無假設 | 型一錯誤——製造者的風險 | 正確決定 |

拒絕該批支架的機率為：

$$1-[P(x = 0) + P(x = 1)] = 1 - [.9647] = .0353$$

若是該自行車製造商可接受的不合格品比例為2%，而該批支架確實包含了2%的不合格品，則正確接受該批支架的機率為0.9674。然而，在母體是可接受的情況下，有.0353的機率會發生型一錯誤而拒絕該批支架。由於生產者所生產的產品符合規格卻被拒絕，因此這個.0353的機率是生產者風險。

現在假設供應商所送交的這批支架有12%是不合格的，而這個比例對消費者（該自行車製造商）而言是不可接受的。請問即使不應接受，但該自行車製造商卻依據樣本資料而錯誤地接受了這批支架的機率是多少？不可接受的母體其中的不合格比例以$p_1$代表，而$p_1=.12$，$n=15$，而$c=1$，由此計算出接受的機率為

$$P(x = 0) + P(x = 1) = {}_{15}C_0(.12)^0(.88)^{15} + {}_{15}C_1(.12)^1(.88)^{14}$$
$$= .1470 + .3006 = .4476$$

這個0.4476的機率是犯型二錯誤的機率，也就是消費者風險。由於在$c=1$的條件下。即使該批支架有12%的比例是不合格品，該自行車製造商也有44.76%的機率會接受該批支架。同樣地，正確拒絕該批支架的機會為$1-.4476=.5524$。

假設該自行車製造商將$c$的值由一改到零，請問風險會變成多少？假設$n = 15$，$c = 0$，$p_0 = .02$，$p_1 = .12$，我們可以算出以下的生產者風險。

1.決定接受實際可接受的母體的機率。

$$P(x = 0) = {}_{15}C_0(.02)^0(.98)^{15} = .7386$$

2.找出拒絕實際可接受的母體的機率。

$$1 - P(x = 0) = 1 - .7386 = .2614 （生產者的風險及 \alpha）$$

該批支架被接受的機率為.7386，代表若是母體實際不合格數$p_0 = .02$而整批被接受的機率。而不正確地拒絕該批支架的機率則為$1-0.7386=0.2614$，也就是犯型一誤差的機率為0.2614，而這個數字也代表了生產者風險。要計算消費者風險（$\beta$），則用實際上不可接受的母體中不合格的比例$p_1$以及$c$來決定不正確地接受該批支架的機率。

$$P(x = 0) = {}_{15}C_0(.12)^0(.88)^{15} = .1470$$

即使母體中有12%的比例不合格，但因爲樣本中沒有不合格品，所以該批支架被接受的機率爲0.1470。$\beta$的值爲0.1470，也就是消費者風險。

或許你可以看出在任何的合格抽樣方案之中有無數$n$，c，$p_0$，$p_1$的可能值，爲了讓決策者能更詳細地檢視有關的風險，應該要建構操作特徵(OC)曲線圖。操作特徵曲線圖表示依據母體中不合格比例、樣本規模以及c值而決定接受一批物品的機率。這種曲線是以不合格比例爲$X$軸，而接受的機率爲Y軸繪製而成的。每一條曲線都是根據某一個給定的$n$值以及某一個給定的c值建構而成。

舉例來說，假設該自行車製造商決定檢查的樣本數爲$n$=15，而以c=0爲可接受的標準。則算出在母體中各種可能的不合格比例下被接受的機率如下。

| | | |
|---|---|---|
| $P = .00$ | ${}_{15}C_0(.00)^0(1.00)^{15} =$ | 1.00 |
| $P = .01$ | ${}_{15}C_0(.01)^0(.99)^{15} =$ | .86 |
| $P = .02$ | ${}_{15}C_0(.02)^0(.98)^{15} =$ | .74 |
| $P = .03$ | ${}_{15}C_0(.03)^0(.97)^{15} =$ | .63 |
| $P = .04$ | ${}_{15}C_0(.04)^0(.96)^{15} =$ | .54 |
| $P = .05$ | ${}_{15}C_0(.05)^0(.95)^{15} =$ | .46 |
| $P = .06$ | ${}_{15}C_0(.06)^0(.94)^{15} =$ | .40 |
| $P = .07$ | ${}_{15}C_0(.07)^0(.93)^{15} =$ | .34 |
| $P = .08$ | ${}_{15}C_0(.08)^0(.92)^{15} =$ | .29 |
| $P = .09$ | ${}_{15}C_0(.09)^0(.91)^{15} =$ | .24 |
| $P = .10$ | ${}_{15}C_0(.10)^0(.90)^{15} =$ | .21 |
| $P = .15$ | ${}_{15}C_0(.15)^0(.85)^{15} =$ | .09 |

由這些值可以建構一個$n$=15，c=0的OC曲線，如圖17.8所示。值得注意的是，隨著不合格比例愈來愈接近15%，依據樣本資訊而接受母體的機率降到低於10%，也就是在樣本數爲15的情況下，隨著母體不合格比例愈來愈多，則樣本中全是合格品的機會也愈來愈低。

假設支架的供應商送交一批其中不合格比例爲.02的支架而且這個比例是在自行車製造商的可接受的範圍之內，則該自行車製造商有.26的機率會拒絕

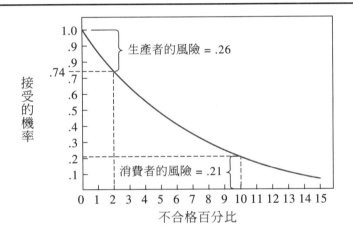

圖17.8
$n=15$ 且 $c=0$
的OC曲線

圖17.9
消費者風險
及生產者風
險的OC曲
線

該批支架。其計算方式如下。

$$1 - {}_{15}C_0(.02)^0(.98)^{15} = 1 - .74 = .26$$

　　這個算出的機率即是生產者風險。**圖17.9**是**圖17.8**的OC曲線加上生產者
風險與消費者風險的結果。

　　現在假設該批支架中包含10%的不合格品，而應該被該自行車製造商（消
費者）拒絕。在OC曲線以及之前的圖表中，在 $n=15$，$c=0$，$p_1=.10$ 的條件下，
消費者接受的機率為.21。這是消費者風險，如**圖17.9**所示。

　　決定者可以藉由檢視OC曲線而在合格抽樣方案中取得 $\alpha$ 與 $\beta$ 的平衡。藉由

這個方法，決定者可以選擇一個適合的方案幫助他們控制風險在可接受的限度下。例如美國軍方就已經建立了可以滿足其需求的圖表。

---

例題17.5　　　一家電腦製造商向供應商購買電路板，每一批單位都是五千。買方（顧客，或者說是電腦製造商）決定用單次抽樣的合格抽樣方案來決定是否要拒絕或是接受一批電路板。該公司定樣本數為二十，而$c$定為二。請建構本例題的OC圖表。假設$p_0=.03$是在可接受的範圍之內，而$p_1=.10$則否，請決定生產者風險與消費者風險。

解答

$$n = 20 \text{，} c = 2$$

若是$x \leq 2$，則母體是可被接受的，在不同的p值下計算出的機率如下。

$$p = .01 : \text{Prob}(x = 0) = {}_{20}C_0(.01)^0(.99)^{20} = .818$$
$$\text{Prob}(x = 1) = {}_{20}C_1(.01)^1(.99)^{19} = .165$$
$$\text{Prob}(x = 2) = {}_{20}C_2(.01)^2(.99)^{18} = .016$$
$$\text{Prob}(x \leq 2) = .999$$

$$p = .02 : \text{Prob}(x = 0) = {}_{20}C_0(.02)^0(.98)^{20} = .668$$
$$\text{Prob}(x = 1) = {}_{20}C_1(.02)^1(.98)^{19} = .272$$
$$\text{Prob}(x = 2) = {}_{20}C_2(.02)^2(.98)^{18} = .053$$
$$\text{Prob}(x \leq 2) = .993$$

$$p = .03 : \text{Prob}(x = 0) = {}_{20}C_0(.03)^0(.97)^{20} = .544$$
$$\text{Prob}(x = 1) = {}_{20}C_1(.03)^1(.97)^{19} = .336$$
$$\text{Prob}(x = 2) = {}_{20}C_2(.03)^2(.97)^{18} = .100$$
$$\text{Prob}(x \leq 2) = .980$$

$$p = .05 : \text{Prob}(x = 0) = {}_{20}C_0(.05)^0(.95)^{20} = .358$$
$$\text{Prob}(x = 1) = {}_{20}C_1(.05)^1(.95)^{19} = .377$$
$$\text{Prob}(x = 2) = {}_{20}C_2(.05)^2(.95)^{18} = .189$$
$$\text{Prob}(x \leq 2) = .924$$

$$p = .10：\text{Prob}(x = 0) = {}_{20}C_0(.10)^0(.90)^{20} = .122$$
$$\text{Prob}(x = 1) = {}_{20}C_1(.10)^1(.90)^{19} = .270$$
$$\text{Prob}(x = 2) = {}_{20}C_2(.10)^2(.90)^{18} = .285$$
$$\text{Prob}(x \leq 2) = .677$$

$$p = .15：\text{Prob}(x = 0) = {}_{20}C_0(.15)^0(.85)^{20} = .039$$
$$\text{Prob}(x = 1) = {}_{20}C_1(.15)^1(.85)^{19} = .137$$
$$\text{Prob}(x = 2) = {}_{20}C_2(.15)^2(.85)^{18} = .229$$
$$\text{Prob}(x \leq 2) = .405$$

$$p = .20：\text{Prob}(x = 0) = {}_{20}C_0(.20)^0(.80)^{20} = .012$$
$$\text{Prob}(x = 1) = {}_{20}C_1(.20)^1(.80)^{19} = .058$$
$$\text{Prob}(x = 2) = {}_{20}C_2(.20)^2(.80)^{18} = .137$$
$$\text{Prob}(x \leq 2) = .207$$

當$p_0$=.03，則$\alpha$=1−.980=.02，這是生產者風險。當$p_1$=.10，$\beta$的值為.677，這是消費者風險。以下則是OC曲線，$p_0$=.03的生產者風險以及$p_1$=.10的消費者風險。由於消費者願意接受二十個之中有兩個不合格的樣本，因此消費者風險比生產者風險為高。可接受的樣本不合格數$c$=2代表接受樣本中2/20=.10=10%的不合格品。若是消費者不願意接受$p_1$=.10的母體，則當他接受樣本中10%的不合格比例時，會使得拒絕母體變得較不容易。

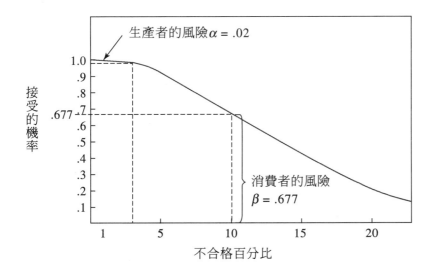

17.12 一家辦公用品公司訂購了一批為數四千支的原子筆。當貨品送達時，該公司的檢查員隨機選取了15支筆來檢查，若是在樣本中的不合格數高於四就要退貨。若是不合格數低於二就可以接受。如果不合格數為二，三，或是四的話，就要再抽取第二批樣本，其樣本大小為十支，而$c_2$為3。假設該檢查員在第一組樣本與第二組樣本中分別發現兩支不合格，請問檢查員的決定為何？為什麼？這是哪一種合格抽樣方案？

17.13 一家製造商向其供應商購買了一批為數一千七百個的圓型印章。檢查員以單次抽樣方案來決定是否接受該批貨品。樣本大小為十，若是檢查員發現樣本中有任何一個不合格品，就拒絕該批貨品。假設該批印章之中5%是不合格的，而這個比例對買方來說是在可以接受的範圍之內。請問生產者風險有多大？假設該批印章之中有14%是不合格的，而這個比例對買方來說是不可接受的，請問消費者風險有多大？

17.14 一家書籍的大盤商剛收到印刷廠送交的一批為數兩千本的書。該公司決定採用單次抽樣方案以決定是否要退貨，而樣本數定為十二。退貨的標準是在這十二本樣本中發現一個以上的不合格品。假設印刷廠很確定這一批書之中只有4%的比例是有瑕疵的，請問生產者風險有多大？又假設這一批書之中有15%的比例是瑕疵的，請問該書商的風險有多大？

17.15 在$n=8$，$c=0$的條件下，建構OC曲線。決定在$p_0=.03$的條件下，其生產者的風險，以及在$p_1=.10$的條件下的消費者風險，並在曲線上標示出這些數值。

17.16 在$n=11$與$c=1$的條件下建構OC曲線，並指出在$p_0=.08$的條件下之生產者風險，以及在$p_1=.20$的條件下之消費者風險。

決策難題解決之道

# 全錄

　　全錄在組織中有數以千計的程序。在調查每一項程序時，全錄很可能發現生產力與品質的障礙及瓶頸。在1980年代的「品質掛帥」的活動中，全錄花了四年訓練超過100,000名員工關於品質的原則。為了以全錄2000計畫將品質提升到另一個層次，全錄的領導者想要改善生產力並整合品質到組織中的各部門。對於這一項高遠的目標，全錄可以採行的方法其中之一是全公司的員工都積極參與將全公司的作業程序都以流程圖表示。由於大多數的員工都接受過TQM的訓練，對於程序分析技術以及流程圖繪製應該相當熟悉。

　　當所有的程序都攤開在眼前，就可以開始找出其中的瓶頸與問題。員工可以開始質疑在一項程序中為什麼活動要遵循某種順序進行。品管小組也可以使用腦力激盪來研究程序的流程。全公司都進行這一類的工作將可以大幅減少浪費並可以找出有問題的地方。其他程序分析技術如佩瑞托圖表以及魚骨圖也能用來找出可能的問題原因所在並決定哪一個問題最常發生。

　　全錄在標竿管理方面一直是全世界的領導者，該公司發展了競爭產品實驗室，在其中對競爭對手的產品拆解並加以分析。藉由這個方式，該公司學習其他公司如何以低成本生產品質優良的產品，全錄也就能改進其設計及程序。

　　一旦在生產線或是顧客服務訂下標準後，如何監督品質是否符合標準？控制圖是在這一方面很有用的工具。藉由統計程序控制技術可以檢定產品的樣本。控制圖可以顯示正常樣本的產品屬性。這項工具讓工作人員可以決定程序何時開始漸漸失控，而可以採取必要的行動以防情況愈來愈糟。由於系統可以快速地發現程序失控並加以處置，因此使用控制圖應該可以減少生產上的浪費。

　　顧客滿意度，員工的態度，以及許多其他的品質議題都能用控制圖來監督。例如，若是平均顧客滿意度突然大幅下降，該公司就可以進行調查，將情勢挽回。

　　全錄在其「品質掛帥」計劃中採行了即時（JIT）系統，在那段期間中，該公司將供應商的數量由5000降低到大約300。與少數供應商交易讓全錄有機會大幅改變與供應商的關係與溝通管道。供應商開始與全錄在規劃、設計以及生產各方面密切合作。全錄因此能在其系統中實現許多JIT的優點。此外，全錄允許其供應商利用全錄的員工訓練活動。對供應商所供應的原料與零件，全錄並不採行大規模的品質檢查，而是由供應商自己檢查所

送出的貨品。不管是由全錄或是供應商自己檢查，檢查步驟中都可以用合格抽樣法。每一批貨品都只要抽取一小部份做爲檢查之用，由檢定的機率可以決定某一批貨品是否可以被接受。

全錄仕影印機以及相關產品的領域得以繼續保持其領導地位。藉由全錄2000計劃，公司的領導者希望不只繼續進行在過去13年中塑造公司文化的全面品質管理，此外，還要將全錄的品質提升到更高的層次。

# 結語

本章討論了品質、品質控制，以及全面品質管理等概念，此外本章中還解釋了好幾個品質控制中的重要概念，包括團隊建立、即時存貨、標竿管理、再造工程、流程圖、佩瑞托分析、魚骨圖，以及控制圖。又詳細解釋了$\overline{X}$、$R$、$P$以及$c$圖表。最後則介紹合格抽樣。

品質一詞對不同的人來說有不同的意義。有一種定義認爲優良的品質是將符合買賣雙方要求的屬性送達顧客手中。而Philip B. Crosby，Armand V. Feigenbaum，以及David A. Garvin等品質專家都對品質一詞提出了不同的觀點。

品質控制是組織可以用來保證生產出優良產品的一套策略、技術以及行動。數十年來，美國企業使用程序品質控制，也就是由檢查員決定一項產品是否合格。在1980年代，美國企業與歐洲、亞洲企業一樣，開始執行程序中的品質控制，使得生產者能在生產過程中就可以決定產品的瑕疵。

全面品質管理是當組織中所有成員——上從總裁，下至第一線工作人員——都加入改進品質的行列。戴明是提倡全面品質管理的主要人物之一，他由於對企業採行全面品質管理的因果解釋而聞名，有時這又被稱爲戴明連鎖反應。此外，戴明還提出了十四點原則用來做爲改進全面品質管理的參考。

有四種重要的品質概念是團隊建立、即時系統、標竿管理，以及再造工程。團隊建立是集合一群員工以組織一個可以承擔管理任務以及其他功能的團體，例如計劃監督。即時系統是一種著重在原料、零件以及供應商的存貨系

統。所謂的即時是一種強調供應商與製造商之間協調與合作的理論，使得零件或是原料只有在需要時才會送達。這種方法節省下了存貨成本並可以做爲發現瓶頸與無效率的催化劑。它也改變了製造商與供應商的關係。標竿管理是一種企業以觀察模仿產業中的範例來發展產品及改進品質的方法。再造工程則是以劇烈改造企業核心程序的方式以達成全面品質管理。

在分析程序方面有四種診斷工具可以利用，他們分別是流程圖、佩瑞托分析、魚骨圖，以及控制圖。流程圖是將程序中發生的活動以圖型表示。佩瑞托分析則是用來檢視一項產品中各種瑕疵類型的方法，其結果通常是一個直方圖，圖中描述最常發生的的瑕疵類型，並按照發生頻率排序。魚骨圖顯示了品質問題的可能原因，整個魚骨圖長得就像一個魚的骨架，頭部是問題，而其他部份的骨架則是問題的可能原因。控制圖是以圖型來評估一項程序的統計資料是否在控制之中的方法。

本章介紹了四種不同的控制圖。前二個圖，$\bar{X}$圖表與$R$圖表都是測量尺度的控制圖。$\bar{X}$圖表是表示一連串小型隨機樣本的平均值的圖型。$R$圖表則是表示樣本全距的圖。$\bar{X}$圖表所繪出的是位置的尺度，而$R$圖表則繪出變異的程度。其他兩種控制圖是$P$圖表與$c$圖表則是用來衡量不合格數的控制圖。$P$圖表繪出樣本中不合格的比例。$c$圖表則是繪出一連串的樣本中每一項物品的所有不合格數。每一種控制圖都有一條中央線以及上下控制界限。控制界限是中央線加減三倍的標準差。

合格抽樣是另一種統計品質控制技術，它牽涉到從一批物品中抽取隨機樣本檢查以決定是否要依據樣本資料接受該批物品。單次抽樣方案是每一批只抽取一組樣本，然後依據樣本的結果做出接受與否的決定。雙重抽樣方案是在不能由第一次抽樣做出確定的結論時，要再抽取第二組樣本。研究人員可以藉由建構操作特徵曲線檢查可能發生的錯誤風險。生產者風險即是犯型一錯誤的機率，而消費者風險則是犯型二錯誤的機率。

# 重要辭彙

合格抽樣　　　　程序後品質控制　　標竿管理　　　　$c$圖表

因果圖　　　　　中央線　　　　　　消費者風險　　　控制圖

雙重抽樣方案　　魚骨圖　　　　　　流程圖　　　　　程序中品質控制

Ishikawa 圖　　　即時存貨系統　　　控制下限（LCL）　製造品質

多重抽樣方案　　操作特徵（OC）曲線　$P$圖表　　　　　佩瑞托分析

佩瑞托圖表　　　程序　　　　　　　生產者風險　　　產品品質

品質　　　　　　品管圈　　　　　　品質控制　　　　$R$圖表

再造工程　　　　單次抽樣方案　　　團隊建立　　　　全面品質管理

卓越品質　　　　控制上限（UCL）　使用者品質　　　價值品質

$\overline{X}$圖表

# 公式

**$\overline{X}$圖**

中央線：$\overline{\overline{X}} = \dfrac{\sum \overline{X}}{k}$

UCL：$\overline{\overline{X}} + A_2 \overline{R}$

LCL：$\overline{\overline{X}} - A_2 \overline{R}$

或

UCL：$\overline{\overline{X}} + A_3 \overline{S}$

LCL：$\overline{\overline{X}} - A_3 \overline{S}$

**$P$圖**

中央線：$P = \dfrac{\sum \hat{p}}{k}$

UCL：$P + 3\sqrt{\dfrac{P \cdot Q}{n}}$

LCL：$P - 3\sqrt{\dfrac{P \cdot Q}{n}}$

**$R$圖**

中央線：$\overline{R} = \dfrac{\sum R}{k}$

UCL：$D_4 \overline{R}$

LCL：$D_3 \overline{R}$

**$c$圖**

中央線：$\overline{c}$

UCL：$\overline{c} + 3\sqrt{\overline{c}}$

LCL：$\overline{c} - 3\sqrt{\overline{c}}$

# Robotron

●●●●●●●●●●●●●●●●●●●●●●●●●●●●●●●●●●●●●●●●●●●●●●●

　　Robotron公司位於密西根的南田市（Southfield），該公司二十多年來都是汽車產業的黏著產品製造商。多年來，Robotron都認為其產品品質可靠，因為他們很少接到顧客的抱怨。在1980年代早期，通用汽車公司向該公司訂購了感應式黏合機以解決汽車車門聯結處的接合，不過，這型機器是被送到三洋公司的密西根工廠，該工廠是GM的車門承造商。

　　日本公司對這部機器的品質非常不滿意，於是Robotron的總裁Leonard Brzozowski親自前往三洋的工廠調查，發現日本客戶比起一般美國客戶而言，對於品質有較高的要求，他們要求更小的誤差以及更仔細的檢查。Brzozowski說他第一次領悟到Robotron的原理、工程、管理以及工作環境都不足以讓該公司在全球市場上具競爭力，這是他職業生涯中最尷尬的時候。請問Robotron要如何處理這種事？

　　Brzozowski開始將員工送往三洋的工廠觀摩，在那裡他們與客戶面對面談話，接收顧客對產品抱怨的第一手資訊，他們也可以看到該公司的產品與三洋產品的差異。到廠參觀的行動十分有效，在回程途中，Robotron的員工開始討論如何改進其產品品質的方法。

　　在開始品質改善的工作之前，該公司採取了好幾個步驟，它首先建立了新的檢查程序，購買更精密的檢查工具，改變內部控制的程序，並發展了衡量進度的底線。在顧客購買機器之後六個月，該公司會派一組工作人員到顧客那裡衡量顧客滿意度，而顧客也可以用熱線直接反應對產品不滿意的地方。

　　工程師持續一個月在工廠作業員的指導下在現場組裝機器，讓他們知道精確，清晰的繪圖，設計更小、更輕以及縮小機器表面積的重要。

　　Robotron成立了紅利獎金，只要公司業績好，該公司所有的115位員工都會得到紅利。紅利獎金的總金額是公司稅前利潤的21%。

　　Robotron的努力十分有成果，在三年之內，客戶保固期內抱怨的數量降低了40%，而銷售量則平均每年成長13.5%。

　　該公司不但降低了成本，還減少了生產中額外的步驟與程序。銷售額的百分之七被用來進行研發，因此40%的銷貨量是來自該公司三年前所沒有的技術與產品。

　　在發生之前三洋事件時，該公司仍沒有外國客戶，而今天，20%的銷貨都是出口額，

此外，該公司也將客戶擴展到汽車業之外。Robotron是全面品質管理的最佳例子。

討論

　　在品質改進時，Robotron很有可能要分析其製程序。假設隨著Robotron改進品質，該公司想要檢驗其它的程序，包括收到訂單到完成的工作流程。以下是某些在這樣的流程中可能會發生的活動的描述，依據這些資料，再加上你自己的意見，請繪出整個處理訂單的工作流程圖。

　　處理訂單的工作流程:收發室收到訂單。送到訂單處理室，訂單處理人檢查這是一份標準訂單或是要特別訂作。若是標準訂單，就把訂單送到倉庫，若是倉庫中還有存貨，就把貨送出，而訂單則送到會計部門。要是沒有存貨，訂單就送到工廠，有人會檢查該項物品是否正在生產線上，若是，就把訂單送到生產線的最尾端;若不是，訂單就送到生產的最前端開始裝配。無論如何，等產品完成，訂單就貼到產品上，然後準備送出。送貨人員將產品送出，而訂單則送到會計部門。若訂單所下的是需要特製的產品，則由訂單處理人員直接送到製造部門，之後的流程就與標準訂單的流程一樣。

　　事實上，所有的優良製造商都用某種的控制圖來監控生產過程。假設以下的控制圖是Robotron在某一段時期依據某兩種產品的資料繪製而成。173號零件的重量規格183公克，248號零件的規格則要有一個直徑35公厘的開口。研究這些控制圖並告訴Robotron你發現什麼。有任何合理的解釋嗎?是否所有的事都在控制之中?

　　假設Robotron也記錄不合格產品的P圖。以下是某零件100個樣本中不合格的數量。研究這個控制圖並交給Robotron一份簡報說明你所發現的事。請思考你所看到有關整體績效、失控樣本、優良樣本以及任何你能看出的趨勢。

道德省思

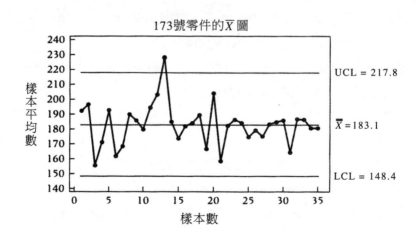

173號零件的 $\overline{X}$ 圖

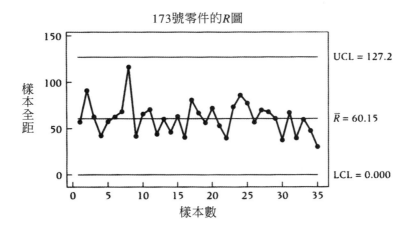

173號零件的R圖

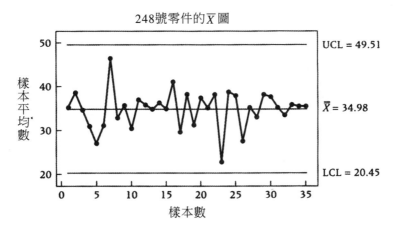

248號零件的$\overline{X}$圖

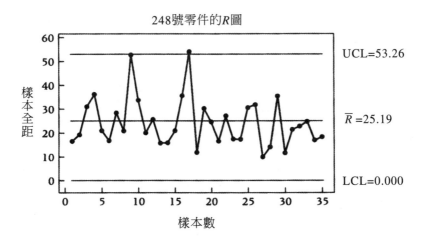

248號零件的R圖

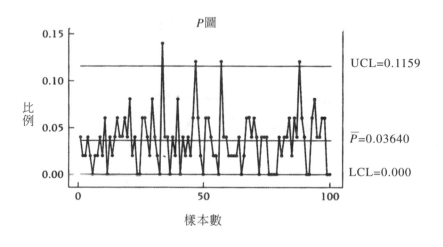

$P$圖

UCL=0.1159

$\overline{P}$=0.03640

LCL=0.000

比例

樣本數

## 道德省思

# 品質管制

　　不道德或是徘徊在道德邊緣的行為可能會在全面品質管理的許多部分發生。公司最高的決策者或其它高階經理人通常可以對世界宣稱本公司全心致力於品管，可是實際上卻不見得真的在組織內推廣品質觀念。美國品質國際基礎研究中揭露經理人口中所說品質的重要性與他們實際所關注的有一段落差。這個落差在聯結品質表現與客戶滿意度時特別明顯。這一點有許多的理由，有些經理人根本就不知道如何在組織中實行品管課題。然而一些利用品質改革活動為一種吸引注意力和權力的工具而不見得真正落實的經理人常常就會出現一些不道德的行為。該研究也發現大約百分之二十的美國企業並不經常省視他們品質表現的結果，相反地，日本企業卻只有百分之二而已。是不是一些美國經理人只是拿品質做封面以隱藏他們的不合格嗎？

　　有些品質管制或統計流程管制的特點本身就會導致不道德的行為。JIT系統可以用來成為優惠某些供應商的藉口。在減少供應商的同時，簽約經理人就可以對選擇供應商比較挑剔。這樣一來負責簽約的經理人或採購部門就有比較多的手段可以在交易的同時做出不道德的行為。

　　JIT系統通常鼓勵供應商自己本身而非由生產廠商對物料做測試。這種自我評量的方式反而提供了做假記錄和測試的機會。其本意是希望藉由要求供應商適時供應符合規格的零件的壓力來暴露出這種行為。也就是在JIT系統內，這些供應商的客戶或使用者會比傳統供貨系統更容易發現不合規格的零組件。

　　企業在應用標竿管理方法時不夠謹慎也很容易違反專利法規。這也會鼓勵商業間諜活動以及不公平競

爭的行爲。標竿管理可以營造一種持續找尋「竊取」有競爭力的新想法與創新意見的氣氛。

與其他抽樣方法相同，控制圖與合格抽樣也可能用在不道德的行爲上，例如假造資料，選取較有利的樣本，或是在圖形上誤導資料，讓系統看起來在控制中或是某一批貨品實際不合格卻顯示合格。

有效的品質計劃必須要基於團隊合作、互相扶持、信任以及誠實。在品質控制方面，不道德的行爲其實只是讓程序退化好幾年。品質改進的目的在於激發人類的最佳能力，以得到最佳品質的產品。

# 第18章

決策分析

學習目標　　　　本章說明如何使用決策分析改進管理的決策，從而使你能夠：

1. 學習在確定、不確定及風險下的決策決定。
2. 學習幾個在不確定下的決策決定策略，包含期望代價、期望的機會損失、最大最小值、最大最大值、及最小最大惜悔值。
3. 學習如何製作及分析決策樹。
4. 瞭解功利理論的觀點。
5. 學習如何以樣本資訊修正機率。

---

**決策難題**

# 總裁階層的決策決定

　　總裁在今天的商業世界中面臨主要的挑戰。在許多情形下，國際市場在演變，以及競爭在增加。科技在改變產品及過程。國際及國家的政治及經濟氣候持續的改變。在這樣的互動下，總裁的決策包含有關投資、產品、資源、供給、財務等等。決策為管理最重要的功能。成功的公司時常建立在成功的決策上。即使是成功企業的總裁也會感到持續提升公司地位的必要性。

　　1994年，福特汽車公司有逾40億的獲利記錄，且在10款美國的暢銷車種中佔了5款。但是，總裁Alex Trotman決定將北美及歐洲事業合併成一個全球單位。此決策為以福特2000來進行，該計畫乃設計「世界新車」，有共同的零件，且可以全世界銷售，只有改變些許樣式以符合當地的品味。

　　同一年，George Fisher，伊士曼柯達公司的總裁改變了柯達十年的多元發展，將柯達導入數位及電子影像的方向。他是以強調紙張和膠片的傳統產品與數位及電子影像結合來實行此項計畫。

　　小公司的總裁也同樣做出艱難的決定。對總裁而言，最關鍵的決策時期很可能在成長時期。有一份針對142家小型私人公司的總裁所做的研究，想要確定高層經理人所採取的決策種類。研究中的所有公司於研究前的四年期間在營收方面已經有穩健的成長。研究中的總裁建議，成長時期所做的決策通常都在擴張、人事、財務、運作、及控制系統領域。依照受訪者的回答，許多的這些決策對於公司均有系統性的關連，因而使得決策變得非常

重要。

這些總裁反應，在公司的成長時期，必須做出的決策是有關於如何掌控新的生意？如何擴大規模？公司要建造或租用場地、設備來擴張其規模還是遷移、自動化等等？所有的這些決策都隱含著風險。顧客的需求會增加嗎？增加的需求將會持續多久？如果公司無法滿足客戶的需求，失敗的機率為何？

依照該研究，另一個做出決策的重要領域為人事。公司的長期策略為何？應該做出大規模的解雇使公司「瘦身又刻薄」嗎？公司需要雇用人嗎？管理階層如何發現及吸引有才能的經理人呢？如何解雇不合格的人事呢？在生產的領域中，管理階層如何平衡人事以符合不同的產品需求？

研究的參與者認為重要的第三個決策的領域為系統、商情及財務。公司如何使運作及流程變得更有效率？如何處理現金流量的問題？在什麼樣的情況下公司會得到財務上的支持做資本的擴張？

在行銷的領域中，必須做的決策包括定價、配銷、採購及供應商。公司應該行銷至海外嗎？垂直性的整合為何？公司應該擴充新市場或新的產品線嗎？

這些在研究中的總裁列舉一些決策的選擇，其代表成長中的公司裡令人振奮但有時是冒險的機會。這些決策者的成功或失敗通常是視其確認及選擇對公司最佳的決策方向的能力而定。

### 管理及統計上的問題

1. 在任一所給予的決策領域中，經理人所有的選擇為何？
2. 市場或商業環境對於影響某一決策選擇的結果或獲利為何？
3. 哪一些策略能被用來幫助決策者決定選擇哪一種決定？
4. 若隱含著風險，在各決策選擇中不同性質的狀態發生的機率為何？
5. 不同的決策選擇的獲利為何？
6. 在最後決策時經理人會偏好風險嗎？如果是，他會怎麼做呢？

本章的焦點在於商業的決策。大多數的決策者對統計方法深奧的表達不感興趣。對於多數的商學學生及專業技術商業工作者而言，統計的概念及技巧只有透過其在商業世界中的應用才顯示其威力。對於經理人而言，決策只是遊戲的名稱。商業統計及其他的商業的量化技巧皆存在於幫助及改進決策的功能。

量化商業技巧的一個特別的種類被稱為決策分析。這些技巧通常被用來澄清及加強決策的過程。本章中，我們討論的決策分析在如此分歧的情形，例如何時及是否鑽油井，決定是否及如何擴張規模，決定是否或不要將設備自動化，及決定做哪一種種類的投資。

在決策分析中，決策的計畫概要被分為三個種類。

---

**全球焦點**

# 有關於投資於美國公司的外國公司的決策分析

外國公司的決策者在決定是否要不要投資美國公司的決策考量的過程為何？風險為何及獲利為何？可以考慮的決策選擇為何且會影響該決策之成功程度的本質狀況為　　何？

外國公司可能考慮的決策方案如下：(1)大量投資在美國公司，(2)適度投資美國公司，(3)少量投資美國公司，(4)不投資美國公司。其本質狀況為何？外國的投資可能受美國公司的歡迎且可以發展成功的企業。美國的政治環境可能不被外國投資所欣賞，導致政府通過新的或較高的關稅、目的為不鼓勵外國的投資，同時可能發生剝削而非投資的商業環境。因為抵制外國的投資者，市場佔有率也可能減少。更有可能發生國營化的公司。一些這種本質狀態比較牽強，有些則較為可能。外匯的匯率如何影響投資及其獲利呢？若聯合管理一個企業，以不同的文化混合管理將是優勢、適宜或劣勢呢？

加州商業部的資料顯示在1976年，31個企業體在加州進行直接的外國投資，其價值為1億9千4百萬。1987年前，244個外國投資價值33億。在加州的外國投資的種類包含合併、購併、聯盟及合資。在1987年，加州公司的領先外國投資者為日本公司，其在加州的公司擁有數億圓的價值。加拿大及英國在其後分別居於第二及第三。

外國公司決定投資美國公司的因素為何？外國資金投資美國公司的一些首要的原因如下：

1.進入美國市場。

2.打通美國管道。

3.連結美國科技。

4.多元化。

5.提升地位。

6.企圖利用外匯獲利。

7.企圖降低全球市場的競爭。

1.在確定下的決策決定。

2.在不確定下的決策決定。

3.在風險下的決策決定。

在本章中，我們將針對每種情況討論決策，及討論貝士統計及功利的概念。

# 18.1 決策表及在確定情況下的決策決定

••••••••••••••••••••••••••••••••••••••••••••••••••

許多的決策分析問題可被視爲具有三個變數：決策方案、本質狀況及獲利。

決策方案是在任何的某一特定的問題情形下可供決策者不同的選擇。在所有的時候，財務經理人面臨的選擇是是否投資績優股、債券、期貨、定存、貨幣市場、年金及其他的投資。建築業的決策者必須決定今天是否專注於一件建造工作上，將工作及設備分配到不同的工作，或是今天不要工作。事實上，在任何可能的商業設想情況中，決策的替代方案是存在的。一個好的決策者可確認許多的選擇且可以有效的評估他們。

本質狀況爲決策已經被決定後會發生的狀態，其能影響決策的結果且決策者很難或無法控制。這些本質狀況可爲字面上的環境或天氣狀況，或是其可爲如商業環境、政治環境、工作者環境或市場的狀況。財務投資人面臨的本質狀況爲主要利率、股票市場的狀況、國際貨幣的外匯等等。一家建設公司面臨的本質狀況有天氣、違反規定的罷工、設備的損害、曠工及供應商無法及時供貨。本質狀況通常很難預測，但對於決策決定過程中的確認很重要。全球焦點呈現一些決策的替代方案及外國公司投資美國公司的本質狀態。

決策分析問題的獲利爲選擇一個特別的決策方案產生的利益或報酬的結果。獲利通常以金錢來計算。在金融投資業中，例如，獲利可分爲小、中、大，或投資可導致損失。所有的商業決策均不外將個人或公司的金錢以一種形式或其他形式碰運氣。因爲利益導向的公司尋求投資的錢有所回報，獲利對一個成功的經理人而言是很重要的。祕訣是去決定選擇哪一種決策方案以便產生最佳的獲利。道德焦點陳述一些總裁在做環境決定時的決策替代方案。環境決

策的代價應該包含增加的市場佔有率、吸引及留住好的員工、消費者的認同及政府的支持。負面的代價的形式可為罰錢或處罰、失掉市場佔有、及官司的裁判。

## 決策表

決策方案、本質狀況、獲利的概念可以一併使用決策表或獲利表來檢視。**表18.1**顯示決策表的結構。表的左邊為不同的決策方案，以$d$表示。最上方一排為本質狀況，以S來替代。在表的中間為在各種本質狀態下各決策方案的不同獲利結果。這些獲利以$p$表之。

以決策表為例，考慮顯示於**表18.2**之投資者的決策難題。投資者所面臨的問題是在幾種可能的本質狀況下在何處及如何投資$10,000。

投資者考慮四種決策的替代方案。

1.投資股票市場。

2.投資債券市場。

3.投資政府可轉讓的定期存款。

4.投資股票及債券之組合。

---

表18.1
決策表

| | | 本質狀況 | | | | |
|---|---|---|---|---|---|---|
| | | $S_1$ | $S_2$ | $S_3$ | $\cdots$ | $S_4$ |
| 決策方案 | $d_1$ | $P_{1,1}$ | $P_{1,2}$ | $P_{1,3}$ | $\cdots$ | $P_{1,n}$ |
| | $d_2$ | $P_{2,1}$ | $P_{2,2}$ | $P_{2,3}$ | $\cdots$ | $P_{2,n}$ |
| | $d_3$ | $P_{3,1}$ | $P_{3,2}$ | $P_{3,3}$ | $\cdots$ | $P_{3,n}$ |
| | . | . | . | . | $\cdots$ | . |
| | . | . | . | . | $\cdots$ | . |
| | . | . | . | . | $\cdots$ | . |
| | $d_m$ | $P_{m,1}$ | $P_{m,2}$ | $P_{m,3}$ | $\cdots$ | $P_{m,n}$ |

其中：

$s_j$ = 本質狀況

$d_i$ = 決策方案

$P_{ij}$ = 在 $j$ 情況下，$i$決策的收益

因為獲利是在未來，投資者不太可能預先知道經濟的本質狀況為何。在此例中，我們將陳述經濟的三種可能狀況。

1.經濟不景氣。
2.經濟緩慢成長。
3.經濟快速成長。

表18.2的矩陣列出在各種可能的經濟狀態下各種可能投資決策的獲利。應注意的是，最大的獲利為在快速成長經濟下，於股票市場投資$10,000元，每年有$2,200元的獲利。最低的獲利為在經濟不景氣下，於股票市場投資$10,000元，每年有$500元的損失。

# 確定情況的決策決定

最基本的決策決定步驟為確定情況的決策決定。在確定情況下做決定時，本質狀況為已知。決策者只需檢視在不同決策方案下的獲利及選擇具有最大獲利的方案。在前例投資$10,000元之例中，若已知經濟即將不景氣，投資者將會選擇的替代方案為定存，其獲利為$300元。事實上，其他三種決策替代方案在經濟不景氣下皆會產生損失。若已知經濟將會緩慢成長，投資者將會選擇股票做為投資，導致$700元的獲利。若經濟已知將會快速成長，決策者將會選擇投資股票，導致$2,200元的獲利。確定情況的決策決定幾乎為非常簡單的情形。接下來，我們將考慮在不確定情況下的決策決定，以及在風險下的決策決定。

| | | 經濟狀況 | | |
| --- | --- | --- | --- | --- |
| | | 不景氣 | 緩慢成長 | 快速成長 |
| 投資決策方案 | 股票 | −$500 | $700 | $2200 |
| | 債券 | −$100 | $600 | $ 900 |
| | 定存 | $300 | $500 | $ 750 |
| | 組合 | −$200 | $650 | $1300 |

表18.2
投資$10,000
的年獲利

# 18.2 不確定情況下的決策決定

●●●●●●●●●●●●●●●●●●●●●●●●●●●●●●●●●●●●●●●●●●●●●●●●●

在確定情況下做決策決定時，決策者確定知道哪一種本質狀況會發生，他們的決定是基於該狀況下存在的最大獲利。不確定情況下的決策決定會發生在哪一種本質狀況為未知，且發生狀況的機率也同樣未知。所以，決策者實際上並無有關於哪一種本質狀況會發生的資訊，且他們均企圖發展基於獲利的策略。

有幾種在不確定情況下做決策決定的方法。各使用不同的決策標準，視其決策者的想法而定。各種方法將會被解釋且以決策表加以證實。其包含的有最大最大值法則、最大最小值法則、賀氏法則及最小最大悔惜法則。

18.1節中，我們討論金融投資人的決策難題，其想要投資$10,000元，且面臨四個決策方案及三種本質狀況。該問題的資料列於表18.2中。在確定情況的決策決定下，我們選擇在各種經濟狀況下的最佳獲利，且而後，基於我們確定會發生的那一種狀況，選出決策替代方案。例如，若我們確定經濟將會緩慢成長，我們選擇股票投資，因為投資會有$700元的利潤，其為經濟成長緩慢下的最大獲利。以下介紹的技巧使用於當我們不確定哪一種本質狀況會發生時。

## 最大最大值法則

最大最大值法則為一種最樂觀的方法，其中，決策者基於其認為將會發生最好的事情而行動。決策者將各決策方案下的最大獲利獨立出來，而後選擇一種決策替代方案，其能產生這些最大獲利的最大值。「最大最大值」意指從各決策方案中的最大值選出所有獲利的最大值。思考$10,000元的投資問題。最大的代價為投資股票的$2,200元，債券的$900元，定存的$750元，投資組合的$1,300元。最大最大值方法需要決策者選擇這四項中最大值的獲利。

|  |  | 經濟狀況 |  |  |  |
|---|---|---|---|---|---|
|  |  | 不景氣 | 緩慢成長 | 快速成長 | 最大值 |
| 投資決策方案 | 股票 | −$500 | $700 | $2200 | $2200 |
|  | 債券 | −$100 | $600 | $ 900 | $ 900 |
|  | 定存 | $300 | $500 | $ 750 | $ 750 |
|  | 組合 | −$200 | $650 | $1300 | $1300 |

最大值{$2200, $900, $750, $1300} = $2200

因為最大最大值法則產生$2,200元的最佳獲利，選擇的決策方案為股票，其為$2,200元。

# 最大最小值法則

在不確定情況下的決策決定的最大最小值方法為一種悲觀的方法。其假設為最壞的事將會發生，且必須想辦法減少損失。決策者從檢視各決策替代方案下的獲利開始，選擇在該決策下會發生的最壞及最小的獲利。而後，決策者在這些決策方案中選出的這些最小值的最大獲利。因此，決策者可以將這些最小值最大化。在投資的問題中，最小的獲利為股票的−500元，債券的−100元，定存的300元，及投資組合的−200元。有了這些最大最小原則，決策者可以檢視在最後一列中的各決策方案的最小值獲利，而後選出這些值的最大值。

|  |  | 經濟狀況 |  |  |  |
|---|---|---|---|---|---|
|  |  | 不景氣 | 緩慢成長 | 快速成長 | 最大值 |
| 投資決策方案 | 股票 | −$500 | $700 | $2200 | −$500 |
|  | 債券 | −$100 | $600 | $ 900 | −$100 |
|  | 定存 | $300 | $500 | $ 750 | $300 |
|  | 組合 | −$200 | $650 | $1300 | −$200 |

最大值{−$500, −$100, $300, −$200} = $300

決策是投資定存，因為此投資方案在最糟的情況下產生最高的或最佳的獲利。

# 賀氏法則

賀氏法則的方法是介於最大最大值及最大最小值之間。賀氏法則的方法是從各決策方案中選出最大值及最小值的獲利。一個稱為alpha($\alpha$)的值介於0與1之間（與型一的誤差機率不同），其被選為最佳化的加權。$\alpha$越接近1，決策者越樂觀。使用的$\alpha$值越接近0，代表越悲觀的方法。各決策方案下的最大獲利乘以$\alpha$，且各決策方案下的最小獲利乘以$1-\alpha$（悲觀的加權）。各決策方案之加權的乘積相加，導出各決策替代方案下的加權值。選擇最大的加權值，且選

出相關的決策替代方案。

以下的資料為投資問題的資料與最小值及最大值。

| | | 經濟狀況 | | | | |
|---|---|---|---|---|---|---|
| | | 不景氣 | 緩慢成長 | 快速成長 | 最小值 | 最大值 |
| 投資決策方案 | 股票 | −$500 | $700 | $2200 | −$500 | $2200 |
| | 債券 | −$100 | $600 | $ 900 | −$100 | $ 900 |
| | 定存 | $300 | $500 | $ 750 | $300 | $ 750 |
| | 組合 | −$200 | $650 | $1300 | −$200 | $1300 |

假設我們較為樂觀且選擇的$\alpha$為.7（最佳化的加權）。決策方案的加權值的計算如下。

股票  ($2200)(.7) + (−$500)(.3) = $1390
債券  ($900)(.7) + (−$100)(.3)  = $600
定存  ($750)(.7) + ($300)(.3)   = $615
組合  ($1300)(.7) + (−$200)(.3) = $850

賀氏法則使決策者選出這些值的最大值，$1390。$\alpha$=.7的賀氏法則下的結果是選擇股票為決策方案。賀氏法則的優點為其讓決策者有一範圍去探究最佳化的不同的加權值。決策者的想法可能依各計畫而不同、或因時而不同。在此情形下，若我們非常的悲觀且選擇.2為$\alpha$值，我們可能會得到以下加權後的值。

股票  ($2200)(.2) + (−$500)(.8) = $ 40
債券  ($900)(.2) + (−$100)(.8)  = $100
定存  ($750)(.2) + ($300)(.8)   = $390
組合  ($1300)(.2) + (−$200)(.8) = $100

在此情形下，決策者會選擇定存的決定，因為其會產生$\alpha$=.2的最高的加權後的獲利（$390）。

表18.3列示的是投資決策問題的不同$\alpha$值，使用賀氏法則所得到的獲利。圈出來的值為最佳的獲利，且代表該$\alpha$值的決策方案。注意，$\alpha$=.0、.1、.2及.3，決策為投資定存。就$\alpha$=.4至1.0，決策則是投資股票。

圖18.1以圖表顯示可能的$\alpha$值的各決策方案加權後的值。最粗的線代表各

$\alpha$值下的最大值。注意圖形強調了$\alpha$=.0、.1、.2、.3時定存的選擇，以及$\alpha$=.4 至1.0時股票的選擇。

介於$\alpha$=.3及.4之間，有一個點為定存加權後的獲利線與股票加權後的獲利 線之交點。將定存投資的最大值及最小值的$\alpha$表示與股票投資設定相等，我們

| | | 股票 | | 債券 | | 定存 | | 組合 | |
|---|---|---|---|---|---|---|---|---|---|
| | | 最大值 | 最小值 | 最大值 | 最小值 | 最大值 | 最小值 | 最大值 | 最小值 |
| $\alpha$ | $1-\alpha$ | 2200 | −500 | 900 | −100 | 750 | 300 | 1300 | −200 |
| .0 | 1.0 | −500 | | −100 | | ⟨300⟩ | | −200 | |
| .1 | .9 | −230 | | 0 | | ⟨345⟩ | | −50 | |
| .2 | .8 | 40 | | 100 | | ⟨390⟩ | | 100 | |
| .3 | .7 | 310 | | 200 | | ⟨435⟩ | | 250 | |
| .4 | .6 | ⟨580⟩ | | 300 | | 480 | | 400 | |
| .5 | .5 | ⟨850⟩ | | 400 | | 525 | | 550 | |
| .6 | .4 | ⟨1120⟩ | | 500 | | 570 | | 700 | |
| .7 | .3 | ⟨1390⟩ | | 600 | | 615 | | 850 | |
| .8 | .2 | ⟨1660⟩ | | 700 | | 660 | | 1000 | |
| .9 | .1 | ⟨1930⟩ | | 800 | | 705 | | 1150 | |
| 1.0 | .0 | ⟨2200⟩ | | 900 | | 750 | | 1300 | |

表18.3
不同$\alpha$值的
決策方案

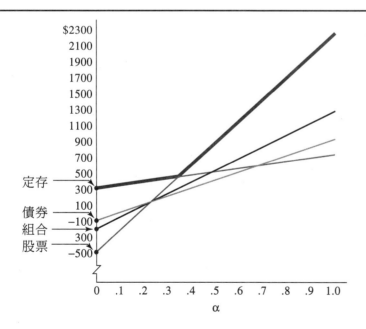

圖18.1
不同$\alpha$值的
賀氏法則選
擇圖

可以解出該交點發生時的$\alpha$值。在該$\alpha$值，賀氏法則下的兩個投資的加權後的獲利相等，且不管決策者的選擇爲何，對他或她並無不同。

$$股票加權獲利 = 定存加權獲利$$
$$2200(\alpha) + (-500)(1 - \alpha) = 750(\alpha) + (300)(1 - \alpha)$$
$$2200\alpha - 500 + 500\alpha = 750\alpha + 300 - 300\alpha$$
$$2250\alpha = 800$$
$$\alpha = .3555$$

$\alpha = .3555$時，股票及定存在賀氏法則下產生相同的獲利。小於$\alpha = .3555$的值，定存爲投資的選擇。就$\alpha > .3555$而言，股票爲所選擇的投資。就任意的$\alpha$值而言，債券及投資組合在賀氏法則下不會產生最佳的獲利。注意圖18.1的深色線代表最佳值。債券及投資組合皆在整個$\alpha$範圍的最佳化的線下方。在不同獲利的另一種問題中，結果可能會有不同。

## 最小最大惜悔值

最小最大惜悔的策略是基於損失機會。發生損失機會是因爲決策者選擇錯誤的決策方案所損失的一些獲利，或獲利的一部份。例如，若決策者選擇決策方案$d_i$，其付出200元，而決策方案爲$d_j$，其付出300元，機會的損失爲100元。

$$\$300 - \$200 = \$100$$

分析不確定情況的決策決定時，分析者可以將決策表轉換爲機會損失表，其可以被用來應用最小最大惜悔法則。讓我們再檢視$10,000元的投資決策表。

|  |  | 經濟狀況 | | |
|---|---|---|---|---|
|  |  | 不景氣 | 緩慢成長 | 快速成長 |
| 投資決策方案 | 股票 | -$500 | $700 | $2200 |
|  | 債券 | -$100 | $600 | $ 900 |
|  | 定存 | $300 | $500 | $ 750 |
|  | 組合 | -$200 | $650 | $1300 |

假設經濟的狀況轉變爲不景氣。最佳的決策選擇爲定存，其獲利爲300元。任何其他的決策將導致機會損失。除了定存外的各決策方案的機會損失的計算爲從300元減去決策方案的獲利。

| | | |
|---|---|---|
| 股票 | $300 − (−$500) = | $800 |
| 債券 | $300 − (−$100) = | $400 |
| 定存 | $300 − ( $300) = | $0 |
| 組合 | $300 − (−$200) = | $500 |

經濟緩慢成長狀態的機會損失的計算爲從700元減去各獲利,因爲700元爲在該狀況下所得到的最大獲利,其餘獲利爲機會損失。這些機會損失如下。

| | | |
|---|---|---|
| 股票 | $700 − ($700) = | $0 |
| 債券 | $700 − ($600) = | $100 |
| 定存 | $700 − ($500) = | $200 |
| 組合 | $700 − ($650) = | $50 |

快速成長的經濟狀態的機會損失以同樣方法計算。

| | | |
|---|---|---|
| 股票 | $2200 − ($2200) = | $0 |
| 債券 | $2200 − ($900) = | $1300 |
| 定存 | $2200 − ($750) = | $1450 |
| 組合 | $2200 − ($1300) = | $900 |

將決策表中獲利以機會損失取代,產生機會損失表,如表18.4所示。

決定機會損失表之後,決策者檢視各決策下的損失機會或惜悔值,且考慮選擇最大的惜悔值。例如,若投資人選擇股票,有最大的惜悔值,或$800的損失機會。若投資人選擇債券,最大的惜悔值爲$1,300。若投資人選擇定存,最大的惜悔值爲$1,450元。若投資人選擇投資組合,最大的惜悔值爲$900。根據最小最大的惜悔原則做決策決定時,決策者檢視各決策方案下的最大的惜悔值,且選擇其中的最小值。其結果爲股票的選擇,其最小的惜悔值爲$800元。一投資人想要在不同的經濟狀況下將最大的惜悔值最小化,其在最小最大惜悔策略下將會選擇股票投資。

| | | 經濟狀況 | | |
|---|---|---|---|---|
| | | 不景氣 | 緩慢成長 | 快速成長 |
| 投資決策方案 | 股票 | $800 | $ 0 | $ 0 |
| | 債券 | $400 | $100 | $1300 |
| | 定存 | $ 0 | $200 | $1450 |
| | 組合 | $500 | $ 50 | $ 900 |

表18.4
機會損失表

例題18.1　　　　　一家製造公司面臨擴建的決定。其現有的生產設備的運轉幾近最大的規模。管理階層考慮三種產量的決策替代方案。

1.不擴建。

2.增加現有的設備。

3.建立新的設備。

他們相信若在不久的將來，其產品的需求有大量的增加，他們將有需要建立新的設施，使其利用更具效率的技術及設計以求進步。然而，若需求沒有增加，維持現有的設備及不增加任何產能可能更具利潤。第三個決策方案爲增加現有的設備，其將滿足需求適度的增加，且比建造一個完全新的設備便宜。增加舊設備的缺點爲，若產品有大量的需求，公司將無法使新的科技及效率資本化，其無法納入舊有的工廠中。

表中所顯示的是四種公司產品的不同需求狀況下（較少需求、相同需求、需求的適度增加及需求的大量增加）的三種決策方案的獲利（以百萬元計）。使用這些資料來決定以最大最大值法則及最大最小值法則會選出來的決策替代方案。使用 $\alpha = .4$ 及賀氏法則決定決策方案。計算機會損失表及以最小最大惜悔法則決定決策方案。

| | | 需求狀況 | | | |
|---|---|---|---|---|---|
| | | 較少需求 | 相同需求 | 適度增加 | 大量增加 |
| 產能決策 | 不擴建 | −$ 3 | $ 2 | $ 3 | $ 6 |
| | 增加現有設備 | −$ 40 | −$ 28 | $10 | $20 |
| | 建立新設備 | −$210 | −$145 | −$ 5 | $55 |

解答

在各決策替代方案下的最大值及最小值的獲利如下。

| | 最大值 | 最小值 |
|---|---|---|
| 不擴建 | $ 6 | −$ 3 |
| 增加現有設備 | $20 | −$ 40 |
| 建立新設備 | $55 | −$210 |

使用最大最大值法則，決策者在各決策方案下選出最大獲利的最大值。該值的最大值爲{$6, $20, $55}=$55，或選擇建造一個新設施的決策方案，且將

最大獲利最大化（55）。

使用最大最小值法則，決策者在各決策替代方案下選出最小獲利的最大值。該值的最大值為{−$3, −$40, −$210}=−$3。他們選擇的決策方案為不擴建，且將最小獲利最大化（−$3）。

以下為$\alpha$=.4的賀氏法則的計算。

| 不擴建 | $6(.4) + (−$3)(.6) | = $.60 |
| 增加現有設備 | $20(.4) + (−$40)(.6) | = −$16.00 |
| 建立新設備 | $55(.4) + (−$210)(.6) | = −$104.00 |

利用賀氏法則，決策者可以選擇不擴建為這些加權值的最大值。

以下為產能選擇問題的機會損失表。注意，各機會損失的計算為取各本質狀況下的最大獲利，且將最大值減去該狀況下的各個其他的獲利。

| | | 需求狀況 | | | |
| --- | --- | --- | --- | --- | --- |
| | | 較少需求 | 相同需求 | 適度增加 | 大量增加 |
| 產能決策 | 不擴建 | $ 0 | $ 0 | $ 7 | $49 |
| | 增加現有設備 | $ 37 | $ 30 | $ 0 | $35 |
| | 建立新設備 | $207 | $147 | $15 | $0 |

機會損失表使用最小最大惜悔法則，決策者在各決策方案下選擇最大的惜悔值。

| 決策方案 | 最大惜悔 |
| --- | --- |
| 不擴建 | 49 |
| 增加現有設備 | 37 |
| 建立新設備 | 207 |

接下來，決策者選擇最小惜悔值的決策替代方案，其為增加設備，惜悔值為$37。

---

18.1 使用以下的決策表來作答。 問題18.1

| | | 本質狀況 | | |
| --- | --- | --- | --- | --- |
| | | $s_1$ | $s_2$ | $s_3$ |
| 決策方案 | $d_1$ | 250 | 175 | −25 |
| | $d_2$ | 110 | 100 | 70 |
| | $d_3$ | 390 | 140 | −80 |

a.使用最大最大值法則決定選擇的決策方案。

b.使用最大最小值法則決定選擇的決策方案。

c.使用賀氏法則決定選擇的決策方案。令$\alpha = .3$及$\alpha = .8$，並比較結果。

d.從資料計算機會損失表，使用該表及最小最大惜悔值法則決定選擇的決策替代方案。

18.2 使用以下的決策表來作答。

|  |  | 本質狀況 | | | |
|---|---|---|---|---|---|
|  |  | $s_1$ | $s_2$ | $s_3$ | $s_4$ |
| 決策方案 | $d_1$ | 50 | 70 | 120 | 110 |
|  | $d_2$ | 80 | 20 | 75 | 100 |
|  | $d_3$ | 20 | 45 | 30 | 60 |
|  | $d_4$ | 100 | 85 | −30 | −20 |
|  | $d_5$ | 0 | −10 | 65 | 80 |

a.使用最大最大值法則決定選擇的決策替代方案。

b.使用最大最小值法則決定選擇的決策替代方案。

c.使用賀氏法則決定選擇的決策替代方案。令$\alpha = .5$。

d.從資料計算機會損失表。利用該表及最小最大惜悔值法則決定選擇的決策替代方案。

18.3 選舉的結果可以影響某些投資形態獲利。假設一家經紀公司在美國總統的全國選舉前幾週面臨投資$20,000,000的問題。他們覺得若共和黨被選上，有利於某種形態的投資；但若民主黨選上，有利於其他某種形態的投資。為了將此情形複雜化，有一個獨立候選人，其若被選上，會使投資以不同的方式反應。以下為不同政治情勢下不同的投資之獲利。使用最大最大值及最大最小值法則，並比較其答案。

|  |  | 當選人 | | |
|---|---|---|---|---|
|  |  | 共和黨 | 民主黨 | 獨立 |
| 投資 | A | 60 | 15 | −25 |
|  | B | 10 | 25 | 30 |
|  | C | −10 | 40 | 15 |
|  | D | 20 | 25 | 5 |

18.4將新的產品引入市場是很冒險的事。新產品的主意能成功進入市場的百分
比低到1%。有須回收的研究及發展的成本及行銷及生產成本。然而,若
新產品能被消費者所接受,其獲利是很高的。以下顯示的為在市場的各
種不同的狀況下新產品生產的獲利表(決策表)。注意,決策方案為完全
不生產新產品、生產少量的產品及生產許多的產品。市場為不接納產
品、有一些接納產品及非常接納產品。

  a.使用矩陣及賀氏法則做出決策。令$\alpha = .6$。

  b.從該獲利表決定機會損失表及使用最小最大惜悔值做出決策。

|  |  | 市場狀況 | | |
|---|---|---|---|---|
|  |  | 不接納 | 有點接納 | 非常接納 |
| 生產方案 | 不生產 | −50 | −50 | −50 |
|  | 生產少量 | −200 | 300 | 400 |
|  | 生產許多 | −600 | 100 | 1000 |

# 18.3　風險下的決策決定

●●●●●●●●●●●●●●●●●●●●●●●●●●●●●●●●●●●●●●●●●●

  18.1節中我們討論的決策決定的情形為確定哪一種本質狀況會發生的情
形。18.2中,我們討論幾種當不確定哪一種本質狀況會發生時決策決定的策
略。本節中,我們將檢視風險下的決策決定。風險下的決策決定是發生在不確
定哪一種本質狀況會發生,但是各本質狀態發生的機率已經被決定。使用這些
機率,我們可以發展出另外的決策決定策略。

  前二節中,我們討論最佳投資$10,000的難題。列出四種投資的決策替代
方案,及三種看起來可能的經濟狀況(經濟不景氣、經濟成長緩慢、經濟快速
成長)。假設,我們決定經濟不景氣的機率為.25,經濟成長緩慢的機率
為.45,經濟快速成長的機率為.30。在決策表或獲利表中,我們將這些機率放
置於各本質狀況旁。表18.5為顯示於表18.1中的投資問題之決策表,其機率記
於括弧中。

## 決策樹

　　另一個描述決策的過程爲經由決策樹的使用。決策樹的 □ 代表決策替代方案，○ 代表本質狀況。若各本質狀況的機率存在，其記錄於本質狀況記號後的線段上。獲利則顯示於決策樹枝的後端。**圖18.2**爲**表18.5**中金融投資問題的決策樹。

## 期望貨幣值（EMV）

　　一種可以被用來使用於風險下的決策決定之策略爲期望貨幣值。使用該方

---

圖18.2
$10,000投資問題的決策樹

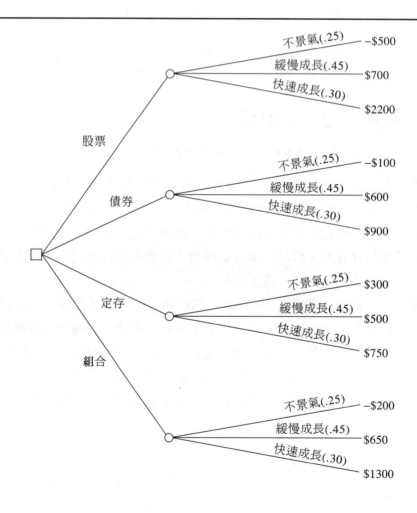

表18.5
本質狀況機
率的決策表

| | | 經濟狀況 | | |
|---|---|---|---|---|
| | | 不景氣(.25) | 緩慢成長(.45) | 快速成長(.30) |
| 投資決策方案 | 股票 | −$500 | $700 | $2200 |
| | 債券 | −$100 | $600 | $ 900 |
| | 定存 | $300 | $500 | $ 750 |
| | 組合 | −$200 | $650 | $1300 |

法的人通常被稱爲是期望貨幣者。各決策方案的期望貨幣值的計算是將各本質狀態的機率乘以其狀態相關的獲利,將各決策方案的本質狀況的乘積相加,產生各決策方案的期望貨幣值。決策者比較各決策方案的期望貨幣值,且選擇有最高期望貨幣值的替代方案。

例如,我們可以計算陳列於表18.5中及圖18.2中的$10,000投資問題的期望貨幣值及其相關的機率。我們使用以下的計算來找出決策替代方案股票的期望貨幣值。

$$經濟不景氣的期望值 = (.25)(−$500) = −$125$$
$$經濟緩慢成長的期望值 = (.45)($700) = $315$$
$$經濟快速成長的期望值 = (.30)($2200) = $660$$

資於股票的期望貨幣值爲

$$−$125 + $315 + $660 = $850$$

決定債券的決策方案的期望貨幣值之計算如下。

$$經濟不景氣的期望值 = (.25)(−$100) = −$25$$
$$經濟緩慢成長的期望值 = (.45)($600) = $270$$
$$經濟快速成長的期望值 = (.30)($900) = $270$$

投資債券的期望貨幣值爲

$$−$25 + $270 + $270 = $515$$

定存決策方案的期望貨幣值之計算如下。

$$經濟不景氣的期望值 = (.25)($300) = $75$$
$$經濟緩慢成長的期望值 = (.45)($500) = $225$$
$$經濟快速成長的期望值 = (.30)($750) = $225$$

投資定存的期望貨幣值為

$$\$75 + \$225 + \$225 = \$525$$

我們使用以下的計算發現投資組合的決策方案之期望貨幣值。

$$經濟不景氣的期望值 = (.25)(-\$200) = -\$50.00$$
$$經濟緩慢成長的期望值 = (.45)(\$650) = \$292.50$$
$$經濟快速成長的期望值 = (.30)(\$1300) = \$390.00$$

投資於投資組合中的期望貨幣值為

$$-\$50 + \$292.50 + \$390 = \$632.50$$

使用期望貨幣值做為策略的決策者將選擇各決策方案計算出的期望貨幣值的最大值。

$$最大值 \{\$850 , \$515 , \$525 , 632.5\} = \$850$$

期望貨幣值的最大值為$850，其從股票投資所產生。期望貨幣值的人基於該資訊而選擇投資股票。

期望貨幣值的過程可被描述於像圖18.2的決策樹。為此，樹的分枝的尾端的各獲利須乘以與該本質狀況相關的機率。任一決策選擇的所有狀況的乘積的結果相加，產生該決策方案的期望貨幣值。這些期望貨幣值陳列於決策樹的機會或本質狀況結（○）中。

決策者觀察這些期望貨幣值。最佳的期望貨幣值為所選出的，且被陳列於樹中的決策節。指向較少、或非最佳值的貨幣值的決策方案的路徑被標上兩條垂直線的記號，‖，以標記不被接受的決策替代方案。圖18.3描述圖18.2中的決策樹的EMV分析。

期望貨幣值的策略乃根據長期平均。若決策者可以不斷的玩該遊戲，且機率及獲利保持相等，她或他藉由選擇股票投資，可以期望長期平均賺到$850。投資者將賺到的獲利為股票投資的-$500，$700，或$2,200，視哪一種經濟的狀況將會發生。在該決策中，投資人不會在任一次賺到$850，但若該投資持續一段時間，他或她的平均獲利將為$850。就此投資規模，有一些可能，即投資人將有機會做出幾次這番的決定。換言之，假設投資人必須決定是否要花5百萬元鑽一油井。若決策者的財務支持只有一次，對她或他而言，期望貨幣值並不會太大。

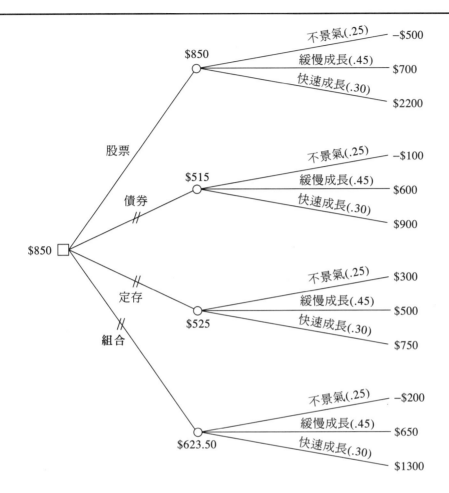

圖18.3
$10,000投
資問題的期
望貨幣值

不景氣(.25) −$500
緩慢成長(.45) $700
快速成長(.30) $2200
$850

不景氣(.25) −$100
緩慢成長(.45) $600
快速成長(.30) $900
$515

不景氣(.25) $300
緩慢成長(.45) $500
快速成長(.30) $750
$525

不景氣(.25) −$200
緩慢成長(.45) $650
快速成長(.30) $1300
$623.50

股票
債券
定存
組合

$850

例題18.2

回想例題18.1中呈現的產能決策。假設需求狀況的機率已經被決定，即需求變小的機率爲.10，需求將不會有改變的機率爲.25，需求將有適量增加的機率爲.40，需求將有大量增加的機率爲.25。利用存在於該問題中的資料，在此重述一次，且包含的機率在計算期望貨幣值，並依據這些發現做出決定的結論。

| | 需求狀況 | | | |
|---|---|---|---|---|
| | 較少需求(.10) | 相同需求(.25) | 適度增加(.40) | 大量增加(.25) |
| 不擴建 | −$ 3 | $ 2 | $ 3 | $ 6 |
| 增加現有設備 | −$ 40 | −$ 28 | $10 | $20 |
| 建立新設備 | −$210 | −$145 | −$ 5 | $55 |

產能決策

第18章 決策分析 531

解答

不擴建的期望貨幣值為

$$(-\$3)(.10) + (\$2)(.25) + (\$3)(.40) + (\$6)(.25) = \$2.90$$

增加現有設備的期望貨幣值為

$$(-\$40)(.10) + (-\$28)(.25) + (\$10)(.40) + (\$20)(.25) = -\$2.00$$

建造新設施的期望貨幣值為

$$(-\$210)(.10) + (-\$145)(.25) + (-\$5)(.40) + (\$55)(.25) = -\$45.50$$

使用EMV法則的決策者將會選擇不擴建的決策方案,因為其導致最高的長期平均的獲利,\$2.90。有可能決策者只有一次的機會在該公司做出該決定。在此情形下,決策者不會將\$2.90平均而選擇不擴建,相反地,會選擇獲利為-\$3.00,\$2.00,\$3.00,或\$6.00,視哪一種需求的狀況在該決策後發生。

以決策樹的使用可以顯示該分析。

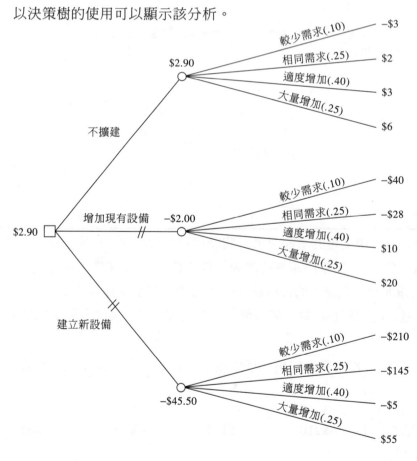

# 最佳資訊的期望值

　　知道哪一種本質狀況會發生及何時會發生的重要性為何？該問題的答案可以讓人瞭解市場及商業研究的獲利。最佳資訊的期望值為以下兩者之差，即若我們知道哪一種本質狀況發生時所產生的獲利，以及當沒有有關於哪一種本質狀況會發生的資料存在時，從最佳的決策方案得到的期望貨幣獲利。其被顯示為

最佳資訊的期望值 = 有最佳資訊的期望貨幣收益 — 無資料的期望貨幣值

　　考慮$10,000的投資問題，其本質狀況的機率顯示。

<table>
<tr><td rowspan="6" style="writing-mode: vertical-rl">投資決策方案</td><td></td><td colspan="3">經濟狀況</td></tr>
<tr><td></td><td>不景氣(.25)</td><td>緩慢成長(.45)</td><td>快速成長(.30)</td></tr>
<tr><td>股票</td><td>−$500</td><td>$700</td><td>$2200</td></tr>
<tr><td>債券</td><td>−$100</td><td>$600</td><td>$ 900</td></tr>
<tr><td>定存</td><td>$300</td><td>$500</td><td>$ 750</td></tr>
<tr><td>組合</td><td>−$200</td><td>$650</td><td>$1300</td></tr>
</table>

就該問題計算以下的期望貨幣值。

| | |
|---|---|
| 股票 | $850 |
| 債券 | 515 |
| 定存 | 525 |
| 組合 | 632.50 |

　　股票的投資在期望貨幣值下選出，因為其產生的結果為最大的期望獲利$850。該決定是在沒有任何本質狀況的資訊下做出。假設，我們可以得到有關於經濟狀況的資訊。亦即，我們知道將會發生哪一種經濟狀況。每當經濟的狀況為不景氣時，我們將會投資在定存及得到$300的獲利。每當經濟的狀況為緩慢成長時，我們將會投資於股票，且賺得$700。每當經濟的狀況為快速成長時，我們將會投資於股票，且賺得$2,200。已知各經濟狀況會發生的機率，我們可以利用這些獲利來計算最佳資訊的期望貨幣獲利。

　　最佳資訊的期望貨幣收益
$$= (\$300)(.25) + (\$700)(.45) + (\$2200)(.30)$$
$$= \$1050$$

有最佳資訊（$1050）的期望貨幣獲利與無資訊時（$850）的期望貨幣獲利的差為最佳資訊之值（$1050–$850=$200）。以經濟方面而言，花費超過$200得到有關於本質狀況的資訊是不智的。

---

例題18.3　　計算例題18.1及18.2問題中討論的產能問題的最佳資訊之值。資料再次顯示於下。

| | | 需求狀況 | | | |
| | | 較少需求(.10) | 相同需求(.25) | 適度增加(.40) | 大量增加(.25) |
|---|---|---|---|---|---|
| 產能決策 | 不擴建 | –$　3 | $　2 | $　3 | $　6 |
| | 增加現有設備 | –$　40 | –$　28 | $10 | $20 |
| | 建立新設備 | –$210 | –$145 | –$　5 | $55 |

**解答**

例題18.2中在無資訊下計算的期望貨幣值（獲利）為$2.90。若我們有最佳資訊，在較少需求時，我們可以選擇不擴建，需求沒有改變的狀況下我們可以不擴建，當需求有大量增加時，我們可以考慮增加或建造新的設備。最佳資訊的期望獲利的計算為

$$(-\$3)(.10) + (\$2)(.25) + (\$10)(.40) + (\$55)(.25) = \$17.95$$

最佳資訊的期望值為

$$\$17.95 - \$2.90 = \$15.05$$

該情形下，決策者可能願意為最佳資訊付出$15.05。

## 效用

如在前面章節所提及，期望的貨幣值是根據長期平均。有一些情形並不需要期望貨幣值分析，因為這些情形牽涉到相當大筆數目的金錢及一次的決定。這種一次決定的例子為鑽油井、建造一個新的生產設備、與另一家公司合併、訂購一百架737客機，或買一個職業運動的經銷權。在分析這種決定的決策方案時，一種已知為「功利」的概念可能會有幫助。

「功利」為若風險及機會存在時，決策者對於結果選擇過程感到愉快或不愉快的程度。假設一個人有機會參加比賽，其有50%的機會贏得$100,000。若該生贏得該比賽，他或她贏得$100,000。若此人輸了，她或他所得為$0。參加競賽無須成本。該比賽的參加者的期望獲利為

$$($100,000)(.50) + ($0)(.50) = $50,000$$

考慮該競賽，參賽者瞭解他或她將無法得到$50,000。$50,000為若遊戲不斷地一再比賽的長期平均獲利。假設，競賽的管裡者提供$30,000元要參賽者不參加該比賽。參賽者會拿了錢，而後退出該比賽嗎？$30,000元確實的獲利優於$100,000的.50的機會嗎？該問題的答案視此人的財務情形而定，且視她或他接受風險的傾向而定。若該參賽者為大富翁，他或她可能願意去接受大的風險，甚至拒絕$70,000而退出比賽，因為$70,000並沒有明顯的增加她的財富。換言之，領救濟金的人，若被給$20,000指定不要參加競賽，可能會拿錢，因為$20,000元對此人而言為一筆大的數目。而且，兩個不同的拿救濟金的人，會有不同的接受風險的傾向。一個可能為愛冒險的人，雖然其需要錢，但卻不願意拿少於$70,000元或$80,000元來退出比賽。同樣的情形也可能發生在有錢人身上。

功利理論提供一種方法來決定某人在某一決策情形下，是否為接受冒險者，或迴避冒險者，或為期望貨幣值者。讓我們參加前述之競賽。若她或他沒有贏得該競賽，則拿到$0，若他或她贏得該競賽，則拿$100,000。對一個參賽者而言，需要多少錢使其認為參加競賽與退出比賽沒有差別？假設我們檢視三位可能的參賽者X、Y、Z。

對X而言，接受$20,000與.50贏得比賽的機會沒有差別。任何大於$20,000的數目，X將會接受該數目的錢，且不參加比賽。如我們之前所述，.5的贏的機會產生$50,000的期望獲利。假設我們將贏的機會增加到.8，因此期望的貨幣獲利為$80,000。現在，對X而言，接受$50,000與參加遊戲及為了任何大於$50,000的代價退出比賽是沒有差別的。實際上，在所有的情形下，X願意拿少於期望獲利的錢來退出比賽。X被稱之為風險迴避者。許多人都是風險迴避者。就此原因，我們付費給保險公司來保障我們的生命、我們的房子、生意、及車子等等，即使我們知道其賭注是對保險公司有利。因為我們將輸掉該遊戲

的可能性視爲不可接受的，所以我們因爲少於期望獲利而退出比賽，且付出多於期望成本來避免該比賽。

Y，相反地，喜歡這種比賽。因此需要接近$70,000才能使F不參加比賽，雖然贏得$100,000的機會爲.50，即使是期望獲利只有$50,000元。假設Y被告知，只有.20的機會贏得比賽。需要多少錢，才會使Y覺得不想參加比賽？可能需要$40,000元才使Y覺得沒有差別，即使.2的機會之期望獲利只有$20,000元。Y爲風險接受者，且喜歡參與具有風險的遊戲。通常需要比期望獲利高的代價才能使Y退出比賽。

Z爲期望貨幣值者。接受$50,000與.5的機會贏得$100,000對Z沒有差別。使Z退出比賽，若有.20贏得比賽的機會，比賽的指導員將會付給Z約$20,000（期望值）。相同地，若贏的機率爲.80，將需要約$80,000元才使Z退出比賽。Z的決策爲參考長期平均值，即使是一次的決定。

圖18.4的圖形顯示X、Y、Z功利曲線的大致形狀。該圖形是爲該遊戲製作，使用的獲利範圍爲$0至$100,000；之間的值可以給予遊戲者，買通其不要參加比賽。這些單位通常沿著X軸列示。沿著Y軸的爲贏得比賽的機率，範圍爲.0至1.0。穿過值的中央的直線代表EMV反應。若某人參加有.5機會可贏的遊戲，她或他拿$50,000不參加比賽與比賽沒有差別。就.2而言，其爲$20,000。就.8而言，則爲$80,000。

圖18.4
遊戲者的風
險曲線圖

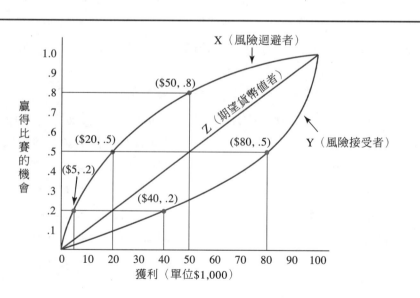

注意圖形中，贏的機會為.5之處，參賽者X願意為$20,000元退出比賽。該點($20,000，.5)，在EMV線的上方。當機會為.2時，X將會為$5,000退出，當機會為.8時，X會為$50,000退出。此二點($5,000，.2)及($50,000，.8)，皆同樣於EMV線之上。

Y相反地，對於.50的獲勝機會需要$80,000才會放棄。所以，點($80,000，.5)居於EMV線下方。比賽的官員將會給Y至少$40,000，對Y而言，.2贏的機會才會一樣。該點($40,000，.2)，同樣位於期望貨幣值下方。

X為一風險迴避者，且Y為一風險接受者。Z為一EMV者。圖18.4中的功利圖形中，風險迴避者的曲線位於EMV線之上方，且風險接受者的曲線位於該線之下方。

在不確定情況下的決策決定，如本章中先前所討論的，風險接受者可能較容易使用最大最大值法則，而風險迴避者可能較容易使用最大最小值法則。賀氏法則讓使用者利用$\alpha$將他或她對風險的傾向引入分析中。

有關於功利理論的許多資訊已經被彙編及出版。此處的目的在於經由該例子給你一個簡單的概要，因此使你能瞭解有風險迴避者、風險接受者及期望貨幣值者。該要點的深入討論已經超過本章的範疇，故不贅述。

---

18.5 使用以下的決策表製作決策樹。　　　　　　　　　　　　　　　　　問題18.2

|  |  | 本質狀況 |  |  |  |  |
|---|---|---|---|---|---|---|
|  |  | $s_1$ | $s_2$ | $s_3$ | $s_4$ | $s_5$ |
| 決策方案 | $d_1$ | 50 | 20 | 15 | 5 | 1 |
|  | $d_2$ | 75 | 50 | 20 | −5 | −20 |
|  | $d_3$ | 15 | 12 | 10 | 8 | 6 |

18.6 假設問題18.5的本質狀況的發生機率為 $s_1 = .15$, $s_2 = .25$, $= .30$, $s_4 = .10$, $s_5 = .20$。使用這些機率及期望貨幣值針對問題18.5的決策方案做出一個結論。

18.7 問題18.5中具有最佳資訊的期望貨幣值為何？從此答案與問題18.6所做出的決定，最佳資訊的值為何？

18.8 使用以下的決策表來作答。

|  | | 本質狀況 | | |
|---|---|---|---|---|
|  | | $s_1(.40)$ | $s_2(.35)$ | $s_3(.25)$ |
| 決策方案 | $d_1$ | 150 | 250 | 500 |
| | $d_2$ | 100 | 200 | 400 |
| | $d_3$ | 75 | 150 | 700 |
| | $d_4$ | 125 | 450 | 650 |

a.繪出決策樹以代表該獲利表。

b.計算各決策的期望貨幣值,且標記決策樹以顯示最後的決定將為何。

c.計算最佳資訊的期望獲利。比較該答案與b部分所決定的答案,且計算最佳資訊值。

18.9 一個買房子的人,完成房屋貸款的申請。給予買主的選擇為固定貸款借貸利率或等60天直到決算而後固定決算當天的利率。若該買主於申請時固定,且利率持續下降,該貸款每個月對該買主多出$150(−150獲利),高出於若她或他等待且之後再固定。若該買主在申請時固定,且利率上升,該買主將可省錢,因為固定在較低的利率上。在該情形下所省下的錢獲利為$200。若買主沒有在申請時固定,且利率上升,他或她在貸款上,則必須付更多的錢;其獲利為−$250。若買主沒有在申請時固定,且利率上升,她或他降低利息,且其獲利為+$175。若利率完全沒有改變,申請時固定的獲利為$0,且在該時沒有固定獲利為$0。有.65的機率,利率在60天的期間之後會上升,他們會下降的機率為.30,其會保持相同的機率為.50。從該資訊做出決策表。從表中計算期望貨幣值,且對於決策方案做出決定。計算最佳資訊的值。

18.10 一個總裁面臨困難的人力資源的決定。因為該公司的運作正面臨預算危機,該總裁將裁去1000人或是5000人,或是不裁人。總裁的一個問題是,她無法預知未來的幾個月的商業景氣會如何。若該總裁知道公司的產品將會有快速上升的需求,她可能會傾向於不裁員及保留生產力。然而,若商業的景氣變壞,大量的裁員似乎是合理的決策。顯示於此的是各商業景氣下各決策方案的獲利。包含在獲利中的事實為當員工被裁掉的公司成本(獲利的損失)。已知各狀況發生的機率。使用該表及所給的資訊計算各決策方案的期望貨幣值,且基於該項發現做個建議。該總裁

應該願意付出何種代價取得有關於商業景氣之不同狀況發生的資訊？

商業景氣狀況

| | | 改善(.10) | 大致相同(.40) | 變差(.50) |
|---|---|---|---|---|
| 決策方案 | 不裁員 | $100 | −$300 | −$1700 |
| | 裁員1000人 | −$100 | $100 | −$ 700 |
| | 裁員5000人 | −$200 | $300 | $ 600 |

18.11 一人在商業合夥中有機會投資$50,000。若合資成功，投資人的回報為 $200,000。若合夥失敗，投資人損失他的錢。合夥成功的機率約有.50。 使用該資訊，回答以下的問題。

a. 該投資的期望貨幣值為何？

b. 若此人決定不要合夥，他或她為EMV者、風險迴避者、風險接受者？ 為什麼？

c. 你應該至少提供多少錢，使風險接受者不要參加此項投資？

# 18.4　依據樣本資訊的機率修正

• • • • • • • • • • • • • • • • • • • • • • • • • • • • • • • • •

18.3節中我們討論風險下的決策決定，其中有本質狀況的機率且包含於分析中。期望的貨幣值的計算是根據代價及機率。本節中，我們包含決策分析中另外的樣本資訊的觀點。若決策者選擇購買或以一些其他形式獲得樣本的資料，本質狀況的機率可被修改。該修改可以加入決策決定過程，我們希望藉此做出更好的決定。

第四章中，我們檢視機率修正中的貝士定理的使用。該過程中，我們以先前的機率開始，而後根據一些資訊加以修正。貝士的分析可以應用在風險分析下的決策決定，以修正本質狀況的事前機率，導致更清楚的決策選擇的輪廓。通常，經由抽樣所獲得的額外的資訊需要成本。討論修正後的機率之後，我們將要檢視抽樣資訊的價值。也許利用案例來解釋修正先前本質狀況機率所使用的貝士定理是最佳的方式。

案例 讓我們以貝士定理及抽樣資訊檢視先前本章中所討論的$10,000投資問題的機率之修正。因為該問題太複雜而無法提供該過程一個清楚的例子,在此處可以被簡化為更清楚的方式。問題仍然是決定明年$10,000元最好的投資。然而,對投資人言,只有存在兩種決策方案;債券及股票。只有兩種投資的環境會發生,無成長或快速成長。

投資環境中有.65的機率為無成長,有.35的機率為快速成長。在無成長的狀況下債券投資有$500的獲利,在快速成長的狀況下,債券投資有$100的獲利,在無成長的狀況下股票投資有–$200的獲利,在快速成長的狀況下,股票投資有$1,100的獲利。表18.6為該問題的決策表(獲利表)。

圖18.5為決策方案、獲利、本質狀況、機率及各決策方案的期望貨幣值的決策樹。就債券的決策方案的期望貨幣值為

$$\text{EMV(債券)} = \$500(.65) + \$100(.35) = \$360$$

就股票的決策方案的期望貨幣值為

$$\text{EMV(債券)} = -\$200(.65) + \$1100(.35) = \$255$$

EMV者將會選擇債券的決策方案,因為期望貨幣值為$360,其高於股票的決策替代方案的$255。

| 表18.6 投資問題的 決策表 | | | 本質狀況 | |
| --- | --- | --- | --- | --- |
| | | | 無成長(.65) | 快速成長(.35) |
| 決策方案 | 債券 | | $500 | $ 100 |
| | 股票 | | –$200 | $1100 |

圖18.5
投資問題的
決策樹

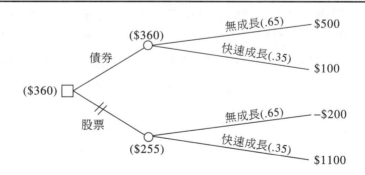

假設決策者有機會從經濟專家處得到一些有關於投資經濟未來狀況的資訊。該專家並不具有預測完美的記錄，但她過去預期無成長的機率為有8成該狀況確實發生。預測快速成長的經濟時，她比較不那麼成功，有.7的成功機率。下表顯示她預測經濟的兩種狀況的成功及失敗的比例。

| | 實際的經濟狀況 | |
| --- | --- | --- |
| | 無成長($s_1$) | 快速成長($s_2$) |
| 預測者預言無成長($F_1$) | .80 | .30 |
| 預測者預言快速成長($F_2$) | .20 | .70 |

當經濟的狀況為無成長時，預測者的預言為.8的無成長，但她將會預測.2的快速成長。當經濟的狀況為快速成長時，預測者的預言為.7的快速成長，但她將會預測.3的無成長。

利用這些條件機率，我們可以利用貝士定理修正經濟狀況的事前機率，此處重述第四章的公式。

$$P(X_i|Y) = \frac{P(X_i) \cdot P(Y|X_i)}{P(X_1) \cdot P(Y|X_1) + P(X_2) \cdot P(Y|X_2) + \cdots + P(X_n) \cdot P(Y|X_n)}$$

將該公式應用於該問題，我們得到顯示於下表中修正後的機率。假設，預測者預言無成長（$F_1$）。經濟狀況的事前機率的修正如**表18.7**所示。

$P(F_1)$的計算如下。

$$P(F_1) = P(F_1 \cap s_1) + P(F_1 \cap s_2) = .520 + .105 = .625$$

計算修正的機率

$$P(s_1|F_1) = \frac{P(F_1 \cap s_1)}{P(F_1)} = \frac{.520}{.625} = .832$$

$$P(s_2|F_1) = \frac{P(F_1 \cap s_2)}{P(F_1)} = \frac{.105}{.625} = .168$$

| 經濟狀況 | 事前機率 | 條件機率 | 聯合機率 | 修正機率 |
| --- | --- | --- | --- | --- |
| 無成長($s_1$) | $P(s_1) = .65$ | $P(F_1|s_1) = .80$ | $P(F_1 \cap s_1) = .520$ | .520/.625 = .832 |
| 快速成長($s_2$) | $P(s_2) = .35$ | $P(F_1|s_2) = .30$ | $P(F_1 \cap s_2) = .105$ | .105/.625 = .168 |
| | | | $P(F_1) = .625$ | |

表18.7
無成長預測
（$F_1$）之修正

就預測者預期快速成長的情形下，經濟狀況的事前機率的修正如**表18.8**所示。

這些修正過的機率可以納入決策樹，其描述購買資訊及得到預測的選擇，如**圖18.6**所示。注意的是第一個結為得到預測的決策結。下一個結為本質狀況結，此處預測者將會預測為無成長的經濟或為快速成長的經濟。其為本質狀況，因為決策者無法控制預測的情形將是為何。事實上，決策者有可能已經為該獨立的預測付出代價。一旦預測已經做了，決策者面臨投資於債券或投資於股票的決策方案。在各決策方案分枝的末端為無成長或快速成長的經濟狀況。四種在**表18.7**及**表18.8**中計算的修正過的機率被指定為這些經濟的狀況。代價

表18.8
快速成長預測（$F_2$）之修正

| 經濟狀況 | 事前機率 | 條件機率 | 聯合機率 | 修正機率 |
|---|---|---|---|---|
| 無成長($s_1$) | $P(s_1) = .65$ | $P(F_2\|s_1) = .20$ | $P(F_2\cap s_1) = .130$ | .130/.375 = .347 |
| 快速成長($s_2$) | $P(s_2) = .35$ | $P(F_2\|s_2) = .70$ | $P(F_2\cap s_2) = .245$ | .245/.375 = .653 |
| | | | $P(F_2) = .375$ | |

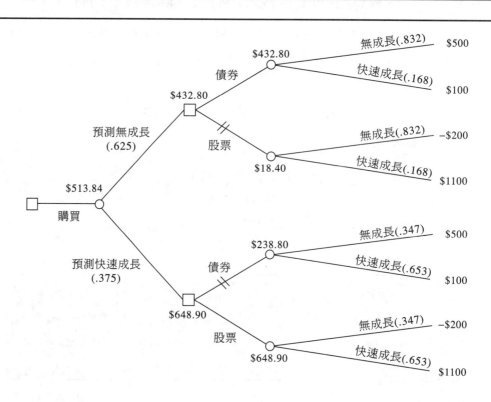

圖18.6
機率修正後的決策樹

仍然維持相同。預測者預測無成長的機率由表18.7的聯合機率的和而來。該 $P(F_1)=.625$的值被指定於本質狀況（預測）的第一組的位置。預測者預期快速成長的機率由表18.8的聯合機率的和而來。該$P(F_2)=.375$的值被指定於本質狀況（預測）的第一組的位置。

決策者可以在計算出期望貨幣值之後從該決策樹做出選擇。

圖18.6中，獲利與無資訊的決策表中的獲利相同。然而，無成長及快速成長狀況的機率已經被修正過。將獲利乘以這些修正後的機率，而後將各投資相加得到經濟狀況的結之期望貨幣值。回到在這些值之前的決策結，投資者有機會投資於股票或債券。投資者檢視期望的貨幣值，且選出具有最高值的投資。就決定的枝節而言，其中預測者預言無成長，投資者選擇債券投資，其產生$432.8的期望貨幣值（與股票的$18.4相反）。就決定的枝節而言，其中預測者預言快速成長，投資者選擇股票投資，其產生$648.9的期望貨幣值（與債券的$238.8相反）。

投資人因此面對的機會為若預測者預言無成長，其賺到$432.8的期望貨幣值，或是，若預測者預測快速成長，其賺到$648.9的期望貨幣值。預測者預言這些經濟狀況發生的頻率為何？使用表18.7及18.8的聯合機率之和，決策者可以得到各預測的機率。

$$P(F_1) = .625 \text{（無成長）}$$
$$P(F_2) = .375 \text{（快速成長）}$$

將這些機率納入決策樹於第一個機會結與經濟狀況的預測，且將其乘以各狀況的期望貨幣值，得到機會的所有期望貨幣值。

$$\text{機會的EMV} = \$432.80(.625) + \$648.90(.375) = \$513.84$$

## 樣本資訊的期望值

值得注意的是有樣本資訊的機會的期望貨幣值為$513.84，但沒有樣本資訊的只有$360。如圖18.5所示。使用如所示的樣本資訊使決策者獲利。

$$\text{使用樣本資料的明顯獲利} = \$513.84 - \$360 = \$153.84$$

該樣本資訊的成本為何？若樣本資訊不是免費的，使用它獲利將少於$153.8。使用樣本資訊獲利為何？顯然的，決策者將不會為樣本資訊付費超過

$153.8，因爲她或他在沒有樣本資訊的情形下可期待賺得$153.8。通常，樣本資訊的期望值獲利不超過有資訊的期望貨幣值與無資訊的期望貨幣值的差。

| 樣本資料的<br>期望值 | 樣本資料的期望值= 有資訊的期望貨幣值 – 無資訊的期望貨幣值 |
|---|---|

在該投資問題中，沒有道理爲了資訊付超過153.8。

假設決策者必須對預測者的預測付$100。顯示於圖18.6中的有資訊的決策的期望貨幣值從$513.80降爲$413.80，其仍然優於沒有樣本資訊的期望貨幣值$360。圖18.7爲投資資訊的決策樹，其具有買資訊及不買資訊的選擇。包含於此樹（圖18.7）中的爲買資訊的成本（$100），且該購買資訊的期望貨幣值爲$413.80。

---

例題18.4

例題18.1中，決策者面臨的機會爲增加產能以因應產品需求增加的可能性。例題18.4根據該問題，但決策方案及本質狀況已經簡化到使問題容易處理。獲利及機率已經改變。使用以下的決策表製做的決策樹能顯示決策替代方案、獲利、機率、需求狀況及期望的貨幣獲利。決策者可以用$5購買有關於需求的狀況。將此項事實加入你的決定中。計算該問題的樣本資訊之期望值。

決策替代方案爲不擴建、或建造新的設備。需求的狀況及事前的機率爲；較少需求（.20），相同需求（.30），大量增加（.50）。

| | | 需求狀況 | | |
|---|---|---|---|---|
| | | 較少需求(.20) | 相同需求(.30) | 大量需求(.50) |
| 決<br>策<br>方<br>案 | 不擴建 | –$ 3 | $ 2 | $ 6 |
| | 新設備 | –$50 | –$20 | $65 |

需求狀況的預測者在記錄上沒有100%的正確率。例如，當需求較少時，預測者能正確預測.75。當需求相同時，預測者能正確預測.80。當需求大量增加時，65%的時候預測者能正確的預測出。以下顯示的機率爲預測者在實際的需求狀況下預測特別的需求狀況。

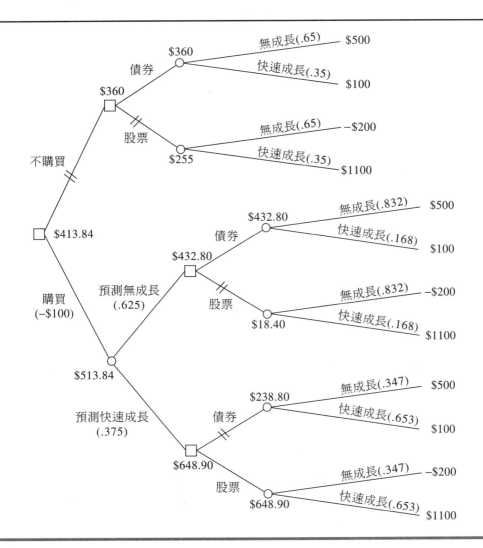

圖18.7
包含所有選
擇的投資問
題之決策樹

|  | 需求狀況 | | |
|---|---|---|---|
|  | 較少需求 | 相同需求 | 大量需求 |
| 預 測 較少需求 | .75 | .10 | .05 |
| 相同需求 | .20 | .80 | .30 |
| 大量需求 | .05 | .10 | .65 |

解答

　下頁的圖形為該問題的決策樹,其為沒有購買樣本資訊時。

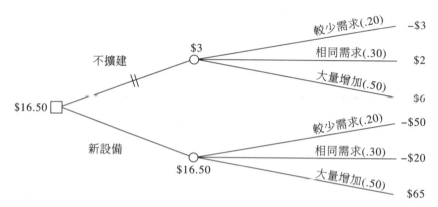

依照樣本資訊，三種需求狀況的事前機率可以被修正。此處顯示的是$F_1$（預測較少需求）的修正，$F_2$（需求沒有改變的預測），及$F_3$（需求大量增加的預測）。

| 需求狀況 | 事前機率 | 條件機率 | 聯合機率 | 修正機率 |
|---|---|---|---|---|
| 較少需求的預測($F_1$) | | | | |
| 較少需求($s_1$) | .20 | $P(F_1\vert s_1) = .75$ | $P(F_1\cap s_1) = .150$ | $.150/.205 = .732$ |
| 相同需求($s_2$) | .30 | $P(F_1\vert s_2) = .10$ | $P(F_1\cap s_2) = .030$ | $.030/.205 = .146$ |
| 大量增加($s_3$) | .50 | $P(F_1\vert s_3) = .05$ | $P(F_1\cap s_3) = .025$ | $.025/.205 = .122$ |
| | | | $P(F_1) = .205$ | |
| 相同需求的預測($F_2$) | | | | |
| 較少需求($s_1$) | .20 | $P(F_2\vert s_1) = .20$ | $P(F_2\cap s_1) = .040$ | $.040/.430 = .093$ |
| 相同需求($s_2$) | .30 | $P(F_2\vert s_2) = .80$ | $P(F_2\cap s_2) = .240$ | $.240/.430 = .558$ |
| 大量增加($s_3$) | .50 | $P(F_2\vert s_3) = .30$ | $P(F_2\cap s_3) = .150$ | $.150/.430 = .349$ |
| | | | $P(F_2) = .430$ | |
| 需求大量增加的預測($F_3$) | | | | |
| 較少需求($s_1$) | .20 | $P(F_3\vert s_1) = .05$ | $P(F_3\cap s_1) = .010$ | $.010/.365 = .027$ |
| 相同需求($s_2$) | .30 | $P(F_3\vert s_2) = .10$ | $P(F_3\cap s_2) = .030$ | $.030/.365 = .082$ |
| 大量增加($s_3$) | .50 | $P(F_3\vert s_3) = .65$ | $P(F_3\cap s_3) = .325$ | $.325/.365 = .890$ |
| | | | $P(F_3) = .365$ | |

從這些修正後的機率及其他資訊製做出的決策樹包含該產能問題使用樣本資訊的決策方案及狀況。下頁的決策樹包含樣本資訊的決策方案及無樣本資訊的決策方案的部分。

若決策者在購買樣本資訊後計算期望貨幣值，他或她將會發現其值為$17.74。有樣本資訊的最終期望貨幣值的計算如下。

購買結的EMV：-$1.172(.205) + $6.875(.430) + $54.86(.365) = $22.74

然而，樣本資訊的成本為$5。所以在購買結的期望貨幣的淨值為

$22.74(EMV) - $5.00（資訊成本）= $17.74（期望貨幣淨值）

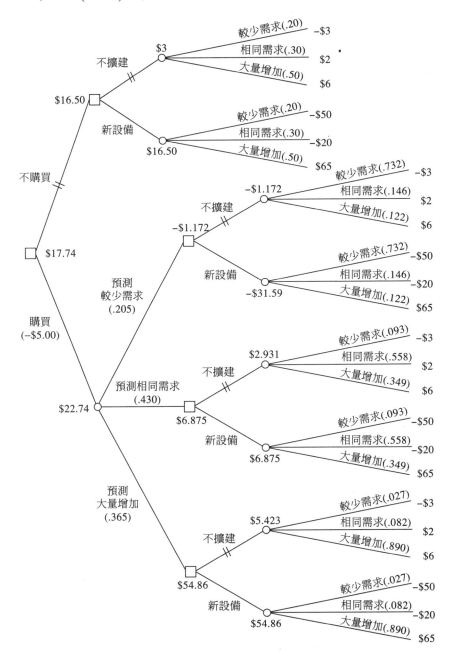

該問題中的樣本資訊的價值為何？

樣本資訊的期望貨幣值
   ＝有樣本資訊的期望貨幣值 – 無樣本資訊的期望貨幣值
   ＝ $22.74 – $16.50 = $6.24

---

問題18.3　　18.12以下是商業情況的決策表。決策者有機會購買以預測形式存在的樣本資訊。有了樣本資訊，可以修正事前機率。同樣顯示出的為各本質狀況的樣本資訊的預測的機率。使用該資訊作答。

|  |  | 本質狀況 | |
|---|---|---|---|
|  |  | $s_1(.30)$ | $s_2(.70)$ |
| 決策方案 | $d_1$ | $350 | –$100 |
|  | $d_2$ | –$200 | $325 |

|  |  | 本質狀況 | |
|---|---|---|---|
|  |  | $s_1$ | $s_2$ |
| 預測 | $s_1$ | .90 | .25 |
|  | $s_2$ | .10 | .75 |

a.計算沒有樣本資訊時該決策的期望貨幣值.

b.計算有樣本資訊時該決策的期望貨幣值。

c.使用樹狀圖顯示a至b的決策選擇。

d.計算樣本資訊的價值。

18.13租車公司面臨購買車隊的決策，所有的車子為相同尺寸。其可以購買一隊的小型車，或大型車。最小型的車最能省油，最大型的車最耗油。決策者的一個問題是，他們並不曉得油價在不久的將來將會增加或減少。若油價增加，小型車有可能最受歡迎。若油價降低，消費者將會需要較大的車。以下為決策方案、本質狀況、機率、獲利的決策表。使用這些資訊決定該問題的期望貨幣值。

決策者有機會購買世界石油市場的預測，其在預測石油方面有一些準確性。以下的矩陣所給的機率為不同本質狀況下這些預測的正確機率。使用該資訊修正先前的機率及根據樣本資訊重新計算期望貨幣值。該問題的樣本資訊的期望值為何？該公司應該決定去購買該預測嗎？

|  |  | 本質狀況 | |
|---|---|---|---|
|  |  | 油價減少(.60) | 油價增加(.40) |
| 決策方案 | 小車 | −$225 | $425 |
|  | 中車 | $125 | −$150 |
|  | 大車 | $350 | −$400 |

|  |  | 本質狀況 | |
|---|---|---|---|
|  |  | 油價減少 | 油價增加 |
| 預測 | 油價減少 | .75 | .15 |
|  | 油價增加 | .25 | .85 |

18.14 一小群投資人計畫墾植樹林場。他們的選擇爲：(1)不種樹，(2)種少量的樹，(3)種大量的樹。投資人考慮到樹木的需求。若樹木的需求下降，開墾一個大的樹林場會導致損失。然而，若樹木的需求有大量的增加，不開墾一個樹林場意味獲益機會的大筆損失。他們決定三種可能的需求狀況：(1)需求下降，(2)需求不變，(3)需求增加。使用以下的決策表計算該決策機會的期望貨幣值。

一些企業的專家與這些投資人接觸，業者相信專家可以預測樹林產業將會發生的事。以下的矩陣顯示機率，以及其相信這些專家所能預測的樹木的需求。使用這些機率修正本質狀況的事前機率，及重新計算樣本資訊的期望值。該樣本資訊的價值爲何？

|  |  | 需求狀況 | | |
|---|---|---|---|---|
|  |  | 下降(.20) | 不變(.30) | 增加(.50) |
| 決策方案 | 不種樹 | $ 20 | $ 0 | −$ 40 |
|  | 小樹林 | −$ 90 | $ 10 | $175 |
|  | 大樹林 | −$600 | −$150 | $800 |

|  |  | 需求狀況 | | |
|---|---|---|---|---|
|  |  | 下降 | 不變 | 增加 |
| 預測 | 下降 | .70 | .02 | .02 |
|  | 不變 | .25 | .95 | .08 |
|  | 增加 | .05 | .03 | .90 |

18.15 一些石油的投機者的興趣在於鑽探油井，已經獲得了土地的權力，他們必須去決定鑽探與否。本質的狀況爲有油或沒油。他們的兩個決策替代

方案爲鑽或是不鑽。如果鑽到石油，油井的獲利爲$1,000,000，若其爲乾井，則損失$100,000。若他們不鑽，其出現石油的獲利爲0，沒油的獲利也爲$0。有油的機率爲.11。使用該資訊，製做一張決策表，及計算該問題的期望貨幣值。

另外投機者有機會購買地質調查，其有時候可以有助於決定地底下有否油的存在。當地質學家說油在地下時，其準確度爲.20。當油在地底下時，地質學家說沒有油的機率爲.80。當沒有油在地底下時，地質學家說沒有油的機率爲.90。當沒有油在地底下時，地質學家說有油的機率爲.10。使用該資訊修正油在地底下的事前機率，且根據樣本資訊計算期望的貨幣值。該問題的樣本資訊的價值爲何？

---

決策難題解決之道

# 總裁階層的決策決定

對總裁的研究顯示，決策決定發生在許多不同的行業。不管決定的是什麼，確認決策方案對總裁或經理人而言非常重要。有時候決策方案並不明顯，只有在相當的省思及腦力激盪後才可以被確認。對決策者而言，許多不同的決策方案存在於人事、財物、運作等等。方案通常由工作者的建議及投入而來。其他則由特別領域的顧問或專家提供建議。偶爾，也會有一個有創意的及不明顯的決策方案被推演出，其被證明爲最成功的決定。

福特的總裁在重組的決策中，選擇將兩個事業體合併爲一個單位。另外的決策方案可能爲將其他的事業體合併爲一個單位（而非北美洲及歐洲）、創造出更多的單位、或根本不重組。科達總裁的決定爲公司完全採用數位及電子影像。此外，他決定以「天衣無縫」的方式將這些新的科技結合公司的紙類及膠卷產品。該總裁的其他決策方案有不要進入數位及電子影像的領域，或進入該領域但與紙類及膠卷產品無關。

總裁必須儘可能地確認決策方案下的各種本質狀況。對於銷售而言會如何？產品的需求會增加或減少。政治環境對環保及國際貨幣的管制爲何？下一個景氣循環會發生什麼事？將會有通貨膨脹嗎？競爭者將會做什麼？將會發生的新發明或發展爲何？投資的環境爲何？瞭解這些狀況愈多，愈能幫助決策者根據這些狀況檢視決策方案並依此計算獲利。

許多會發生的不同的本質狀況在1990年代將會影響總裁所作決定的結果。福特汽車公

司可能發現到世界車的需求無法實現，進行的如此緩慢以致公司浪費了多年的人力。世界經濟可能會經歷蕭條、緩慢、持續的成長或甚至是加速成長的速度。其他國家的政治條件可能使美國的世界車無法被接受。成為此車款市場的國家，其政府可能使該國家成為世界經濟體的一部份、保持相同、從世界的舞台上漸漸抽離、或變為孤立。

　　本質狀況可以以其他方式影響總裁的決定。在許多方面，成長的速度及對科技的瞭解度不確定，且對柯達的在進行數位及電子影像的決策有非常大的影響。結合這兩種新科技及紙張和膠卷操作的科技會及時發展出來嗎？會有可以提供材料及零件的供應商嗎？使用於數位及電子影像的原料如何？原料的供應會充足、缺乏、或適量？原料的價格會變動快速、增加、減少、或維持相同？

　　決策者必須瞭解其為風險迴避者或為風險接受者。對風險的傾向會隨情況有所不同嗎？應該嗎？管理者及股票持有者對風險的看法為何？員工對風險的反應為接受或迴避？

　　成功的總裁會融合風險接受、風險迴避及期望值分析於其決策中。大致上成功的總裁知道何時接受風險、何時應停止。當然，由福特這種非常成功的公司，當時，其擁有頂尖的10款車中的5款，努力重組製造世界車是風險接受。柯達決定將數位及電子影像與其紙張及膠卷事業融合，同樣為風險接受的冒險。

　　若是成功，從這些總裁的決策中獲利是很大的。若福特的世界車在21世紀能成功銷售，現今福特的成功可能只是皮毛而已。另一方面，公司有大筆損失或獲利的機會隨時都會發生。

　　總裁並非都能瞭解到所有的決策方案。然而，具有創意、創新的想法與其他人的腦力激盪，及事實與數據的詳細調查可以成功地確認所有的可能性。本質狀況是未知的且較難考慮。然而，對經濟的注意、直覺、瞭解及知識、市場、政府及競爭者等等對決策者考慮可能的本質狀況時大有幫助，該本質狀況可以影響決策的獲利及決定哪一種本質狀況會發生的可能性。總裁的獲利範圍包括自己在內的數以千計的工作損失、失去市場佔有率、公司的破產、股票投資者的股利及名聲等等。

# 結語

••••••••••••••••••••••••••••••••••••••••••••••••••••••••••••

　　決策分析為量化管理的一門學問，其中使用數學及統計的方法幫助決策者做出有關於替代方案機會的判斷。考慮三種型態的決策：(1)在確定情況下的

決策決定，(2)在不確定情況下的決策決定，(3)風險下的決策決定。本章中說明許多決策決定的各種角度，包含決策方案、本質狀況及獲利。決策方案為提供給決策者的選擇，他或她可以從中選擇。本質狀況為決定已經做了之後，決策者無法控制的情況。獲利為決策者從不同的決策替代方案中得到的收穫或損失。這三種觀點（決策替代方案、本質狀況、獲利），可以被陳列於決策表或獲利表中。

在確定情況下的決策決定為這三種形態的決定中最容易做的。此情況中。已知本質狀況，且決策者只需要選擇有最大代價的決策方案。

當本質狀況發生的可能性未知時，決策是在不確定的情形下做出的。本章所考慮的在不確定情形下的四種決策決定的方法為，最大最大值法則、最大最小值法則、賀氏法則及最小最大惜悔值。最大最大值法則為一種樂觀的方法。其所依據的觀念為將會發生最好的可能結果。該方法中，決策者在各決策替代方案下選擇可能獲利的最大值，而後選擇這一些的最大值。所以，決策者選擇最大值的最大值。

最大最小值法則為悲觀的方法。其假設為，在各決策方案下最壞的情形將會發生。決策者在各決策方案下選擇最小的獲利，而後選擇這一些的最大值為最佳的選擇。因此，決策者選擇最壞情形中最好的一個。

賀氏法則是想要給決策者一個除了最大最大值及最大最小值之外的替代方案，其介於樂觀及悲觀的方法之間。利用這種方法，決策者選擇一種介於0與1之間稱為$\alpha$的值，來代表她或他有多樂觀。檢視各決策方案下的最大及最小的獲利，且$1-\alpha$應用在最小的獲利中。各決策替代方案結合這兩種加權後的值。選擇這些加權值的最大值。

最小最大惜悔值的計算是檢視機會的損失。各本質狀況下的最大獲利減去各獲利即可製作機會損失表。這個步驟產生各狀況下的損失機會。各決策方案的最大損失機會由機會表決定。選擇這些值的最小值，且選擇相關的決策方案。以此方法，決策者已經降低或將惜悔值或損失機會最小化。

有風險的決策決定，決策者多少在事前知道各本質狀況發生的機率。有了這些機率，加權後的獲利稱之為期望貨幣值（EMV）可以就各決策方案計算出。根據這些EMV做決策的人稱之為EMV者。若機率保持相同，決定的步驟重複一段很長的時間時，期望的貨幣值實際上為平均將會發生的獲利。

若本質狀況的期望貨幣值為已知，最佳資訊的期望值的決定是比較期望貨幣值。其兩者的差別為最佳資訊的期望值。

功利為決策者對接受風險的傾向。迴避風險的人被稱之為風險迴避者。喜歡接受風險的人為風險接受者。使用EMV的人通常介於該兩類間。可以繪出功利曲線來描述決策者對風險的傾向。

若使用貝士定理的話，當得到新資訊時，與風險下決策決定的本質狀況相關的機率可以被修正。該資訊可以對決策者有幫助。然而，通常需要決策者的成本。該成本會降低具有樣本資訊的決策決定的獲利。有樣本資訊的期望貨幣值可以與無資訊的期望貨幣值比較，以決定樣本資訊的價值。

# 重要辭彙

| 決策方案 | 決策分析 | 確定情況的決策決定 | 決策表 |
| 功利 | 決策樹 | 風險下的決策決定 | 本質狀況 |
| 期望貨幣值者 | 期望貨幣值 | 最佳資訊的期望值 | 樣本資訊的期望值 |
| 賀氏法則 | 最大最大值法則 | 最大最小值法則 | 最小最大惜悔值 |
| 機會損失表 | 獲利 | 獲利表 | 風險迴避者 |
| 風險接受者 | 不確定情況的決策決定 | | |

# 公式

貝士定理

$$P(X_i | Y) = \frac{P(X_i) \cdot P(Y | X_i)}{P(X_1) \cdot P(Y | X_1) + P(X_2) \cdot P(Y | X_2) + \cdots + P(X_n) \cdot P(Y | X_n)}$$

個案

# 面臨存亡邊緣的傅來契－泰瑞

●●●●●●●●●●●●●●●●●●●●●●●●●●●●●●●●●●●●●●●●●●●

　　傅來契－泰瑞是一家玻璃切割器具的製造商，其起源可以追溯至1986年，當時受僱於機械工廠的薩穆爾·蒙斯為硬鋼工具做了重大改進，取代了昂貴的鑽石而成為新的切割器具。蒙斯接著和他的老闆成立了蒙斯公司，開始生產這種新切割工具。在1894年，蒙斯的姪子－佛瑞德·傅來契取得了可替換式的輪式切割器的專利，並在1903年與他的岳父－富蘭克林·泰瑞合作，開始生產輪式切割器。至1935年，傅來契－泰瑞公司買下了蒙斯公司，兩家公司合而為一。

　　在之後的四十年間，傅來契－泰瑞在拓展其手持玻璃切割器與輪式切割器產品的市場上極為成功，但在1980年代，該公司面臨一項危機：最大的兩個通路商決定引進其海外自有品牌的切割器，到1982年底，傅來契－泰瑞在手持切割刀方面的銷售額下降了45%。

　　為求突破難關，傅來契－泰瑞在自動化技術上投資了大筆資金，期望能降低成本，可惜未能成功。該公司又決定藉由進口來擴增總產量，但也因美元疲軟而喪失價格的競爭優勢，最後賠上了大筆損失。

　　公司的管理階層最後終於瞭解到除非改變經營方式，否則該公司很難繼續支撐下去，因此展開了一項重大的策略規劃，設定經營目標並重新定義公司的使命。這些新的目標包括：在該公司競爭力強的產品市場中再擴大市場佔有率、以新產品切入新市場、在產品開發過程中投入技術專業、加強員工的參與感，並在銷售額上達到國內同類產品平均值的兩倍。

　　為求達成目標，該公司投資在廠房及程序改進上以降低成本並提升本質；調查新舊產品的市場，展開行銷活動以塑造該公司產品為專業人士的第一選擇；在內部採用參與式管理，鼓勵員工責任承擔及提供創意。

　　至1987年底，銷售額提升了16.4%，接著15.4%，再接著一年為8.6%。1993年，總計六年的銷售額成長率達到了82.5%。此時，傅來契－泰瑞也由簡單的手工具製造商蛻變為複雜機械儀器的製造商，贏得了品質獎，而且海內外銷售業績也呈現上升的態勢。

傅來契－泰瑞的管理階層在這些年來所做的決策中，最重要的是在1980年代為救亡圖存所做的努力。對於1970年代晚期及1980年代發生的幾宗重大事件，管理階層確實無力可施，但假設傅來契－泰瑞想對這些事件提出適當的因應措施，要求你對整個情況做出簡要的報告。請至少描述五種必要措施。基於你對美國及全球經濟景況的瞭解以及本個案所提供的資訊，請提出至少四種對經理人做出的決策有重大影響的國家因素。

曾經有一段時間，傅來契－泰瑞決定以進口的方式來擴增其產量，假設在執行前，經理人得到了以下資訊，請以此資訊建構決策表及決策樹，並請解釋推演所得的結論。假設決策的重點在於要不要進口，若要進口，就要考慮美元在國外的購買力，若美元上揚，公司會有$350,000元的利潤。若美元持平，公司還是會獲利$275,000元。但若美元下挫，就會有$555,000元的損失。消息來源指出，美元有25%的機會上揚，35%持平，40%則會下挫。若決定不進口，則會產生$22,700元的損失，與美元匯率無關。請以期望平均值、風險趨避、風險承擔解釋可能的分析結果。基於以上的分析，依一般經驗對該公司提出建議，但切記不要忽略該公司當時所面臨的困境，也不要忘了在當時一切後果都是未知數。請對該公司的管理階層解釋，在完全資訊的前提下，期望值為何？

道德省思

# 決策分析

道德的問題時常發生於決策分析的情形。本章所呈現的技巧在於幫助決策者根據獲利及期望值，從決策方案中做出選擇。獲利並不能反映所有的成本，包括道德省思在內。在檢視決策方案時，決策者必須決定是否要考慮道德。什麼是會引起道德問題的決策方案呢？

一些決策方案以土地、空氣、或水污染為形式的環保傷害。有些選擇會危害工作者的健康及安全。在人力資源的領域中，有些決策方案包含刪除工作及解僱員工。這些決定所牽涉到的道德問題應該分解成獲利嗎？例如，解僱對家庭及社區的影響為何？企業對其員工及社區有任何道德義務是須考慮在其獲利中的嗎？一個決策方案有牽涉到對消費者或消費者家庭有害的產品生產嗎？一些決策方案可能採用假的或誤導的廣告。對競爭廠牌的廣告加以扭曲或誤導是不道德的嗎？即使是明顯的獲利非常高？本質狀況通常超過決策者的控制；因此看起來不道德的行為與本質狀況不像有關連。然而，在得到樣本或最佳資訊的情形下

做出有關本質狀況的決策決定有其不道德的抽樣行為之可能性。

　　在許多情形下，除了金錢之外的獲利應該被考慮。採用道德行為的決策分析時，決策者必須將污染、安全特性、人力資源的損失等等的成本分解為獲利。不道德的行為將可能導致獲利的減少或損失。

# 附錄A

## A.7 F分配表

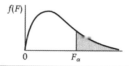

| $v_1$ | $\alpha = .10$ | | | | | | | | |
|---|---|---|---|---|---|---|---|---|---|
| | Numerator Degrees of Freedom | | | | | | | | |
| $v_2$ | 1 | 2 | 3 | 4 | 5 | 6 | 7 | 8 | 9 |
| 1 | 39.86 | 49.50 | 53.59 | 55.83 | 57.24 | 58.20 | 58.91 | 59.44 | 59.86 |
| 2 | 8.53 | 9.00 | 9.16 | 9.24 | 9.29 | 9.33 | 9.35 | 9.37 | 9.38 |
| 3 | 5.54 | 5.46 | 5.39 | 5.34 | 5.31 | 5.28 | 5.27 | 5.25 | 5.24 |
| 4 | 4.54 | 4.32 | 4.19 | 4.11 | 4.05 | 4.01 | 3.98 | 3.95 | 3.94 |
| 5 | 4.06 | 3.78 | 3.62 | 3.52 | 3.45 | 3.40 | 3.37 | 3.34 | 3.32 |
| 6 | 3.78 | 3.46 | 3.29 | 3.18 | 3.11 | 3.05 | 3.01 | 2.98 | 2.96 |
| 7 | 3.59 | 3.26 | 3.07 | 2.96 | 2.88 | 2.83 | 2.78 | 2.75 | 2.72 |
| 8 | 3.46 | 3.11 | 2.92 | 2.81 | 2.73 | 2.67 | 2.62 | 2.59 | 2.56 |
| 9 | 3.36 | 3.01 | 2.81 | 2.69 | 2.61 | 2.55 | 2.51 | 2.47 | 2.44 |
| 10 | 3.29 | 2.92 | 2.73 | 2.61 | 2.52 | 2.46 | 2.41 | 2.38 | 2.35 |
| 11 | 3.23 | 2.86 | 2.66 | 2.54 | 2.45 | 2.39 | 2.34 | 2.30 | 2.27 |
| 12 | 3.18 | 2.81 | 2.61 | 2.48 | 2.39 | 2.33 | 2.28 | 2.24 | 2.21 |
| 13 | 3.14 | 2.76 | 2.56 | 2.43 | 2.35 | 2.28 | 2.23 | 2.20 | 2.16 |
| 14 | 3.10 | 2.73 | 2.52 | 2.39 | 2.31 | 2.24 | 2.19 | 2.15 | 2.12 |
| 15 | 3.07 | 2.70 | 2.49 | 2.36 | 2.27 | 2.21 | 2.16 | 2.12 | 2.09 |
| 16 | 3.05 | 2.67 | 2.46 | 2.33 | 2.24 | 2.18 | 2.13 | 2.09 | 2.06 |
| 17 | 3.03 | 2.64 | 2.44 | 2.31 | 2.22 | 2.15 | 2.10 | 2.06 | 2.03 |
| 18 | 3.01 | 2.62 | 2.42 | 2.29 | 2.20 | 2.13 | 2.08 | 2.04 | 2.00 |
| 19 | 2.99 | 2.61 | 2.40 | 2.27 | 2.18 | 2.11 | 2.06 | 2.02 | 1.98 |
| 20 | 2.97 | 2.59 | 2.38 | 2.25 | 2.16 | 2.09 | 2.04 | 2.00 | 1.96 |
| 21 | 2.96 | 2.57 | 2.36 | 2.23 | 2.14 | 2.08 | 2.02 | 1.98 | 1.95 |
| 22 | 2.95 | 2.56 | 2.35 | 2.22 | 2.13 | 2.06 | 2.01 | 1.97 | 1.93 |
| 23 | 2.94 | 2.55 | 2.34 | 2.21 | 2.11 | 2.05 | 1.99 | 1.95 | 1.92 |
| 24 | 2.93 | 2.54 | 2.33 | 2.19 | 2.10 | 2.04 | 1.98 | 1.94 | 1.91 |
| 25 | 2.92 | 2.53 | 2.32 | 2.18 | 2.09 | 2.02 | 1.97 | 1.93 | 1.89 |
| 26 | 2.91 | 2.52 | 2.31 | 2.17 | 2.08 | 2.01 | 1.96 | 1.92 | 1.88 |
| 27 | 2.90 | 2.51 | 2.30 | 2.17 | 2.07 | 2.00 | 1.95 | 1.91 | 1.87 |
| 28 | 2.89 | 2.50 | 2.29 | 2.16 | 2.06 | 2.00 | 1.94 | 1.90 | 1.87 |
| 29 | 2.89 | 2.50 | 2.28 | 2.15 | 2.06 | 1.99 | 1.93 | 1.89 | 1.86 |
| 30 | 2.88 | 2.49 | 2.28 | 2.14 | 2.05 | 1.98 | 1.93 | 1.88 | 1.85 |
| 40 | 2.84 | 2.44 | 2.23 | 2.09 | 2.00 | 1.93 | 1.87 | 1.83 | 1.79 |
| 60 | 2.79 | 2.39 | 2.18 | 2.04 | 1.95 | 1.87 | 1.82 | 1.77 | 1.74 |
| 120 | 2.75 | 2.35 | 2.13 | 1.99 | 1.90 | 1.82 | 1.77 | 1.72 | 1.68 |
| ∞ | 2.71 | 2.30 | 2.08 | 1.94 | 1.85 | 1.77 | 1.72 | 1.67 | 1.63 |

（續）A.7　F分配表

| | | | | | | | | | | | $v_1$ |
|---|---|---|---|---|---|---|---|---|---|---|---|
| \multicolumn{11}{c}{$\alpha = .10$} | |
| \multicolumn{11}{c}{*Numerator Degrees of Freedom*} | $v_2$ |
| *10* | *12* | *15* | *20* | *24* | *30* | *40* | *60* | *120* | *∞* | | |
| 60.19 | 60.71 | 61.22 | 61.74 | 62.00 | 62.26 | 62.53 | 62.79 | 63.06 | 63.33 | 1 | |
| 9.39 | 9.41 | 9.42 | 9.44 | 9.45 | 9.46 | 9.47 | 9.47 | 9.48 | 9.49 | 2 | |
| 5.23 | 5.22 | 5.20 | 5.18 | 5.18 | 5.17 | 5.16 | 5.15 | 5.14 | 5.13 | 3 | |
| 3.92 | 3.90 | 3.87 | 3.84 | 3.83 | 3.82 | 3.80 | 3.79 | 3.78 | 3.76 | 4 | |
| 3.30 | 3.27 | 3.24 | 3.21 | 3.19 | 3.17 | 3.16 | 3.14 | 3.12 | 3.10 | 5 | |
| 2.94 | 2.90 | 2.87 | 2.84 | 2.82 | 2.80 | 2.78 | 2.76 | 2.74 | 2.72 | 6 | |
| 2.70 | 2.67 | 2.63 | 2.59 | 2.58 | 2.56 | 2.54 | 2.51 | 2.49 | 2.47 | 7 | |
| 2.54 | 2.50 | 2.46 | 2.42 | 2.40 | 2.38 | 2.36 | 2.34 | 2.32 | 2.29 | 8 | |
| 2.42 | 2.38 | 2.34 | 2.30 | 2.28 | 2.25 | 2.23 | 2.21 | 2.18 | 2.16 | 9 | |
| 2.32 | 2.28 | 2.24 | 2.20 | 2.18 | 2.16 | 2.13 | 2.11 | 2.08 | 2.06 | 10 | |
| 2.25 | 2.21 | 2.17 | 2.12 | 2.10 | 2.08 | 2.05 | 2.03 | 2.00 | 1.97 | 11 | |
| 2.19 | 2.15 | 2.10 | 2.06 | 2.04 | 2.01 | 1.99 | 1.96 | 1.93 | 1.90 | 12 | |
| 2.14 | 2.10 | 2.05 | 2.01 | 1.98 | 1.96 | 1.93 | 1.90 | 1.88 | 1.85 | 13 | |
| 2.10 | 2.05 | 2.01 | 1.96 | 1.94 | 1.91 | 1.89 | 1.86 | 1.83 | 1.80 | 14 | |
| 2.06 | 2.02 | 1.97 | 1.92 | 1.90 | 1.87 | 1.85 | 1.82 | 1.79 | 1.76 | 15 | |
| 2.03 | 1.99 | 1.94 | 1.89 | 1.87 | 1.84 | 1.81 | 1.78 | 1.75 | 1.72 | 16 | |
| 2.00 | 1.96 | 1.91 | 1.86 | 1.84 | 1.81 | 1.78 | 1.75 | 1.72 | 1.69 | 17 | |
| 1.98 | 1.93 | 1.89 | 1.84 | 1.81 | 1.78 | 1.75 | 1.72 | 1.69 | 1.66 | 18 | |
| 1.96 | 1.91 | 1.86 | 1.81 | 1.79 | 1.76 | 1.73 | 1.70 | 1.67 | 1.63 | 19 | |
| 1.94 | 1.89 | 1.84 | 1.79 | 1.77 | 1.74 | 1.71 | 1.68 | 1.64 | 1.61 | 20 | |
| 1.92 | 1.87 | 1.83 | 1.78 | 1.75 | 1.72 | 1.69 | 1.66 | 1.62 | 1.59 | 21 | |
| 1.90 | 1.86 | 1.81 | 1.76 | 1.73 | 1.70 | 1.67 | 1.64 | 1.60 | 1.57 | 22 | |
| 1.89 | 1.84 | 1.80 | 1.74 | 1.72 | 1.69 | 1.66 | 1.62 | 1.59 | 1.55 | 23 | |
| 1.88 | 1.83 | 1.78 | 1.73 | 1.70 | 1.67 | 1.64 | 1.61 | 1.57 | 1.53 | 24 | |
| 1.87 | 1.82 | 1.77 | 1.72 | 1.69 | 1.66 | 1.63 | 1.59 | 1.56 | 1.52 | 25 | |
| 1.86 | 1.81 | 1.76 | 1.71 | 1.68 | 1.65 | 1.61 | 1.58 | 1.54 | 1.50 | 26 | |
| 1.85 | 1.80 | 1.75 | 1.70 | 1.67 | 1.64 | 1.60 | 1.57 | 1.53 | 1.49 | 27 | |
| 1.84 | 1.79 | 1.74 | 1.69 | 1.66 | 1.63 | 1.59 | 1.56 | 1.52 | 1.48 | 28 | |
| 1.83 | 1.78 | 1.73 | 1.68 | 1.65 | 1.62 | 1.58 | 1.55 | 1.51 | 1.47 | 29 | |
| 1.82 | 1.77 | 1.72 | 1.67 | 1.64 | 1.61 | 1.57 | 1.54 | 1.50 | 1.46 | 30 | |
| 1.76 | 1.71 | 1.66 | 1.61 | 1.57 | 1.54 | 1.51 | 1.47 | 1.42 | 1.38 | 40 | |
| 1.71 | 1.66 | 1.60 | 1.54 | 1.51 | 1.48 | 1.44 | 1.40 | 1.35 | 1.29 | 60 | |
| 1.65 | 1.60 | 1.55 | 1.48 | 1.45 | 1.41 | 1.37 | 1.32 | 1.26 | 1.19 | 120 | |
| 1.60 | 1.55 | 1.49 | 1.42 | 1.38 | 1.34 | 1.30 | 1.24 | 1.17 | 1.00 | ∞ | |

*Denominator Degrees of Freedom*

| $v_1$ | $\alpha = .05$ | | | | | | | | |
|---|---|---|---|---|---|---|---|---|---|
| $v_2$ | Numerator Degrees of Freedom | | | | | | | | |
| | 1 | 2 | 3 | 4 | 5 | 6 | 7 | 8 | 9 |
| 1 | 161.4 | 199.5 | 215.7 | 224.6 | 230.2 | 234.0 | 236.8 | 238.9 | 240.5 |
| 2 | 18.51 | 19.00 | 19.16 | 19.25 | 19.30 | 19.33 | 19.35 | 19.37 | 19.38 |
| 3 | 10.13 | 9.55 | 9.28 | 9.12 | 9.01 | 8.94 | 8.89 | 8.85 | 8.81 |
| 4 | 7.71 | 6.94 | 6.59 | 6.39 | 6.26 | 6.16 | 6.09 | 6.04 | 6.00 |
| 5 | 6.61 | 5.79 | 5.41 | 5.19 | 5.05 | 4.95 | 4.88 | 4.82 | 4.77 |
| 6 | 5.99 | 5.14 | 4.76 | 4.53 | 4.39 | 4.28 | 4.21 | 4.15 | 4.10 |
| 7 | 5.59 | 4.74 | 4.35 | 4.12 | 3.97 | 3.87 | 3.79 | 3.73 | 3.68 |
| 8 | 5.32 | 4.46 | 4.07 | 3.84 | 3.69 | 3.58 | 3.50 | 3.44 | 3.39 |
| 9 | 5.12 | 4.26 | 3.86 | 3.63 | 3.48 | 3.37 | 3.29 | 3.23 | 3.18 |
| 10 | 4.96 | 4.10 | 3.71 | 3.48 | 3.33 | 3.22 | 3.14 | 3.07 | 3.02 |
| 11 | 4.84 | 3.98 | 3.59 | 3.36 | 3.20 | 3.09 | 3.01 | 2.95 | 2.90 |
| 12 | 4.75 | 3.89 | 3.49 | 3.26 | 3.11 | 3.00 | 2.91 | 2.85 | 2.80 |
| 13 | 4.67 | 3.81 | 3.41 | 3.18 | 3.03 | 2.92 | 2.83 | 2.77 | 2.71 |
| 14 | 4.60 | 3.74 | 3.34 | 3.11 | 2.96 | 2.85 | 2.76 | 2.70 | 2.65 |
| 15 | 4.54 | 3.68 | 3.29 | 3.06 | 2.90 | 2.79 | 2.71 | 2.64 | 2.59 |
| 16 | 4.49 | 3.63 | 3.24 | 3.01 | 2.85 | 2.74 | 2.66 | 2.59 | 2.54 |
| 17 | 4.45 | 3.59 | 3.20 | 2.96 | 2.81 | 2.70 | 2.61 | 2.55 | 2.49 |
| 18 | 4.41 | 3.55 | 3.16 | 2.93 | 2.77 | 2.66 | 2.58 | 2.51 | 2.46 |
| 19 | 4.38 | 3.52 | 3.13 | 2.90 | 2.74 | 2.63 | 2.54 | 2.48 | 2.42 |
| 20 | 4.35 | 3.49 | 3.10 | 2.87 | 2.71 | 2.60 | 2.51 | 2.45 | 2.39 |
| 21 | 4.32 | 3.47 | 3.07 | 2.84 | 2.68 | 2.57 | 2.49 | 2.42 | 2.37 |
| 22 | 4.30 | 3.44 | 3.05 | 2.82 | 2.66 | 2.55 | 2.46 | 2.40 | 2.34 |
| 23 | 4.28 | 3.42 | 3.03 | 2.80 | 2.64 | 2.53 | 2.44 | 2.37 | 2.32 |
| 24 | 4.26 | 3.40 | 3.01 | 2.78 | 2.62 | 2.51 | 2.42 | 2.36 | 2.30 |
| 25 | 4.24 | 3.39 | 2.99 | 2.76 | 2.60 | 2.49 | 2.40 | 2.34 | 2.28 |
| 26 | 4.23 | 3.37 | 2.98 | 2.74 | 2.59 | 2.47 | 2.39 | 2.32 | 2.27 |
| 27 | 4.21 | 3.35 | 2.96 | 2.73 | 2.57 | 2.46 | 2.37 | 2.31 | 2.25 |
| 28 | 4.20 | 3.34 | 2.95 | 2.71 | 2.56 | 2.45 | 2.36 | 2.29 | 2.24 |
| 29 | 4.18 | 3.33 | 2.93 | 2.70 | 2.55 | 2.43 | 2.35 | 2.28 | 2.22 |
| 30 | 4.17 | 3.32 | 2.92 | 2.69 | 2.53 | 2.42 | 2.33 | 2.27 | 2.21 |
| 40 | 4.08 | 3.23 | 2.84 | 2.61 | 2.45 | 2.34 | 2.25 | 2.18 | 2.12 |
| 60 | 4.00 | 3.15 | 2.76 | 2.53 | 2.37 | 2.25 | 2.17 | 2.10 | 2.04 |
| 120 | 3.92 | 3.07 | 2.68 | 2.45 | 2.29 | 2.17 | 2.09 | 2.02 | 1.96 |
| $\infty$ | 3.84 | 3.00 | 2.60 | 2.37 | 2.21 | 2.10 | 2.01 | 1.94 | 1.88 |

*Denominator Degrees of Freedom*

| α = .05 | | | | | | | | | | $v_1$ |
| --- | --- | --- | --- | --- | --- | --- | --- | --- | --- | --- |
| Numerator Degrees of Freedom | | | | | | | | | | |
| 10 | 12 | 15 | 20 | 24 | 30 | 40 | 60 | 120 | ∞ | $v_2$ |
| 241.9 | 243.9 | 245.9 | 248.0 | 249.1 | 250.1 | 251.1 | 252.2 | 253.3 | 254.3 | 1 |
| 19.40 | 19.41 | 19.43 | 19.45 | 19.45 | 19.46 | 19.47 | 19.48 | 19.49 | 19.50 | 2 |
| 8.79 | 8.74 | 8.70 | 8.66 | 8.64 | 8.62 | 8.59 | 8.57 | 8.55 | 8.53 | 3 |
| 5.96 | 5.91 | 5.86 | 5.80 | 5.77 | 5.75 | 5.72 | 5.69 | 5.66 | 5.63 | 4 |
| 4.74 | 4.68 | 4.62 | 4.56 | 4.53 | 4.50 | 4.46 | 4.43 | 4.40 | 4.36 | 5 |
| 4.06 | 4.00 | 3.94 | 3.87 | 3.84 | 3.81 | 3.77 | 3.74 | 3.70 | 3.67 | 6 |
| 3.64 | 3.57 | 3.51 | 3.44 | 3.41 | 3.38 | 3.34 | 3.30 | 3.27 | 3.23 | 7 |
| 3.35 | 3.28 | 3.22 | 3.15 | 3.12 | 3.08 | 3.04 | 3.01 | 2.97 | 2.93 | 8 |
| 3.14 | 3.07 | 3.01 | 2.94 | 2.90 | 2.86 | 2.83 | 2.79 | 2.75 | 2.71 | 9 |
| 2.98 | 2.91 | 2.85 | 2.77 | 2.74 | 2.70 | 2.66 | 2.62 | 2.58 | 2.54 | 10 |
| 2.85 | 2.79 | 2.72 | 2.65 | 2.61 | 2.57 | 2.53 | 2.49 | 2.45 | 2.40 | 11 |
| 2.75 | 2.69 | 2.62 | 2.54 | 2.51 | 2.47 | 2.43 | 2.38 | 2.34 | 2.30 | 12 |
| 2.67 | 2.60 | 2.53 | 2.46 | 2.42 | 2.38 | 2.34 | 2.30 | 2.25 | 2.21 | 13 |
| 2.60 | 2.53 | 2.46 | 2.39 | 2.35 | 2.31 | 2.27 | 2.22 | 2.18 | 2.13 | 14 |
| 2.54 | 2.48 | 2.40 | 2.33 | 2.29 | 2.25 | 2.20 | 2.16 | 2.11 | 2.07 | 15 |
| 2.49 | 2.42 | 2.35 | 2.28 | 2.24 | 2.19 | 2.15 | 2.11 | 2.06 | 2.01 | 16 |
| 2.45 | 2.38 | 2.31 | 2.23 | 2.19 | 2.15 | 2.10 | 2.06 | 2.01 | 1.96 | 17 |
| 2.41 | 2.34 | 2.27 | 2.19 | 2.15 | 2.11 | 2.06 | 2.02 | 1.97 | 1.92 | 18 |
| 2.38 | 2.31 | 2.23 | 2.16 | 2.11 | 2.07 | 2.03 | 1.98 | 1.93 | 1.88 | 19 |
| 2.35 | 2.28 | 2.20 | 2.12 | 2.08 | 2.04 | 1.99 | 1.95 | 1.90 | 1.84 | 20 |
| 2.32 | 2.25 | 2.18 | 2.10 | 2.05 | 2.01 | 1.96 | 1.92 | 1.87 | 1.81 | 21 |
| 2.30 | 2.23 | 2.15 | 2.07 | 2.03 | 1.98 | 1.94 | 1.89 | 1.84 | 1.78 | 22 |
| 2.27 | 2.20 | 2.13 | 2.05 | 2.01 | 1.96 | 1.91 | 1.86 | 1.81 | 1.76 | 23 |
| 2.25 | 2.18 | 2.11 | 2.03 | 1.98 | 1.94 | 1.89 | 1.84 | 1.79 | 1.73 | 24 |
| 2.24 | 2.16 | 2.09 | 2.01 | 1.96 | 1.92 | 1.87 | 1.82 | 1.77 | 1.71 | 25 |
| 2.22 | 2.15 | 2.07 | 1.99 | 1.95 | 1.90 | 1.85 | 1.80 | 1.75 | 1.69 | 26 |
| 2.20 | 2.13 | 2.06 | 1.97 | 1.93 | 1.88 | 1.84 | 1.79 | 1.73 | 1.67 | 27 |
| 2.19 | 2.12 | 2.04 | 1.96 | 1.91 | 1.87 | 1.82 | 1.77 | 1.71 | 1.65 | 28 |
| 2.18 | 2.10 | 2.03 | 1.94 | 1.90 | 1.85 | 1.81 | 1.75 | 1.70 | 1.64 | 29 |
| 2.16 | 2.09 | 2.01 | 1.93 | 1.89 | 1.84 | 1.79 | 1.74 | 1.68 | 1.62 | 30 |
| 2.08 | 2.00 | 1.92 | 1.84 | 1.79 | 1.74 | 1.69 | 1.64 | 1.58 | 1.51 | 40 |
| 1.99 | 1.92 | 1.84 | 1.75 | 1.70 | 1.65 | 1.59 | 1.53 | 1.47 | 1.39 | 60 |
| 1.91 | 1.83 | 1.75 | 1.66 | 1.61 | 1.55 | 1.50 | 1.43 | 1.35 | 1.25 | 120 |
| 1.83 | 1.75 | 1.67 | 1.57 | 1.52 | 1.46 | 1.39 | 1.32 | 1.22 | 1.00 | ∞ |

Denominator Degrees of Freedom

| $v_2$ | $\alpha = .025$ Numerator Degrees of Freedom | | | | | | | | |
|---|---|---|---|---|---|---|---|---|---|
| | 1 | 2 | 3 | 4 | 5 | 6 | 7 | 8 | 9 |
| 1 | 647.8 | 799.5 | 864.2 | 899.6 | 921.8 | 937.1 | 948.2 | 956.7 | 963.3 |
| 2 | 38.51 | 39.00 | 39.17 | 39.25 | 39.30 | 39.33 | 39.36 | 39.37 | 39.39 |
| 3 | 17.44 | 16.04 | 15.44 | 15.10 | 14.88 | 14.73 | 14.62 | 14.54 | 14.47 |
| 4 | 12.22 | 10.65 | 9.98 | 9.60 | 9.36 | 9.20 | 9.07 | 8.98 | 8.90 |
| 5 | 10.01 | 8.43 | 7.76 | 7.39 | 7.15 | 6.98 | 6.85 | 6.76 | 6.68 |
| 6 | 8.81 | 7.26 | 6.60 | 6.23 | 5.99 | 5.82 | 5.70 | 5.60 | 5.52 |
| 7 | 8.07 | 6.54 | 5.89 | 5.52 | 5.29 | 5.12 | 4.99 | 4.90 | 4.82 |
| 8 | 7.57 | 6.06 | 5.42 | 5.05 | 4.82 | 4.65 | 4.53 | 4.43 | 4.36 |
| 9 | 7.21 | 5.71 | 5.08 | 4.72 | 4.48 | 4.32 | 4.20 | 4.10 | 4.03 |
| 10 | 6.94 | 5.46 | 4.83 | 4.47 | 4.24 | 4.07 | 3.95 | 3.85 | 3.78 |
| 11 | 6.72 | 5.26 | 4.63 | 4.28 | 4.04 | 3.88 | 3.76 | 3.66 | 3.59 |
| 12 | 6.55 | 5.10 | 4.47 | 4.12 | 3.89 | 3.73 | 3.61 | 3.51 | 3.44 |
| 13 | 6.41 | 4.97 | 4.35 | 4.00 | 3.77 | 3.60 | 3.48 | 3.39 | 3.31 |
| 14 | 6.30 | 4.86 | 4.24 | 3.89 | 3.66 | 3.50 | 3.38 | 3.29 | 3.21 |
| 15 | 6.20 | 4.77 | 4.15 | 3.80 | 3.58 | 3.41 | 3.29 | 3.20 | 3.12 |
| 16 | 6.12 | 4.69 | 4.08 | 3.73 | 3.50 | 3.34 | 3.22 | 3.12 | 3.05 |
| 17 | 6.04 | 4.62 | 4.01 | 3.66 | 3.44 | 3.28 | 3.16 | 3.06 | 2.98 |
| 18 | 5.98 | 4.56 | 3.95 | 3.61 | 3.38 | 3.22 | 3.10 | 3.01 | 2.93 |
| 19 | 5.92 | 4.51 | 3.90 | 3.56 | 3.33 | 3.17 | 3.05 | 2.96 | 2.88 |
| 20 | 5.87 | 4.46 | 3.86 | 3.51 | 3.29 | 3.13 | 3.01 | 2.91 | 2.84 |
| 21 | 5.83 | 4.42 | 3.82 | 3.48 | 3.25 | 3.09 | 2.97 | 2.87 | 2.80 |
| 22 | 5.79 | 4.38 | 3.78 | 3.44 | 3.22 | 3.05 | 2.93 | 2.84 | 2.76 |
| 23 | 5.75 | 4.35 | 3.75 | 3.41 | 3.18 | 3.02 | 2.90 | 2.81 | 2.73 |
| 24 | 5.72 | 4.32 | 3.72 | 3.38 | 3.15 | 2.99 | 2.87 | 2.78 | 2.70 |
| 25 | 5.69 | 4.29 | 3.69 | 3.35 | 3.13 | 2.97 | 2.85 | 2.75 | 2.68 |
| 26 | 5.66 | 4.27 | 3.67 | 3.33 | 3.10 | 2.94 | 2.82 | 2.73 | 2.65 |
| 27 | 5.63 | 4.24 | 3.65 | 3.31 | 3.08 | 2.92 | 2.80 | 2.71 | 2.63 |
| 28 | 5.61 | 4.22 | 3.63 | 3.29 | 3.06 | 2.90 | 2.78 | 2.69 | 2.61 |
| 29 | 5.59 | 4.20 | 3.61 | 3.27 | 3.04 | 2.88 | 2.76 | 2.67 | 2.59 |
| 30 | 5.57 | 4.18 | 3.59 | 3.25 | 3.03 | 2.87 | 2.75 | 2.65 | 2.57 |
| 40 | 5.42 | 4.05 | 3.46 | 3.13 | 2.90 | 2.74 | 2.62 | 2.53 | 2.45 |
| 60 | 5.29 | 3.93 | 3.34 | 3.01 | 2.79 | 2.63 | 2.51 | 2.41 | 2.33 |
| 120 | 5.15 | 3.80 | 3.23 | 2.89 | 2.67 | 2.52 | 2.39 | 2.30 | 2.22 |
| ∞ | 5.02 | 3.69 | 3.12 | 2.79 | 2.57 | 2.41 | 2.29 | 2.19 | 2.11 |

| $\alpha = .025$ | | | | | | | | | | $v_1$ |
|---|---|---|---|---|---|---|---|---|---|---|
| *Numerator Degrees of Freedom* | | | | | | | | | | |
| 10 | 12 | 15 | 20 | 24 | 30 | 40 | 60 | 120 | ∞ | $v_2$ |
| 968.6 | 976.7 | 984.9 | 993.1 | 997.2 | 1001 | 1006 | 1010 | 1014 | 1018 | 1 |
| 39.40 | 39.41 | 39.43 | 39.45 | 39.46 | 39.46 | 39.47 | 39.48 | 39.49 | 39.50 | 2 |
| 14.42 | 14.34 | 14.25 | 14.17 | 14.12 | 14.08 | 14.04 | 13.99 | 13.95 | 13.90 | 3 |
| 8.84 | 8.75 | 8.66 | 8.56 | 8.51 | 8.46 | 8.41 | 8.36 | 8.31 | 8.26 | 4 |
| 6.62 | 6.52 | 6.43 | 6.33 | 6.28 | 6.23 | 6.18 | 6.12 | 6.07 | 6.02 | 5 |
| 5.46 | 5.37 | 5.27 | 5.17 | 5.12 | 5.07 | 5.01 | 4.96 | 4.90 | 4.85 | 6 |
| 4.76 | 4.67 | 4.57 | 4.47 | 4.42 | 4.36 | 4.31 | 4.25 | 4.20 | 4.14 | 7 |
| 4.30 | 4.20 | 4.10 | 4.00 | 3.95 | 3.89 | 3.84 | 3.78 | 3.73 | 3.67 | 8 |
| 3.96 | 3.87 | 3.77 | 3.67 | 3.61 | 3.56 | 3.51 | 3.45 | 3.39 | 3.33 | 9 |
| 3.72 | 3.62 | 3.52 | 3.42 | 3.37 | 3.31 | 3.26 | 3.20 | 3.14 | 3.08 | 10 |
| 3.53 | 3.43 | 3.33 | 3.23 | 3.17 | 3.12 | 3.06 | 3.00 | 2.94 | 2.88 | 11 |
| 3.37 | 3.28 | 3.18 | 3.07 | 3.02 | 2.96 | 2.91 | 2.85 | 2.79 | 2.72 | 12 |
| 3.25 | 3.15 | 3.05 | 2.95 | 2.89 | 2.84 | 2.78 | 2.72 | 2.66 | 2.60 | 13 |
| 3.15 | 3.05 | 2.95 | 2.84 | 2.79 | 2.73 | 2.67 | 2.61 | 2.55 | 2.49 | 14 |
| 3.06 | 2.96 | 2.86 | 2.76 | 2.70 | 2.64 | 2.59 | 2.52 | 2.46 | 2.40 | 15 |
| 2.99 | 2.89 | 2.79 | 2.68 | 2.63 | 2.57 | 2.51 | 2.45 | 2.38 | 2.32 | 16 |
| 2.92 | 2.82 | 2.72 | 2.62 | 2.56 | 2.50 | 2.44 | 2.38 | 2.32 | 2.25 | 17 |
| 2.87 | 2.77 | 2.67 | 2.56 | 2.50 | 2.44 | 2.38 | 2.32 | 2.26 | 2.19 | 18 |
| 2.82 | 2.72 | 2.62 | 2.51 | 2.45 | 2.39 | 2.33 | 2.27 | 2.20 | 2.13 | 19 |
| 2.77 | 2.68 | 2.57 | 2.46 | 2.41 | 2.35 | 2.29 | 2.22 | 2.16 | 2.09 | 20 |
| 2.73 | 2.64 | 2.53 | 2.42 | 2.37 | 2.31 | 2.25 | 2.18 | 2.11 | 2.04 | 21 |
| 2.70 | 2.60 | 2.50 | 2.39 | 2.33 | 2.27 | 2.21 | 2.14 | 2.08 | 2.00 | 22 |
| 2.67 | 2.57 | 2.47 | 2.36 | 2.30 | 2.24 | 2.18 | 2.11 | 2.04 | 1.97 | 23 |
| 2.64 | 2.54 | 2.44 | 2.33 | 2.27 | 2.21 | 2.15 | 2.08 | 2.01 | 1.94 | 24 |
| 2.61 | 2.51 | 2.41 | 2.30 | 2.24 | 2.18 | 2.12 | 2.05 | 1.98 | 1.91 | 25 |
| 2.59 | 2.49 | 2.39 | 2.28 | 2.22 | 2.16 | 2.09 | 2.03 | 1.95 | 1.88 | 26 |
| 2.57 | 2.47 | 2.36 | 2.25 | 2.19 | 2.13 | 2.07 | 2.00 | 1.93 | 1.85 | 27 |
| 2.55 | 2.45 | 2.34 | 2.23 | 2.17 | 2.11 | 2.05 | 1.98 | 1.91 | 1.83 | 28 |
| 2.53 | 2.43 | 2.32 | 2.21 | 2.15 | 2.09 | 2.03 | 1.96 | 1.89 | 1.81 | 29 |
| 2.51 | 2.41 | 2.31 | 2.20 | 2.14 | 2.07 | 2.01 | 1.94 | 1.87 | 1.79 | 30 |
| 2.39 | 2.29 | 2.18 | 2.07 | 2.01 | 1.94 | 1.88 | 1.80 | 1.72 | 1.64 | 40 |
| 2.27 | 2.17 | 2.06 | 1.94 | 1.88 | 1.82 | 1.74 | 1.67 | 1.58 | 1.48 | 60 |
| 2.16 | 2.05 | 1.94 | 1.82 | 1.76 | 1.69 | 1.61 | 1.53 | 1.43 | 1.31 | 120 |
| 2.05 | 1.94 | 1.83 | 1.71 | 1.64 | 1.57 | 1.48 | 1.39 | 1.27 | 1.00 | ∞ |

*Denominator Degrees of Freedom*

（續）A.7　F分配表

| $v_1$ | $\alpha = .01$ | | | | | | | | |
|---|---|---|---|---|---|---|---|---|---|
| $v_2$ | Numerator Degrees of Freedom | | | | | | | | |
| | 1 | 2 | 3 | 4 | 5 | 6 | 7 | 8 | 9 |
| 1 | 4,052 | 4,999.5 | 5,403 | 5,625 | 5,764 | 5,859 | 5,928 | 5,982 | 6,022 |
| 2 | 98.50 | 99.00 | 99.17 | 99.25 | 99.30 | 99.33 | 99.36 | 99.37 | 99.39 |
| 3 | 34.12 | 30.82 | 29.46 | 28.71 | 28.24 | 27.91 | 27.67 | 27.49 | 27.35 |
| 4 | 21.20 | 18.00 | 16.69 | 15.98 | 15.52 | 15.21 | 14.98 | 14.80 | 14.66 |
| 5 | 16.26 | 13.27 | 12.06 | 11.39 | 10.97 | 10.67 | 10.46 | 10.29 | 10.16 |
| 6 | 13.75 | 10.92 | 9.78 | 9.15 | 8.75 | 8.47 | 8.26 | 8.10 | 7.98 |
| 7 | 12.25 | 9.55 | 8.45 | 7.85 | 7.46 | 7.19 | 6.99 | 6.84 | 6.72 |
| 8 | 11.26 | 8.65 | 7.59 | 7.01 | 6.63 | 6.37 | 6.18 | 6.03 | 5.91 |
| 9 | 10.56 | 8.02 | 6.99 | 6.42 | 6.06 | 5.80 | 5.61 | 5.47 | 5.35 |
| 10 | 10.04 | 7.56 | 6.55 | 5.99 | 5.64 | 5.39 | 5.20 | 5.06 | 4.94 |
| 11 | 9.65 | 7.21 | 6.22 | 5.67 | 5.32 | 5.07 | 4.89 | 4.74 | 4.63 |
| 12 | 9.33 | 6.93 | 5.95 | 5.41 | 5.06 | 4.82 | 4.64 | 4.50 | 4.39 |
| 13 | 9.07 | 6.70 | 5.74 | 5.21 | 4.86 | 4.62 | 4.44 | 4.30 | 4.19 |
| 14 | 8.86 | 6.51 | 5.56 | 5.04 | 4.69 | 4.46 | 4.28 | 4.14 | 4.03 |
| 15 | 8.68 | 6.36 | 5.42 | 4.89 | 4.56 | 4.32 | 4.14 | 4.00 | 3.89 |
| 16 | 8.53 | 6.23 | 5.29 | 4.77 | 4.44 | 4.20 | 4.03 | 3.89 | 3.78 |
| 17 | 8.40 | 6.11 | 5.18 | 4.67 | 4.34 | 4.10 | 3.93 | 3.79 | 3.68 |
| 18 | 8.29 | 6.01 | 5.09 | 4.58 | 4.25 | 4.01 | 3.84 | 3.71 | 3.60 |
| 19 | 8.18 | 5.93 | 5.01 | 4.50 | 4.17 | 3.94 | 3.77 | 3.63 | 3.52 |
| 20 | 8.10 | 5.85 | 4.94 | 4.43 | 4.10 | 3.87 | 3.70 | 3.56 | 3.46 |
| 21 | 8.02 | 5.78 | 4.87 | 4.37 | 4.04 | 3.81 | 3.64 | 3.51 | 3.40 |
| 22 | 7.95 | 5.72 | 4.82 | 4.31 | 3.99 | 3.76 | 3.59 | 3.45 | 3.35 |
| 23 | 7.88 | 5.66 | 4.76 | 4.26 | 3.94 | 3.71 | 3.54 | 3.41 | 3.30 |
| 24 | 7.82 | 5.61 | 4.72 | 4.22 | 3.90 | 3.67 | 3.50 | 3.36 | 3.26 |
| 25 | 7.77 | 5.57 | 4.68 | 4.18 | 3.85 | 3.63 | 3.46 | 3.32 | 3.22 |
| 26 | 7.72 | 5.53 | 4.64 | 4.14 | 3.82 | 3.59 | 3.42 | 3.29 | 3.18 |
| 27 | 7.68 | 5.49 | 4.60 | 4.11 | 3.78 | 3.56 | 3.39 | 3.26 | 3.15 |
| 28 | 7.64 | 5.45 | 4.57 | 4.07 | 3.75 | 3.53 | 3.36 | 3.23 | 3.12 |
| 29 | 7.60 | 5.42 | 4.54 | 4.04 | 3.73 | 3.50 | 3.33 | 3.20 | 3.09 |
| 30 | 7.56 | 5.39 | 4.51 | 4.02 | 3.70 | 3.47 | 3.30 | 3.17 | 3.07 |
| 40 | 7.31 | 5.18 | 4.31 | 3.83 | 3.51 | 3.29 | 3.12 | 2.99 | 2.89 |
| 60 | 7.08 | 4.98 | 4.13 | 3.65 | 3.34 | 3.12 | 2.95 | 2.82 | 2.72 |
| 120 | 6.85 | 4.79 | 3.95 | 3.48 | 3.17 | 2.96 | 2.79 | 2.66 | 2.56 |
| ∞ | 6.63 | 4.61 | 3.78 | 3.32 | 3.02 | 2.80 | 2.64 | 2.51 | 2.41 |

（續）A.7　F分配表

| | | | | | | | | | | $\nu_1$ |
|---|---|---|---|---|---|---|---|---|---|---|
| | | | | $\alpha = .01$ | | | | | | |
| | | | | Numerator Degrees of Freedom | | | | | | $\nu_2$ |
| 10 | 12 | 15 | 20 | 24 | 30 | 40 | 60 | 120 | ∞ | |
| 6,056 | 6,106 | 6,157 | 6,209 | 6,235 | 6,261 | 6,287 | 6,313 | 6,339 | 6,366 | 1 |
| 99.40 | 99.42 | 99.43 | 99.45 | 99.46 | 99.47 | 99.47 | 99.48 | 99.49 | 99.50 | 2 |
| 27.23 | 27.05 | 26.87 | 26.69 | 26.60 | 26.50 | 26.41 | 26.32 | 26.22 | 26.13 | 3 |
| 14.55 | 14.37 | 14.20 | 14.02 | 13.93 | 13.84 | 13.75 | 13.65 | 13.56 | 13.46 | 4 |
| 10.05 | 9.89 | 9.72 | 9.55 | 9.47 | 9.38 | 9.29 | 9.20 | 9.11 | 9.02 | 5 |
| 7.87 | 7.72 | 7.56 | 7.40 | 7.31 | 7.23 | 7.14 | 7.06 | 6.97 | 6.88 | 6 |
| 6.62 | 6.47 | 6.31 | 6.16 | 6.07 | 5.99 | 5.91 | 5.82 | 5.74 | 5.65 | 7 |
| 5.81 | 5.67 | 5.52 | 5.36 | 5.28 | 5.20 | 5.12 | 5.03 | 4.95 | 4.86 | 8 |
| 5.26 | 5.11 | 4.96 | 4.81 | 4.73 | 4.65 | 4.57 | 4.48 | 4.40 | 4.31 | 9 |
| 4.85 | 4.71 | 4.56 | 4.41 | 4.33 | 4.25 | 4.17 | 4.08 | 4.00 | 3.91 | 10 |
| 4.54 | 4.40 | 4.25 | 4.10 | 4.02 | 3.94 | 3.86 | 3.78 | 3.69 | 3.60 | 11 |
| 4.30 | 4.16 | 4.01 | 3.86 | 3.78 | 3.70 | 3.62 | 3.54 | 3.45 | 3.36 | 12 |
| 4.10 | 3.96 | 3.82 | 3.66 | 3.59 | 3.51 | 3.43 | 3.34 | 3.25 | 3.17 | 13 |
| 3.94 | 3.80 | 3.66 | 3.51 | 3.43 | 3.35 | 3.27 | 3.18 | 3.09 | 3.00 | 14 |
| 3.80 | 3.67 | 3.52 | 3.37 | 3.29 | 3.21 | 3.13 | 3.05 | 2.96 | 2.87 | 15 |
| 3.69 | 3.55 | 3.41 | 3.26 | 3.18 | 3.10 | 3.02 | 2.93 | 2.84 | 2.75 | 16 |
| 3.59 | 3.46 | 3.31 | 3.16 | 3.08 | 3.00 | 2.92 | 2.83 | 2.75 | 2.65 | 17 |
| 3.51 | 3.37 | 3.23 | 3.08 | 3.00 | 2.92 | 2.84 | 2.75 | 2.66 | 2.57 | 18 |
| 3.43 | 3.30 | 3.15 | 3.00 | 2.92 | 2.84 | 2.76 | 2.67 | 2.58 | 2.49 | 19 |
| 3.37 | 3.23 | 3.09 | 2.94 | 2.86 | 2.78 | 2.69 | 2.61 | 2.52 | 2.42 | 20 |
| 3.31 | 3.17 | 3.03 | 2.88 | 2.80 | 2.72 | 2.64 | 2.55 | 2.46 | 2.36 | 21 |
| 3.26 | 3.12 | 2.98 | 2.83 | 2.75 | 2.67 | 2.58 | 2.50 | 2.40 | 2.31 | 22 |
| 3.21 | 3.07 | 2.93 | 2.78 | 2.70 | 2.62 | 2.54 | 2.45 | 2.35 | 2.26 | 23 |
| 3.17 | 3.03 | 2.89 | 2.74 | 2.66 | 2.58 | 2.49 | 2.40 | 2.31 | 2.21 | 24 |
| 3.13 | 2.99 | 2.85 | 2.70 | 2.62 | 2.54 | 2.45 | 2.36 | 2.27 | 2.17 | 25 |
| 3.09 | 2.96 | 2.81 | 2.66 | 2.58 | 2.50 | 2.42 | 2.33 | 2.23 | 2.13 | 26 |
| 3.06 | 2.93 | 2.78 | 2.63 | 2.55 | 2.47 | 2.38 | 2.29 | 2.20 | 2.10 | 27 |
| 3.03 | 2.90 | 2.75 | 2.60 | 2.52 | 2.44 | 2.35 | 2.26 | 2.17 | 2.06 | 28 |
| 3.00 | 2.87 | 2.73 | 2.57 | 2.49 | 2.41 | 2.33 | 2.23 | 2.14 | 2.03 | 29 |
| 2.98 | 2.84 | 2.70 | 2.55 | 2.47 | 2.39 | 2.30 | 2.21 | 2.11 | 2.01 | 30 |
| 2.80 | 2.66 | 2.52 | 2.37 | 2.29 | 2.20 | 2.11 | 2.02 | 1.92 | 1.80 | 40 |
| 2.63 | 2.50 | 2.35 | 2.20 | 2.12 | 2.03 | 1.94 | 1.84 | 1.73 | 1.60 | 60 |
| 2.47 | 2.34 | 2.19 | 2.03 | 1.95 | 1.86 | 1.76 | 1.66 | 1.53 | 1.38 | 120 |
| 2.32 | 2.18 | 2.04 | 1.88 | 1.79 | 1.70 | 1.59 | 1.47 | 1.32 | 1.00 | ∞ |

Denominator Degrees of Freedom

| $v_1$ | $\alpha = .005$ | | | | | | | | |
|---|---|---|---|---|---|---|---|---|---|
| $v_2$ | Numerator Degrees of Freedom | | | | | | | | |
| | 1 | 2 | 3 | 4 | 5 | 6 | 7 | 8 | 9 |
| 1 | 16211 | 20000 | 21615 | 22500 | 23056 | 23437 | 23715 | 23925 | 24091 |
| 2 | 198.5 | 199.0 | 199.2 | 199.2 | 199.3 | 199.3 | 199.4 | 199.4 | 199.4 |
| 3 | 55.55 | 49.80 | 47.47 | 46.19 | 45.39 | 44.84 | 44.43 | 44.13 | 43.88 |
| 4 | 31.33 | 26.28 | 24.26 | 23.15 | 22.46 | 21.97 | 21.62 | 21.35 | 21.14 |
| 5 | 22.78 | 18.31 | 16.53 | 15.56 | 14.94 | 14.51 | 14.20 | 13.96 | 13.77 |
| 6 | 18.63 | 14.54 | 12.92 | 12.03 | 11.46 | 11.07 | 10.79 | 10.57 | 10.39 |
| 7 | 16.24 | 12.40 | 10.88 | 10.05 | 9.52 | 9.16 | 8.89 | 8.68 | 8.51 |
| 8 | 14.69 | 11.04 | 9.60 | 8.81 | 8.30 | 7.95 | 7.69 | 7.50 | 7.34 |
| 9 | 13.61 | 10.11 | 8.72 | 7.96 | 7.47 | 7.13 | 6.88 | 6.69 | 6.54 |
| 10 | 12.83 | 9.43 | 8.08 | 7.34 | 6.87 | 6.54 | 6.30 | 6.12 | 5.97 |
| 11 | 12.23 | 8.91 | 7.60 | 6.88 | 6.42 | 6.10 | 5.86 | 5.68 | 5.54 |
| 12 | 11.75 | 8.51 | 7.23 | 6.52 | 6.07 | 5.76 | 5.52 | 5.35 | 5.20 |
| 13 | 11.37 | 8.19 | 6.93 | 6.23 | 5.79 | 5.48 | 5.25 | 5.08 | 4.94 |
| 14 | 11.06 | 7.92 | 6.68 | 6.00 | 5.56 | 5.26 | 5.03 | 4.86 | 4.72 |
| 15 | 10.80 | 7.70 | 6.48 | 5.80 | 5.37 | 5.07 | 4.85 | 4.67 | 4.54 |
| 16 | 10.58 | 7.51 | 6.30 | 5.64 | 5.21 | 4.91 | 4.69 | 4.52 | 4.38 |
| 17 | 10.38 | 7.35 | 6.16 | 5.50 | 5.07 | 4.78 | 4.56 | 4.39 | 4.25 |
| 18 | 10.22 | 7.21 | 6.03 | 5.37 | 4.96 | 4.66 | 4.44 | 4.28 | 4.14 |
| 19 | 10.07 | 7.09 | 5.92 | 5.27 | 4.85 | 4.56 | 4.34 | 4.18 | 4.04 |
| 20 | 9.94 | 6.99 | 5.82 | 5.17 | 4.76 | 4.47 | 4.26 | 4.09 | 3.96 |
| 21 | 9.83 | 6.89 | 5.73 | 5.09 | 4.68 | 4.39 | 4.18 | 4.01 | 3.88 |
| 22 | 9.73 | 6.81 | 5.65 | 5.02 | 4.61 | 4.32 | 4.11 | 3.94 | 3.81 |
| 23 | 9.63 | 6.73 | 5.58 | 4.95 | 4.54 | 4.26 | 4.05 | 3.88 | 3.75 |
| 24 | 9.55 | 6.66 | 5.52 | 4.89 | 4.49 | 4.20 | 3.99 | 3.83 | 3.69 |
| 25 | 9.48 | 6.60 | 5.46 | 4.84 | 4.43 | 4.15 | 3.94 | 3.78 | 3.64 |
| 26 | 9.41 | 6.54 | 5.41 | 4.79 | 4.38 | 4.10 | 3.89 | 3.73 | 3.60 |
| 27 | 9.34 | 6.49 | 5.36 | 4.74 | 4.34 | 4.06 | 3.85 | 3.69 | 3.56 |
| 28 | 9.28 | 6.44 | 5.32 | 4.70 | 4.30 | 4.02 | 3.81 | 3.65 | 3.52 |
| 29 | 9.23 | 6.40 | 5.28 | 4.66 | 4.26 | 3.98 | 3.77 | 3.61 | 3.48 |
| 30 | 9.18 | 6.35 | 5.24 | 4.62 | 4.23 | 3.95 | 3.74 | 3.58 | 3.45 |
| 40 | 8.83 | 6.07 | 4.98 | 4.37 | 3.99 | 3.71 | 3.51 | 3.35 | 3.22 |
| 60 | 8.49 | 5.79 | 4.73 | 4.14 | 3.76 | 3.49 | 3.29 | 3.13 | 3.01 |
| 120 | 8.18 | 5.54 | 4.50 | 3.92 | 3.55 | 3.28 | 3.09 | 2.93 | 2.81 |
| ∞ | 7.88 | 5.30 | 4.28 | 3.72 | 3.35 | 3.09 | 2.90 | 2.74 | 2.62 |

| 10 | 12 | 15 | 20 | 24 | 30 | 40 | 60 | 120 | ∞ | $v_1$ / $v_2$ |
|---|---|---|---|---|---|---|---|---|---|---|

α = .005

Numerator Degrees of Freedom

| 10 | 12 | 15 | 20 | 24 | 30 | 40 | 60 | 120 | ∞ | $v_2$ |
|---|---|---|---|---|---|---|---|---|---|---|
| 24224 | 24426 | 24630 | 24836 | 24940 | 25044 | 25148 | 25253 | 25359 | 25465 | 1 |
| 199.4 | 199.4 | 199.4 | 199.4 | 199.5 | 199.5 | 199.5 | 199.5 | 199.5 | 199.5 | 2 |
| 43.69 | 43.39 | 43.08 | 42.78 | 42.62 | 42.47 | 42.31 | 42.15 | 41.99 | 41.83 | 3 |
| 20.97 | 20.70 | 20.44 | 20.17 | 20.03 | 19.89 | 19.75 | 19.61 | 19.47 | 19.32 | 4 |
| 13.62 | 13.38 | 13.15 | 12.90 | 12.78 | 12.66 | 12.53 | 12.40 | 12.27 | 12.14 | 5 |
| 10.25 | 10.03 | 9.81 | 9.59 | 9.47 | 9.36 | 9.24 | 9.12 | 9.00 | 8.88 | 6 |
| 8.38 | 8.18 | 7.97 | 7.75 | 7.65 | 7.53 | 7.42 | 7.31 | 7.19 | 7.08 | 7 |
| 7.21 | 7.01 | 6.81 | 6.61 | 6.50 | 6.40 | 6.29 | 6.18 | 6.06 | 5.95 | 8 |
| 6.42 | 6.23 | 6.03 | 5.83 | 5.73 | 5.62 | 5.52 | 5.41 | 5.30 | 5.19 | 9 |
| 5.85 | 5.66 | 5.47 | 5.27 | 5.17 | 5.07 | 4.97 | 4.86 | 4.75 | 4.64 | 10 |
| 5.42 | 5.24 | 5.05 | 4.86 | 4.76 | 4.65 | 4.55 | 4.44 | 4.34 | 4.23 | 11 |
| 5.09 | 4.91 | 4.72 | 4.53 | 4.43 | 4.33 | 4.23 | 4.12 | 4.01 | 3.90 | 12 |
| 4.82 | 4.64 | 4.46 | 4.27 | 4.17 | 4.07 | 3.97 | 3.87 | 3.76 | 3.65 | 13 |
| 4.60 | 4.43 | 4.25 | 4.06 | 3.96 | 3.86 | 3.76 | 3.66 | 3.55 | 3.44 | 14 |
| 4.42 | 4.25 | 4.07 | 3.88 | 3.79 | 3.69 | 3.58 | 3.48 | 3.37 | 3.26 | 15 |
| 4.27 | 4.10 | 3.92 | 3.73 | 3.64 | 3.54 | 3.44 | 3.33 | 3.22 | 3.11 | 16 |
| 4.14 | 3.97 | 3.79 | 3.61 | 3.51 | 3.41 | 3.31 | 3.21 | 3.10 | 2.98 | 17 |
| 4.03 | 3.86 | 3.68 | 3.50 | 3.40 | 3.30 | 3.20 | 3.10 | 2.99 | 2.87 | 18 |
| 3.93 | 3.76 | 3.59 | 3.40 | 3.31 | 3.21 | 3.11 | 3.00 | 2.89 | 2.78 | 19 |
| 3.85 | 3.68 | 3.50 | 3.32 | 3.22 | 3.12 | 3.02 | 2.92 | 2.81 | 2.69 | 20 |
| 3.77 | 3.60 | 3.43 | 3.24 | 3.15 | 3.05 | 2.95 | 2.84 | 2.73 | 2.61 | 21 |
| 3.70 | 3.54 | 3.36 | 3.18 | 3.08 | 2.98 | 2.88 | 2.77 | 2.66 | 2.55 | 22 |
| 3.64 | 3.47 | 3.30 | 3.12 | 3.02 | 2.92 | 2.82 | 2.71 | 2.60 | 2.48 | 23 |
| 3.59 | 3.42 | 3.25 | 3.06 | 2.97 | 2.87 | 2.77 | 2.66 | 2.55 | 2.43 | 24 |
| 3.54 | 3.37 | 3.20 | 3.01 | 2.92 | 2.82 | 2.72 | 2.61 | 2.50 | 2.38 | 25 |
| 3.49 | 3.33 | 3.15 | 2.97 | 2.87 | 2.77 | 2.67 | 2.56 | 2.45 | 2.33 | 26 |
| 3.45 | 3.28 | 3.11 | 2.93 | 2.83 | 2.73 | 2.63 | 2.52 | 2.41 | 2.29 | 27 |
| 3.41 | 3.25 | 3.07 | 2.89 | 2.79 | 2.69 | 2.59 | 2.48 | 2.37 | 2.25 | 28 |
| 3.38 | 3.21 | 3.04 | 2.86 | 2.76 | 2.66 | 2.56 | 2.45 | 2.33 | 2.21 | 29 |
| 3.34 | 3.18 | 3.01 | 2.82 | 2.73 | 2.63 | 2.52 | 2.42 | 2.30 | 2.18 | 30 |
| 3.12 | 2.95 | 2.78 | 2.60 | 2.50 | 2.40 | 2.30 | 2.18 | 2.06 | 1.93 | 40 |
| 2.90 | 2.74 | 2.57 | 2.39 | 2.29 | 2.19 | 2.08 | 1.96 | 1.83 | 1.69 | 60 |
| 2.71 | 2.54 | 2.37 | 2.19 | 2.09 | 1.98 | 1.87 | 1.75 | 1.61 | 1.43 | 120 |
| 2.52 | 2.36 | 2.19 | 2.00 | 1.90 | 1.79 | 1.67 | 1.53 | 1.36 | 1.00 | ∞ |

Denominator Degrees of Freedom

# A.8 卡方表

## VALUES OF $\chi^2$ FOR SELECTED PROBABILITIES

Example: df (Number of degrees of freedom) = 5, the tail above $\chi^2$ = 9.23635 represents 0.10 or 10% of the area under the curve.

| Degrees of Freedom | .995 | .99 | .975 | .95 | .90 | .10 | .05 | .025 | .01 | .005 |
|---|---|---|---|---|---|---|---|---|---|---|
| 1 | $392{,}704 \times 10^{-10}$ | $157{,}088 \times 10^{-9}$ | $982{,}069 \times 10^{-9}$ | $393{,}214 \times 10^{-8}$ | .0157908 | 2.70554 | 3.84146 | 5.02389 | 6.63490 | 7.87944 |
| 2 | .0100251 | .0201007 | .0506356 | .102587 | .210720 | 4.60517 | 5.99147 | 7.37776 | 9.21034 | 10.5966 |
| 3 | .0717212 | .114832 | .215795 | .351846 | .584375 | 6.25139 | 7.81473 | 9.34840 | 11.3449 | 12.8381 |
| 4 | .206990 | .297110 | .48419 | .710721 | 1.063623 | 7.77944 | 9.48773 | 11.1433 | 13.2767 | 14.8602 |
| 5 | .411740 | .554300 | .831211 | 1.145476 | 1.61031 | 9.23635 | 11.0705 | 12.8325 | 15.0863 | 16.7496 |
| 6 | .675727 | .872085 | 1.237347 | 1.63539 | 2.20413 | 10.6446 | 12.5916 | 14.4494 | 16.8119 | 18.5476 |
| 7 | .989265 | 1.239043 | 1.68987 | 2.16735 | 2.83311 | 12.0170 | 14.0671 | 16.0128 | 18.4753 | 20.2777 |
| 8 | 1.344419 | 1.646482 | 2.17973 | 2.73264 | 3.48954 | 13.3616 | 15.5073 | 17.5346 | 20.0902 | 21.9550 |
| 9 | 1.734926 | 2.087912 | 2.70039 | 3.32511 | 4.16816 | 14.6837 | 16.9190 | 19.0228 | 21.6660 | 23.5893 |
| 10 | 2.15585 | 2.55821 | 3.24697 | 3.94030 | 4.86518 | 15.9871 | 18.3070 | 20.4831 | 23.2093 | 25.1882 |
| 11 | 2.60321 | 3.05347 | 3.81575 | 4.57481 | 5.57779 | 17.2750 | 19.6751 | 21.9200 | 24.7250 | 26.7569 |
| 12 | 3.07382 | 3.57056 | 4.40379 | 5.22603 | 6.30380 | 18.5494 | 21.0261 | 23.3367 | 26.2170 | 28.2995 |
| 13 | 3.56503 | 4.10691 | 5.00874 | 5.89186 | 7.04150 | 19.8119 | 22.3621 | 24.7356 | 27.6883 | 29.8194 |
| 14 | 4.07468 | 4.66043 | 5.62872 | 6.57063 | 7.78953 | 21.0642 | 23.6848 | 26.1190 | 29.1413 | 31.3193 |
| 15 | 4.60094 | 5.22935 | 6.26214 | 7.26094 | 8.54675 | 22.3072 | 24.9958 | 27.4884 | 30.5779 | 32.8013 |
| 16 | 5.14224 | 5.81221 | 6.90766 | 7.96164 | 9.31223 | 23.5418 | 26.2962 | 28.8454 | 31.9999 | 34.2672 |
| 17 | 5.69724 | 6.40776 | 7.56418 | 8.67176 | 10.0852 | 24.7690 | 27.5871 | 30.1910 | 33.4087 | 35.7185 |
| 18 | 6.26481 | 7.01491 | 8.23075 | 9.39046 | 10.8649 | 25.9894 | 28.8693 | 31.5264 | 34.8053 | 37.1564 |
| 19 | 6.84398 | 7.63273 | 8.90655 | 10.1170 | 11.6509 | 27.2036 | 30.1435 | 32.8523 | 36.1908 | 38.5822 |
| 20 | 7.43386 | 8.26040 | 9.59083 | 10.8508 | 12.4426 | 28.4120 | 31.4104 | 34.1696 | 37.5662 | 39.9968 |
| 21 | 8.03366 | 8.89720 | 10.28293 | 11.5913 | 13.2396 | 29.6151 | 32.6705 | 35.4789 | 38.9321 | 41.4010 |

AREA IN UPPER TAIL

(續) A.8 卡方表

| | | | | | | | | | | |
|---|---|---|---|---|---|---|---|---|---|---|
| 22 | 8.64272 | 9.54249 | 10.9823 | 12.3380 | 14.0415 | 30.8133 | 33.9244 | 36.7807 | 40.2894 | 42.7958 |
| 23 | 9.26042 | 10.19567 | 11.6885 | 13.0905 | 14.8479 | 32.0069 | 35.1725 | 38.0757 | 41.6384 | 44.1813 |
| 24 | 9.88623 | 10.8564 | 12.4011 | 13.8484 | 15.6587 | 33.1963 | 36.4151 | 39.3641 | 42.9798 | 45.5585 |
| 25 | 10.5197 | 11.5240 | 13.1197 | 14.6114 | 16.4734 | 34.3816 | 37.6525 | 40.6465 | 44.3141 | 46.9278 |
| 26 | 11.1603 | 12.1981 | 13.8439 | 15.3791 | 17.2919 | 35.5631 | 38.8852 | 41.9232 | 45.6417 | 48.2899 |
| 27 | 11.8076 | 12.8786 | 14.5733 | 16.1513 | 18.1138 | 36.7412 | 40.1133 | 43.1944 | 46.9630 | 49.6449 |
| 28 | 12.4613 | 13.5648 | 15.3079 | 16.9279 | 18.9392 | 37.9159 | 41.3372 | 44.4607 | 48.2782 | 50.9933 |
| 29 | 13.1211 | 14.2565 | 16.0471 | 17.7083 | 19.7677 | 39.0875 | 42.5569 | 45.7222 | 49.5879 | 52.3356 |
| 30 | 13.7867 | 14.9535 | 16.7908 | 18.4926 | 20.5992 | 40.2560 | 43.7729 | 46.9792 | 50.8922 | 53.6720 |
| 40 | 20.7065 | 22.1643 | 24.4331 | 26.5093 | 29.0505 | 51.8050 | 55.7585 | 59.3417 | 63.6907 | 66.7659 |
| 50 | 27.9907 | 29.7067 | 32.3574 | 34.7642 | 37.6886 | 63.1671 | 67.5048 | 71.4202 | 76.1539 | 79.4900 |
| 60 | 35.5346 | 37.4848 | 40.4817 | 43.1879 | 46.4589 | 74.3970 | 79.0819 | 83.2976 | 88.3794 | 91.9517 |
| 70 | 43.2752 | 45.4418 | 48.7576 | 51.7393 | 55.3290 | 85.5271 | 90.5312 | 95.0231 | 100.425 | 104.215 |
| 80 | 51.1720 | 53.5400 | 57.1532 | 60.3915 | 64.2778 | 96.5782 | 101.879 | 106.629 | 112.329 | 116.321 |
| 90 | 59.1963 | 61.7541 | 65.6466 | 69.1260 | 73.2912 | 107.567 | 113.145 | 118.136 | 124.116 | 128.299 |
| 100 | 67.3276 | 70.0648 | 74.2219 | 77.9295 | 82.3581 | 118.498 | 124.342 | 129.561 | 135.807 | 140.169 |

Entries in the table give the critical values for a one-tailed Durbin-Watson test for autocorrelation. For a two-tailed test, the level of significance is doubled.

SIGNIFICANCE POINTS OF $d_L$ AND $d_U$: $\alpha = .05$

NUMBER OF INDEPENDENT VARIABLES

| k | 1 | | 2 | | 3 | | 4 | | 5 | |
|---|---|---|---|---|---|---|---|---|---|---|
| n | $d_L$ | $d_U$ | $d_L$ | $d_U$ | $d_L$ | $d_U$ | $d_L$ | $d_U$ | $d_L$ | $d_U$ |
| 15 | 1.08 | 1.36 | 0.95 | 1.54 | 0.82 | 1.75 | 0.69 | 1.97 | 0.56 | 2.21 |
| 16 | 1.10 | 1.37 | 0.98 | 1.54 | 0.86 | 1.73 | 0.74 | 1.93 | 0.62 | 2.15 |
| 17 | 1.13 | 1.38 | 1.02 | 1.54 | 0.90 | 1.71 | 0.78 | 1.90 | 0.67 | 2.10 |
| 18 | 1.16 | 1.39 | 1.05 | 1.53 | 0.93 | 1.69 | 0.82 | 1.87 | 0.71 | 2.06 |
| 19 | 1.18 | 1.40 | 1.08 | 1.53 | 0.97 | 1.68 | 0.86 | 1.85 | 0.75 | 2.02 |
| 20 | 1.20 | 1.41 | 1.10 | 1.54 | 1.00 | 1.68 | 0.90 | 1.83 | 0.79 | 1.99 |
| 21 | 1.22 | 1.42 | 1.13 | 1.54 | 1.03 | 1.67 | 0.93 | 1.81 | 0.83 | 1.96 |
| 22 | 1.24 | 1.43 | 1.15 | 1.54 | 1.05 | 1.66 | 0.96 | 1.80 | 0.86 | 1.94 |
| 23 | 1.26 | 1.44 | 1.17 | 1.54 | 1.08 | 1.66 | 0.99 | 1.79 | 0.90 | 1.92 |
| 24 | 1.27 | 1.45 | 1.19 | 1.55 | 1.10 | 1.66 | 1.01 | 1.78 | 0.93 | 1.90 |
| 25 | 1.29 | 1.45 | 1.21 | 1.55 | 1.12 | 1.66 | 1.04 | 1.77 | 0.95 | 1.89 |
| 26 | 1.30 | 1.46 | 1.22 | 1.55 | -1.14 | 1.65 | 1.06 | 1.76 | 0.98 | 1.88 |
| 27 | 1.32 | 1.47 | 1.24 | 1.56 | 1.16 | 1.65 | 1.08 | 1.76 | 1.01 | 1.86 |
| 28 | 1.33 | 1.48 | 1.26 | 1.56 | 1.18 | 1.65 | 1.10 | 1.75 | 1.03 | 1.85 |
| 29 | 1.34 | 1.48 | 1.27 | 1.56 | 1.20 | 1.65 | 1.12 | 1.74 | 1.05 | 1.84 |
| 30 | 1.35 | 1.49 | 1.28 | 1.57 | 1.21 | 1.65 | 1.14 | 1.74 | 1.07 | 1.83 |
| 31 | 1.36 | 1.50 | 1.30 | 1.57 | 1.23 | 1.65 | 1.16 | 1.74 | 1.09 | 1.83 |
| 32 | 1.37 | 1.50 | 1.31 | 1.57 | 1.24 | 1.65 | 1.18 | 1.73 | 1.11 | 1.82 |
| 33 | 1.38 | 1.51 | 1.32 | 1.58 | 1.26 | 1.65 | 1.19 | 1.73 | 1.13 | 1.81 |
| 34 | 1.39 | 1.51 | 1.33 | 1.58 | 1.27 | 1.65 | 1.21 | 1.73 | 1.15 | 1.81 |
| 35 | 1.40 | 1.52 | 1.34 | 1.58 | 1.28 | 1.65 | 1.22 | 1.73 | 1.16 | 1.80 |
| 36 | 1.41 | 1.52 | 1.35 | 1.59 | 1.29 | 1.65 | 1.24 | 1.73 | 1.18 | 1.80 |
| 37 | 1.42 | 1.53 | 1.36 | 1.59 | 1.31 | 1.66 | 1.25 | 1.72 | 1.19 | 1.80 |
| 38 | 1.43 | 1.54 | 1.37 | 1.59 | 1.32 | 1.66 | 1.26 | 1.72 | 1.21 | 1.79 |
| 39 | 1.43 | 1.54 | 1.38 | 1.60 | 1.33 | 1.66 | 1.27 | 1.72 | 1.22 | 1.79 |
| 40 | 1.44 | 1.54 | 1.39 | 1.60 | 1.34 | 1.66 | 1.29 | 1.72 | 1.23 | 1.79 |
| 45 | 1.48 | 1.57 | 1.43 | 1.62 | 1.38 | 1.67 | 1.34 | 1.72 | 1.29 | 1.78 |
| 50 | 1.50 | 1.59 | 1.46 | 1.63 | 1.42 | 1.67 | 1.38 | 1.72 | 1.34 | 1.77 |
| 55 | 1.53 | 1.60 | 1.49 | 1.64 | 1.45 | 1.68 | 1.41 | 1.72 | 1.38 | 1.77 |
| 60 | 1.55 | 1.62 | 1.51 | 1.65 | 1.48 | 1.69 | 1.44 | 1.73 | 1.41 | 1.77 |
| 65 | 1.57 | 1.63 | 1.54 | 1.66 | 1.50 | 1.70 | 1.47 | 1.73 | 1.44 | 1.77 |
| 70 | 1.58 | 1.64 | 1.55 | 1.67 | 1.52 | 1.70 | 1.49 | 1.74 | 1.46 | 1.77 |
| 75 | 1.60 | 1.65 | 1.57 | 1.68 | 1.54 | 1.71 | 1.51 | 1.74 | 1.49 | 1.77 |
| 80 | 1.61 | 1.66 | 1.59 | 1.69 | 1.56 | 1.72 | 1.53 | 1.74 | 1.51 | 1.77 |
| 85 | 1.62 | 1.67 | 1.60 | 1.70 | 1.57 | 1.72 | 1.55 | 1.75 | 1.52 | 1.77 |
| 90 | 1.63 | 1.68 | 1.61 | 1.70 | 1.59 | 1.73 | 1.57 | 1.75 | 1.54 | 1.78 |
| 95 | 1.64 | 1.69 | 1.62 | 1.71 | 1.60 | 1.73 | 1.58 | 1.75 | 1.56 | 1.78 |
| 100 | 1.65 | 1.69 | 1.63 | 1.72 | 1.61 | 1.74 | 1.59 | 1.76 | 1.57 | 1.78 |

| | SIGNIFICANCE POINTS OF $d_L$ AND $d_U$: $\alpha = .01$ NUMBER OF INDEPENDENT VARIABLES | | | | | | | | | |
|---|---|---|---|---|---|---|---|---|---|---|
| k | 1 | | 2 | | 3 | | 4 | | 5 | |
| n | $d_L$ | $d_U$ | $d_L$ | $d_U$ | $d_L$ | $d_U$ | $d_L$ | $d_U$ | $d_L$ | $d_U$ |
| 15 | 0.81 | 1.07 | 0.70 | 1.25 | 0.59 | 1.46 | 0.49 | 1.70 | 0.39 | 1.96 |
| 16 | 0.84 | 1.09 | 0.74 | 1.25 | 0.63 | 1.44 | 0.53 | 1.66 | 0.44 | 1.90 |
| 17 | 0.87 | 1.10 | 0.77 | 1.25 | 0.67 | 1.43 | 0.57 | 1.63 | 0.48 | 1.85 |
| 18 | 0.90 | 1.12 | 0.80 | 1.26 | 0.71 | 1.42 | 0.61 | 1.60 | 0.52 | 1.80 |
| 19 | 0.93 | 1.13 | 0.83 | 1.26 | 0.74 | 1.41 | 0.65 | 1.58 | 0.56 | 1.77 |
| 20 | 0.95 | 1.15 | 0.86 | 1.27 | 0.77 | 1.41 | 0.68 | 1.57 | 0.60 | 1.74 |
| 21 | 0.97 | 1.16 | 0.89 | 1.27 | 0.80 | 1.41 | 0.72 | 1.55 | 0.63 | 1.71 |
| 22 | 1.00 | 1.17 | 0.91 | 1.28 | 0.83 | 1.40 | 0.75 | 1.54 | 0.66 | 1.69 |
| 23 | 1.02 | 1.19 | 0.94 | 1.29 | 0.86 | 1.40 | 0.77 | 1.53 | 0.70 | 1.67 |
| 24 | 1.04 | 1.20 | 0.96 | 1.30 | 0.88 | 1.41 | 0.80 | 1.53 | 0.72 | 1.66 |
| 25 | 1.05 | 1.21 | 0.98 | 1.30 | 0.90 | 1.41 | 0.83 | 1.52 | 0.75 | 1.65 |
| 26 | 1.07 | 1.22 | 1.00 | 1.31 | 0.93 | 1.41 | 0.85 | 1.52 | 0.78 | 1.64 |
| 27 | 1.09 | 1.23 | 1.02 | 1.32 | 0.95 | 1.41 | 0.88 | 1.51 | 0.81 | 1.63 |
| 28 | 1.10 | 1.24 | 1.04 | 1.32 | 0.97 | 1.41 | 0.90 | 1.51 | 0.83 | 1.62 |
| 29 | 1.12 | 1.25 | 1.05 | 1.33 | 0.99 | 1.42 | 0.92 | 1.51 | 0.85 | 1.61 |
| 30 | 1.13 | 1.26 | 1.07 | 1.34 | 1.01 | 1.42 | 0.94 | 1.51 | 0.88 | 1.61 |
| 31 | 1.15 | 1.27 | 1.08 | 1.34 | 1.02 | 1.42 | 0.96 | 1.51 | 0.90 | 1.60 |
| 32 | 1.16 | 1.28 | 1.10 | 1.35 | 1.04 | 1.43 | 0.98 | 1.51 | 0.92 | 1.60 |
| 33 | 1.17 | 1.29 | 1.11 | 1.36 | 1.05 | 1.43 | 1.00 | 1.51 | 0.94 | 1.59 |
| 34 | 1.18 | 1.30 | 1.13 | 1.36 | 1.07 | 1.43 | 1.01 | 1.51 | 0.95 | 1.59 |
| 35 | 1.19 | 1.31 | 1.14 | 1.37 | 1.08 | 1.44 | 1.03 | 1.51 | 0.97 | 1.59 |
| 36 | 1.21 | 1.32 | 1.15 | 1.38 | 1.10 | 1.44 | 1.04 | 1.51 | 0.99 | 1.59 |
| 37 | 1.22 | 1.32 | 1.16 | 1.38 | 1.11 | 1.45 | 1.06 | 1.51 | 1.00 | 1.59 |
| 38 | 1.23 | 1.33 | 1.18 | 1.39 | 1.12 | 1.45 | 1.07 | 1.52 | 1.02 | 1.58 |
| 39 | 1.24 | 1.34 | 1.19 | 1.39 | 1.14 | 1.45 | 1.09 | 1.52 | 1.03 | 1.58 |
| 40 | 1.25 | 1.34 | 1.20 | 1.40 | 1.15 | 1.46 | 1.10 | 1.52 | 1.05 | 1.58 |
| 45 | 1.29 | 1.38 | 1.24 | 1.42 | 1.20 | 1.48 | 1.16 | 1.53 | 1.11 | 1.58 |
| 50 | 1.32 | 1.40 | 1.28 | 1.45 | 1.24 | 1.49 | 1.20 | 1.54 | 1.16 | 1.59 |
| 55 | 1.36 | 1.43 | 1.32 | 1.47 | 1.28 | 1.51 | 1.25 | 1.55 | 1.21 | 1.59 |
| 60 | 1.38 | 1.45 | 1.35 | 1.48 | 1.32 | 1.52 | 1.28 | 1.56 | 1.25 | 1.60 |
| 65 | 1.41 | 1.47 | 1.38 | 1.50 | 1.35 | 1.53 | 1.31 | 1.57 | 1.28 | 1.61 |
| 70 | 1.43 | 1.49 | 1.40 | 1.52 | 1.37 | 1.55 | 1.34 | 1.58 | 1.31 | 1.61 |
| 75 | 1.45 | 1.50 | 1.42 | 1.53 | 1.39 | 1.56 | 1.37 | 1.59 | 1.34 | 1.62 |
| 80 | 1.47 | 1.52 | 1.44 | 1.54 | 1.42 | 1.57 | 1.39 | 1.60 | 1.36 | 1.62 |
| 85 | 1.48 | 1.53 | 1.46 | 1.55 | 1.43 | 1.58 | 1.41 | 1.60 | 1.39 | 1.63 |
| 90 | 1.50 | 1.54 | 1.47 | 1.56 | 1.45 | 1.59 | 1.43 | 1.61 | 1.41 | 1.64 |
| 95 | 1.51 | 1.55 | 1.49 | 1.57 | 1.47 | 1.60 | 1.45 | 1.62 | 1.42 | 1.64 |
| 100 | 1.52 | 1.56 | 1.50 | 1.58 | 1.48 | 1.60 | 1.46 | 1.63 | 1.44 | 1.65 |

# A.10 q分配之臨界值

$\alpha = .05$

Number of Populations

| Degrees of Freedom | 2 | 3 | 4 | 5 | 6 | 7 | 8 | 9 | 10 | 11 | 12 | 13 | 14 | 15 | 16 | 17 | 18 | 19 | 20 |
|---|---|---|---|---|---|---|---|---|---|---|---|---|---|---|---|---|---|---|---|
| 1 | 18.0 | 27.0 | 32.8 | 37.1 | 40.4 | 43.1 | 45.4 | 47.4 | 49.1 | 50.6 | 52.0 | 53.2 | 54.3 | 55.4 | 56.3 | 57.2 | 58.0 | 58.8 | 59.6 |
| 2 | 6.08 | 8.33 | 9.80 | 10.9 | 11.7 | 12.4 | 13.0 | 13.5 | 14.0 | 14.4 | 14.7 | 15.1 | 15.4 | 15.7 | 15.9 | 16.1 | 16.4 | 16.6 | 16.8 |
| 3 | 4.50 | 5.91 | 6.82 | 7.50 | 8.04 | 8.48 | 8.85 | 9.18 | 9.46 | 9.72 | 9.95 | 10.2 | 10.3 | 10.5 | 10.7 | 10.8 | 11.0 | 11.1 | 11.2 |
| 4 | 3.93 | 5.04 | 5.76 | 6.29 | 6.71 | 7.05 | 7.35 | 7.60 | 7.83 | 8.03 | 8.21 | 8.37 | 8.52 | 8.66 | 8.79 | 8.91 | 9.03 | 9.13 | 9.23 |
| 5 | 3.64 | 4.60 | 5.22 | 5.67 | 6.03 | 6.33 | 6.58 | 6.80 | 6.99 | 7.17 | 7.32 | 7.47 | 7.60 | 7.72 | 7.83 | 7.93 | 8.03 | 8.12 | 8.21 |
| 6 | 3.46 | 4.34 | 4.90 | 5.30 | 5.63 | 5.90 | 6.12 | 6.32 | 6.49 | 6.65 | 6.79 | 6.92 | 7.03 | 7.14 | 7.24 | 7.34 | 7.43 | 7.51 | 7.59 |
| 7 | 3.34 | 4.16 | 4.68 | 5.06 | 5.36 | 5.61 | 5.82 | 6.00 | 6.16 | 6.30 | 6.43 | 6.55 | 6.66 | 6.76 | 6.85 | 6.94 | 7.02 | 7.10 | 7.17 |
| 8 | 3.26 | 4.04 | 4.53 | 4.89 | 5.17 | 5.40 | 5.60 | 5.77 | 5.92 | 6.05 | 6.18 | 6.29 | 6.39 | 6.48 | 6.57 | 6.65 | 6.73 | 6.80 | 6.87 |
| 9 | 3.20 | 3.95 | 4.41 | 4.76 | 5.02 | 5.24 | 5.43 | 5.59 | 5.74 | 5.87 | 5.98 | 6.09 | 6.19 | 6.28 | 6.36 | 6.44 | 6.51 | 6.58 | 6.64 |
| 10 | 3.15 | 3.88 | 4.33 | 4.65 | 4.91 | 5.12 | 5.30 | 5.46 | 5.60 | 5.72 | 5.83 | 5.93 | 6.03 | 6.11 | 6.19 | 6.27 | 6.34 | 6.40 | 6.47 |
| 11 | 3.11 | 3.82 | 4.26 | 4.57 | 4.82 | 5.03 | 5.20 | 5.35 | 5.49 | 5.61 | 5.71 | 5.81 | 5.90 | 5.98 | 6.06 | 6.13 | 6.20 | 6.27 | 6.33 |
| 12 | 3.08 | 3.77 | 4.20 | 4.51 | 4.75 | 4.95 | 5.12 | 5.27 | 5.39 | 5.51 | 5.61 | 5.71 | 5.80 | 5.88 | 5.95 | 6.02 | 6.09 | 6.15 | 6.21 |
| 13 | 3.06 | 3.73 | 4.15 | 4.45 | 4.69 | 4.88 | 5.05 | 5.19 | 5.32 | 5.43 | 5.53 | 5.63 | 5.71 | 5.79 | 5.86 | 5.93 | 5.99 | 6.05 | 6.11 |
| 14 | 3.03 | 3.70 | 4.11 | 4.41 | 4.64 | 4.83 | 4.99 | 5.13 | 5.25 | 5.36 | 5.46 | 5.55 | 5.64 | 5.71 | 5.79 | 5.85 | 5.91 | 5.97 | 6.03 |
| 15 | 3.01 | 3.67 | 4.08 | 4.37 | 4.59 | 4.78 | 4.94 | 5.08 | 5.20 | 5.31 | 5.40 | 5.49 | 5.57 | 5.65 | 5.72 | 5.78 | 5.85 | 5.90 | 5.96 |
| 16 | 3.00 | 3.65 | 4.05 | 4.33 | 4.56 | 4.74 | 4.90 | 5.03 | 5.15 | 5.26 | 5.35 | 5.44 | 5.52 | 5.59 | 5.66 | 5.73 | 5.79 | 5.84 | 5.90 |
| 17 | 2.98 | 3.63 | 4.02 | 4.30 | 4.52 | 4.70 | 4.86 | 4.99 | 5.11 | 5.21 | 5.31 | 5.39 | 5.47 | 5.54 | 5.61 | 5.67 | 5.73 | 5.79 | 5.84 |
| 18 | 2.97 | 3.61 | 4.00 | 4.28 | 4.49 | 4.67 | 4.82 | 4.96 | 5.07 | 5.17 | 5.27 | 5.35 | 5.43 | 5.50 | 5.57 | 5.63 | 5.69 | 5.74 | 5.79 |
| 19 | 2.96 | 3.59 | 3.98 | 4.25 | 4.47 | 4.65 | 4.79 | 4.92 | 5.04 | 5.14 | 5.23 | 5.31 | 5.39 | 5.46 | 5.53 | 5.59 | 5.65 | 5.70 | 5.75 |
| 20 | 2.95 | 3.58 | 3.96 | 4.23 | 4.45 | 4.62 | 4.77 | 4.90 | 5.01 | 5.11 | 5.20 | 5.28 | 5.36 | 5.43 | 5.49 | 5.55 | 5.61 | 5.66 | 5.71 |
| 24 | 2.92 | 3.53 | 3.90 | 4.17 | 4.37 | 4.54 | 4.68 | 4.81 | 4.92 | 5.01 | 5.10 | 5.18 | 5.25 | 5.32 | 5.38 | 5.44 | 5.49 | 5.55 | 5.59 |
| 30 | 2.89 | 3.49 | 3.85 | 4.10 | 4.30 | 4.46 | 4.60 | 4.72 | 4.82 | 4.92 | 5.00 | 5.08 | 5.15 | 5.21 | 5.27 | 5.33 | 5.38 | 5.43 | 5.47 |
| 40 | 2.86 | 3.44 | 3.79 | 4.04 | 4.23 | 4.39 | 4.52 | 4.63 | 4.73 | 4.82 | 4.90 | 4.98 | 5.04 | 5.11 | 5.16 | 5.22 | 5.27 | 5.31 | 5.36 |
| 60 | 2.83 | 3.40 | 3.74 | 3.98 | 4.16 | 4.31 | 4.44 | 4.55 | 4.65 | 4.73 | 4.81 | 4.88 | 4.94 | 5.00 | 5.06 | 5.11 | 5.15 | 5.20 | 5.24 |
| 120 | 2.80 | 3.36 | 3.68 | 3.92 | 4.10 | 4.24 | 4.36 | 4.47 | 4.56 | 4.64 | 4.71 | 4.78 | 4.84 | 4.90 | 4.95 | 5.00 | 5.04 | 5.09 | 5.13 |
| ∞ | 2.77 | 3.31 | 3.63 | 3.86 | 4.03 | 4.17 | 4.29 | 4.39 | 4.47 | 4.55 | 4.62 | 4.68 | 4.74 | 4.80 | 4.85 | 4.89 | 4.93 | 4.97 | 5.01 |

（續）A.10　q分配之臨界值

$\alpha = .01$

Number of Populations

| Degrees of Freedom | 2 | 3 | 4 | 5 | 6 | 7 | 8 | 9 | 10 | 11 | 12 | 13 | 14 | 15 | 16 | 17 | 18 | 19 | 20 |
|---|---|---|---|---|---|---|---|---|---|---|---|---|---|---|---|---|---|---|---|
| 1 | 90.0 | 135. | 164. | 186. | 202. | 216. | 227. | 237. | 246. | 253. | 260. | 266. | 272. | 277. | 282. | 286. | 290. | 294. | 298. |
| 2 | 14.0 | 19.0 | 22.3 | 24.7 | 26.6 | 28.2 | 29.5 | 30.7 | 31.7 | 32.6 | 33.4 | 34.1 | 34.8 | 35.4 | 36.0 | 36.5 | 37.0 | 37.5 | 37.9 |
| 3 | 8.26 | 10.6 | 12.2 | 13.3 | 14.2 | 15.0 | 15.6 | 16.2 | 16.7 | 17.1 | 17.5 | 17.9 | 18.2 | 18.5 | 18.8 | 19.1 | 19.3 | 19.5 | 19.8 |
| 4 | 6.51 | 8.12 | 9.17 | 9.96 | 10.6 | 11.1 | 11.5 | 11.9 | 12.3 | 12.6 | 12.8 | 13.1 | 13.3 | 13.5 | 13.7 | 13.9 | 14.1 | 14.2 | 14.4 |
| 5 | 5.70 | 6.97 | 7.80 | 8.42 | 8.91 | 9.32 | 9.67 | 9.97 | 10.2 | 10.5 | 10.7 | 10.9 | 11.1 | 11.2 | 11.4 | 11.6 | 11.7 | 11.8 | 11.9 |
| 6 | 5.24 | 6.33 | 7.03 | 7.56 | 7.97 | 8.32 | 8.61 | 8.87 | 9.10 | 9.30 | 9.49 | 9.65 | 9.81 | 9.95 | 10.1 | 10.2 | 10.3 | 10.4 | 10.5 |
| 7 | 4.95 | 5.92 | 6.54 | 7.01 | 7.37 | 7.68 | 7.94 | 8.17 | 8.37 | 8.55 | 8.71 | 8.86 | 9.00 | 9.12 | 9.24 | 9.35 | 9.46 | 9.55 | 9.65 |
| 8 | 4.74 | 5.63 | 6.20 | 6.63 | 6.96 | 7.24 | 7.47 | 7.68 | 7.87 | 8.03 | 8.18 | 8.31 | 8.44 | 8.55 | 8.66 | 8.76 | 8.85 | 8.94 | 9.03 |
| 9 | 4.60 | 5.43 | 5.96 | 6.35 | 6.66 | 6.91 | 7.13 | 7.32 | 7.49 | 7.65 | 7.78 | 7.91 | 8.03 | 8.13 | 8.23 | 8.32 | 8.41 | 8.49 | 8.57 |
| 10 | 4.48 | 5.27 | 5.77 | 6.14 | 6.43 | 6.67 | 6.87 | 7.05 | 7.21 | 7.36 | 7.48 | 7.60 | 7.71 | 7.81 | 7.91 | 7.99 | 8.07 | 8.15 | 8.22 |
| 11 | 4.39 | 5.14 | 5.62 | 5.97 | 6.25 | 6.48 | 6.67 | 6.84 | 6.99 | 7.13 | 7.25 | 7.36 | 7.46 | 7.56 | 7.65 | 7.73 | 7.81 | 7.88 | 7.95 |
| 12 | 4.32 | 5.04 | 5.50 | 5.84 | 6.10 | 6.32 | 6.51 | 6.67 | 6.81 | 6.94 | 7.06 | 7.17 | 7.26 | 7.36 | 7.44 | 7.52 | 7.59 | 7.66 | 7.73 |
| 13 | 4.26 | 4.96 | 5.40 | 5.73 | 5.98 | 6.19 | 6.37 | 6.53 | 6.67 | 6.79 | 6.90 | 7.01 | 7.10 | 7.19 | 7.27 | 7.34 | 7.42 | 7.48 | 7.55 |
| 14 | 4.21 | 4.89 | 5.32 | 5.63 | 5.88 | 6.08 | 6.26 | 6.41 | 6.54 | 6.66 | 6.77 | 6.87 | 6.96 | 7.05 | 7.12 | 7.20 | 7.27 | 7.33 | 7.39 |
| 15 | 4.17 | 4.83 | 5.25 | 5.56 | 5.80 | 5.99 | 6.16 | 6.31 | 6.44 | 6.55 | 6.66 | 6.76 | 6.84 | 6.93 | 7.00 | 7.07 | 7.14 | 7.20 | 7.26 |
| 16 | 4.13 | 4.78 | 5.19 | 5.49 | 5.72 | 5.92 | 6.08 | 6.22 | 6.35 | 6.46 | 6.56 | 6.66 | 6.74 | 6.82 | 6.90 | 6.97 | 7.03 | 7.09 | 7.15 |
| 17 | 4.10 | 4.74 | 5.14 | 5.43 | 5.66 | 5.85 | 6.01 | 6.15 | 6.27 | 6.38 | 6.48 | 6.57 | 6.66 | 6.73 | 6.80 | 6.87 | 6.94 | 7.00 | 7.05 |
| 18 | 4.07 | 4.70 | 5.09 | 5.38 | 5.60 | 5.79 | 5.94 | 6.08 | 6.20 | 6.31 | 6.41 | 6.50 | 6.58 | 6.65 | 6.72 | 6.79 | 6.85 | 6.91 | 6.96 |
| 19 | 4.05 | 4.67 | 5.05 | 5.33 | 5.55 | 5.73 | 5.89 | 6.02 | 6.14 | 6.25 | 6.34 | 6.43 | 6.51 | 6.58 | 6.65 | 6.72 | 6.78 | 6.84 | 6.89 |
| 20 | 4.02 | 4.64 | 5.02 | 5.29 | 5.51 | 5.69 | 5.84 | 5.97 | 6.09 | 6.19 | 6.29 | 6.37 | 6.45 | 6.52 | 6.59 | 6.65 | 6.71 | 6.76 | 6.82 |
| 24 | 3.96 | 4.54 | 4.91 | 5.17 | 5.37 | 5.54 | 5.69 | 5.81 | 5.92 | 6.02 | 6.11 | 6.19 | 6.26 | 6.33 | 6.39 | 6.45 | 6.51 | 6.56 | 6.61 |
| 30 | 3.89 | 4.45 | 4.80 | 5.05 | 5.24 | 5.40 | 5.54 | 5.65 | 5.76 | 5.85 | 5.93 | 6.01 | 6.08 | 6.14 | 6.20 | 6.26 | 6.31 | 6.36 | 6.41 |
| 40 | 3.82 | 4.37 | 4.70 | 4.93 | 5.11 | 5.27 | 5.39 | 5.50 | 5.60 | 5.69 | 5.77 | 5.84 | 5.90 | 5.96 | 6.02 | 6.07 | 6.12 | 6.17 | 6.21 |
| 60 | 3.76 | 4.28 | 4.60 | 4.82 | 4.99 | 5.13 | 5.25 | 5.36 | 5.45 | 5.53 | 5.60 | 5.67 | 5.73 | 5.79 | 5.84 | 5.89 | 5.93 | 5.98 | 6.02 |
| 120 | 3.70 | 4.20 | 4.50 | 4.71 | 4.87 | 5.01 | 5.12 | 5.21 | 5.30 | 5.38 | 5.44 | 5.51 | 5.56 | 5.61 | 5.66 | 5.71 | 5.75 | 5.79 | 5.83 |
| ∞ | 3.64 | 4.12 | 4.40 | 4.60 | 4.76 | 4.88 | 4.99 | 5.08 | 5.16 | 5.23 | 5.29 | 5.35 | 5.40 | 5.45 | 5.49 | 5.54 | 5.57 | 5.61 | 5.65 |

**A.11**
**連檢定之 $R$ 臨界值：下尾**

| $n_1$ \ $n_2$ | \multicolumn{19}{c}{$\alpha = .025$} | | | | | | | | | | | | | | | | | | |
|---|---|---|---|---|---|---|---|---|---|---|---|---|---|---|---|---|---|---|---|
| | 2 | 3 | 4 | 5 | 6 | 7 | 8 | 9 | 10 | 11 | 12 | 13 | 14 | 15 | 16 | 17 | 18 | 19 | 20 |
| 2 | | | | | | | | | | | 2 | 2 | 2 | 2 | 2 | 2 | 2 | 2 | 2 |
| 3 | | | 2 | 2 | 2 | 2 | 2 | 2 | 2 | 2 | 2 | 2 | 2 | 3 | 3 | 3 | 3 | 3 | 3 |
| 4 | | | 2 | 2 | 2 | 2 | 3 | 3 | 3 | 3 | 3 | 3 | 3 | 3 | 4 | 4 | 4 | 4 | 4 |
| 5 | | 2 | 2 | 3 | 3 | 3 | 3 | 3 | 3 | 4 | 4 | 4 | 4 | 4 | 4 | 4 | 5 | 5 | 5 |
| 6 | | 2 | 2 | 3 | 3 | 3 | 3 | 4 | 4 | 4 | 4 | 5 | 5 | 6 | 6 | 6 | 6 | 6 | 6 |
| 7 | | 2 | 2 | 3 | 3 | 4 | 4 | 4 | 5 | 5 | 5 | 5 | 5 | 6 | 6 | 6 | 6 | 6 | 6 |
| 8 | | 2 | 3 | 3 | 3 | 4 | 4 | 5 | 5 | 5 | 6 | 6 | 6 | 6 | 6 | 7 | 7 | 7 | 7 |
| 9 | | 2 | 3 | 3 | 4 | 4 | 5 | 5 | 5 | 6 | 6 | 6 | 7 | 7 | 7 | 7 | 8 | 8 | 8 |
| 10 | | 2 | 3 | 3 | 4 | 5 | 5 | 5 | 6 | 6 | 7 | 7 | 7 | 7 | 8 | 8 | 8 | 8 | 9 |
| 11 | | 2 | 3 | 4 | 4 | 5 | 5 | 6 | 6 | 7 | 7 | 7 | 8 | 8 | 8 | 9 | 9 | 9 | 9 |
| 12 | 2 | 2 | 3 | 4 | 4 | 5 | 6 | 6 | 7 | 7 | 7 | 8 | 8 | 8 | 9 | 9 | 9 | 10 | 10 |
| 13 | 2 | 2 | 3 | 4 | 5 | 5 | 6 | 6 | 7 | 7 | 8 | 8 | 9 | 9 | 9 | 10 | 10 | 10 | 10 |
| 14 | 2 | 2 | 3 | 4 | 5 | 5 | 6 | 7 | 7 | 8 | 8 | 9 | 9 | 9 | 10 | 10 | 10 | 11 | 11 |
| 15 | 2 | 3 | 3 | 4 | 5 | 6 | 6 | 7 | 7 | 8 | 8 | 9 | 9 | 10 | 10 | 11 | 11 | 11 | 12 |
| 16 | 2 | 3 | 4 | 4 | 5 | 6 | 6 | 7 | 8 | 8 | 9 | 9 | 10 | 10 | 11 | 11 | 11 | 12 | 12 |
| 17 | 2 | 3 | 4 | 4 | 5 | 6 | 7 | 7 | 8 | 9 | 9 | 10 | 10 | 11 | 11 | 11 | 12 | 12 | 13 |
| 18 | 2 | 3 | 4 | 5 | 5 | 6 | 7 | 8 | 8 | 9 | 9 | 10 | 10 | 11 | 11 | 12 | 12 | 13 | 13 |
| 19 | 2 | 3 | 4 | 5 | 6 | 6 | 7 | 8 | 8 | 9 | 10 | 10 | 11 | 11 | 12 | 12 | 13 | 13 | 13 |
| 20 | 2 | 3 | 4 | 5 | 6 | 6 | 7 | 8 | 9 | 9 | 10 | 10 | 11 | 12 | 12 | 13 | 13 | 13 | 14 |

**A.12**
**連檢定之 $R$ 臨界值：上尾**

| $n_1$ \ $n_2$ | \multicolumn{19}{c}{$\alpha = .025$} | | | | | | | | | | | | | | | | | | |
|---|---|---|---|---|---|---|---|---|---|---|---|---|---|---|---|---|---|---|---|
| | 2 | 3 | 4 | 5 | 6 | 7 | 8 | 9 | 10 | 11 | 12 | 13 | 14 | 15 | 16 | 17 | 18 | 19 | 20 |
| 2 | | | | | | | | | | | | | | | | | | | |
| 3 | | | | | | | | | | | | | | | | | | | |
| 4 | | | | 9 | 9 | | | | | | | | | | | | | | |
| 5 | | | 9 | 10 | 10 | 11 | 11 | | | | | | | | | | | | |
| 6 | | | 9 | 10 | 11 | 12 | 12 | 13 | 13 | 13 | 13 | | | | | | | | |
| 7 | | | | 11 | 12 | 13 | 13 | 14 | 14 | 14 | 14 | 15 | 15 | 15 | | | | | |
| 8 | | | | 11 | 12 | 13 | 14 | 14 | 15 | 15 | 16 | 16 | 16 | 16 | 17 | 17 | 17 | 17 | 17 |
| 9 | | | | | 13 | 14 | 14 | 15 | 16 | 16 | 16 | 17 | 17 | 18 | 18 | 18 | 18 | 18 | 18 |
| 10 | | | | | 13 | 14 | 15 | 16 | 16 | 17 | 17 | 18 | 18 | 18 | 19 | 19 | 19 | 20 | 20 |
| 11 | | | | | 13 | 14 | 15 | 16 | 17 | 17 | 18 | 19 | 19 | 19 | 20 | 20 | 20 | 21 | 21 |
| 12 | | | | | 13 | 14 | 16 | 16 | 17 | 18 | 19 | 19 | 20 | 20 | 21 | 21 | 21 | 22 | 22 |
| 13 | | | | | | 15 | 16 | 17 | 18 | 19 | 19 | 20 | 20 | 21 | 21 | 22 | 22 | 23 | 23 |
| 14 | | | | | | 15 | 16 | 17 | 18 | 19 | 20 | 20 | 21 | 22 | 22 | 23 | 23 | 23 | 24 |
| 15 | | | | | | 15 | 16 | 18 | 18 | 19 | 20 | 21 | 22 | 22 | 23 | 23 | 24 | 24 | 25 |
| 16 | | | | | | | 17 | 18 | 19 | 20 | 21 | 21 | 22 | 23 | 23 | 24 | 25 | 25 | 25 |
| 17 | | | | | | | 17 | 18 | 19 | 20 | 21 | 22 | 23 | 23 | 24 | 25 | 25 | 26 | 26 |
| 18 | | | | | | | 17 | 18 | 19 | 20 | 21 | 22 | 23 | 24 | 25 | 25 | 26 | 26 | 27 |
| 19 | | | | | | | 17 | 18 | 20 | 21 | 22 | 23 | 23 | 24 | 25 | 26 | 26 | 27 | 27 |
| 20 | | | | | | | 17 | 18 | 20 | 21 | 22 | 23 | 24 | 25 | 25 | 26 | 27 | 27 | 28 |

| $n_2 = 3$ | $U_o$ | $n_1$ | | |
|---|---|---|---|---|
| | | 1 | 2 | 3 |
| | 0 | .25 | .10 | .05 |
| | 1 | .50 | .20 | .10 |
| | 2 | | .40 | .20 |
| | 3 | | .60 | .35 |
| | 4 | | | .50 |

| $n_2 = 4$ | $U_o$ | $n_1$ | | | |
|---|---|---|---|---|---|
| | | 1 | 2 | 3 | 4 |
| | 0 | .2000 | .0667 | .0286 | .0143 |
| | 1 | .4000 | .1333 | .0571 | .0286 |
| | 2 | .6000 | .2667 | .1143 | .0571 |
| | 3 | | .4000 | .2000 | .1000 |
| | 4 | | .6000 | .3143 | .1714 |
| | 5 | | | .4286 | .2429 |
| | 6 | | | .5714 | .3429 |
| | 7 | | | | .4429 |
| | 8 | | | | .5571 |

| $n_2 = 5$ | $U_o$ | $n_1$ | | | | |
|---|---|---|---|---|---|---|
| | | 1 | 2 | 3 | 4 | 5 |
| | 0 | .1667 | .0476 | .0179 | .0079 | .0040 |
| | 1 | .3333 | .0952 | .0357 | .0159 | .0079 |
| | 2 | .5000 | .1905 | .0714 | .0317 | .0159 |
| | 3 | | .2857 | .1250 | .0556 | .0278 |
| | 4 | | .4286 | .1964 | .0952 | .0476 |
| | 5 | | .5714 | .2857 | .1429 | .0754 |
| | 6 | | | .3929 | .2063 | .1111 |
| | 7 | | | .5000 | .2778 | .1548 |
| | 8 | | | | .3651 | .2103 |
| | 9 | | | | .4524 | .2738 |
| | 10 | | | | .5476 | .3452 |
| | 11 | | | | | .4206 |
| | 12 | | | | | .5000 |

$n_2 = 6$

| $U_0$ | 1 | 2 | 3 | 4 | 5 | 6 |
|---|---|---|---|---|---|---|
| 0 | .1429 | .0357 | .0119 | .0048 | .0022 | .0011 |
| 1 | .2857 | .0714 | .0238 | .0095 | .0043 | .0022 |
| 2 | .4286 | .1429 | .0476 | .0190 | .0087 | .0043 |
| 3 | .5711 | .2143 | .0833 | .0333 | .0152 | .0076 |
| 4 | | .3214 | .1310 | .0571 | .0260 | .0130 |
| 5 | | .4286 | .1905 | .0857 | .0411 | .0206 |
| 6 | | .5714 | .2738 | .1286 | .0628 | .0325 |
| 7 | | | .3571 | .1762 | .0887 | .0465 |
| 8 | | | .4524 | .2381 | .1234 | .0660 |
| 9 | | | .5476 | .3048 | .1645 | .0898 |
| 10 | | | | .3810 | .2143 | .1201 |
| 11 | | | | .4571 | .2684 | .1548 |
| 12 | | | | .5429 | .3312 | .1970 |
| 13 | | | | | .3961 | .2424 |
| 14 | | | | | .4654 | .2944 |
| 15 | | | | | .5346 | .3496 |
| 16 | | | | | | .4091 |
| 17 | | | | | | .4686 |
| 18 | | | | | | .5314 |

$n_2 = 7$

| $U_0$ | 1 | 2 | 3 | 4 | 5 | 6 | 7 |
|---|---|---|---|---|---|---|---|
| 0 | .1250 | .0278 | .0083 | .0030 | .0013 | .0006 | .0003 |
| 1 | .2500 | .0556 | .0167 | .0061 | .0025 | .0012 | .0006 |
| 2 | .3750 | .1111 | .0333 | .0121 | .0051 | .0023 | .0012 |
| 3 | .5000 | .1667 | .0583 | .0212 | .0088 | .0041 | .0020 |
| 4 | | .2500 | .0917 | .0364 | .0152 | .0070 | .0035 |
| 5 | | .3333 | .1333 | .0545 | .0240 | .0111 | .0055 |
| 6 | | .4444 | .1917 | .0818 | .0366 | .0175 | .0087 |
| 7 | | .5556 | .2583 | .1152 | .0530 | .0256 | .0131 |
| 8 | | | .3333 | .1576 | .0745 | .0367 | .0189 |
| 9 | | | .4167 | .2061 | .1010 | .0507 | .0265 |
| 10 | | | .5000 | .2636 | .1338 | .0688 | .0364 |
| 11 | | | | .3242 | .1717 | .0903 | .0487 |
| 12 | | | | .3939 | .2159 | .1171 | .0641 |
| 13 | | | | .4636 | .2652 | .1474 | .0825 |
| 14 | | | | .5364 | .3194 | .1830 | .1043 |
| 15 | | | | | .3775 | .2226 | .1297 |
| 16 | | | | | .4381 | .2669 | .1588 |
| 17 | | | | | .5000 | .3141 | .1914 |
| 18 | | | | | | .3654 | .2279 |
| 19 | | | | | | .4178 | .2675 |
| 20 | | | | | | .4726 | .3100 |
| 21 | | | | | | .5274 | .3552 |
| 22 | | | | | | | .4024 |
| 23 | | | | | | | .4508 |
| 24 | | | | | | | .5000 |

| $n_2 = 8$ | | | | $n_1$ | | | | | |
|---|---|---|---|---|---|---|---|---|---|
| | $U_0$ | 1 | 2 | 3 | 4 | 5 | 6 | 7 | 8 |
| | 0 | .1111 | .0222 | .0061 | .0020 | .0008 | .0003 | .0002 | .0001 |
| | 1 | .2222 | .0444 | .0121 | .0040 | .0016 | .0007 | .0003 | .0002 |
| | 2 | .3333 | .0889 | .0242 | .0081 | .0031 | .0013 | .0006 | .0003 |
| | 3 | .4444 | .1333 | .0424 | .0141 | .0054 | .0023 | .0011 | .0005 |
| | 4 | .5556 | .2000 | .0667 | .0242 | .0093 | .0040 | .0019 | .0009 |
| | 5 | | .2667 | .0970 | .0364 | .0148 | .0063 | .0030 | .0015 |
| | 6 | | .3556 | .1394 | .0545 | .0225 | .0100 | .0047 | .0023 |
| | 7 | | .4444 | .1879 | .0768 | .0326 | .0147 | .0070 | .0035 |
| | 8 | | .5556 | .2485 | .1071 | .0466 | .0213 | .0103 | .0052 |
| | 9 | | | .3152 | .1414 | .0637 | .0296 | .0145 | .0074 |
| | 10 | | | .3879 | .1838 | .0855 | .0406 | .0200 | .0103 |
| | 11 | | | .4606 | .2303 | .1111 | .0539 | .0270 | .0141 |
| | 12 | | | .5394 | .2848 | .1422 | .0709 | .0361 | .0190 |
| | 13 | | | | .3414 | .1772 | .0906 | .0469 | .0249 |
| | 14 | | | | .4040 | .2176 | .1142 | .0603 | .0325 |
| | 15 | | | | .4667 | .2618 | .1412 | .0760 | .0415 |
| | 16 | | | | .5333 | .3108 | .1725 | .0946 | .0524 |
| | 17 | | | | | .3621 | .2068 | .1159 | .0652 |
| | 18 | | | | | .4165 | .2454 | .1405 | .0803 |
| | 19 | | | | | .4716 | .2864 | .1678 | .0974 |
| | 20 | | | | | .5284 | .3310 | .1984 | .1172 |
| | 21 | | | | | | .3773 | .2317 | .1393 |
| | 22 | | | | | | .4259 | .2679 | .1641 |
| | 23 | | | | | | .4749 | .3063 | .1911 |
| | 24 | | | | | | .5251 | .3472 | .2209 |
| | 25 | | | | | | | .3894 | .2527 |
| | 26 | | | | | | | .4333 | .2869 |
| | 27 | | | | | | | .4775 | .3227 |
| | 28 | | | | | | | .5225 | .3605 |
| | 29 | | | | | | | | .3992 |
| | 30 | | | | | | | | .4392 |
| | 31 | | | | | | | | .4796 |
| | 32 | | | | | | | | .5204 |

*Continued*

| $n_2 = 9$ | $U_0$ | 1 | 2 | 3 | 4 | 5 | 6 | 7 | 8 | 9 |
|---|---|---|---|---|---|---|---|---|---|---|
| | 0 | .1000 | .0182 | .0045 | .0014 | .0005 | .0002 | .0001 | .0000 | .0000 |
| | 1 | .2000 | .0364 | .0091 | .0028 | .0010 | .0004 | .0002 | .0001 | .0000 |
| | 2 | .3000 | .0727 | .0182 | .0056 | .0020 | .0008 | .0003 | .0002 | .0001 |
| | 3 | .4000 | .1091 | .0318 | .0098 | .0035 | .0014 | .0006 | .0003 | .0001 |
| | 4 | .5000 | .1636 | .0500 | .0168 | .0060 | .0024 | .0010 | .0005 | .0002 |
| | 5 | | .2182 | .0727 | .0252 | .0095 | .0038 | .0017 | .0008 | .0004 |
| | 6 | | .2909 | .1045 | .0378 | .0145 | .0060 | .0026 | .0012 | .0006 |
| | 7 | | .3636 | .1409 | .0531 | .0210 | .0088 | .0039 | .0019 | .0009 |
| | 8 | | .4545 | .1864 | .0741 | .0300 | .0128 | .0058 | .0028 | .0014 |
| | 9 | | .5455 | .2409 | .0993 | .0415 | .0180 | .0082 | .0039 | .0020 |
| | 10 | | | .3000 | .1301 | .0559 | .0248 | .0115 | .0056 | .0028 |
| | 11 | | | .3636 | .1650 | .0734 | .0332 | .0156 | .0076 | .0039 |
| | 12 | | | .4318 | .2070 | .0949 | .0440 | .0209 | .0103 | .0053 |
| | 13 | | | .5000 | .2517 | .1199 | .0567 | .0274 | .0137 | .0071 |
| | 14 | | | | .3021 | .1489 | .0723 | .0356 | .0180 | .0094 |
| | 15 | | | | .3552 | .1818 | .0905 | .0454 | .0232 | .0122 |
| | 16 | | | | .4126 | .2188 | .1119 | .0571 | .0296 | .0157 |
| | 17 | | | | .4699 | .2592 | .1361 | .0708 | .0372 | .0200 |
| | 18 | | | | .5301 | .3032 | .1638 | .0869 | .0464 | .0252 |
| | 19 | | | | | .3497 | .1942 | .1052 | .0570 | .0313 |
| | 20 | | | | | .3986 | .2280 | .1261 | .0694 | .0385 |
| | 21 | | | | | .4491 | .2643 | .1496 | .0836 | .0470 |
| | 22 | | | | | .5000 | .3035 | .1755 | .0998 | .0567 |
| | 23 | | | | | | .3445 | .2039 | .1179 | .0680 |
| | 24 | | | | | | .3878 | .2349 | .1383 | .0807 |
| | 25 | | | | | | .4320 | .2680 | .1606 | .0951 |
| | 26 | | | | | | .4773 | .3032 | .1852 | .1112 |
| | 27 | | | | | | .5227 | .3403 | .2117 | .1290 |
| | 28 | | | | | | | .3788 | .2404 | .1487 |
| | 29 | | | | | | | .4185 | .2707 | .1701 |
| | 30 | | | | | | | .4591 | .3029 | .1933 |
| | 31 | | | | | | | .5000 | .3365 | .2181 |
| | 32 | | | | | | | | .3715 | .2447 |
| | 33 | | | | | | | | .4074 | .2729 |
| | 34 | | | | | | | | .4442 | .3024 |
| | 35 | | | | | | | | .4813 | .3332 |
| | 36 | | | | | | | | .5187 | .3652 |
| | 37 | | | | | | | | | .3981 |
| | 38 | | | | | | | | | .4317 |
| | 39 | | | | | | | | | .4657 |
| | 40 | | | | | | | | | .5000 |

| $n_2 = 10$ $U_0$ | 1 | 2 | 3 | 4 | 5 | 6 | 7 | 8 | 9 | 10 |
|---|---|---|---|---|---|---|---|---|---|---|
| 0 | .0909 | .0152 | .0035 | .0010 | .0003 | .0001 | .0001 | .0000 | .0000 | .0000 |
| 1 | .1818 | .0303 | .0070 | .0020 | .0007 | .0002 | .0001 | .0000 | .0000 | .0000 |
| 2 | .2727 | .0606 | .0140 | .0040 | .0013 | .0005 | .0002 | .0001 | .0000 | .0000 |
| 3 | .3636 | .0909 | .0245 | .0070 | .0023 | .0009 | .0004 | .0002 | .0001 | .0000 |
| 4 | .4545 | .1364 | .0385 | .0120 | .0040 | .0015 | .0006 | .0003 | .0001 | .0001 |
| 5 | .5455 | .1818 | .0559 | .0180 | .0063 | .0024 | .0010 | .0004 | .0002 | .0001 |
| 6 | | .2424 | .0804 | .0270 | .0097 | .0037 | .0015 | .0007 | .0003 | .0002 |
| 7 | | .3030 | .1084 | .0380 | .0140 | .0055 | .0023 | .0010 | .0005 | .0002 |
| 8 | | .3788 | .1434 | .0529 | .0200 | .0080 | .0034 | .0015 | .0007 | .0004 |
| 9 | | .4545 | .1853 | .0709 | .0276 | .0112 | .0048 | .0022 | .0011 | .0005 |
| 10 | | .5455 | .2343 | .0939 | .0376 | .0156 | .0068 | .0031 | .0015 | .0008 |
| 11 | | | .2867 | .1199 | .0496 | .0210 | .0093 | .0043 | .0021 | .0010 |
| 12 | | | .3462 | .1518 | .0646 | .0280 | .0125 | .0058 | .0028 | .0014 |
| 13 | | | .4056 | .1868 | .0823 | .0363 | .0165 | .0078 | .0038 | .0019 |
| 14 | | | .4685 | .2268 | .1032 | .0467 | .0215 | .0103 | .0051 | .0026 |
| 15 | | | .5315 | .2697 | .1272 | .0589 | .0277 | .0133 | .0066 | .0034 |
| 16 | | | | .3177 | .1548 | .0736 | .0351 | .0171 | .0086 | .0045 |
| 17 | | | | .3666 | .1855 | .0903 | .0439 | .0217 | .0110 | .0057 |
| 18 | | | | .4196 | .2198 | .1099 | .0544 | .0273 | .0140 | .0073 |
| 19 | | | | .4725 | .2567 | .1317 | .0665 | .0338 | .0175 | .0093 |
| 20 | | | | .5275 | .2970 | .1566 | .0806 | .0416 | .0217 | .0116 |
| 21 | | | | | .3393 | .1838 | .0966 | .0506 | .0267 | .0144 |
| 22 | | | | | .3839 | .2139 | .1148 | .0610 | .0326 | .0177 |
| 23 | | | | | .4296 | .2461 | .1349 | .0729 | .0394 | .0216 |
| 24 | | | | | .4765 | .2811 | .1574 | .0864 | .0474 | .0262 |
| 25 | | | | | .5235 | .3177 | .1819 | .1015 | .0564 | .0315 |
| 26 | | | | | | .3564 | .2087 | .1185 | .0667 | .0376 |
| 27 | | | | | | .3962 | .2374 | .1371 | .0782 | .0446 |
| 28 | | | | | | .4374 | .2681 | .1577 | .0912 | .0526 |
| 29 | | | | | | .4789 | .3004 | .1800 | .1055 | .0615 |
| 30 | | | | | | .5211 | .3345 | .2041 | .1214 | .0716 |
| 31 | | | | | | | .3698 | .2299 | .1388 | .0827 |
| 32 | | | | | | | .4063 | .2574 | .1577 | .0952 |
| 33 | | | | | | | .4434 | .2863 | .1781 | .1088 |
| 34 | | | | | | | .4811 | .3167 | .2001 | .1237 |
| 35 | | | | | | | .5189 | .3482 | .2235 | .1399 |
| 36 | | | | | | | | .3809 | .2483 | .1575 |
| 37 | | | | | | | | .4143 | .2745 | .1763 |
| 38 | | | | | | | | .4484 | .3019 | .1965 |
| 39 | | | | | | | | .4827 | .3304 | .2179 |
| 40 | | | | | | | | .5173 | .3598 | .2406 |
| 41 | | | | | | | | | .3901 | .2644 |
| 42 | | | | | | | | | .4211 | .2894 |
| 43 | | | | | | | | | .4524 | .3153 |
| 44 | | | | | | | | | .4841 | .3421 |
| 45 | | | | | | | | | .5159 | .3697 |
| 46 | | | | | | | | | | .3980 |
| 47 | | | | | | | | | | .4267 |
| 48 | | | | | | | | | | .4559 |
| 49 | | | | | | | | | | .4853 |
| 50 | | | | | | | | | | .5147 |

A.14
符號階級檢
定的 t 臨界
值（小樣本）

| 1-SIDED | 2-SIDED | n = 5 | n = 6 | n = 7 | n = 8 | n = 9 | n = 10 |
|---|---|---|---|---|---|---|---|
| $\alpha = .05$ | $\alpha = .10$ | 1 | 2 | 4 | 6 | 8 | 11 |
| $\alpha = .025$ | $\alpha = .05$ | | 1 | 2 | 4 | 6 | 8 |
| $\alpha = .01$ | $\alpha = .02$ | | | 0 | 2 | 3 | 5 |
| $\alpha = .005$ | $\alpha = .01$ | | | | 0 | 2 | 3 |

| 1-SIDED | 2-SIDED | n = 11 | n = 12 | n = 13 | n = 14 | n = 15 | n = 16 |
|---|---|---|---|---|---|---|---|
| $\alpha = .05$ | $\alpha = .10$ | 14 | 17 | 21 | 26 | 30 | 36 |
| $\alpha = .025$ | $\alpha = .05$ | 11 | 14 | 17 | 21 | 25 | 30 |
| $\alpha = .01$ | $\alpha = .02$ | 7 | 10 | 13 | 16 | 20 | 24 |
| $\alpha = .005$ | $\alpha = .01$ | 5 | 7 | 10 | 13 | 16 | 19 |

| 1-SIDED | 2-SIDED | n = 17 | n = 18 | n = 19 | n = 20 | n = 21 | n = 22 |
|---|---|---|---|---|---|---|---|
| $\alpha = .05$ | $\alpha = .10$ | 41 | 47 | 54 | 60 | 68 | 75 |
| $\alpha = .025$ | $\alpha = .05$ | 35 | 40 | 46 | 52 | 59 | 66 |
| $\alpha = .01$ | $\alpha = .02$ | 28 | 33 | 38 | 43 | 49 | 56 |
| $\alpha = .005$ | $\alpha = .01$ | 23 | 28 | 32 | 37 | 43 | 49 |

| 1-SIDED | 2-SIDED | n = 23 | n = 24 | n = 25 | n = 26 | n = 27 | n = 28 |
|---|---|---|---|---|---|---|---|
| $\alpha = .05$ | $\alpha = .10$ | 83 | 92 | 101 | 110 | 120 | 130 |
| $\alpha = .025$ | $\alpha = .05$ | 73 | 81 | 90 | 98 | 107 | 117 |
| $\alpha = .01$ | $\alpha = .02$ | 62 | 69 | 77 | 85 | 93 | 102 |
| $\alpha = .005$ | $\alpha = .01$ | 55 | 61 | 68 | 76 | 84 | 92 |

| 1-SIDED | 2-SIDED | n = 29 | n = 30 | n = 31 | n = 32 | n = 33 | n = 34 |
|---|---|---|---|---|---|---|---|
| $\alpha = .05$ | $\alpha = .10$ | 141 | 152 | 163 | 175 | 188 | 201 |
| $\alpha = .025$ | $\alpha = .05$ | 127 | 137 | 148 | 159 | 171 | 183 |
| $\alpha = .01$ | $\alpha = .02$ | 111 | 120 | 130 | 141 | 151 | 162 |
| $\alpha = .005$ | $\alpha = .01$ | 100 | 109 | 118 | 128 | 138 | 149 |

| 1-SIDED | 2-SIDED | n = 35 | n = 36 | n = 37 | n = 38 | n = 39 | |
|---|---|---|---|---|---|---|---|
| $\alpha = .05$ | $\alpha = .10$ | 214 | 228 | 242 | 256 | 271 | |
| $\alpha = .025$ | $\alpha = .05$ | 195 | 208 | 222 | 235 | 250 | |
| $\alpha = .01$ | $\alpha = .02$ | 174 | 186 | 198 | 211 | 224 | |
| $\alpha = .005$ | $\alpha = .01$ | 160 | 171 | 183 | 195 | 208 | |

| 1-SIDED | 2-SIDED | n = 40 | n = 41 | n = 42 | n = 43 | n = 44 | n = 45 |
|---|---|---|---|---|---|---|---|
| $\alpha = .05$ | $\alpha = .10$ | 287 | 303 | 319 | 336 | 353 | 371 |
| $\alpha = .025$ | $\alpha = .05$ | 264 | 279 | 295 | 311 | 327 | 344 |
| $\alpha = .01$ | $\alpha = .02$ | 238 | 252 | 267 | 281 | 297 | 313 |
| $\alpha = .005$ | $\alpha = .01$ | 221 | 234 | 248 | 262 | 277 | 292 |

| 1-SIDED | 2-SIDED | n = 46 | n = 47 | n = 48 | n = 49 | n = 50 | |
|---|---|---|---|---|---|---|---|
| $\alpha = .05$ | $\alpha = .10$ | 389 | 408 | 427 | 446 | 466 | |
| $\alpha = .025$ | $\alpha = .05$ | 361 | 379 | 397 | 415 | 434 | |
| $\alpha = .01$ | $\alpha = .02$ | 329 | 345 | 362 | 380 | 398 | |
| $\alpha = .005$ | $\alpha = .01$ | 307 | 323 | 339 | 356 | 373 | |

| NUMBER OF ITEMS IN SAMPLE | AVERAGES | | RANGES | | |
| | Factors for Control Limits | | Factors for Central Line | Factors for Control Limits | |
| $n$ | $A_2$ | $A_3$ | $d_2$ | $D_3$ | $D_4$ |
|---|---|---|---|---|---|
| 2 | 1.880 | 2.659 | 1.128 | 0 | 3.267 |
| 3 | 1.023 | 1.954 | 1.693 | 0 | 2.575 |
| 4 | 0.729 | 1.628 | 2.059 | 0 | 2.282 |
| 5 | 0.577 | 1.427 | 2.326 | 0 | 2.115 |
| 6 | 0.483 | 1.287 | 2.534 | 0 | 2.004 |
| 7 | 0.419 | 1.182 | 2.704 | 0.076 | 1.924 |
| 8 | 0.373 | 1.099 | 2.847 | 0.136 | 1.864 |
| 9 | 0.337 | 1.032 | 2.970 | 0.184 | 1.816 |
| 10 | 0.308 | 0.975 | 3.078 | 0.223 | 1.777 |
| 11 | 0.285 | 0.927 | 3.173 | 0.256 | 1.744 |
| 12 | 0.266 | 0.886 | 3.258 | 0.284 | 1.716 |
| 13 | 0.249 | 0.850 | 3.336 | 0.308 | 1.692 |
| 14 | 0.235 | 0.817 | 3.407 | 0.329 | 1.671 |
| 15 | 0.223 | 0.789 | 3.472 | 0.348 | 1.652 |

A.15

控制圖的變因

# 附錄B

B.1 化學公司之財務資料庫

| COMPANY | GROSS REVENUE ($ MILLION) | OPERATING PROFIT MARGIN (%) | RETURN ON EQUITY (%) | SHARES (1000's) | P/E RATIO | AVERAGE YIELD (%) |
|---|---|---|---|---|---|---|
| Air Products and Chemicals | 3485.3 | 13.9 | 10.9 | 114000 | 21.6 | 2.1 |
| ARCO Chemical | 3423 | 13.9 | 16.2 | 96085 | 16.3 | 5.5 |
| Avery Dennison | 2856.7 | 7.6 | 15 | 53549 | 15.8 | 3.1 |
| Cabot | 1679.8 | 10.4 | 13.4 | 38249 | 13.7 | 1.9 |
| Chemed | 645 | 4.2 | 23.6 | 9865 | 25.6 | 6.1 |
| Crompton & Knowles | 589.8 | 13.8 | 22.7 | 53306 | 24.5 | 2.4 |
| Dow Chemical | 20015 | 11.7 | 11.4 | 277123 | 20.1 | 5.2 |
| DuPont (E.I.) DeNemours | 39333 | 10.9 | 22.6 | 681044 | 13.1 | 7.6 |
| Engelhard | 2385.8 | 7.5 | 19.2 | 142647 | 21.7 | 1.8 |
| Ethyl | 1174.1 | 14.3 | 25 | 118434 | 13.9 | 4.5 |
| Ferro | 1194.2 | 7.1 | 12.9 | 27827 | 18.9 | 1.9 |
| Goodrich (B.F.) | 2199.2 | 8.2 | 7.3 | 25789 | 19.5 | 3.8 |
| Grace (W.R.) | 5093.3 | 2.7 | 5.5 | 94083 | 13.6 | 3.4 |
| Great Lakes Chemical | 2110.7 | 20.7 | 21.3 | 67297 | 16.3 | 0.6 |
| Hercules | 2821 | 14.5 | 21.2 | 116600 | 15.9 | 2.1 |
| Imperial Chemical Industries PLC | 14335 | 2.9 | 0.6 | 180680 | 21.1 | 5.6 |
| Loctite | 703.6 | 16.2 | 19.5 | 35370 | 15.4 | 2.2 |
| Lubrizol | 1599 | 12.3 | 21.1 | 64845 | 12 | 2.7 |
| Lyondell Petrochemical | 3857 | 11 | 4.4 | 80000 | 9.6 | 3.3 |
| Monsanto | 8272 | 11.2 | 21.1 | 147141 | 14.3 | 3.2 |
| Morton International | 2849.6 | 7.9 | 16.2 | 147000 | 20.8 | 1.2 |
| Nalco Chemical | 1345.6 | 13 | 18 | 80288 | 27 | 2.8 |
| NCH | 735.1 | 7.7 | 11.3 | 8294 | 14.4 | 3.3 |
| Olin | 2658.1 | 6.3 | 4.5 | 21516 | 14.5 | 4.1 |
| PPG Industries | 6331.2 | 6.5 | 20.1 | 207138 | 15.6 | 3 |
| Rohm & Haas | 3534 | 13.4 | 16.3 | 67691 | 16.1 | 2.4 |
| Union Carbide | 4865 | 10.5 | 25.8 | 159426 | 11.8 | 2.6 |
| Witco | 2224.7 | 8.7 | 11.4 | 56147 | 15.5 | 3.5 |

## B.2 農務綜合事業時間序列資料庫

資料庫中涵蓋十年內六種蔬菜以及所有冷凍蔬菜（共七欄）的每月儲藏數總重量（單位：千磅），資料來自美國農業部之國家農業統計服務中心。

| MONTH | TOTAL GREEN BEANS | TOTAL BROCCOLI | TOTAL CARROTS | TOTAL SWEET CORN | TOTAL ONIONS | GREEN PEAS | TOTAL FROZEN VEGETABLES |
|---|---|---|---|---|---|---|---|
| Jan-84 | 184336 | 61415 | 169022 | 471423 | 30289 | 193721 | 1675598 |
| Feb | 147677 | 62099 | 155202 | 405031 | 29870 | 151250 | 1463357 |
| Mar | 124821 | 71027 | 141133 | 341149 | 26479 | 118599 | 1311003 |
| Apr | 103125 | 78708 | 121945 | 280675 | 22433 | 102494 | 1226398 |
| May | 80031 | 91997 | 110867 | 212140 | 20237 | 82478 | 1094891 |
| June | 81518 | 100281 | 106260 | 164356 | 21218 | 126417 | 1081974 |
| July | 123193 | 120458 | 96669 | 124541 | 22609 | 311332 | 1310713 |
| Aug | 263758 | 121500 | 88959 | 292598 | 21228 | 386200 | 1755657 |
| Sept | 260146 | 111292 | 92348 | 557510 | 19365 | 364715 | 2030721 |
| Oct | 234632 | 96597 | 131302 | 582181 | 20327 | 325270 | 2070681 |
| Nov | 208237 | 89708 | 166230 | 527734 | 23773 | 286696 | 1986389 |
| Dec | 189759 | 92757 | 163749 | 474726 | 23437 | 252861 | 1857392 |
| Jan-85 | 158418 | 88626 | 154464 | 403480 | 23843 | 208957 | 1645455 |
| Feb | 135750 | 91122 | 142100 | 353309 | 24282 | 175712 | 1489574 |
| Mar | 111393 | 89571 | 128094 | 301441 | 25406 | 145141 | 1333747 |
| Apr | 94549 | 97859 | 117083 | 237033 | 22059 | 132368 | 1249413 |
| May | 76863 | 112532 | 105650 | 187099 | 20107 | 120333 | 1188015 |
| June | 75177 | 133257 | 96060 | 143053 | 19304 | 228352 | 1269518 |
| July | 142850 | 136407 | 93494 | 120475 | 25823 | 429052 | 1565296 |
| Aug | 236556 | 139469 | 94671 | 315192 | 27407 | 457145 | 1954127 |
| Sept | 249682 | 121990 | 93574 | 574891 | 23271 | 431648 | 2238029 |
| Oct | 219228 | 107326 | 139982 | 616876 | 25598 | 385900 | 2299599 |
| Nov | 196034 | 86992 | 194817 | 564899 | 28714 | 353382 | 2204174 |
| Dec | 171884 | 79402 | 180809 | 510603 | 27434 | 314974 | 2021944 |
| Jan-86 | 150779 | 80134 | 163938 | 450699 | 27166 | 277296 | 1828771 |
| Feb | 129530 | 89260 | 147623 | 383096 | 29640 | 242928 | 1678130 |
| Mar | 108632 | 87152 | 143909 | 316787 | 30944 | 208615 | 1516676 |
| Apr | 93087 | 74884 | 123996 | 260590 | 32586 | 185085 | 1392251 |
| May | 78399 | 80195 | 113702 | 210631 | 34530 | 164019 | 1281053 |
| June | 71150 | 105760 | 103190 | 162571 | 34235 | 227592 | 1300882 |
| July | 130649 | 123028 | 92705 | 136995 | 36241 | 307374 | 1436921 |
| Aug | 231016 | 144299 | 89619 | 324013 | 36391 | 396948 | 1886999 |
| Sept | 237804 | 135592 | 95700 | 565815 | 33142 | 355786 | 2133405 |
| Oct | 221846 | 125584 | 164525 | 606821 | 34850 | 317676 | 2265932 |
| Nov | 200997 | 118320 | 210759 | 545706 | 35756 | 284148 | 2161280 |
| Dec | 182613 | 105146 | 208728 | 490756 | 35715 | 249865 | 1977572 |
| Jan-87 | 153198 | 91614 | 180950 | 416844 | 35389 | 212529 | 1751085 |
| Feb | 129225 | 95128 | 164038 | 353677 | 33032 | 185479 | 1560205 |
| Mar | 108630 | 93707 | 149165 | 297984 | 31697 | 155489 | 1412098 |
| Apr | 94416 | 95408 | 136827 | 251429 | 28118 | 141815 | 1330022 |
| May | 79158 | 111357 | 125852 | 195551 | 25536 | 131779 | 1220258 |
| June | 74180 | 137154 | 116757 | 140051 | 23939 | 233334 | 1260134 |
| July | 150302 | 152291 | 112584 | 167379 | 29586 | 376407 | 1571205 |
| Aug | 238716 | 159858 | 109293 | 375438 | 30209 | 706658 | 1982656 |
| Sept | 252750 | 161822 | 113327 | 669962 | 26665 | 386815 | 2341266 |
| Oct | 233453 | 151994 | 179629 | 664924 | 28782 | 342137 | 2403869 |
| Nov | 208994 | 133645 | 234124 | 629261 | 29806 | 302126 | 2327508 |
| Dec | 182898 | 114814 | 214380 | 566546 | 29570 | 251150 | 2098396 |

| MONTH | TOTAL GREEN BEANS | TOTAL BROCCOLI | TOTAL CARROTS | TOTAL SWEET CORN | TOTAL ONIONS | GREEN PEAS | TOTAL FROZEN VEGETABLES |
|---|---|---|---|---|---|---|---|
| Jan-88 | 159966 | 102540 | 194693 | 502563 | 27509 | 211300 | 1888724 |
| Feb | 137845 | 107348 | 178007 | 436894 | 28116 | 168127 | 1684048 |
| Mar | 112011 | 97271 | 158211 | 357774 | 28155 | 128554 | 1479938 |
| Apr | 92054 | 96840 | 143685 | 296900 | 28025 | 107739 | 1353418 |
| May | 74526 | 111155 | 138581 | 233702 | 29954 | 97626 | 1278499 |
| June | 59839 | 120012 | 114510 | 184229 | 29062 | 162651 | 1258687 |
| July | 92882 | 120922 | 116285 | 128242 | 31692 | 264341 | 1337218 |
| Aug | 188295 | 118633 | 95262 | 284705 | 36339 | 313091 | 1673607 |
| Sept | 203871 | 97305 | 84809 | 524324 | 32507 | 282612 | 1880576 |
| Oct | 195770 | 81813 | 130033 | 567743 | 31789 | 248017 | 1933669 |
| Nov | 172487 | 67446 | 190497 | 497825 | 33002 | 201647 | 1836251 |
| Dec | 146418 | 56169 | 183128 | 435493 | 33388 | 166799 | 1671706 |
| Jan-89 | 119449 | 53233 | 166347 | 374472 | 33313 | 133165 | 1475678 |
| Feb | 99720 | 65455 | 151741 | 314692 | 36867 | 114540 | 1318569 |
| Mar | 73778 | 78257 | 147028 | 245687 | 34585 | 80480 | 1161640 |
| Apr | 57434 | 80795 | 133061 | 188376 | 34721 | 74844 | 1068674 |
| May | 40918 | 103372 | 123300 | 136634 | 40848 | 62448 | 1002194 |
| June | 38204 | 116303 | 114264 | 93628 | 36854 | 133084 | 1022314 |
| July | 104744 | 128770 | 106894 | 60805 | 42315 | 284476 | 1245233 |
| Aug | 211443 | 151140 | 93432 | 210452 | 38311 | 325896 | 1578852 |
| Sept | 283175 | 135751 | 90276 | 483020 | 44068 | 327649 | 1979305 |
| Oct | 258051 | 127356 | 130373 | 568963 | 43846 | 300740 | 2155482 |
| Nov | 231991 | 120234 | 211158 | 511018 | 42072 | 265944 | 2081035 |
| Dec | 207702 | 106004 | 208500 | 462414 | 39648 | 232114 | 1956785 |
| Jan-90 | 177110 | 116129 | 194195 | 401684 | 38725 | 197410 | 1778136 |
| Feb | 149802 | 123830 | 180216 | 338204 | 36748 | 165302 | 1588909 |
| Mar | 124896 | 138544 | 168110 | 295838 | 35695 | 119773 | 1450234 |
| Apr | 106506 | 164389 | 158097 | 244493 | 33230 | 107616 | 1397673 |
| May | 96501 | 181561 | 143283 | 191568 | 30769 | 98956 | 1321074 |
| June | 85694 | 196395 | 138266 | 139146 | 32014 | 218958 | 1404030 |
| July | 156221 | 210118 | 125585 | 111171 | 35950 | 413403 | 1696248 |
| Aug | 287056 | 204656 | 122481 | 307911 | 33886 | 437365 | 2073913 |
| Sept | 330800 | 192088 | 126815 | 676920 | 31988 | 417208 | 2545393 |
| Oct | 301270 | 162166 | 182680 | 699124 | 33325 | 362312 | 2586733 |
| Nov | 273872 | 136046 | 232814 | 633718 | 34941 | 315518 | 2466661 |
| Dec | 253184 | 113014 | 224533 | 579399 | 34421 | 282118 | 2303101 |
| Jan-91 | 222082 | 107294 | 202694 | 518877 | 36167 | 234034 | 2109261 |
| Feb | 191636 | 136764 | 176385 | 465809 | 36459 | 201735 | 1950384 |
| Mar | 176013 | 136915 | 151591 | 426077 | 36549 | 168901 | 1810684 |
| Apr | 145535 | 134645 | 137665 | 375307 | 35940 | 146478 | 1669925 |
| May | 124352 | 131359 | 119606 | 308407 | 34533 | 133028 | 1504886 |
| June | 113486 | 137670 | 109649 | 233433 | 31049 | 220022 | 1483732 |
| July | 187132 | 136079 | 96429 | 210899 | 32275 | 406273 | 1727285 |
| Aug | 328410 | 132957 | 98618 | 444695 | 35116 | 451617 | 2175708 |
| Sept | 361060 | 119351 | 109655 | 820778 | 36925 | 400277 | 2592826 |
| Oct | 313380 | 102721 | 180715 | 824066 | 37545 | 355040 | 2648618 |
| Nov | 284483 | 94708 | 222716 | 749640 | 34251 | 315536 | 2502411 |
| Dec | 248737 | 88286 | 203637 | 636611 | 32137 | 272691 | 2243853 |
| Jan-92 | 229513 | 98870 | 180664 | 595286 | 35681 | 238366 | 2080245 |
| Feb | 209327 | 114090 | 152978 | 530496 | 36179 | 201369 | 1884819 |
| Mar | 180431 | 127015 | 135581 | 478094 | 31748 | 160818 | 1716314 |
| Apr | 154790 | 138692 | 118738 | 424181 | 30713 | 141696 | 1597045 |
| May | 135005 | 141116 | 112724 | 355393 | 30004 | 148226 | 1507794 |
| June | 116360 | 150460 | 99743 | 285023 | 27829 | 229461 | 1498044 |
| July | 183040 | 144815 | 94793 | 250047 | 30314 | 411157 | 1704801 |
| Aug | 253331 | 140387 | 89398 | 500440 | 33420 | 436219 | 2065984 |
| Sept | 250742 | 136389 | 108672 | 792322 | 35545 | 430295 | 2408558 |

| MONTH | TOTAL GREEN BEANS | TOTAL BROCCOLI | TOTAL CARROTS | TOTAL SWEET CORN | TOTAL ONIONS | GREEN PEAS | TOTAL FROZEN VEGETABLES |
|---|---|---|---|---|---|---|---|
| Oct | 231844 | 140925 | 194675 | 800889 | 36590 | 400527 | 2529992 |
| Nov | 207878 | 142915 | 266063 | 727834 | 36141 | 354397 | 2488787 |
| Dec | 190465 | 143486 | 254040 | 657244 | 34230 | 305164 | 2300040 |
| Jan-93 | 172659 | 145772 | 241850 | 598082 | 36006 | 282204 | 2164133 |
| Feb | 150960 | 155640 | 233008 | 526900 | 32925 | 236853 | 1964942 |
| Mar | 129729 | 167419 | 220388 | 437650 | 30951 | 181963 | 1736325 |
| Apr | 103921 | 186629 | 211242 | 371769 | 26896 | 157756 | 1633520 |
| May | 87548 | 194850 | 192585 | 306034 | 23722 | 139168 | 1499880 |
| June | 73907 | 194061 | 176830 | 239379 | 24787 | 177245 | 1405764 |
| July | 127207 | 183269 | 150697 | 188956 | 31854 | 337127 | 1547426 |
| Aug | 226162 | 171776 | 143622 | 319008 | 34885 | 384616 | 1837230 |
| Sept | 258410 | 168874 | 165680 | 559386 | 33618 | 336661 | 2102450 |
| Oct | 217852 | 150053 | 212873 | 660021 | 33758 | 303591 | 2217306 |
| Nov | 213348 | 142011 | 269674 | 570470 | 37814 | 286844 | 2182492 |
| Dec | 184418 | 134774 | 260993 | 493411 | 36101 | 261338 | 2015892 |

# 附錄C

簡單迴歸公式中斜率和Y軸截距的求法

欲求出迴歸公式中的斜率和Y軸截距值要用到微積分的偏微分技巧，用以將平方差的合（SSE）最小化：

$$SSE = \sum(Y - \hat{Y})^2 \quad \text{but} \quad \hat{Y} = b_0 + b_1X$$
$$SSE = \sum[Y - (b_0 + b_1X)]^2$$
$$SSE = \sum(Y - b_0 - b_1X)^2$$

將SSE的值對$b_0$作偏微分，並令其值等於0（爲了要最小化）。

$$\frac{\partial SSE}{\partial b_0} = 2\sum(Y - b_0 - b_1X)^1(-1) = 0$$

$$\sum(Y - b_0 - b_1X) = 0$$
$$\sum Y - \sum b_0 - b_1\sum X = 0$$
$$\sum Y - b_0 n - b_1\sum X = 0$$
$$b_0 n = \sum Y - b_1\sum X$$
$$b_0 = \frac{\sum Y}{n} - b_1\frac{\sum X}{n}$$
$$b_0 = \overline{Y} - b_1\overline{X}$$

另一方面將SSE的值對$b_1$作偏微分，並令其值等於0（為了要最小化）。

$$\frac{\partial SSE}{\partial b_1} = 2\sum(Y - b_0 - b_1X)^1(-X) = 0$$

$$\sum(XY - b_0X - b_1X^2) = 0$$

$$\sum XY - b_0\sum X - b_1\sum X^2 = 0 \quad \text{but} \quad b_0 = \frac{\sum Y}{n} - b_1\frac{\sum X}{n}$$

$$\sum XY - \left(\frac{\sum Y}{n} - b_1\frac{\sum X}{n}\right)\sum X - b_1\sum X^2 = 0$$

$$\sum XY - \frac{\sum X\sum Y}{n} + b_1\frac{(\sum X)^2}{n} - b_1\sum X^2 = 0$$

$$\frac{\sum X\sum Y}{n} - \sum XY + b_1\sum X^2 - b_1\frac{(\sum X)^2}{n} = 0$$

$$b_1\sum X^2 - b_1\frac{(\sum X)^2}{n} = \sum XY - \frac{\sum X\sum Y}{n}$$

$$b_1\left[\sum X^2 - \frac{(\sum X)^2}{n}\right] = \sum XY - \frac{\sum X\sum Y}{n}$$

$$b_1 = \frac{\sum XY - \dfrac{\sum X\sum Y}{n}}{\sum X^2 - \dfrac{(\sum X)^2}{n}} = \frac{SS_{XY}}{SS_{XX}}$$

# 商業統計學 (下)

商學叢書

著　　者☞Ken Black
校　　閱☞葉小蓁
譯　　者☞陳育聖、謝忠和
出　版　者☞揚智文化事業股份有限公司
發　行　人☞葉忠賢
責任編輯☞賴筱彌
特約編輯☞張明玲
登　記　證☞局版北市業字第 1117 號
地　　址☞台北市新生南路三段 88 號 5 樓之 6
電　　話☞886-2-23660309　23660313
傳　　真☞886-2-23660310
郵政劃撥☞14534976
印　　刷☞偉勵彩色印刷股份有限公司
法律顧問☞北辰著作權事務所　蕭雄淋律師
初版一刷☞2001 年 6 月
定　　價☞新台幣 650 元
Ｉ Ｓ Ｂ Ｎ☞957-818-248-1
E‐m a i l☞tn605541@ms6.tisnet.net.tw
網　　址☞http://www.ycrc.com.tw

國家圖書館出版品預行編目資料

商業統計學／Ken Black 著; 陳育聖，謝忠和譯.
--初版. –臺北市：揚智文化，2001[民 90]
　冊；公分.
譯自：Business statistics: contemporary decision
　　　making, 2nd ed.
ISBN：957-818-248-1(下冊：精裝)

1.統計學

　518　　　　　　　　　　　　89020253